ERICH FREY

Ich beantrage Freispruch!

Die Erinnerungen des berühmten Berliner Strafverteidigers

ELSENGOLD

Der Text dieser Ausgabe folgt dem der Ausgabe des Blüchert Verlages von 1960. Offensichtliche Schreibfehler wurden korrigiert, ansonsten wurden die Schreibungen belassen.

Dem Verlag ist es trotz intensiver Bemühungen nicht gelungen, Erben von Erich Frey ausfindig zu machen. Der Verlag ist bereit, berechtigte Ansprüche, die sich aus dem Abdruck des Textes ergeben, abzugelten. Rechteinhaber werden gebeten, sich diesbezüglich an den Verlag zu wenden.

FSC www.fsc.org
MIX
Papier | Fördert gute Waldnutzung
FSC® C014496

Titelbild: Erich Frey auf dem Weg ins Gericht, 1932
Abb. S. 2: Erich Frey, 1932
Beide Abbildungen: © Ullstein Bild

Textbearbeitung: Michelle Giffels
Gestaltung und Satz: Mario Zierke, Marie Gehlhoff
Coverentwurf: Goscha Nowak

2., durchgesehene Auflage 2025

Der Elsengold Verlag ist ein Imprint des BeBra Verlages, Berlin.
Asternplatz 3, 12203 Berlin
post@bebraverlag.de

ISBN 978-3-96201-022-5
www.elsengold.de / www.bebraverlag.de

INHALT

ERÖFFNUNG

Wenn es stimmt, daß alle guten Berliner aus Breslau kommen, dann bin ich ein guter Berliner.

«Geboren in Breslau», so steht es noch heute in meinem Paß. Aber auch ohne diese Eintragung wäre ich wohl kein schlechterer Berliner geworden. Wer einmal in dieser Stadt gelebt, gearbeitet, geatmet hat, kann sie nicht vergessen. Man muß Berlin lieben und es bewundern, immer wieder. Und mir hat ein freundliches Geschick dazu viele Jahre Gelegenheit gegeben.

Drei Monate nach meiner Geburt fing es bereits an. Da verlegte mein Vater sein Geschäft von Breslau nach Berlin. Von der Vorschule am Luisenstädtischen Gymnasium bis zum Abitur verlief mein Leben kaum anders als das anderer Berliner Jungen.

«Wenn du schon nicht in mein Geschäft eintreten willst», meinte mein Vater, als ich dann schließlich das Abitur bestanden hatte, «studiere wenigstens etwas Vernünftiges. Wie wäre es mit Theologie?»

Ich konnte mich nicht zur Theologie entschließen. Als mein Vater mir statt dessen Rechtswissenschaft vorschlug, beschloß ich, Jurist zu werden. Mit Justitia als Weggenossin schien mir der Weg offen zu unzähligen Berufen. Ich konnte Reichsgerichtspräsident werden, Vorsitzender eines großen Aufsichtsrates oder Reichskanzler wie Bismarck. Vorerst einmal eiferte ich Bismarck nach: ich fiel durch das erste juristische Examen.

Aber war das ein Wunder? Wie hätte ich mit meinen achtzehn Jahren, das Reifezeugnis in der Tasche, dem Frühling am Genfer See widerstehen können? Die Genfer Universität, die ich besuchen sollte, war nun einmal viel weniger anziehend als die vielen Mädchenpensionate rund um den See. Die weichen Sessel der Konditoreien verlockten mehr zum Verweilen als die Bänke der puritanischen Hörsäle. Die wenigen Vorlesungen, die ich hörte, waren überdies noch selten juristische. Wenn aber Professor Pochhammer im feierlichen Gehrock über Dantes «Göttliche Komödie» sprach, dann konnte mich selbst der Frühlingswind von den Schweizer Bergen nicht aus dem Hörsaal blasen.

Zur Fortsetzung meines Studiums wählte ich eine andere Universität. Wie wenig förderlich auch diese Wahl meinen wissenschaftlichen Bemühungen sein konnte, wird jeder wissen, der in den Jahren vor dem ersten Weltkrieg in München studiert hat. München – das war damals die Stadt Ludwig Thomas und Max Halbes, Th. Th. Heines, Thönys und Recznizeks, Frank Wedekinds und der Elf Scharfrichter. Nein, München brachte dem Jurastudenten keine entscheidenden Einblicke in die Rechtswissenschaft. Aber dafür ein Autogramm des Prinzregenten beim Presseball und die ungewöhnliche Ehre, als einer der blutigen Henker im Faschingszug mitziehen zu dürfen …

So fiel ich denn, trotz einiger weiterer Studienjahre in Berlin und der Bemühungen der ausgezeichneten Rechtslehrer Dernburg, Kohler und Martin Wolff, durch die Prüfung. Nun mußte etwas geschehen. Selbst mein guter Vater begann, langsam ungeduldig zu werden.

Ich hatte gehört, in Heidelberg ziehe der Rechtsbeflissene als cand. jur. zu einem Tor hinein und als Dr. jur. nach kurzer Zeit zum andern wieder hinaus. Diesem Ruf konnte ich nicht widerstehen. Voller Hoffnung fuhr ich nach dem mißglückten Examen in die Stadt des durstigen Zwerges Perkeo, dessen Abbild noch heute das Heidelberger Schloß ziert.

Wochen vergingen. Ich war dem Examen nicht näher gerückt. Eines Morgens sah ich am Schwarzen Brett der Universität einen Anschlag: «Vorleser gesucht. Näheres beim Pedell.»

Der Pedell, ein grauhaariges Männlein in schwarzer Lüsterjacke, lächelte seltsam. «Versuche Sie's, junger Mann», sagte er fast gönnerhaft. «Versuche Sie's ruhig. Ja, ja, des habe schon viele vor Ihne versucht, es mit dem Herrn Geheimrat auszuhalte. Gelunge is es noch keinem. Der Herr Geheimrat is halt saugrob.»

Der grobe Herr Geheimrat wurde mein Rettungsengel. Er stellte sich als Seine Exzellenz, der Wirkliche Geheime Rat Ernst Immanuel Bekker heraus. Er war ein großer Romanist, Senior und Dekan der juristischen Fakultät und der beste und gütigste Mensch. Seine Sehkraft hatte stark nachgelassen. Er brauchte einen Vorleser, aber seinem noch immer energischen und glänzenden Geist konnte es nicht jeder recht machen.

Ich war bei ihm erst seit wenigen Tagen zum Adjutanten, wie er mich nannte, avanciert. Es war Samstag nachmittag. Ich saß neben seinem Stuhl und las. Die Tür ging auf, und die vielversprechend rundliche Köchin trat ins Zimmer. Stumm fragend blickte sie auf ihren Herrn.

«Nun, mein Freund, was wollen wir morgen essen?» fragte mich der Wirkliche Geheime Rat.

Verwundert sah ich hoch.

«Also, was essen wir morgen?» wiederholte er fast ungeduldig.

Ich hatte nichts zu verlieren. «Von mir aus, Herr Geheimrat, fangen wir mit Kaviar an – und hören dann nach Suppe und Fleisch mit Omelette Soufflee und Champagner auf.» Fast vier Monate lang sollte ich von nun an jeden Sonntag mit dem Geheimrat Kaviar essen …

An Kaisers Geburtstag im Jahre 1906, während die warme Januarsonne die bleichen Gesichter der Kandidaten beschien, trugen meine Bemühungen und das väterliche Wohlwollen Professor Bekkers ihre Früchte. Meine Doktorarbeit über das Thema «Streik und Strafrecht» wurde angenommen, die Prüfungskommission unter Vorsitz des Geheimrates entließ mich nach bestandener Prüfung. Als ich schon zur Tür hinausstürmen wollte, winkte mich der Geheimrat noch einmal zu sich.

«Wir sehen uns heute zu Tisch, nicht wahr? Es ist zwar erst Samstag …»

Nach dem juristischen Doktorexamen bestand ich nun, beflügelt, auch das Referendarexamen. Und weil ich einmal so schön im Zuge war, auch noch das Doktorexamen in Philosophie. Ich wollte beweisen, daß ich nicht vergeblich die philosophischen Vorlesungen gleich mit belegt hatte.

*

Die zweite und letzte juristische Staatsprüfung lag hinter mir. Nach vielen Zweifeln und Bedenken hatte ich mich entschlossen, die durch die staatliche Anstellung gesicherte Richterlaufbahn aufzugeben. Ich ließ mich als Rechtsanwalt in der Zimmerstraße in Berlin nieder.

«Scheen juten Morjen, Herr Dokta», grüßte mich der Portier des Nebenhauses, als ich in der Frühe mein Büro aufsuchen wollte. Er legte die Hand an die Mütze.

Ich zog meinen Hut. «Guten Morgen!» Langsam ging ich die Treppen zu meinem, einem Kollegen abgemieteten kleinen Zimmer empor. Der winzige Raum war gleichzeitig Empfangszimmer, Aktenablage, Schreibmaschinensaal und Arbeitsraum. Bisher allerdings diente er meist mir als «Warte-Zimmer» …

Ich begann, auf meinem Schreibtisch ein wichtig aussehendes Durcheinander aufzuschichten. Dabei quälte mich der Gedanke, den Tag dann wieder mit dem Studium juristischer Fachblätter und der Berliner Tageszeitungen verbringen zu müssen.

Es klopfte. Verwundert öffnete ich die Tür. Ein elegant gekleideter Herr betrat den Raum.

«Mein Name ist Neumann», stellte er sich vor. «Herr Doktor, ich bitte um Ihren Rat als Anwalt in einer besonderen Angelegenheit.»

«Ich freue mich», antwortete ich. «Bitte, wem verdanke ich Ihren Besuch?»

«Ich besitze das Haus nebenan», sagte Herr Neumann. «Sie, Herr Doktor, sind mir als vertrauenswürdig empfohlen worden. Mein Portier nämlich, ebenfalls eine Persönlichkeit meines Vertrauens …»

So kam ich, wie im Sprichwort, mit dem Hute in der Hand, zu meinem ersten Klienten.

*

Herrn Neumanns Anliegen stellte sich als eine Familienangelegenheit delikater Natur heraus. Mein erster Klient war der Vater eines geistesschwachen Jungen, der mit der Erzieherin seiner kleineren Geschwister durchgebrannt war. Ich sollte die Flüchtigen wiederfinden und eine Eheschließung verhüten.

Der seltsame Auftrag führte mich auf den Spuren des Pärchens, das wohl den berühmten Ehe-Schmied von Gretna Green zum Reiseziel hatte, in eine Londoner Hafenherberge. Leider erschien ich dem jungen Mann nicht ebenso vertrauenswürdig wie seinem Vater und dessen Portier. Er weigerte sich, mir in die Arme seiner verzeihenden Familie zu folgen. Unverrichteterdinge mußte ich zu meinem Auftraggeber zurückkehren.

Aber Herrn Neumanns Vertrauen in meine Fähigkeiten war noch nicht erschöpft. Wiederum sandte er mich gen England. Diesmal gelang es mir mit Hilfe von Scotland Yard, den liebevollen Jüngling aus den Fängen der Gouvernante zu reißen. Ich brachte ihn zu seinem Vater zurück. Neben dem Dank der Familie und einem stattlichen Honorar brachte mir mein erster Fall eine Schadensersatzklage der verlassenen Erzieherin ein …

Daß ich bei meinem Erstling gegen einen Schuldigen vorgehen mußte, erscheint mir noch heute wie Ironie des Schicksals; hat es mir im Lauf der Jahre doch viele tausend Fälle vorgelegt, in denen ich angeblich oder wirklich Schuldigen beistehen mußte. Hier sollte ich Sühne herbeiführen, statt sie – wie später – abzuwenden oder zu mildern. Erst zwanzig Jahre danach bin ich noch einmal in einem großen Prozeß in die Rolle des Staatsanwaltes gedrängt worden.

Mein erster Verteidigungsauftrag freilich war gänzlich anderer Natur.

*

Brüllendes Gelächter, Gekreisch von hohen Frauenstimmen erfüllt den Schwurgerichtssaal des Kriminalgerichtes in Alt- Moabit. Mühsam nur kann sich die Glocke des Vorsitzenden Gehör verschaffen. Aber es muß eine seltsame Verhandlung sein. Selbst das strenge Gesicht des Gerichtsvorsitzenden zeigt um die Augen verräterische Fältchen …

«Woher sind Sie, Angeklagte?» fragt er die dicke, einfach gekleidete Frau, die neben etwa dreißig ähnlich dicken, ähnlich gekleideten Frauen und ein paar Männern auf der Anklagebank sitzt.

«Na, von hier natierlich, Herr Jerichshof», ist die Antwort der Dikken. Wieder erschüttert Gelächter den Gerichtssaal.

Kopfschüttelnd betrachtet der Vorsitzende ein vor ihm auf dem Richtertisch stehendes Körbchen. Es enthält Pfefferkuchen. Auf die Pfefferkuchen sind kleine Bildchen geklebt. Sie zeigen Pärchen, über deren Verliebtheit kein Zweifel bestehen kann. Einige Pfefferkuchen tragen auch Inschriften. Mit weißem Zuckerguß sind da Verse aufgespritzt, die nicht gerade weihnachtlich anmuten …

«Angeklagte, was haben Sie sich denn nun eigentlich bei den inkriminierten Versen gedacht?» forscht der Vorsitzende. «Nich, wat Sie denken, Herr Jerichshof», antwortet die Frau sofort.

Nur der Staatsanwalt verzieht keine Miene.

«Und Sie, Angeklagte?» fragt der Vorsitzende, nachdem das Publikum sich wieder beruhigt hat, die neben der ersten sitzende, ebenso umfangreiche Frau.

«Ick? Natierlich jerade det, wat keene Schweinerei is», tönt es ihm entgegen.

Der Vorsitzende wendet sein Gesicht ab. Vom Platz der Verteidigung aus, wo ich nun zum ersten Mal sitze, sehe ich, wie er mühsam das Lachen bekämpft. Wieder fällt mein Blick auf den Staatsanwalt. Fern der kreischenden, lachenden, johlenden Menge, die die Bänke des großen Saales füllt, scheint er der einzige zu sein, dem die Komik der Situation verborgen bleibt. Um was handelt es sich hier?

Die Beamten des Sittlichkeitsdezernates, des «unzüchtigen Dezernates», wie es in Moabit genannt wird, waren einer ihrer Ansicht nach höchst gefährlichen Sittenverderbnis auf die Spur gekommen. Auf dem Weihnachtsmarkt hatten sie anstößig beschriftete und bebilderte Pfefferkuchen entdeckt. Etwa vierzig Marktfrauen und Ausrufer wurden verhört. Keiner leugnete, die Lebkuchen für wenige Pfennige an jeden, der sie haben wollte, verkauft zu haben. Der Staatsanwalt erhob Anklage. Unter der Schlagzeile «Die unsittlichen Lebkuchen» konnte die Berliner Presse ihrer Freude an Bericht und Ausschmückung freien Lauf lassen. Der Prozeß, der vor einer Strafkammer des Landgerichts Berlin I stattfinden sollte, mußte daraufhin des riesigen Andranges wegen in den Schwurgerichtssaal des Kriminalgerichts verlegt werden …

«Woher sind Sie?» war die einleitende Frage des Vorsitzenden an jede der stämmigen Angeklagten.

«Von hier, Herr Jerichshof», die immer wiederkehrende Antwort. Auch ohne diese Mitteilung hätte niemand in dem großen Saal Zweifel an der Berliner Herkunft der Delinquenten gehabt.

«Der unzüchtige Inhalt der Bilder und Verse ist Ihnen nicht aufgefallen?» fragt der Vorsitzende.

«Wat is'n det eijentlich, unzüchtig?» erkundigt sich die Angeklagte.

Zwei Stunden lang schleicht die Verhandlung so voran. Nun erhebt sich der Herr Staatsanwalt. Er richtet einen donnernden Appell an die Richter. Ordnung, Zucht und Sitte scheinen ihm durch die Pfefferkuchen aufs schwerste gefährdet. Er verlangt eine exemplarische Bestrafung der Schuldigen. Der Gerichtshof solle beweisen, daß das Deutsche Reich ein Reich der Ordnung sei …

Vor mir sitzt der erste Verteidiger, ein bekannter Justizrat. Seine Festreden bei Hochzeiten und Geburtstagen sind in ganz Berlin berühmt. Für seinen ironischen Esprit sind die inkriminierten Pfefferkuchen sozusagen das gefundene Fressen. Eine halbe Stunde lang plädiert er mit so viel Geist, daß ich in meiner Jungfernrede nur noch den Antrag auf eine milde, verzeihende Strafe statt der geforderten beispielhaft hohen stellen kann.

Das Gericht erkennt auf eine Geldstrafe von fünf Mark für jeden der Angeklagten. Mein Debüt als Strafverteidiger endet unter brausendem Gelächter und gerührtem Händeschütteln …

Ich mußte bald erfahren, daß Justitia nur selten im Gerichtssaal lächelt. Zunächst einmal jedoch verlangte der Staat von mir andere Dienste. Der erste Weltkrieg brach aus. Ich wurde zum Kriegsgerichtsrat ernannt und trat dann als Kriegsfreiwilliger in die Kaiserliche Marine ein. Nach Beendigung des Krieges kehrte ich nach Berlin zurück. Es war nicht leicht, nach diesen vier Jahren von vorn anzufangen. «Wollen Sie wirklich wieder in Moabit auftreten?» fragte man mich. «In diesen elenden Zeiten? Bei der schlechten Wirtschaftslage, wo kein Geld unter den Leuten ist?» Mitleidig glitten die Blicke über meine nur wenig umgearbeitete Uniform.

Aber ich konnte dem Ziehen, dem Drängen nicht widerstehen. Wie mit magischer Gewalt riß es mich an den Ort, der zum Schauplatz und Inbegriff meines Denkens geworden war und es nun erst recht werden sollte: an das Kriminalgericht in Berlin-Moabit.

* * *

DER ZWANG ZUM TÖTEN

Friedrich Schumann

Ich sehe die Szene heute noch vor mir, wie ich an jenem Sonnabend, es war der 3. Juli 1920, unschlüssig vor dem roten Backsteinbau des Kriminalgerichts Berlin-Moabit stand. Ich hatte an diesem Tag keine Verhandlung, aber wie jeden Tag konnte ich nicht anders, ich mußte hierher.

Die beiden Flügeltüren des Eingangs in der Turmstraße öffneten sich zur gleichen Zeit. Die rechte Tür, die zum Landgericht III führte, wurde vom Pförtner offengehalten. Er war aus seiner Loge herausgetreten, um einer Frau den Weg zu zeigen, die sich im zuständigen Gebäude geirrt hatte.

Aus der linken Tür zum Landgericht II traten zur gleichen Zeit zwei vierschrötige Männer in etwas zu farbigen, in den Schultern allzu stark auswattierten Jacketts. Sie hielten die Tür weit auf und schienen auf jemand zu warten. Ihre gutgenährten Gesichter waren gerötet und strahlten Zufriedenheit aus. Zwei Stammkunden von Moabit, das erkannte ich mit einem Blick, denen eine Sache gut ausgegangen ist. «Mensch, Orje, der Eid war'n duftet Ding, wa?» hörte ich den einen sagen.

«'n Ding wie 'ne Wanne», sagte der andere. «Darauf valöten wa eenen.»

Zwei Mädchen in billigen, sehr kurzen und sehr bunten Sommerfähnchen erschienen jetzt in der Tür. Die Kavaliere verbeugten sich gravitätisch: «De Damens imma vornewech!» flöteten sie, schoben ihre Hüte um einige Grad kesser in den Nacken und folgten den Schönen über den Damm hinüber zur Pritzwalker Straße.

Dort drüben in der Kneipe «Zur Letzten Instanz» würden sie jetzt den gelungenen Eid (wahrscheinlich einen falschen) bei vielen Hellen, kurzen Klaren und kalten Bouletten feiern …

Noch immer standen die beiden Türen offen. Durch welche sollte ich gehen? Ich ging durch die rechte zum Landgericht III, ohne mir klarzumachen, warum. Die breiten, hellen Korridore waren an diesem Tag fast menschenleer. Es war Sonnabend. Ich kreuzte gerade einen

Quergang, da hörte ich hinter mir eine fröhliche Stimme: «Hallo, Herr Kollege!» Ich drehte mich um. Um die Ecke kam ein hochgewachsener Mann im grauen Rock, dem man die umgearbeitete Offiziers-Litewka noch ansah. Ich erkannte einen Kameraden aus dem Krieg, der im selben Marinekorps gewesen war wie ich. Jetzt war er Direktor beim Landgericht III.

Noch ehe ich seinen Gruß erwidern konnte, redete er schon weiter: «Sie schickt mir der Himmel! Stellen Sie sich vor, diese Schweinerei … Morgen steigt meine große Schwurgerichtssache. Mord in elf Fällen, im ganzen vierundfünfzig Anklagepunkte. Und was tut der Herr Verteidiger? Er legt nieder! Heute, sechs Wochen nachdem er die Bestellung zum Offizialverteidiger angenommen hat. Er legt einfach nieder, der Herr, jetzt, wo der ganze Apparat steht. Ein Dutzend Sachverständige, fünfzig Zeugen, die meisten von auswärts. Stellen Sie sich die Scherereien vor. Und was das den Staat wieder für Geld kostet! Lieber Kollege, Sie müssen mir helfen …»

«Ich?»

«Ja, Sie müssen einspringen und die Offizialverteidigung übernehmen.»

Ich kannte die Akten nicht und nicht den Mandanten. Gewiß, der bestellte Verteidiger hatte sich die Niederlegung des Mandats reichlich lange überlegt, allzu lange. Aber er würde wohl seine Gründe gehabt haben. Ich sah dem Landgerichtsdirektor in die Augen. Im Krieg war er Major gewesen, und ich hatte die Schulterstücke eines Kapitänleutnants getragen. Er hatte mich den höheren Rang nie fühlen lassen. Ich grinste ihn an. «Dienstlicher Befehl?»

«Nein», sagte er, «eine Bitte. Kommen Sie mit, damit ich Ihnen die Akten übergebe. In anderthalb Tagen schaffen Sie es.» Ich sagte: «Ja.»

Von diesem Augenblick an war ich Offizialverteidiger des wegen Massenmords angeklagten Schlossers Friedrich Schumann aus der Staakener Straße 6 in Berlin-Spandau, des Massenmörders vom Falkenhagener See.

Ich bat um Einsicht in die Akten. Die Anklageschrift des Staatsanwalts Dr. Steinbrecher enthielt vierundfünfzig Anklagepunkte: elf vollendete Morde, dreizehn versuchte Morde, zahlreiche Notzuchtverbrechen, Brandstiftungen und Einbrüche.

Es war, wie man in Moabit sagte, eine schöne Latte. Eine grausige Latte … Der blinde Zufall, oder vielmehr eine ganze Kette von Zufällen, die ich lieber Schicksal nennen möchte, hatte mich über Nacht zu einer der Hauptpersonen des Prozesses gemacht, dem ganz Berlin entgegenfieberte.

In zwei Tagen, am Montag um neun Uhr, sollte ich im großen Schwurgerichtssaal mit dem Staatsanwalt um den Kopf Friedrich Schumanns kämpfen. Und von diesem Augenblick an stand zwischen dem Kriegskameraden, dem ich soeben aus einer unangenehmen Situation geholfen hatte, und mir die Schranke, die im deutschen Gericht Verteidiger und Richter trennt. Er hieß Pioletti und war einer der vornehmsten der vielen hervorragenden Vorsitzenden, denen ich in meinen Tausenden von Prozessen gegenübergestanden habe.

Ich fuhr nach Hause. Meiner Frau sagte ich, daß im Laufe der nächsten beiden Tage unser teuer im Schleichhandel erworbener Kaffee draufgehen würde und daß ich im übrigen nicht gestört sein wolle. Diese letzte Bitte galt vor allem unseren Hunden, dem Dobermann «Harras» und dem Seidenspitz «Fix», den sonst unbeschränkten Herrschern über meine Freizeit.

Ich schlug die Akte Schumann auf. Als ich die ersten Seiten gelesen hatte, wußte ich, daß mir die Menschheit ein Buch mit sieben Siegeln geblieben war …

*

Am Mittwoch, dem 20. August 1919, vormittags halb elf Uhr, erscheint im Wartezimmer des praktischen Arztes Dr. Tepling, wohnhaft in Berlin-Spandau, Potsdamer Straße, ein kaum mittelgroßer, blonder Mann. Er mag etwa achtundzwanzig Jahre alt sein, trägt eine umgearbeitete feldgraue Uniform, dazu einen hellen weichen Hut. In der rechten Hand hält er einen schlanken Spazierstock aus hellem Holz. Er weist einen Krankenschein der Bezirkskrankenkasse Spandau vor. Der Schein lautet auf den Namen Friedrich Schumann, Schlosser.

«Wissen Sie», sagt der Besucher, «ich habe beruflich mit Zündern zu tun, habe Pech gehabt und bin durch Sprengstücke verletzt worden.» Er deutet auf seinen Oberarm.

Das ist in jenen Tagen nichts Ungewöhnliches. In den ehemaligen Munitionsfabriken und Arsenalen des Spandauer Bereichs liegen noch Unmengen fertiger und halbfertiger Munition aus dem Kriege herum. Ein großer Teil der männlichen Bevölkerung verschafft sich durch Verkauf des Metalls einen dringend notwendigen Nebenverdienst.

Der Arzt läßt Schumann Rock und Hemd ablegen. Um den linken Oberarm trägt Schumann einen Verband. Der Arzt entdeckt acht kleine, stark entzündete Hautwunden. Es sind winzige Löcher. Sie können niemals von Sprengstücken herrühren. Vorsichtig betastet Dr. Tepling den Arm und fühlt mehrere kleine harte Fremdkörper. Schrotkörner wahrscheinlich …

«Ich schreibe Sie krank», sagt Dr. Tepling, dem der unstete Blick des Besuchers auffällt. «Bitte nehmen Sie schon immer im Verbandzimmer Platz. Ich fürchte, Sie müssen ins Krankenhaus.»

Ruhig setzt sich Schumann in das Verbandzimmer. Er hat offenbar starke Schmerzen im Arm.

Inzwischen geht der Arzt rasch in die Küche. «Renne sofort zur Polizei», sagt er seiner Frau. «Ich glaube, das ist der Kerl, der vor zwei Tagen den Revierförster im Spandauer Forst ermordet hat.»

Dann geht Dr. Tepling in das Verbandzimmer zurück. Mit der Sonde stellt er fest, daß es sich um Schußkanäle handelt. Er fühlt jetzt die Schrotkörner deutlich.

Als Dr. Tepling den Verband anlegt, klingelt es draußen. Aus den Augenwinkeln beobachtet der Arzt den unheimlichen Patienten. Aber der schaut ins Leere, wie jemand, der einen Schmerz verbeißen will.

«Die beiden Männer vom Elektrizitätswerk», sagt die Arztfrau. «Wegen der Leitung im Schlafzimmer.»

Die beiden Männer, die jetzt auf Zehenspitzen durch das Verbandzimmer in das anschließende Schlafzimmer gehen, tragen Werkzeugtaschen. Sie machen die Tür leise hinter sich zu.

Aber schon wenige Sekunden später geht die Tür wieder auf. Jeder von ihnen hält in der Rechten einen Revolver, in der Linken eine Blechmarke.

«Kriminalpolizei! Wir verhaften Sie wegen Raubmordes.» Ruhig steht Schumann auf. Kein Erstaunen, kein Erschrecken, kein Fluchtversuch. Die Vorsicht der Beamten, die erst die vom Schlafzimmer auf den Korridor führende Tür abgeschlossen hatten, erweist sich als überflüssig.

Das geschieht am Vormittag des 20. August 1919. Am Abend melden die Zeitungen, daß die Spandauer Kriminalpolizei mit Schumann einen Doppelmörder gefaßt hat. Er habe nicht nur den Revierförster Nielbock erschossen, sondern am gleichen Tage auf der Spandauer Chaussee einen Radfahrer ermordet.

Gleichzeitig wird die Vermutung ausgesprochen, daß Schumann für eine Kette rätselhafter Mord- und Gewalttaten verantwortlich sein könnte, die in den letzten zwei Jahren die Anwohner des Spandauer Forstes und des lieblich gelegenen Falkenhagener Sees in Angst und Schrecken versetzt haben. Und schon am nächsten Tage scheint es gewiß zu sein: der Massenmörder vom Falkenhagener See ist gefaßt.

Ein Aufatmen geht durch die Bevölkerung, aber auch eine Welle von Wut und Haß. Auf den Straßen, in den Geschäften, in den Destillen, überall hört man den Namen dessen, der jahrelang seinen Mitbürgern, seiner Familie, seinen Arbeitskollegen als ein harmloser, arbeitsamer und bescheidener Mensch erschienen ist. Jetzt nennt man ihn «Bestie in Menschengestalt», jetzt soll er mit einem Male alle Übeltaten begangen haben, die seit Jahren in Spandau und Umgebung verübt worden sind.

Kriminaloberwachtmeister Lahmann vom Morddezernat der Berliner Kriminalpolizei, dem der Fall übertragen wird, kann sich vor Zeugen und Beweismaterial nicht retten. Nach zweitägiger Vernehmung teilt er mit, daß Schumann ein volles Geständnis abgelegt habe. Aber schon am Tage darauf muß er zugeben, daß der Verhaftete nur gestanden hat, auf den Förster Nielbock geschossen zu haben, als dieser ihn beim Wildern ertappt und die Waffe auf ihn angelegt habe.

Aber dann kommt der große Schlag: Uhren, Ringe, Wäschestücke, die man säuberlich sortiert und mit Bändchen verschnürt in Schumanns Wohnung findet, werden von den Angehörigen derer, die nach einem Ausflug zum Falkenhagener See verschollen geblieben sind, als Eigentum ihrer Kinder oder Geschwister wiedererkannt. Pfadfinder und Wandervögel waren es, verliebte Paare, die an den stillen Seeufern lagerten.

Ein grausiges Bild steigt aus den Schilderungen des Kriminaloberwachtmeisters Lahmann auf: Irgendwo im Gebüsch Schumann … Mit einem scharfen Feldstecher, den er als Erinnerung an seine Frontzeit als

Maschinengewehrschütze behalten hat, sucht er den gegenüberliegenden Waldrand ab … Jetzt hält er das Glas still. Dort drüben bewegt sich etwas … Ein Pärchen hat sich hinter einem grünen Gebüsch niedergelassen.

Schumann beobachtet weiter, das Pärchen, die Büsche ringsum, bis er weiß, daß er mit seinen Opfern allein ist. Dann läßt er das Glas sinken und gleitet wie eine Raubkatze zu Boden. Kein Ast knackt, kein Farnkraut bewegt sich, als er sich an die beiden heranschleicht …

Jetzt hört er Lachen, verliebte Worte. Wieder hebt er den Feldstecher. Ganz groß hat er die beiden jetzt im Blickfeld. Während die Linke noch das Glas hält, zieht die Rechte aus der Brusttasche die schwere, langläufige Parabellum-Pistole. Spielerisch drückt der Daumen den Sicherungsflügel herunter, fest schließt sich die Hand um den Kolben.

Im gleichen Sekundenbruchteil, in dem der Schuß kracht, ist Friedrich Schumann schon auf den Beinen und im Sprung auf sein Opfer. Er wartet nie ab, ob er auch getroffen hat. Friedrich Schumann fehlt nie, er hat dafür das Eiserne Kreuz bekommen. Und dann ist er über dem Mädchen, das noch gar nicht begriffen hat, was geschehen ist. Nur daß statt des vertrauten Gesichtes da plötzlich ein anderes, fremdes ist. Zwei brennende und doch kalte Augen stechen aus diesem Gesicht, die Augen eines Raubtieres. Und bevor sich ihr Schreckensschrei noch aus der Kehle gelöst hat, hat der Kerl, das Tier, die Bestie schon seine Hand über ihren Mund gelegt, eine eiserne Klammer und doch beinahe zärtlich. Bald kracht wieder ein Schuß …

Wenn Friedrich Schumann von seinen Waldspaziergängen in seine kleine, saubere Wohnung in der Staakener Straße zurückkehrt, ist er ruhig und ausgeglichen. Seine hübsche stille Frau kennt seine tiefe Liebe zum Wald. Er glaubt, die Sprache der Vögel zu verstehen, und er wird direkt gesprächig, wenn er seiner Frau erzählen kann, auf welche geschickte Waldläufermanier es ihm wieder einmal gelungen sei, ein Gespräch der Vögel zu belauschen …

*

Der Morgen graute bereits, als ich damals die Akte Schumann aus der Hand legte. Ich wußte jetzt, weshalb mein Vorgänger sein Mandat als Offizialverteidiger niedergelegt hatte. Schumann hatte vor der Kriminalpolizei und dann auch vor dem Untersuchungsrichter zunächst eine ganze Reihe von Morden, von Mordversuchen und Notzucht eingestanden. Nur gegen den Vorwurf des gemeinen Diebstahls hatte er sich energisch zur Wehr gesetzt. Er habe den Toten die Wertsachen lediglich abgenommen, um eine Trophäe zu besitzen.

Man konnte ihm auch nicht nachweisen, daß er etwas von seiner Beute zu Geld gemacht oder für sich verwendet hatte.

Plötzlich jedoch, kurz vor Abschluß der Voruntersuchung, hatte er alle Geständnisse widerrufen. Sie seien ihm von den Kriminalbeamten unter schweren Mißhandlungen abgepreßt worden. Die geistigen Urheber seiner Taten seien die Kriminalisten selber. Sie hätten die Protokolle aufgesetzt, und er habe zu allem «Ja» gesagt, um nicht von ihnen totgeprügelt zu werden. Vor dem Untersuchungsrichter habe er lediglich den Inhalt der polizeilichen Protokolle bejaht, um die endlose Untersuchung zu Ende zu bringen und die Hauptverhandlung endlich herbeizuführen, in der er das Lügengewebe der Polizei zerstören wollte ... Es klang nicht überzeugend.

Wahrscheinlich war mein Vorgänger dem uralten Gewissenskonflikt des Verteidigers erlegen: Darf man als Anwalt einen Menschen verteidigen, von dessen Schuld man selber überzeugt ist?

Natürlich hätte auch ich die Verteidigung ablehnen können. Ich dachte keinen Augenblick daran. Es gibt keinen Menschen, der einsamer und verlassener ist als der Angeklagte vor Gericht. Solchen Menschen zur Seite zu stehen, ihnen mit meiner Kenntnis des Rechts, der Überredungskunst meiner Sprache und meiner ganzen Persönlichkeit zur Seite zu stehen, war mein Beruf.

Friedrich Schumann hatte ein Recht auf meine Hilfe. Ich hatte kein Recht, sie ihm zu verweigern, so undankbar die Aufgabe auch sein mochte. Das Schreiben, in dem ich zum Offizialverteidiger bestellt war, gab mir das Recht, den Angeklagten im Untersuchungsgefängnis zu sprechen. Ich fuhr nach Moabit.

Wenn ich an jenem Sonntagnachmittag des Jahres 1920 nicht gewußt hätte, wer mir gegenübertrat, ich hätte den schmächtig gebauten jungen Menschen, der da in die Besucherzelle des Untersuchungsgefängnisses geführt wurde, nicht für einen gefährlichen Massenmörder gehalten. Für einen Defraudanten vielleicht, für einen Gelegenheitsdieb, für einen jener zahllosen Gestrauchelten, die damals die Gefängnisse bevölkerten …

Aber dann sah ich seine Augen. Es waren die Augen eines gefangenen Tieres, die wild, unruhig, witternd über mich hinglitten. Er hatte blaßblondes Haar, um Kinn und Backen einen Anflug von Bart. Seine Kopfform zeigte keine deutlichen Züge von Degeneration, vielleicht trat das Kinn etwas zu stark zurück. Ich sollte dieses Gesicht noch unzählige Male sehen und die erschütternden Verwandlungen erleben, deren es fähig war.

«Ich bin zu Ihrem neuen Offizialverteidiger bestellt worden», sagte ich. «Bitte, nehmen Sie Platz.»

Die Zelle enthielt einen breiten Tisch, auf jeder Seite einen Stuhl. Schumann war ungefesselt. Aber ich wußte, daß ich nichts zu befürchten hatte.

«Wie geht es Ihnen gesundheitlich?» fragte ich.

«Danke, ich kann nicht klagen.»

«Wie ist das Essen?»

Er zuckte mit den Schultern: «Na, wie das eben jetzt ist. Draußen haben sie ja auch nicht viel zu beißen.»

Er sprach ruhig, überlegt, fließend, ohne jeden Dialekt. Seine Sprache klang beinahe gepflegt. Die eines intelligenten jungen Arbeiters, der viel liest.

«Sie werden also morgen der Verhandlung folgen können?» Er nickte mit dem Kopf.

«Sind Sie aufgeregt?»

«Nein, warum?» Das klang abwehrend, feindlich.

«Es geht um Ihren Kopf!»

«Das ist mir egal», sagte er ruhig.

«Wie kann Ihnen das egal sein, wenn Sie unschuldig sind?»

«Man glaubt mir ja doch nicht!»

«Die Beweise der Anklagebehörde sind stark.»

«Kunststück … Die Beamten leben ja davon … Die haben darin Übung.»

«Und die Gegenstände, die man bei Ihnen gefunden hat?»

«Die habe ich gefunden.»

«Und die Zeugen, die Sie erkannt haben?»

«Die haben sich geirrt.»

Ich mußte mich zwingen, nicht zu lächeln. Ich versuchte, mich von den Ungeheuerlichkeiten frei zu machen, die die Anklageschrift berichtete. Schließlich war ich ja nicht Schumanns Richter, sondern sein Verteidiger. Auch wenn die Beweise noch so stark gegen Schumann sprachen, er mußte im Gerichtssaal, vor dem Forum der Öffentlichkeit Stück für Stück überführt werden. Und meine Aufgabe würde es sein, die Beweise gegen ihn scharf unter die Lupe zu nehmen, jedes Wort, jeden Zeugen oder Sachverständigen dreimal zu durchleuchten, jeden Schein eines Zweifels hervorzukehren und vor den zwölf Geschworenen auszubreiten.

Aber konnte ich das, wenn Schumann nur bei seinem stereotypen «Ich habe es nicht getan» blieb?

«Hören Sie», sagte ich, «ich muß Sie auch verteidigen, wenn Sie mir die Taten eingestehen, die man Ihnen zur Last legt ...»

Seine Augenbrauen zogen sich drohend zusammen, sein Blick wurde stechend.

«Ich habe niemand etwas zu gestehen.»

«Nach dem Gesetz bin ich verpflichtet, über alles, was Sie mir als Ihrem Verteidiger anvertrauen, Stillschweigen zu bewahren.»

«Ich habe Ihnen nichts anzuvertrauen.»

«Wenn Sie die Taten begangen hätten und würden ein Geständnis ablegen, wäre es vielleicht möglich, Ihre Unzurechnungsfähigkeit nachzuweisen.»

«Das verbiete ich Ihnen!» Schumann war aufgesprungen, er bebte am ganzen Körper. Er, der auf die furchtbarsten Anklagen mit einem Schulterzucken reagierte, geriet außer sich, als ich seine geistige Gesundheit in Frage stellte. Er sagte: «Ich bin ganz normal.»

«Na gut! Wie Sie wollen. Ich hoffe, Sie werden noch ein bißchen mehr Vertrauen zu mir bekommen ... Wie war das mit den Geständnissen bei der Polizei? Hat man Sie wirklich geprügelt?»

«Ja.»

«Wenn die Angehörigen der Ermordeten handgreiflich geworden sind ... das wäre ja vielleicht zu verstehen.»

Er nickte. «Aber auch die Polizisten haben mich geschlagen, einmal so, daß ich zwei Tage wegen meines geschwollenen Gesichts nicht fotografiert werden konnte!»

«Gibt es dafür Zeugen?»

«Ja, aber die halten doch alle zusammen.»

«Also dann bis morgen», sagte ich und stand auf. «Im übrigen … Sie sagten vorhin, das verbiete ich Ihnen! Merken Sie sich, ich lasse mir von Ihnen nichts verbieten, was in Ihrem Interesse liegt. Wenn Sie selber überzeugt sind, daß Sie normal sind, bitte! Ich werde auf Unzurechnungsfähigkeit hinarbeiten.»

«Gut, aber Glück werden Sie damit nicht haben!» Schadenfroh, kalt und selbstsicher rief er es hinter mir her, als ich die Zelle verließ.

Er sollte recht behalten.

*

Die Eröffnung der Verhandlung gegen Friedrich Schumann im großen Schwurgerichtssaal des Landgerichts III ging mit jener Mischung aus düsterem Pomp und preußisch-knapper Geschäftsmäßigkeit vor sich, die für den Betrieb in Berlin-Moabit typisch war.

Der Andrang des Publikums war ungeheuer. Wie immer überwog auf den Zuschauerbänken das weibliche Element. Auf dem Zuschauertisch lagen zwei offene Lederkoffer, gefüllt mit Kleidungs- und Wäschestücken der Opfer. Daneben, matt glänzend, die Parabellum-Pistole und der Feldstecher Schumanns.

Jetzt öffnete sich die Tür hinter der Anklagebank. Aus dem Untersuchungsgefängnis, das durch einen unterirdischen Gang und ein besonderes Treppenhaus mit den Gerichtssälen verbunden ist, wurde Schumann hereingeführt. Bei der Verlesung des Eröffnungsbeschlusses saß er da, ohne sich zu rühren. Er sah den Männern und Frauen, deren Söhne und Töchter er getötet hatte, kalt und gleichmütig ins Gesicht. Die Geschworenen wurden ausgelost. Aufmerksam betrachtete ich die zwölf, die den Wahrspruch zu fällen hatten. Dann bat ich den Vorsitzenden um das Wort zu einer Erklärung. Ich sagte:

«Als ich die Anklage las, gab es für mich nur eine Frage: Entweder ist das Wesen, dem diese Taten zur Last gelegt werden können, kein Mensch, sondern eine Bestie, ein Tiger. Oder aber … es ist ein Mensch. Dann aber kann er nur unter einem ihm selbst nicht erkennbaren, unwiderstehlichen Zwang gehandelt haben. Oder er ist ein Irrer, ein Wahnsinniger, dessen Krankheit nach dem gegenwärtigen Stande der psychiatrischen Wissenschaft nicht genügend erkennbar ist. Zwei anerkannte Fachleute auf dem Gebiet der gerichtlichen Medizin, die Geheimräte Dr. Hoffmann und Professor Straßmann, haben in einem Gutachten geäußert, daß vielleicht eine gewisse Minderwertigkeit vorliegt, aber der Paragraph einundfünfzig nicht in Anwendung komme, der einen die freie Willensbestimmung ausschließenden Zustand bei dem Täter erfordert. Bei aller Hochachtung vor diesen beiden Herren kann ich mich mit diesem Gutachten nicht zufriedengeben. Nach reiflicher Überlegung kann ich meiner Pflicht als Verteidiger nur dann gerecht werden, wenn ich jetzt hier den Antrag stelle, ein Gutachten der obersten preußischen Medizinalbehörde, des Medizinalkollegiums, einzuholen ...»

Als ich geendet hatte, war es in dem großen Schwurgerichtssaal totenstill geworden. Selbst die vielen Frauen auf den Publikumsbänken spürten, worauf mein Antrag hinauslief. Sollte hier, gleich zu Beginn der Verhandlung, diese Bestie auf der Anklagebank ihrer gerechten Strafe entzogen werden?

Landgerichtsdirektor Pioletti sah etwas erstaunt zu mir hinüber. Dann zog sich das Gericht zur Beratung zurück.

Minuten atemloser Spannung vergingen. Endlich kamen die Richter zurück. Landgerichtsdirektor Pioletti, das schwarze Barett auf dem Kopf, verkündete:

«Der Antrag der Verteidigung wird abgelehnt. Jedoch wurde beschlossen, noch einen bekannten Psychiater und einen Gerichtsmediziner heranzuziehen.»

Ich hatte meine erste Schlappe in diesem Prozeß erlitten. Es sollte nicht die letzte sein ...

Am zweiten Tag des Prozesses, der acht Tage dauern sollte, gaben die beiden neuen Sachverständigen ihr Gutachten ab. Sie hatten Schumann je eine halbe Stunde beobachtet. Ihr Urteil: zurechnungsfähig!

Dann marschierten die Zeugen auf. Eine Prozession von unendlichem Leid, die Schumann ungerührt an sich vorüberziehen ließ. Er verzog auch keine Miene, sondern blieb mit verschränkten Armen ungerührt stehen, als sich die Mutter des ermordeten Schlossers Robert Kiewitt auf ihn stürzen wollte.

Im deutschen Gerichtssaal sitzt der Verteidiger unmittelbar vor seinem Klienten. Die Vernehmung des alten Spandauer Försters Nielbock, dessen Sohn Schumanns letztes Opfer gewesen war, war eben beendet. Schluchzend, mit von Tränen erstickter Stimme hatte der Förster den guten Charakter seines Jungen geschildert.

Landgerichtsdirektor Pioletti war gerührt. Er beugte sich zu dem alten Mann vor: «Das Gericht versteht und ehrt Ihren Schmerz.»

Weinend nahm der Alte in der ersten Reihe der Publikumsbänke Platz.

Ich hatte mich erhoben, da hörte ich hinter mir unterdrücktes Rufen … Ich fuhr herum. In diesem Augenblick fiel aus der Hand des Försters ein Revolver zu Boden. Die hinter ihm sitzende Dame hatte ihm die Waffe, die er auf Schumann und mich angelegt hatte, aus der Hand geschlagen. Die Dame war … meine Frau.

Nur an einem Menschen im Saal ging der erschütternde Vorfall spurlos vorüber – an Schumann. Er blieb bei seinem Leugnen. Er blieb dabei, daß ihm seine Geständnisse von den Kriminalpolizisten mit Mißhandlungen abgepreßt worden seien. Doch niemand glaubte ihm.

*

Acht Tage kämpfte ich einen aussichtslosen Kampf. Kämpfte ich für Schumann? Nein. Ich kämpfte einfach dafür, daß trotz aller Last der Beweise, trotz allen Abscheus ihm das Recht wurde, das jedem Menschen zusteht: solange als unschuldig zu gelten, bis das Gericht über ihn sein Urteil gesprochen hat und dieses Urteil rechtskräftig geworden ist. Ich kämpfte damit nicht für Schumann, sondern für das Recht schlechthin. Ich kämpfte damit auch für die Richter. Denn nur wenn ich alle Möglichkeiten, die für den Angeklagten sprechen konnten, erschöpft hatte, konnte der Richterspruch Bestand haben und über jeden Zweifel erhaben sein. Es war eine Sisyphusarbeit.

Würde es mir je gelingen, die Geschworenen zu überzeugen? Jene Männer, zwölf Männer aus dem Volk, die allein über Schuld oder Unschuld zu entscheiden hatten?

Die Zeitungen nannten meinen Namen. Meine Anträge wurden gelobt, glossiert oder auch verdammt.

Eines Tages, als ich den Gerichtssaal verließ, hörte ich, wie sich hinter mir zwei Damen aus dem Publikum unterhielten. «Woher der Schumann nur das Geld hat, sich einen so teuren Anwalt zu halten?»

Ich war nach der Verhandlung erschöpft und erregt, sonst hätte ich wahrscheinlich geschwiegen. Aber so drehte ich mich um und sagte: «Wenn Sie's genau wissen wollen, ich bekomme für den ganzen Prozeß sechzehn Mark. Und die zahlt die Staatskasse.»

Sechzehn Mark war das Honorar eines Offizialverteidigers, ohne Rücksicht darauf, ob der Prozeß eine Stunde oder eine Woche dauerte.

Am achten Tage sprachen die Geschworenen Schumann schuldig. In sechs von den elf Fällen, die Schumann zur Last gelegt waren, des Mordes. In elf Fällen des versuchten Mordes, in sechs Fällen der Notzucht, in acht des schweren Diebstahls. In fünf Mordfällen waren sie meinem Antrag gefolgt und hatten Schumanns Schuld als nicht erwiesen angesehen.

Die Fesseln waren Schumann abgenommen worden, als der Wahrspruch des Geschworenen-Obmanns erging. Er drehte dem Gericht den Rücken zu, als interessierte ihn das Ganze nicht.

Der Staatsanwalt stellte seinen Antrag: sechsmal zum Tode, lebenslängliches Zuchthaus, zehn Jahre Zuchthaus, zahllose Gefängnisstrafen …

Landgerichtsdirektor Pioletti blickte zu mir herüber. «Herr Verteidiger …»

«Die Verteidigung verzichtet auf Anträge», sagte ich.

Das war die Ankündigung, daß ich Revision gegen das Urteil einlegen würde – Schumanns letzte Chance.

«Haben Sie noch etwas zu sagen, Angeklagter?» Schumann schwieg. Kein Zucken in dem harten, verschlossenen Gesicht.

Das Gericht zog sich zur Beratung zurück. Das Licht der Kronleuchter flammte auf. Über dem überhitzten Raum, in dem so viele Opfer Schumanns saßen, Frauen, an deren Kehle er seine Hand gehabt, Angehörige, Eltern, Witwen, Söhne, Töchter von Ermordeten, lagerte unerträgliche Spannung.

Der Uhrzeiger sprang auf acht, als der Gerichtshof in den Saal zurückkam. Das Urteil: sechsmal zum Tode, lebenslängliches Zuchthaus, zahllose Nebenstrafen …

Ein Aufatmen ging durch den Saal. Ich drehte mich zu Schumann um. Er blickte mir völlig ruhig in die Augen. Dann machte er eine Handbewegung, als wollte er sagen: «Nun, was habe ich Ihnen prophezeit?»

Lässig lehnte er sich über die Barriere, die mich von ihm trennte. «Es ist sehr warm», sagte er. «Hoffentlich ist es in Plötzensee kühler.» Ich blickte den Zeugen und Zuhörern nach, die dem Ausgang zudrängten. Ich konnte diesem Menschen jetzt nicht in die Augen sehen. Ich haßte ihn.

«Wenn ich Sie bitten darf», hörte ich Schumann von ferne sagen, «reichen Sie ja keine Revision ein. Es ist doch umsonst, und mir ist ganz gleich, was mit mir geschieht.»

«Morgen reiche ich Revision ein», erwiderte ich.

Das Verfahren hatte tatsächlich große Mängel gehabt. Die Frage der Unzurechnungsfähigkeit war nicht genügend geklärt worden, und die Sache mit Lahmann erschien auch nach dem Urteil mehr als zweifelhaft. Die Revision hatte unbedingt Aussicht auf Erfolg.

«Schön.» Er zuckte mit den Schultern. «Aber wegen mir nicht. Und wenn's mir zu lange dauert, protestiere ich …»

Die Revision gegen das Urteil im Schumann-Prozeß wurde angemeldet.

Ich besuchte Schumann mehrmals in Plötzensee. Er drängte auf Erledigung der Revision.

«Machen Sie doch Schluß», sagte er immer wieder, «auf daß die Todesstrafe bald mich treffe.» Diese verschrobene Phrase mußte er aus irgendeinem Buch aufgeschnappt haben.

Bei einem dieser Besuche lernte ich Schumanns eigenartige Naturphilosophie kennen. Seine Zelle lag in einem Flügel des Gefängnisses, der an einen kleinen Park angrenzte. Man konnte die Wipfel von Bäumen sehen und das Gezwitscher der Vögel hören.

«Seien Sie bitte mal still», sagte Schumann plötzlich und horchte. Es war ein langgezogenes Pfeifen hörbar, dem ein aufgeregtes Zwitschern antwortete.

«Das ist die Revier-Amsel», sagte Schumann. «Sie jagt einen Vogel fort, der in ihren Bereich eingedrungen ist. Sie hat völlig recht. In das Revier eines anderen darf niemand eindringen. Und wenn er's tut, wird er umgebracht. Mit Recht.»

Mir schien es, als hätte Schumann soeben vor mir das Geständnis abgelegt, auf das ich so lange gewartet hatte: Da war seine inbrünstige Liebe zum Wald. Der Falkenhagener Forst … das war sein Revier. Wer dort eindrang, war sein Feind. Die Männer schoß er nieder. Die Frauen gehörten ihm.

War das der Schlüssel zu seiner verbrecherischen Persönlichkeit?

Wir sprachen noch lange über das Leben der Tiere im Wald und der Vögel. Alles, was Schumann mir darüber sagte, hatte Hand und Fuß, verriet intensive Beobachtung und intelligente Auswertung. Was er sagte, zeigte seine tiefe Liebe zur Natur. Hatte er sie gegen das Eindringen der Menschen verteidigen wollen, als er zum Mörder wurde? Wenn er vom Wald sprach, war das Schreckliche, Starre aus seinen Augen gewichen, sie blickten dann lebendig, beinahe sanft. Der Gegensatz der zwei Seelen in diesem Menschen war grauenvoll und faszinierend.

*

Mitte August, fünf Wochen nach dem Urteil, fand ich auf meinem Schreibtisch einen Brief Schumanns. Ich riß den Umschlag mit dem Kontrollstempel des Gefängnisses auf und las:

«Sehr verehrter Herr Dr. Dr.!
Ich habe jetzt lange genug gewartet. Ich verzichte auf Revision und wünsche deren Rücknahme. Ebenso widerspreche ich einem von Ihnen beabsichtigten Gnadengesuch, da ich meiner Meinung nach unschuldig verurteilt worden bin und das Gericht für meine Todesstrafe die Verantwortung trägt. Ich beanspruche als mein Recht, daß bald der Tod mich treffe …
Hochachtungsvoll Friedrich Schumann».

Ich fuhr nach Plötzensee. Es war ein nutzloser Besuch. Er packte meinen Arm, er beschwor mich, einen Antrag auf baldige Vollstreckung der Todesstrafe zu stellen. Es war nicht Angst, das fühlte ich. Es war wie eine Sehnsucht nach Wissen. Wollte Schumann am eigenen Leib erfahren, was er seinen Opfern zugefügt hatte?

Ich zog die Revision zurück und teilte der Justizbehörde Schumanns Wunsch mit, bald hingerichtet zu werden.

Die Herren im Justizministerium machten bedenkliche Gesichter. Die Weimarer Republik war noch jung. Den demokratischen Idealen widersprach es, Todesurteile zu vollstrecken. Noch dazu, wenn nicht zuvor alle Rechtsmittel, also Revision und Gnadengesuch, erschöpft waren. Dieses Zögern, diese gewiß aus idealen Beweggründen stammende Unschlüssigkeit, verurteilte Friedrich Schumann, der seinen Tod herbeisehnte, zu dreizehn Monaten unerwünschten Lebens. In dieser Zeit besuchte ich ihn, sooft es meine Zeit erlaubte. Herbst und Winter gingen darüber hin, das Frühjahr brach an. Als draußen vor seinen Fenstern die ersten Vögel sangen, traf ich zum erstenmal einen Schumann, der nicht mehr Herr seiner selbst war. Zum ersten Mal sah ich Tränen in seinen Augen, als er am Gitter lehnte und nach draußen lauschte. Er war abgemagert und bleich. Schwarze Ringe standen unter seinen Augen. Er gab zu, daß er nicht mehr schlafen konnte.

Er sank vor mir in die Knie. Er beschwor mich, er flehte: «Sie erfahren es doch vorher, wann ich hingerichtet werde ... Sagen Sie es mir, bitte!»

Er könne erst wieder schlafen, wenn er nicht jeden Tag damit rechnen müsse, aus dem nächtlichen Halbdämmer heraus zum Schafott geführt zu werden.

Erst Ende Mai 1921 wußte ich endgültig, daß Friedrich Schumann demnächst hingerichtet werden würde. Ich erfuhr auch die Zeit: Ende August.

Drei Tage kämpfte ich in meinem Innern einen schweren Kampf. Dann fuhr ich nach Plötzensee. Als ich mit Schumann allein war, sagte ich ihm, daß er noch drei Monate leben dürfte.

«Leben muß», verbesserte er mich. «Aber ich bin Ihnen ja so dankbar. Jetzt kann ich wieder schlafen. Ich werde ruhig sterben ...»

*

Am Sonntag, dem 26. August des Jahres 1921, stand ich vor dem Eingang des Strafgefängnisses Plötzensee.

Es war der Vorabend des Tages, an dem mein Mandant Friedrich Schumann seine Schuld durch seinen Tod sühnen sollte. Mein Arzt, der mein Nierenleiden mit einer Kur in Bad Kissingen behandelte, hatte mir dringend abgeraten, Schumann noch einmal aufzusuchen. Aber mein Mandat für den Schlosser Friedrich Schumann war mit dem Todesurteil nicht erloschen. Solange er atmete, blieb er mein Schützling. Nur er selbst hätte mich davon entbinden können. Heute, wo die Gestalten der Vergangenheit, ihre Taten und meine eigenen Handlungen durch das tausendfache Sieb selbstkritischen und auch selbstquälerischen Erinnerns geläutert sind, weiß ich, daß weder Sensationslust noch Pflichtgefühl mich nach Plötzensee trieben. Es war der Drang, hinter das Geheimnis dieses Menschen zu kommen, der jahrelang mit seinen Taten Berlin in Unsicherheit und Schrecken versetzt hatte.

Ich fuhr herum, als die Tür hinter mir ins Schloß fiel. Es war kein lautes Geräusch, denn die Tür war klein und schmal in das riesige Portal des Gefängnisses eingelassen. Der öffnende Beamte hatte sie sogar behutsam geschlossen. Es war Nacht, und den Männern im Gefängnis saß es in Fleisch und Blut, jedes überflüssige Geräusch zu vermeiden.

Ich schämte mich ein bißchen, daß ich mich vom Zuklappen der Tür hatte erschrecken lassen. Ich bemühte mich, möglichst unbefangen zu erscheinen, und blickte mich in der hohen, kahlen Eingangshalle um. Sie war an der Rückseite durch ein zweites Portal abgeschlossen, das genau dem Eingang glich. Zwei fahlgelbe Gaslaternen an der hohen Decke tauchten die graugetünchten Wände in dürftiges Licht. «Hier rechts, bitte», sagte der Pförtner und hängte den Stahlring mit den klappernden langen Schlüsseln in den Karabinerhaken seines Lederkoppels.

In der anderen Hand hielt er ein weißes Papier. Ich hatte es ihm durch die Luke in der Tür gereicht, nachdem ich draußen geklingelt hatte.

Der Beamte hatte es erst lange studiert und dann zweimal zurückgefragt, ehe er endlich öffnete. Und er schüttelte nochmals den Kopf, ehe er mich in die Wachstube führte.

Vor dem aufgeschlagenen Wachbuch saß der Diensthabende. Ich kannte ihn. Strafanstalts-Hauptwachtmeister Sabel stand auf. Seine grauen Augen unter buschigen Brauen glitten über meinen feierlichen Gehrock und den Zylinder, den ich in der Hand trug.

«Guten Abend, Herr Doktor, je später der Abend, desto schöner die Gäste.» Er nahm aus der Hand des Pförtners die beiden Papiere und las sie sorgfältig durch. Dann blickte er mir offen ins Gesicht.

«Wenn Se meine Meinung wissen wolln, Herr Doktor ... ick wär' an Ihrer Stelle janz bestimmt in Bad Kissingen jeblieben ...»

«Ist es denn nicht selbstverständlich, Herr Sabel, daß ein Verteidiger die letzte Nacht, die sein Mandant zu leben hat, mit ihm verbringt?»

Sabel überlegte. «Nee, Herr Doktor, det finde ick höchst unjewöhnlich ... Et jibt nich ville Verteidijer, die det machen.»

«Schläft Schumann?»

«Schlafen? Det is es ja jrade, Herr Doktor. Acht Wochen hat er jetzt jede Nacht jeschlafen. Wenn wa det Jas in die Zellen abjedreht ham, hat er schon jeschnarcht. Det war wie ne Erlösung für uns, wo er doch von de Einlieferung an die janzen neun Monate kaum mal 'n Auge zujedrickt hatte. Pletzlich könnt er schlafen, und det war jenau die Nacht, wo Sie ihn det letztemal besucht haben ...»

«Und heute nacht schläft er auch?«

«Keen Gedanke, Herr Doktor», sagte Hauptwachtmeister Sabel. «Es ist jradezu, daß man an 'n sechsten Sinn jlooben könnte.»

Der alte Gefängnisbeamte sah mich scharf an. Ob er ahnte, daß nicht Schumanns sechster Sinn, sondern ich, sein Verteidiger, ihm das Datum seiner Hinrichtung verraten hatte? Ich blickte auf meine Armbanduhr. Es war ein Viertel nach Mitternacht ... Jetzt mußte der Gefängnisdirektor drüben in Station III, Zelle 301, sein. Jetzt würde er dem sechsmal zum Tode verurteilten Friedrich Schumann eröffnen, daß er beim Morgengrauen des kommenden Tages dem Scharfrichter übergeben wird.

«Ist der Scharfrichter schon da?» fragte ich.

«Gröpeler ist mit dem Zug acht Uhr zwanzig aus Magdeburg angekommen.»

«Darf ich jetzt zu Schumann?»

Hauptwachtmeister Sabel wurde dienstlich. «Wachtmeister Krause ... bringen Sie den Herrn Rechtsanwalt in Station römisch III, Zelle 301. Genehmigung der Generalstaatsanwaltschaft liegt bei den Akten.»

Und zu mir sagte er: «Machen Sie's ihm leicht, Herr Doktor.»

Dann drehte sich der Schlüssel zum Innern des Gefängnisses im Schloß ...

Der Gang zu den Todeszellen des Strafgefängnisses war schmal. Zelle 301 lag ganz am Ende, dicht neben der Tür zum Hof III, in dessen

Mitte der hölzerne Hinrichtungsschuppen steht. An der schweren Zellentür wartete ein Beamter. Krause sprach leise mit ihm.

«Wollen Sie 'n erst mal von draußen ansehen?» fragte er mich und zog vorsichtig die eiserne Klappe in der gepanzerten Tür herunter.

Durch den «Spion», eine vergitterte Öffnung, blickte ich in die Todeszelle.

Zuerst glaubte ich, der Beamte habe sich in der Tür geirrt. Da drinnen, in dem drei mal vier Meter großen Raum saßen drei Männer. Zwei von ihnen trugen die grüngraue Uniform der Aufseher. Einer saß auf einem Stuhl, der andere auf dem schmalen Bett.

Der dritte Mann hatte die graublaue Sträflingskluft an.

Quer über die Schulter war ein weißer Stoffstreifen wie eine Epaulette aufgenäht – das Zeichen der Mörder. Ruhig saß er an dem Klapptisch auf einem einzementierten Hocker. Er war schmächtig, er hatte Friedrich Schumanns Figur ... Aber das Gesicht war mir völlig fremd.

Als ich Schumann zuletzt gesehen hatte, war er ein bleiches Wrack gewesen, zermürbt von Monaten der Ungewißheit, von endlosen Nächten ohne Schlaf. Jetzt sah er beinahe gesund aus. Die Augen waren klar und ruhig. Jetzt, wo er noch fünf Stunden zu leben hatte ...

Gelassen plauderte er mit seinen Wärtern. Ich sah, wie sich seine Lippen bewegten. Aber ich hörte nichts. Es war wie in einem gespenstischen Traum.

Ich trat zurück. Die schweren stählernen Riegel klapperten, die Bolzen des Schlosses schnappten zurück. Die Tür ging auf ...

«Herr Rechtsanwalt!» Die Worte kamen halb erstickt. Und doch klang es wie ein Aufschrei.

Friedrich Schumann war aufgesprungen. Er starrte mich ungläubig an. Dann sah ich ein Lächeln im Gesicht des Massenmörders vom Falkenhagener See aufglimmen. Wie zur Begrüßung hatte er die rechte Hand erhoben. Dann ließ er sie herabfallen, als sei er nicht sicher, ob ich die Hand auch ergreifen würde.

Wie ein schüchterner Junge stand er jetzt vor mir, der Mann, der mit eiserner Stirne elf Morde abgestritten, der den Frauen, Müttern und Brüdern seiner Opfer kalt und verächtlich ins Gesicht geblickt hatte. Mit gleichgültiger Geste hatte er den sechsfachen Todesspruch angehört. Feindselig war er mir in den Arm gefallen, als ich Revision gegen das Urteil eingelegt hatte. Wütend hatte er mir verboten, ein Gnadengesuch einzureichen. Er, der sich die Herrschaft über Tod und Leben anderer angemaßt hatte, wollte auch Herr über sein eigenes Leben und seinen Tod sein.

Mit einer unbeholfenen Geste deutete Schumann auf sein Bett. «Nehmen Sie bitte Platz, Herr Doktor … oder?»

In den graublauen Augen flackerte die Angst, ich könnte mich umdrehen und gleich wieder Weggehen.

Draußen vor der Zellentür hörte ich Schritte, gedämpft und doch deutlich. Es wurde leise gesprochen, dann klirrte Metall gegen Porzellan. Das Türschloß knirschte, der schwere Riegel wurde zurückgeschoben. Einer der beiden Wärter von vorhin trat ein.

«Das Essen, Schumann.» Er stellte einen emaillenen Essenträger, in dem mehrere Schüsseln übereinanderstanden, auf den Tisch.

Und plötzlich lastete der Schatten des Todes, der in unserem Gespräch zurückgetreten war, wieder über dem engen Raum. Von den Tellern und Schüsseln ging er aus, von dem hölzernen Besteck, von dem Duft nach Fleisch und Gemüse, der die Zelle durchzog. Es war der Duft von Schumanns Henkersmahlzeit.

Schumann selber zerstörte die grausige Starre dieses Augenblicks. Er schnupperte wie ein großer Junge, der in Mutters Küche tritt. Er nahm den obersten Deckel ab, steckte neugierig seine Nase in die Schüssel: «Ah … Bouletten! Und dazu Teltower Rübchen», sagte der Wachtmeister. «Und der Grieß-Flammeri?» fragte Schumann.

«Grieß-Flammeri mit Blaubeer-Kompott, schön suppig, zum Nachtisch», bestätigte der Beamte mit unsicherer Stimme.

«Alles wie gewünscht.»

«Dann ist ja alles da», strahlte Schumann.

«Ja, und draußen im Ausguß steht das Weißbier und der Himbeersaft für 'ne richtige Weiße mit Schuß …» Der Wärter stellte Teller hin, nahm die Schüsseln aus dem Behälter. «So, und jetzt schau ich nach det Bier …» Verdächtig schnell machte sich der Beamte davon.

«Wolln Se mal kosten, Herr Doktor?»

Schumann hatte mit der hölzernen Gabel eine Boulette zerteilt und hielt sie mir hin.

«Danke ...»

«Na, denn nicht!»

Der Wachtmeister brachte das große Weißbierglas herein, bis zum Rand voll mit weißem, von dem Schuß Himbeersaft rosig gefärbtem Schaum.

Schumann hob das Glas an den Mund, trank lange, seufzte und setzte es schwer auf den Tisch. Ein Streifen kleiner Bläschen stand um seine blassen Lippen.

«Übrigens, ich muß Ihnen heute noch eine Menge erzählen», sagte er, während er sorgsam ein Stück Teltower Rübchen aufspießte und zum Munde führte.

«Erzählen Sie!«

«Später», sagte Schumann. «Jetzt will ich mir nicht den Appetit verderben!»

Fast eine halbe Stunde sah ich dem Mahl zu.

Friedrich Schumann ließ sich Zeit. Die vier großen Bouletten – «reines Hühhott ohne Bäckerzusatz», stellte er sachverständig fest – waren vertilgt, die Teltower Rübchen, die Kartoffeln.

Endlich schob Schumann die Teller zurück und hob den weißen Grieß-Flammeri aus dem Gestell. Über den reinen weißen Puddingberg goß er den blauroten Saft mit den schwarzroten Beeren. Der aromatische Duft der Beeren stieg mir in die Nase.

«Jetzt wachsen sie draußen in meinem Revier, die Blaubeeren», meinte Schumann nachdenklich. «Sind Sie eigentlich mal draußen gewesen im Spandauer Forst, Herr Doktor ... am Falkenhagener See?»

Ich nickte.

«Na ... dann müßten Sie mich doch eigentlich verstehen?»

Ich fühlte, daß der entscheidende Augenblick gekommen war. Ich sagte: «Verstehen ... nein.»

«Dann muß ich es Ihnen näher erklären, Herr Doktor. Später, wenn ich gegessen habe ...»

«So ...», er schob endlich den sauber ausgekratzten Teller zurück. «Jetzt haben wir noch schön Zeit, damit ich Ihnen die Wahrheit erzählen kann.»

«Welche Wahrheit?» Ich mußte mich zwingen, daß ich nicht aufsprang. «Welche Wahrheit, Schumann?»

Er musterte mich interessiert, ein wenig von oben herab. Meine Erregung schien ihm wohl unverständlich. Er faltete die Hände, drehte die Daumen und blickte zur Tür hin, wo er hinter dem vergitterten Guckloch die Augen des Wachtmeisters witterte.

Dann beugte er sich zu mir herab. Ich fühlte seinen Atem an meinem Ohr. Er sprach leise, aber seine Stimme war ruhig und fest: «Das Gericht hat mich sechsmal zum Tode verurteilt …» Wieder huschte sein Blick zur Tür. Er rückte noch näher. Er flüsterte: «Ich habe aber nicht sechs, auch nicht elf … ich habe fünfundzwanzig umgebracht.»

Ich fühlte, wie mir der kalte Schweiß den Nacken hinunterrann. Meine Hand packte unwillkürlich seinen Arm. Ich blickte in seine Augen. Sie waren ganz nah, sie waren kalt wie Stahl.

Ich sagte: «Schumann … wiederholen Sie mir das noch einmal.»

«Hören Sie denn schlecht, Herr Doktor?»

«Ich glaube, ich habe schlecht gehört.»

«Na schön», sagte Schumann, «dann will ich es Ihnen noch mal sagen, damit Sie es nun ganz genau wissen … alles in allem habe ich fünfundzwanzig umgebracht.»

«Fünfundzwanzig?» fragte ich heiser. «Wegen elf Morden waren Sie angeklagt. Wer sind die anderen vierzehn? Kennen Sie von einigen etwa die Namen? Können Sie sich vielleicht noch an Einzelheiten erinnern? Wann es gewesen ist? Ob es Männer oder Frauen waren? Wie sie aussahen?»

«Lassen Sie doch meinen Arm los, Herr Doktor. Sie tun mir ja weh», sagte Schumann. «Und was die Zeit und die Einzelheiten betrifft … Natürlich, an das erinnere ich mich doch ganz genau.» «Schumann …», stieß ich mit heiserer Stimme hervor. «Könnten Sie mir dieses Geständnis schriftlich geben?« Ich griff in die Tasche und holte Papier und Bleistift hervor. «Wozu wollen Sie das schriftlich haben? Mehr als einmal hinrichten, das gibt es doch nicht?»

«Mensch, Schumann», keuchte ich. «Begreifen Sie doch … Wenn Sie mir das schriftlich geben, dann werden Sie nicht hingerichtet. Sie sind gerettet!»

«Was?» fragte Schumann.

Er war von seinem Hocker aufgesprungen und starrte mich an. Totenbleich, mit Augen, die tief in ihren Höhlen lagen. «Sie werden überhaupt nicht hingerichtet!», schrie ich. «Mit diesem Geständnis kriegen Sie den Paragraphen einundfünfzig … Fünfundzwanzig Morde, Schumann, das tut kein normaler Mensch. Und wenn er sie gesteht, dann ist er anomal.»

«Aber das will ich doch nicht, Herr Doktor», stieß Schumann hervor.

«Aber Sie sind anomal», rief ich. «Begreifen Sie doch, daß Ihnen die Einsicht in das Furchtbare Ihrer Handlung fehlt.»

Ich hatte den Satz noch nicht ausgesprochen, da sank Friedrich Schumann vor mir auf die Knie und umklammerte meine Beine. «Nein … nein … nein …», keuchte er. Seine Kiefer schlugen wie im Fieberschauer aufeinander.

«Hören Sie doch zu, Schumann …»

Er ließ meine Beine los und hielt sich die Hände auf die Ohren. Jetzt hämmerte sein Kopf gegen meine Knie. «Lassen Sie mich doch sterben! Ich flehe Sie an.»

Mühsam erhob er sich. Er blickte mich flehentlich an, als das besorgte Gesicht des Aufsehers in der Tür erschien.

«Danke, es ist nichts Besonderes», sagte ich zu dem Beamten. «Er hat mir nur von seiner Mutter erzählt …» Der Wachtmeister schien nicht recht überzeugt, doch er ging. Die Tür war noch nicht hinter ihm zugeschlagen, als Schumann den Kampf wieder aufnahm. Er kämpfte für seinen Tod. Inbrünstiger als ich je für seinen Kopf gekämpft hatte. Er flehte, er philosophierte, er weinte … Es war die Hölle. Immer wieder keuchte er: «Ich will nicht in die Irrenanstalt, Herr Doktor. Ich will nicht in die Irrenanstalt …»

Ich versuchte, ihn zu überzeugen, daß er wirklich geisteskrank sei und nicht das Fallbeil, sondern die Heilanstalt eine gerechte Sühne für ihn sein würde.

Er schüttelte wie ein Wahnsinniger den Kopf, er wehrte leidenschaftlich mit den Händen ab.

Ich appellierte an seine Intelligenz. Ich versuchte, ihm klarzumachen, daß die Wissenschaft von seinem Fall profitieren könnte.

«Also Versuchskaninchen?», krächzte er. «Nein, das will ich nicht.»

Anders herum, dachte ich. Er liebt die Natur, seinen Wald, die Vögel, die Rehe …

«Vielleicht können Sie nach zehn, zwanzig Jahren wieder ein freier Mann sein und noch einmal Ihren Wald wieder erleben. Die Blumen draußen, die Bäume ...» Ich wußte, daß es eine elende Lüge war.

Er starrte mich an, und ich merkte, daß ein Zittern durch seinen Körper ging. Meine Worte hatten die empfindlichste Stelle berührt, die es an Friedrich Schumann gab. Einen Augenblick hoffte ich, die Lüge würde ihn weich machen.

«Wenn ich freikomme, fange ich wieder von vorn an», sagte er, endlich ruhiger geworden. «Nein, nein ... Es ist schon das beste so. Und ... ich bin so wahnsinnig gespannt, ob es wirklich so schlimm ist, wenn man hinübergeht.»

Ich konnte nicht mehr.

Schumann, der primitive Massenmörder, war stärker als ich. Nicht vor Gericht, sondern hier in der Todeszelle hatte ich eine schwere Niederlage als Verteidiger erlebt.

*

Vielleicht eine Viertelstunde war es in der Zelle totenstill. Ich saß auf der Pritsche, er auf dem einbetonierten Hocker. Ich wagte nicht, auf ihn zu sehen. Und die ganze Zeit dachte ich mir, daß es dennoch meine Pflicht sei, das schriftliche Geständnis von ihm zu bekommen. Selbst wenn ich nachher keinen Gebrauch davon machte.

Irgendeinmal brach ich das Schweigen und sagte es ihm. Er überlegte lange, während man von draußen den Schritt der Aufseher hörte.

Endlich sagte er: «Ja ... Wenn Sie mir versprechen, vor meinem Tode keinen Gebrauch davon zu machen.» Ich versprach es ihm.

Dann setzte er sich endlich hin und schrieb, bis hinter dem vergitterten Fenster der Morgen graute.

Endlich setzte er ab. Er wollte die Blätter zusammenfalten. Ich streckte die Hand aus. «Nein, ich will es sehen.» Zögernd reichte er mir die Papiere. Ich las:

«Mein erster Mord am 14. Mai 1908. Hertha Baizuweit, meine Kusine. Im Wald bei der Laubenkolonie ‹Frieden›. Mit dem Tesching erschossen.»

«Aber das war doch ein Unfall?»

Er lachte trocken, und dann erzählte er.

«Es war mein sechzehnter Geburtstag ... Wir feierten ihn in der Laube. Mutter war stolz, daß sie mir einen Tesching schenken konnte, Kaliber zweiundzwanzig. Tante Alma war da und ihre Tochter. Meine Kusine Hertha. Sie war ein Jahr jünger als ich. Sie hatte sich an ihre Zöpfe Stickgarn geflochten, damit sie länger aussahen. Leiden konnte ich sie nicht ...»

Er erzählte monoton, sachlich und doch faszinierend. Er berichtete, wie er an einem heißen Tag im Mai mit der Kusine zum Spielen geschickt wurde. Wie ihr lautes Rufen durch den Wald ihn zur Wut bringt ... und wie er den neuen Tesching abdrückt.

«Ich habe der Polizei damals gesagt, daß ich Hertha für ein Reh gehalten hätte», sagte mir Friedrich Schumann jetzt, zwölf Jahre später. «Das stimmte aber nicht. Ich habe mich geärgert, weil sie im Wald so laut geschrien hat. Das tut man doch nicht. Da hab' ich geschossen ...»

Damals war Friedrich Schumann in Fürsorge-Erziehung gekommen. Sechs Monate, dann steckte man ihn in die Lehre als Schlosser. Als 1914 der Krieg ausbricht, ist er grade Geselle geworden. Sehr bald drückt man ihm wieder eine Waffe in die Hand. Diesmal keinen Tesching, Kaliber 22, sondern einen Karabiner und dann ein Maschinengewehr. Diesmal Kaliber 7,9.

«Vier Jahre durfte ich schießen», erzählte Schumann, «für Kaiser und Reich. Dafür bekam ich das Eiserne Kreuz Zweiter ...» Und dann kehrt er heim nach Spandau. Er arbeitet in der Reichsbahn-Ausbesserungswerkstatt Wusterhausen. Er soll Lokomotivführer werden, heiratet ein blondes Mädchen.

«Vom Wald hatte sie keine Ahnung», beichtete Schumann. «Aber sonst war sie sehr lieb. Jede freie Stunde, jede Nacht ging ich allein in den Wald, in den Falkenhagener Forst. Das war mein Revier ...»

Und wer ihn in diesem Revier störte, den brachte Friedrich Schumann um. Mit der Parabellum-Pistole, die er aus dem Krieg mitgebracht hat. Wenn es Männer waren, genügte ihm der Mord. Waren es aber Frauen, so mußten sie erst ihm gehören, bevor er ihnen dann den «Gnadenschuß» gab.

Ich lese die grausige Liste der Fälle vor. Bei jedem frage ich ihn nach dem Grund.

Dann sagt Schumann: «Sie hat mich bei der Jagd gestört … Der hat mir die Vögel verscheucht, als ich ihnen zuhören wollte … Die haben so laut gelacht … Begegnete mir im Wald und hat mich so schnippisch angeguckt … Er hat mich gestört, als ich dem Mädel nachgehen wollte …»

*

Es war jetzt fünf Uhr morgens. Noch eine Stunde hatte Friedrich Schumann zu leben.

Schritte auf dem Flur. Riegel und Schlösser klirrten. Schumann nahm mir rasch den Zettel aus der Hand, faltete ihn und legte ihn unter sein Kopfkissen.

«Aber nur Ihnen zuliebe», sagte er. «Die anderen hätten mich niemals weich gekriegt.»

Ein baumlanger, dürrer Mann im Gehrock trat gebückt durch die Tür. Er trug ein kleines Köfferchen in der Hand. Im Zwielicht erkannte ich Sanitätsrat Dr. Lehnsen. Er war mein Hausarzt und zugleich Gefängnisarzt in Plötzensee.

«Ich denke, Sie sind in Bad Kissingen?» Er nahm seinen Kneifer ab und drohte mir mit dem Finger: «Durchgebrannt? Das werden die Nieren Übelnehmen.»

Er tat, als wäre er unvermutet in eine heimliche Skat- und Bierrunde geraten. Dabei war er gekommen, um Friedrich Schumann auf seine Tauglichkeit zur Hinrichtung zu untersuchen. Denn nach dem Gesetz durfte nur ein Gesunder hingerichtet werden.

«Na, dann wollen wir mal sehen», wandte er sich Schumann zu. Wie ein guter alter Hausarzt ließ er seine dürre Gestalt auf das Bett nieder und ergriff Schumanns Puls. «Völlig normal!» Er holte umständlich sein Stethoskop hervor und horchte das Herz ab. Dann prüfte er die Reflexe der Augen. «Alles in Ordnung.»

Der Widersinn der Prozedur ging mir auf die Nerven. Ich fühlte, wie meine Gesichtshaut zuckte. Mir graute vor dem Abschied.

Schumann machte ihn mir leicht. Mit seinem überwachen Instinkt hatte er wohl gefühlt, wie mir zumute war.

«Na, dann vielen Dank für alles», sagte er. Er hob seine Hand erst, als ich ihm meine entgegenhielt. «Viel Glück im Leben … Und machen Sie sich nicht so viel Gedanken um mich, es lohnt sich nicht.»

Ich brachte kein Wort hervor. Rasch wandte ich mich um und ging hinaus.

Am Ende des Ganges mußte ich einem breitschultrigen Manne Platz machen. Er sah wie ein Transportarbeiter aus, der hochgeknöpfte Gehrock wirkte merkwürdig an ihm. Sein kurzgeschorener Schädel saß auf einem faltigen Stiernacken. Trotz des fahlen Lichts wirkte er braungebrannt und gesund.

Noch nie hatte ich Scharfrichter Gröpeler aus Magdeburg gesehen. Aber als er mit einer flüchtig angedeuteten Verbeugung an mir vorüberging, wußte ich, daß er es war.

Wer am Kriminalgericht zu tun hatte, wußte über Gröpeler Bescheid. Er war Pferdeschlächter gewesen. Jetzt besaß er eine gutgehende Kürschnerei in Magdeburg. Vom Staat bezog er monatlich ein kleines Fixum und mußte dafür mit seinem riesigen Beil und drei geübten Gehilfen auf Anforderung der Staatsanwaltschaften zur Verfügung stehen. Für jede Hinrichtung bekam er dreihundert Mark und die Spesen … Gröpeler ging, um sich seinen Klienten anzuschauen.

«Bei dem können Se ruhich reinjehen», hörte ich den Beamten zu Gröpeler sagen. «Der hat keene Nerven!» Schumann starb ohne Laut. Ob er erfahren hat, was ihn so brennend interessierte?

Mit Dr. Lehnsen ging ich vom Gefängnis hinüber zum Bahnhof Beußelstraße. Es war ein strahlender Augustmorgen. Im Park vor dem Gefängnis zwitscherten Tausende von Vögeln. Eine Amsel zeterte vom hohen Ast wütend hinter einer schwarzen Katze her, die geduckt zur graubraunen Mauer des Gefängnisses davonsprang.

Der Westhafen lag verödet. Die Kohlenbunker der Havelzillen waren gähnend leer. Am Heck eines Kahns hängte eine dralle Schiffersfrau Wäsche auf, ein Spitz kläffte wütend einen Angler an. Vom Bahnhof Beußelstraße kam das asthmatische Pfeifen einer Ringbahnlokomotive.

Wir stiegen die Auffahrt zur Beußelbrücke hinauf. Wieder pfiff die Lokomotive.

«Wenn Sie sich im Spiegel sehen würden», Dr. Lehnsen blickte mich von der Seite an, «würden Sie jetzt mit mir einen Schnaps trinken.»

«Dazu brauche ich keinen Spiegel», sagte ich.

Der «Willkommen Wanderer» hatte schon auf. Die Kneipe lag direkt auf der Beußelbrücke, gegenüber vom Ringbahnhof. Von außen ein schäbiger, vom Qualm der Lokomotiven geschwärzter Pavillon. Innen ein gemütlicher Ausschank.

Hinter den blankgeputzten Bierhähnen leuchtete die Glatze des Wirts. Den «ollen Lehmann» nannte man ihn. Niemand wußte, ob er wirklich so hieß. Er hatte viele Jahre seines Lebens hinter den Gittern von Plötzensee zugebracht. Aber die Sache schien sich gelohnt zu haben. Denn als er entlassen wurde, konnte er sich die Kneipe zulegen. Vielleicht hatte er sie aus Dankbarkeit in Sichtweite der Türme des Strafgefängnisses eingerichtet. Oder auch aus einer richtigen Berechnung.

«Willkommen Wanderer» war ein todsicheres Geschäft. Die letzte Station für diejenigen, die sich freiwillig auf den Weg nach Plötzensee gemacht hatten, um ihre Strafe anzutreten, und die erste Station der Entlassenen. Verhärmte Eltern, die einen gestrauchelten Jungen besuchen wollten, schwere Jungen und leichte Mädchen, die «drüben» einen Kollegen oder einen Liebsten sitzen hatten, sie alle sorgten dafür, daß beim ollen Lehmann das Bier nicht schal, der Korn nicht warm und die unterm Glassturz ausgestellten Rollmöpse und kalten Bouletten nicht alt wurden. Der olle Lehmann fand für alle Gäste den richtigen Ton. Mit Schwung stellte er uns den Weinbrand hin. Dr. Lehnsen kannte er wohl. Mich musterte er mit verstohlenem Blick.

«Traurijet Jeschäft, sowat», murmelte er und verschwand diskret hinter seiner Theke.

Lehmann zweifelte keinen Augenblick, daß wir von der Hinrichtung kamen. Er wußte immer, wenn «drüben» was los war – für ihn hatten die Mauern von Plötzensee Ohren.

Dr. Lehnsen und ich tranken unseren Weinbrand. Noch einmal sah ich zu den Türmen von Plötzensee hinüber. Ich dachte an Friedrich Schumann, über den ich in der ersten Schwurgerichtsverhandlung gesagt hatte: «Das Wesen, das die meinem Mandanten zur Last gelegten Taten begangen hat, ist kein Mensch, sondern eine Bestie, ein Tiger ...» Und ich wußte, daß ich trotzdem immer wieder dem einsamen Menschen, der vor seinem Richter stand, helfen würde.

* * *

Carl Grossmann

Es war eine unruhige Zeit, damals im Jahre 1921. Geldentwertung, Teuerung, Hunger, Aufstände, Streiks ... Die Staatsmaschine der jungen Weimarer Republik ging stockend, unter Knarren und Ächzen. Nur der Apparat der Justiz lief auf Hochtouren. Für ihn hatten Krieg und Revolution eine noch nie dagewesene Hochkonjunktur herbeigeführt. Der Krieg hatte nicht nur Millionen Menschen verschlungen oder zu Krüppeln gemacht, er hatte auch die Seelen verwundet, manche völlig entstellt und verheert. Die Zahl der Verbrechen stieg ins ungeheure. Hunderttausende, die aus dem Kriege heimgekehrt waren, fanden nicht wieder zurück in ein geordnetes Leben. Hunderttausende fanden keine Arbeit und konnten sich nicht wieder an geregelte Arbeit gewöhnen. Riesig war die Zahl derer, die aus Haltlosigkeit oder auch aus Not das Gesetz brachen.

Noch war die Erregung über den Massenmörder vom Falkenhagener See nicht ganz verklungen, da mußte ich schon einen neuen Fall übernehmen, der Grauen und Schrecken über ganz Berlin verbreitete. War ich dazu ausersehen, die abseitigen Kreaturen zu verteidigen? Fast schien es mir so ...

Der Mann, den ich diesmal wochenlang täglich in seiner Zelle besuchen und schließlich im Großen Schwurgerichtssaal von Moabit verteidigen sollte, hieß Carl Grossmann, mit C. Darauf legte er besonderen Wert.

Der sechsundfünfzig Jahre alte Händler Carl Grossmann galt im Hause Lange Straße 88, nicht weit vom Schlesischen Bahnhof, als ein ruhiger Mieter. Er hatte im vierten Stock des Quergebäudes eine Wohnküche. Von dort ging er jeden Morgen mit einem zerbeulten Kunststoffkoffer auf Arbeit. Im Koffer hatte er Schnürsenkel, Spiegel in Zelluloid-Einfassung, Kämme aus Hartgummi, Sicherheitsnadeln, Druckknöpfe, Haarspangen und Lockenwickler. Es war lauter billiger Kram. Aber ob Grossmann so fleißig war oder ob er in seinem abgerissenen Jackett, dem verwitterten Hut und den viel zu langen Korkenzieherhosen Mitleid erregte – jedenfalls schien er keine schlechten Geschäfte zu machen. Sonst hätte er es ja wohl kaum zu einer Laube mit Garten draußen vor der Stadt in Alt-Landsberg gebracht. Diese Laube hatte er allerdings gegen Kriegsende verkauft: «Damit ich meiner Tochter eine anständige Aussteuer kaufen kann.» Wahrscheinlich hatte er ein bißchen von dem Geld für sich auf die hohe Kante gelegt. Denn seit es mit der Laube aus war, stellten die Bewohner des Hauses Lange Straße 88 und der Umgebung fest, daß Grossmanns Bedarf an Freundinnen ständig wuchs. Er nannte sie stolz «Wirtschafterinnen».

«Na, laßt doch den ollen Herrn seinen späten Frühling», meinten manche Leute der Langen Straße, wenn vor dem Haus Nr. 88 oder beim Grünkramfritzen darüber geklatscht wurde, wie oft Grossmann seine Wirtschafterinnen wechselte.

Daß es in der Wohnküche im vierten Stock manchmal laut wurde, daß man Schläge und Schreien hörte – auch das nahm man in dieser grauen Elendsgegend nicht sehr tragisch: «Krach kommt in die besten Familjen vor …»

«Wo der olle Zausel die Meechens immer herbringt», wunderte sich eines Abends Grossmanns Nachbar, der Arbeiter Robert Iglinsky, als es in der Wohnküche nebenan wieder mal hoch herging.

«Na, brauchste dir wundern!» meinte seine Frau und machte die Bewegung des Geldzählens. «Marie hatter und ne warme Bude hatter. Und een Kafalier isser ooch …»

Ja wirklich, er ist ein Kavalier, dieser Carl Grossmann. Ein Kavalier für die kleinen armen Mädchen aus der Provinz, wie sie zu Hunderten täglich auf dem Schlesischen Bahnhof aus den Wagen vierter Klasse für Reisende mit Traglasten klettern, um in der Weltstadt Berlin ihr Glück zu machen. Manche von ihnen werden abgeholt. Manche haben eine Adresse, zu der sie sich durchfragen müssen. Manche wissen überhaupt nicht, wohin. Und wenn es dann Nacht wird in Berlin, wenn die Lichter in den Läden und über den Straßen angehen, dann sinkt solch ein Mädchen schließlich zerschlagen und mutlos auf eine Bank am Andreasplatz. Die kleine Hand ängstlich in die Verschnürung des Pappkartons gekrallt, blickt sie auf die vorüberhastenden Menschen, deren Gesichter so grau sind wie die Fassaden der Häuser. Und dann ahnt solch ein unerfahrenes Ding dumpf, daß man nirgendwo so allein ist wie da, wo die Menschen sich am dichtesten ballen, in der Stadt.

Doch plötzlich steht eine Gestalt da, und eine Stimme spricht: «Na, Fräuleinchen, mal een bißken vapusten, wa?» Plötzlich ist ein Mensch da. Er sieht zwar alt und verwittert aus, der Anzug schlottert ihm um die Gestalt. Aber es ist doch ein Mensch. Er braucht nur noch zwei, drei Fragen zu stellen, dann hat er in wenigen Sekunden das Vertrauen des Mädchens. Und nach ein paar Minuten kennt er dessen ganze Geschichte.

«Nu weenen Se man nich, Fräuleinchen. Können von Glück sagen, daß ick Ihnen jetroffen habe. Ne Schmalzschrippe und een Topp Kaffee jibts bei mir immer», sagt Carl Grossmann.

Und wenn die Kleine noch immer zögert, meint er nebenbei: «Übrijens, bei mir is ne Stelle als Wirtschafterin frei.» Wirtschafterin – das ist ein Zauberwort für ein Mädchen, das bestenfalls auf eine Anstellung als Hausmädchen gehofft hat. Und so kommt es, daß schließlich das obdachlose Mädchen mit dem einsamen Witwer Carl Grossmann in Richtung Lange Straße davonschiebt.

Wieder hat Carl Grossmann eine Wirtschafterin gefunden. Wie lange wird sie bleiben? Wird es schon nach einem Tag Krach in der Wohnküche geben oder wird es acht oder vierzehn Tage dauern? Wird auch die Kleine aus Oberschlesien eines Tages bei Nacht und Nebel aus der Langen Straße verschwinden wie ihre Vorgängerinnen? Wird Grossmann auch nach ihrem Verschwinden zum Polizeirevier 50 in der Kleinen Andreasstraße laufen? Und dem Revier-Oberwachtmeister Klähn in den Ohren liegen: «Det Aas hat mich beklaut, wo ick ihr doch nur Jutes jetan habe.»

Auf dem 50. Polizeirevier lächelt man nur noch über die Anzeigen Grossmanns. Ein einziges Mal hat er außer dem Rufnamen auch den Nachnamen des Mädchens angeben können. Nur einmal gelang es, eine dieser verflossenen Wirtschafterinnen zu fassen. Es war die Polnische Anna, kein «unterstandsloses Mädchen», sondern eins der verrufensten Frauenzimmer der ganzen Gegend. Und im Strumpf der Anna fand die Polizei tatsächlich noch vier blaue Lappen, vier Hundertmarkscheine, die der gewitzte Alte unauffällig gezinkt hatte …

Die Polnische Anna sitzt deswegen am 21. August 1921 noch in der Frauenabteilung des Untersuchungsgefängnisses Moabit. Sie schimpft wie ein Rohrspatz darüber, denn draußen, jenseits der Gitter, ist die Luft lau, und es zieht die Anna nach draußen. Sie weiß gar nicht, wie sicher so eine Zelle in Moabit ist, verglichen mit einer gewissen Wohnküche am Schlesischen Bahnhof.

*

Dieser 21. August 1921 ist ein Sonntag. Carl Grossmann geht nicht hausieren. Er steht spät auf, bindet sich – weil doch Sonntag ist – einen Kragen und sogar einen Schlips um. Dann geht er präpeln, wie er sagt. In einer der zahllosen Budiken um den Schlesischen Bahnhof bestellt er Kasseler Rippenspeer. Er trifft Bekannte, Leute, die er vom Handeln kennt, Einwohner der Langen Straße. Carl Grossmann bestellt Schnäpse und Bier. Doch plötzlich springt er auf: «Ober, zahlen!» Er gibt ein reichliches Trinkgeld. Seine Gäste läßt er zurück.

Carl Grossmann ist an diesem Tag wieder mal ohne Wirtschafterin. Gestern, am Sonnabend, ist er wieder auf dem Revier Nr. 50 gewesen und hat Anzeige erstattet. Und als Oberwachtmeister Klähn ihn abwimmelte, hat er gekeift: «Wozu zahln wa denn Steiern, wenn ihr uns anständije Bürger nich mal gegen dieses Aaszeug schützen könnt.»

Jetzt sucht er also eine neue Wirtschafterin. Er geht die Paul-Singer-Straße hinunter bis zur Koppenstraße und biegt links ein. Im Dämmerlicht der Laterne sieht er, wie ihm eine Frau entgegenkommt. Und als er an ihr vorbeistreicht, glänzen ihre Augen feucht.

Eine Frau, die weint, muß einen Grund haben. Eine Frau, die weint, ist hilflos, schutzlos, obdachlos. Eine weinende Frau ist das, was Carl Grossmann sucht. Er kehrt um, läuft ein paar Schritte hinter ihr her. Er sagt: «Kann ich Ihnen vielleicht helfen?»

«Nee … mir kann keener helfen. Ich bin gerade ausm Frauengefängnis entlassen. Und nun stehe ich auf der Straße …» «Aber nich doch, mein Fräulein …» Grossmann faßt sie unter den Arm, er tröstet sie und lenkt bereits die Schritte zu seiner Wohnung.

Aber es ist ja Sonntag. Und Carl Grossmann weiß, was er einer Dame schuldig ist. Er sagt, nachdem Maries Koffer in der Wohnküche abgestellt ist: «Mädchen, leg Puder uff, jetzt zeig' ick dir die jroße Welt … »

Die große Welt ist für Grossmann der Rummelplatz in der Köpenikker Straße. Um dahin zu gelangen, muß man die Spree überqueren. Auf der Schillingsbrücke bleibt Grossmann stehen. Er blickt über das Geländer und deutet auf das dunkle Wasser hinab, in dem sich die Lichter der benachbarten Gasanstalt spiegeln:

«Siehste, Mädchen, so geht alles dahin, was man liebhat», sagt er. Und unten fließen die Wellen der Spree ... Marie Nitsche erschauert. So hat ja noch keiner zu ihr gesprochen. Das ist ja direkt ein Philosoph, ihr neuer Herr.

Und dann ist der Rummelplatz da. Bunte Lichter, Drehorgeln, Ausrufer und Mädchengekreisch. «Es war in Schöneberg im Monat Mai», dudelt die Karussell-Orgel. «Willste mal, Mädchen?» fragt Grossmann. Und Marie will. Als er das Billett für sie löst, sieht sie zum erstenmal seine Brieftasche. Sie ist prall gefüllt mit Hundert- und Fünfzigmarkscheinen.

Carl Grossmann zahlt das Karussell, die Gespensterbahn, den Eintritt in die Ringer-Bude. Und zum Schluß kauft er noch drei Lose für das Glücksrad. Die ersten zwei Lose sind Nieten, auf das dritte gewinnt Marie Nitsche ein kleines rosiges Schwein aus Steingut. Sie preßt es an ihren Busen wie einen Talisman, als sie heimwärts schwanken. Denn zwischen den Attraktionen hat Grossmann auch noch ein paar Bierchen und einige Süße spendiert ...

Um neun Uhr abends gelangt das Paar vor der Langen Straße 88 an. Die Zeit steht fest, weil der Arbeiter Iglitzki zur gleichen Zeit vor der Haustür anlangte und vorher seine silberne Einsegnungsuhr nach der Uhr am Schlesischen Bahnhof gestellt hatte.

«Die beeden warn schon een bißken beschickert», gab Iglitzki später vor der Kriminalpolizei an.

Eine halbe Stunde später schrickt Iglitzki aus dem Schlaf. Seine Frau rüttelt ihn an der Schulter. «Wach doch uff, Mann. Hör doch mal ...»

Durch die altersschwachen Wände hört Iglitzki Schreien und Stöhnen.

«Laß doch den Ollen», sagt Iglitzki und dreht sich auf die Seite. Aber er bekommt keine Ruhe: «Steh uff, Mann, steh uff!» Und immer wieder das Rütteln von Iglitzkis Frau an seiner Schulter.

Robert Iglitzki steht auf. Er schlieft in seine Hosen, greift nach dem Jackett.

«Mach schnell, Mann, mach schnell», drängt die Frau. «Immer die Weiber», brummt Karl Iglitzki und rennt die vier Treppen hinunter und um die Ecke zum Revier.

Im Polizei-Revier 50, Kleine Andreasstraße, hat sich Oberwachtmeister Klähn gerade seinen Uniformkragen aufgeknöpft, als Iglitzki durch die Tür stürmt.

«Na wat denn, wat denn», brummt Klähn und hakt automatisch die Kragenösen wieder ein.

«Herr Oberwachtmeister, komm Se sofort bei uns!» «Sie ham wohl den Kaiser jesehn, Mann», brummt Klähn.

«Nee, Herr Kommissar, diesmal isset ernst bei den Jrossmann. Wenn meine Olle det sagt ...»

Oberwachtmeister Klähn hat viele Jahre Dienst rund um den Schlesischen Bahnhof hinter sich. Er weiß, wann es Ernst wird. Er greift nach seinem Koppel und stößt mit der Rechten die Tür zum Nebenzimmer auf: «Wachtmeister Kuhnke, Sie übernehmen das Revier ... Wachtmeister Urban, Sie kommen mit mir ...»

Seit der Heimkehr Carl Grossmanns und seiner neuen Wirtschafterin ist genau eine Stunde vergangen.

«Aufmachen, Polizei!» Hinter der Tür, an der ein Pappschild mit der Aufschrift Carl Grossmann angepinnt ist, rührt sich nichts.

Bummern an der Tür: »Machen Sie auf, Grossmann, Polizei!« Drinnen hört man Matratzenfedern quietschen, dann eine verschlafene Stimme: «Könnt ihr denn een alten Mann nich schlafen lassen? Kommt morjen wieder ...»

Einen Augenblick zögert Oberwachtmeister Klähn. Dann sieht er in der Nebentür das bleiche Gesicht der Frau Iglitzki. Er sieht ihre flakkernden Augen, sieht die Angst. Er sagt sich noch einmal den Paragraphen der Polizei-Verordnung: *Eingriffe in die bürgerliche Wohnung sind nur zu rechtfertigen, wenn Leib und Leben oder das Eigentum eines Staatsbürgers auf dem Spiel steht ...*

Mit einem Krach stemmt sich der Beamte gegen die Tür. Sie ist aus starkem Holz. Er drückt auf die Klinke. Sie gibt nach ...

Das erste, was Oberwachtmeister Klähn im Licht der Gasfunzel sieht, ist eine ihm wohl vertraute Gestalt: Grossmann.

Als zweites sieht er, daß Grossmanns Hände blutig sind.

Als drittes: Grossmann hält in der einen blutigen Hand eine Steingut-Tasse. Er will die Tasse an den Mund setzen.

«Nein, du Hund!» Klähn schlägt schwer zu. Klirrend fällt die Tasse zu Boden. Am nächsten Morgen werden die Gerichtschemiker feststellen, daß sich in ihr halb gelöstes Zyankali befand.

«Halt den Kerl fest!» schreit Klähn seinem Begleiter zu. Dann stürzt er zum Bett. Er reißt das Deckbett hoch, prallt zurück. Durch die offene Tür hört man einen dumpfen Fall im Treppenhaus. Robert Iglitzki hat in der Tür gestanden. Er hat gesehen, was Wachtmeister Klähn sah. Er ist ohnmächtig geworden.

Ein, zwei Sekunden steht Oberwachtmeister Klähn schaudernd vor der blutüberströmten Frau. Dann legt er sein Ohr an ihr Herz. Er hört drei schwache Schläge. Dann nichts mehr. Aus. Schwer richtet sich der Beamte auf. Langsam geht er auf Grossmann zu.

Der weicht zurück. In seinen Augen funkelt hündische Angst. Ein-, zweimal schlägt der Beamte zu. Es ist ihm egal, ob Zeugen es sehen.

«So», sagt er und atmet schwer. Er wischt sich das Blut von der Hand, weiß nicht, ob es von der Frau ist oder von Grossmann, aus dessen Oberlippe es rot quillt. Dann zieht Oberwachtmeister Klähn sein schweres Notizbuch aus der Rocktasche.

«Ich habe bloß Rache genommen, denn das Aas hat mich bestohlen», wimmert Grossmann.

Als Grossmann eine Stunde später gefesselt abgeführt wird, muß er durch eine hundertköpfige Menschenmenge Spießruten laufen. Hunderte von Fäusten erheben sich, Stöcke werden geschwungen, und besonders die Frauen schleudern ihm die wüstesten Beschimpfungen ins Gesicht.

«Du bist ein Mörder!» schreit ihm eine Frau zu.

Seine Hände, die auf den Rücken gefesselt sind, zucken. «Ein Mörder bin ich nicht, ich bin ein Totschläger», erwidert er.

«Mensch, das kostet dir deine Kohlrübe», schreit ein Mann. «Det weeß ick alleene», antwortet Grossmann.

*

Als das 50. Polizei-Revier die Meldung von der Verhaftung des Frauenmörders Carl Grossmann an die Reserve-Mordkommission durchgab, fiel im Polizeipräsidium am Alexanderplatz hörbar ein Groschen.

Es gab nämlich in jenen Tagen keinen Berliner und erst recht keinen Kriminalbeamten, der nicht durch die Leichenfunde im Luisenstädtischen Kanal aufs äußerste beunruhigt gewesen wäre. Seit dem Mai des Jahres waren zwischen der Schillingsbrücke und dem Engel-Becken beinahe täglich Teile weiblicher Körper gefunden worden.

Ein Frauenkörper konnte als Johanna Sosnowski, neunundzwanzig Jahre alt, identifiziert werden.

Kriminalkommissar Werneburg war der erste, der die Funde aus dem Kanal und die Meldung des Polizei-Reviers 50 in Verbindung brachte. Er kannte nämlich Berlin wie seine Westentasche. Er wußte sofort, daß es von der Langen Straße bis zur Schillingsbrücke nur ein Katzensprung war.

Vierzehn Tage saß Grossmann im Polizeipräsidium Werneburg gegenüber. Vierzehn Tage lang behauptete er, die Marie Nitsche nur deshalb umgebracht zu haben, weil sie ihn bestohlen habe wie all die Mädchen vorher. Und wirklich – man hatte bei ihr ein paar Hundertmarkscheine gefunden … «Reiner Totschlag, Herr Kommissar», beteuerte Grossmann hartnäckig. Tag für Tag dasselbe. Und nach jedem dieser hoffnungslosen Verhöre wurde Grossmann wieder in seine Zelle zurückgeführt.

Was danach im Zimmer 34 der Mordkommission Werneburg vorging, ahnte er nicht. Dort marschierten nämlich die Mädchen auf, die dem Tod durch Carl Grossmanns Hände entgangen waren. Sie hatten lange geschwiegen. Aus Scham, aus Furcht vor der Polizei, aus Angst vor Rache … Nun packten sie endlich aus. Sie kannten den kleinen Zeisig, der in der Wohnküche gelebt und gezwitschert hatte. Sie kannten jede Diele und jedes Brett in der Wohnküche. Sie sagten hemmungslos aus, was ihnen als Wirtschafterin des Massenmörders widerfahren war.

Dann erschien im Zimmer 34 des Polizeipräsidiums am Alexanderplatz eines Tages Frau Iglitzki. Sie erzählte von dem kleinen Zeisig, der seit der Verhaftung seines Herrn die Flügel hängen ließ.

«Bringen Sie mir das Tierchen», schrie Grossmann. «Bringen Sie mir den Zeisig, und ich will gestehn!»

Als Grossmann am folgenden Morgen ins Zimmer 34 geführt wird, bleibt er verdutzt auf der Schwelle stehen. Da, zwischen den Fenstern hängt das Vogelbauer.

«Hänseken!» Er stürzt darauf zu. Er will an die Stäbe klopfen, aber seine Hände sind gefesselt. Erst auf einen Wink Werneburgs nimmt ihm der ihn begleitende Beamte die Handschellen ab. Eine halbe Stunde lang versinkt für Carl Grossmann die Welt ringsum. Er ist allein ... mit seinem Hänseken.

Mit unendlicher Geduld wartet Kriminalkommissar Werneburg. Er blättert in Akten, tritt ans Fenster und sieht den Vorortzügen zu, die draußen über den Stadtbahnbogen rollen. Werneburg hat Zeit. Er weiß: Jede Minute, die Grossmann sich mit seinem Zeisig beschäftigt, bringt ihn dem Geständnis näher. Jedes Piepsen des Tierchens, jedes Wort, das Grossmann dem Vogel zärtlich zuflüstert, macht ihn weicher.

Eine geschlagene Stunde läßt Werneburg dem Mörder Zeit für seinen Zeisig. Dann tritt er interessiert neben Grossmann: «Ich glaube, wir müssen ihn mal mit Insektenpulver einstreuen. Er kratzt sich ja, als hätte er Milben.» «Ach nee, meinen Sie wirklich, Herr Kommissar?»

«Ja, bestimmt.» Werneburg macht die Tür zum Vorzimmer auf. Er ruft nach Oberwachtmeister Wild, der die Außenermittlungen in der Grossmann-Sache leitet. «Wild, schicken Sie doch mal schnell einen Mann 'rüber in die Tierhandlung in der Grunerstraße und lassen Sie Milbenpulver holen.» «Wird jemacht.»

Zehn Minuten später hält Grossmann den Vogel vorsichtig in der Hand, und Kriminalkommissar Werneburg streut ein feines Pulver auf das Gefieder. Ängstlich zucken die Augen des Tierchens hin und her.

«Na, na, ick tu dir doch nischt», sagt Grossmann. «Dir tu ick doch nischt. Du bist doch mein Hänseken ...»

«Wenn die Menschen so gut wären wie die Tiere, dann gäb's keine Kriminalpolizei und kein Präsidium», sagt Werneburg.

«Da ham Se recht, Herr Kommissar ... Übrijens, wat ick Ihnen schon lange erzählen wollte ...»

«Na, nun tun Sie man erst Hänseken in seinen Käfig.» Grossmann läßt die Gittertür des Vogelbauers herunter. Er blickt dem Kommissar offen in die Augen: «Weil Se so nett zu mein Hänseken waren, will ick Ihnen die Wahrheit sagen ... Ja, ick ha die Marie Nitsche umjebracht und ooch die andre, die Johanna.» «Die hat Sie also auch bestohlen, die Johanna?»

«Nicht doch, Herr Kommissar», Grossmann macht eine vertrauliche Geste. «Det war doch allet nur, weil ick mir nicht beherrschen konnte, wenn son Mädchen bei mir war ...» Und nun sprudelt es aus Grossmann hervor. Er, der bisher nur stockend und nach langem Überlegen geantwortet hat, spricht jetzt so schnell, daß der Kommissar ihm kaum folgen kann. Mit der Weitschweifigkeit und Umständlichkeit älterer Leute schildert er, wie er die beiden Mädchen zu sich gelockt, wie er sie bewirtet, wie er sie zu Werkzeugen seiner Triebe gemacht und sie schließlich getötet, zerhackt und in die Spree geworfen hat.

Dem Kommissar stockt der Atem. Er hatte geglaubt, sich alles, was es im Sumpf der Großstadt an Schlechtigkeit und Entartung gibt, an den Stiefelsohlen abgelaufen zu haben. Jetzt muß er zugeben, daß er nichts wußte. Und genauso geht es den Beamten der Sittenpolizei, die Oberwachtmeister Wild rasch herbeiholt.

Sechs Stunden lang erzählt Grossmann ... Er hält eine Vorlesung darüber, wie er die beiden jungen Frauen fachgerecht getötet hat ... Er doziert noch immer, als die Gaslampen angezündet werden. Bleich, zusammengesunken hängen die Kriminalisten auf ihren Stühlen.

«Und genauso haben Sie es bei den anderen gemacht?» fragt plötzlich Werneburg.

Wie von einer Nadel gestochen, fährt Grossmann hoch: «Ick weiß von keine andern! Kommen Se mir bloß nicht so, lieber Mann!»

Sechs Stunden lang hat Grossmann mit seinen grausigen Erzählungen abgegolten, was Kriminalkommissar Werneburg seinem Hänseken Gutes getan hatte. Nun sind sie quitt. Meint Grossmann.

Werneburg bittet, Oberwachtmeister Wild droht. Grossmann schweigt. Die Beamten stehen auf, rauchen, lassen Grossmann stehen wie ein ungezogenes Kind in der Ecke. Sie beschäftigen sich mit anderem, beobachten ihn dabei aus den Augenwinkeln.

Allmählich merken sie, daß Grossmann sich ändert. Ein verschmitztes Grinsen geht über sein Gesicht. Er sagt: «Een Anwalt will ick haben. Sonst sage ick überhaupt nischt mehr.»

«Einen Anwalt?» Darauf ist Werneburg nicht gefaßt.

«Ja, een Anwalt, lieber Mann. Und zwar den, der den Schumann so schön runterjekricht hat.»

«Runterjekricht?» Oberwachtmeister Wild lacht höhnisch. «Den Schumann haben se vorichte Woche in Plötzensee einen Kopp kürzer gemacht.»

«Janz ejal, den will ick haben, oder ick sage keen Ton mehr.»

Kriminalkommissar Werneburg ist erschöpft: «Schon gut, Wild. Lassen Sie dem Kind die Boulette, und rufen Sie den Doktor Frisch – Fromm – Fröhlich – Frey an. Benachrichtigen Sie ihn von dem großen Glück, daß der Olle ausgerechnet ihn haben will.»

*

Ich kam an einem Septembertag nach Moabit. Es war noch nicht viel Zeit vergangen, seit im Gefängnis Plötzensee mein Mandant Schumann hingerichtet worden war. Schumann war der erste Massenmörder, ja der erste Mörder in meiner Praxis gewesen. Ich trug an diesem einen Erlebnis schon schwer genug. Und jetzt, als ich Grossmann gegenüberstand, war ich erst recht entschlossen: Den verteidigst du nie …

Dagegen schien Grossmann von dem Ergebnis seiner Musterung befriedigt zu sein. Er wandte sich Werneburg zu: «Isser det wirklich?»

«Das ist er wirklich. Sind Sie endlich zufrieden, Grossmann?»

In dem verwitterten Gesicht des Mannes arbeitete es. In seine Augen trat ein beinahe ängstlicher Ausdruck: «Ob er ihn nimmt, Herr Kommissar?»

«Ob er wen nimmt?»

Statt einer Antwort deutete Grossmann auf die Wand zwischen den beiden Fenstern. Ich sah dort ein einfaches Vogelbauer hängen. Zwischen den Stäben hüpfte ein graugrünes Tierchen auf und ab. Ein merkwürdiges Idyll im nüchternen Vernehmungszimmer einer Mordkommmission.

Grossmann sah von mir zu dem Vogel, dann wieder zu mir.

«Na, dann fragen Sie den Herrn Rechtsanwalt doch», ermunterte ihn Werneburg.

Der Unterkiefer des Massenmörders bewegte sich mahlend hin und her. Endlich brachte er stotternd hervor: «Det kleene Tierchen da … Ick dachte, ob Se det vielleicht würden nehmen, Herr Doktor …»

Ich begriff kein Wort. Werneburg sprang ein: «Der Zeisig da gehört dem Grossmann. Und weil der nun bald überführt ist ...»

«Nee, nee, nich so, Herr Kommissar», protestierte Grossmann und war plötzlich ganz gespannt.

« ... na gut, sagen wir, weil er nun bald reif fürs Untersuchungsgefängnis ist ... Ist es so richtig, Grossmann?» Grossmann nickte und fuhr gleich selber fort: « ... da möchte ick eben meinen kleinen jefiederten Freund in jute Hände wissen.» Er sagte wirklich «kleinen gefiederten Freund», ich nehme an, er hatte den Ausdruck in irgendeiner Broschüre über Vogelpflege gelesen.

«Ick schenk' Ihnen det Tierchen ooch», drängte er. «Jut zwei Pfund Futter sind noch da. Aber pflegen müssen Se ihn. Es iss'n liebes Tier!»

Ich nahm das Mandat für Carl Grossmann an. Ich versprach ihm, seinen Zeisig zu mir zu nehmen, sobald er vom Polizeipräsidium ins Untersuchungsgefängnis übergeführt werden würde. An diesem Tage übernahm ich die Sorge für eine Bestie und für ein kleines unschuldiges Tier, das stummer Zeuge unvorstellbarer Untaten gewesen war. Mit seinem Angebot hatte Grossmann alle meine Vorsätze über den Haufen geworfen ...

Ich sagte Grossmann, daß ich bis zur Erhebung der Anklage nicht viel für ihn tun könnte. Er sei auf frischer Tat ertappt, also mit vollem Recht in Haft.

«Is ja alles nicht so wichtig, Herr Doktor, wenn Se sich nur um mein Hänseken kümmern.»

Das versprach ich. Grossmann unterschrieb die Vollmacht. Ich wollte gehen. Er druckste noch etwas herum.

«Ist noch etwas?» fragte ich.

Grossmann grinste. «Wat ick Ihnen noch fragen wollte, die Scherbe da ...» Er deutete auf mein Monokel. «Fällt Ihnen die nich mal runter?»

«Niemals», sagte ich. «Das Einglas trage ich seit zwanzig Jahren, seit meinem 19. Lebensjahr. Ich bin nämlich stark kurzsichtig auf dem Auge.»

«Wat Se nich sagen!» Grossmann grinste wieder. Für ihn war ein Monokel reine Angabe, er glaubte nicht an meine Kurzsichtigkeit. Und in diesem Punkt unterschied er sich nicht von der Mehrzahl der Zeitgenossen.

Selbst ein so weltweiser Mann wie Victor Auburtin, der unvergeßliche Feuilletonist des «Berliner Tageblatts», zweifelte die Notwendigkeit meines Einglases an. Anläßlich des Prozesses gegen Dora Röber schrieb er:

Der Verteidiger, der in dem großen Diebsprozeß fungiert, trägt ein Monokel. Er benutzt das Monokel als Beweismittel und rhetorische Wendung. Er klemmt es scharf ein, wenn er dem Staatsanwalt etwas Energisches zu sagen hat. Er läßt es im bewegten Moment pathetisch aus dem Auge fallen. Das sieht sich sehr vornehm an. Wie denn überhaupt jetzt, wo es keine Offiziere mehr gibt, der Rechtsanwaltsstand der eleganteste Stand im Vaterlande ist.

Übrigens macht er seine Sache vorzüglich, ist gerissen, in allen Sätteln gerecht und hat den Mund auf dem rechten Fleck. Man kann also ein Monokel tragen und doch ein tüchtiger Mann sein …

Ich habe diese Zeilen Victor Auburtins, auf die mich meine Frau eines Morgens bei unserem Frühstück mit einem ziemlich wütenden Kommentar aufmerksam machte, schmunzelnd gelesen.

Dagegen war Grossmann für mich nur ein Fall, ein juristisches Problem, ein Objekt für wissenschaftliche Studien. Bis zuletzt wehrte ich mich dagegen, in ihm den Menschenbruder zu sehen.

*

«Sie wern doch nich etwa ne Katze im Haus haben?« Mit diesen Worten begrüßte mich Grossmann, als ich ihn zum erstenmal im Untersuchungsgefängnis besuchte.

Er war mit Ketten an die Wand seiner Zelle angeschlossen, weil er in einem Wutanfall einen Aufseher gewürgt hatte. Er konnte sich nur zwei Meter von seinem Hocker entfernen. Er nahm das gelassen hin. Er dachte an … Hänseken.

«Ich habe keine Katzen, sondern nur zwei Hunde», versicherte ich ihm. «Die tun Ihrem Hänseken nichts.» Grossmann hatte an dem Tag, an dem ich die Sorge für Hänseken übernahm, vor Kriminalkommissar Werneburg ein weiteres Teilgeständnis abgelegt. Ja, er hatte zugegeben, auch eine gewisse Frieda Schubert ermordet zu haben. Allerdings gestand er diesen dritten Mord erst, als man beim Durchgraben seines früheren Laubengrundstückes eine Handtasche fand, die der Schubert gehört hatte …

Aber das war alles, was man Grossmann beweisen konnte. So beredt auch die Reste von dreiundzwanzig Frauen gegen ihn sprachen, die man im Laufe der letzten Monate aus dem Luisenstädtischen Kanal geborgen hatte – es führte keine nachweisbare Spur von ihnen zu Grossmann. Von den zahllosen Wirtschafterinnen, deren Namen man nach und nach aus Grossmann herausgelockt hatte, blieben sieben trotz rastloser Nachforschungen unauffindbar.

Auch hier deutete alles auf Grossmann.

«Aber beweisen könnse ma nischt!» triumphierte er.

*

Zehn Monate arbeitete die Mordkommission Werneburg verbissen an der Aufklärung der restlichen Fälle. Aber die Staatsanwaltschaft begann jetzt energisch auf Abschluß der Ermittlungen zu drängen.

Sie hatte es eilig mit dem Prozeß. Drei Morde reichten doch aus, um gegen Grossmann die Todesstrafe zu beantragen. Die Polizei protestierte: Erst müßten alle Verdachtsfälle geklärt werden. Es kam zu einem scharfen Kampf zwischen Alexanderplatz und Moabit. Im Laufe dieses Streits lernte ich einen der interessantesten Männer kennen, die je in Deutschland Verbrechen verfolgt haben: Kriminalrat Ernst Gennat.

Damals hatte Gennat gerade das Mord-Dezernat übernommen. Er bat mich dringend, ihn zu besuchen. Er war eine imposante Erscheinung. Schon damals wog er über 200 Pfund, in den Jahren unserer Bekanntschaft sollte sein Gewicht auf 270 ansteigen.

Schamhaft schob er einen großen Teller mit Kuchen in die Schreibtischlade, als ich eintrat. Er war ein leidenschaftlicher Kuchenesser, gab es aber nicht gern zu.

«Im Fall Grossmann liegen die Interessen von Kriminalpolizei und Verteidigung ausnahmsweise mal auf der gleichen Linie», sagte mir Gennat. «Jetzt soll ihm wegen der kümmerlichen drei Morde der Prozeß gemacht werden. Hauptsache Kopp ab, er hat ja nur einen. Ich möchte mal wissen, wo die Herren von der Staatsanwaltschaft ihren

Kopp haben. Dreiundzwanzig Morde bleiben ungeklärt! Dreiundzwanzigmal die Chance, daß Unschuldige in Verdacht geraten.»

«Sie wollen also, daß Grossmann noch eine Weile der Menschheit erhalten bleibt?»

«Ja, wie sind die Aussichten?»

«Schlecht.»

«Die Gutachter?»

«Professor Strauch und Professor Störmer werden ihn beide für zurechnungsfähig erklären. Ich ziehe als dritten Gutachter Doktor Kronfeld hinzu. Er ist überzeugt, daß Grossmann den Paragraphen einundfünfzig bekommen muß. Ich selber glaube nicht, daß es Zweck hat. Ja, wenn sich der Bursche nicht so raffiniert verteidigt hätte. Jetzt glaubt ihm natürlich keiner den Dachschaden.»

«Genau das Gegenteil ist richtig!»

«Wieso?»

«Haben Sie schon mal einen Triebverbrecher erlebt, der einen Lustmord gleich gesteht?» Gennat strich sich über sein enormes Doppelkinn. «Eher gibt so einer zu, daß er Raubmord begangen hat. Diese Burschen haben doch alle furchtbare Minderwertigkeitskomplexe. Erst wenn sie kapiert haben, daß es um die Rübe geht, reisen sie auf die triebhafte Tour.» Aber der Kampf um den Kopf Carl Grossmanns wurde nicht von den Sachverständigen entschieden, nicht durch meine Beweisanträge und nicht durch die Geschworenen. Carl Grossmann selbst entschied sein Schicksal.

Zwei Tage lang verteidigte *er* sich im Großen Schwurgerichtssaal. Die Öffentlichkeit war für die ganze Dauer des Prozesses ausgeschlossen. Aber die Zuschauerbänke reichten kaum aus für Zeugen und Sachverständige. Der Händler aus der Langen Straße war zu seiner anfänglichen Taktik zurückgekehrt. Er leugnete die Lustmorde. Er behauptete, die Mädchen nur gestraft zu haben, weil sie ihn bestohlen hätten. Und dabei hätte er sie zu hart angefaßt …

Der Aufmarsch der Zeuginnen war eine grauenhafte Prozession. Da standen sie, die Mädchen aus der Provinz, die Obdachlosen, die Straßendirnen. Nur ein Zufall, daß nicht auch sie im Luisenstädtischen Kanal geendet hatten. Einige brachen in Weinkrämpfe aus, manche in hysterisches Schreien, als sie von ihren Erlebnissen in der Langen Straße berichteten.

Grossmann kommentierte jede Aussage. «Pure Lüge!» – «Soon Biest ... wo ick dir doch so jut behandelt habe.» Es war am dritten Verhandlungstag. Das Gericht war versammelt. Alle Augen richteten sich auf die Tür hinter der Anklagebank, durch die Grossmann kommen mußte. Minuten vergingen. Der Vorsitzende, Landgerichtsdirektor Jeep, flüsterte mit seinen Beisitzern. Er rief einen Justizwachtmeister heran und schickte ihn zum Telefon. Der Justizwachtmeister kam zurück. Er legte einen Zettel auf den Richtertisch.

Der Richter las, schüttelte den Kopf, schob den Zettel den Beisitzern zu. Dann griff er nach dem samtenen Barett, setzte es sich mit langsamer Gebärde auf und erhob sich.

Nie werde ich seine Worte vergessen: *«Der Angeklagte Carl Grossmann wird zu der heutigen Verhandlung nicht erscheinen. Er hat seinem Leben heute früh in seiner Zelle ein Ende gemacht. Über die Umstände, die es dazu kommen ließen, ist eine Untersuchung im Gange. Dieser Angeklagte, der vor diesem Gericht keinen Schimmer von Reue zeigte, hat sich einem höheren Richter gestellt. Er hat den dazu berufenen Geschworenen erspart, den Schlußpunkt hinter das Leben dieses nicht alltäglichen Verbrechers zu setzen. Das Verfahren ist geschlossen.»*

So raffiniert wie Grossmann seine Opfer getötet hatte, war er auch bei seinem Selbstmord zu Werke gegangen.

Da man mit der Möglichkeit eines Selbstmordes rechnete, hatte man ihm weder Hosenträger noch Schuhbänder gelassen. Aus seiner Zelle war jeder Haken, jeder Nagel entfernt, an dem er sich hätte erhängen können. Aber Grossmann fand einen Weg. Eine Hand hoch über dem Erdboden war ein Nagel versehentlich steckengeblieben. Grossmann hatte ihn entdeckt. Er hatte sein Bettlaken zerrissen und sich daraus ein festes Band geknüpft ...

Im Falle Grossmann hatte ich einem Unmenschen in die unverhüllte Fratze geblickt. Aber es gab gottlob auch Fälle, in denen ich mit jeder Faser meines Herzens bei der Sache sein konnte.

* * *

Fritz Haarmann

Keinem Mörder, den ich vor Gericht verteidigte, sah man je an, daß er ein Mörder war. Schon gar nicht jener schrecklichen Spezies von Verbrechern, die man gemeinhin als Lustmörder bezeichnet. Darum glaube ich auch nicht an die Physiognomik, an die Lehre, daß sich der Charakter des Menschen im Gesicht ausdrückt.

Ich habe viele Mörder verteidigt, habe dabei tiefe Blicke in ihr Inneres werfen können und ihre Physiognomien studiert. Und ich habe keinen einzigen unter ihnen gefunden, dem ich seine Taten auf den Kopf zugesagt hätte.

So war es mir bei den ersten beiden Massenmördern meiner Laufbahn ergangen. Friedrich Schumann, der Schrecken des Falkenhagener Sees, war mir als schüchterner, versonnen dreinblickender Durchschnittsmensch erschienen. Und Carl Grossmann, der Blaubart vom Schlesischen Bahnhof, hatte bei der ersten Begegnung wie ein gutmütiger alter Penner auf mich gewirkt. Nun sollte ich zum drittenmal einen Menschen jener Kategorie kennenlernen: Fritz Haarmann.

Es war Anfang August 1924, und in ganz Deutschland wurde der Name Fritz Haarmann mit Schrecken genannt.

Am 23. Juni des Jahres war er von der hannoverschen Polizei verhaftet worden. Nach langem, hartnäckigem Leugnen hatte er gestanden, junge Männer auf eine fürchterliche Weise ermordet zu haben.

Über die Zahl seiner Opfer wurden die phantastischsten Vermutungen geäußert. Haarmann selber war nicht in der Lage, die Zahl auch nur annähernd anzugeben. Doch es war gar nicht die Zahl seiner Untaten, die den Nimbus des Noch-nie-Dagewesenen um den Fall Haarmann breitete, sondern es waren die grausigen Umstände, die schon bei seinen ersten Geständnissen ans Licht kamen. Was Haarmann getan hatte, war so furchtbar, daß viele Menschen es einfach nicht glauben konnten. Und doch stand es in nüchternen Worten in den Berichten der Polizei …

Hier trat nun eine merkwürdige Fähigkeit der menschlichen Seele zutage: Der Mensch, der plötzlich etwas unfaßbar Schrecklichem gegenübergestellt wird, treibt eine Art Vogelstraußpolitik. So flüchtet sich der Soldat im Trommelfeuer in Flüche und Zoten. Er legt eine neutrale Zone zwischen sich und das Schreckliche – eine Zone, die ihn vor dem Irrsinnigwerden bewahrt.

Ähnlich war die öffentliche Reaktion auf den Fall Haarmann. Nachdem die Schrecksekunde überwunden war, wurden über ihn – Witze gemacht.

An allen Straßenecken, in Küchen und Lokalen sang man zu der populären Schlagermelodie meines Freundes Walter Kollo «Warte, warte nur ein Weilchen, bald kommt auch das Glück zu dir» einen neuen Text. Er hieß:

«Warte, warte nur ein Weilchen,
bald kommt Haarmann auch zu dir.
Mit dem kleinen Hackebeilchen
macht er Leberwurst aus dir.»

Viele hielten das für finstere Blasphemie und Geschmacklosigkeit. Und es war ja auch nicht gerade geschmackvoll. Aber es war eine verständliche Abwehrreaktion. Der Mensch des zwanzigsten Jahrhunderts wehrte sich gegen die Erkenntnis, daß in seiner Mitte der Mensch als Raubtier, der Kannibale, der Wolf in Menschengestalt wiederauferstanden war … Nun sollte ich selbst Haarmann gegenübertreten.

Mein Freund, der Kriminalschriftsteller Hans Hyan, hatte den Massenmörder besuchen dürfen, und dabei war mein Name genannt worden. Haarmann hatte um meinen Besuch gebeten. Eigentlich war ich anfangs fest entschlossen, die Verteidigung Friedrich Haarmanns nicht zu übernehmen. Massenmörder – diese Lehre hatte ich aus der Verteidigung Friedrich Schumanns und Carl Grossmanns gezogen – waren klinische und keine juristischen Fälle. Trotzdem hatte ich mich auf die Reise nach Hannover gemacht.

Ich war Strafverteidiger. Und Haarmann saß in Untersuchungshaft. Dreißig Morde wurden ihm vorgeworfen. Ich konnte seine Bitte, ihn zu verteidigen, nicht mit gutem Gewissen ablehnen, ohne zum mindesten einmal mit ihm gesprochen und mir selber ein Bild von seinem Charakter gemacht zu haben …

Es war ein heißer Spätsommermorgen, als ich hinter einem Oberwachtmeister den langen Zellengang des Hannoverschen Gerichtsgefängnisses hinunterschritt.

«Ich habe Anweisung, während der Unterredung in der Zelle zu bleiben», sagte der Beamte. «Haarmann hat verschiedentlich Selbstmordabsichten geäußert. Er darf nicht aus den Augen gelassen werden.»

Ein Beamter, der durch das Guckloch in der Zellentür Haarmann ständig zu überwachen hatte, trat zurück, als der Oberwachtmeister die schwere Eisentür aufschloß.

«Besuch für Sie, Herr Haarmann», sagte der Beamte und ging vor mir in die Zelle.

Bevor ich etwas sah, hörte ich ein metallisches Klirren. Der mittelgroße, gutgenährte Mann, der sich von einem Klapptisch an der Wand erhob, trug Fesseln an Händen und Füßen. Von jeder Fessel führte eine Kette zu einem in die Wand eingemauerten Ring.

Haarmann schien sich daran bereits gewöhnt zu haben. Jedenfalls bewegte er sich auf dem knappen Spielraum, den ihm seine Ketten ließen, völlig ruhig und selbstsicher. «Frey.»

«Hocherfreut, Haarmann.» Mit einer Geste lud er mich zum Sitzen ein. Er tat ganz wie ein mittlerer Kaufmann, der in seinem Privatkontor einen wichtigen Kunden zum Abschluß eines größeren Geschäftes empfängt. Mit einigem Widerwillen ließ ich mich auf der schmalen harten Bettstatt nieder.

«Ich hoffe, Sie haben eine angenehme Reise gehabt», sagte er. «Was gibt's denn Neues in Berlin?»

Er sprach in unverkennbar hannoveranischem Tonfall. Offenkundig war er um eine gepflegte Ausdrucksweise bemüht. Wie viele Verbrecher wollte auch er mir beweisen, daß ich es mit einem gebildeten Menschen zu tun hätte.

Sein Gesicht war rund, ein bißchen zu voll und teigig. Ein rechtes Durchschnittsgesicht ohne Absonderlichkeiten oder gar Mißbildungen. Die Lippen unter dem sorgfältig gestutzten englischen Schnurrbart waren voll, die Zähne kräftig und weiß. In den graubraunen Augen schimmerte ein verhaltener Glanz. Der Blick schien großer Wandlungen fähig, doch jetzt ruhte er neugierig prüfend, beinahe versonnen auf mir.

Da ich nicht mit der Absicht gekommen war, Haarmann eine angenehme Unterhaltung zu verschaffen, ging ich gleich auf den Kern der Sache los.

«Sie haben ein Geständnis abgelegt», sagte ich. «Halten Sie dieses Geständnis aufrecht?»

«Ich habe sieben zugegeben … hahahaha!»

Ich zuckte zusammen bei diesem unheimlichen Lachen und sagte kalt: «Sieben Morde … Ich weiß nicht, was es da zu lachen gibt.»

Er lachte wieder, diesmal klang es entschuldigend. Er sagte: «Ich weiß doch gar nicht, wie viele es waren. Nu sagen die Kriminalbeamten, es waren siebenundzwanzig. Sie zeigen mir Bilder und sagen, den hast du auch aufm Gewissen. Aber ich kenne den nicht. Und dann sage ich: ‹Vielleicht habe ich nicht siebenundzwanzig umgebracht, sondern dreißig oder vierzig. Aber den auf dem Bild da bestimmt nicht. Doch wenn es Sie beruhigt›, sage ich, ‹dann schreiben Sie ihn dazu.› Hahaha!»

Dieses Lachen zerrte an meinen Nerven. «Wenn es Ihnen egal ist, wie viele Morde man Ihnen zur Last legt, wozu brauchen Sie dann überhaupt einen Verteidiger?» sagte ich und stand auf.

Haarmanns Ausdruck verwandelte sich jäh. Er sprang so heftig auf, daß ihn die hemmenden Ketten zurückrissen.

«Lassen Sie mich nicht allein», flehte er mit hoher Fistelstimme. «Ich habe Angst!»

«Wovor haben Sie Angst? Vor der Todesstrafe?»

Er schüttelte den Kopf: «Ach nein, davor nicht. Sehen Sie mal …» Er trat an seinen Tisch und beugte sich weit darüber. Mit seiner breiten fleischigen Hand schlug er sich ins Genick und sagte: «Putsch, is der Kopf weg. Das geht so rasch!»

Dann richtete er sich auf und lächelte mich an. War dieser Mann irrsinnig oder simulierte er?

«Wovor fürchten Sie sich denn sonst?»

Er druckste und rieb verlegen seine kräftigen Hände: «Die Leute sind so böse auf mich … Natürlich, das kann man sich denken, wenn solche Eltern, nicht wahr … daß die nun traurig sind und wütend … Aber der is doch nun tot … der Mensch is doch tot … Und dafür können sie mich auch ruhig köppen … Ja … aber doch nicht totschlagen!»

Ich setzte mich wieder hin. Haarmanns Furcht vor der Lynchjustiz, vor einem blutigen Vergeltungsakt der aufgewühlten Volksseele, war echt - und, wie ich wußte, auch nicht ganz unberechtigt. Die Stadt Hannover war in jenen Tagen ein Hexenkessel. Seit Haarmanns Verhaftung durchzogen fast täglich Demonstrationszüge die Straßen. Vor Geschäften und Häusern, in denen Haarmann verkehrt hatte und wo man Helfershelfer von ihm vermutete, rotteten sich Menschenmassen zusammen, schlugen Fensterscheiben ein und bedrohten Leib und Leben der Bewohner sowie der sie beschützenden Polizei.

Diese gefährliche Gewalttätigkeit war nur aus der Vorgeschichte des Falles Haarmann zu erklären. Bevor ich daher die Lebensbeichte wiedererzähle, die Haarmann vor mir ablegte, will ich kurz die mehr als merkwürdigen Umstände seiner Entdeckung schildern.

*

Ich erinnere mich noch ganz genau der Aufregung, die in den Pfingsttagen des Jahres 1924 von Hannover her ihre Wellen bis nach Berlin geschlagen hatte.

Am 17. Mai hatten spielende Kinder an der Wasserkunst beim Schloß Herrenhausen einen Menschenschädel gefunden. Zwölf Tage später war mitten in der Stadt vom Leinefluß ein weiterer Schädel ans Ufer gespült worden. In der Bevölkerung hatte man sofort etwas von Mord geraunt. Aber die Polizei winkte ab.

Bei der gerichtsärztlichen Untersuchung war aufgefallen, daß die Schädel mit einem scharfen Instrument und vollendeter anatomischer Technik vom Rumpf getrennt worden waren.

Man nahm deshalb an, daß sie auf irgendeine Weise aus der Anatomie der Universität Göttingen entwendet und in die Leine geworfen worden wären. Aber in der Göttinger Anatomie fehlten keine Schädel.

Nun brachte man die Schädelfunde in Zusammenhang mit einer Typhus-Epidemie, die zu jener Zeit in der Gegend von Alfeld an der Leine herrschte. Und als auch das sich als nicht zutreffend herausstellte, machte man eine Grabschändung im Engesohder Friedhof verantwortlich.

Nun aber wurde die Bevölkerung rebellisch. In Hannover war im Jahr 1924 die Zahl der vermißten Personen ungewöhnlich hoch. Daran mochten die Wirren der Nachkriegszeit und der eben erst überwundenen Inflation schuld sein. Auch kam hinzu, daß Hannover – im Schnittpunkt der nordsüdlichen und ostwestlichen Verkehrsachsen Deutschlands gelegen – ein Mittelpunkt aller finsteren Schieber- und Schmuggelgeschäfte jener konfusen Zeit war und … ein Umschlagplatz sämtlicher Laster.

Auf jeden Fall brachte die Bevölkerung von Hannover die grausigen Knochenfunde mit der Zahl der Vermißten in Verbindung. Am Pfingstsonntag 1924 erreichte die Hysterie ihren Höhepunkt. Anstatt das liebliche Fest traditionsgemäß bei Kaffee und Kuchen unter den blühenden Bäumen der Eilenriede und des Herrenhäuser Parks zu begehen, strömten Tausende von Hannoveranern an die Ufer der Leine.

Im Feiertagsgewand warfen sie von den Ufern, Brücken und Stegen aus Netze und mit Steinen beschwerte Rechen in das schwarze, brackige Wasser.

Die grausige pfingstliche Suche blieb ohne Erfolg. Doch nur fünf Tage später wurden wieder zwei Schädel gefunden. Und zwar an den gleichen Stellen wie beim erstenmal: einer im Park von Herrenhausen, einer an der Brückenmühle. Fast gleichzeitig hatten im Südosten der Stadt spielende Knaben einen ganzen Sack voller menschlicher Gebeine entdeckt … Jetzt gab es auch für die Polizei keinen Zweifel mehr: Hier lag Mord vor.

In den gerichtsärztlichen Laboratorien wurden nächtelang Gewebsschnitte mikroskopiert, Knochen und Schädel anthropometrisch vermessen. Das traurige Ergebnis: Die Überreste stammten sämtlich von jungen Männern.

Die Gleichartigkeit der Opfer hätte eigentlich die Vermutung nahelegen sollen, daß auch ihr Mörder in einem bestimmten Personenkreis zu suchen sei – wenn nicht sogar in einer einzigen Person.

Dieser Gedanke entstand jedoch nicht bei der für die Funde zuständigen Mordkommission, sondern in einer anderen Abteilung des Hannoverschen Polizeipräsidiums – im Unzuchts-Dezernat. In diesem Dezernat führte man eine Kartei über alle Personen, die als Verführer junger Mädchen oder Männer polizei-, wenn nicht sogar stadtbekannt waren. Unter ihnen konnte sich der Mörder befinden.

Kriminalkommissar Lyss vom Unzuchts-Dezernat suchte sich also die Karten all derer heraus, die schon einmal vorbestraft oder gegen die bereits früher gröbere Verdächtigungen geäußert worden waren. Dabei fiel ihm die Karte eines gewissen Fritz Haarmann besonders auf.

Dieser Fritz Haarmann war dem Kommissar Lyss als einer der mißratensten Söhne der ordentlichen Stadt Hannover bekannt. Er war am 25. Oktober 1879 geboren, stand damals also im fünfundvierzigsten Lebensjahr. Von den letzten zwanzig Jahren seines Lebens hatte er mehr als ein Drittel hinter Gittern zugebracht und war wegen Diebstahls, Unterschlagung, Betrug, Sittlichkeitsdelikten und Körperverletzung verurteilt worden.

Als vor sechs Jahren, im letzten Kriegsjahr 1918, einmal zwei Knaben vermißt wurden, die man vorher mit Haarmann gesehen hatte, war er etwas näher unter die Lupe genommen worden. Haussuchung, Beobachtung – aber leider kein Ergebnis.

Obwohl er der Polizei als Jugendverführer bekannt war, hatte man ihn in der letzten Zeit unbehelligt gelassen. Er lieferte als Spitzel des Einbruch-Dezernates junge Männer ans Messer, die mit ihrer Diebesbeute zum «guten Onkel Fritz» gekommen waren …

Um ihn auf frischer Tat zu ertappen, setzte Kriminalkommissar Lyss zwei Beamte aus Berlin auf Haarmanns Spur. Hannoveraner Beamte wären dem Polizeispitzel Haarmann bekannt gewesen. Den beiden Polizisten gelang es wirklich, Fritz Haarmann dabei zu erwischen, wie er einen jungen Berliner Burschen in seine Wohnung lockte.

Ich fragte also Haarmann, als ich ihm in der Gefängniszelle gegenübersaß: «Haben Sie eigentlich gewußt, daß Sie vor Ihrer Verhaftung bereits von der Kriminalpolizei beschattet wurden?»

Er schüttelte den Kopf, fuhr sich mit einer raschen Bewegung seiner fleischigen Hände über das volle, sauber gescheitelte Haar: «Wer wird denn annehmen, daß die so gemein sind und mir heimlich nachstellen!»

«Nanana», sagte ich. «Sie standen immerhin unter Mordverdacht … Aber diesen jungen Berliner haben Sie nicht umgebracht, obgleich er eine ganze Nacht bei Ihnen in der Wohnung war …»

Haarmann blickte mich forschend an, als fürchte er eine Falle. Dann zogen sich seine dichten dunkelblonden Augenbrauen zusammen. Er dachte scharf nach und sagte: «Sie stellen sich das viel einfacher vor, als es ist … einen Menschen umbringen … Das habe ich doch nur getan, wenn ich meine Tour hatte.»

«Wie war das denn, wenn Sie Ihre Tour hatten?»

«Das weiß ich nicht», sagte er. «Plötzlich wurde es Morgen … Ich wachte auf … Ich erinnerte mich, daß ich am Abend vorher einen von den armen obdachlosen Burschen vom Bahnhof mit auf mein Zimmer genommen hatte … Und dann lag er da … tot …»

«Jedesmal, wenn Sie einen mit 'raufnahmen auf Ihre Bude?» «Neinneinnein …» Haarmann machte eine abwehrende Handbewegung. «Nicht immer … nicht gleich …» «Haben Sie das vorher gemerkt, wenn Sie ‹Ihre Tour› hatten?» fragte ich.

«Manchmal habe ich es rechtzeitig bemerkt … Da habe ich gewußt: wenn der noch einmal auf deine Bude kommt, dann ist er auch hin … Und dann habe ich sie fortgejagt, damit's nich passiert …»

«Deshalb haben Sie also den Berliner laufenlassen?»

Haarmann nickte und sah eine Weile dumpf brütend vor sich hin. Vergeblich suchte ich in seinem Gesicht zu lesen, ob er mir die Wahrheit gesagt hatte.

Sollte er wirklich einen Rest von moralischer Hemmung besessen haben, der gegen das Tier in ihm angekämpft hatte? Oder war das nur Schauspielerei? War das angebliche Mitleid mit dem Berliner nachträglich ausgedacht, darauf berechnet, ihn selbst, Haarmann, als ein unglückliches Opfer von Geistesverwirrung erscheinen zu lassen?

«Zweimal hat der Bengel bei mir in der Wohnung übernachtet», erzählte Haarmann. «Jedesmal habe ich ihm morgens drei Mark geschenkt … Und dann wußte ich, wenn er noch mal kommt, mach' ich ihn hin … Da hab' ich ihm gesagt, er soll ins Obdachlosenasyl schlafen gehen. Seine Papiere waren zwar falsch, aber gut … Drei Tage lang habe ich ihn dann nicht gesehen. Und dann, am zweiundzwanzigsten Juni war's wohl, treffe ich ihn nachts vor dem Bahnhof. Er ist mit einer Horde von Bengels zusammen, alle von dem Gesocks, das sich in der Bahnhofshalle und im Wartesaal herumtreibt.

Er kommt auf mich zu und sagt: ‹Fritze, gib mir zehn Mark.› Ich sage nein, und er soll machen, daß er wegkommt. Da fängt er zu schimpfen an.

Ich sage ihm, wenn er nicht gleich ruhig ist, kriegt er ein paar hinter die Ohren. Da spuckt der Lausebengel mich doch an. Darauf packe ich ihn am Schlafittchen und sage: ‹Jetzt kommst du mit mir auf die Wache.›

Er hat geschrien und die andern aufgehetzt, sie solln ihm helfen. Aber die wußten ja alle, daß ich mit der Polizei gut bin, und haben sich nicht getraut.

Ich also rein mit dem Bengel in die Bahnhofswache. ‹Na, Herr Haarmann, was ist denn los?› fragt der Wachthabende … Die kennen mich da ja alle.

‹Der Bengel hier reist auf falsche Papiere und belästigt Passanten auf der Straße.›

‹Dann gleich rüber auf die Kriminalwache›, sagt der Beamte und gibt uns einen Schupo mit. ‹Sie gehen als Zeuge mit 'rüber, Herr Haarmann.› Natürlich bin ich mit 'rüber in die Waterloostraße, ins Präsidium.

Wie ich drüben erzähle, was mit dem Bengel los ist, geht die Tür auf, und der Kriminalkommissar Lyss kommt 'rein. Der wollte eigentlich nur mal rasch telefonieren. Aber wie er mich sieht, bleibt er da und hört sich die Sache mit dem Bengel an. Und plötzlich mischt er sich ein. Er fragt den Jungen:

‹Sag mal, Junge›, fragt er, ‹du hast also bei Herrn Haarmann übernachtet. Das war doch sehr nett von ihm … Und jetzt rempelst du ihn zum Dank dafür auf der Straße an. Warum bist du denn überhaupt weggegangen von Herrn Haarmann?›

Da druckst der Bengel, und dann sagt er: ‹Weil ich mich vor ihm gefürchtet habe.›

Nun lacht der Lyss und meint: ‹Na, na, erzähl mal keinen Unsinn, Junge. Wir kennen hier alle den Herrn Haarmann. Das ist ein sehr guter Mensch, vor dem braucht sich niemand zu fürchten.›

‹Wenn er mir doch aber mit'm Messer gedroht hat!› sagt der Junge.

‹Stell keine dummen Behauptungen auf, Bengel›, schimpft Kriminalkommissar Lyss.

‹Das sind keine Behauptungen›, sagt das freche Aas aus Berlin. ‹Einen Morgen, als Herr Haarmann Brot geschnitten hat, ist er plötzlich auf mich losgegangen und hat mir das Brotmesser an die Kehle gesetzt.›

‹Die Kröte lügt›, habe ich dazwischengerufen.

‹Lassen Sie den Jungen ausreden›, sagt der Herr Kriminalkommissar Lyss zu mir.

Und dann meint der Bengel: ‹Als das mit dem Messer war, hat er mich gefragt, der Herr Haarmann, ob ich Angst habe vor dem Tod … Aber ich hab' vor Schreck nichts sagen können. Und da hat er gelacht, der Haarmann, und hat gemeint, daß es diesmal noch Spaß gewesen is, und ich soll machen, daß ich wegkomme …›

‹Sehn Sie, Herr Haarmann, das hat man nun davon, wenn man solchen Lausebengels was Gutes antun will›, sagt der Herr Lyss zu mir.

‹Undank ist der Welt Lohn›, sag' ich und nehme meinen Hut.

Aber da meint der Herr Lyss plötzlich: ‹Nein, Herr Haarmann, Sie müssen leider auch hierbleiben.›

Ich denke, ich höre nicht recht … Ja, und seit dem Tag bin ich verhaftet.»

Der beleidigte Tonfall, in dem Haarmann mir diese Geschichte erzählte, klang echt. Er schien ehrlich davon überzeugt, das Opfer seiner Gutmütigkeit geworden zu sein. Und es war ja auch wirklich eine merkwürdige Fügung des Schicksals.

Zahllose Male hatte dieser Mann gemordet und war niemals ertappt worden. Nun hatten einmal, im Falle des Berliners, seine besseren Instinkte die Oberhand behalten. Vielleicht hatte er sogar den Jungen nur deshalb der Polizei übergeben, um ihn ganz sicher aus der Gefahrenzone zu schaffen. Und ausgerechnet dabei war er gescheitert …

Ich gebe diesen Vorgang so wieder, wie ihn mir Haarmann selber erzählt hat.

Später, vor Gericht, hat er sein angebliches menschenfreundliches Motiv nicht mehr erwähnt. Ich maße mir nicht an, darüber zu urteilen, ob er wirklich über den letzten in ihm noch vorhandenen Rest von Anständigkeit gestrauchelt ist. Darin, daß er mit dem Berliner zur Polizei ging, kann man ebensogut einen Beweis maßloser Frechheit oder auch grenzenloser Dummheit sehen.

Eins aber scheint mir festzustehen: Wenn in jener Nacht nicht zufällig Kriminalkommissar Lyss auf der Wache erschienen wäre, hätte man den braven Herrn Haarmann ruhig nach Hause gehen lassen. Denn Lyss war der einzige im Polizeipräsidium, der Haarmann von Anfang an für dringend verdächtig hielt.

Vielleicht hätte Haarmann auf dem Nachhauseweg ein neues Opfer gefunden. Vielleicht hätten ihn dann die Berliner Beamten doch noch bei einem Mord ertappt. Vielleicht aber hätte er auch mit seinem Raubtierinstinkt die drohende Gefahr gewittert und sich ruhig verhalten, bis die Aufmerksamkeit der Polizei erlahmte.

Das letztere hat durchaus im Bereich des Möglichen gelegen. Denn noch acht Tage nach Haarmanns Verhaftung konnten die Kriminalkommissare Lyss und Raetz nur mit Mühe verhindern, daß Haarmann vom Untersuchungsrichter in Freiheit gesetzt wurde. Starke Kräfte in der Hannoveraner Polizei, an erster Stelle der Leiter des Einbruch-Dezernates, waren nach wie vor von der Unschuld ihres wertvollen Spitzels überzeugt …

Und wieder sollte es nur ein Zufall sein, der schließlich die Wende herbeiführte.

Eine der merkwürdigsten Eigenschaften, die ich an Friedrich Haarmann feststellen konnte, war seine schauspielerische Begabung. Sowie er auf ein Thema kam, das ihn stärker beschäftigte, geriet er in Bewegung.

Zuerst waren es seine kräftigen, fleischigen Hände, die mit hastigen Bewegungen seinen Worten Eindringlichkeit verliehen. Je mehr ihn das Thema hinriß, um so heftiger trat sein ganzer Körper in Aktion. Er sprang auf, lief hin und her, soweit es ihm seine Ketten gestatteten.

Gespräche, über die er berichtete, gab er nicht inhaltlich wieder, sondern in dramatischer Rede und Gegenrede. Dabei änderte er seinen Standort wie ein Schauspieler, der abwechselnd die verschiedenen Rollen eines Stückes spricht. Er nahm die Haltung des Gesprächspartners an, äffte ihn in Mienen und Gestik nach, ja er sprach sogar mit verschiedenen Stimmen und Dialekten.

Auf diese grausig realistische Weise schilderte er mir auch, wie er nach tagelangem, hartnäckigem Leugnen schließlich ein Geständnis abgelegt hatte.

Es war am siebenten Tage nach seiner Verhaftung gewesen. Im Korridor des Polizeipräsidiums hatte sich soeben eine heftige Szene abgespielt.

Dort war nämlich einem Ehepaar namens Witzel, das wegen seines vermißten Sohnes Robert ergebnislos bei der Mordkommission vorgesprochen hatte, ein junger Mann in einem gelblich-braunen Jackett aufgefallen.

Mit dem Schrei «Das ist ja die Jacke von unserem Robert!» war Frau Witzel hinter dem jungen Menschen hergestürzt. Und nun hatte sich etwas Erschütterndes herausgestellt: Der junge Mann war zufällig an jenem Tag mit seiner Mutter wegen einer Renten-Angelegenheit auf dem Präsidium gewesen. Er hieß Theo Hartmann und stammte aus einer früheren Ehe seiner Mutter, einer Frau Engel. Diese Frau Engel jedoch war die Besitzerin des Hauses Rote Reihe 4, in dem der verhaftete Fritz Haarmann wohnte.

Theo Hartmann gab an, er habe die Jacke vor einiger Zeit von Herrn Haarmann für billiges Geld gekauft. Er erinnerte sich, in der Brusttasche einen Personalausweis auf den Namen Robert Witzel gefunden zu haben. Er habe diesen Ausweis Herrn Haarmann zurückgegeben, der ihn zerrissen hätte …

Kriminalkommissar Raetz ordnete sofort die Vorführung Haarmanns an.

Was dann geschah, will ich in Haarmanns Worten wiedergeben:

«Ich sitze in meiner Zelle und denk' mir nichts Schlechtes», begann er. «Da wird die Tür aufgeschlossen. Und ich denk', jetzt wirst du entlassen. Aber der Wachtmeister sagt nur: ‹Mitkommen zum Verhör.›

Und ab geht's in das Zimmer vom Kriminalkommissar Raetz. Das Zimmer ganz voll. Eins, zwei, drei, vier Leute zähle ich außer dem Kommissar und zwei andern Beamten.

Zuerst erkenne ich meine Hauswirtin, die Frau Engel. Was macht denn die alte Hexe hier, denke ich. Und dann ist auch noch der Theo Hartmann da, ihr Sohn. Er hat eine schicke Jacke an, gelbbraun meliert. Ich erkenne die Jacke gleich, weil ich sie dem Theo verkauft habe. Die anderen beiden Leute kenn' ich nicht. Ein Herr und eine Dame, ältere Leute, schwarz gekleidet. Die haben wohl Trauer, sage ich mir.

‹Haben Sie diesen Herrn schon einmal gesehen?› fragt Kriminalkommissar Raetz die beiden und deutet so mit dem Finger auf mich.

‹Wollen Sie mich den Herrschaften nicht erst vorstellen?› sage ich, aber der Raetz nimmt keine Notiz davon. Da verbeuge ich mich … so … und stelle mich vor: ‹Haarmann, mein Name.›

Die Frau hat immerfort ihr Taschentuch vorm Mund und weint vor sich hin. Der Mann sieht mich genau an und sagt: ‹Nein, diesen Mann kenne ich nicht.›

‹Aber Sie kennen den Herrn›, sagt der Raetz zu der Engel und ihrem Sohn. Dämliche Frage, wo ich doch schon ein Jahr bei denen wohne.

‹Haben Sie dieses Jackett schon einmal gesehen, das der junge Herr trägt, Haarmann?› fragt mich der Raetz.

‹Werde ich wohl›, sage ich. ‹Das habe ich ja dem Herrn Theo billig verkauft, weil er immer nicht recht was zum Anziehen hatte.›

‹Und wo hatten Sie dieses Jackett her?›

‹Herr Kommissar, ich mache in gebrauchten Kleidern›, sage ich. ‹Wie kann ich da wissen, woher jedes einzelne Stück Ware gekommen ist?›

Die ganze Zeit über weint die Frau in Schwarz, und das macht mich ganz fusselig. Ich frage den Raetz: ‹Was fehlt denn der Dame?›

Aber der tut so, als hört er schlecht, und fragt mich: ‹Kommt es vor, daß sich in Kleidungsstücken, die Sie kaufen, noch Ausweise des Verkäufers finden?›

‹Das kommt schon vor.›

‹Und was machen Sie dann damit?›

‹Wenn ich den Mann noch kenne, geb' ich ihm das Papier zurück. Oder ich bewahre es auf.›

‹Zerreißen würden Sie solche Ausweispapiere nie?›

‹I, wo werd' ich denn›, sage ich.

Da guckt mich der Raetz so hinterhältig an und fragt den Theo: ‹Was hat der Herr Haarmann doch noch gleich mit dem Ausweis gemacht, den Sie in der Jacke da gefunden haben?›

‹Zerrissen hat er ihn.›

‹Aber, Herr Theo, wie können Sie so etwas Falsches hier vor der Polizei auf Ihr Gewissen nehmen›, sage ich. ‹Sie können es doch gar nicht gesehen haben.›

‹Was kann er nicht gesehen haben?› Der Raetz fährt hoch und stellt sich ganz dicht vor mich hin. ‹Wie Sie den Ausweis zerrissen haben?›

‹Nicht doch›, sage ich. ‹Ich meine nur, der Herr Theo hat mir den Ausweis gebracht, ich hab' mich dafür bedankt, und dann ist er wieder gegangen.›

‹Sie erinnern sich ja plötzlich merkwürdig genau›, meint der Raetz. Und zum Theo: ‹Sie wollen doch aber gesehen haben, daß er den Ausweis zerrissen hat?›

Da wird der Theo ganz rot und sagt: ‹Ja, wie ich 'raus war, habe ich durchs Schlüsselloch geguckt. Und da hab' ich gesehen, wie er ihn zerrissen hat.›

‹Also, Frau Engel›, sage ich, ‹das sind ja schöne Sachen, die man sich in Ihrem Haus bieten lassen muß. Ich werde mir überlegen, ob ich nicht ausziehe …›

Doch der Raetz fährt mir übers Maul: ‹Ich will Ihnen auch sagen, Haarmann, warum Sie den Ausweis zerrissen haben.›

‹Darauf bin ich gar nicht mehr neugierig», sage ich, «wenn Sie diesem jungen Mann da mehr Glauben schenken als mir.›

‹Der Ausweis aus dem Jackett lautete auf den Namen Witzel, Robert, geboren am 18. März 1906. Es war ein Werkausweis von den Excelsior-Gummiwerken.›

‹Das mag schon sein›, sage ich.

‹Hier sind die Eltern dieses jungen Mannes.› Die Frau in Schwarz weint noch lauter los. ‹Ihr Sohn ist am 26. April, das war ein Sonntag, in den Zirkus Sarrasani gegangen. Er ist seitdem nicht mehr nach Hause zurückgekehrt. Er trug seinen besten Anzug, den da.› Er zeigt auf die Jacke von dem Theo Hartmann. ‹Wie sind Sie zu dieser Jacke gekommen?›

Wie ich nun so da stehe und überlege, was ich darauf sagen soll, springt plötzlich die Frau auf. So mir nichts dir nichts springt sie auf und geht auf mich los. Na, ich bekomme doch einen Schreck und fahr' zurück. Aber da hat sie schon ihre Finger in meinem Gesicht und schreit immer: ‹Mörder! Mörder!›

Da an der Backe, da hat sie mich gekratzt mit ihren scharfen Nägeln. Und wenn ihr Mann sie nicht hätte zurückgerissen, wer weiß …

Also ich sage zu dem Raetz: ‹Ich bin hier ein schutzloser Mensch. Diese Dame bedroht mich. Das gehört sich doch nicht. Ich sage hier kein Wort mehr, wenn man mich durch Gewalt nötigt, die Unwahrheit zu sagen …›

‹Wollen Sie etwa einen Anwalt?› fragt der Raetz wütend. ‹Nein, aber ich bitte meine Schwester, Frau Emma Bursche, hierherzuholen …›

Nun war aber die Frau Witzel schon ganz schwach. Und der Raetz kriegte dauernd Telefonanrufe, wohl von oben. Da hat er schließlich gesagt: ‹Also machen wir morgen weiter› …»

Haarmann ließ sich erschöpft auf seinen Schemel zurückfallen.

«Hatten Sie damals das Gefühl, daß es Ihnen nun an den Kragen gehen könnte?» fragte ich.

«Überhaupt nicht.» Er lachte großspurig. «War ja schließlich nicht das erste Mal, daß die Kriminals bei mir Sachen von verschwundenen Bengels gefunden hatten. Und kein einziges Mal haben die mir was nachweisen können.»

«Das ist doch nicht möglich!› Mir stockte der Atem. Ich mußte an die Anklagen denken, die in der Presse gegen die Hannoversche Polizei erhoben wurden. Da wurde nicht mehr und nicht weniger behauptet, als daß die Kriminalpolizei Haarmanns Mordtaten begünstigt hätte.

«Beim erstenmal war noch Krieg», sagte Haarmann. «Da war im September achtzehn der Friedel Rothe verschwunden. Zwei Freunde von ihm hatten den Friedel mit mir gesehen. Sie haben mir nachspioniert, bis sie meine Wohnung raushatten. Ich wohnte damals Celler Straße 27 bei Witwe Schildt. Sehr schöne Wohnung, Laden mit Hinterzimmer. Eines Nachts klopft es. Kriminalpolizei. Ich habe einen Jungen vom Bahnhof bei mir einquartiert. Der Beamte fragt, ob ich einen Friedel Rothe kenne. Ja, sage ich, der hat auch schon bei mir genächtigt, aber ich habe ihn rausgeschmissen. Dann soll ich mitkommen, sagt der Kriminal, und der Junge, den ich bei mir habe, auch … Dann hat der Kriminal – Brauns war sein Name – sich in der Wohnung umgesehen … In ’n Schrank hat er geguckt und ins Schubfach vom Tisch … Aber hinter den Ofen hat er nicht gesehen … hahaha …» «Bitte, können Sie nicht Ihr Lachen unterlassen», sagte ich gequält.

Haarmann sah mich teilnehmend an und sagte: «Jaja … ich sehe, Sie sind sehr überarbeitet … Nerven, verstehe … Aber sehen Sie, das ist doch auch komisch … Wenn der Beamte … wenn der hinterm Ofen nachgesehen hätte … Na, der hätte schön gestaunt … Dann hätte er gewußt, daß ich den Friedel Rothe hingemacht habe …»

«Bitte, hören Sie auf!»

«Und so ging das noch drei-, viermal. In der Neuen Straße 8 und in der Roten Reihe 4. Überall gab's Leute, die mich verpetzt haben bei der Polizei. Dreimal Haussuchung oder viermal. Und wie stand der gute Onkel Fritze nachher da? ... So!» Er reckte sich auf und schlug sich mit einer triumphierenden Geste an die Brust.

«Wie war das nur möglich?»

«Das kommt davon, wenn man reinlich ist», sagte Haarmann. «Sie glauben gar nicht, was ich geschrubbt habe ... und gefegt und geputzt und gewaschen ... Wenn ich ausging, bin ich immer wie aus dem Ei gepellt gewesen, wissen Sie ... Auf Kleidung halte ich nämlich viel ... Wenn ich bei mir reinegemacht habe, dann immer nur im Hemd, damit die Sachen nicht leiden ...»

Die Augen des reinlichen Ungeheuers glänzten stolz. Noch sechs Wochen nach seiner Verhaftung genoß er die Befriedigung, daß er jahrelang die Polizei und die Bevölkerung von Hannover an der Nase herumgeführt hatte.

Und ich halte es für gut möglich, daß er auch im Falle Witzel wieder davongekommen wäre, wenn nicht zum zweitenmal der Zufall seine Hand im Spiel gehabt hätte.

Ein junger Bursche hatte der Polizei mitgeteilt, daß er Haarmann gegen Entgelt Freunde zugeführt habe, unter ihnen auch Robert Witzel. Unter der Last der Beweise und der Furcht vor einer Gegenüberstellung mit der aufgebrachten Bevölkerung war Fritz Haarmann dann endlich zusammengebrochen.

Er hatte gestanden. Er wußte nicht mehr, wieviel Morde er eigentlich begangen hatte. Er kannte oft nicht einmal die Namen seiner Opfer ...

Dieses Geständnis Haarmanns lag bereits vier Wochen zurück, als ich ihn zum erstenmal in seiner Zelle besuchte. Fast zwei Stunden hatte er gebraucht, um mir die Geschichte seiner Verhaftung und seines Geständnisses in seiner theatralischen Art zu erzählen.

Die Sprechzeit war um. Ich hatte nur einen Bruchteil von dem erfahren, was ich wissen mußte, um mir über den Fall klarzuwerden.

Der Gefängnis-Oberwachtmeister, der bei der Unterhaltung stumm und scheinbar unbeteiligt in der Nähe der Tür gesessen hatte, stand auf.

«Die Sprechzeit ist abgelaufen.»

Ich erhob mich von der schmalen Bettstelle des Massenmörders.

Auch Haarmann stand von seinem Schemel auf, dessen drei Beine in den Fußboden zementiert waren. Er sah mich mit verlegenem Lächeln an, fast wie eine Primadonna, die einem Operndirektor vorgesungen hat und nun ein schmeichelhaftes Urteil erwartet.

«Nun, wie isses», sagte er, «wann machen wir Vertrag?» «Was für einen Vertrag?» fragte ich.

Er lachte verschmitzt: «Na, daß wir beide zusammen vor Gericht gehen ... hahaha. Denken Sie daran, ich bin der Massenmörder Haarmann. Von mir wird man nach hundert Jahren noch sprechen. So was wird Ihnen nicht alle Tage geboten.»

Da weinten unzählige Mütter, weil er ihnen das Liebste geraubt hatte. Und er brüstete sich noch damit. Er segelte auf einer Woge von Größenwahn, er träumte von Unsterblichkeit.

«Sie hören wieder von mir», sagte ich mit trockener Kehle. Mein Ton machte ihn stutzig.

«Sie kommen doch wieder?»

Alle Pose war plötzlich von ihm gewichen. Er rieb nervös seine Hände, fuhr sich dann mit der Rechten an seinen Schädel und rieb an einer bestimmten Stelle, als empfände er dort einen Schmerz.

«Ja, ich komme wieder.»

«Und Sie werden mich verteidigen?» fragte Haarmann, fast flehend.

«Gut, Herr Haarmann, dann schreiben Sie mir eine Vollmacht aus», sagte ich.

Fritz Haarmanns Augen leuchteten auf. Er schrie den Strafanstalts-Wachtmeister an: «Wo ist Papier, wo ist mein Federhalter!»

Der Beamte rannte, um Haarmanns Wunsch zu erfüllen.

Papier und Federhalter lagen vor Friedrich Haarmann. In seiner gleichmäßigen, schräg nach rechts geneigten Schrift fing er an:

«Vollmacht ...»

Ich diktierte ihm den Text, und er schrieb gehorsam wie ein Schüler. Mit einem großen Schwung setzte er schließlich seine Unterschrift unter das Schriftstück.

Als er es mir übergab, leuchteten seine Augen. Er sagte:

«Nüch wahr, das iss ein großer Moment für Sie! Der Massenmörder Friedrich Haarmann ernennt Sie hiermit zu seinem Verteidiger ... Eigentlich brauche ich ja keinen. Wenn das große Theater losgeht im Gericht, dann trete ich an die Barriere und sage: ‹Nu macht man schnell und köppt mich ...› Und dann ...»

Er legte die beiden Hände an die Hosennähte, schritt zu seinem Tisch, beugte sich vor:

«Auf dem Klagesmarkt werden sie mich köppen, nüch wahr. Viele Leute werden da sein … Es ist ein kalter Tag … Aber die Sonne wird scheinen. Und dann isser wech, der Kopf. Und auf dem Friedhof werden sie mir einen Grabstein setzen … iss schon bezahlt von der Sterbekasse … Und da steht drauf: ‹Hier ruht der Massenmörder Haarmann.›»

Ich nahm ihm das Papier aus der Hand und ging ohne ein Wort aus der Zelle.

Draußen auf dem Zellengang atmete ich auf. Es war dieselbe verbrauchte, von undefinierbaren Gerüchen geschwängerte Gefängnisluft wie in Haarmanns Zelle. Doch mir kam sie vor wie die Luft von Bad Reichenhall …

*

Daß es im Falle des Massenmörders Haarmann nicht viel zu verteidigen geben würde, war mir schon klar gewesen, bevor ich mich zu dem Besuch im Gerichtsgefängnis von Hannover entschlossen hatte. Von den dreißig Morden, die ihm die Kriminalpolizei nachweisen zu können glaubte, hatte er zwar erst sieben in aller Form gestanden. Aber er stritt die restlichen Untaten nicht rundweg ab, sondern behauptete nur, sich in einigen Fällen nicht mehr erinnern zu können.

Tag für Tag erschienen auf dem Polizeipräsidium Angehörige von vermißten jungen Leuten. Dabei kam es zu so makabren Szenen, wie sie z. B. in der «Vossischen Zeitung» vom 31. Juli 1924 von den Angehörigen eines Opfers geschildert wurden:

Auf dem Polizeipräsidium wurden wir vom Präsidenten empfangen. Im Hof befand sich eine fünfzehn Meter lange Halle, in der vier Reihen Tische aufgestellt waren. Auf diesen Tischen lagen die mit Nummern versehenen Kleidungsstücke. Das Präsidium hatte die Bevölkerung gebeten, alle von Haarmann gekauften Kleidungsstücke zur Aufklärung abzuliefern. Hieraus erklärt sich die Unmenge der auf den Tischen liegenden Sachen.

Wir fanden einen Hut und eine Mütze, die wir als Eigentum unseres vermißten Jungen erkannten. Diese beiden Kleidungsstücke waren in

Haarmanns Wohnung selbst gefunden worden. Diejenigen Sachen, die von den Eltern und Angehörigen wiedererkannt wurden, werden sofort in einen Nebenraum gebracht, da sie von der Staatsanwaltschaft beschlagnahmt werden. Darunter befand sich während unserer Anwesenheit auch ein Kindersweater, ein Zeichen, das Haarmann sich auch Kinder als Opfer ausgesucht hat. Der vorgezeigte Sweater rührt von einem zehnjährigen Knaben her und wurde von den Eltern auch wiedererkannt. Als wir uns auf dem Korridor befanden, kamen immer noch weinende Angehörige von Vermißten.

Um die Mittagsstunde wurden wir in Begleitung eines Polizeikommissars und eines Kriminalwachtmeisters zum Gerichtsgefängnis geführt, in dem sich Haarmann in Untersuchungshaft befindet. Wir wurden in ein Zimmer geleitet, wo der Untersuchungsrichter seines Amtes waltet.

Darauf wurde Haarmann hereingeführt und hinter die Tische gestellt, damit er von den erbitterten Angehörigen der Opfer nicht angegriffen werden konnte.

Der Untersuchungsrichter zeigte Haarmann die Fotografie unseres Sohnes.

Haarmann betrachtete das Bild mit Wohlgefallen und sagte: «Sehr hübscher Junge … Schade, wenn er dabei ist.»

Der Untersuchungsrichter forderte ihn auf, sich das Bild nochmals genau anzusehen. Die Eltern seien sehr beunruhigt. Vielleicht könne er sich doch noch besinnen.

Aber Haarmann schüttelte den Kopf.

Erst als der Untersuchungsrichter ihm vorhielt, daß doch die Sachen bei ihm gefunden worden sind, sagte Haarmann:

«Es kann möglich sein.» Dann meinte er noch: «Schade um den Jungen. Wenn es die Mutter beruhigt, setzen Sie ihn auch auf die Liste …»

Diese Gegenüberstellungen fürchtete Haarmann besonders. Nie sah er den unglücklichen Angehörigen ins Auge. Mit offensichtlichem Widerwillen nahm er die Fotos der vermißten Jungen in die Hand, streifte sie aber nur flüchtig mit scheuem Blick.

In manchen Fällen verbarg er seine unheimliche Angst hinter besonders forschem Auftreten.

Da erschien eines Tages beim Untersuchungsrichter ein Elternpaar. Es waren ganz arme Leute. Unter Flickresten, die Haarmann einer

Nachbarin geschenkt hatte, hatten sie den Westenstoff ihres seit acht Monaten vermißten Jungen erkannt.

«Da kann gar kein Zweifel bestehen», sagte die Mutter und deutete auf einen Flicken. «Die Westenschnalle hier habe ich selber genäht.»

Im gleichen Augenblick entstand ein Tumult. Der Vater des Vermißten war blitzschnell auf den Tisch gesprungen und stürzte sich auf Haarmann. Ehe die Beamten dazwischenfahren konnten, hatte der unglückliche Mann Haarmann bei der Kehle gepackt. Er würgte ihn und schrie: «Mörder! Schwein! Satan!»

«Au, au, au!» winselte Haarmann.

Dann befreiten ihn die Beamten. Keuchend trat der Vater hinter den Tisch zurück.

Haarmann war wachsbleich geworden. Er wich ganz zurück an die Wand, aus seinen Augen funkelte eine Mischung von Furcht und Haß.

«Was bildet ihr euch denn ein! Einen so häßlichen Jungen wie den da hätte ich doch nie mit zu mir genommen.» Er zeigte auf die vor ihm liegende Fotografie. «Ihr sagt, daß euer Junge nicht mal ein Hemd unter der Weste anhatte. Und die Hosen waren unten mit Bindfaden zugebunden … Pfui Deibel! Schämt euch, daß ihr den Jungen so lodderig 'rumlaufen laßt. Stoffreste wie eure da gibt's viele. Bildet euch mal nichts ein. Euer Junge war mir lange nicht gut genug.»

Haarmann selber hat mir diese Szene erzählt, als ich ihn zum zweiten Male im Gerichtsgefängnis besuchte.

Vorher hatte ich bis spät in die Nacht mit meinem Freunde, dem Kriminalschriftsteller Hans Hyan, und dem Psychologen Professor Theodor Lessing aus Hannover über den Fall diskutiert.

Professor Lessing, Mediziner und Dozent für Psychologie an der Technischen Hochschule Hannover, kannte den Fall Haarmann wie kein anderer.

«Können Sie mir auch nur einen einzigen Umstand nennen, den ich in der Verhandlung zu Haarmanns Gunsten vorbringen könnte?» fragte ich.

«Darum geht es doch gar nicht», sagte Professor Lessing. «Und um was geht es Ihrer Meinung nach?»

Umständlich putzte der Gelehrte seine Brille und sagte langsam, jedes Wort abwägend:

«Daß dieses Ungeheuer unschädlich gemacht werden muß, steht wohl für jeden fest. Und das wird auch geschehen, verlassen Sie sich darauf. Sie könnten das nicht verhindern, dürften es meiner Meinung nach auch gar nicht … Aber verhindern müßten Sie, daß die ungeheure Schuld verschwiegen wird, die unsere Gesellschaft an dem Fall Haarmann trifft.»

«Sie meinen die Polizei?» fragte ich.

«Auch die Polizei, unter deren Augen und in deren Dienst Haarmann seine Opfer angelockt hat», sagte Professor Lessing. «Auch die Psychiater, die den mehrfach wegen Sittlichkeitsverbrechen Vorbestraften immer wieder für normal erklärt und auf die Menschheit losgelassen haben … All das wird man in der Verhandlung ängstlich zu vertuschen suchen. Und das gilt es zu verhindern … Aber das sind ja nur Randerscheinungen. Ich meine eigentlich die Schuld, die uns alle trifft, unsere gesamte Kultur, unsere Gesellschaftsordnung …»

«Gehen Sie da nicht etwas zu weit?»

«Leider nein. Sehen Sie, dieser Haarmann ist doch ein Rückfall in einen urmenschlichen Zustand. Der Wolfsmensch, der Blutsauger, der Kannibale – nur noch in unseren Sagen, in fernen Erinnerungen glaubt der Mensch von heute sie zu kennen. Und plötzlich ist er da … Wie? fragt sich der Kulturmensch. Raubtiere gibt es doch nur noch in der Wüste … Aber sehen Sie doch einmal hinaus in die Straßen dieser Stadt, die Straßen aller Städte. Diese grauen, elenden Steinkästen der Häuser, die Höhlenwohnungen, der Asphalt, auf dem keine Blume wächst und kein Grashalm … Ist das etwa keine Wüste? Und so kahl wie in den Steinschluchten der Straßen sieht es doch auch in der Seele der Menschen aus, die darin zu leben verdammt sind … So weit haben wir es gebracht, die wir die Wüsten kultiviert und die Urwälder gerodet haben … Wir haben neue Wüsten geschaffen. Wüsten, in denen neue Raubtiere wachsen. Raubtiere in Menschengestalt … mit Radio, Elektrizität und seidener Wäsche. Heute ist diese Menschheit entsetzt über Haarmann. Dieselbe Menschheit, die nach Materialschlachten mit fünfhunderttausend Toten ihre Feldherrn mit Orden schmückte, ist über einen Mann entsetzt, der vielleicht zwanzig, vielleicht dreißig Menschen umgebracht hat … Sehen Sie, das meine ich mit unserer Schuld, von der in diesem Prozeß gesprochen werden muß. Denn sonst … sonst wird man sich bald über Massenmörder nicht mehr so aufregen wie heute. Sonst bricht vielleicht eine Zeit an, in der man Leute wie Haarmann als mindere Stümper belächelt …»

Der Professor schwieg. Er atmete schwer. Was er sagte, war mir ins Herz gedrungen. Ich ahnte damals noch nicht, wie sehr sich seine prophetischen Worte bewahrheiten sollten. Ich ahnte vor allem nicht, daß Professor Theodor Lessing selbst eines der ersten Opfer des Mordwahnes werden sollte, der nach 1933 ausbrach. In der Tschechoslowakei, wohin er sich gerettet hatte, spürte ihn ein Kommando der SS auf. Am 31. August 1933 wurde er in Marienbad ermordet … Aber damals, Anfang August 1924 in Hannover, wußte ich mit seiner philosophischen Auslegung des Falles Haarmann nicht viel anzufangen.

Mir wurde in den folgenden Wochen immer klarer, daß es ein hoffnungsloses Unterfangen sein würde, den Haarmann-Prozeß zu jenem Fanal zu machen, an das Professor Lessing gedacht hatte …

Anfang November teilte ich Fritz Haarmann mit, daß ich von dem Mandat zurücktreten müsse, das er mir erteilt hatte.

Ich bekam keine Antwort. Aber durch Freunde wurde mir Haarmanns Reaktion mitgeteilt: Er war zunächst betroffen gewesen. Dann hatte er gesagt:

«Dieser Rechtsanwalt aus Berlin ist ein Kommunist. Frey wollte mich nur an die Kommunisten verraten … Ich brauche überhaupt keinen Anwalt.»

Von Gerichts wegen hatte man ihm einen Offizial-Verteidiger gestellt, einen alten, versierten Anwalt aus Hannover. An den hatte sich Professor Lessing gewandt, ihn beschworen, die besten psychologischen Gutachter für diesen Fall zu berufen. Die Antwort hatte gelautet: «Ich wüßte nicht, was man Psychologisches fragen sollte.»

Statt auf die Sachverständigen-Bank war Professor Theodor Lessing auf die Presse-Bank verwiesen worden. Nach den ersten Tagen des Prozesses wurde er durch den Gerichtsvorsitzenden auch dort ausgeschaltet mit der Begründung:

«Sie sind hier als Reporter zugelassen, nicht als Schriftsteller. Wir können hier keinen Herrn dulden, der Psychologie treibt …»

Als ich diesen Satz in der Zeitung las, wußte ich, daß ich mit der Rückgabe des Falles Haarmann einen großen Irrtum begangen hatte …

Am 19. Dezember 1924 wurde Friedrich Haarmann in vierundzwanzig Fällen zum Tode verurteilt. Am 14. April 1925 wurde er hingerichtet.

FRAUEN IN MOABIT

Lola Bach

Jede Nachkriegszeit bringt Verbrechen mancher Art hervor. Nicht nur die schrecklichsten Auswüchse, die Massenmörder, verlangten Beistand. Als Rechts-Anwalt, als unabhängiger Diener der Gerechtigkeit und des Rechtes, mußte ich auch anderen helfen, die die Unruhe der Zeit zugrunde zu richten drohte.

Von einigen solchen Fällen will ich nun berichten. Frauenschicksale sind es. Sie sind verschieden wie das Leben selbst, doch gleich in einem: in Not geratene Menschen.

*

Es war schon Abend, und über dem Hotel Esplanade stand groß der Mond, als ich an einem Augusttag im Jahre 1921 noch einmal in meine Anwaltskanzlei fuhr.

Mein Name war durch den Fall Schumann zwar schon weit über Berlin hinaus bekanntgeworden, aber mein Büro in der Bellevuestraße 21/22, im Hause des Café Josty, war noch reichlich primitiv. Noch lagen keine Smyrna-Teppiche auf dem Boden, in denen der Fuß des Besuchers versank, noch gab es nicht die zahlreichen hübschen Sekretärinnen, die ein paar Jahre später in meiner Kanzlei ihr geschäftiges Unwesen treiben sollten, noch empfing die Besucher kein Boy mit dem gestickten «F» auf der lichtgrünen Livree …

Noch war alles sehr nüchtern und sachlich in meiner Kanzlei. Es war die Praxis eines Verteidigers, der nach vier Jahren Krieg heimgekehrt war und zufrieden sein mußte, wenn ihm hochbeschäftigte Kollegen einmal einen Fall abtraten oder ein Gericht ihn zum Offizialverteidiger für 16 Mark berief.

«Was Neues, Bose?» fragte ich meinen Bürovorsteher.

«Ein Herr Doktor Römer hat mehrmals angerufen», sagte Herr Bose.

«Wer ist das? Was will er?»

«Er nennt sich Privatgelehrter … Stimmt vielleicht auch. Aber in

Wirklichkeit ist er Geschäftsführer des Naturalistischen Balletts Lola Bach ...»

Herr Bose pflegte solche Erkundigungen auf eigene Faust einzuholen.

Bei dem Namen Lola Bach horchte ich auf. Das sogenannte Naturalistische Ballett Lola Bach war eine Nackttanzgruppe, über die man in letzter Zeit in Berlin viel gesprochen hatte. «Was will der Herr?»

«Hat er nicht gesagt», brummte Bose und zupfte beleidigt an seinen Ärmelschonern aus schwarzem Satin. Er war immer beleidigt, wenn Besucher ihr Anliegen nicht schon vor ihm in allen Einzelheiten ausbreiten wollten. Denn im Grunde seiner Seele fühlte er sich als Herr der Praxis. Ein Fall, den er nicht kannte, war für ihn von vornherein faul ...

«Es muß sehr dringend sein», gab Herr Bose widerwillig zu. «Wenn Sie heute abend Zeit haben ... Herr Doktor Römer erwartet Sie in seiner Wohnung, Lützowstraße 12 a.»

«Lola Bach wäre mir lieber», seufzte ich. «Na schön, wollen wir einmal sehen, was dieser eilige Herr Dr. Römer möchte.» Ich weiß nicht, ob ich den Fall der Tänzerin Lola Bach übernommen hätte, wenn nicht das Geheimnis dieser Frau mich gereizt hätte. Für die Öffentlichkeit war dieser Prozeß nichts weiter als eine pikant-heitere Komödie. Für mich als Verteidiger bedeutete er jedoch viel mehr.

Der Fall Lola Bach war eine echte Frauentragödie der Inflationszeit. Jener Zeit, in der Berlin zum Rummelplatz Europas, zum Zentrum einer erotischen Internationale geworden war.

Doch davon ahnte ich noch nichts, als ich an jenem Augustabend in die Wohnung des Privatgelehrten Dr. Römer fuhr.

Der Diener, der mir in der Lützowstraße öffnete, war ein wirklicher Zwerg. Er steckte von den Schultern bis zu den Füßen in einem weißen, faltigen Umhang. Auf dem Kopf trug er einen roten Fez. Sein Gesicht war tiefschwarz, faltig und häßlich. Wie kam dieses Buschmännchen wohl nach Berlin?

Er nahm mir Hut und Mantel ab, wozu er sich auf einen Stuhl stellte. Im Vorraum herrschte Halbdunkel. Zwei Ampeln flackerten. Ich sah in geschliffene, goldgerahmte Spiegel. Der Zwerg zog eine Portiere zur Seite. Der Raum dahinter war in grünes Halblicht getaucht. Aus Räucherschalen stieg feiner Rauch auf. Ein Duft wie von Ambra und Iris legte sich schwer auf die Brust. Von den Wänden grinsten grellbemalte Masken.

Endlich ein riesiges Zimmer … Auf Kissen und Teppichen lagen an den Wänden entlang Menschen. Ich ahnte sie mehr, als ich sie sah. Der Zwerg führte mich zu einem niedrigen Tischchen. Ich sank auf einen Berg von seidenen Kissen. Niemand schien meine Ankunft zur Kenntnis zu nehmen.

Wände und Fenster des Raumes waren mit schwerem Brokat von der Decke bis zum Boden verhängt. In der Mitte des Raumes war ein großes Rund freigelassen, in dessen Parkett sich das Licht der Ampeln spiegelte.

Plötzlich erklang leise Musik. Von der Decke her flammte ein bläulicher Scheinwerferkegel quer durch den Raum. Dort wo er die gegenüberliegende Wand traf, wurden Vorhänge beiseite gerafft. Und dann sah ich Lola Bach.

Sie saß zusammengesunken wie im Schlaf auf einer riesigen silbernen Schale, die von drei Männern im Frack hoch über ihren Köpfen gehalten wurde. Langsam, gemessen schritten die Frackmänner auf die Mitte des Raumes zu. Und mit jedem Schritt senkten sie die Schale, und mit jedem Schritt richtete die Frau sich mit windenden Bewegungen auf, bis sie in voller Größe dastand.

Ihr Oberkörper war nackt. Von der Hüfte abwärts steckte sie in einer langen Hose aus schwarzem, zottigem Fell. Der Kontrast zu ihrer weißen, mattglänzenden Haut war raffiniert.

Die Männer hoben sie aus der Schale, in der die steife Pelzhose stehenblieb wie ein leerer Behälter. Lola Bach war jetzt so gut wie nackt. Von einem goldenen Hüftreif flössen ein paar bunte Seidenbänder herab.

Was dann kam, war Magie. Es war kein Tanz mehr. Es war eine berauschende, übergangslose Folge von allem, was je irgendwo auf der Welt getanzt worden war. Vom Kasotschok der russischen Steppe zum spanischen Flamenco, vom balinesischen Tempeltanz zum Liebestanz des Harems, zum Walzer, zum Tango …

Ich war wie verzaubert, wie benommen. Einmal, als sie an mir vorüberflog, sah ich ihre Augen. Sie waren weit aufgerissen, dunkel und traurig. Mir war, als hafte ihr Blick etwas länger auf mir.

«Ganz schön, oder?»

Ich schrak zusammen. Die Stimme war ganz nahe. Unbemerkt hatte sich auf der anderen Seite meines Tisches ein schwerer, massiger Mann niedergelassen. Ich sah eine Glatze, sah das Funkeln dicker Brillengläser. Noch ehe er sich vorstellte, wußte ich, daß es Dr. Römer war.

Er entschuldigte sich nicht, daß er mich vernachlässigt hatte.

«Tanzt die gnädige Frau auch in den öffentlichen Vorstellungen so?» fragte ich.

Er lachte trocken: «Nein ... Das hier ist nur für Freunde, für meine Freunde.»

Ich fragte: «Was kann ich für Sie tun?» Es war meine übliche erste Frage an mögliche Klienten.

«Die Staatsanwaltschaft interessiert sich seit einiger Zeit für unsere Kunst ... mehr als für uns gut ist.»

Unwillkürlich mußte ich lächeln. Daß sich der Staatsanwalt für solche Privatvorstellungen interessierte, konnte ich verstehen.

Aber noch verdächtiger als die Vorstellung war mir der Mann selbst. Seine Sprache war kultiviert. Aber irgend etwas in seiner Stimme irritierte mich. Das Wort Kunst bekam in seinem Munde etwas Obszönes. Ohne es näher ergründen zu können, spürte ich, daß dieser Mann sein Wissen um die Laster und Schwächen anderer bedenkenlos ausnutzte.

Der Tanz war zu Ende. Die Musik erstarb. Die Frau war in der Mitte des Raumes zusammengesunken und ließ sich von den Frackmännern davontragen.

Aus dem Nebenraum klang ein hoher schluchzender Geigenton und löste sich in eine langsame, quälende und doch aufreizende Melodie auf. Plötzlich war der Raum von Schatten erfüllt. Die Paare tanzten. Es war wie der Tanz der toten Seelen in der Unterwelt ...

Dr. Römer stand auf und ging in den Nebenraum. Er kam mit Lola Bach zurück. Sie trug ein weites schwarzes Kleid von fast klassischem Schnitt.

Dr. Römer stellte vor: «Rechtsanwalt Dr. Frey, der Mann, der uns herauspauken wird ...»

«Ich wollte eigentlich gehen», sagte ich. «Das Geschäftliche besprechen wir am besten in meiner Praxis.»

Da traf mich der Blick von Lola Bach. In ihren Augen lag Angst, ein stummes Flehen ... Ich verneigte mich, und wir mischten uns unter die Schattenpaare. Sie tanzte federleicht. Nur auf meinem Arm fühlte ich den Druck ihrer Hand. Allmählich konnte ich die tanzenden Paare unterscheiden. Unter den Männern markante Köpfe, die Geist und Kultur verrieten. Ein Japaner war darunter, ein Araber und ein Inder. Die Frauen waren alle hochelegant, sehr gepflegt und sehr jung. Doch eins hatten alle, Männer und Frauen, gemeinsam: ihre Gesichter wirkten bleich und maskenhaft, als seien sie weiß geschminkt, die Augen mit tiefem Schwarz untermalt.

Plötzlich war mir klar, was außer dem Tanz Lola Bachs und dem raffinierten Dekor der Räume die Gäste Doktor Römers hierher lockte. Die weißen, maskenhaften Gesichter verrieten es. Man sah solche Gesichter in jenen Jahren überall dort, wo Lebensgier die Menschen zusammentrieb. In Luxusbars und Spielhöllen, in Cafés, Kaschemmen und nächtlichen Wartesälen - Gesichter, vom Rauschgift gezeichnet.

Wie eine Epidemie hatte die Rauschgiftsucht in den Nachkriegsjahren um sich gegriffen. Ihre Opfer waren junge Menschen, die in den Kriegslazaretten sich an das Gift gewöhnt hatten, Männer und Frauen, die dem Elend und dem rasenden Absturz ringsum nicht mehr ins Auge sehen wollten und sich Stunden des Vergessens erkauften. Übersättigte, deren verwöhnte Sinne nur noch im Nirwana genießen konnten.

«Koks bitte gefällig!» So raunte, flüsterte es ringsum, wenn man sich nach Anbruch der Dunkelheit durch das Menschengewühl der Straßen schob. Am Alexanderplatz, unterm U-Bahnbogen der Bülowstraße und rund um die Gedächtniskirche waren die Hauptmärkte, die Kokain-Börsen. Von da aus schwärmten die Verkäufer aus, durchstreiften die Lokale, versorgten Schankkellner, Barfrauen, Garderobieren und Portiers mit kleinen Briefchen, in denen das weiße Pulver enthalten war - Kokain.

Kokain, das war so einfach und unauffällig zu nehmen. Man' brauchte keine Spritze wie beim Morphium, man schüttete; nur das Pulver auf die Hand oder den Fingernagel und sog es in die Nase ein. Und dann sah die Welt für ein paar Stunden rosig aus. Der Schwache fühlte sich stark, der Verzweifelte wurde beschwingt, der Schüchterne mutig.

Wie viele habe ich bei meinen Streifzügen durch das nächtliche Inflations-Berlin gesehen. Da saßen sie vor einer Tasse Kaffee mit zitternden Händen und leeren, angstvoll suchenden Augen, zählten ihre letzten Geldscheine, wieder und immer wieder, und hofften, daß ein barmherziger Kokainschieber ihnen eine Prise zum halben Preis geben würde. Denn die Preise stiegen mit der sprunghaften Nachfrage und mit dem rapiden Verfall der Mark …

Von Dr. Römers Gästen sah keiner so aus, als könnte er je sein Kokain nicht bezahlen. Dr. Römer schien sich seine Leute sehr sorgfältig auszusuchen.

Da stand er, er beobachtete die Paare. Im Vorbeitanzen sah ich sein unbewegtes Gesicht. Für ihn, der das Rezept dieser Luxus-Lasterhöhle ausgedacht hatte, schien es keinen Rausch zu geben. Er sah aus, als genösse er eiskalt den Triumph über die anderen, die bei ihm ihre Seele ließen und – ihr Geld.

Aber wie paßte Lola Bach hierher? Als hätte sie meinen Gedanken geahnt, flüsterte sie plötzlich: «Sie müssen mir unbedingt helfen!»

Ich spürte, wie ein Zittern durch ihren Körper lief. «So schlimm wird es schon nicht werden», sagte ich. «Morgen kommen Sie und Doktor Römer zu mir, und dann werden wir sehen, was ich tun kann.»

Sie stemmte sich mit ihren Armen von mir weg. «Nein, nein», stieß sie hervor. «Doktor Römer und ich haben nichts miteinander zu tun.»

Ich verstand überhaupt nichts mehr. Nur aus den gehetzten Worten Lola Bachs spürte ich, daß diese Frau am Rande der Verzweiflung war.

«Fragen Sie jetzt nicht», flüsterte sie. «Ich werde Ihnen morgen alles erklären. Aber er darf nichts davon wissen – sonst bin ich verloren …»

*

Bei Ewest in der Behrensstraße, einem kleinen, exquisiten Weinlokal, traf ich mich am nächsten Tage mit Lola Bach.

Sie kam eine halbe Stunde zu spät. Sie sah müde und gehetzt aus. «Er läßt mich kaum aus den Augen», sagte sie, als ich ihr den Stuhl zurechtrückte. «Ich habe mich fortstehlen müssen.»

Der alte Ober Wienke stand mit der Speisekarte in Bereitschaft.

«Ich nehme nur eine Kleinigkeit», sagte Lola Bach. «Aber essen Sie tüchtig. Nur wenn es Männern schmeckt, hören sie zu.» Sie lächelte schwach.

Ich ließ mir Zeit mit der Zusammenstellung meines Menüs. Und dann erzählte Lola Bach.

«Ich will mich so kurz wie möglich fassen», sagte sie. «Als ich ihn, Dr. Römer, kennenlernte, war schon Krieg, und ich war Elevin beim Ballett der Dresdener Oper. Ich war begabt, und ich war mit Leib und Seele dabei.

Römer interessierte sich für mich. Er war jahrelang in Indien gewesen. Er sagte, um indische Tempelkulturen zu studieren. Er erzählte mir tausend verwirrende Dinge von Tempeltänzerinnen, von Liebeskult und Menschenopfern.

Vom Tanz sprach er wie von einer Religion. Er verstand etwas davon. Er lächelte, wenn ich mit meinen unausgegorenen Ideen herausplatzte. Ich war von Isadora Duncan begeistert und von Olga Desmond. Der ideale Frauenkörper in Bewegung – das war für mich Tanz. Und ist es heute noch. Damals lächelte er nur …» Lola Bach nippte an ihrem Glas.

«Ich verfiel ihm», fuhr sie fort. «Mit Seele, Haut und Haaren. Ich flog zuerst aus dem Ballett, dann flog ich zu Haus raus. Wir gingen nach Berlin. Er richtete sich dort eine Wohnung ein. Und dort lehrte er mich, was Tanz ist. Es war wie eine Offenbarung für mich.

Eines Tages, nach dem Krieg, sagte Dr. Römer zu mir:

‹Du hast mir doch immer von der Schönheit des Körpers vorgeschwärmt – von der Schönheit des nackten Körpers. Jetzt gibt es keinen Zensor mehr, der Röckchen mit dem Zentimetermaß mißt. Freiheit für alle, Freikörper-Kultur …›

Ich vergaß, wie er einst über meine Ideen gelächelt hatte. Ich fragte nur: ‹Wo kann ich so tanzen?›

‹Das ist doch eine Kleinigkeit›, meinte er. ‹Ich habe gestern mit einigen Herren die Gesellschaft der Freunde der Kunst gegründet. Streng exklusiv, nur ernste Menschen. Vor diesem Publikum kannst du dich zeigen!›

Ich holte mir Mädchen zusammen, vom Ballett, aus der Freikörperkultur-Bewegung. Ich studierte mit ihnen ein, was mir seit Jahren vorgeschwebt hatte.

Die Premiere fand früher statt, als ich geglaubt hätte. Römer hatte von der Logenbaugesellschaft einen Saal in der Joachimstaler Straße 13 gemietet. Der Applaus war rasend. Was ich nicht ahnte, war, daß Schlepper in den Likörstuben der näheren und weiteren Umgebung und auf den Straßen Mitgliedskarten für die ‹Gesellschaft der Freunde der Kunst› zum Preise von fünfzig Mark anboten.

Neben wirklichen Freunden der Kunst saßen fette Genießer im Saal, Schieber und Portokassenjünglinge, die durch Bankspekulationen über Nacht reich geworden waren. Wir merkten es anfangs nicht.

Am nächsten Abend fehlte Marlen, meine begabteste Partnerin. Römer zuckte die Achseln: ‹Nimm Yvonne.› Gott sei Dank hatte ich alle Rollen doppelt besetzt. Ich nahm Yvonne. Am Abend darauf fehlten Yvonne und Mira. Ich hatte keinen eingetanzten Ersatz und wollte die Nummer mit Mira ausfallen lassen. Da erschien Römer hinter der Bühne. ‹Bist du wahnsinnig›, schnaubte er. ‹Die Leute haben ihr Geld bezahlt. Bring die Nummer mit irgendeiner. Hauptsache, sie ist nackt.›

Ich starrte ihn an wie einen Geist. An diesem Abend sah ich zum erstenmal sein wahres Gesicht. Nach der Vorstellung bat er mich, in der Nacht in der Wohnung zu tanzen. Er habe ein paar Freunde eingeladen.

Als wir in die Lützowstraße kamen, war das Fest schon im Gange. Ich tanzte. Nachher ging ich zu den Gästen.

Ich glaubte zu träumen, als ich Marlen, Yvonne und Mira sah, meine ausgerissenen Mädchen. Sie schienen mit ihren jeweiligen Herren bereits sehr vertraut. Wütend wollte ich sie zur Rede stellen. Doch Römer drängte mich weg.

‹Hast du diese Bekanntschaften vermittelt?› fragte ich ihn, außer mir.

Er lachte: ‹Vermittelt, wie sich das anhört! Was schön und jung ist, empfiehlt sich von selbst.›

Ich schwieg. Als aber die letzten Gäste gegangen waren, machte ich ihm eine furchtbare Szene. Er war kalt und zynisch. Er gab zu, daß seine sogenannten Freunde in Wirklichkeit Kunden waren, denen er meine Tanzmädchen zugeführt hatte.

Ich bekam einen Nervenzusammenbruch. Eine Stunde lang wurde ich von einem Weinkrampf geschüttelt. Schließlich brachte er mir ein Glas Sekt. Er schüttete etwas hinein, ein weißes Pulver. ‹Hier, nimm das›, sagte er. ‹Es wird dir guttun.› Ich trank. Es war Kokain.

Wenige Minuten später war ich ganz ruhig. Ich wußte nicht mehr, weshalb ich mich eben noch so erregt hatte. Willenlos ließ ich mich ins Bett bringen. Von da an hatte er mich in der Hand.

Er versprach mir, mein Ballett in Ruhe zu lassen. Es war eine Lüge. Die Feste in der Lützowstraße fanden in immer kürzeren Abständen statt. Noch ein paarmal lehnte ich mich auf. Dann sperrte er mich in mein Zimmer ein und öffnete erst, wenn ich drinnen auf den Knien lag und ihn um eine Prise Kokain anflehte …

So ging es Monate. Mit dem Ballett ging es bergab. Immer wenn ich ein paar Mädchen notdürftig ausgebildet hatte, nahm er sie mir fort. Die Männer, mit denen er sie zusammenbrachte, hatten Geld. Plötzlich bekamen die armen Dinger alles, was sie sich von ihrem bißchen Gage nie hätten kaufen können. Strümpfe, Pariser Kleider, Pelzmäntel. Und dann kam das Gift.

Im Frühsommer ging Römer ein Engagement mit der Kleinkunstbühne ‹Potpourri› ein. Sie wissen, Doktor, im Künstlerhaus, schräg gegenüber von Ihrer Praxis.»

Ich nickte.

Sie erzählte weiter: «Ich machte alles mit. Mir war alles gleichgültig. Er konnte mit mir machen, was er wollte … Bis Marlen sich das Leben nahm.

Ihr Freund, ein bekannter Verleger galanter Literatur, war ihrer überdrüssig geworden. Kein Wunder, denn sie war völlig auf den Hund gekommen. Vorgestern fand man sie an einem Poller an der Weidendammer Brücke. Sie war angetrieben.

Als ich sie im Leichenschauhaus identifizieren mußte, stand ich plötzlich wieder in der Wirklichkeit. Ich schämte mich vor mir selbst. Ich fühlte mich schuldig an ihrem Tod. Ich haßte mich. Und ich haßte Römer, wie ich ihn noch nie zuvor gehaßt hatte.»

Lola Bachs Hände zitterten. Sie atmete hastig.

«Was soll ich, was kann ich tun?» fragte ich.

«Es wird zum Prozeß kommen …»

«Wollen Sie Römer anzeigen?»

«Auf keinen Fall … Denn dann würde er mich mit hineinreißen. Und ich … ich habe ein Kind. Es lebt bei meinen Eltern … Über die Sache in der Lützowstraße darf niemals etwas herauskommen. Nicht, solange mein Name noch mit dem Römers verbunden ist …»

«Wie wollen Sie es dann zum Prozeß bringen?»

«Diese Sorge hat mir die Staatsanwaltschaft abgenommen, Herr Doktor. Es liegen viele Anzeigen gegen uns vor. Mehrfach sind in letzter Zeit Kriminalbeamte im Theater gewesen.»

«Dann werden aber in erster Linie Sie angeklagt werden», sagte ich.

«Das ist mir klar», sagte sie. «Aber das stört mich nicht. Wegen Nackttanz auf der Anklagebank zu stehen, ist keine Schande. Unmoralisch sind doch nur Römers Praktiken. Die geschäftliche Leitung hat allein er.»

«Wenn ich das Mandat für Sie und Doktor Römer übernehme, dann kann ich nicht Sie verteidigen und ihn sitzenlassen. Das wäre Partei-Verrat …»

«Sie sollen nur mich verteidigen.»

«Wird Römer einverstanden sein?»

Sie griff nach meiner Hand. «Sie müssen ihm klarmachen, daß es besser ist, wenn wir getrennte Anwälte haben. Auf keinen Fall darf er wissen, daß ich dahinterstecke.» «Was wäre dann?»

«Ich habe Angst vor ihm …»

*

Als die griechische Hetäre Phryne vor dem Gericht von Athen angeklagt war, daß sie die Moral der Jugend ruiniere, riß ihr Verteidiger Hyperides der Schönen den Mantel herunter, so daß sie nackt vor den grauhaarigen Richtern stand. Von soviel Schönheit geblendet, sprachen die Richter Phryne frei. Schönheit könne nie unsittlich sein.

Als ich das Mandat für die Nachttänzerin Lola Bach übernahm, war ich mir darüber klar, daß hier nur der Beweis der Phryne Erfolg versprach. Aber wie sollte ich das erreichen?

Der Prozeß fand vor der 6. Strafkammer des Landgerichts II in Berlin-Moabit statt. Diese Strafkammer führte damals den Beinamen «Reigen-Kammer». Vor ihr hatte nämlich im Herbst 1921 ein erbitterter Kampf um eine Aufführung des Theaterstücks «Der Reigen» von Arthur Schnitzler stattgefunden. Der Prozeß hatte zu einem glatten Freispruch der für die Aufführung im «Kleinen Theater am Zoo» verantwortlichen Schauspielerin Gertrud Eysoldt geführt. Doch für den «Reigen» hatte sich schließlich die Kunstwelt eingesetzt. Im Falle Lola Bach konnte ich mit einem Proteststurm in der Öffentlichkeit nicht rechnen. Und Staatsanwaltschaftsrat von Bradke würde in diesem Falle bestimmt mit schärfster Klinge für eine Verurteilung fechten. Wenige Tage vor unserem Prozeß hatte eine andere Strafkammer die Nackttänzerin Celly de Rheydt zu hohen Strafen verurteilt, ein böses Omen.

Nein, ich fühlte mich meiner Sache gar nicht ganz sicher, als Landgerichtsdirektor Brennhausen mit den Beisitzern den großen Gerichtssaal betrat.

Neben Lola Bach saßen auf der Anklagebank noch zwei Tänzerinnen, ein Schauspieler, der in ihren Pantomimen mitgewirkt hatte, Dr. Römer und ein früherer Regisseur. Die unerwartet große Zahl der Angeklagten hatte es mir erleichtert, Dr. Römer von der Notwendigkeit einer getrennten Verteidigung zu überzeugen.

Die Zuschauerbänke waren voll. Aber die Sensationslustigen wurden enttäuscht. Nach einem scharfen Rededuell zwischen mir und dem Staatsanwalt wurde die Öffentlichkeit gegen meinen Widerspruch ausgeschlossen. Murrend verließen siebzig Zuhörer den großen Saal. Der Staatsanwalt hatte die erste Runde gewonnen …

Jetzt beschloß ich, aufs Ganze zu gehen. Die Tür des Gerichtssaals war kaum geschlossen, da stand ich schon auf den Beinen und bat ums Wort.

«Die Anklage lautet auf Erregung öffentlichen Ärgernisses durch unzüchtige Handlungen», sagte ich und schlug mit der Hand auf die Anklageschrift. «Nacktheit an sich kann niemals unzüchtig sein. Das haben schon Gerichte im Kaiserreich festgestellt. Damit sich das Gericht davon überzeugen kann, ob die Nacktheit im Falle des Balletts Lola Bach eine unzüchtige Handlung darstellt, halte ich eine Inaugenscheinnahme durch das Gericht für geboten.»

Niemals werde ich die erstaunten Augen vergessen, mit denen mich Landgerichtsdirektor Brennhausen über den Rand seiner Brille hinweg anblickte. Er war ein sehr strenger Richter, aber hinter seinem sachlichen Äußeren verbarg sich ein sehr berlinischer Sinn für Humor.

«Der Beweis der Phryne», murmelte er kaum hörbar und erteilte mit einer Handbewegung dem Staatsanwalt das Wort, der schon aufgesprungen war, bevor ich meinen Antrag zu Ende formuliert hatte.

«Ich widerspreche energisch …»

Das hatte ich erwartet. Rechtlich war aber gegen meinen Antrag nichts vorzubringen. Der Staatsanwalt konnte nur betonen, daß es ungewöhnlich sei, ein Gericht in ein Nackttanzkabarett zu verlegen. Mit einem Schulterzucken verkündete Landgerichtsdirektor Brennhausen nach kurzer Beratung: «Am kommenden Montag um 11 ½ Uhr findet zwecks gerichtlicher Inaugenscheinnahme eine Separatvorstellung in der Kleinkunstbühne ‹Potpourri› statt. Vorgeführt wird dabei das Programm, wie es in den geschlossenen Vorstellungen der ‹Gesellschaft der Freunde der Kunst› gezeigt wurde. Am Abend findet sich das Gericht zur öffentlichen Vorstellung ein.»

In diesem Augenblick fühlte ich die Augen aller Anwesenden auf mich gerichtet. Die meisten waren vorwurfsvoll. Landgerichtsdirektor, Räte, ehrsame Schöffen, Staatsanwalt, Gerichtsschreiber – verheiratete Männer. Und am Abend würde es in allen Zeitungen stehen.

Ich konnte ihnen nicht helfen. Wie jener athenische Verteidiger vor über 2000 Jahren spekulierte ich darauf, daß die hüllenlose Schönheit einer Frau das Herz jeden Mannes rühren müßte …

*

Viele Lokaltermine habe ich in meiner langen Praxis erlebt, doch der Termin bei den Schönheitstänzerinnen war der merkwürdigste von allen.

Der Raum des Kleinkunst-Kabaretts «Potpourri» war halb erleuchtet. In der Mitte war der Richtertisch aufgestellt. Landgerichtsdirektor Brennhausen rief die Anwesenden auf.

«Frau Lola Bach?»

«Zieht sich gerade um», klang es von der Bühne.

«… aus!» berichtigte eine Stimme aus dem Hintergrund. Unterdrücktes Lachen.

«Licht an», befahl der Vorsitzende. «Wer hat da eben gerufen?»

Stille.

«Der Mann da drüben an der Eingangstür», rief Dr. Brennhausen. «Wer sind Sie? Was haben Sie hier zu tun?» «Kriminalbetriebs-Assistent Witte», kam die Antwort. «Ich passe auf, daß kein Unbefugter hereinkommt.»

«Passen Sie draußen auf!»

«Kriminalbetriebs-Assistent Witte ist Zeuge der Anklage, Herr Direktor», ließ sich Staatsanwalt von Bradke vernehmen. Witte war einer der Beamten, die sich in einer Likörstube am Kurfürstendamm – auf Spesen natürlich – eine Mitgliedskarte der Gesellschaft der Freunde der Kunst und damit den Zutritt zu Lola Bachs Tänzen verschafft hatten …

«Gut, bleiben Sie drin», entschied der Vorsitzende.

Endlich ging der Vorhang auf.

Auf der erleuchteten Bühne stand Lola Bach in einem seidenen Morgenmantel.

«Fangen Sie endlich an», knurrte der Vorsitzende.

«Sofort, Herr Präsident», sagte Lola Bach und machte einen Knicks.

Mit dem Tanz «Frühlingsstimmen» fing es an. Es folgte «Die Motte flog zum Licht». Dabei hatten die Tänzerinnen nur noch leichte wehende Schleier um die Hüften. In der Pantomime «Mode-Ballett» erschienen sie nur in Hüten letzter Création, Strümpfen, hohen Stöckelschuhen und mit einem Spiegel in der Hand.

Der Höhepunkt war «Die Nonne». Es war Lola Bachs große Nummer. Sie war ganz nackt. Doch sie tanzte so raffiniert, daß man sich ihrer Nacktheit nicht bewußt wurde.

«Früher hat man mehr gesehen», sagte der Belastungszeuge Dr. Lehtege in die Stille hinein.

«Darüber können Sie sich in der Beweisaufnahme äußern», schnitt ihm Landgerichtsdirektor Brennhausen das Wort ab. «Heute abend, eine Stunde vor Mitternacht, am selben Ort zum zweiten Lokaltermin, bitte.»

Der zweite Lokaltermin fand inmitten einer öffentlichen Veranstaltung der Kleinkunstbühne «Potpourri» statt. Ihr Direktor war Walter Kollo, dessen Operette der «Juxbaron» schon im ersten Weltkrieg ein Riesenschlager gewesen war. Für das Gericht war die Loge auf der Galerie reserviert.

«Kein Weinzwang, Herr Landgerichtsdirektor», sagte Walter Kollo zwinkernd, als er den Vorsitzenden der Strafkammer begrüßte.

Über den Verlauf des Abends zitiere ich einen Bericht der «Vossischen Zeitung» vom 1. Februar 1922:

«Einen ganz anderen Charakter als der erste trug der zweite Teil des Lokaltermins am Abend. Der Gerichtshof und die Prozeßbeteiligten waren auf einem Balkon untergebracht. Im übrigen war das Haus völlig ausverkauft. Das Programm des Vormittags ging in stark gemilderter Form vor sich. Denn man wollte dem Gericht veranschauli-

chen, daß die für das große Publikum berechneten Vorführungen nicht wie die geschlossenen Vorstellungen als Nackttanz gewertet werden können. Im Gegensatz zu der Aufführung des Vormittags kargte das Publikum am Abend nicht mit seinem Beifall. Als den Tänzerinnen zahlreiche Blumenspenden auf die Bühne gereicht wurden, beteiligte sich auch eine Zeugin auf dem Gerichts-Balkon am Applaus. Sie verstummte aber sofort, als ihr einer der Verteidiger ein warnendes Wort zurief ...»

Ich konnte zufrieden sein. Wenn ich den Augen der Richter begegnete, sah ich darin kleine verräterische Funken aufblitzen. Und auch ohne Weinzwang hatten sich die Wangen gerötet.

Mit meinem Lokaltermin war es mir gelungen, den Mann im Richter anzusprechen.

Schon fühlte ich mich als Sieger. Doch dann kamen mir Zweifel. Schließlich mußte ich damit rechnen, daß diese Männer Ehemänner waren ... Daß sie nun in ihre Wohnungen zu ihren besseren Hälften zurückkehrten, um dort von ihrem nächtlichen Abenteuer zu berichten. Und hier, unter den strengen Augen der Gattin am morgendlichen Frühstückstisch – wer würde sich da noch zu den rosigen Gefühlen des Abends bekennen?

Sage mir keiner, ich behaupte, daß die Richter von Berlin oder irgendwelche Richter sich in ihren Urteilen von den Meinungen ihrer besseren Hälften leiten ließen. Aber Richter waren damals und sind auch heute nur Menschen, und wo der Buchstabe des Gesetzes ihrem Urteil Spielraum läßt, da entscheidet der Mensch in ihnen, da spricht auch bei ihnen mit, was sie erfahren haben, was sie essen, was sie trinken, was sie lieben und – mit wem sie verheiratet sind.

*

«Das Gericht zieht sich zur Beratung zurück», sagte Landgerichtsdirektor Brennhausen.

Das ist der Augenblick, in dem der abgebrühteste Verteidiger plötzlich Nerven bekommt. Bis dahin hat er gekämpft. Bis zu diesem Augenblick lag das Schicksal seines Mandanten noch in seiner Hand. Nun beraten die Richter.

Hier ging es nicht um Tod und Leben, aber ich wußte, was für Lola Bach von diesem Urteil abhing …

Der Staatsanwalt hatte für Frau Bach und Dr. Römer je drei Monate Gefängnis beantragt. Ich hatte auf Freispruch für Lola Bach plädiert.

Ich blickte mich zu ihr um. Sie lächelte. Ich sah Dr. Römer an. Er lächelte nicht. Fast zehn Stunden hatte die Beweisaufnahme gedauert. Aus dem Prozeß Lola Bach war der Prozeß Dr. Römer geworden.

Acht Zeugen hatten ausgesagt, was der Staatsanwalt beweisen wollte: daß die geschlossenen Vorstellungen der «Gesellschaft der Freunde der Kunst» in Wirklichkeit öffentlich waren. Für fünfzig Mark hatten die Zeugen Eintrittskarten an der Abendkasse bekommen. Sie hatten lediglich einen Revers unterschreiben müssen, daß sie die Satzungen der Gesellschaft anerkannten und kein Ärgernis nehmen würden. Diese Verpflichtung hatten Tausende nur zu gern unterschrieben. Einige wenige hatten trotzdem Ärgernis genommen. Sie waren jetzt als Zeugen des Staatsanwalts aufmarschiert.

Erst als der letzte Zeuge des Staatsanwalts gesprochen hatte, war ich aufgestanden und hatte an Hand des Vertrages nachgewiesen, daß Frau Bach überhaupt keinen Einfluß auf die Geschäftsführung gehabt hatte.

Im Gerichtssaal brannten die Lichter, rückte die Uhr auf viertel nach acht, als Landgerichtsdirektor Brennhausen sein samtenes Barrett aufsetzte und das Urteil verkündete:

«Die Angeklagte Lola Bach wird wegen Beihilfe zur Erregung öffentlichen Ärgernisses zu einem Monat Gefängnis verurteilt …»

Aus, dachte ich, verloren. Sieh dich nach einem anderen Beruf um, wenn selbst der Beweis der Phryne dir nicht gelingt. Dann hörte ich es wie von weitem:

«In Anbetracht des künstlerischen Wollens und der geschäftlichen Unerfahrenheit der Angeklagten wird ihr Bewährungsfrist zugebilligt …»

Das war der Sieg! Und er wurde vollständig, als nun der Spruch über Dr. Römer erging:

« … wird zu drei Monaten Gefängnis verurteilt. Die Bewährungsfrist wird diesem Angeklagten, der die Seele des Unternehmens war, versagt …»

Lola Bach strahlte. Einen Augenblick zu früh. Denn schon in dem nächsten Augenblick fuhr der Vorsitzende fort:

«Das Gericht bedauert, das Gesetz vom 21. 12. 1921 betreffend die Umwandlung von Gefängnis- in Geldstrafen nicht in Anwendung bringen zu können. Es überläßt es jedoch den Angeklagten, die Umwandlung in eine Geldstrafe zu beantragen …»

Es war eine für jene Jahre typische Entscheidung. Noch glaubte der Staat, daß Geldstrafe den Gesetzesbrecher härter treffen müßte als Gefängnis.

Lola Bach nahm das Urteil an. Dr. Römer ließ seine Gefängnisstrafe in 18 000 Mark Geldstrafe umwandeln. Die zahlte er mit der linken Hand. Die Hoffnung der Lola Bach, von ihrem Sklavenhalter befreit zu werden, zerrann an diesem Abend …

Erst Monate nach der Verhandlung sah ich sie wieder. Im Nachtlokal «Weiße Maus» in der Jägerstraße.

Ich fragte sie nach Dr. Römer. Sie zuckte mit der Achsel. Ich fragte sie nach ihrem Kind. Sie hatte Tränen in den Augen.

«Wenn Römer damals ins Gefängnis gemußt hätte», sagte sie traurig, «vielleicht wäre ich von ihm losgekommen. Aber so … Ich muß jetzt auftreten.»

Der Vorhang ging auf. Ein paar Takte verrückter Musik, ein paar Schleier in mysteriöser Beleuchtung. Dann erkannte ich Lola Bach. Aber das war nicht mehr die Frau aus der Lützowstraße. Sie bewegte sich schwerfällig. Das war kein Tanz mehr …

Aus dem Publikum kamen die ersten Pfiffe. Ich sah mir die Leute an. Es waren offenbar Handlungsreisende. «Ausziehen!» brüllten sie. Ihnen hatte Lola Bach zuviel an.

An einem Nachbartisch erkannte ich einen Polizei-Kommissar. Und drei Tische weiter saß Dr. Römer. Der Prozeß Lola Bach hatte zu einer schärferen Überwachung der Nackttanz- Lokale geführt.

Ich wußte nicht, wo Lola Bach anschließend auftreten würde, ob sie überhaupt später noch irgendwo tanzen würde. Aber daß von nun an nur noch in Privatwohnungen Orgien gefeiert wurden und mit Gästen, die in Valuta zahlen konnten, das wußte ich.

Ich hatte den Prozeß Lola Bach gewonnen und zugleich verloren. Ich weiß nicht, was aus ihr geworden ist …

Dora Röber

Eine Frau, die nicht nur durch die aus den Fugen geratene Zeit, sondern auch durch innere Dämonen ins Unheil getrieben worden war, lernte ich durch den Kriminaloberwachtmeister Albert Dettmann kennen.

Dettmann hatte gefragt, ob er mich in einer schwierigen Sache um Rat bitten dürfte. Für einen Berliner Anwalt war das so gut wie ein Orden. Denn Albert Dettmann bat nicht jeden um Rat.

Obgleich nur Oberwachtmeister, war Albert Dettmann die unbestrittene Nummer 1 der Berliner Kriminalpolizei. Und – bei der Unterwelt.

Ganoven, die gerade Dreck an den Fingern hatten, gingen ihm meilenweit aus dem Weg. Die ein gutes Gewissen hatten, grüßten ihn ehrfürchtig. Die laufenden Mädchen aller Stadtteile machten ihm schöne Augen, denn er war eine imposante Erscheinung. Sportlich, elegant, mit leicht angegrauten Schläfen. Vielleicht hatte er deshalb immer so rasch seine erstklassigen Tips, wenn irgendwo wieder ein schweres Ding gedreht worden war. Und Dettmann kümmerte sich nur um die schwersten Dinger. Mit Pofel-Kram gab sich Albert nicht ab.

Ein schwieriger Fall war Dettmann allerdings für seine Vorgesetzten im Polizeipräsidium. Wenn er nämlich auf einer Spur «heiß» geworden war, hielt er sich nicht immer streng an die Dienstvorschrift. Mit einem Fuß stand er stets in einem Disziplinar-Verfahren. Deshalb wurde er, der das Zeug zum Kommissar hatte, auch nie mehr als Kriminalassistent … Typisch für Dettmann war auch, wie er sich mit mir verabredet hatte: «Wenn et Ihnen konveniert, Herr Doktor, sehn wa uns uffn Abend so jejen zehn beim Hunde-Justav.» Der Hunde-Gustav, eigentlich Borsig-Keller, war eine der berüchtigtsten Kaschemmen von Berlin N.

Wenn Dettmann deinen Rat will, dann hat er bestimmt wieder mal danebengehauen, dachte ich mir, als ich die Invalidenstraße hinunterging. Links gähnten die vergitterten Fensterfassaden des Zellengefängnisses, rechts quäkte die Karussell-Orgel eines neueröffneten Rummelplatzes.

Ich sollte recht behalten. Nach der Dienstvorschrift hatte Albert Dettmann tüchtig danebengehauen. Und dennoch hatten ihn seine

Spürnase und sein weiches Herz richtig geleitet. Für mich wurde daraus der farbigste Prozeß der Inflationszeit …

*

«Mensch, Bouletten-Karl, brich dir keene Verzierung ab. Heute komm ick privat», rief der Kriminal-Oberwachtmeister der Gestalt nach, die eilig vor uns in Richtung Tieckstraße davonrannte.

Die Borsigstraße im Norden Berlins war nur spärlich durch ein paar Gaslaternen erleuchtet. Menschenleer die ausgetretenen Bürgersteige und der Fahrdamm. Es war erst zehn Uhr abends, noch nicht die Zeit, in der das Viertel zu seinem zweiten, seinem nächtlichen Leben erwachte.

Bouletten-Karl war stehengeblieben. Er musterte mich und den Kriminalbeamten mißtrauisch.

«Hunde-Justav bricht ma det Jenick, wenn Se unsignalisiert bei uns rinkommen», sagte er weinerlich. Er war der Schmieresteher vom Dienst, der Spanner vom «Hunde-Gustav».

Ein paar ausgetretene Stufen ging es zu der Kaschemme hinab, dann stieß Dettmann die Tür auf. Ich spürte förmlich, wie bei unserem Eintritt eine Schockwelle durch das Lokal lief. Von den beiden grell geschminkten Mädchen am Tisch gleich neben der Tür, über die zwei Männer in ledernen Chauffeurjacken, über die Skatrunde der drei beleibten Herren, die wie Möbelpacker aussahen, bis zum Hinterzimmer.

Ein halblautes Flüstern von Tisch zu Tisch: «Bulle … Bulle … Bulle» – die Bezeichnung der Unterwelt für Kriminalbeamte. Erhobene Biergläser und gezückte Spielkarten hingen für ein paar Sekunden in der Luft. Die Gesichter, die uns entgegenblickten, waren wie gefroren. Dann schob sich von der Theke her die Zweizentner-Gestalt des Wirts auf uns zu: «Recht schönen juten Abend ooch, Herr Kommissar.»

«Laß den Quatsch von wejen Kommissar, Justav», brummte Dettmann.

Hunde-Gustav grinste. Und nun tauten auch die gefrorenen Gesichter ringsum auf, lächelten wissend …

Da stand er, Kriminal-Oberwachtmeister Albert Dettmann mitten unter Ganoven, unter Hehlern, Zuhältern, Dieben. Er, der gefürchtete

Greifer, der als erster Beamter den todsicheren Schuß aus der Manteltasche heraus beherrschte, der mit Hilfe seiner dunklen Informationsquellen und mit seinem Draufgängertum den gerissensten Ganoven aufs Kreuz legte.

Und doch lächelten sie milde. Denn sie wußten auch, daß Albert Dettmann trotz seiner Tüchtigkeit nie Kommissar werden würde. Sie fanden das ungerecht. Er war ihr Feind, der gefährlichste Vertreter des Rechts, mit dem sie in ewigem Konflikt lagen. Und ausgerechnet ihn behandelte die bürgerliche Rechtsordnung schäbig. Sie meinten, glaube ich, daß er auf der falschen Seite stand, daß er eigentlich zu ihnen gehörte …

Persönlich nahm Hunde-Gustav unsere Bestellung entgegen. Eigenhändig brachte er Bier, Korn, Bratkartoffeln und kalte Koteletts. Gerade wollte er sich diskret zurückziehen. Da ging die Tür auf.

Lautes Lachen und Reden draußen, dann kam zunächst ein Kavalier in schwarzem Mantel und mit weißem Cachenez herein, gefolgt von zwei Damen in Pelzmänteln und weiteren Herren.

«Ach du jriene Neune», schimpfte Hunde-Gustav. «Stubben, der janze Stall voll Stubben!»

Fragend sah ich Dettmann an.

«Stubben … Leute aus besseren Kreisen», knurrte er. «Kommen vom Kurfürstendamm ’rüber, weil se mal Ganoven sehn wolln. Na ja, die großen besuchen die kleinen.»

Die neuen Gäste wurden ins Hinterzimmer geführt. «Sonst verscheuchen se mir bloß die jute Kundschaft», erklärte Hunde-Gustav, als er wieder zurückkam. «So, und nu stör ick nich mehr.»

«Weil wir gerade vom Kurfürstendamm reden, Herr Doktor», fing Dettmann an, als der Hunde-Gustav endlich außer Hörweite war. «Ich habe da einen Fall, der auch mit feinen Leuten vom Kurfürstendamm zu tun hat. Aber da is een Haken bei …»

«Ist das die Sache, in der Sie meinen Rat brauchen?» fragte ich.

Der Krimmal-Oberwachtmeister nickte und begann zu erzählen.

Die einstweilige Hauptperson der Erzählung hieß Hilde Scheu. Ich kannte sie nicht, aber ich hatte den Eindruck, daß man sich auf Dettmanns Urteil über Frauen verlassen konnte.

«Mittelgroß, blonder Dutt», sagte Dettmann. «Nur eine kleine Verkäuferin. Aber sie ernährt eine ganze Familie, Mutter und sechs Geschwister. Vater gefallen bei Verdun. Außerdem hat sie einen Bräutigam. 1918 verschüttet. Jetzt studiert er. Und das Mädchen kommt für alles auf ...»

Der Schauplatz von Dettmanns Erzählung war mir besser bekannt. Es war die Welt der großen, altberühmten Berliner Geschäfte zwischen Spittelmarkt und Potsdamer Platz. Die Welt der Rudolf Hertzog und Hermann Gerson, der Michels, Gerstel und Cords, der F. V. Grünfeld, N. Israel, Wertheim, Janson und Tietz.

Es war ein Paradies der kauf- und schaulustigen Frauen, wie es keine Weltstadt je preiswerter und kultivierter auf die Beine gestellt hat. Prinzessinnen, Beamten- und Arbeitertöchter bezogen hier ihre Aussteuer. Die Etiketts dieser Firmen garantierten Qualität und – trugen einen Hauch von Luxus in die kleinste Bürgerwohnung. Hier bewegte sich die Käuferin auf spiegelndem Parkett, zwischen Marmorsäulen, im Glanz zahlloser elektrischer Lampen. Hier empfing sie im Winter wohlige Wärme und im Sommer angenehme Kühle. Hier verstand man es, eine Rolle Seidenband so zu drapieren, daß sie der Käuferin nachschrie: «Nimm mich mit!»

In einem dieser Geschäfte, bei S. Adam, Spezialhaus für modische Sportbekleidung in der Leipziger, Ecke Markgrafenstraße, spielte Dettmanns Geschichte.

Ich sah sie vor mir, die kleine Hilde Scheu, hübsch, nett, adrett und geduldig hinter ihrem Riesentisch. Vor sich die Mauer der Kundinnen. Einen solchen Ansturm wie in jenen Jahren hatten die Geschäfte noch nie erlebt ... Deutschland war zum billigen Warenhaus der ganzen Welt geworden. Von 4,20 Goldmark war der Dollar auf 250 Mark gestiegen. Wenn eine amerikanische Familie eine Aussteuer für die heiratsfähige Tochter kaufen wollte, fuhr sie nach Berlin. Das Teuerste daran war die Überfahrt. Leben und Einkaufen in Deutschland – das kostete ein Butterbrot. Leben im besten Hotel, kaufen im besten Geschäft. Tag für Tag waren die Lager der Geschäfte geräumt. Die Fabriken arbeiteten auf Hochtouren. Und am nächsten Tag ging der Ansturm von neuem los.

An einem solchen Tag im Februar des Jahres 1922 verlor Hilde Scheu ihre Stellung. Dabei hatte sie die beiden eleganten Damen, die akzentfrei deutsch sprachen, besonders liebenswürdig bedient.

Die ältere der beiden Damen wollte ein Autokostüm kaufen. Sie trug einen eleganten hellen Feh-Pelz.

Hilde legte die Modelle vor. Die Auswahl bei S. Adam war groß. Eine Freude, hier zu verkaufen. Die Dame war wählerisch. Macht nichts, dachte Hilde, deutsche Kunden, die kommen auch nächstes Jahr wieder. Doch die Rayon-Chefin schoß vorwurfsvolle Blicke: Mach schon, der Laden ist voll ...

Auch der jüngeren Begleiterin der Dame im Feh-Pelz schien die Sache zu lange zu dauern. Sie stand gelangweilt herum und betrachtete eine Garnitur schicker Autokappen, Schals und Handschuhe.

«Wollen Sie das Braun-Wildlederne nicht mal anprobieren, gnädige Frau?» fragte Hilde.

Da fiel ihr Blick auf die andere Frau. Die beiden könnten Schwestern sein, stellte sie fest. Sie ärgerte sich ein bißchen, daß die zweite Dame so teilnahmslos dastand.

Und plötzlich sah sie es: Ein Paar pelzgefütterte Handschuhe, die zu der schicken Autogarnitur gehörten, bewegten sich.

«Könnte man die Revers wohl etwas höher setzen, Fräulein?» Wie von fern hörte Hilde die Stimme der Dame im Feh-Mantel.

«Natürlich, gnädige Frau», sagte sie, und sah wie gebannt die Handschuhe im Muff der jüngeren Dame verschwinden. Im nächsten Augenblick springt Hilde zu. «Meine Dame, legen Sie die Handschuhe wieder an Ort und Stelle!» «Was wollen Sie eigentlich, Fräulein?» Das Erstaunen der Dame wirkt echt. Einen Augenblick zweifelt Hilde, ob sie geträumt hat. Unmöglich. «Ich habe gesehen, wie Sie ein Paar Handschuhe in Ihren Muff gesteckt haben ...»

Hilde spricht laut. Die nächststehenden Kunden wenden die Köpfe.

«Bodenlos, diese Unverschämtheit», ruft die Verdächtigte. «Was ist denn los, Ännchen?» fragt die Dame im Feh-Mantel.

Die Rayon-Chefin rauscht heran: «Haben Sie eine Beschwerde, gnädige Frau?»

«Unerhört, was man sich von dem Personal bieten lassen muß», echot die Dame mit Muff.

«Fräulein, das hätte ich von Ihnen nicht gedacht. So eine kleine Kröte», stößt die Dame im Feh-Mantel nach.

Und die übrigen Kunden geben ihr recht. Ein Tumult, wie ihn die gepflegten Räume der Firma S. Adam noch nie gesehen, bricht über dem blonden Köpfchen der kleinen Hilde aus. Die Rayon-Chefin bittet mit hochrotem Kopf die beiden Damen ins Büro der Direktion.

Aus dem Büro stürzt Herr Fritz Adam herbei, einer der Inhaber. Er reibt seine Hände verlegen, schmilzt vor Höflichkeit, reißt den beiden Damen die Tür auf. Mit bleichem Gesicht folgt Hilde Scheu. Die Tür schließt sich, sie ist schalldicht gepolstert.

«Sie wollen also gesehen haben, wie die gnädige Frau …» Herr Fritz Adam räuspert sich … «wie diese Dame … Ware an sich genommen hat?»

Hilde nickt. «Handschuhe … in den Muff gesteckt», würgt sie hervor.

«Würden Sie vielleicht die Güte haben, den Inhalt Ihres Muffs einmal auszuleeren», flötet Herr Adam. «Nur in Ihrem Interesse …»

«Das ist ja die Höhe», braust die Dame auf.

Da springt Hilde Scheu – die kleine, stille, höfliche Hilde – zum zweitenmal an diesem Tag zu. Mit einem Griff hat sie der Überraschten die große Pelzrolle entrissen. Ihre Hand fährt in die Öffnung. Ein Spitzentaschentuch fliegt heraus, eine Geldbörse, ein Schlüsselbund. Und wieder verschwindet die kleine Hand, fährt suchend in dem seidenen Futter herum, immer hastiger, immer nervöser.

Plötzlich werden Hildes Augen ganz groß und weit. Um ihren Mund zittert es, ihre Nasenflügel beben. Ihr bleiches Gesicht wird ganz grau. «Keine Handschuhe», flüstert sie.

Herr Fritz Adam nimmt ihr den Muff aus den Händen und reicht ihn der Besitzerin zurück. «Wie nicht anders zu erwarten war, gnädige Frau.»

Da reckt Hilde sich auf und sagt: «Sie hat die Handschuhe. Sie hat sie inzwischen anderswo versteckt.»

«Nehmen Sie bitte nicht ernst, was sie sagt», beschwört Herr Adam.

«Nein, jetzt bestehe ich auf Leibesvisitation …»

«Jawohl, Ännchen, die Sache muß restlos geklärt werden», assistiert die Dame im Feh-Pelz.

In diesem Augenblick betritt die Rayon-Chefin den Raum. In ihrer Hand hat sie ein paar braune Wildlederhandschuhe.

Über Herrn Adams bekümmertem Gesicht geht die Sonne auf. «Wo waren sie denn?»

«Dort, wo sie hingehörten.»

Herrn Adams Gesicht verfinstert sich. Elegant, parfümduftend, gekränkt rauschen die beiden Damen zur Tür. Im Hinausgehen dreht sich die Ältere noch einmal um: «Wenn es Sie interessiert, wer in Ihrem Geschäft soeben beleidigt worden ist, dann sehen Sie in Ihrer Kundenliste einmal nach. Ich bin Frau Direktor Dora Röber.»

Herr Fritz Adam läßt sich die Kundenliste bringen. Er erschrickt. Frau Dora Röber, Gattin eines Großkaufmanns, wohnt am Kurfürstendamm 141, im teuersten, im feinsten Viertel Berlins. Sie hatte in den letzten Jahren für mehrere tausend Mark bei S. Adam gekauft …

«Am nächsten Tag rief mich Herr Fritz Adam an und bat mich, doch mal vorbeizukommen. Wie ich in sein Büro will, kommen zwei Herren 'raus. Piekfein in Schale, dicke Pelze, Koks und Spazierstöcke mit silbernen Zwingen. Für meinen Geschmack warnse bißken zu uffjedonnert. Und dann erzählte mir Herr Adam, daß es die Ehegatten von den zwei Damen waren, mit denen es gestern den furchtbaren Krach gegeben hatte …»

«Was wollten denn die Herren – Geld?» fragte ich.

«Nee, 'ne schriftliche Ehrenerklärung für ihre Gemahlinnen. Und die hat ihnen der Adam auch gegeben. Ja, und dann kam det kleene Meechen rin, die den janzen Ärger anjerichtet hatte. Ne süße Puppe, wie jesagt. Die fristlose Kündigung hatte sie in der Hand.

Ich hab' sie denn 'n bißchen in de Zange genommen. Adam hatte nämlich den Verdacht, daß manche Mädchen Kundinnen beschuldigen, beim Tumult dann den angeblich gestohlenen Gegenstand rasch wegräumen und dann abends mit nach Hause nehmen. Aber die Kleene war goldecht, det merkt unsaeina uffn ersten Blick. Dann isse traurich abjeschoben.

Ich hab' mich denn aber noch 'n bißchen im Laden umjeguckt. Und da bin ich auf 'ne merkwürdige Sache gestoßen.

Da frag' ich also die Rayonchefin: ‹Sagen Sie mal›, frag' ich, ‹wo ham Se denn die Handschuhe gefunden, die anjeblich geklaut worden sind?›

‹Na, auf dem Platz, wo bei uns die Handschuhe liegen.›

Die Kleene hatte mir aber jesagt, die Handschuhe hätte die Dame von einer Garnitur wechjenommen. Zwischen der Garnitur und der Handschuhauslage war unjefähr ein Meter Zwischenraum.

‹Hier?› frage ich und zeige auf die Garnitur. ‹Nein, hier›, meint die Cheffeuse und zeigt auf das Handschuh-Sortiment.

Die Dame wußte also nischt Jenauet. Es war ebenso möglich, daß die Frau mit dem Muff die Handschuhe wirklich jeklaut und sie dann, als der Krach kam, schnell irgendwo hinjelegt hatte. Dann hatte die arme kleene Verkäuferin recht …

Als ich an der Friedrichstraßen-Ecke bin, spricht mich ein Mädchen an. Die Kleene aus dem Laden. Sie wollte wissen, ob ich sie auch für übergeschnappt halte.

‹Das kann ich so aus dem Handgelenk nich sagen›, meinte ich und frage, ob sie mit mir 'ne Tasse Kaffee im Café National trinken will. – Ja, und dann hat sie mir noch mal alles haarklein erzählt.»

«Und die Kleine hat Ihnen so gut gefallen, daß Sie jetzt die beiden vornehmen Kundinnen für Diebinnen halten?» fragte ich.

«Daß Damen aus ersten Kreisen wie die Raben klauen, hat's schon immer gegeben. Und schließlich, was wohnt heutzutage alles aufm Kurfürstendamm …»

«Was meint denn Ihr Chef dazu, Dettmann?» fragte ich.

«Der will nischt davon wissen. Mangelnde Verdachtsgründe, also auch keen Haussuchungsbefehl. Und ohne is nischt zu machen …»

«Dann lassen Sie die Finger davon, Dettmann», sagte ich. «Kummer haben Sie so schon genug.»

«Wenn Sie meinen, Herr Doktor?» Ich hatte das Gefühl, daß Albert Dettmann von mir enttäuscht war.

Im Hinterzimmer des Hunde-Gustav lärmte noch immer das Kurfürstendamm-Publikum. Ich mußte an Dettmanns bittere Worte denken: «Die großen Ganoven besuchen die kleinen …»

*

Schon wenige Tage später wurde mir klar, wie recht Dettmann mit seiner Bemerkung gehabt hatte. Vor dem Anwaltszimmer in Moabit sprach der Oberwachtmeister mich an.

«Herr Doktor», sagte er, «ich war doch am Kurfürstendamm!» «Haben Sie die Wohnung von Frau Röber etwa ohne Haussuchungsbefehl durchsucht?»

Dettmann nickte. «Aber nicht, wie Sie denken, Herr Doktor. Sozusagen ganz auf die legale …» Und er berichtete.

Der Kriminaloberwachtmeister Dettmann hatte sich an Frau Dora Röbers Hausmädchen herangemacht. Es traf sich gut, daß Frau Röber und ihr Mann gerade verreist waren. Während Dettmann mit dem hübschen Mädchen in der Röberschen Wohnung Tee trank, fiel ihm etwas auf. Das Teeservice kam ihm merkwürdig bekannt vor. Plötzlich erinnerte er sich: Fahndungsliste des Einbruch-Dezernats, Diebstahl bei der Firma Raddatz … Seine Spürnase hatte ihn nicht betrogen. Und dann entdeckte er, unbemerkt von dem entflammten Hausmädchen, in der Wohnung ein ganzes Lager an Beständen aus verschiedenen Kaufhäusern.

«Ja, Herr Doktor», sagte er nun strahlend, «da konnte selbst mein Chef, der Herr Kriminalkommissar Trettin, nicht widerstehen!» Triumphierend hielt er mir zwei Dokumente unter die Nase. Es waren ein Haussuchungsbefehl und ein Haftbefehl.

«Aber zuerst geh' ich schnell zu der Kleenen», sagte Dettmann. «Wissen Se, der entlassenen Verkäuferin. Ick hab' ihr doch versprochen, die Sache in Ordnung zu bringen. Morgen schreibt *ihr* S. Adam eine Ehrenerklärung …»

Und dann begab sich der Oberwachtmeister Dettmann nochmals in die Röbersche Wohnung. Er stellte fest, daß noch zwei weitere Räume mit Waren vollgestopft waren.

Um neun Uhr wurde die Wohnungstür von außen aufgeschlossen. Frau Dora Röber kam mit Gefolge von der Reise zurück. Sie waren Schlafwagen gefahren.

«Im Namen des Gesetzes! Sie sind verhaftet», sagte Dettmann.

Frau Röbers Antwort darauf soll nicht sehr fein gewesen sein, behauptete Dettmann nachher. Ich glaube ihm, denn ich hatte mehrere Monate lang Gelegenheit, Frau Dora Röber kennenzulernen – die Königin der Ladendiebe …

Mit der Verhaftung des Ehepaars Röber gab sich Dettmann nicht zufrieden. Innerhalb weniger Tage setzte er sechzehn weitere Personen hinter Schloß und Riegel, darunter ein paar jugendliche Liebhaber der Dame Röber, die sich als Hehler und Helfershelfer beim Verkauf betätigt hatten. Dettmann verhaftete Dora Röbers Schwester, Frau Anna

Förster (die Dame mit dem Muff) mitsamt Gatten. Er setzte die beiden jungverheirateten Töchter der Frau Röber fest und schließlich auch deren Männer.

«Wenn Se jemand aus Frau Röbers Anhang sprechen wollen, müssen Se sich schon nach Moabit bemühen ins Untersuchungsgefängnis», pflegte Dettmann in jenen Tagen zu sagen.

*

Mitte Februar wurde ich durch den Untersuchungsrichter verständigt, daß Frau Röber mich sprechen wolle. Ich ging nach Moabit.

Oft, wenn ich in der riesigen, runden Mittelhalle des Untersuchungsgefängnisses stand, hatte ich das Gefühl, mich in einem Zirkus oder im Bühnenhaus eines überdimensionalen Theaters zu befinden. Da schaute man durch das in der Höhe des ersten Stockwerks gespannte Fangnetz hinauf zu der fernen Kuppel, zu den umlaufenden eisernen Galerien, von denen sternförmig die fünf Zellenflügel ausstrahlten. Und ein Theater war es ja auch – draußen, jenseits der Mauern, die Bühne, der Gerichtssaal, und hier die unfreiwilligen Mitspieler, die sich in ihren Zellen auf den großen Auftritt vorbereiteten.

Frau Dora Röber hatte für diese Vorbereitung fünfzehn Monate Zeit. Sie legte dem Gericht eine Vorstellung hin, daß es alle – Zuschauer und Beteiligte – bedauerten, als nach dem Urteil der Vorhang fiel. Am meisten bedauerte es Frau Dora Röber …

Ich will Frau Röber nicht besser machen, als sie war, nur weil ich sie verteidigt habe. Ganz im Gegenteil. Ich will auch nicht so weit gehen wie einer der psychiatrischen Sachverständigen in diesem Prozeß, der in jeder Frau «eine geborene Ladendiebin» sah. Aber soviel möchte ich doch behaupten, daß in dieser Frau eine Seite der weiblichen Psyche übermächtig geworden war – die Freude am Schönen, Gleißenden, Wertvollen, die Freude am Besitz und – die Freude am preiswerten Erwerb …

Frau Röber hatte diesem Trieb hemmungslos nachgegeben. Sie war kein Einzelfall. Damen aus den höchsten Ständen haben wegen chronischen Diebstahls vor Gericht gestanden. Aber keine hatte es zu solchen Leistungen, zu so vollendeter Technik gebracht wie Frau Röber. Was war das für eine Frau?

Die Tür der Sprechzelle schloß sich hinter mir. Von der anderen Seite wurde die Königin der Ladendiebe hereingeführt. Sie trug ein gutsitzendes schwarzes Kostüm, eine weiße Bluse und Seidenstrümpfe, die damals sehr teuer waren. Nein, diese Frau sah nicht wie eine Kranke aus, wie jemand, der von einem manisch-dämonischen Trieb besessen ist.

Frau Röber mochte etwas über die Vierzig hinaus sein, hatte sich aber gut gehalten. Ihre blonden Haare waren sorgfältig frisiert, ihr Gesicht dezent gepudert. Um ihre Augenwinkel zuckte es nervös, aber daran konnten die Aufregungen der letzten Tage schuld sein. Ihr Gesicht war nicht schön, wirkte aber durch eine kaum verborgene Lebensgier irgendwie fesselnd.

«Es tut mir leid, Ihre Bekanntschaft in dieser Umgebung zu machen», sagte sie. Ihre Stimme klang gepflegt, aber die Worte schienen sorgfältig einstudiert.

Da ich die Akten damals noch nicht kannte, wußte ich nicht, daß Frau Röber keinesfalls die *Grande Dame* war, als die sie sich gab …

«Wie stellen Sie sich zu den Diebstählen, die Ihnen vorgeworfen werden?» fragte ich.

Ohne zu zögern antwortete sie: «Ich gebe alles zu.» «Sie wollen also auch vor Gericht alles zugeben?»

«Ja.»

An dieser Stelle möchte ich einen weitverbreiteten Irrtum über das Verhältnis zwischen Angeklagten und Verteidigern richtigstellen. Wie oft ist mir mit einem Augenzwinkern gesagt worden: «Na, den haben Sie aber schön herausgepaukt. Doch sagen Sie mal ehrlich, Ihnen hat er doch gestanden, wie die Sache in Wirklichkeit war …» Völlig falsch! Selbst seinem Verteidiger gegenüber ist der Beschuldigte – auch der Unschuldige – nur in Ausnahmefällen restlos ehrlich. In den meisten Fällen muß der Anwalt sich selbst sein Bild vom Tatbestand und von den Verteidigungsmöglichkeiten erarbeiten.

Zunächst schien es, als gehöre Frau Röber zu den Ausnahmen. Sie gab ihre Diebstähle zu.

«Wann hat das angefangen?»

Nach einigem Zögern sagte sie: «Vor einigen Jahren.»

«Mich wundert, daß Sie nie gefaßt worden sind.»

«Oh, man hat mich mehrmals angehalten.»

Damit hatte ich nicht gerechnet: «Dann sind Sie also vorbestraft?»

«Erlauben Sie bitte, was halten Sie von mir!» Frau Röber war ganz gekränkte Hoheit.

«Ja, haben denn die Geschäfte nicht Anzeige erstattet?»

«Kein Gedanke.»

«Das verstehe ich nicht.»

«Ich habe die Sachen einfach bezahlt.»

«Und dann ließ man Sie gehen?»

«Ja, was denn sonst?»

«Dann hätten Sie doch gleich kaufen können!»

Frau Röbers Augen wurden groß und dunkel: «Das kann nur ein Mann sagen. Was wißt ihr Männer denn von uns ... Was wißt ihr von dem dunklen Drang, wenn man plötzlich nehmen muß, was vor einem liegt. Dann kann man nicht anders ...»

Das war es also, das Hintertürchen, das sich Frau Röber öffnen wollte. Erst alles zugeben, und dann das arme, von Dämonen getriebene Weib herauskehren.

«Haben Sie viel über Kleptomanie gelesen?» fragte ich.

Sie sah mich erstaunt an: «Was ist das?»

Hielt sie mich wirklich für so naiv? «Kleptomanie ist der griechische Ausdruck für einen unwiderstehlichen Stehltrieb ...»

«Das ist es! Genau das!» rief Frau Röber. Sie fühlte wohl ihren Freispruch schon in der Tasche.

Aber so einfach ging es nicht. Dazu kannte ich die Literatur über Kleptomanie und die Rechtsprechung in solchen Fällen zu gut.

«Kleptomanie gilt in der modernen Wissenschaft nicht mehr als selbständige Krankheit», sagte ich, «sondern nur noch als Erscheinungsform bestimmter geistiger Störungen ...» «Nein, nein, nein!» schrie Frau Röber. Sie wich vor mir in den äußersten Winkel der Zelle zurück und schlug die Hände vors Gesicht. «Ich bin nicht geisteskrank!»

Auf diesen Ausbruch war ich nicht gefaßt. In diesem Augenblick war ich zum erstenmal bereit, an eine wirkliche Krankheit der Millionendiebin zu glauben. Ich versuchte, sie zu beruhigen: «Wer spricht denn gleich von Geisteskrankheit ... Es können auch andere Dinge sein. Sie sind eine Frau ...» «Ich bin auch nicht hysterisch», schrie Dora Röber.

«Es könnte eine erbliche Belastung sein ...»

«Beleidigen Sie nicht meine Eltern!» zischte sie mich an. Sie richtete sich auf, strich die Haare aus dem Gesicht. «Vergessen Sie nicht, daß ich eine Dame bin.»

Erst später, als ich alle Hintergründe des Falles Dora Röber kannte, wurde ich mir bewußt, was in unserer ersten Unterhaltung in Frau Röber vorgegangen war. Ich erfuhr, daß ihre Mutter Kammerzofe der Königin Wilhelmina von Holland gewesen war. Sie hatte am holländischen Hof gestohlen, war schließlich entlassen und später in eine Irrenanstalt eingeliefert worden. Dort war sie gestorben. Der Vater war ein haltloser Säufer gewesen. Die junge Dora Röber, hübsch und lebenslustig, hatte versucht, dem Schatten der Eltern zu entfliehen. Im Rheinland hatte sie zum erstenmal geheiratet. Sie war an den Falschen geraten. Oder er an die Falsche. Dora Röber jedenfalls wurde eines Tages wegen Kuppelei angeklagt und zu drei Tagen Gefängnis verurteilt. Und dann ging es abwärts mit ihr. Oder aufwärts?

Wie man es nimmt. Zweimal wurde Dora Röber wegen Diebstahls und Hehlerei verurteilt. Als sie zum zweiten Male aus dem Gefängnis kam, waren ihre Töchter aus erster Ehe fünfzehn und sechzehn Jahre alt. Man schrieb das Jahr 1917. Der große Weltkrieg ging in sein drittes Jahr. Die meisten Männer waren an der Front. Was sich sonst noch als Mann bezeichnen ließ, das waren die Arbeiter und Ingenieure der Rüstungs-Industrie. Sie schufteten sich tot und hatten kaum Zeit für lebenshungrige Frauen. Um so mehr Zeit hatten die Beamten, die in irgendeiner Kriegsgesellschaft oder Verwaltung arbeiteten. Sie verdienten gut, hatten Beziehungen und sonst mancherlei Vorteile. So heiratete Dora den vierzehn Jahre jüngeren Beamten Josef Röber. Neben diesem Vollblutweib war er ein Nichts. Aber er war der erste Mann, den sie beherrschte. Als sie kurz nach der Hochzeit den Direktor Drechsler von der Zentral-Einkaufs-Gesellschaft kennenlernte, bereute sie die Heirat mit Röber. Aber Drechsler hatte sich bereits in die kleine, dunkle, schmale Martha verliebt, in Dora Röbers fünfzehnjährige Tochter ...

Vielleicht hatte der junge aufstrebende Kaufmann nicht mit der Abkunft und den verborgenen Leidenschaften seiner künftigen Schwiegermutter gerechnet. Jedenfalls heiratete er Martha und wurde zum

Sklaven ihrer Mutter. Er besorgte der Schwiegermutter Lebensmittel, er ebnete ihr alle Wege. Und er verschaffte ihr in Berlin die komfortable Wohnung am Kurfürstendamm 141. Sie richtete dort einen feudalen Spielklub ein.

Inzwischen war Drechsler zum Direktor der Reichstreuhand- Gesellschaft aufgerückt, einer mächtigen Behörde, die dem Reichsschatzamt unterstellt war. Sein Freund war der Reichsschatzminister und Vize-Kanzler Heinrich Bauer. Aber noch immer stand Drechsler im Banne seiner Schwiegermutter. Er wurde zum Aushängeschild ihres Spielklubs. Er führte ihr finanzstarke Kunden zu. Durch Zufall erfuhr er von ihren Ladendiebstählen. Er war fassungslos. Als ihm klar wurde, daß seine Frau die Mutter auf diesen Gängen begleitete, rannte er wütend zum Kurfürstendamm 141: «Laß meine Frau aus dem Spiel!»

«Deine Frau?» hatte Dora Röber gelacht. «Vielleicht würde es das Reichsschatzamt interessieren, daß Direktor Drechsler mit einer Ladendiebin verheiratet ist …»

All das erfuhr ich erst lange nach meiner ersten Unterredung mit der Königin der Ladendiebe.

Damals, als ich zum erstenmal mit ihr sprach, fragte ich sie: «Und was haben Sie mit den gestohlenen Sachen eigentlich gemacht?»

«Ich habe sie verschenkt», sagte Dora Röber. «An meine Töchter, an die Verwandtschaft, an Bekannte …»

«Die Kriminalpolizei behauptet, Sie hätten mit den Sachen einen schwunghaften Handel betrieben, besonders nach Holland.» «Das ist eine glatte Lüge», sagte Frau Röber und war wieder ganz die Inhaberin einer Luxuswohnung am Kurfürstendamm. «Ich habe doch alle genommenen Sachen zurückgegeben …»

«Gut, ich werde mir überlegen, ob ich Ihre Verteidigung übernehmen kann.» Ich stand auf und wandte mich zur Tür.

«Nein, bleiben Sie noch», rief Frau Röber.

«Was gibt es noch zu besprechen?»

Jetzt lernte ich Dora Röber kennen wie noch niemand zuvor. Dora Röber, die kaltlächelnd ihre Töchter zum Stehlen in Geschäften mitgenommen und ihre Schwiegersöhne erpreßt hatte, sagte: «Es ist ganz gleich, was mit mir geschieht. Aber meine Tochter muß entlassen werden. Sie hat ein Baby, es ist sechs Monate alt …»

Ich ging noch am gleichen Abend zu Staatsanwalt Kußmann. Er war ein junger, ehrgeiziger Staatsanwalt. Der Röber-Prozeß war sein erster großer Fall.

«Baby? Sechs Monate alt?» lächelte er altklug. «Na, da kann man wohl nichts machen ...» Und er schrieb den Entlassungsbefehl aus. Frau Martha Drechsler kehrte in ihre Wohnung in der Kaiserallee zurück.

Das war Mitte Februar 1922. Ein paar Wochen später erreichte ich auch die Haftentlassung ihres Mannes.

*

Monate später, im Oktober, rief mich Dettmann an: «Ich muß Ihnen Kummer bereiten, Herr Doktor.»

«Was gibt's denn schon wieder?» fragte ich.

«Ich habe heute Frau Drechsler wieder verhaftet», berichtete der Kriminal-Oberwachtmeister.

«Sie sind ein Kindermörder, Dettmann», rief ich ins Telefon. «Die kleine Frau hat ein Baby und außerdem kann sie kein Wässerchen trüben.»

«Habe ich auch gedacht», meinte Dettmann. «Aber sie hat wieder geklaut. Diesmal bei Hermann Gerson ...» Hermann Gerson war eins der besten Berliner Häuser für Konfektion, Teppiche und Möbelstoffe am Werderschen Markt.

«Haben Sie exakte Beweise, Dettmann?» fragte ich.

«Leider ja», meinte er. «Sie wurde *in flagranti* ertappt.» «Vielen Dank», sagte ich und hängte ein. Der Beweis für die Erblichkeit der Kleptomanie war gelungen, ohne daß ich einen Finger dafür gerührt hatte ...

An diesem Tag besuchte ich Frau Dora Röber im Untersuchungs-Gefängnis. Sie lachte nur trocken, als ich ihr von dem Schicksal ihrer Tochter erzählte: «Das arme Kind, der Apfel fällt nicht weit vom Stamm.»

Sie schien mir seltsam verändert, die Frau Dora Röber. Alles Damenhafte war von ihr abgefallen. Lag es an den zehn Monaten Untersuchungshaft? Ich fragte sie nach ihrem Ergehen. Und da wurde mir klar, was mit Frau Dora Röber geschehen war.

Die Verwaltung des Untersuchungsgefängnisses hatte Dora Röber in eine Doppelzelle verlegt. Und hier hatte sie Frau Anni Sanek kennengelernt, die in Gerichtskreisen als Gräfin Anni Chamaré bekannt war.

Von Anni Sanek ist noch manches zu berichten. Sie war eine Hochstaplerin ersten Ranges, der man den berühmten Paragraphen einundfünfzig, Unzurechnungsfähigkeit, zuerkannt hatte.

Und ausgerechnet Anni Sanek war zur Zellenmitbewohnerin der Königin der Ladendiebe erwählt worden.

Fast zehn Monate hausten die beiden Frauen zusammen. Zehn Monate hinter Gittern. Als ich Frau Dora Röber zum erstenmal gesehen hatte, spielte sie die Dame. Die Zumutung, sie könnte hysterisch, erblich belastet, geistig gestört sein, empörte sie. Zehn Monate Untersuchungshaft, zehn Monate Nachbarschaft mit Anni Sanek, genannt Gräfin Chamaré, reduzierten Frau Dora Röber zu dem, was sie im Grunde war, einem Opfer ihrer erblichen Belastungen. Als sie sich auf die Anklagebank der neunten Strafkammer in Berlin- Moabit setzte, hatte Dora Röber keine Illusionen mehr. Sie spielte verrückt …

Oder war sie es wirklich?

*

Ich eröffnete meine Verteidigung vor dem Landgericht I in den ersten Märztagen des Jahres 1923 mit einem Vertagungs-Antrag.

Vorsitzender und Staatsanwalt blickten mich überrascht an. Fünfzehn Monate hatte es gedauert, bis der Prozeß steigen konnte. Und jetzt Vertagung?

«Fünfzehn Monate hat die Staatsanwaltschaft gebraucht, um ihre Beweise gegen meine Mandantin und ihre Mitangeklagten zusammenzubringen», sagte ich. «Der Herr Staatsanwalt bezeichnet Frau Röber als die größte Ladendiebin der Welt. Und es besteht kein Zweifel, daß nie ein interessanteres Stehlphänomen vor Gericht gestanden hat. Meine Mandantin gibt ihre Taten zu. Aufgabe der Staatsanwaltschaft ist es, nicht nur die belastenden, sondern auch die entlastenden Momente zu würdigen. Eine eingehende Untersuchung von Frau Röber auf ihren Geisteszustand ist unterblieben. Ich beantrage daher, die Verhandlung zu vertagen, damit ein Sachverständigen-Gremium Gelegenheit hat, das Versäumte nachzuholen.»

Mein Antrag wurde abgelehnt. Damit hatte ich gerechnet und deshalb vorgesorgt. Ich sagte: «Die Verteidigung hat von ihrem Recht zur Ladung eigener Zeugen Gebrauch gemacht und die Herren Geheimrat Straßmann, Professor Strauch und Sanitätsrat Lehnsen als Sachverständige geladen.»

Der Staatsanwalt zuckte mit der Schulter.

Die drei von mir genannten Männer waren die größten ihres Fachs. Sie saßen bereits im überfüllten Zuschauerraum. Und der Prozeß würde lange genug dauern, damit sie sich ein Bild von Frau Röber machen könnten. Dafür garantierte die große Zahl von achtzehn Angeklagten mit acht Verteidigern. Dafür garantierte vor allem Frau Röber. Sie war vom ersten Augenblick an der Star des Prozesses. Und in Landgerichtsdirektor Schimmack hatte sie den idealsten Vorsitzenden, den man sich denken konnte.

Der hatte nämlich Humor. Das zeigte sich gleich bei seiner ersten Frage an Dora Röber: «Nun sagen Sie mir mal ganz ehrlich, wann fing die Klauerei an?»

Frau Röber schlug die Augen nieder. «Das kann ich nicht genau sagen. Früher habe ich mich beherrscht, aber nach einer schweren Krankheit konnte ich dann dem Drang nicht mehr widerstehen …»

«Haben Sie diese Momente täglich gehabt?»

«Nein, nur in gewissen Abständen …»

Diesen Punkt der Aussage notierte ich mir. Er sollte später wichtig werden.

«Hätten Sie nicht mal zum Arzt gehen und sich gegen die Klauerei etwas eingeben lassen können?» fuhr Landgerichtsdirektor Schimmack fort.

Brausendes Gelächter im ganzen Saal. Nur Frau Röber lachte nicht.

«Wenn das möglich gewesen wäre …», sagte sie mit tonloser Stimme. Und plötzlich schluchzte sie hemmungslos: «Oft hätte ich mir am liebsten die Hände abgehackt. Besonders, als ich merkte, daß meine Mädchen auch stehlen gingen …»

«Es heißt doch, Sie haben die Töchter immer mitgenommen auf Ihre Touren?»

«Das ist nicht wahr!» Frau Röber verkrampfte ihre Hände in die Brüstung der Anklagebank. «Sie haben mich manchmal begleitet. Aber sie wollten bloß aufpassen, daß ich nicht stehle. Und dann tat ich es trotzdem. Und sie merkten es erst, wenn ich ihnen die Sachen zu Hause zeigte.» «Soso», meinte der Vorsitzende. «Und wie war Ihr Trick?» Im Zuhörerraum spitzten die anwesenden Warenhausdiebe und -detektive die Ohren. Hier konnte man was lernen …

Aber Frau Röber machte nur große verständnislose Augen: «Trick? Ich habe die Sachen einfach unter den Mantel oder in meinen Muff gesteckt …»

«Aber einmal haben Sie doch ein ganzes Service für zweiunddreißig Personen gestohlen. Wer das kann, wäre ja als Zauberer im Metropoltheater engagiert worden.»

«Das Service habe ich mit meiner Schwester zusammen gestohlen. Stück für Stück, eine Tasse nach der anderen.» «Das ist ja eine ziemliche Frechheit.»

Dora Röber schüttelte traurig den Kopf. «Sie ist eben meine Schwester …»

Ich bat, einige Fragen an die Angeklagte richten zu dürfen. Der Vorsitzende erteilte mir das Wort.

«Können Sie dem Hohen Gericht etwas über Ihre Eltern erzählen?» sagte ich.

Diesmal log Dora Röber nicht. Sie erzählte von ihrer Mutter, der diebischen Kammerzofe der Königin Wilhelmina von Holland, die im Irrenhaus gestorben ist.

Der Vorsitzende: «Fühlen Sie sich denn auch nicht normal?» «Ich weiß nicht.» Dora Röber zögerte. «Nein … ich bin nicht normal.»

Brausendes Gelächter im Saal. Ärgerlich winkte Dr. Schimmack ab: «Wollen Sie lieber zeitlebens ins Irrenhaus kommen oder ins Gefängnis?»

Gespannt blickte ich zu Frau Röber hinüber. Es war der entscheidende Punkt.

«Jawohl», sagte sie leise, «lieber ins Irrenhaus, als meine Familie weiter unglücklich machen. Wenn alle Menschen so vernünftig mit mir gesprochen hätten wie Sie, Herr Präsident, vielleicht hätte ich nie gestohlen.»

«Nun, hier im Gericht stehen ja auch keine Kristallvasen herum», meinte der Vorsitzende …

In der Nacht nach dieser Verhandlung konnte ich nicht schlafen. Die Abendzeitungen waren voll von Berichten über den Prozeß. «Kleptomanie en gros», «Frau Dora Röbers Gewerbe», «Familientreffen auf der Anklagebank» – so schrien die Schlagzeilen.

Das Telefon klingelte ununterbrochen. Bekannte, Zeitungsreporter, wildfremde Menschen wollten meine Meinung über Frau Röber erfahren. Ich hängte das Telefon aus. Ich kannte das Strafgesetzbuch auswendig. Frau Röber konnte fünf Jahre Zuchthaus bekommen, bei mildernden Umständen fünf Jahre Gefängnis. Oder man konnte ihr den Paragraphen einundfünfzig zugestehen, Unzurechnungsfähigkeit. Dann konnte ihr das Irrenhaus blühen – für den Rest ihres Lebens.

«Da verteidigst du einen Menschen», sagte ich zu meiner Frau. «Und wenn du es gut machst, kommt er ins Irrenhaus. Fürs ganze Leben erledigt ...»

*

Frau Röber, der Staatsanwalt und die Sachverständigen nahmen mir den gröbsten Gewissenskonflikt im Röber-Fall ab.

Frau Röber tat es, indem sie verrückt spielte. Aber so, daß man auch noch glauben konnte, sie simuliere. Die Sachverständigen, indem sie Frau Röber zwar nicht den Paragraphen einundfünfzig, aber doch eine erhebliche geistige Störung zusprachen. Der Staatsanwalt, indem er mit blindwütigem Eifer nachwies, daß die Diebesbeute von Dora Röbers Helfershelfern in schwunghaftem Handel nach Holland verkauft worden war. Nur eins konnte er nicht nachweisen: daß Frau Röber und ihre Töchter von den Verkäufen gewußt hatten.

Ich selbst bekam Frau Röbers Verrücktheit am eigenen Leibe zu spüren. Ich hatte mir eine Liste der Diebstähle Dora Röbers mit genauen Datumsangaben angelegt.

«Alle diese Daten fallen mit bestimmten Rhythmen im Leben einer Frau zusammen», sagte ich.

Das Gericht und besonders die Sachverständigen waren beeindruckt. Aber Frau Röber drückte mir ihre Hand auf den Kopf und sagte: «Setz dich, Junge, red nicht über Sachen, von denen du nichts verstehst.»

Es war richtiges Kabarett. Acht Tage Kabarett, bei dem es um die geheimnisvollsten Probleme der weiblichen Natur ging.

Die Sachverständigen konstatierten schwere erbliche Belastung und hysterische Störungen bei Frau Röber. Zum Paragraphen einundfünfzig konnten sie sich nicht durchringen.

Der Staatsanwalt beantragte Zuchthaus gegen Frau Röber, fünf Jahre Zuchthaus. Sie nahm den Antrag unbewegt hin. Aber als er für ihre Töchter Reiser und Drechsler schwere Gefängnisstrafen forderte, brach sie beinahe zusammen. «Geben Sie doch gleich zehn Jahre!» rief sie unter Tränen. «Seien Sie doch still, Frau Röber», mahnte der Vorsitzende. «Ich kann doch nicht anders, Herr Präsident. Was der Herr Staatsanwalt sagt, ist doch nicht wahr. Meine Töchter waren nicht dabei ...»

Als der Staatsanwalt endete, hatte Frau Röber ihre Beherrschung wiedergefunden. Sie bot dem Staatsanwalt eine zerknüllte Tüte und rief: «Sie haben Ihre Sache gut gemacht. Nehmen Sie eine Praline ... Jetzt ist es ja keine Bestechung mehr ...»

Ich plädierte auf mildernde Umstände. Ich sagte: «Im Altertum hackte man Dieben die Hände ab. Frau Dora Röber müßten Sie den Kopf abhacken, ihre inneren Organe herausreißen, um den Ursprung ihrer Taten zu zerstören. Die Natur der Frau zwingt dazu, Frau Röber anders zu beurteilen als den gewöhnlichen Dieb ...»

Dora Röber wurde zu fünf Jahren Gefängnis verurteilt. Sie hatte das Glück, in ein modernes Gefängnis zu kommen. Sie wurde nie wieder straffällig. Sie lebte in der Sorge für ihre Kinder ... Ihr Schwiegersohn Drechsler wurde freigesprochen, ihre Töchter zu leichten Gefängnisstrafen verurteilt, die durch die lange Untersuchungshaft zum größten Teil verbüßt waren.

Gräfin Caletta

Dem Kriminaloberwachtmeister Albert Dettmann habe ich noch eine andere Damenbekanntschaft zu verdanken. Eine ungewöhnlich reizvolle Dame war es ...

Als ich sie das erstemal zu Gesicht bekam, stand mir vor Bewunderung das Herz still. Es war während eines Fünf-Uhr-Tees im Ballsaal des Berliner Eden-Hotels.

Sie war schlank und hochgewachsen in ihrem enganliegenden, weißseidenen Kleid, das ihre betörende Figur aufs vorteilhafteste zur Geltung brachte. Sie trug Stulpenhandschuhe und einen Hut mit breitem, geschwungenem Rand. Ihr Haar war hellgolden, ihr Mund verheißungsvoll, und die Augen waren so klar wie ein Bergsee, in dem sich ein blauer Frühlingshimmel spiegelt. Dieser Traum von einer Frau mochte etwa fünfundzwanzig Jahre alt sein.

Sie kam von der Hotelhalle herein, überquerte die Tanzfläche und setzte sich an einen Tisch neben dem meinen.

Aber sie war nicht allein. In ihrer Begleitung befand sich ein elegant gekleideter, brünetter Vamp mit hellroten Lippen und blassem Teint. Ferner ein junger Mann, der eine snobistische Miene und ein ziemlich fahriges Benehmen zur Schau trug.

«Die Blonde da – det iss die Jräfin Caletta, Herr Doktor Frey ...», sagte in diesem Augenblick eine Stimme neben mir. «Ihre Bejleiterin iss die Baronin Belly ... Und der jrüne Junge da heeßt Joachim von Wennern. Fliejerleutnant a. D. und Sohn von 'nem ehemalijen Rejierungspräsidenten. War vor kurzem noch Gutseleve uff 'ner Domäne in der Magdeburger Börde ...»

Ich blickte auf. Vor mir stand Kriminalwachtmeister Albert Dettmann.

Dettmann sah gut aus. Er war braungebrannt und trug einen pikfeinen hellgrauen Maßanzug mit einer gesprenkelten Nelke im Knopfloch. Er mußte hinter der Gräfin Caletta den Ballsaal des Eden-Hotels betreten haben. Jetzt deutete er fragend auf den zweiten, freien Stuhl an meinem Tisch. Ich nickte, und Dettmann setzte sich.

«Na – was gibt es Neues?» fragte ich. «Haben Sie endlich das ‹Gespenst von Berlin› geschnappt?»

Dettmann sah mich scharf an. Sein Lächeln verflüchtigte sich jäh. Ich hatte ihn an einer verwundbaren Stelle getroffen ...

Seit Wochen nämlich suchte ein genialer Dieb die Wohnungen und Villen der reichsten Einwohner Berlins heim. Es waren sensationelle, raffinierte Einbrüche, bei denen ungeheure Werte an Schmuck, Teppichen, alten Gemälden, kostbaren Möbeln und antiken Kunstgegenständen erbeutet wurden. Niemals fand man jedoch Fingerabdrücke oder sonstige Hinweise auf den Täter, der zweifellos Helfershelfer besaß. Es war jedesmal eine unheimlich präzise Arbeit – die Arbeit eines phänomenalen Könners, der das exakte Gehirn eines Generalstäblers und die robusten Nerven eines Boxers haben mußte …

«Nee», beantwortete Albert Dettmann kleinlaut meine etwas boshafte Frage. «Det sojenannte ‹Jespenst von Berlin› läßt sich eenfach nich erwischen …! Manchmal jloob ick wirklich an Spuk …» Er zog unzufrieden an seiner Zigarette.

Ich konnte mir vorstellen, wie ihm innerlich zumute war. Das verwegene, durch nichts gestörte Treiben des Groß-Einbrechers traf ihn schwer.

Immer waren die Geschädigten bekannte Persönlichkeiten, immer erreichte der Wert der Beute eine außerordentliche Höhe, und immer waren die Inhaber und das Dienstpersonal zum Zeitpunkt des Einbruchs gerade abwesend … Ganz Berlin verfolgte atemlos, gebannt und verängstigt die Serie dieser raffinierten Verbrechen. Wer war hier am Werk?

So viele fähige Köpfe sich auch mit der Lösung dieses Problemes beschäftigten – es gab keine Lösung. Das «Gespenst» ließ sich nicht greifen. Seine Fratze blieb im Dunkel. Ein scheußlicher Zustand. Besonders für Albert Dettmann, das As der «Inspektion F», der Abteilung «Fahndung», auch «Große Streife» genannt.

An Dettmann mußte ein Hauptteil aller Vorwürfe wegen der Nichtergreifung des sagenhaften «Gespenstes von Berlin» hängenbleiben.

Während mir alle diese Dinge durch den Kopf schossen, spielte die Kapelle auf dem Podium des Eden-Hotels mit viel Lärm eine verrückte Melodie. Es war ein One-Step – ein neuer Berliner Modetanz.

« … Eine Miezekatze hatse aus Angora mitgebracht, und die hatse, hatse, hatse mir gezeigt die janze Nacht!» summte Albert Dettmann und lächelte. Ein breites, sonniges Lächeln … das vertrackte «Gespenst von Berlin» schien er endlich vergessen zu haben. Statt dessen blickte er aus den Augenwinkeln intensiv zu der wunderschönen jungen Gräfin Caletta hinüber …

Auch die Gräfin schaute ihn an. Sie lächelte ebenfalls – ein etwas herausforderndes Lächeln, wie mir schien. Ihre Lippen öffneten sich dabei sanft und träge, wie zu einer schmachtenden Liebkosung.

Plötzlich flüsterte die hübsche Begleiterin der Gräfin einige Worte zu, und diese wandte den Kopf zurück. Die beiden Damen sprachen leise miteinander. Die Blonde lachte.

Der junge Fliegerleutnant a. D. hingegen schien im Krieg eine Kopfverletzung abbekommen zu haben, denn er bewarf, augenscheinlich gelangweilt, in der Zwischenzeit die Kapelle mit Zuckerstückchen, wobei abwechselnd seine Nase, sein Mund oder seine Augenlider nervös zuckten. Er machte ganz den Eindruck, als wäre er während des Krieges mal mit seiner Maschine aus großer Höhe abgestürzt.

Die brünette Baronin mit dem blassen Teint klopfte ihrem Begleiter zur Strafe für sein Benehmen kräftig auf die Hand, worauf der Fliegerleutnant mißmutig vor sich hin maulte. Ich fand die Gesellschaft am Nebentisch immer merkwürdiger.

Als die Musik einen schwülen Java spielte, erhob sich Dettmann und verbeugte sich vor der Gräfin Caletta.

Sie stand auf, während eine leichte Röte ihre Wangen überflog. Dettmann legte seinen Arm um die Gräfin. Sie schmiegte sich an ihn, und beide glitten leicht und elegant im Rhythmus der Melodie über das Parkett. Sollte sich die blutjunge, schöne und elegante Gräfin wie zahllose andere Berliner Mädchen in den gutaussehenden Dettmann verliebt haben?

Nach dem Java spielte die Kapelle einen One-Step. Und wieder tanzte Dettmann mit der Gräfin. Dann machte das Orchester Pause. Und Dettmann setzte sich an den Nebentisch – zur Gräfin Caletta …

Knappe zehn Minuten später brach man dort auf. Die Gräfin schwebte in ihrem hautengen Kleid wie die geborene Sünde an mir vorbei. Dabei hob sie den Blick einen Zentimeter und warf mir ein leichtes Lächeln zu. Die Baronin Belly betrachtete mich im Vorübergehen nachdenklich aus den Augenwinkeln. Der ehemalige Fliegerleutnant von Wennern hingegen starrte mich unter gerunzelten Brauen idiotisch an und streckte mir plötzlich die Zunge heraus. Er empfing diesmal von der Baronin Belly, die anscheinend Mutterpflichten an ihm ausübte, eine kleine, zärtliche Ohrfeige.

Kriminalwachtmeister Dettmann warf einen Geldschein auf den Tisch und verabschiedete sich von mir. «Bin eingeladen», sagte er kurz. «Zum Abendbrot. Von der Gräfin Caletta …» Er stand einen Augenblick da und blickte zu mir herab. Seine Augen waren hell – aber er lachte etwas sonderbar und verlegen, als habe er eben einen schlechten Witz gemacht …

«Gratuliere», sagte ich.

«Wozu?»

«Sie haben jetzt hochdeutsch gesprochen … Das macht wohl die Gesellschaft der Gräfin?»

Dettmann wurde rot. «Natürlich sprech' ick hochdeutsch, wenn ick will. Wat denken Sie denn?»

«Schon gut.» In mir bohrte leichter Neid. «Viel Spaß mit dem goldenen Mädchen … Ein Prachtstück!»

Dettmann antwortete nicht gleich. Seine Züge schienen auf einmal gespannt, ein seltsamer Blick trat in seine Augen. «Ich bin verheiratet», erwiderte er unvermittelt. «Und sogar sehr glücklich.»

Und damit ging er.

Er ging ziemlich schnell, und ich schaute ihm eine Weile nach. Ich sah, wie er der jungen Gräfin anscheinend sehr verliebt am Saalausgang seinen Arm bot, und ich sah noch einen Zipfel ihres weißseidenen Kleides, als sich die Spiegeltür hinter ihnen schloß.

*

An einem schönen Junitag verließ ich etwas früher mein Büro als gewöhnlich. Ich ging zur Friedrichstadt, wo ich mich im Café National, Friedrich-, Ecke Jägerstraße, mit der blonden Celly de Rheydt, einer Mandantin und guten Freundin, treffen wollte, und bummelte zunächst noch etwas über die Linden.

Diese einstmalige Prachtstraße, von Bogenlampen früher fast taghell erleuchtet, bot jetzt im ersten Nachkriegsjahr ein klägliches Bild. Der aufgerissene Asphalt war mit Bohlen belegt, im Mittelstreifen standen schäbige Bretterbuden und fliegende Händler.

Allen Dreck der Welt gab es hier zu kaufen: Schlipsnadeln, Postkarten, Hosenträger, Bonbons, Talmi-Ringe, madige Schokolade und schlechte Seife. Ein Händler bot lauthals «den besten Schnaps der Welt für nur 9 Mark» an. Er hatte neben sich einen scheinbar oder wirklich Betrunkenen sitzen, der mit stierem Blick unentwegt vom Stuhl kippte.

«Sehn Se, meine Herrschaften – so wirkt mein Schnaps … jarantiert 75 Prozent Alkohol …» brüllte der Verkäufer. Neben ihm Porzellanhändler, Würstchenbuden, Kartenkünstler. Überall Geraune und Geflüster: «Seidene Strümpfe, Zigaretten … Dollars … Ausweispapiere für jede Grenze, jedes Land …!»

Als ich nach zwanzig Minuten das Café National betrat, blickte ich mich suchend um, konnte aber Celly de Rheydt nicht finden. Ich setzte mich und bestellte einen Kaffee. Der Ober brachte mir das dunkle, schlechtriechende Getränk und eine Zeitung.

Es war die «Deutsche Zeitung» vom gleichen Tag, dem 28. Juni 1919.

Auf der Hauptseite stand eine groß aufgemachte Nachricht, die mich interessierte:

«Das ‹Gespenst von Berlin› geht wieder um! Wie die Kriminalpolizei bekanntgibt, kam es gestern nacht wieder zu einem außerordentlich verwegenen Einbruch in einem Anwaltsbüro, und zwar unmittelbar in der Nachbarschaft des Moabiter Kriminalgerichts. Wie wir erfahren, wurde der Safe erbrochen. Die Beute betrug rund 40 000 Mark. Die Tat wurde mit größter Sachkenntnis ausgeführt. Wie bei allen großen Einbrüchen der letzten Zeit, die auf das Konto des ‹Berliner Gespenstes› kommen, gab es keinerlei Spuren, keine Hinweise …»

Ich ließ die Zeitung sinken.

Das «Gespenst» schien mit der Berliner Polizei Versteck zu spielen … Vor allen Dingen mit der «Großen Streife», der Inspektion «F». Und mit Albert Dettmann.

Ich hatte den Kriminalbeamten inzwischen wohl einige Male in Begleitung der zauberhaften Gräfin Caletta gesehen, aber beruflich nichts mehr mit ihm zu tun gehabt.

Hatte er etwa seine Stellung im Polizeipräsidium aufgegeben? War er, der sich im Eifer seiner kriminalistischen Tätigkeit so schlecht an die Dienstvorschriften halten konnte, «geschaßt» worden? Oder war er gestrauchelt im Wirbel der Zeit wie so viele?

In diesem Augenblick jedoch tauchte Celly de Rheydt im Eingang des Cafés auf, winkte mir zu und riß mich aus allen meinen Gedanken.

Wir sahen uns an diesem Abend im Opernhaus den «Rosenkavalier» an und tranken anschließend in einer kleinen Bar ein Glas Sekt.

Es war kurz nach Mitternacht, als Celly mir während einer Tanzpause ins Ohr flüsterte: «Doktorchen – ich habe eine tolle Idee ... Ich weiß noch eine Adresse, wo 'ne Menge los ist! Aber als Frau kann ich, ohne männlichen Schutz, nicht dorthin gehen ...»

Ich hatte keine rechte Lust, mir die Nacht in irgendeiner verrufenen Ecke um die Ohren zu schlagen, aber Celly bettelte so lange, bis ich nachgab.

Eine Droschke mit einem verhungernden Kutscher und einem noch klapprigeren Gaul brachte uns in die Gegend des Berliner Weinviertels um den Rüdesheimer Platz. In der Offenbacher Straße, zwischen der Burgunder und der Deidesheimer Straße gelegen, ließ Celly die Droschke vor einem hohen, dunklen Haus halten.

An der Tür leuchtete uns ein Schlepper ab. Wir gingen einige dunkle Treppen empor und machten dann vor einer Wohnungstür halt. Ich zündete in der Finsternis ein Streichholz an – und ließ es vor Erregung fast sofort wieder fallen! Auf dem Türschild stand nämlich ein Name, den ich kannte: Ella Gräfin Caletta ...

Im gleichen Augenblick öffnete sich wie durch Zauberei völlig geräuschlos die Wohnungstür. Ich starrte in ein zuckendes Gesicht, in ein Paar weitgeöffneter, halbirrer Augen ... Siehe da – der ehemalige Fliegerleutnant Joachim von Wennern ...

Er machte zwar ganz den Eindruck, als wolle er uns jeden Augenblick, einer fixen Idee zuliebe, ohne alle Umstände niederschlagen, aber das schien nur seine spezielle Privatmethode zu sein, jemandem Angst einzujagen. Jedenfalls tat er uns nichts, als er uns in den dämmrigen Vorraum führte und danach wieder seinen Platz an der Wohnungstür einnahm.

Überall waren schwere Portieren, Spiegel, das lavendelfarbene Licht versteckter Lichtquellen. Dann standen wir in einem riesigen, mit vielen Sitzecken ausgestatteten Raum. Im bläulich-dampfenden Lichtschein eines Scheinwerferkegels glänzte und glitzerte ein asiatisches Götterbild. Und vor diesem Gebilde tanzte, ein entrücktes Lächeln um die Lippen, eine Frau, wand sich im Rhythmus leiser, erregender Trommeln – die Baronin Belly. Ihre dunklen Augen blickten herausfordernd, und ihr flammendroter Mund leuchtete in dem blassen Gesicht.

Aus einigen Räucherschalen stieg mit dem dünnen Rauch ein eigenartiger, beklemmender Geruch auf – wie nach Honig und welken Blumen. Ich habe parfümierte Luft noch nie leiden mögen. Aber diese hier legte sich so heiß auf meine Lungen, daß mir der Atem schwerfiel und die Knie schwach wurden.

Ich zog linker Hand eine Portiere zur Seite, öffnete eine Tür. Das vor mir liegende Zimmer hatte nicht den Geruch von welkenden Blumen. Hier ging es ganz sachlich zu. Hier roch es nach Havanna-Zigarren, nach englischem Mixture-Tabak, nach Damenzigaretten mit Rosenblatt-Mundstück. Vier kegelförmige Lampen warfen grelles Licht auf einen langgestreckten, grün bespannten Tisch, in dessen Mitte sich ein Roulett drehte.

Im Halbschatten erblickte ich unter vielen Gesichtern am Tisch das wunderschöne Antlitz der Gräfin Caletta – ihr hellgoldenes Haar, die klaren Augen von der Farbe eines fernen Bergsees …

Jetons klapperten, blitzschnell fuhr der zierliche Rechen eines pomadisierten Croupiers über die Spielfelder, zog eilends die Gewinne der Bank ein und teilte ebenso geschwind die Gewinne der Spieler aus … «Faites votre jeu …», sagte die gelangweilte Stimme des Croupiers, als ich an ihm und an einem Baccarat-Tisch vorbeiging und eine weitere Tür öffnete. Ich hatte immer noch den Drang nach frischer Luft.

Ich kam auf einen langen Gang. Plötzlich hatte ich das instinktive Gefühl, beobachtet zu werden. Ich wandte meinen Kopf. Am anderen Ende des Ganges stand ein Mensch, den ich sehr gut kannte. Kriminalwachtmeister Albert Dettmann …

Er hatte kein Jackett an, sein Kragen war offen, und das Haar hing ihm in die Stirn. Taumelnd hielt er sich mit einem Arm an der Wand fest.

«Dettmann …», rief ich und lief auf ihn zu. «Was ist passiert?» Ich bekam keine Antwort …

«Ist Ihnen schlecht …?»

Aber der Kriminalbeamte brummte nur, richtete mühsam seinen Oberkörper auf und blickte mich aus zusammengekniffenen Augen gläsern an.

«Ick hab' eben een bißken wat jetrunken … ick bin ja zu Hause hier – sozusagen …»

Ich glaubte meinen Ohren nicht zu trauen. War dies Albert Dettmann, der fähigste Beamte der «Großen Streife»? War er wirklich aus dem Polizeidienst ausgeschieden? War er, der notorische Einzelgänger, wieder einmal mit seinen Vorgesetzten zusammengestoßen, hatte er deshalb den Dienst quittiert?

«Haben Sie keine Angst, daß Sie jemand hier erkennt ...?»

«Nee –», sagte Dettmann, hustete lange und fuhr sich schlapp mit der Hand über den Mund.

Plötzlich wurde ich wütend. «Dettmann ...», sagte ich leise, fast flüsternd. «In diesem Hause hier werden tolle Tänze aufgeführt. Hier wird Roulette gespielt, und ich würde mich nicht wundern, wenn sich unter der Drehscheibe ein hübscher Magnet befindet, der den Lauf der Kugel beeinflußt. Man spielt Baccarat ohne frische Kartenspiele, ohne Kartenschlitten, der allein eine korrekte Kartenausgabe ermöglicht ... Das alles sind verbotene Dinge. Und wenn ein Staatsbürger von verbotenen Dingen Kenntnis erhält – ist er dann nicht verpflichtet, sie zu melden, he?» Meine Stimme wurde noch leiser. «Sie der Polizei zu melden? Vielleicht sogar Ihnen – Herr Kriminalwachtmeister Dettmann ...?»

Albert Dettmann stand jetzt aufrecht und starrte mich wortlos an. Seine Augen blickten gerade und kalt.

Ich fuhr fort: «Oder sind Sie vielleicht gar nicht mehr bei der Polizei ... Herr Dettmann?»

Dettmann bohrte seine Augen in die meinen. Er wippte ein wenig auf den Hacken, sein Gesicht war plötzlich hart wie Granit.

Dann sagte er mit rauher Stimme: «Tut mir leid – aber Sie wollen es ja nicht anders haben. Ich muß Sie jetzt leider verhaften, Herr Doktor Frey ...»

Ich schwieg. Mir war, als hätte mir jemand plötzlich von hinten einen Knüppel über den Schädel geschmettert ...

Während sich Dettmann sein Jackett holte, überschlugen sich in meinem Kopf die Gedanken. Aber es kam nichts Vernünftiges dabei heraus. So lauschte ich abwesend auf das Klappern der Elfenbeinkugel und das monotone Trommelgeräusch.

Einige Sekunden später war Dettmann wieder da. Er packte mich am Arm.

In diesem Augenblick erschien die Gräfin Caletta auf dem Gang. Schlank, verführerisch, lächelnd …

Die Erscheinung einer Göttin, dachte ich, weit, weit entfernt von allen Gesetzen, aller Moral dieser Welt …

«Wir beide hier haben noch eine Verabredung, Liebling», sagte Dettmann zu der Gräfin.

Er öffnete die Tür und drängte mich wie zufällig aus der Wohnung. In der Haustür stand der Schatten des Schleppers.

«Geh nach Hause», sagte Dettmann zu dem Schatten.

«Aber – ick muß doch uffpassen!»

«Geh nach Hause, hab' ick jesagt!»

Der Schatten glitt davon. Die Welt lag jetzt einsam im kalten Schweigen der späten Nachtstunde.

Dettmann winkte mir, ihm zu folgen.

Wir gingen wortlos nebeneinander her. Dettmanns Gesichtsausdruck schien ziemlich besorgt zu sein.

«Ist dies alles ein Traum oder ist es Wirklichkeit?» fragte ich.

«Wieso?»

«Na – da Sie mich verhaftet haben, nehme ich an, daß Sie doch noch bei der Kriminalpolizei sind …»

«Klar.»

«Und die junge, schöne, elegante Gräfin Caletta mit ihrer Lasterhöhle …?»

Dettmann antwortete nicht.

«Natürlich braucht Gräfin Caletta den starken Arm eines Mannes», fuhr ich fort. «Besonders in dieser Zeit … Und da gewisse Tänze und Glücksspiel viel Geld einbringen, kann die Dame auch sehr viel für den Schutz ihres gutgehenden Unternehmens zahlen, stimmt's? Sagen Sie, was kostet heutzutage eigentlich ein echter Kriminalpolizist? Ein Mann wie Sie zum Beispiel?»

Dettmann lächelte finster. «Sie bauen da ein hübsches Kartenhaus zusammen … Ich könnte es zum Einsturz bringen, wenn ich wollte.»

«Und warum wollen Sie es nicht?»

«Die Gräfin hat keine Ahnung, daß ich ein Kriminalbeamter bin», erwiderte er. «Das war auch der Grund, weshalb ich Sie vorhin festnahm. Ich wollte Sie schnell aus der Wohnung bringen, bevor Sie sich ihr gegenüber verplapperten ... Als ich Sie plötzlich im Korridor stehen sah, fiel mir nichts anderes ein, als mich betrunken zu stellen. Ich hoffte, Sie würden mich nicht erkennen. Leider vergebens. Da habe ich Sie verhaftet, weil ich annahm, daß Sie freiwillig doch nicht mit mir gekommen wären. Jetzt sind Sie natürlich wieder frei ...»

Mir blieb der Mund offen. «Darf ich fragen, was dies eigentlich alles bedeuten soll?»

In diesem Augenblick kam eine Droschke vorbei. Dettmann hielt sie an.

«Wenn Sie mitkommen, Herr Dr. Frey, kann ich Ihnen eine ganze Menge Interessantes erzählen ...», sagte er.

Ich stieg ein. Die Droschke rollte durch eine trostlose Finsternis. Denn damals, 1919, war Berlin nachts eine dunkle Stadt. Taxis gab es keine. Laut Polizeiverordnung mußten wegen Kohlennot und Lichtmangels die öffentlichen Lokale frühzeitig schließen. Die Mehrzahl der Straßen lag in tiefster Schwärze da.

Dettmann dirigierte die Droschke in die Joachimsthaler Straße und ließ sie schließlich vor dem Bahnhof Zoo halten. Der Warteraum des Bahnhofs Zoo konnte die ganze Nacht offenbleiben. Hierher pilgerten von allen Seiten die Nachtbummler: Amüsierpublikum in Abendkleid und Smoking, müde Reisende, Rauschgifthändler und leichte Mädchen ... Dettmann eroberte einen Tisch und bestellte uns zwei Kaffees. Seine Züge waren zerfurcht, wie von einer langen, undankbaren Plackerei.

Nervös blickte er auf die Uhr. «Bald ist es soweit ...», sagte er endlich. «Wenn der Morgen graut, sitzt das ‹Gespenst von Berlin› und die ganze Bande endlich hinter Schloß und Riegel ...»

Ich horchte auf. «Das ‹Gespenst von Berlin›? Der unheimliche Täter, der seit Monaten die Häuser der reichsten Einwohner Berlins ausplündert?»

Dettmann nickte: «Deshalb habe ich Sie ja vorhin verhaftet ... damit Sie mir nicht in letzter Minute die Tour vermasseln ...»

Mein Kopf fuhr hoch. Ich starrte verblüfft in das Gesicht des Kriminalbeamten. «Das kann doch nicht sein», flüsterte ich beinahe. «Das ‹Gespenst von Berlin› ist ...»

«Ja, Herr Frey», sagte Kriminalwachtmeister Albert Dettmann. «Es ist eine Frau. Die junge Gräfin. Und ich habe sie entlarvt ...»

*

Es war eine tolle Geschichte, die mir Kriminalwachtmeister Albert Dettmann im Wartesaal des Bahnhofs Zoo erzählte, wenige Stunden bevor die bezaubernde Gräfin Caletta von Beamten der «Großen Streife» verhaftet wurde.

Dettmann hatte den Fall säuberlich gelöst, mit Verstand, mit Glück … und mit seinem Charme, dem die Frauen immer wieder erlagen. Dem auch die junge Gräfin erlag – oder besser gesagt: jene verführerische Frau, die sich als Gräfin Caletta ausgab …

Denn die lebenslustige Gräfin Ella war vor fünfundzwanzig Jahren ganz bürgerlich als Tochter des reichen Rentiers Lewald in der Eisenacher Straße Berlin-Schönebergs geboren worden. Aber schon von frühester Jugend an zeigte das bildschöne Mädchen ein ungewöhnlich exzentrisches Wesen.

Mit sechzehn Jahren wurde die schöne Ella im Eis-Palast in der Martin-Luther-Straße zur deutschen Eiskönigin gekrönt. Zur gleichen Zeit jedoch ließ sie sich von einem Teppichhändler des Kurfürstendamms Teppiche in Kommission geben, die sie verkaufte, jedoch vergaß abzurechnen. Für diesen Betrug wurde Ella Lewald niemals bestraft. Statt dessen avancierte sie recht geschwind zur Freundin des Bestohlenen.

Gegen Ende des ersten Weltkrieges war die schöne Ella dann die Geliebte eines bekannten Schiebers, des sogenannten «päpstlichen Kammerherrn» Juan Maria Moser de Lopez, eines Mannes von äußerst zweifelhafter Herkunft.

Beide lebten eine Zeitlang vom «Handel» mit Zigaretten, bis dem «päpstlichen Kammerherrn» der Boden in Berlin zu heiß wurde und er seine Geschäfte nach München verlegte. Ella blieb in Berlin und verstand es vermittels einer kleinen Erpressung, die Zwölf-Zimmer-Wohnung ihres ehemaligen Gönners mit ihrer wertvollen antiken Einrichtung in die Hand zu bekommen.

Monate später lernte Ella den Prinzen Gustav von Thurn und Taxis kennen. Dieser ehrenwerte Mann verliebte sich ebenfalls Hals über Kopf in das attraktive Mädchen. In jenen Tagen nannte Ella Lewald sich bereits Gräfin Caletta. Ella hatte nämlich Anfang 1919 in Berlin den römischen

Grafen Joseph Caletta mit ihrer Liebesgunst so willfährig gemacht, daß dieser sie adoptierte, bevor er an Herzschlag starb … Zwar wurde die Adoption nie gerichtlich bestätigt, was aber Ella natürlich nicht daran hinderte, diesen hohen Titel öffentlich zu führen. Eine frühere Hausschneiderin ihrer Eltern, namens Emma Beikamp, wurde ihre «Hausdame». Und die Beikamp nannte sich jetzt hochtrabend Baronin Belly …

Prinz Gustav von Thurn und Taxis merkte allerdings bald, daß mit der Gräfin Caletta vieles nicht stimmte. Er löste die Verlobung und ging als Beauftragter der «Vorläufigen Reichswehr» nach München.

Ella Lewald alias Gräfin Caletta sah jedoch bald eine neue Chance.

Sie wurde die Chefin einer Bande, die sich auf Einbrüche in die Häuser der reichsten Einwohner Berlins spezialisierte. In ihrem Spielklub in der Offenbacher Straße lernte die falsche Gräfin die damalige Prominenz von Berlin kennen. Während zärtlicher Rendezvous in deren Wohnungen kundschaftete sie, ohne daß ihre Opfer es merkten, all die Dinge aus, die für einen erfolgreichen Einbruch wichtig waren. Allerdings hatte sie sich bei den Raubzügen nie persönlich beteiligt. Sie arbeitete nur die Pläne zu den unheimlich raffinierten Einbrüchen aus. Sie war der «Boß», der den minutiösen Ablauf der Verbrechen bestimmte – und natürlich den Hauptteil der «Sore», der Beute, einstrich.

Nie gab es Hinweise auf die Täter. Die Kriminalbeamten des «Alex» standen vor einem Rätsel …

Bis dann eines Tages der Kriminalwachtmeister Dettmann die Idee hatte, von sämtlichen Geschädigten eine Liste all ihrer Freunde und Bekannten anzufordern, von allen Personen, die je in der Wohnung der Opfer waren – die gewußt haben konnten, wann diese Wohnung ohne Aufsicht war. Und auf jeder dieser Listen tauchte dann seltsamerweise der Name: «Ella Gräfin Caletta» auf – wenn auch jedesmal mit dem Vermerk: «Über jeden Verdacht erhaben.»

Als der Kriminalwachtmeister Albert Dettmann soweit war, glaubte er das «Gespenst von Berlin» zu kennen. Es fehlten ihm nur noch die exakten Beweise.

Die lieferte ihm die «Gräfin», nachdem sie sich in ihn verliebt hatte … ohne das Verlangen, ihn betrügen und ausnützen zu müssen. Und gerade dieser Mann sollte sie verraten …

Der lang erwartete Prozeß gegen Ella Lewald alias Gräfin Caletta fand am 2. Juli 1920 vor der 5. Strafkammer des Landgerichts Berlin III statt.

Da viele der prominenten Zeugen und Opfer es vorzogen, in Erinnerung an ihre mit der Angeklagten verlebten zärtlichen Stunden zu schweigen, wurde nur ein Bruchteil der Anklagepunkte verhandelt.

«Gräfin» Caletta nahm das Urteil in Höhe von vierzehn Monaten Gefängnis unbewegt hin. Nur einmal verzog sich ihr Gesicht schmerzlich. Da nämlich, als Kriminalwachtmeister Albert Dettmann seine Aussage machte …

Fast fünf Jahre später, am 30. April 1925, stieg der Fall der «Gräfin Caletta» noch einmal aus der Versenkung empor.

Die Berliner Kriminalpolizei hatte neues Anklagematerial gegen Ella Lewald gesammelt. Vor dem Schöffengericht Berlin-Charlottenburg sollte eine große Generalabrechnung mit der schönen Frau und ihrer Bande stattfinden. Ich sollte sie verteidigen.

Dieser Prozeß, auf den ganz Berlin voller Spannung wartete, war die bizarrste Komödie, die jemals in einem deutschen Gerichtssaal ablief.

Denn als der Richter seinen Sitz eingenommen hatte, blickte er erstaunt auf die Anklagebank. Sie war leer …

«Wo ist die Angeklagte Ella Lewald?» verlangte er zu wissen.

Die Antwort gab ein unscheinbarer Mann, der ungefragt in den Zeugenstand trat. Er wies sich als Fahndungsbeamter aus und erklärte:

«Die Angeklagte ist leider vor vierzehn Tagen nach Rom verzogen. Sie verkehrt dort in den Kreisen der höchsten Lebewelt. Die italienische Regierung hat unser Auslieferungsersuchen abgelehnt.»

Dieser Umstand war mir erst kurz vor der Verhandlung bekanntgeworden. Und der Vorsitzende schien überhaupt keine Ahnung davon zu haben … Es sollte noch besser kommen.

Der Richter rief jetzt nämlich den zweiten Angeklagten auf. Es handelte sich um den Fleischer Adolf Briczschinski. Er war einer der tüchtigsten Ganoven der «Gräfin».

Für ihn erhob sich ein Justizbeamter. Er sagte: «Leider kann ich den Angeklagten nicht vorführen, Herr Vorsitzender.»

«Warum?» fragte der Richter wütend.

«Er wurde gestern aus dem Zuchthaus Sonnenburg nach Abbüßung einer längeren Strafe entlassen.»

«Aber es war doch ein neuer Haftbefehl wegen dieses Prozesses gegen ihn ausgestellt worden?»

«Jawohl. Aber die Zuchthausdirektion erfuhr davon nichts.»

Blieb noch als dritter Angeklagter Joachim von Wennern, Fliegerleutnant a. D., übrig. Trotz einer im Kriege erlittenen Kopfverletzung war er Spezialist für schwierige Schlösser, die er mit einer unheimlichen Geschicklichkeit zu öffnen verstand.

Auch er glänzte durch Abwesenheit. Denn kurz vor seiner Überführung war er aus der Untersuchungshaft entwichen ...

Ich erhob mich an seiner Stelle von meinem Platz. Ich sagte: «Ich habe den Angeklagten vor seiner Flucht auf seinen Geisteszustand untersuchen lassen. Er ist infolge seiner Kriegsverletzung für seine Taten nicht verantwortlich. Ich kann dem Gericht hierüber ein gerichtspsychiatrisches Gutachten zur Verfügung stellen.»

Der Staatsanwalt schoß von seinem Sitz hoch. «Ich verlange die Einvernahme des Sachverständigen!»

Ich zögerte einen Augenblick. Dann erwiderte ich: «Auch das wird nicht gehen.»

«Wieso?»

«Weil der betreffende Psychiater inzwischen als Opfer seines Berufes jetzt selbst in einer Irrenanstalt sitzt ...»

Der Staatsanwalt schnappte nach Luft. Der Vorsitzende bedeckte einen Moment seine Augen. Dann erhob er sich und erklärte unter ungeheurem Tumult die Verhandlung für geschlossen.

Das war das Ende des zweiten Caletta-Prozesses. Er wurde nie wieder aufgenommen.

Anfang des Jahres 1928 fiel noch einmal der Name der «Gräfin Caletta» vor den Schranken eines Berliner Gerichtes.

Das war, als der internationale Pensionsdieb Eugen Nieburg, genannt «der fesche Eugen», abgeurteilt wurde. Auch er hatte für die «Gräfin Caletta» gearbeitet. Aber nicht als Dieb – sondern als Spion ... Denn Ella Lewald leitete jetzt in Italien eine Spionageorganisation, die ihre Dienste jeder Macht zur Verfügung stellte, die gut zahlte.

Ich weiß nicht, was aus der schönen Ella Lewald alias Gräfin Caletta später geworden ist. Die einen sagen, sie wäre im zweiten Weltkrieg ermordet worden. Andere wieder behaupten, ihr vor wenigen

Jahren in Buenos Aires begegnet zu sein, als Vertraute des Diktators Juan Perón – noch immer gejagt von ihrer Sucht nach Reichtum und einem gefährlichen Leben …

Fürstin Dawidoff

Schon in meinem Bericht über die Königin der Ladendiebe, Dora Röber, habe ich den Namen Anni Sanek erwähnt. Diese fast geniale Hochstaplerin ist es wert, daß ich ihr Schicksal noch einmal ausführlicher beleuchte.

Ich lernte sie im Moabiter Untersuchungsgefängnis kennen.

Die eiserne Tür der Sprechzelle des Untersuchungs-Gefängnisses öffnete sich mit einem klirrenden Laut. Ich hielt plötzlich den Atem an. Denn die Frau, die von einer mürrischen Aufseherin hereingeführt wurde, war gewiß nicht alltäglich.

Sie mochte etwa dreißig Jahre alt sein – vielleicht etwas mehr, vielleicht etwas weniger. Genau war es nicht zu bestimmen. Ihr weichglänzendes Haar leuchtete in einem prachtvollen dunkelroten Farbton, schimmernde grüne Augen blickten groß und fragend aus einem ovalen Gesicht. Hochgewachsen, voll und geschmeidig stand sie in einem enganliegenden Seidenkleid vor mir. Ihre elegante Kleidung schien zu ihrem Körper zu gehören – er strömte jenes gefährliche weibliche Fluidum aus, das aus Männern im Handumdrehen willenlose Männchen macht …

«Herr Doktor Frey? Ich freue mich, Sie kennenzulernen ….», sagte sie, als befände sie sich auf dem Dachgarten des Eden-Hotels und nicht als Häftling im «Barnim», dem Frauen- Gefängnis in der Barnimstraße von Berlin-Moabit. Ich verbeugte mich.

«Bedauerlich, daß ich Ihre Bekanntschaft in dieser trostlosen Umgebung hier machen muß», fuhr sie fort. «Aber ich bin in einer großen Notlage … Wollen Sie meine Verteidigung übernehmen?»

Ich nickte. «Wenn Sie es wünschen, gnädige Frau …»

«Fürstin Dawidoff!» verbesserte die Gefangene mit einem verführerischen Lächeln.

«Fürstin Dawidoff …? Aber Sie heißen doch Anni Sanek! Unter diesem Namen werden Sie jedenfalls hier geführt. Leider kam ich noch nicht dazu, Ihre Akten zu studieren.»

Sie starrte mich unter langen Wimpern forschend an. «Ich war die Frau des Fürsten Dawidoff – Gregorij Dawidoff aus St. Petersburg. Ein schwerreicher Mann. Leider ist der Fürst vor einigen Jahren gestorben.»

Sie trat näher an mich heran. Ihr roter Mund lächelte mir entgegen. Plötzlich war ein seltsames Licht in ihren Augen.

Ich fühlte mich etwas unbehaglich. Immer fühlte ich mich unbehaglich, wenn ich das Frauen-Gefängnis in der Barnimstraße betreten mußte. Frauen hinter Gittern waren ein beklemmender Anblick für mich. Und dann das andere ... Die Gefängnisluft, das graue Einerlei des Zellen-Alltags veränderte sofort die weibliche Psyche. Für jeden Anwalt bedeutete der Gang durch die Korridore ein wahres Spießrutenlaufen. Jedesmal wurden wir aus den Zellen heraus angerufen, mit Schmeicheleien oder Worten der Liebkosung bedacht. «Na, Dickerchen ... bist du aber hübsch!» oder «Doktorchen, wann kommen Sie endlich zu mir?» – so schwirrten die Stimmen im Zellentrakt durcheinander.

War diese angebliche Fürstin der gleichen Gefängnis-Psychose verfallen? Oder – steckte etwas anderes dahinter?

Ich sagte: «Ich kann Sie nur dann richtig verteidigen, wenn Sie mir die Wahrheit sagen.»

Die Gefangene bewegte leicht die Schultern: «Ich habe in meinem Leben viele Namen führen müssen ... Es war nicht meine Schuld.» Sie lächelte ganz leise, wie eine gelangweilte Aristokratin.

«Ich verstehe nicht –»

«Mein Mann, der Fürst Dawidoff ... Er war als Emigrant Führer einer weiß-russischen Organisation. Die rote Geheimpolizei verfolgte uns. Überall – in London, in Paris, in Monte Carlo ... Und besonders hier in Berlin.» Ihre Stimme wurde noch leiser. «Die GPU hat es sogar fertiggebracht, einen Spitzel in meine Zelle zu beordern.»

Ich schwieg. Ich konnte nichts sagen. Mir war nämlich bekannt, daß das Polizeipräsidium eine Kriminalbeamtin in die Zelle meiner Mandantin eingewiesen hatte, um die Gefangene auszuhorchen.

Ich erwiderte statt dessen mit einem Blick auf die Uhr: «Das beste ist, wir besprechen alles Weitere, wenn ich Ihre Akten durchgesehen habe. Heute wollte ich Sie nur kennenlernen. Ein dringender Termin wartet auf mich. Ich werde Sie in den nächsten Tagen wieder aufsuchen.»

Die Gefangene nickte. Ich ging an die Eisentür der Sprechzelle und klopfte nach der Wärterin. Eine Beamtin schloß mir auf.

«Auf Wiedersehen», sagte die Gefangene hinter meinem Rücken. Ihr Gesicht lag jetzt im Schatten, als trüge es eine Maske. Nur ihre Augen schimmerten, ihre Pupillen glichen Stecknadelköpfen.

Ich verließ das Frauen-Gefängnis und eilte durch den unterirdischen, muffigen Kellergang zum Kriminalgericht Turmstraße hinüber. Ich hatte nur wenige Minuten Zeit, mich auf die vor mir liegende Verhandlung vorzubereiten – aber immer wieder irrten meine Gedanken ab, wanderten zurück zu der Gefangenen, die ich eben gesprochen hatte. Ein eigenartiges Gefühl beschlich mich. Irgend etwas hatte mich vorhin an ihr gestört. Aber was …?

Ihr Benehmen? Nein – da war ich ganz andere Dinge gewohnt. Ich dachte scharf nach. Plötzlich wußte ich, was mich an der Gefangenen so irritiert hatte. Es war einfach ihre Art, zu sprechen … Die Worte waren langsam aus ihrem Munde gekommen, als gäbe sie sich große Mühe, sich verständlich zu machen. Wie jemand, der gezwungen ist, sich in einer fremden Sprache auszudrücken. Oder wie jemand, der eine Rolle sorgfältig einstudiert hat und keinen, aber auch gar keinen Fehler begehen will …

Ich hatte eigentlich vor, die Akten Anni Saneks alias Fürstin Dawidoff noch am gleichen Tag durchzuarbeiten. Aber der Termin, den ich am Schwurgericht Moabit wahrzunehmen hatte, dauerte bis zum frühen Abend. Danach eilte ich noch kurz in mein Büro und diktierte meiner Sekretärin einige wichtige Briefe. Und dann rief mich meine Frau an und sagte, sie wäre schon angezogen und wartete seit zwanzig Minuten auf mich.

Himmel – ich hatte unser heutiges Vorhaben, den Theaterbesuch, ganz vergessen! Ich ließ mir also schleunigst ein Taxi besorgen und fuhr nach Hause. Meine Frau empfing mich recht ungnädig. Ihre Laune wurde erst besser, als wir nach dem Theater das Weinhaus Peltzer in der Neuen Wilhelmstraße, wenige Schritte vom Hotel Adlon entfernt, aufsuchten. In unserer Begleitung befanden sich Agnes Straub, jene wundervolle, leider viel zu früh gestorbene deutsche Tragödin, die blonde Filmschauspielerin Lilian Harvey und schließlich die Romanautorin Vicki Baum. Es wurde eine lustige Gesellschaft an diesem Maiabend des Jahres 1926. Kurz vor Mitternacht tauchte dann noch ein Mann auf, der in seinen wenigen freien Stunden manchmal das Weinhaus Peltzer besuchte: der Kriminaloberwachtmeister Albert Dettmann. Bei seinem Anblick wurde ich sofort wieder an meine Mandantin Anni Sanek alias Fürstin Dawidoff erinnert. Ich holte Dettmann an unseren Tisch und brachte das Gespräch auf die Untersuchungs-Gefangene.

«Fürstin Dawidoff?» sagte Dettmann langsam und blickte dem Rauch seiner Zigarette nach. «Eine ungewöhnlich schöne Person, soweit ich mich erinnere. Eine schillernde Sumpfblüte ... Sie ist natürlich keine Fürstin. Ihr richtiger Name lautet Anneliese Sanek. Tochter eines Straßenbahnschaffners. Die gerissenste Hochstaplerin, die mir jemals begegnete ...» Vicki Baum beugte sich zu dem Kriminalbeamten vor: «Wann – bei welcher Gelegenheit war denn das?» Ihre lebhaften dunklen Augen glänzten vor Spannung. Solange ich Vicki Baum kannte, war sie immer auf Jagd nach interessanten Geschichten.

Und Dettmann, der einer gutaussehenden Frau kaum einen Wunsch abschlagen konnte, ließ sich auch nicht lange bitten. Es stellte sich heraus, daß er die schöne Anni vor einigen Jahren sogar persönlich verhaftet hatte. Damals nannte sie sich übrigens Baronin Wassenberg.

Sie war in jenen Tagen die Geliebte des ehemaligen baltischen Rittmeisters Alexander von Dahlken gewesen, den die russische Revolution nach Berlin getrieben hatte. Dahlken war ein schlanker, selbstbewußter Mann. Die Frauen liefen ihm scharenweise nach, obwohl er vom Kriege her nur einen Arm hatte und ein Glasauge trug. So tüchtig Dahlken als Soldat im Felde gewesen sein mochte, als Zivilist hatte er wenig Erfolg. Sein russisches Speiselokal «Bei Alexander» im Berliner Westen mußte aus Mangel an Gästen bald wieder seine Pforten schließen. Der Rittmeister und seine Geliebte Anni Sanek brauchten deshalb dringend Geld ...

Die schöne Anni wußte Männer zu behandeln. So wurde Alexander von Dahlken, der ehemalige Rittmeister vorn Zaren-Garderegiment, der elegante Mann mit dem Adlergesicht, zum Verbrecher – zum Brillantenschmuggler ... Die Polizei wurde erst auf sein Treiben aufmerksam, als sie feststellte, daß Dahlken mehrmals im Monat mit Anni Sanek nach Amsterdam, zur Diamantenbörse, fuhr. Er mußte dort Mittelsmänner haben, die ihm hochkarätige Steine besorgten. Vielleicht war auch Erpressung mit im Spiel, wobei die reizvolle Anni mit ihren

Liebeskünsten den geeigneten Lockvogel abgab. Jedenfalls war das Ganze ein erfreulich lukratives Geschäft, denn die beiden hatten plötzlich viel Geld, sogar sehr viel Geld.

Das Merkwürdige aber war, daß man bei Dahlken und seiner Freundin, obwohl sie an der Grenze oft kontrolliert wurden, niemals Brillanten fand.

Als man dieses Rätsel schließlich gelöst hatte, war es leider viel zu spät. Denn zu diesem Zeitpunkt war Alexander von Dahlken einfach nicht mehr da. Sein Körper, seine Existenz hatten sich wie Nebelschwaden in nichts aufgelöst. Er war von einer Reise nach Amsterdam nicht mehr zurückgekehrt. Vielleicht war er auch gar nicht in der holländischen Hauptstadt angekommen.

Am Abend zuvor hatten der Rittmeister, die schöne Anni und Michai, ein pockennarbiger Kalmück, der Kammerdiener von Dahlkens, am Bahnhof Zoo den Schlafwagenzug nach Holland bestiegen.

Als Putzfrauen am nächsten Tag im Amsterdamer Bahnhof den abgestellten Zug betraten und das vom Rittmeister benutzte leere Abteil aufräumen wollten, bot sich ihnen ein erschreckender Anblick. Das Bettzeug war zerrissen und blutig. Ein kleines Fläschchen, in dem sich Äther befunden haben mußte, lag am Boden. Und unter dem Kopfkissen lag ein Glasauge, das die Reinemachefrauen höhnisch anzustarren schien ... das Glasauge des Rittmeisters Alexander von Dahlken. Das Auge, in dessen gläserner Rundung er monatelang die hochkarätigen Brillanten über die Grenze geschmuggelt hatte ...

Für die Polizei erhob sich die Frage: War der Rittmeister ermordet worden? Und wenn das zutraf – von wem wurde er getötet? Von Anni? Oder von dem Kalmücken Michai?

Man suchte die ganze Bahnstrecke ab. Vergeblich. Die Leiche Alexander von Dahlkens wurde nirgends gefunden.

Hatte man sie vielleicht etwa nachts bei der Überfahrt über die Maas-Brücke aus dem Abteilfenster in den strömenden Fluß geworfen? Oder war der Rittmeister gar nicht tot – sondern hatte er nur eine Komödie aufgeführt, um dem drohenden Zugriff der Polizei zu entgehen?

Anni Sanek alias Baronin Wassenberg meldete sich jedenfalls zwei Tage später beim deutschen Konsul in Ostende und bat um Rückreisegeld nach Berlin. Sie hatte im Spielsalon nach anfänglichem hohem

Gewinn in einer Nacht ihr ganzes augenblickliches Vermögen verspielt.

Der Kriminaloberwachtmeister Albert Dettmann verhaftete die schöne Frau nach ihrer Rückkehr von Ostende in Berlin. Er fand sie nicht in der Wohnung des gesuchten und vermißten Rittmeisters Alexander von Dahlken, sondern in einem bescheiden möblierten Zimmer in der Linienstraße, das sie sich als Schlupfwinkel gemietet hatte. Da es früher Morgen war, befand sich Anni Sanek noch im Bett. Sie hatte die Decke über ihr Gesicht gezogen. Ihr rotes Haar lag wie ein Wasserfall auf dem Kissen ausgebreitet.

Dettmann zog vorsichtig die Decke von ihrem Kopf. Die großen, grünen Augen Annis sahen ihn darunter lächelnd an, ihre weißen Zähne blitzten. «Vorsicht, Vorsicht ...», gurrte sie. «Verbrennen Sie sich nicht die Finger. Ich bin ziemlich hübsch, sagt man ...»

Als Anni Sanek in der «Roten Villa», dem Polizeipräsidium am Alex, vernommen wurde, konnten die Beamten ihr dann aber doch nichts beweisen. Sie behauptete, daß sich von Dahlken in Amsterdam sehr aufgeregt betragen habe und am Morgen nach der Ankunft mitsamt dem Kalmücken Michai spurlos verschwunden sei.

Der Kalmück Michai wurde einige Tage später von der Pariser Polizei aufgespürt. Allerdings war er für die Behörden von keinem großen Nutzen mehr. Er war still wie ein Fisch – und zwar aus einem sehr einleuchtenden Grund. Er trieb nämlich ertrunken in der Seine. Seine Pulsadern waren aufgeschnitten.

War es Selbstmord – oder Mord? Hatte etwa der totgeglaubte Rittmeister von Dahlken seinen Burschen als Mitwisser beseitigt? Oder war der Kalmück einem ganz anderen Verbrecher in die Hände gefallen? Der Fall wurde nie geklärt.

Jedenfalls brachen alle Beschuldigungen gegen Anni Sanek in sich zusammen, um so mehr, als nach einigen Tagen eine an sie gerichtete Postkarte in Berlin auftauchte. Die Karte war in Biarritz aufgegeben. Sie trug nur vier Worte, ohne Unterschrift: «ICH HOFFE, DICH WIEDERZUSEHEN.» Die Schriftsachverständigen des Polizeipräsidiums waren der Ansicht, daß dieser Gruß nur von der Hand des angeblich ermordeten Rittmeisters stammen konnte. Anni wurde sofort auf freien Fuß gesetzt.

Soweit die Geschichte Dettmanns, die er an jenem Mai-Abend des Jahres 1926 im Weinhaus Peltzer erzählte. Sie beeindruckte mich so sehr, daß ich nach unserem allgemeinen Aufbruch aus dem Lokal noch einmal in mein Büro am Potsdamer Platz ging, um die Akten Anni Saneks, der falschen Fürstin, durchzusehen.

Ich erfuhr aus den Akten, daß Anni Sanek mit neunzehn Jahren Modistin bei der Berliner Firma «Mode-Nowers» war. In dieser Zeit verliebte sie sich unsterblich in den königlich-preußischen Assessor Hans von Lobenfeld, von dem sie schließlich ein Kind bekam.

Der Assessor hatte seine schöne Freundin Bekannten gegenüber immer als ein «Fräulein von Sanek» vorgestellt. Träger klangvoller Namen küßten der «Standesgenossin» ergeben die Hand. Die Putzmacherin zog hieraus die Lehre: Alle Männer sind dumm.

Eine weitere Beobachtung des schönen Mädchens war die, daß ihr Freund und seine Bekannten bei den Oberkellnern der eleganten Restaurants fast unbeschränkten Kredit hatten. Bei ihrer Firma hätte sich die Putzmacherin kaum fünfzig Pfennige Vorschuß erbetteln können. Anni Sanek folgerte daraus: Adel allein zieht.

Die dritte Lehre jedoch war die bitterste für die kleine Putzmacherin. Denn als sie eines Tages ihrem Freunde von Lobenfeld ihr süßes Geheimnis gestand, hatte dieser nichts Eiligeres zu tun, als sie schleunigst mit einigen Kollegen aus seinem Amt bekannt zu machen. Mit dem Erfolg, daß er schließlich keine Alimente zu zahlen brauchte … Anni war jetzt fest entschlossen zu glauben: Alle Menschen sind schlecht.

Vater Sanek warf die mißratene Tochter mit ihrem wenige Wochen alten Kind auf die Straße. Am Abend des gleichen Tages lernte die junge Anni jedoch in einem Bierlokal den zwanzig Jahre älteren Bauunternehmer Wilhelm Gannaz kennen. Er nahm das Mädchen mitsamt dem Baby in seiner Villa in Hohenschönhausen auf.

Gannaz, ein Morphinist, war bis über beide Ohren verschuldet. Der Gerichtsvollzieher ging bei ihm ein und aus. Unter dem Einfluß von Rauschgift tat Anni nun für ihren Freund alles, was er von ihr verlangte. Sie fälschte Briefe, die ihr, der «Frau von Sanek», ein großes Erbteil bestätigten. Der Lohn waren 15 000 Mark Kredit bei einer Berliner Bank und, nach Aufdeckung des Schwindels, zwei Jahre Gefängnis …

Als sie entlassen wird, ist sie dreiundzwanzig Jahre alt. Sie kehrt sofort wieder zu Gannaz und seinem Morphium zurück. Wenige Tage später taucht sie, elegant gekleidet, als Fürstinwitwe Dawidoff in den Vorzimmern der angesehensten Bankiers Berlins auf. Überall erzählt sie dieselbe Geschichte: Ihr Mann, der Fürst Dawidoff, sei vor einem Jahr durch einen Autounfall umgekommen. Die Familie des Verstorbenen erkenne die in London geschlossene Liebesehe zwischen dem alten Grandseigneur und dem blutjungen Mädchen nicht an. Immerhin jedoch sei der Fürst der Vater ihres Kindes und habe ihr in seinem Testament eine Million Rubel vermacht, runde 2 Millionen in deutscher Währung. Sie, die Fürstinwitwe, brauche dringend 10 000 Mark für ihren Anwalt, der ihre Ansprüche in St. Petersburg durchsetzen solle … Anni Sanek, die mit einer unerhörten Sicherheit auftritt, bekommt die 10 000 Mark von drei verschiedenen Banken. Im Dezember 1912 wird sie wegen dieser Betrügereien zu zweieinhalb Jahren Gefängnis verurteilt.

Als man sie 1915 aus dem Frauen-Gefängnis Barnimstraße 10 entläßt, ist der Bauunternehmer Gannaz tot, ihr Kind an Schwindsucht gestorben. So mietet sie sich als Baronin Furgold in einer vornehmen Berliner Pension ein.

Fieberhaft beginnt sie zu telefonieren, macht bei allen wichtigen Leuten Besuche. Ihre Gesprächspartner sind Bankdirektoren, Großkaufleute, Industrielle. Überall sichert sie sich Hilfe, Unterstützung, scheffelt Geld. In der Tiergartenstraße bezieht sie eine Luxuswohnung mit vierzehn Zimmern, schafft sich eine Kutsche mit vier Schimmeln an, hat ein Luxusauto in der Remise ihrer Villa im Geheimratsviertel stehen. Gegen Ende des ersten Weltkriegs diktiert ihr das Gericht sechs Jahre Zuchthaus zu wegen Betruges und schwerer Verstöße gegen die Vorschriften der Kriegswirtschaft.

Die November-Revolution 1918 befreit sie aus der Strafanstalt Sagan. Anni Sanek reist jetzt in ganz Deutschland herum, ernennt sich selbst zur Witwe des Generaldirektors Timming vom Norddeutschen Lloyd, falls sie nicht als Fürstin Dawidoff oder als Gräfin Helene von Meerscheidt-Hüllessen auftritt. Bei den Industriekapitänen und Hüttenbaronen des Rhein-Ruhr-Gebietes ergaunert sie sich ungeheure Summen. Bis sie dann nach Berlin zurückkehrt und von der Kriminalpolizei verhaftet wird … Ein ostpreußischer Agrarier war es, der sie überführte. Anni Sanek wollte nämlich dessen Rittergut «kaufen». Während der Vertragschließung vor einem Notar war jedoch der Gutsbesitzer, der Verdacht schöpfte, aufgestanden, hatte den Raum verlassen und die Polizei benachrichtigt …

Ich hob den Kopf von den Akten. Die Nacht war schon fast vorbei. Über den Potsdamer Platz rumpelten die Bolle-Milchwagen.

Den Unterlagen nach sah es sehr böse für Anni Sanek aus. Bei diesem Vorstrafen-Register hatte es wenig Zweck, an die Milde des Gerichts zu appellieren.

Ein winziger Umstand jedoch irritierte mich, als ich das Aktenstudium beendet hatte. In dem bereits schriftlich fixierten notariellen Vertrag, den Anni Sanek mit dem ostpreußischen Rittergutsbesitzer schließen wollte, gab es nämlich eine Vorbehaltsklausel. Die falsche Gräfin wäre nach dieser Klausel erst Eigentümerin des Gutes geworden, wenn sie die volle Kaufsumme auf den Tisch gelegt hätte. Anni Sanek besaß dieses Geld aber gar nicht. Also war die Urkunde nichtig. Also war niemand geschädigt … Wie paßte dieser Umstand jedoch zu dem bislang bewiesenen Raffinement der Hochstaplerin? Je mehr ich darüber nachdachte, desto seltsamer kam mir die Geschichte vor. So fuhr ich am nächsten Tag zum Frauen-Gefängnis in der Barnimstraße.

Als ich das Gefängnis erreichte, befand ich mich in einer gespannten Stimmung, obwohl ich nicht ahnen konnte, was mich dort erwartete.

Die Wärterin brachte die rothaarige Gefangene in den Sprechraum.

«Guten Tag, Herr Doktor Frey …», sagte Anni Sanek. Ihre Stimme war schleppend, als bereitete ihr jedes Wort große Mühe.

Ich blickte die Gefangene an und erschrak. Ihr vordem so ebenmäßiges Gesicht schien um Jahre gealtert. Auf einmal sah sie gemein, gewöhnlich und frech aus. Kleine Linien kreuzten die Ecken ihres Mundes. Andere Linien zogen um ihre Augen dichte Netze, um jene langwimprigen, grünen Augen, deren Blick jahrelang Millionäre, Industriekapitäne und Bankiers so betört hatte, daß sie jegliche Vorsicht vergaßen …

«Frau Sanek, ich habe Ihre Akten durchgesehen. Ich will Ihnen reinen Wein einschenken: es steht nicht gut um Sie. Es ist Ihr zehntes Auftreten vor Gericht. Ihre letzte Strafe betrug sechs Jahre, sechs Jahre Zuchthaus ...»

Auf dem Gesicht der Gefangenen erschien plötzlich ein seltsam schwebendes Lächeln. Nachlässig bewegte sie die wohlgerundeten Schultern in ihrem teuren Seidenkleid.

«Sie irren sich», erwiderte sie mit leiser, träger Stimme. «Ich bin nicht Anni Sanek ... Eine dumme Verwechslung, weiter nichts. Ich bin die Fürstin Dawidoff ... Wenn mein Mann noch leben würde –»

«Einen Augenblick», erwiderte ich scharf. «So kommen wir nicht weiter. Ich kann Sie nicht verteidigen, wenn Sie mir in den Rücken fallen. Ich kann nicht vor Gericht für Sie eintreten, wenn Sie mir mit dummen Lügen unnötigerweise die Richter und Schöffen verärgern!»

Ich hielt einen Augenblick inne. Die Gefangene starrte mich mit kaum unterdrücktem Haß an. Unbeirrt fuhr ich jedoch fort: «Sie haben sich jahrelang unter falschen Vorspiegelungen von törichten, verliebten Männern Hunderttausende von Mark beschafft. Glauben Sie im Ernst, daß das Gericht Ihnen auch nur einen Funken Verständnis entgegenbringen wird, wenn Sie diese Komödie weiter fortführen? Wenn Sie nicht die geringste Reue zeigen?»

Ihr Kopf fuhr hoch, und ihre Augen glitzerten böse. «Wer gibt Ihnen das Recht -»

«Sind Sie Anni Sanek, ja oder nein?»

Ein abgrundtiefer Blick traf mich aus ihren grünen Augen. Das Gesicht der Gefangenen war plötzlich weiß und müde. Sie bewegte unhörbar die Lippen. Dann flüsterte sie: «Es ist alles nicht meine Schuld ... Ich kann nichts dafür. Die Männer liefen mir nach. Ich habe nichts weiter getan, als ... als das Leben zu sehr zu lieben ...»

«Seien Sie vernünftig», sagte ich. «Hören Sie auf mich. Ich bin Ihr Verteidiger, ich will, daß Sie nicht zu hart bestraft werden.»

Die Gefangene warf ihren Kopf von einer Seite auf die andere. Helle Panik stand auf einmal in ihrem Gesicht. Dann kicherte sie: «Sie sind sehr schlau, Herr Doktor Frey ...» Ihre Züge verzerrten sich. «Und wissen Sie, warum? Weil ich gar nicht bestraft werden kann ... Ich bin nämlich nicht normal. Ich bin nicht ganz richtig im Kopf. Ich bin verrückt ...»

Sie zischte die Worte nur so heraus. Ihre Augen waren leer wie ein tiefer Brunnen, in dem sich seit Jahrzehnten kein Wasser mehr befand. In ihren Mundwinkeln stand etwas Schaum.

War die Gefangene wirklich verrückt? Oder war alles nur eine wohlberechnete Komödie? «Hören Sie auf mit dem Theater …», sagte ich.

Sie lachte. Ein albernes, gurgelndes Lachen, das einem durch Mark und Bein ging.

«Hören Sie –», sagte ich in freundlichem Ton.

«Weg!» schrillte sie. «Gehen Sie weg, Sie gottverdammter idiotischer Kerl … Ich wußte sofort, daß Sie mir Unheil bringen! Aber man beschimpft ungestraft keine Dame!» Schweratmend stand die Gefangene vor mir. Plötzlich stieß sie einen langgezogenen irren Schrei aus, der von den Wänden der Sprechzelle widerhallte. Dann hielt sie inne, kam einen Schritt auf mich zu und spie mir ordinäre Schimpfworte ins Gesicht. Die Worte wurden schließlich zu unverständlichem Gestammel, ihre Sprache haspelte schneller und schneller, und dann knickte die Frau in den Knien ein und wäre auf ihr Gesicht gefallen, wenn ich sie nicht aufgefangen hätte.

Die Wärterin stürzte in die Zelle und nahm mir die Gefangene aus dem Arm.

«Morphium …», sagte sie. «Ich glaube, es ist Morphium. So ist es immer mit Rauschgiftsüchtigen, wenn sie ohne ihr Narkotikum auskommen müssen.»

Zusammen mit zwei anderen Schließerinnen trug die Wärterin die bewußtlose Anni Sanek hinaus.

Noch im Frauengefängnis rief ich meinen Freund, den berühmten Psychiater Professor Dr. Kurt Strauch, an. Ich erwischte ihn in der Berliner Universität, wo er einen Lehrstuhl für gerichtliche Medizin innehatte. Ich schilderte ihm den Vorfall, und er versprach, Anni Sanek sorgfältig auf ihren Geisteszustand hin zu untersuchen.

Vielleicht war die Angeklagte wirklich verrückt, dachte ich. Aber auf der anderen Seite hatte sie bei ihren Betrügereien eine geradezu ungeheure Intelligenz bewiesen – bis auf den letzten Fall, die Sache mit dem ostpreußischen Rittergut …

Je länger ich über die ganze Geschichte nachdachte, desto weniger wurde ich aus ihr schlau.

*

Der Prozeß gegen Anni Sanek alias Fürstin Dawidoff fand am 1. Juni 1926 vor dem Schöffengericht Berlin-Mitte statt. Die Zuhörerbänke waren überfüllt.

Als die Angeklagte in den Saal geführt wurde, schien sie mir noch mehr zu ihrem Nachteil verändert. Ihr Gesicht war bleich und gedunsen, ihr rotes Haar hing ihr wirr in die Augen, und ihr Blick flackerte. Nur das elegante Seidenkleid erinnerte an die attraktive Frau von einst.

Den Vorsitz führte Amtsgerichtsrat Keßner, ein behäbiger, aber ungewöhnlich gescheiter Mann, dem kein Angeklagter so leicht etwas vormachen konnte.

«Nun – Frau Anni Sanek», begann er mit einem Lächeln, «aus den Akten ersehe ich, daß Sie gelernte Putzmacherin sind. Keine Fürstin, nicht einmal eine Gräfin, wie Sie immer behauptet haben ...»

«So? Da wissen Sie ja besser Bescheid als ich ... Warum habt ihr Kerle eigentlich nicht geflaggt, wenn ich zum zehnten Male vor Gericht erscheine?»

Ich versuchte, die Angeklagte zu beruhigen. Ich kannte Amtsgerichtsrat Keßner. Ich wußte, daß der Lärm, den die Sanek vollführte, keinen großen Eindruck auf diesen Mann machen würde. Aber es gelang mir nicht, sie zur Ruhe zu bringen.

Geduckt wie ein Raubtier, laut vor sich hin schimpfend, ging sie hinter der Barriere der Anklagebank auf und ab. Während die Vorstrafen der Hochstaplerin verlesen wurden, zeigte sie dem Vorsitzenden die Zunge. Und als von ihrem sagenhaften Auslandsvermögen die Rede war, mit dem sie immer wieder Gutgläubige hineingelegt hatte, herrschte sie den Staatsanwalt an: «Grienen Sie doch nicht so ...»

«Der Staatsanwalt lacht ja gar nicht», versuchte der Vorsitzende einzulenken. «Das sieht nur so aus.»

«Ach was», erwiderte die Angeklagte, «der grient wie eine Flunder.»

Nochmals nach ihrem Namen befragt, erklärte Anni Sanek, sie wäre wirklich die Gräfin Meerscheidt-Hüllessen.

«Und Sie wollten tatsächlich das Rittergut kaufen?»

«Natürlich … Ich wollte es auch bezahlen. Ich bin nur im Augenblick nicht flüssig – das kann doch jedem passieren …» Ich blickte sie erstaunt an. Sie schien jetzt ganz vernünftig, geradezu normal zu sein.

Plötzlich aber gebärdete sie sich wieder wie eine Rasende. Es war ihr wohl zu Bewußtsein gekommen, daß es nicht gut für sie sein konnte, für allzu normal gehalten zu werden. Wieder begann sie zu fluchen, zu schimpfen und zu toben. Sie brüllte so laut, daß sich kaum jemand verständlich machen konnte.

«Seien Sie doch endlich still, Angeklagte», schrie der Vorsitzende. «Ich werde Sie sonst abführen lassen. Sie sind gar nicht verrückt, wie Sie sich stellen.»

«Bitte sehr – du alter Ganove!» schrillte die Sanek zurück.

Kaum war die Angeklagte von einem Justizwachtmeister hinausgeführt worden, als im Flur auch schon das Klirren von Glas ertönte. Anni hatte sich von dem Beamten losgerissen und mit der Faust eine der riesigen Glasscheiben der Flurfenster zertrümmert. Erst nach längerer Unterbrechung konnte die Sitzung fortgesetzt werden.

Aber Deutschlands tollste Hochstaplerin war weiter in Fahrt. Anni fluchte, keifte, raste. Anni beleidigte die Belastungszeugen. Sie bedrohte überhaupt jeden, der etwas über sie aussagte. Anni bekam Schreikrämpfe. Dann wieder wurde sie still, bescheiden, schluchzte nur leise vor sich hin wie ein Kind …

Am Nachmittag wurde endlich der psychiatrische Sachverständige, Professor Dr. Strauch, gehört. Er sagte:

«Die Angeklagte leidet an Hysterie, an Morphiumsucht, an pathologischer Lügenhaftigkeit. Sie hält sich für klüger als alle anderen Menschen. Sie glaubt wirklich, oder glaubte es wenigstens in gewissen Augenblicken, daß sie die Gräfin Meerscheidt-Hüllessen sei und das Rittergut auch leicht bezahlen könne, das sie erwerben wollte. Ist das Betrug? Ich frage mich – ist es Betrug, wenn ein Betrüger an die Wahrheit dessen glaubt, was er in betrügerischer Absicht vorbringt? Nein … Ein Betrüger, der an die Wahrheit seiner Behauptungen glaubt, ist kein Betrüger. Denn die Wirklichkeit, die er uns vorspielt, hat er auch sich selbst vorgespielt. Es handelt sich also bei der Angeklagten um eine Frau, die für ihre Taten nicht verantwortlich gemacht werden kann. Der § 51 ist ihr in vollem Umfang zuzubilligen.»

Der Vorsitzende, die Schöffen und sogar der Staatsanwalt zeigten sich beeindruckt. Ich selbst hatte nicht mit einer so günstigen Aussage des Sachverständigen gerechnet. Ich hatte allenfalls gehofft, auf verminderte Zurechnungsfähigkeit plädieren zu dürfen.

In meinem Plädoyer versuchte ich, die Taten Anni Saneks als Ergebnisse der turbulenten Nachkriegszeit, der Inflation zu erklären. Ich sagte: «Ist denn der Gutsbesitzer überhaupt geschädigt worden? Die Angeklagte hätte ja den Kauf seines Gutes ohne Bezahlung nie durchführen können. Die Verkaufsurkunde ist also praktisch bedeutungslos. Da niemand betrogen worden ist, kann die Angeklagte also auch nicht verurteilt werden ...»

Amtsgerichtsrat Keßner zog sich mit den Schöffen zur Urteilsberatung zurück.

Bereits zwanzig Minuten später verkündete er das Urteil. Freispruch für Anni Sanek ... Die Kosten wurden der Staatskasse auferlegt.

Ich hatte die rothaarige Anni, Deutschlands gerissenste Hochstaplerin, damit zum letztenmal gesehen. Fünfzehn Jahre später soll sie, die unter dem Namen «Gräfin Meerscheidt- Hüllessen» wieder neue Betrügereien begangen hatte, in einem KZ grausam umgekommen sein.

Helga von M.

In mein Büro trat eine schlanke, große, schwarzgekleidete Dame. Ich sah auf ihre Visitenkarte: Gräfin Hermannsburg ... Sonst nichts, keine Adresse. Nur eine Grafenkrone. Ich bot ihr einen Sessel an, der mir gegenüber vor dem Schreibtisch stand, da sagte sie schon:

«Herr Doktor Frey – Sie müssen mir helfen! Etwas Schreckliches ist passiert ... Meine Nichte ist verhaftet worden.»

«Ihre Nichte?»

«Die Komtesse Helga von M. ...»

Ich schwieg. Ich hatte an jenem 27. Mai 1929 auch nicht die geringste Ahnung, wer Helga von M. war.

«Ich wollte zuerst unseren Familienanwalt beauftragen, Justizrat von Finkenstein ...», fuhr meine Besucherin fort. «Aber es ist lange her, daß er sich mit Strafsachen beschäftigt hat. Wir haben selten ...»

Ich nickte und putzte nachdenklich mein Monokel.

«Vielleicht sagen Sie mir zunächst, worum es sich überhaupt handelt.»

Die Gräfin streifte ihren Schleier zurück. Sie war sehr schön. Ich schätzte sie so um die Vierzig herum – aber sie besaß eines jener Gesichter, die auch dann schön bleiben, wenn sie alt werden. Sie war sehr bleich. Den großen dunklen Augen sah man an, daß sie geweint hatte.

Ich schob der Gräfin mein Zigaretten-Etui zu und bot ihr eine meiner russischen Papyrossi an. Aber sie lehnte ab.

«Man hat also Ihre Nichte verhaftet?» fragte ich.

«Ja. Heute morgen, vor einigen Stunden. Es ist natürlich ein Irrtum!»

Als Anwalt kannte ich diese Behauptung vieler Klienten nur zu gut. Ich sagte deshalb ein wenig skeptisch: «Hoffen wir es.»

«Ich hätte den Diebstahl nie anzeigen sollen!»

«Ein Diebstahl?»

«Ja. Man hat mich beraubt. Mein Schmuck ist verschwunden … Auf Anraten Justizrats von Finkenstein benachrichtigte ich die Polizei – ohne zu ahnen, daß man ausgerechnet meine Nichte verdächtigen würde! Jetzt möchte ich meine Anzeige rückgängig machen.»

«Laut Paragraph 247 des Strafgesetzbuches kann ein Diebstahl oder eine Unterschlagung – gegen Angehörige begangen – nur auf Antrag verfolgt werden.»

«Und wenn ich diesen Antrag nicht stelle?»

«Als Tante der Komtesse Helga sind Sie leider keine Angehörige im Sinne des Strafgesetzbuchs. Wenn es sich um Ihre Tochter handelte oder um Ihren Mann oder um eine Schwester, wäre es etwas anderes …»

«Aber meine Nichte ist unschuldig!»

Ich zuckte mit den Schultern. «Ich kann das Gesetz nicht ändern.»

Die Gräfin Hermannsburg blickte mich enttäuscht an. Es dauerte ziemlich lange, bis ich sie dazu bekam, mir alles über den Fall zu erzählen.

Aber dann hörte ich ihr gespannt zu, eine Zigarette zwischen den Fingern, die ich lange Zeit anzuzünden vergaß.

Dies war die erregende Geschichte meiner Besucherin, der Gräfin Antoinette Hermannsburg … Es war die Geschichte eines geheimnisvollen Diebstahls und einer großen Liebe:

Am 22. Dezember 1928 klingelte Kriminalkommissar Beyer vom Einbruch-Dezernat des Berliner Polizeipräsidiums an der Tür der Gräflich Hermannsburgschen Villa in Lichterfelde-West, Kadettenweg 4.

Kommissar Beyer – ein energischer Mann mit eisengrauem Haar, kurzem Schnurrbart und kühlen grauen Augen – mußte mehrere Minuten warten, ehe jemand an die Haustür kam. Inzwischen beschäftigten sich seine Gedanken mit den Einwohnern der Villa.

Da war zuerst einmal die Gräfin Antoinette Hermannsburg, Enkelin des berühmten Zirkusdirektors Ernst Renz. Ein König der Artistenwelt, der wie ein Fürst lebte und die schönsten Pferde der Welt besaß, der jährlich mehr als hunderttausend Mark an Gagen den bekanntesten Akrobaten, Clowns, Trapezkünstlern und Zauberern zahlte, um schließlich als sechzehnfacher Millionär zu sterben. Antoinette Renz heiratete im Jahr 1904 einen Prinzen zu Hohenlohe. Aus Liebe zu der Zirkus-Prinzessin nahm der Prinz die Verachtung seiner Standesgenossen in Kauf, verzichtete auf seinen hohen Adel und begnügte sich mit dem bescheidenen Titel «Graf von Hermannsburg». Er starb nach fast fünfundzwanzigjähriger glücklicher Ehe.

Die zweite Bewohnerin jener stillen Villa in dem Lichterfelder Kadettenweg 4 war die Schwester der Gräfin Hermannsburg. Als ehemalige Kunstreiterin hatte diese mit jungen Jahren den Grafen Giuseppe M. geheiratet. Graf M. war ein Italiener aus Trapani in Sizilien, ein weltgewandter Mann, der sich jedoch fast immer auf Reisen befand und Dutzende von Liebschaften hatte. Überdies verstand er es, die nicht geringe Mitgift seiner Frau mit geradezu sagenhafter Schnelligkeit durchzubringen …

Im Jahr 1922 ging die Ehe in die Brüche. Gräfin M. zog zu ihrer Schwester, der verwitweten Gräfin Hermannsburg nach Berlin-Lichterfelde. In ihrer Begleitung befand sich ihre Tochter, die bildhübsche Komtesse Helga.

Neben diesen drei Damen wohnte noch eine Anzahl von Bediensteten in der Hermannsburgschen Villa, darunter die hübsche Zofe Lisa und der siebzigjährige weißhaarige Diener Abraham.

Als Kriminalkommissar Beyer an diesem Punkt seiner Aufzählung der Einwohner des Hauses Kadettenweg 4 angelangt war und gerade zum zweitenmal am Eingang klingeln wollte, wurde die Haustür einen winzigen Spalt geöffnet. Eine brüchige Greisenstimme fragte: «Was wünschen Sie?»

«Kriminalpolizei … Die Gräfin Hermannsburg hat mich angerufen. Sie erwartet mich.»

Die Tür ging jetzt ganz auf. «Treten Sie näher», sagte der Diener Abraham in seiner gestreiften Weste und betrachtete mißtrauisch den Kriminalkommissar. Dann drehte er sich auf dem Absatz herum und schlurfte einen halbdunklen, breiten Korridor entlang: «Hier bitte.»

Im Salon, durch dessen bunte Glasfenster trübes Winterlicht fiel, wurde Kriminalkommissar Beyer von der Gräfin erwartet. Sie musterte ihn prüfend und sagte: «Es ist schrecklich … Wir haben noch nie Polizei im Hause gehabt.»

«Sie sagten am Apparat, Ihr Schmuck wäre Ihnen gestohlen worden, Frau Gräfin?»

«Ja. Es ist eine völlig rätselhafte Geschichte …»

«Wo hatten Sie ihn aufbewahrt?»

«In einer Kassette. Ich hielt sie in einem Schrank hinter Kleidungsstücken versteckt. Der Dieb kann die Kassette nur öffnen, wenn er die Zahlen-Kombination des Schlosses kennt.»

«Und wer kannte diese Kombination?»

Die Gräfin vermochte das nicht ohne weiteres zu sagen. Aber schließlich stellte sich heraus, daß die Kombination dieser Schmuckkassette nicht gerade ein Geheimnis gewesen war. Jeder im Hause kannte die Zahlen des Schlosses. Die Schwester der Gräfin, die Nichte, das ganze Personal …

«Wie hoch schätzen Sie den Wert Ihres gestohlenen Schmuckes?»

«Er ist auf rund 80 000 Mark taxiert.»

«Hm – eine hübsche Summe … Versichert?»

«Nein.»

«Würden Sie mir eine genaue Beschreibung der Schmuckstücke morgen ins Büro nachreichen?»

«Wenn Sie es wünschen …»

«Und können Sie mir zum Schluß den Schrank zeigen, in dem Sie die Schmuckkassette aufbewahrten?»

Die Gräfin öffnete eine doppelte Glastür zum Nebenraum. Kommissar Beyer beugte sich über das Schloß der Tür. Es war unbeschädigt, ohne jeden Kratzer. Auch der Holzrahmen war unversehrt. Die gleiche Feststellung bei der Tür des Kleiderschrankes. Ein Einbruch schien undenkbar … «Haben Sie irgendwelchen Verdacht, Frau Gräfin?»

«Meine Schwester, die Gräfin von M., berichtete mir vor einigen Tagen, daß sie unserer Zofe Lisa auf dem Kurfürstendamm begegnet ist. Das Mädchen hatte meine Schwester nicht erkannt. Es trug einen wertvollen Sealmantel, Krokodillederschuhe, eine dazu passende Tasche, echten Schmuck … Wir haben hier in Lisas Schrank nachgeschaut, aber alle diese Gegenstände nicht gefunden …»

«Seltsam … Aber vielleicht hat Ihre Schwester sich geirrt?»

«Gewiß – das wäre möglich. Soweit man mich nicht vom Gegenteil überzeugt, möchte ich jedenfalls für mein Personal die Hände ins Feuer legen.»

In diesem Augenblick öffnete sich die Glastür, und ein junges Mädchen trat ins Zimmer. Es war von schlanker, zierlicher Gestalt mit flinken, bestimmten Bewegungen und einem kleinen, hellen Lächeln im Gesicht. Sein brünettes Haar war kurz geschnitten, die wunderschönen Augen blickten erstaunt. Komtesse Helga von M., zweiundzwanzig Jahre alt, ein Typ, bei dem die Männer meist Liebe auf den ersten Blick verspüren, dachte Beyer. – Er verneigte sich.

«Du hast Besuch?» fragte das junge Mädchen die Gräfin. Frau von Hermannsburg lächelte gequält: «Die Polizei … Du weißt ja – es ist wegen der Schmuckkassette …»

«Vielleicht können Sie, gnädiges Fräulein, mir irgendwelche Aufschlüsse geben?»

«Ich? Ich weiß nicht das geringste von der ganzen Sache … Außerdem muß ich jetzt gehen. Ich habe eine Verabredung.»

«So?» fragte die Gräfin Hermannsburg plötzlich mit scharfer Stimme.

Die Komtesse strich sich das Haar mit einer anmutigen Bewegung aus der Stirn. Es war eine Geste der Verlegenheit, aber auf ihren Lippen lag ein ziemlich abwesendes Lächeln, als dächte sie an etwas weit Entferntes.

«Ja …», antwortete sie leise, «ja … Und niemand kann es mir verbieten. Ich bin über einundzwanzig.»

«Du bleibst», sagte die Gräfin. «Unter allen Umständen.»

«Nein ...», erwiderte die Komtesse. «Nein und nochmals nein.» Sie wandte den Kopf und blitzte den Kommissar mit ihren dunklen Augen an. «Schade, daß wir keine Zeit haben, uns näher kennenzulernen. Sie haben einen interessanten Beruf. Wirklich sehr interessant. Aber ich muß jetzt gehen.»

Schlank, dunkel und reizvoll stand sie noch einen Augenblick da. Ein seltsames Fluidum ging von ihr aus. Und dann war sie weg ...

Kriminalkommissar Beyer sah ihr nach. Anschließend blickte er auf die Gräfin. In ihr Gesicht war plötzlich eine seltsame Starrheit gekommen. Er sagte: «Ich muß mich jetzt auch verabschieden, Gräfin ... Sie hören in den nächsten Tagen von mir.»

Gräfin Antoinette Hermannsburg nickte kurz, ohne sich von der Stelle zu rühren. Noch immer lag der merkwürdige Ausdruck auf ihrem Gesicht.

*

Kriminalkommissar Beyer richtete zunächst sein Hauptaugenmerk auf die Dienerschaft des Hauses Kadettenweg 4 in Lichterfelde-West. Da war zum Beispiel Lisa, die junge blonde Zofe, die sich besonders verdächtig machte ...

Die Beamten stellten fest, daß sie oft durch das Fenster ihrer Mädchenkammer die Hermannsburgsche Villa zu später Nachtstunde verließ, in einer Nebenstraße ein Taxi bestieg, das sie in schneller Fahrt zur Joachimsthaler Straße am Kurfürstendamm brachte. Hier verschwand die Zofe in einem Haus, zu dem sie einen Schlüssel besaß. Oft blieb die Zofe dort bis zum frühen Morgen. Manchmal jedoch verließ sie das Haus in Begleitung eines dicken, dunkelhaarigen Herrn. Die Zofe trug dann nicht den leichten, etwas schäbigen Mantel, mit dem sie gekommen war, sondern war nunmehr ausgesprochen elegant gekleidet.

Kommissar Beyer knöpfte sich die Kleine vor. Er paßte sie vor der Hermannsburgschen Villa ab, als sie wieder einmal von einem nächtlichen Ausflug zurückkam.

«'n Abend, Lisa», sagte er und löste sich aus dem Schatten eines Baumes. «Wo hast du denn das Geld für all die schönen Sachen her, die du heute in der Eden-Bar getragen hast?»

Lisa erschrak. Aber sie faßte sich rasch. «Fragen Sie doch meinen Freund, Herr Kommissar», sagte sie schnippisch. «Er hat mir die Sachen gekauft. Ich bin ja nicht so wie andere, die sich fünfzig Mark leihen, noch dazu bei ihrem eigenen Diener ...»

«Was ist das?» fragte der Kommissar verblüfft. Aber Lisa schien über ihre Bemerkung selbst erschrocken.

«Ich sage nichts mehr.»

«O doch», meinte der Kommissar, «und zwar sofort. Sonst erkundigen wir uns mal, woher Ihr Freund das Geld für Ihre hübschen Sachen hat ... Also, was war mit den fünfzig Mark?»

«Na, die Komtesse Helga hat sich die fünfzig Piepen von Abraham gepumpt.»

«Was? Die Komtesse? Vom Diener?»

«Sicher ... Er ging in sein Zimmer, holte vor ihren Augen seine Brieftasche mit fünfhundert Mark Inhalt aus dem Nachttisch hervor und gab ihr die verlangten fünfzig Mark ... Am nächsten Tag zählte Abraham zufällig seine Ersparnisse nach. Und jetzt fehlten wieder fünfzig Mark ... Hübsch, nicht wahr?»

«Sie meinen – die Komtesse ...?»

«Na klar! Ich habe doch gesehen, wie sie am nächsten Tag aus Abrahams Zimmer herauskam.»

«Unsinn!»

«Wenn Sie mir nicht glauben wollen, lassen Sie's bleiben, Herr Kommissar! Die Komtesse hat sich überhaupt in der letzten Zeit verändert ... Sie ist gar keine feine Dame mehr – eher alles andere. Manchmal ist sie am hellen Tage so betrunken, daß zwei Personen sie kaum ins Bett bekommen ...»

Beyer fühlte, daß er an der richtigen Quelle war. «Vergessen Sie bitte, daß Sie mit mir gesprochen haben. In Ordnung?»

«In Ordnung ...»

Und Lisa, die Zofe mit dem Kinderblick, kletterte behende in das Fenster ihrer Mädchenkammer.

Dann kam der 14. Mai 1929.

Kommissar Beyer ließ sich bei der Gräfin Hermannsburg melden. Wie immer, öffnete ihm der alte Diener Abraham. Beyer hielt den Greis sogleich im Korridor an seinem Rockzipfel fest.

«Hören Sie mal, Alter – wie ist das mit den fünfzig Mark, die Sie der Komtesse Helga geliehen haben?»

Abraham schien nicht zu verstehen. «Ich soll der Komtesse Geld geliehen haben? Machen Sie sich nicht lächerlich, Herr …»

«Und wie ist das mit den fünfzig Mark, die Ihnen dann am nächsten Tag abhanden gekommen sind?»

Der Alte sah den Kriminalisten seltsam an. «Fünfzig Mark? Am nächsten Tag?» Er schien jetzt nicht mehr verständnislos, sondern amüsiert. «Ich tauge nicht für schlechte Scherze.» Beyer gab die Befragung auf.

Die Gräfin Hermannsburg erschien und reichte dem Kriminalbeamten ihre Fingerspitzen. Sie schien erstaunt. «Ich erinnere mich nicht, Sie um Ihren Besuch gebeten zu haben.» Beyer verbeugte sich. «Ich bin nur gekommen, um Bericht zu erstatten …»

«Ach – lassen wir doch das! Ich habe den Schmuck längst abgeschrieben … Wenn nicht mein Freund, der Justizrat von Finkenstein, gewesen wäre, hätte ich die Sache niemals gemeldet …»

«Jetzt ist es zu spät für derartige Überlegungen, Gräfin.»

«Wieso? Ist der Schmuck denn nicht meine Privatsache?»

«Das Gesetz ist anderer Ansicht.»

In diesem Augenblick hörte Kriminalkommissar Beyer die aufgeregte Stimme der Gräfin von M. im Korridor.

«Ich verbiete dir, das Haus zu verlassen, Helga! Du bist schließlich noch ein Kind …!»

«Was bin ich?» fauchte die helle Stimme der Komtesse zurück. «Ein Kind …?»

«Ja – ein Kind, das überhaupt nicht weiß, was sich gehört!»

Die Komtesse lachte.

Die Gräfin Hermannsburg, sichtlich unangenehm berührt, ging an dem Kriminalkommissar vorbei zur Tür, öffnete sie und rief in den Korridor: «Ich wäre euch sehr verbunden, wenn ihr eure Privatangelegenheiten nicht gerade hier austragen würdet …»

Gräfin von M. rief zurück: «Sie hat ihren Koffer gepackt! Sie will fort …»

Dann fiel die Tür zu, und der Kommissar hörte nichts mehr. Er verabschiedete sich und wandte sich zum Ausgang.

Der alte Abraham trabte heran.

«Die Komtesse zieht aus?» fragte der Kommissar.

Der Diener schüttelte den Kopf: «Mir ist nichts bekannt ...» Beyer lächelte und verließ die Villa. Er setzte sich in sein Auto und fuhr los. Aber er schlug nur einen raschen U-Haken und hielt hinter der nächsten Ecke an der Bordschwelle.

Wenige Minuten später fuhr ein Taxi an ihm vorbei und stoppte vor der Hermannsburgschen Villa. Die Komtesse kam aus dem Haus, ein kleines Köfferchen in der Hand. Der Diener Abraham folgte mit einem größeren Koffer. Dann fuhr das Taxi los.

Der Kriminalkommissar folgte dem Wagen. In der Wilmersdorfer Straße hielt das Taxi, und die Komtesse stieg aus. Beyer folgte ihr und stellte fest, daß sie den Rechtsanwalt v. A. aufsuchte. Kaum war sie in dessen Praxis verschwunden, klingelte der Kommissar.

«Sind Sie angemeldet?» fragte ihn eine platinblonde Sekretärin an der Tür.

«Nein, aber ich kann warten ...»

Das Wartezimmer war leer. Die Komtesse mußte sich also bereits im Zimmer des Anwalts befinden. Vorsichtig näherte er sich der Tür, die nur angelehnt war.

Er hörte Helga sagen: «Ich brauche Arbeit, irgendeine Arbeit ... Sie waren meine letzte Hoffnung!»

Der Anwalt schien in Verlegenheit zu sein: «Meine liebe Komtesse – wie kann ich Ihnen ein Gehalt zahlen, das Ihren Bedürfnissen entspräche?»

«Ich werde mich einschränken!» sagte die Komtesse. In diesem Augenblick kam die Sekretärin wieder in den Warteraum. Der Kommissar sagte: «Es dauert mir doch zu lange ... Ich komme später wieder.»

Er setzte sich in sein Auto und wartete. Nach wenigen Minuten trat auch Helga von M. aus dem Haus und fuhr die Kantstraße hinunter.

Das Taxi hielt vor dem Hauptportal des luxuriösen Hotels Hessler. Der Koffer wurde ausgeladen. Helga verschwand im Eingang.

Der Kriminalkommissar folgte. Er hörte, wie sie an der Rezeption ein Zimmer mit Bad verlangte.

Wie reimte sich das alles zusammen? Die Komtesse von M. verläßt das Haus ihrer Tante ... Sie muß Geld verdienen, sie will sich einschränken – und zieht in das Hotel Hessler, eines der teuersten und exklusivsten Häuser Berlins …

Plötzlich hatte der Kriminalkommissar das sichere Gefühl, Zeuge einer Tragödie zu sein.

*

Es war der 29. Mai 1929, kurz vor Mitternacht, als in meiner Kanzlei das Telefon schrillte.

Ich hatte das Licht gelöscht und stand bereits auf dem Korridor, um abzuschließen. Ich überlegte, ob ich wieder hineingehen sollte.

Ein anstrengender Tag mit mehreren Terminen im Kriminalgericht Moabit lag hinter mir. Danach hatte ich die Abendvorstellung des amerikanischen Erfolgsstückes «Rivalen» im Theater Königgrätzer Straße besucht. Und dann war ich noch auf einen Sprung in mein Büro über dem Café Josty geeilt, weil ich unbedingt einen wichtigen Akt durchlesen wollte. Ich war also rechtschaffen müde und hatte keine Lust, mit irgendwem zu telefonieren.

Aber das Telefon klingelte immer weiter. Nichts zu machen. Ich mußte wieder hineingehen. Meine Neugier war größer als mein Schlafbedürfnis. Ich nahm den Hörer ab.

Eine kühle Stimme schlug an mein Ohr: «Hier ist das Polizeipräsidium, Inspektion B, Kriminalkommissar Beyer.»

«Was gibt es denn?»

«Sie sind doch der Anwalt der jungen Komtesse Helga von M.?»

«Stimmt.»

«Ich will Ihnen den Abend nicht verderben, Herr Doktor. Aber Ihre Mandantin hat soeben gestanden, die Juwelen ihrer Tante, der Gräfin Antoinette Hermannsburg, im Wert von rund achtzigtausend Mark gestohlen zu haben.»

Das verschlug mir die Sprache.

«Hallo …», sagte der Kommissar am anderen Ende der Leitung. «Sind Sie noch da?»

«Allerdings … Ich bin nur etwas überrascht. Haben Sie die Juwelen?»

«Nein.»

«Was für Beweise haben Sie?»

«Nur das Geständnis der hübschen Komtesse. Und einen Selbstmordversuch ...»

Ich schluckte: «Ein Selbstmordversuch? Wie war das möglich ... sozusagen unter den Augen der Polizei ...?»

Kommissar Beyer seufzte. «Herr Doktor Frey – es hat keinen Zweck, daß Sie mir auch noch Vorwürfe machen ...»

«Schon gut. Kann ich die Komtesse morgen sprechen?» «Selbstverständlich. Wann Sie wollen ... Kommen Sie vorher zu mir.»

Zwölf Stunden später klopfte ich an die Bürotür von Kriminalkommissar Beyer im Polizeipräsidium.

Beyer betrachtete mich mit kühlen, abschätzenden Blicken. «Ich habe der Komtesse von M. Bescheid gegeben, daß Sie heute kommen», sagte er.

«Was haben Sie inzwischen ermittelt?»

«Nun – die Komtesse Helga hat einwandfrei den kostbaren Schmuck ihrer Tante, der Gräfin Hermannsburg, gestohlen.»

«Haben Sie die Schmuck-Kassette gefunden?»

«Ja – heute morgen. Wir konnten einen Teil des Schmuckes beim Juwelier Julius Mitlow, Unter den Linden, beschlagnahmen. Er hatte ihn ahnungslos von einem Fremden gekauft. Der Juwelier vermochte uns jedoch die Adresse und eine genaue Beschreibung des Verkäufers zu liefern. Bei ihm in der Wohnung fanden wir die leere Kassette.»

«Und wer war dieser Mann?»

«Ein gewisser Wilms – Dietrich von Wilms. Rittmeister a. D. Lebt von seiner Pension und einer Leibrente. Zweiundvierzig Jahre alt, fast doppelt so alt wie die Komtesse von M. Und trotzdem ihr Geliebter ... Die verrückteste Leidenschaft, die mir je in meinem Beruf untergekommen ist ...»

Ich verließ den roten Bau des Polizeipräsidiums und ließ mich zum Untersuchungsgefängnis Moabit fahren.

Eine Strafanstalts-Aufseherin führte mich durch die trüben Gänge des Zellentraktes. Vor einer der schweren Eisentüren hielt sie an, stieß die schweren, stählernen Riegel zurück und ließ den Bolzen des Schlosses zurückschnappen.

Die Tür ging auf. Die Untersuchungs-Gefangene Komtesse von M. erhob sich von dem herabgeklappten Bett, auf dem sie gesessen hatte. Sie stand da, schlank, dunkel und reizvoll, mit wunderschönen großen Augen im blassen Gesicht. Um ihren zarten Hals war noch das rote Würgemal zu sehen, das von gestern zurückgeblieben war, als sie sich mit ihren zusammengedrehten Strümpfen an den Gittern ihres Zellenfensters erhängen wollte …

«Komtesse – ich bin gekommen, um Ihnen zu helfen …», begann ich. «Das kann ich aber nur, wenn Sie mir die Wahrheit sagen, die reine Wahrheit …»

Die Gefangene blickte zu Boden. «Was wollen Sie hören?» fragte sie. Ihre Stimme klang müde, gleichgültig.

«Alles …»

Ich legte sacht meine Hand auf die ihre. Draußen im Zellengang klirrten Schlüssel. Und dann begann Komtesse von M. stockend zu erzählen …

Im Sommer 1929 hatte die damals zweiundzwanzigjährige Komtesse Helga auf der Rennbahn Grünewald den Rittmeister a. D. Dietrich von Wilms kennengelernt.

Er war ein großer, schlanker Mann mit einem interessanten Gesicht und ausgezeichneten Manieren. Sie verliebte sich schon nach kurzer Zeit in ihn.

Wilms war ein leidenschaftlicher Spieler. Er kannte alle Berliner Spielklubs, die seriösen und die weniger gut beleumdeten. Und er verlor fast immer.

Mit geborgtem Geld versuchte Wilms, seine Verluste aufzuholen. Manchmal gelang es, manchmal gelang es nicht. In einem Klub im Tiergarten-Viertel verlor er in einer Nacht zehntausend Mark. Er schrieb mit zitternden Händen einen Schuldschein aus – und hoffte weiter auf das Glück …

Natürlich wußte Komtesse Helga bald über die verhängnisvolle Leidenschaft ihres Geliebten Bescheid. Aber sie besaß nicht mehr die innere Kraft, sich von ihm zu trennen. Im Gegenteil: Sie fürchtete, ihn zu verlieren. So gaukelte sie ihm vor, einmal die Erbin eines unermeßlichen Vermögens zu sein, das in die Millionen ginge. Sie stahl den Schmuck ihrer Tante, der Gräfin Hermannsburg. Sie tat es – wie sie gestand – nur, um Rittmeister Wilms von seinen dringendsten Zahlungsverpflichtungen zu befreien. Doch dieser brachte den Erlös schon in den nächsten Nächten durch …

Dabei schuldete Rittmeister a. D. Wilms dem Berliner Bankhaus Norden & Co. rund 30 000 Mark, die er innerhalb weniger Monate verspielt hatte. Der Bankier drängte schließlich energisch auf eine Abschlagszahlung.

Wieder sprang die Komtesse von M. für ihren Geliebten ein. Sie fälschte ein Schreiben des Vaters ihres Onkels, des Fürsten Johannes, Haupt der Familie zu Hohenlohe, worin dieser «bekanntgab», der Komtesse innerhalb der nächsten Wochen aus einer Haus-Stiftung hundertfünfzigtausend Mark überweisen zu wollen. Das Schreiben mit der gefälschten Unterschrift des Fürsten legte die Komtesse Helga dem Bankhaus vor. Wieder war eine kurze Zeit trügerischer Ruhe erkauft.

Aber die Liebenden fühlten, wie sich das Netz immer enger um sie zusammenzog. Dietrich von Wilms verbrachte die Nächte fast ausnahmslos nur noch in Spielklubs, während die Komtesse in seiner Zweizimmerwohnung auf ihn wartete. Der Rittmeister gewann manchmal drei, vier, fünf Nächte hintereinander. Dann kam er abgekämpft, aber stolz nach Hause und sah schon den Augenblick kommen, da er seine Schulden würde bezahlen können und ein neues Leben für ihn und Helga möglich war ... Sie würden heiraten – sie würden fortgehen, weg von Berlin, irgendwohin aufs Land, auf irgendeine Klitsche, wo er den Gutsverwalter spielen konnte.

Aber diese Pläne wurden niemals Wirklichkeit. Denn schon ein oder zwei Tage später war wieder das ganze Geld verloren, das Wilms gewonnen hatte. Dann kam er nach Hause, mit flackernden Augen im fahlen Gesicht. Dann konnte keine Rede mehr davon sein, die Schulden zu bezahlen, Berlin zu verlassen.

Immer stärker spürte die Komtesse: Sie war gestrandet, sie war verloren ... Ewig konnte das nicht so weitergehen. Irgend etwas würde geschehen, etwas Entsetzliches. Irgendwann würde sie für den Diebstahl, den Betrug zu zahlen haben.

Der Rittmeister und die Komtesse lebten in diesen Monaten sozusagen auf Abbruch. Sie lebten wie zum Tode Verurteilte. Helga begann zu trinken, um das Unvermeidliche nicht kommen zu sehen. Und der Rittmeister nahm bei Freunden immer neue Darlehen auf, spielte immer höher, um das Glück zu zwingen, das sich nicht zwingen ließ. Es war ein Karussell der Verzweiflung, das sich immer schneller, immer rasender drehte …

Die Komtesse hielt es nicht mehr bei ihrer Tante, der Gräfin Hermannsburg, in der Villa in Lichterfelde-West aus. Mit dem Geld vom Verkauf des letzten Schmuckstückes zog sie in das Hotel Hessler. Sie versuchte damals, die Stellung als Sekretärin bei jenem Rechtsanwalt zu bekommen. Tausend Mark gab sie ihrem Geliebten, damit er noch einmal sein Glück am Kartentisch versuchte. Es war die letzte Chance …

Am Morgen des nächsten Tages aber kam der Rittmeister zu ihr in das Hotel. Er hatte wieder verloren. Das letzte Geld war zum Teufel. Er weinte in den Armen der jungen Komtesse. Er küßte ihre heißen, trockenen Lippen. «Es ist zu Ende», stammelte er. «Und es war meine Schuld.»

«Nein …», sagte sie. «Es wird alles gut werden. Glaube an mich … Ich liebe dich doch. Liebe überwindet alles … alles Unglück in dieser Welt.» Und sie wußte gleichzeitig, daß dies eine Lüge war …

Am nächsten Tag schon wurde die Komtesse im Hotel Hessler verhaftet.

Und jetzt saß sie mir in der trüben Zelle gegenüber und blickte mich nach ihrer Beichte aus tränenüberströmtem Gesicht flehend an.

Ich schwieg einen Augenblick. «Komtesse», sagte ich dann leise, «Ihre Geschichte ist nicht vollständig. Ich glaube nicht, daß es Ihre Gewohnheit ist, sich fremden Schmuck anzueignen … Und selbst wenn Sie heute irgendwo Schmuck fänden, was würden Sie mit ihm machen? Sie würden ja gar nicht wissen, wie man sich Geld für Schmuck verschafft!»

«Was wollen Sie damit sagen?»

«Hatten Sie nicht einen Helfershelfer? Herrn von Wilms vielleicht …?»

Die Komtesse war aufgesprungen.

«Das ist nicht wahr! Er hat nichts gewußt! Er ist unschuldig!»

«Aber … beruhigen Sie sich doch …»

«Er hat wirklich von der ganzen Sache nichts gewußt! Er dachte, es wäre *mein* Schmuck! Ich habe ihn belogen.»

«Als Ihr Verteidiger kann ich Ihnen nicht völlig glauben. Begreifen Sie doch, daß Sie jetzt in erster Linie an sich selbst denken müssen …»

Ich hatte den Satz noch nicht beendet, da sank die Komtesse vor mir auf die Knie und griff nach meiner Hand.

«Nein», keuchte sie. «Nein … Ich bin schuldig – ich allein … Meinem Bräutigam darf nichts passieren! Sagen Sie ihm, daß ich an ihn denke, jede Minute, jede Sekunde … Er soll auf mich warten, bis ich wieder freikomme! Ich kann nicht ohne ihn leben …»

«Herr von Wilms ist Ihr Bräutigam?»

«Ja … Wir haben uns verlobt. Ich gehöre zu ihm, wie er zu mir …»

«Schön», sagte ich und stand auf. «Ich will mit Ihrem Bräutigam sprechen. Dann werden wir weitersehen.»

Ich ging an die Zellentür und klopfte nach der Schließerin. Ich mußte einen Augenblick warten und blickte mich nach der Komtesse um. Sie hatte sich vom Fußboden erhoben. Ein neuer Ausdruck war in ihrem Gesicht, etwas Klares, Helles und Leuchtendes … Das Gesicht einer liebenden Frau – so rein wie die Unschuld selbst. Ich ging still hinaus.

Am Ende des Korridors, kurz vor der großen Gittertür, die den Zellentrakt abschloß, stand Kriminalkommissar Beyer. Er blickte mich aus übermüdeten Augen traurig an.

«Wir haben ihn gefunden», flüsterte er. «Tot … Im Grünewald, gegenüber dem alten Jagdschloß. Einwandfreier Selbstmord. Seine Parabellum-Pistole lag neben ihm.»

«Von wem sprechen Sie?»

«Von Dietrich von Wilms …» Er fischte einen zerknitterten Brief aus der Tasche seines Jacketts. «In seinem Anzug fanden wir dieses Abschiedsschreiben an die Komtesse. Ich möchte Sie bitten, ihr den Brief zu geben. Aber erst, wenn sie sich etwas besser fühlt …

Ich nickte wortlos und nahm den Brief.

Beyer seufzte und fuhr sich mit der Hand über die Stirn. «Ich glaube, ich werde alt. Manchmal finde ich nämlich meinen Beruf zum Kotzen …»

*

Komtesse von M. in ihrer Zelle ahnte nicht, daß ihr Bräutigam in den Tod gegangen war. Sie sollte es auch in den nächsten fünfzig Stunden nicht erfahren. Eine unfaßbare, gespenstische, bizarre Situation … Da saß ein Mädchen in Untersuchungshaft, und der Mann, für den sie ihre Verbrechen begangen hatte, war nicht mehr unter den Lebenden – ohne daß sie etwas davon wußte.

Wer hätte es ihr sagen sollen? Ihre Mutter, die Gräfin von M.? Sie war nicht imstande dazu. Sie war fassungslos vor Schmerz und Verzweiflung. Man konnte überhaupt kein vernünftiges Wort mehr mit ihr reden. Und ihre Tante, die Gräfin Hermannsburg, lag mit einem schweren Herzanfall zu Bett. Kommissar Beyer hingegen, in dessen Händen dieser ganze Fall lag, hatte es bereits abgelehnt, der Komtesse die furchtbare Nachricht mitzuteilen. Alle Welt wartete wohl darauf, daß ich es tun würde.

Aber ich sagte der Komtesse die Wahrheit nicht. Sie durfte uns vor der Verhandlung nicht zusammenbrechen … Und so kam es, daß die Komtesse Helga von M. vor Gericht erschien, ohne von dem Selbstmord Wilms zu wissen.

Sie war der einzige Mensch im Gerichtssaal, der nicht wußte, daß Dietrich von Wilms nicht mehr lebte …

Die Verhandlung war auf 10 Uhr festgesetzt. Doch schon Stunden vorher hatte sich der Strafkammersaal im Kriminalgericht Moabit mit den Spitzen der Berliner Gesellschaft gefüllt.

Der Vorsitzende, Landgerichtsdirektor Dr. Krüger, verlas den Eröffnungsbeschluß. «Angeklagt wegen Diebstahls und eines schweren Falles von Urkundenfälschung …» Er fragte Helga von M., ob die Anklage zu Recht bestünde.

«Ja …», flüsterte die Komtesse. «Ich bin schuldig!»

Durch den Gerichtssaal ging ein aufgeregtes Raunen.

«Und Ihr Bräutigam? Ahnte er von nichts?»

«Er wußte, daß ich den Schmuck verkaufte.»

«Er hielt das für selbstverständlich?»

«Er glaubte …»

«Was glaubte er?»

«Er glaubte, es handele sich um *meine* Juwelen.»

Es kam dann die Urkunde zur Sprache, nach der Helga hundertfünfzigtausend Mark vom Fürsten Hohenlohe überwiesen bekommen sollte. Sie gab zu, die Unterschrift gefälscht haben.

«Ganz allein?» fragte der Vorsitzende. «Ohne die Hilfe Ihres Bräutigams?»

Die Angeklagte schwankte. «Ich habe alles gesagt, was zu sagen ist. Ich habe es allein getan – ganz allein ...»

«Wären Sie bereit, die Unterschrift uns hier noch einmal vorzumachen!»

Zwei, drei Sekunden vergingen, ohne daß Helga von M. etwas sagte. Dann murmelte sie: «Ich bin jetzt zu aufgeregt ... später vielleicht ...»

Der Vorsitzende blickte zum Staatsanwalt hinüber. Der schüttelte den Kopf. Anschließend rief ein Gerichtsdiener die Zeugen auf.

Die Gräfin Hermannsburg erschien. Sie verweigerte die Aussage und erklärte dem Gericht, daß sie ihre Nichte jederzeit wieder gern in ihrem Hause aufnehmen würde.

Der einundsiebzigjährige Fürst zu Hohenlohe bat den Vorsitzenden um Milde für die Angeklagte: «Ich lege auf die Bestrafung der Komtesse nicht den geringsten Wert!»

Als letzten Zeugen rief der Richter den Bankier von Norden auf: «Sie haben, wie wir wissen, den größten Schaden gehabt ...»

Der Bankier sah erstaunt auf den Vorsitzenden. «Schaden?»

«Nun ja – Rittmeister Dietrich von Wilms hatte doch rund dreißigtausend Mark Schulden bei Ihnen.»

«So ungefähr ... Aber kurz vor seinem Tod überschrieb er uns seine Lebensversicherung. Die Auszahlung nach seinem Selbstmord deckt fast völlig den Schaden ...»

Das war die Katastrophe, die ich befürchtet hatte. Ich drehte mich zur Komtesse um. Sie saß wie versteinert. Nur ihre Augen begannen sich langsam mit Tränen zu füllen, die ihr langsam und ohne daß sie es merkte, die Wangen hinunterliefen. Ich erhob mich von meinem Platz: «Hohes Gericht – ich habe eine Erklärung abzugeben ... Bis zu diesem Augenblick wußte die Angeklagte nicht, daß ihr Verlobter tot ist ... Niemand hatte es ihr bislang zu sagen gewagt. Auch ich nicht. Die Angeklagte hatte vor Wochen bereits schon einmal einen Selbstmordversuch in ihrer Zelle unternommen ...»

Ich wollte noch etwas sagen, aber da fühlte ich plötzlich die Hand der Angeklagten auf meiner Schulter. Ihre Augen waren weit aufgerissen, und sie bewegte tonlos ihre Lippen. Dann fiel sie mit einem leisen Aufschrei um. Ich konnte sie gerade noch auffangen. Der Vorsitzende unterbrach sofort die Verhandlung.

Auf meinen Antrag hin erklärte sich das Gericht am Nachmittag bereit, die Plädoyers ohne die Angeklagte stattfinden zu lassen. Der Gerichtsarzt hatte in der Pause bereits von sich aus ihre Überführung ins Gefängnis-Lazarett verfügt.

Ich wußte, die Stimmung im Gericht war günstig für die Komtesse. Deshalb war mein Plädoyer auch verhältnismäßig kurz. Meine beste Chance war, die Glaubwürdigkeit der Komtesse von M. zu erschüttern. Das mag paradox klingen, aber meine Mandantin hatte mir ja keine andere Wahl gelassen mit ihrer Behauptung, sie wäre die Alleinschuldige …

Ich war überzeugt davon, daß sie damit log. So war ich entschlossen, sie gegen ihren Willen zu retten. Ich sagte: «Die Angeklagte hat einen Diebstahl begangen, sie hat sich des Deliktes einer Urkundenfälschung schuldig gemacht. Aber sie hat diese Taten aus Liebe begangen, nicht aus Egoismus …

Ihr Unglück war es, in Rittmeister Dietrich von Wilms einen Mann zu lieben, der haltlos und leichtsinnig war. Für ihn war sie bereit, alles zu tun – auch das, was das Strafgesetz verbietet …»

Ich senkte meine Stimme und fuhr eindringlicher fort: «Das Gesetz kennt wenig Rücksichten … Aber jenseits aller Paragraphen – ist es nicht wundervoll, daß ein Mensch *so* lieben kann in unserer Zeit, in der jeder nur für sich selbst da ist, nur seinen eigenen Vorteil sieht und für seine eigene Tasche kämpft? Komtesse von M. hat uns hier erzählt, daß sie den Juwelendiebstahl, die Fälschung des Briefes des Fürsten von Hohenlohe von sich aus begangen hat. Ist das sicher? Können wir ihr glauben? War sie wirklich die geistige Urheberin dieser Straftaten – oder wollte sie nur die Ehre ihres Geliebten schützen? Ich bitte das Gericht, alle diese Punkte sorgfältig zu bedenken und der Angeklagten Milde angedeihen zu lassen. Das Urteil, das der Hohe Gerichtshof aussprechen wird, wird gleichzeitig ein Urteil sein über die schönsten Tage ihrer Jugend …»

Ich hatte knapp zehn Minuten gesprochen. Einige Frauen im Zuhörerraum schluchzten, aber sonst war es so still, daß man eine Nadel hätte fallen hören.

Am Abend verkündete das Gericht das Urteil. Die Komtesse Helga von M. wurde zu drei Monaten und zwei Wochen Gefängnis wegen

Diebstahls und Urkundenfälschung verurteilt. Mit Rücksicht auf die von allen Prozeßbeteiligten hervorgehobenen außerordentlichen Milderungsgründe hatte das Gericht sich aber entschlossen, Bewährungsfrist für die Dauer von drei Jahren auszusprechen und die sofortige Haftentlassung der Angeklagten zu verfügen.

Ich überbrachte meiner Mandantin die freudige Nachricht persönlich ins Gefängnislazarett. Sie lag still in ihrem Bett. Dann nahm sie meine Hand und drückte sie, ohne ein Wort zu sprechen.

«Ich hole Sie morgen mit dem Auto ab», sagte ich.

Sie lächelte. Es war, als wenn nach trüben, endlosen Regentagen die Sonne plötzlich wieder scheint …

* * *

GAUNER IN FRACK UND PULLOVER

Karl Friedrich Bernotat

Mittelgroß, lebhaft in Bewegung und Gesichtsausdruck, in einem dezent karierten Anzug trat Direktor Karl Friedrich Bernotat in mein Büro. Er war braun gebrannt, sein englischer Schnurrbart war sauber gestutzt. Er hatte schüttere Haare. Den steifen Hut und den sorgfältig gerollten Regenschirm behielt er in der Hand, als wir uns begrüßten.

Ich kannte den Herrn Direktor Bernotat und seine entzückende, etwas blasse Frau, eine geborene Engländerin. Ich hatte sie auf einer Gesellschaft des berühmten Rechtsanwaltes Dr. Bahn getroffen. Bernotat betätigte sich erfolgreich im Im- und Export von Automobilen, Auto-Zubehör, Spezialölen und Schmierstoffen. Er galt als charmanter Kavalier, besaß einen eigenen Rennstall, eine kostbar eingerichtete Acht-Zimmer-Wohnung und ein ansehnliches Vermögen.

«Was kann ich für Sie tun, Herr Direktor?» fragte ich.

Der Herr Direktor setzte sich und erzählte mir, welch peinliche Geschichte ihm zugestoßen war.

Er kam gerade von einer polizeilichen Vernehmung. Man hatte ihn beschuldigt, ein Dieb zu sein. Während er zu einem diskreten Rendezvous in einer verschwiegenen Pension gewesen war, hatte sich ein Diebstahl ereignet. Wertvolle Juwelen waren abhanden gekommen. Aber nicht diese Juwelen Waren es gewesen, die Bernotat auf die Polizei gebracht hatten.

Eine in der Pension beschäftigte Putzfrau hatte sich in der allgemeinen Aufregung über den Juwelendiebstahl auf Bernotat gestürzt. Sie behauptete, er sei der Mann, der vor einem Jahr ihrem damaligen Dienstherrn einen kostbaren Pelz entwendet habe. Sie wisse auch genau, daß der Name jenes Mannes Bernotat gewesen sei. Von ihrer Beschuldigung wich sie nicht ab, und Bernotat blieb nichts übrig, als sich der polizeilichen Vernehmung zu unterziehen.

«Selbstverständlich hat man mir nichts nachweisen können», sagte er nun, als er mir gegenübersaß. «Aber es war natürlich schrecklich peinlich ...»

«Und was soll ich für Sie tun?»

«Ich will nicht, daß mein Name in dieser Angelegenheit erwähnt wird», sagte Bernotat. «Vielleicht wird der Juwelendieb morgen gefaßt. Dann werde ich als Zeuge benannt. Und das will ich unter allen Umständen vermeiden – im Interesse meiner Frau und meines Geschäfts.»

Das war zu verstehen. Und ich wußte auch, was man für Direktor Bernotat und den Seelenfrieden seiner reizvollen blassen Frau tun konnte. Meine Beziehungen zur Kriminalpolizei waren gut. Ich konnte zumindest verhindern, daß Bernotats Name der Presse bekanntgegeben wurde.

«Wie war der Name des Beamten, der Sie vernommen hat?» fragte ich.

«Zimmermann, glaube ich.»

Kriminalassistent Zimmermann war einer der begabtesten, unbürokratischsten Beamten des Präsidiums. Ich ließ mich mit seinem Dienstzimmer verbinden.

«Kriminalassistent Zimmermann ist nicht im Haus», sagte der Beamte im Zimmer des Raub-Dezernats, dem Zimmermann angehörte. Und ganz im Hintergrund hörte ich eine leise Stimme sagen: «Zimmermann, der iss doch mit Jennaten wech …»

Ich legte den Hörer auf. Eine Sekunde lang irritierte mich, was die Stimme im Hintergrund gesagt hatte. Zimmermann war mit Gennat unterwegs. Und Kriminalkommissar Ernst Gennat war schon damals der erfolgreichste Mordspezialist der Kripo … Unsinn, reiner Zufall.

«Herr Zimmermann ist nicht zu erreichen», sagte ich zu Direktor Bernotat.

Der der musterte gerade interessiert die juristischen Klassiker in meiner Bibliothek.

«Wundervolle Einbände», sagte er. «Italien, achtzehntes Jahrhundert.»

«Kriminalassistent Zimmermann ist mit dem Mord-Spezialisten Gennat unterwegs, falls es Sie interessiert.»

«Dann kann es mit meiner Sache nichts zu tun haben», sagte Bernotat.

«Fahren Sie nach Hause», sagte ich. «Morgen wird sich alles klären. Und empfehlen Sie mich Ihrer Frau Gemahlin.»

«Die ist Gott sei Dank mit unserem Jungen verreist», sagte Bernotat und griff nach Hut, Schirm und Handschuhen. «Sie kommt erst morgen früh zurück. Ich wollte, sie würde noch eine Woche länger bleiben, bis alles vorbei ist …»

*

Was sich an diesem Abend nach der Vernehmung des Direktors Karl Friedrich Bernotat und nach meinem Anruf im Präsidium zugetragen hatte, erfuhr ich erst wesentlich später. Aber ich will es bereits hier einfügen. Denn nur so zeigt sich, wie seltsam oft die Wege des Strafverteidigers mit denen der Kriminalpolizei verknüpft sind.

Kriminalassistent Zimmermann hatte die Aussage der Putzfrau mit äußerster Skepsis zur Kenntnis genommen. Daß sich der beschuldigte Direktor Bernotat persönlich dem Präsidium gestellt hatte, konnte nur zu seinen Gunsten ausgelegt werden. Trotzdem mußten natürlich die Anschuldigungen nachgeprüft werden. Also Anruf beim Erkennungsdienst, Anruf bei der Staatsanwaltschaft, beim Einwohnermeldeamt.

Das Ergebnis: Es liegt nichts vor. Direktor Bernotat wohnt Johann-Georg-Straße 16, ein angesehener, reicher Geschäftsmann.

Eigentlich müßte Zimmermann Bernotat jetzt laufen lassen. Aber Zimmermann tut noch ein Weiteres. Er läßt unauffällig ein paar Kollegen, die in den letzten Jahren Betrugs-, Einbruchs- und Diebstahls-Delikte bearbeitet haben, in das Büro kommen, in dem Bernotat sitzt. Hut, Handschuhe und Regenschirm liegen auf seinen Knien.

Die Beamten gehen wieder weg. Keiner kennt Bernotat – bis auf einen. Irgend etwas Konkretes weiß auch er nicht. Aber er sagt, als er das Zimmer verläßt, draußen auf dem Flur mit bekümmerter Miene: »Det Ponim kommt mir verdammt bekannt vor. Wenn ick bloß wißte, woher.»

Ponim – das heißt in der Ganoven-Sprache, die man sich auf dem Berliner Alexanderplatz zu eigen gemacht hat: Gesicht, Visage. Und gerade in dem Augenblick, als der Beamte das sagt, schnauft draußen auf dem Korridor Kriminalkommissar Gennat entlang.

«Wat fürn Ponim?» fragt Gennat.

«Ach, da iss son komischer Fall drin bei Zimmermann. Soll jeraubt ham, hat aber nich laut Kartei. Staatsanwaltschaft iss ooch nejativ. Und doch – jesehn hab ick det Ponim schon, Herr Kommissar.»

Irgend etwas im Gesicht und an der Redeweise des alten Wachtmeisters läßt den Kriminalkommissar Gennat aufhorchen. Er hat eine Witterung, einen sechsten Sinn für verfahrene Fälle.

Er hat mit Einbruch und Raub nichts zu tun. Trotzdem geht er in das Büro des Kriminalassistenten Zimmermann. Harmlos fragt er nach irgendeinem Akt. Und während Zimmermann sucht, sieht sich Gennat das Ponim des Herrn Direktors Karl Friedrich Bernotat an.

Ungerührt hält Bernotat den Blicken des damals schon über zwei Zentner schweren Kommissars stand.

Entweder ist der Mann ein ganz großer Halunke, oder er ist unschuldig. In beiden Fällen muß etwas getan werden, denkt Gennat. Er bittet Zimmermann einen Augenblick hinaus. In Stichworten berichtet der Kriminalassistent dem Kommissar. «Komische Sache», sagt Gennat. «Na, denn viel Spaß noch, Zimmermann.»

Gennat ist schon auf halbem Weg zu seinem Büro, da kehrt er plötzlich um. Er geht die Treppe hinunter, hinüber zum Polizei-Gefängnis. Wenn dieser Bernotat jemals Kunde der Kripo gewesen ist, dann muß sein Name in den Haftbüchern stehen …

Seite um Seite überfliegt der Kommissar. Sein geübtes Auge erfaßt mit einem Blick, ob in der langen Reihe ein Name steht, der mit B anfängt. Drei Kladden hat er bereits vergeblich durchblättert. Kein Wunder, denn jährlich genießen rund 40 000 Menschen die Gastfreundschaft des Polizeigefängnisses am Alex.

Plötzlich stutzt Gennat. Da hat sich eine Seite, die er gerade Umschlägen will, im oberen Teil etwas gewölbt. Bei näherem Einsehen stellt er fest, daß hier eine Eintragung säuberlich ausgeschnitten und dann sorgfältig mit neuem Papier hinterklebt worden ist. Die Eintragungen auf dem neuen Papier lauten auf belanglose Namen.

Der Kommissar legt ein Zeichen vor die verdächtige Seite und blättert weiter. Etwa vier Seiten später ist ein Löschblatt in der Kladde liegengeblieben, bedeckt von Klecksen, Strichen und einem Gewirr unscharfer Löschspuren in Spiegelschrift.

Gennat vergewissert sich, daß ihn der diensttuende Beamte nicht beobachtet. Dann läßt er das Löschblatt in seiner Tasche verschwinden.

«Nischt jefunden», sagt er nach einer Weile seufzend zu dem Beamten und schiebt ihm die Haftbücher zu. Er hat es plötzlich sehr eilig.

In seinem Zimmer zieht er das Löschblatt hervor, nimmt einen Taschenspiegel und versucht mit seiner Hilfe, die Hieroglyphen auf dem verschmierten Papier zu entziffern.

Mit einemmal grunzt er zufrieden auf und zeichnet mit Bleistift ein längliches Rechteck auf das Papier. So schnell es ihm seine Leibesfülle erlaubt, geht er hinüber zu Kriminalassistent Zimmermann.

«Na, haben Se den Herrn Direktor Bernotat laufen lassen?» fragt er den jüngeren Beamten.

«Blieb nichts andres übrig», sagt Zimmermann. «War ein Mißverständnis.»

«Ein janz großet Mißverständnis sogar», brummt Gennat, indem er das Löschblatt und den Spiegel auf Zimmermanns Schreibunterlage schiebt. «Kieken Se sich det mal an. Die Stelle, die ick anjemalt habe.»

Zimmermann hält den Spiegel schräg auf das Löschpapier, kneift ein Auge zusammen, liest und springt auf: »Wo ist dieses Löschblatt her? Da steht ja der Name – Bernotat!»

Gennat erklärt, wo er das Löschblatt gefunden hat. «Ville besagt det ja noch nich», meint er. «Aber immerhin, die rausjeschnittenen Eintragungen, und ausjerechnet een paar Seiten dahinter det Löschblatt ...mir schwant, als stimmt da wat nich.»

Die beiden Männer gehen hinunter zum Erkennungsdienst. Da stehen in hohen, bis zur Decke reichenden Regalen dicke Alben mit Lederrücken, geordnet nach der Art der Verbrechen.

«Also nehmen wir uns mal die Schönheits-Galerie vor!» So nennt Gennat das Verbrecheralbum. Jeder der beiden nimmt sich einen Stoß Alben.

Diesmal ist es Zimmermann, der zuerst etwas Verdächtiges findet. «Sehn Se sich doch det mal an, Herr Kommissar», sagt er.

Er deutet auf ein Doppelfoto, das mit grauem Papier überklebt ist. Schräg darüber ist mit Kopierstift ein Vermerk geschrieben: «Verstorben.»

Ächzend beugt sich Gennat hinüber. «Wat für 'ne ungewöhnliche Pietät», sagt er. «Reiß det mal runter, aber vorsichtich ...»

Mit geübten Händen löst Zimmermann den Klebestreifen an einem Ende, klappt ihn zurück. Die Fotos darunter sind unversehrt. Der Verstorbene, der von den zwei hart belichteten 5,5 x 8-Abzügen schaut, hat einen Schnurrbart. Auf dem einen Bild trägt er einen modischen Hut. Aber auf beiden Bildern ist es der gleiche Mann, der vor zwei Stunden noch als Opfer eines blödsinnigen Mißverständnisses im Polizeipräsidium gewesen ist – Direktor Karl Friedrich Bernotat!

«So rasch kann der doch nich jestorben sein», sagt Gennat lakonisch. «Kleb det Papierchen wieder druff, Junge. Brauch keener gleich zu merken, det wir hinter die Schweinerei hier jekomm sind ... Wat hältste davon, wenn wir dem teuren Verstorbenen heute abend einen kleinen Höflichkeitsbesuch abstatten?»

Bevor Gennat und Zimmermann zum Kurfürstendamm aufbrechen, lassen sie noch einmal alle Aktenregister durchsehen, ob sie nicht vielleicht doch einen Vermerk über Bernotat und sein durch die Fotos eindeutig bewiesenes Gastspiel am Alexanderplatz enthalten. Aber sie finden nicht die geringste Spur.

«Ick jloobe, hier spukts», sagt Gennat, als die beiden Männer über den Lichthof zu Gennats Wagen gehen. «Und ick fürchte, die Jespenster sitzen hier im Haus ... Jespenster mit Pensionsberechtijung. Na, Gnade denen Gott!»

*

Am nächsten Morgen rief mich Kriminalassistent Zimmermann an.

«Herr Rechtsanwalt, ich bin hier in der Wohnung von Direktor Bernotat, Johann-Georg-Straße 16. Können Sie wohl gleich mal herkommen? Es ist sehr dringend!»

Eine Viertelstunde später bog ich in die Johann-Georg-Straße ein. Die Haustür von Nummer 16 stand offen. Als ich im 2. Stock an der Wohnungstür mit dem schweren Messingschild «Bernotat» klopfte, hörte ich schwere Schritte von drinnen. Zimmermann öffnete mir.

«Nanu?» fragte ich erstaunt. «Sind Sie hier als Diener engagiert worden?»

«Machen Sie lieber keine Witze, Herr Doktor», sagte Kriminalassistent Zimmermann. «Wir haben Herrn Direktor Bernotat heute nacht verhaftet ...»

«Wer ist wir?»

«Kriminalkommissar Gennat und ich.»

«Auf die Aussage einer hysterischen Wirtschafterin hin?»

«Ach, wenn's nur das wäre, Herr Doktor», stöhnte Zimmermann. «Aber es steht wirklich sehr schlecht mit Direktor Bernotat ... Kommen Sie mal mit.»

Er führte mich durch die Luxus-Wohnung des Direktors Karl Friedrich Bernotat.

Wir gingen durch den Musiksalon mit den elfenbeinfarbenen Rokoko-Möbeln, durch die Bibliothek mit ihren zahllosen Erstdrukken und Kunstmappen voller graphischer Kostbarkeiten, durch das Eßzimmer mit den Bildern alter Meister in Wurmstichigen Rahmen. Durch das Ankleide-Zimmer mit seinen Schränken voller wertvoller Pelze. «Allet jeklaut», sagte Kriminalassistent Zimmermann.

Und er behauptete das nicht nur, sondern wies nach, woher jeder einzelne Gegenstand stammte. Aus der Wohnung des brasilianischen Generalkonsuls Puelma, aus der chilenischen Gesandtschaft, aus dem Hotel Esplanade, aus dem Adlon, aus dieser und jener feudalen Pension im Berliner Westen ...

«Mindestens neun schwere Einbrüche kann ick dem Herrn Direktor Bernotat aus der kalten Lamäng nachweisen», sagte Zimmermann.

«Bernotat ist ein Kunstliebhaber und hat die Sachen gekauft», sagte ich. «Vielleicht können Sie ihn wegen Hehlerei belangen. Aber Einbrecher ist der niemals.»

«Wenn Sie wüßten, was ich weiß», brummte Zimmermann. Er wußte damals tatsächlich mehr, als ich auch nur ahnte ... Überraschend schnell erhob die Staatsanwaltschaft Anklage gegen Direktor Karl Friedrich Bernotat.

Der Termin sollte am 2. August 1922 vor der Ferien-Strafkammer stattfinden.

Fast täglich besuchte ich Bernotat im Untersuchungsgefängnis. Zu der Anklage sagte er nur: «Ich bin unschuldig.»

Aber wie war sein Bild ins Verbrecher-Album gekommen? Wer hatte es überklebt, und wer hatte den Namen Bernotat aus den Strafregistern seiner früheren Wohnorte gelöscht?

«In der Verhandlung werde ich alles enthüllen», versprach Bernotat.

Einen Tag vor der Verhandlung wurde ich im Anwaltszimmer des Moabiter Kriminalgerichts aufgestört. Ein Beamter der Staatsanwaltschaft sagte mir: «Der Termin gegen Bernotat kann nicht stattfinden. Sämtliche Akten sind verschwunden.»

Diesen Aktendiebstahl konnte man nun Bernotat nicht in die Schuhe schieben. Er mußte einen Komplicen haben. Aber wer war es? Hatte Gennat mit seiner Vermutung recht, daß das Gespenst im Polizeipräsidium zu suchen sei?

Die Staatsanwaltschaft versprach, die gestohlenen Akten zu rekonstruieren. Das Gericht setzte den Termin auf Ende September an.

Anfang September fuhr ich nach Italien. Kurz bevor ich wieder abreisen wollte, um zum Bernotat-Prozeß rechtzeitig in Berlin zu sein, erreichte mich ein Telefongespräch aus meiner Kanzlei. Bürovorsteher Burgdorf sagte aufgeregt: «Sie müssen sofort zurückkommen. Bernotat ist aus dem Untersuchungsgefängnis ausgebrochen. Man beschuldigt uns, ihm dabei geholfen zu haben.»

Ich fuhr nach Berlin zurück. In meinem Büro erfuhr ich, daß Bernotat wirklich spurlos verschwunden war.

«Wie konnte das nur geschehen?» fragte ich Burgdorf.

«Eine merkwürdige Geschichte», sagte mein Bürovorsteher und verzog bekümmert seinen Mund. «Ich glaube, Herr Dr. Berwald kann Ihnen darüber nähere Auskunft geben. Er war der letzte Mensch, der Bernotat noch in Moabit gesehen hat.»

Ich verstand jetzt überhaupt nichts mehr. Dr. Berwald war einer meiner Referendare. Er bearbeitete kleinere Strafsachen und nahm weniger wichtige Termine bei Gericht für mich wahr. Er war ein noch junger, aber äußerst gewissenhafter Mann, den ich wegen seiner Fähigkeiten und seiner Sorgfalt schätzengelernt hatte.

Ich ließ Dr. Berwald in mein Kanzleizimmer rufen. Man brauchte ihn nicht lange zu suchen. Er stand schon hinter der Tür. Als er eintrat, hatte er rote Flecken im Gesicht.

«Also – was haben Sie mir Hübsches zu berichten?» fragte ich. Meine Laune war nicht die beste. Ich spürte, daß meine Erholung, die mir der kurze Urlaub in Italien verschafft hatte, sehr rasch zum Teufel sein würde.

Dr. Berwalds Wangen wurden noch röter. «Sie wissen doch ... Bernotat hatte mich gebeten, sich während Ihrer Abwesenheit einen zweiten Verteidiger nehmen zu dürfen ... Er nannte mir den Rechtsanwalt Hermann Müller-Strohmeyer ... Ich war sicher, Sie würden ihn als Mitverteidiger akzeptieren ...»

«Natürlich hätte ich ihn akzeptiert», sagte ich. Ich kannte Müller-Strohmeyer sehr gut. Er war ein ausgezeichneter Anwalt, der noch manche Lorbeeren ernten sollte.

«Und wie ging die Geschichte weiter?» fragte ich.

«Gestern kam nun ein neuer Brief von Bernotat, ich solle ihn schleunigst im Untersuchungsgefängnis besuchen.»

«Und Sie sind hingegangen?»

«Na klar. Gestern mittag. Ich wurde wie üblich in eine Sprechzelle geführt, Bernotat schüttelte mir die Hand, aber dann erklärte er mir, er könne mit mir als Referendar unter keinen Umständen allein verhandeln, dazu sei ihm sein Kopf zu teuer. Er müsse darauf bestehen, daß sein zweiter Verteidiger Müller-Strohmeyer bei unserer Unterredung hinzugezogen werde.»

«Und Sie haben Müller-Strohmeyer geholt?»

«Augenblicklich. Ich ging hinaus auf den Flur vor der Sprechzelle und rief das Anwaltszimmer drüben im Kriminalgericht an. Müller-Strohmeyer war gerade in einer Verhandlung. Ich mußte also warten, bis er herausgeholt wurde. Und während ich telefoniere, geht ein mir unbekannter Anwalt ins Sprechzimmer und zeigt dem Strafanstaltsbeamten seinen Ausweis vor ...»

«Schön – und dann?»

«Ich weiß wirklich nicht, wie lange ich am Telefon gewartet habe. Endlich kommt Müller-Strohmeyer an den Apparat, und wir machen für ein Uhr mittags einen gemeinsamen Besuch bei Bernotat aus. Und als wir uns dann um ein Uhr mittags mit Bernotat im Sprechzimmer treffen wollen ...»

Mein Referendar wischte sich den Schweiß von der Stirn. «Na, was glauben Sie, was dann war?»

«Mensch, Herr Dr. Berwald», sage ich, «spannen Sie mich nicht noch mehr auf die Folter.»

«Stellen Sie sich vor, Herr Dr. Frey … Um zwölf Uhr saß ich noch bei Bernotat in der Sprechzelle, und um ein Uhr mittags ist er spurlos verschwunden. Wie vom Erdboden weggeputzt … Wie der Wachtmeister voller Entsetzen zu uns kam und uns das mitteilte, ist mir fast der Kragen geplatzt vor Lachen …»

«Herr, sind Sie denn verrückt? Warum haben Sie denn gelacht?»

«Aber, Herr Doktor … sonst haben Sie doch keine so lange Leitung. Bernotat hat unzweifelhaft einen Komplicen gehabt. Während ich nach Dr. Müller-Strohmeyer telefoniere, kommt der Komplice als angeblicher Rechtsanwalt Müller-Strohmeyer ins Zimmer, wo Bernotat allein auf meine Rückkehr wartet, unser Freund Bernotat zieht sich die Anwaltsrobe an, die der Komplice mitgebracht hat, und dann verlassen sie beide in schwarzen Roben das Gefängnis. Man kann nur sagen: ein tüchtiger Mann, dieser Bernotat!»

Ich mußte mich erst einmal setzen. Ich zündete mir eine Zigarette an und dachte scharf nach.

Für meinen Referendar Dr. Berwald konnte ich meine Hände ins Feuer legen. Er würde sich niemals auf krumme Touren einlassen. Das war ganz ausgeschlossen.

Ich kannte das Untersuchungsgefängnis Moabit wie meine Westentasche. Und ich wußte, daß man auch in einer Anwaltsrobe nicht leicht aus diesem streng bewachten Bau mit seinen zahlreichen Kontrollen kommen konnte. Ohne einen gerissenen Komplicen und ohne Sprecherlaubnis des zuständigen Untersuchungsrichters hätte Bernotat es nie schaffen gönnen …

Meine Gedanken bewegten sich im Kreise, als plötzlich das Telefon schrillte. Am anderen Ende der Leitung war das Polizeipräsidium am Alexanderplatz.

Die volltönende Stimme von Kriminalkommissar Ernst Gennat schlug an mein Ohr: «Spreche ick mit Ihnen selbst, Herr Doktor Frey? Oder vielleicht mit dem tüchtijen Doktor Berwald, der neuerdings nischt daran findet, Jefangene zu befreien …?»

«Machen Sie keine faulen Witze», sagte ich wütend. «Worum handelt es sich?»

«Och, um nischt Besonderes. Ick höre nur manchmal Ihre Stimme so jerne. Aber vielleicht kommen Sie mal rum zu mir, wenn Sie jerade Zeit ham.»

«Gleich?»

«Wenns jeht, noch 'n bißken früher.»

Gennat saß mit seiner Zweieinviertelzentner-Statur wie ein Buddha hinter seinem Schreibtisch im Zimmer 105 des Polizeipräsidiums am Alex, blinzelte mich bei meinem Eintritt forschend an und wackelte mit dem Kopf hin und her.

«Hübsche Farbe ham Se in't Jesichte, Doktor», grinste er. «Jans jut erholt, wat? So 'n Strafverteidijer hat's doch prima! Jondelt ejalweg in Italien rum, als wenns keen Jeld kostet. Kann sich 'n oller, ehrlicher Kriminalkommissar gar nicht erlauben … Aber wat sollte ick eigentlich in Italien? Könn' Se mir dat vielleicht sagen, Doktor? Bei *der* Arbeit hier?»

Ich gab ihm darauf keine Antwort. Ich sah mich nur um. Der sonst so nüchterne Raum bot in diesem Augenblick nämlich einen noch schöneren Anblick als Gennat selbst.

Das Büro sah aus wie eine Schatzhöhle, wie ein Zimmer aus Tausendundeiner Nacht oder wie König Laurins goldglitzerndes, unterirdisches Reich … Auf Gennats Schreibtisch häuften sich Perlen, Brillanten, Saphire und Diamanten mit und ohne Fassung, Goldstücke, kostbare Orden, Damenarmbänder, Silberschalen, Ketten, Uhren, ganze Stapel ausländischen Papiergeldes … Auf Aktenbänken, Stühlen und Schreibmaschinentischen türmten sich Pelzmäntel, Perserteppiche, Gobelins, Eisbärfelle, Gemälde alter Meister, seltene Drucke und bibliophile Kostbarkeiten …

«Det ham wa allet in Bernotats Wohnung jefunden», sagte Gennat. «Von unserem entwichenen Freund höchstpersönlich jeklaut … Aus der chilenischen Jesandtschaft, aus der lettischen Jesandtschaft, aus Hotelzimmern des ‹Bristol›, ‹Eden› und ‹Excelsior›, aus Privatwohnungen und elejanten Pensionen. Hat 'n juten Jeschmack entwikkelt! Und nu is er leider wieder wech.»

Ich schüttelte den Kopf. «Bernotat, dieser kultivierte und wohlhabende Mann, soll ein Dieb und Einbrecher gewesen sein? Ich kann es immer noch nicht glauben.»

«Und doch is et so … Dabei hat der Kerl in seinem Beruf als Koofmich Jeld wie Heu verdient! Hab nemlich seine Jeschäfte prüfen lassen …» Kriminalkommissar Gennat wiegte seinen massigen Oberkörper hin und her.

Dann räusperte er sich, stützte sein Kinn mit der Hand, blinzelte mich an und sagte: «Doktor, kennen Sie vielleicht den Rechtsanwalt Tichau?»

«Nein.»

«Ick ooch nich.»

«Wie bitte?»

«Den Tichau jibts nemlich jarnich …»

«Ich verstehe nicht.»

«Moment … Vor zwei Tagen erschien een junger, jutgekleideter Herr im Kriminaljericht Moabit wejen einer einmaligen Sprecherlaubnis für Bernotat zwecks Unterzeichnung einer Vollmacht. Er überreichte hierzu een Schriftstück, dat völlig sachgemäß abjefaßt war. Am Kopf von det Schreiben stand als Firma ‹Rechtsanwalt Tichau› … Merken Sie wat? Na — der betreffende Justizobersekretär, der die Sprecherlaubnis für den falschen Rechtsanwalt ausstellte, merkte nischt, und der Landgerichtsdirektor, der sie unterschrieb, merkte ooch nischt … So kam der Kerl in't Untersuchungsjefängnis und konnte schließlich Bernotat befrein … Dolle Kiste, wat?»

Gennat holte ein großkariertes Taschentuch hervor und wischte sich den Schädel. Er blickte mich prüfend an. Sein Blick war nicht freundlich, er war auch nicht unfreundlich – es war einfach der sachliche Augenschein eines Mannes, der seine Pflicht tat.

Gennat sagte: «Doktor – Ihr Referendar Berwald hat doch wohl keene Schulden, keene Mädchen mit Allüren oder Rennplatz-Ambitionen?»

Ich wurde langsam ärgerlich. «Das ist völlig ausgeschlossen. Ich verwahre mich ganz energisch gegen die Unterstellung, daß mein Büro irgend etwas mit der Flucht von Bernotat zu tun hat. Es ist einfach lächerlich …»

«Schon jut, schon jut.» Gennat winkte ab, stand mit einer überraschend schnellen Bewegung hinter seinem Schreibtisch auf und stellte sich mit dem Rücken zu mir an das Fenster des Büros. «Ick habe ooch nischt Derartiges behauptet. Det war vielmehr Rejierungsamtmann Hagemann. Aber der wußte eben noch nich, wat ick weeß …»

«Was denn?»

«Der falsche Rechtsanwalt Tichau war een unjefähr 27 Jahre alter Mann, eensfünfundachtzig jroß, hatte een schmälet Jesicht und jescheiteltes braunes Haar.»

«Das glatte Gegenteil von meinem Referendar Dr. Berwald!» «Weeß ick doch … Aber die Beschreibung trifft haarjenau auf eenen jewissen Otto Kaminski zu, ehemaliger Flügelmann des zwoten Jarderejiments zu Fuß und späterer Sekretär eenes jewissen Karl Friedrich Bernotat … Und Kaminski is seit der Flucht Bernotats ooch verschwunden.»

«Na, dann hat sich ja alles soweit aufgeklärt», sagte ich aufatmend. «Dann kann ich jetzt sicherlich gehen?»

«Eenen Oogenblick», sagte Gennat gegen die Scheibe seines Bürofensters. Er drehte sich langsam zu mir um. Das Gesicht des berühmten Kriminalisten war plötzlich seltsam schlaff, mit grauen Ringen der Übermüdung unter den Augen. «Doktor – ick bin Kriminalbeamter, und Sie sind Verteidiger. Wir ziehn somit beede nicht jerade am gleichen Strick, stimmt's?»

Ich nickte, wußte aber nicht, worauf Gennat hinauswollte.

Er schaute mich kurz an, sah dann zu Boden und betrachtete angelegentlich seine Schuhspitzen. Mit leiserer Stimme fuhr er fort: «Sehn Sie, Doktor … Mit uns Kriminalisten is dat so: Niemand kann uns so richtig leiden! Wir sind Tag und Nacht im Dienst, wir sind dauernd in Jefahr, an eener dunklen Ecke abjeknallt zu werden, von Kerlen, die ihrerseits keenen Schuß Pulver wert sind. Wir dürfen nich 'ne Sekunde an unsere Familie denken und an unsere Frauen, die ewig ängstlich auf uns warten, wann wir wohl heimkommen und ob wir überhaupt noch heimkommen … Na schön, das is unser Beruf. Aber es is een anständijer, ehrlicher Beruf – wenn er ooch mies bezahlt wird …»

Er hielt einen Augenblick inne und atmete schwer. «Doktor – wir ham nu mit viel Mühe eene tipptoppe Polizei uffgebaut», sagte er dann. «Wir ham mit viel Schweiß und Köppchenarbeit eenen besonders juten Namen in de janze Welt errungen. Wir können stolz darauf sein. Und nu sind wir in janz jroßer Jefahr, daß wir diesen juten Namen janz plötzlich wieder verlieren …»

Erregt rieb der Kriminalkommissar die Handballen gegeneinander: «Es jing allet jroßartig bis zum Fall Bernotat … Von da ab wirds plötzlich bei uns janz unjemütlich! Aus den Akten der Staatsanwaltschaft, aus den Haftbüchern der Kripo verschwindet wie durch Zauberei der Name des Delinquenten, obwohl er dort im Laufe der Jahre wejen Raub und Einbruch mehrfach verzeichnet ist … Sein Foto wird überklebt und mit dem Vermerk ‹verstorben› versehen … Der Prozeß am 2. August vor der Ferien-Strafkammer muß abjesetzt werden, weil sämtliche Akten der Staatsanwaltschaft uff eemal nich mehr da sind … jestohlen, obwohl Bernotat zu dieser Zeit im Untersuchungsjefängnis Moabit einsitzt …»

«Und was kann ich dagegen tun?»

«Ick schlage Ihnen jetzt ein Jeschäft vor, Herr Doktor …» Gennat wälzte seinen schweren Körper auf mich zu, und dann streckte er mir seine dicke fleischige Hand entgegen.

«Schlagen Se ein, Herr Doktor … Ick helfe Ihnen mit Ihrem Bernotat, und Sie helfen mir, 'rauszubekommen, wer das Schwein im Polizeipräsidium is, das Akten stiehlt.»

Ich schlug ein.

*

Fünf Tage lang war die Flucht meines Mandanten Bernotat die Sensation von Berlin. Fünf Tage lang suchte ganz Deutschland fieberhaft den Ausbrecher und seinen Komplicen Kaminski.

Der Erfolg war zunächst gleich Null. Die Kriminalpolizei fand nur heraus, daß die beiden Verschwundenen vor dem Untersuchungsgefängnis Moabit eilig einen gelblackierten schweren Wagen bestiegen hatten, der mit ihnen in unbekannter Richtung davonfuhr.

Bernotat und sein «Sekretär» Otto Kaminski schienen von diesem Moment an wie vom Erdboden verschwunden zu sein …

Bis plötzlich in den Zeitungen großaufgemachte Berichte über raffinierte Hoteldiebstähle erschienen, die alle in den letzten Tagen passiert waren. Und zwar im Raum Köln – Frankfurt/Main. Obwohl in den Berichten keinerlei Vermutungen hinsichtlich der Täter geäußert wurden, war es doch für die Fachleute klar, daß es sich nur um das Gespann Bernotat-Kaminski handeln konnte.

Die Kriminalpolizei von Köln, Frankfurt am Main und Wiesbaden hatte Alarmstufe eins. Die Beamten waren Tag und Nacht auf den Beinen. Umsonst …

Kriminalkommissar Ernst Gennat saß inzwischen in der Roten Burg, dem Polizeipräsidium am Alex, wie auf Kohlen. Der sonst so beherrschte Mann, der bislang nichts als unerschütterliche Ruhe ausgeströmt hatte, wurde zu einer Qual für seine Umwelt.

Aber allmählich zog sich doch das Netz um den Gentleman-Einbrecher Karl Friedrich Bernotat und seinen Komplicen Otto Kaminski zusammen.

Fünf Tage nach ihrer gemeinsamen Flucht aus Berlin wurde zuerst Kaminski bei einem Einbruch im Wiesbadener Palast-Hotel geschnappt. Der «Sekretär» Karl Friedrich Bernotats ergab sich den Beamten ohne Gegenwehr.

Damit war auch das Schicksal Bernotats besiegelt. Denn Otto Kaminski, von pausenlosen Verhören zermürbt, packte aus …

Er berichtete, daß es zunächst seine und Bernotats Absicht gewesen war, nach Paris zu flüchten. Nach dem Ausbruch aus dem Untersuchungsgefängnis Moabit waren sie gemeinsam zum Flugplatz Tempelhof gefahren und hatten die fahrplanmäßige Maschine nach Köln bestiegen. Hier war es ihnen zwar gelungen, von Ganoven der Rheinmetropole für teures Geld falsche französische Pässe zu erhalten, aber die Fälschungen waren derart schlecht gewesen, daß sie sich damit nicht über die Grenze trauten. So machten sie zuerst eine Rheinfahrt, die nichts als eine Kette von Diebstählen in Pensionen und eleganten Hotels war. Schließlich fanden sie in Wiesbaden Unterschlupf, in einem verschwiegenen Hotel, das als Liebesnest für französische Besatzungsoffiziere diente. Tagsüber ließen sie sich nicht sehen. Nachts aber unternahmen sie ihre Raubzüge, die ihnen innerhalb weniger Tage eine riesige Beute einbrachten.

Als nach dieser Aussage die Kriminalisten aber in dem von Kaminski angegebenen Domizil Bernotat selbst verhaften wollten, fanden sie das Nest leer …

Den Kriminalbeamten blieb nichts anderes übrig, als sich auf Umwegen französische Offiziersuniformen zu beschaffen und sich ohne viel Aufsehen in dem betreffenden Hotel einzumieten. Aber erst in der nächsten Nacht wurde ihre Mühe belohnt.

Bernotat war nämlich inzwischen nach Frankfurt am Main gefahren und hatte dort im «Frankfurter Hof» und im «Englischen Hof» einige valutaschwere Ausländer um ihren Bargeldbesitz gebracht. Mit einer Taxe fuhr er nach Wiesbaden zurück.

Als er sich gerade zu Bett legen wollte, öffneten Kriminalbeamte mit einem Nachschlüssel die Tür seines Zimmers. Bevor sie ihm aber noch die Handschellen anlegen konnten, gelang es Bernotat, sich loszureißen und aus dem Fenster zu springen.

Er hatte Pech, daß sein Zimmer im zweiten Stock lag … Der Gentleman-Einbrecher fiel schwer auf das Pflaster und brach sich ein Bein. Wimmernd vor Schmerzen sprang er zwar wieder auf und humpelte weiter, aber schließlich wurde er von Passanten überwältigt und den beiden Polizeibeamten übergeben.

Dies alles erfuhr ich von Kriminalkommissar Ernst Gennat selbst. Denn sieben Tage nach der Flucht Bernotats aus dem Moabiter Untersuchungsgefängnis klingelte um zwei Uhr morgens bei mir das Telefon.

Ich hatte einen anstrengenden Tag hinter mir mit vier Terminen in Moabit und anschließenden ausgedehnten Klientenbesprechungen in meinem Büro. Am Abend hatte ich mit meiner Frau das Metropol-Theater besucht und danach mit ihr und meinem Freund James Klein, dem Direktor der Komischen Oper, bei Kempinski soupiert. Ich war also rechtschaffen müde und keineswegs gewillt, mich durch einen Telefonanruf aus dem besten Schlaf holen zu lassen. Aber der Apparat auf meinem Nachttisch klingelte pausenlos weiter …

Knurrend nahm ich endlich den Hörer ab.

«Juten Morjen, Doktor», posaunte Kriminalkommissar Gennats Stimme am anderen Ende der Leitung so laut, daß ich erschrocken zusammenzuckte. «Raten Sie mal, von wo ick anrufe!»

«Vielleicht aus dem Land, wo sonst gewöhnlich der Pfeffer wächst?» fauchte ich erbost zurück.

«Falsch! Janz falsch … Ick bin augenblicklich nemlich in Wiesbaden!»

«Na, dann viel Spaß. Auf Wiedersehen in Berlin!» «Momang, Momang, Doktor. Wat jlooben Sie, wem ick hier bejejnet bin?»

«Keine Ahnung.»

«Na – unserm jemeinsamen Freund, dem Direktor Karl Friedrich Bernotat. Is zwar een bißken lädiert, aber sonst janz proper. Läßt Ihn' schöne Jrüße bestelln. Is eben immer noch Kavalier.»

Ich erwiderte nichts. Ich war viel zu schlaftrunken, um überhaupt einen klaren Gedanken fassen zu können.

«Da staunse, wat?» trompetete Gennats Stimme trotzdem ungerührt weiter. Plötzlich aber wurde sie leiser – so leise, daß ich sie kaum noch hörte: «Doktor ... erinnernse sich noch an das Jeschäft, das ich Ihnen einmal vorjeschlagen habe?»

«Woran soll ich mich erinnern?»

«Na, an det Jeschäft, das wir beede eenmal machen wollten.»

«Wir beide?»

«Hörnse mal jut zu ... Wir ham doch jetzt den Bernotat in unsere Obhut. Sie jlooben doch, dieser Mann wär so wat wie 'n irrejeleitetet Genie. Na schön – warum nich? Ick will nu een jutet Wort beim Richter für Bernotat einlejen. Ick kann det ... Ick will nur 'ne janz kleene Jejenleistung dafür.»

«Welche denn?»

Gennats Stimme am andern Ende der Leitung flüsterte nur noch:

«Er soll mir den Kerl verpfeifen, der für ihn im Berliner Polizeipräsidium die Akten und Strafeintragungen beseitigt hat! Ick habe doch keene ruhije Minute mehr, bis ick diesem Schweinehund die Handschellen anjelegt habe.»

*

«Erschrecken Sie nicht über meinen Anblick, Herr Doktor Frey.» Ein abgezehrter Mann im grauen Sträflingshemd streckte mir seine magere Hand entgegen. «Ich glaube, ich sehe ziemlich erbärmlich aus.»

Ich war wie vor den Kopf geschlagen, als ich meinen Mandanten Karl Friedrich Bernotat mit fahlen Wangen, flatternden Augenlidern und eingegipstem Bein im Bett des Gefängnis-Lazaretts Moabit liegen sah.

War dieses menschliche Wrack überhaupt Bernotat? Der große Geschäftsmann? Der charmante, reiche Kavalier? Der Gentleman, dem die schönsten Frauen nachliefen, der eine luxuriöse Wohnung, Rennpferde und drei Autos besaß?

«Na, Herr Doktor Frey – schauen Sie nicht so trübsinnig», versuchte er zu scherzen. Das alte charmante Lächeln erschien auf seinem blassen Gesicht, aber es wirkte jetzt seltsam leer und sinnlos.

Ich beugte mich zu meinem Mandanten nieder. «Was hat Sie so zugerichtet? Der Fenstersprung? Oder die Verhöre der Polizei?»

«Nun ja ... das Bein tut schon verdammt weh ... und dann die verschlossenen Türen und die vergitterten Fenster ... Ich bekomme keine Luft. Ich kann nicht atmen hier ...» Ich versuchte ihn zu beruhigen, aber es gelang mir nicht. Irgendein Geheimnis schien ihn zu bedrücken.

«Na, wie wär's, wenn Sie aus Ihrem Herzen keine Mördergrube machen und mir Ihre geheimen Sorgen anvertrauen würden?» fragte ich.

Der Gefangene umklammerte meine Hand. Sein Atem ging stoßweise. «Sehen Sie, Herr Doktor – ich mußte so handeln ... Das andere war stärker als meine Vernunft ...»

In diesem Augenblick ertönten Schritte draußen im Zellenflur. Ein Schlüsselbund rasselte, klirrend wurde die Eisentür zum Krankenraum aufgestoßen.

Der dicke Kriminalkommissar Ernst Gennat rauschte mit der Gewandtheit eines Elefanten und dem Lärm eines mittleren Erdbebens in die Zelle.

Gennat lächelte jovial und rieb sich die fleischigen Hände. «Tach, allerseits ... ick störe doch nich etwa?» Er blickte auf Bernotat, der ergeben die Augen schloß. «Jut jeschlafen, jut jefrühstückt? So isset richtich – immer kregel, immer vajnügt, so ham wir's jerne ... Wie isset mit 'nem kleenen Skat, wo wir drei Hübschen doch jrade so jemütlich beisammen sind? Herr Doktor Frey, ham Sie nich zufällig Spielkarten instecken? Nee ...?»

Ich kannte Gennats muntere Plaudereien. Sein Mund konnte ganz automatisch das blödsinnigste Zeug daherreden, während sein fuchsschlauer Verstand inzwischen Zeit hatte, einen Schlachtplan zu entwerfen.

Der Kriminalkommissar kam auch gleich zur Sache: «Nu, Doktorchen – ham Sie unserm Patienten zujeredet, dat er mir jetzt een bißken wat ins Ohr flüstert? Wie seine Strafakten und Eintrajungen bei der Staatsanwaltschaft und im Polizeipräsidium so stiekum vaschwinden konnten – so mir nichts, dir nichts? Ham Sie Bernotaten zujeredet wie'm kranken Pferd ... wie et abjemacht war? Unser jemeinsamer Freund hier könnte sich, wenn er singt, jut und jern seine Jefängniszeit um een, zwo Jährchen verkürzen ...»

Ich blickte auf den Gefangenen, der den dicken Kriminalkommissar anstarrte.

«Ick höre ...», sagte Gennat. Er fischte in den Taschen seines zerdrückten Anzuges nach einer seiner berüchtigten ordinären Zigarren, zündete sie mit einer langsamen Bewegung an und lächelte Bernotat dann aufmunternd zu.

«Es war ganz einfach, Herr Kriminalkommissar», sagte Bernotat schwach.

«Sicher ... Allet Jeniale is einfach. Trotzdem hätt ick jern een bißken mehr darüber vernommen.»

«Muß das sein?»

«Ja, det muß sein ... Ich will endlich wissen, wer dat Schwein war, das Ihre Strafakten beiseite jebracht hat.»

«Ich, Herr Gennat, ich!»

«Na, nu machen Sie mal 'n Punkt, Verehrtester. Woll'n Sie mir auf'n Arm nehmen? Dazu bin ick zu schwer.»

«Aber es stimmt, Herr Kommissar!»

«Wie woll'n Sie det denn jemacht ham?»

«Ich machte mich während der Dienststunden im Kriminalgericht Moabit an die Justizbeamten heran. Es läuft ja immer eine ganze Menge von ihnen auf den Korridoren herum. Ich fragte sie ganz harmlos, wo die Akten eines gewissen Bernotat aufbewahrt würden und wie die Aktenzeichen lauteten. Die Beamten gaben mir immer freundlich Auskunft. Sie wußten ja nicht, daß ich selbst dieser gewisse Bernotat war ...»

«Schön, schön – und dann?»

«Ja, und dann ließ ich mich nachts im Gericht einschließen. Mit einem Universalschlüssel öffnete ich die Dienstzimmer und räumte die Akten aus ... Die ganze Sache ging wie geschmiert.»

Kriminalkommissar Gennat hörte mit halbgeschlossenen Augen zu.

«Det kann allet so jewesen sein», sagte er schließlich und räkelte sich auf seinem Stuhl. «Aber nur bei't Kriminalgericht Moabit … Und wie jing die Chose in't Polizeipräsidium am Alex? Wo die Strafrejistereintragungen hübsch säuberlich ausjeschnitten und die Steckbrieffotos mit dem Vermerk ‹Verstorben› überklebt wurden? Da müssen Sie doch Helfershelfer jehabt ham …»

Bernotat räusperte sich. «Sicher, Herr Kommissar. Im Präsidium ging mir der Schülke zur Hand.»

«Schülke … Kenn ick nich.» Und dann schlug er sich plötzlich erregt vor den Kopf. «Meinen Sie etwa den Denunzianten-Schülke …?»

«Richtig, Herr Kommissar. Er wußte, in welchen Räumen die Strafregister und die Kladden der Haftbücher lagen. Er überklebte im Verbrecheralbum meine Fotos und löschte meinen Namen in den Strafregistern und Haftbüchern.»

Kriminalkommissar Gennat blickte mich düster an: «Schülke … Laut Adreßbuch ein Injeniör – in Wirklichkeit aber een Polizeispitzel, een sojenannter Vigilant … Hat, wie's scheint, nich nur auf eener Schulter jetragen, sondern auf alle beede!

So'n verdammter Achtjroschenjunge … Er war et nemlich, der mir zuerst jeflüstert hatte, dat Bernotat den Einbruch in die Chilenische Jesandtschaft jefingert hatte! Stimmte ja ooch, denn in Bernotats Wohnung fanden wir een sehr wertvolles, altes Silberbesteck, dat einwandfrei von dort stammte . Und Schülke hat sich vor sechs Tagen bei mir persönlich die fünftausend Emm abjeholt, die für die Aufklärung dieser Straftat ausjesetzt waren. Er wollte dat Jeld nur annehmen, wenn er die Quittung mit falschem Namen unterschreiben darf. Ick hab's ihm ooch freundlichst jestattet …»

Gennat zog an seiner zerknautschten Zigarre. Aber sie war ausgegangen, und er warf sie mißmutig auf den Boden. Plötzlich bellte er los: «Und ick weeß sojar, warum der Polizeispitzel Schülke die Quittung ausjerechnet mit 'nem falschen Namen unterschreiben wollte … Er hat nemlich mächtije Angst vor Ihrer Rache, Bernotat! Und warum hat er Angst? Ick will et Ihnen janz jenau sagen: Weil er wußte, daß Sie diese Quittung zu Jesicht bekommen würden! Weil et noch eenen zweiten Schweinehund in't Polizeipräsidium jibt, den Sie bestochen ham und der Ihnen jefügig is …»

Die Zelle war plötzlich voll schwerer, drückender Stille. Die Finger von Bernotats rechter Hand zuckten auf dem Laken hin und her.

Er lächelte mit verkrampften Lippen: «Hören Sie auf, mich zu beißen, Herr Kommissar. Warum fragen Sie nicht ganz einfach den Schülke?»

Gennat schnaufte und lief rot an: «Dat jeht nich mehr. Schülke is doch tot ... Vor drei Tagen wurde er von 'nem Lastkraftwagen überfahrn, als er betrunken die Tauentzienstraße überquern wollte. Hat sich von den fünftausend Emm Belohnung eenen Jehörigen auf die Lampe jegossen ...»

Bernotats Finger auf dem Laken kamen zur Ruhe. Das Lächeln in seinem Gesicht wurde zu einer Grimasse. «Um so besser.»

Kriminalkommissar Gennat schluckte. Er stand plötzlich auf und starrte den Gefangenen an. «Du willst mir also den Namen des Beamten nicht flüstern, Jungchen?»

«Nein. Es gibt keinen.»

«Jut. Oder, besser jesagt, nich jut. Gar nich jut.» Der Kommissar wandte sich zur Tür der Zelle, öffnete sie, steckte seinen Kopf hinaus, kam dann wieder herein und setzte sich auf seinen Stuhl. «Wenn mich jewisse Dinge interessiern, hab' ick Zeit. Viel Zeit ...» Dann schwieg er. Minutenlang ...

Endlich kamen Schritte den Zellentrakt hinunter und hielten vor dem Krankenraum. Die Eisentür flog auf.

Im Eingang stand eine breitschultrige Gefangenenwärterin. Am Arm führte sie eine zarte junge Frau mit einem liebreizenden, blassen Gesicht und wundervollen großen Augen, die suchend umherirrten, bis sie schließlich erschrocken auf Bernotat ruhen blieben.

Der Gefangene versuchte, sich in seinem Bett aufzurichten, fiel aber mit einem Wehlaut in die Kissen zurück.

«Was haben Sie mit meiner Frau gemacht, Kommissar?» flüsterte er. Seine Lippen zuckten.

«Ich ...? Nischt! Wir ham nur Ihre Jattin verhaftet, det is allet. Wejen dringenden Verdachtes der Beihilfe und Mitwisserschaft.»

Bernotat schüttelte den Kopf. »Ich habe dich erwartet», sagte er zu seiner Frau. «Aber nicht als Gefangene. Es ist eine Gemeinheit, daß man jetzt auch dich in die Geschichte mit hineingerissen hat.»

Die Frau an der Tür stand ganz still. Dann bewegte sie fast unhörbar den Mund.

«Warum hast du das getan?» fragte sie ihren Mann.

Bernotat legte schweigend den Kopf zur Seite und sah von ihr weg.

«Warum ...?» fragte die Frau in ihrem englisch gefärbten Tonfall.

Keine Antwort. Stille.

«Ich weiß, warum du zum Verbrecher geworden bist ...», sagte die Frau. «Es waren die Bücher, die verdammten Bücher! Du hast sie mehr geliebt als mich und deinen Sohn Charly ...»

Bücher ...? Ich stand ganz starr. Die Gedanken in meinem Kopf überschlugen sich. Waren die Bücher etwa das Geheimnis?

Ich dachte an die Riesenbibliothek in Bernotats Wohnung in der Johann-Georg-Straße 16 am oberen Kurfürstendamm.

Bücher, wohin man nur sah, bibliophile Kostbarkeiten aus dem 18. Jahrhundert, Erstdrucke von Klassikern, numerierte Luxusausgaben von unschätzbarem Wert ... Noch nie hatte ich eine derartige Sammlung gesehen, außer vielleicht in einem Museum. Bernotats Bibliothek mußte ein irrsinniges Vermögen verschlungen haben.

War mein Mandant ein Verbrecher aus Bücherleidenschaft? Ein Bibliomane? Ein Mensch, den seine Leidenschaft zu Straftaten hinriß? Der sich mit dem Erlös des Diebesguts seltene und einmalige Buchausgaben verschaffte?

Ich blickte zu Gennat hinüber. Er bewegte sich nicht und hielt die Hände über seinem Bauch gefaltet. Seine Augen waren geschlossen.

«Du mußt mir verzeihen ...», sagte Bernotat zu seiner Frau. «Ich liebe dich doch ...»

Sie trat näher. Tränen verdunkelten ihre Augen. Sie beugte sich nieder und küßte ihn auf die Stirn. «Vielleicht ...», sagte sie. «Aber ich weiß es nicht genau.»

«Du mußt mir glauben.» Seine Hand suchte die ihre.

Ich wollte wegblicken, doch plötzlich sah ich, wie zwischen Bernotats Fingern ein kleiner Zettel auftauchte.

Mit einer blitzschnellen Bewegung drückte ihn Bernotat in die Hand seiner Frau. Einen Augenblick stand sie verständnislos über ihren Mann gebeugt. Dann überflutete Röte ihr Gesicht bis zum Hals. Ihre Finger schlossen sich ganz langsam zu einer Faust über dem Kassiber.

Ich muß wohl ein sehr dummes Gesicht gemacht haben. Denn als ich zu Gennat hinübersah, fühlte ich seinen Blick unter halbgeschlossenen Lidern auf mir ruhen, während seine Mundwinkel ganz leise lächelten.

Zehn Minuten später wurde Frau Bernotat von der Gefängniswärterin wieder hinausgebracht. Auch Gennat stand auf und verließ mit einem Kopfnicken die Zelle.

Bald darauf verabschiedete ich mich, etwas verwirrt, von meinem Mandanten. Bernotat blickte mich ausdruckslos an, als ich mich an der Tür noch einmal zu ihm umwandte. Nur in seinen Augen war ein Licht, das fast belustigt aussah.

Ich ging den langen Zellengang des Untersuchungs-Gefängnisses Moabit hinunter und lauschte auf das Geräusch meiner Schritte. Sie schienen mir entgegenzukommen. Aber das war nur das Echo. Immer wieder fiel ich darauf herein, wenn ich ein Gefängnis besuchte.

An einer Korridorecke stand Kriminalkommissar Gennat. Er hielt einen Zettel in der Hand und sah mich strahlend an.

«Die Sache hat geklappt», flüsterte er.

«Gratuliere», sagte ich.

Er wippte auf den Zehenspitzen. «Ick ahnte, daß Bernotat seiner Frau heute einen Kassiber zustecken würde. Deshalb hab' ick sie ja überhaupt verhaften lassen. Sie is natürlich unschuldig.»

«Sicher», sagte ich. «Bei der Polizei muß man auch Unschuldige verhaften können!»

«Ach – verderben Sie einem doch nich ejalweg die Freude … Ich hab' Frau Bernotat beobachten lassen, als sie die Krankenzelle verließ. Den Kassiber überjab sie eener Schließerin, und diese reichte ihn an eenen Hilfswachtmeester von det männliche Untersuchungs-Jefängnis weiter. Kopitschinski heeßt der Kerl. Wird heute noch verhaftet und kann sich mal so 'ne Zelle von innen besehn …»

Gennat blickte mich munter an. Ich schwieg.

«Wissen Sie, an wen der Kassiber nu letztlich jerichtet war?» fragte Gennat. «Ick sage et Ihnen: Der Kopitschinski, der verfluchte Kerl, sollte ihn an eenen Kriminalwachtmeester W … vom Erkennungsdienst von de Kriminalpolizei am Alex weiterreichen. Spann' Se wat, Doktor? Wachtmeister W … hat nemlich die Akten von Bernotat in Verwahrung. Nu hab' ick endlich det Schwein, det mir so ville Sorjen bereitet hat, Doktor! Is doch een Jrund zur Freude für den ollen Jennaten, wo der doch sowieso wenig Freude hat. Frau Bernotat lass' ick noch heute frei, und für Ihren Mandanten will ick ooch een jutet Wort beim Richter einlejen.»

Er hieb mir krachend auf die Schulter und rollte davon.

Ich bestellte mir ein Taxi und ließ mich in meine Praxis fahren. In meiner Kanzlei schloß ich mich sofort in mein Büro ein. Ich wollte ungestört über meine Verteidigungstaktik im Fall Bernotat nachdenken.

*

Am 11. Januar 1923, einem Donnerstag, begann vor der Strafkammer des Landgerichts Berlin III der Prozeß gegen den Meisterdieb und Gentleman-Einbrecher Karl Friedrich Bernotat.

In den Bänken drängten sich die Vertreter der besten Berliner Gesellschaft, Diplomaten, Lebemänner, Filmstars und viele, viele schöne Frauen, die erwartungsvoll ihre Schwanenhälse reckten.

Punkt neun Uhr wurde der Angeklagte hereingeführt. Der Flanellanzug, den er trug, war von einem der besten Schneider Berlins gearbeitet, der Firma Strapopolos und Moldauer im Hotel «Kaiserhof». Aber um das Jackett war ein breiter, brauner Ledergürtel geschnallt, der sich auf der eleganten Kleidung absonderlich ausnahm. An diesen Ledergürtel waren Bernotats Hände durch Handschellen fest angeschlossen …

Der Angeklagte blickte starr geradeaus. Über sein blasses, intelligentes Gesicht lief ein unaufhörliches Zucken.

Ein Polizeibeamter wurde von Landgerichtsdirektor Dr. Ohnesorge beauftragt, mit entsicherter Pistole neben meinem Mandanten auf der Anklagebank Platz zu nehmen. Bei einem Fluchtversuch Bernotats sollte er sofort von der Schußwaffe Gebrauch machen.

Die Anklage warf Bernotat Diebstahl und Einbruch in mehr als einem Dutzend von Fällen vor.

Ich hatte mit ihm abgesprochen, daß er seine Straftaten unumwunden zugeben sollte. Es war nach der Sachlage die einzige Möglichkeit, auf das Gericht einen guten Eindruck zu machen und ein mildes Urteil zu erreichen.

Gennat hatte einen Brief an den Vorsitzenden geschickt, worin er hervorhob, daß der Angeklagte bei der Entlarvung korrupter Kriminalbeamter im Polizeipräsidium entscheidend mitgewirkt habe. Ich war dem Kriminalkommissar dankbar, daß er nicht hinzufügte, wie dies in Wirklichkeit geschehen war …

Ich selbst wollte dem Gericht die verheerende Büchersucht Bernotats schildern, seine Bibliomanie, die ihn auf den Weg des Verbrechens getrieben hatte. Es kam aber alles ganz anders …

Denn als der Vorsitzende den Angeklagten fragte, ob er die Diebstähle und Einbrüche zugeben wolle, erhob sich Bernotat und schüttelte plötzlich den Kopf: «Ich bin unschuldig. Ich habe nie gestohlen …»

Im Gerichtssaal ging ein Raunen durch die Menge. Es schien, als würden die meisten Zuhörer seinen Worten Glauben schenken.

«Aber es liegen doch eklatante Fälle vor», erwiderte der Vorsitzende scharf. «Fälle, die eindeutig Ihre Schuld beweisen, Angeklagter!»

«Das ist ein Irrtum … Ich habe alle Sachen gekauft, die bei mir in der Wohnung gefunden wurden!»

Der Vorsitzende starrte Bernotat verständnislos an. «Sie erweisen sich mit Ihrem Leugnen keinen guten Dienst …», sagte er endlich. «Die Untersuchungsbehörden haben Ihr Doppelleben sorgfältig recherchiert. Das Anklagematerial ist erdrückend! Wenn Sie wollen, unterbreche ich die Sitzung. Ich will Ihnen Gelegenheit geben, sich noch einmal mit Ihrem Anwalt zu besprechen.»

«Das ist nicht nötig», sagte Bernotat entschlossen. Er atmete schwer. Dann fügte er leise hinzu: «Warum glaubt man mir denn nicht? Ich bin kein Dieb, ich bin kein Einbrecher. Es muß sich alles aufklären, ganz bestimmt. Niemand kann mir etwas beweisen – niemand.»

Er setzte sich, sein Kopf fiel vornüber auf die Bank.

Lärm im Gerichtssaal. Der Vorsitzende klingelte um Ruhe.

«Sie geben also keinen einzigen Fall der Anklage zu?»

«Nein …», erwiderte Bernotat erstickt.

Ich glaubte meinen Ohren nicht zu trauen …

In der Verhandlungspause suchte ich meinen Mandanten sofort in seiner Zelle auf.

«Menschenskind, was soll denn dieser Unfug?» brüllte ich ihn an. «Wenn Sie nicht vernünftig sind, lege ich sofort die Verteidigung nieder!»

Bernotat riß verzweifelt an seinen gefesselten Händen. «Ich kann mich nicht für schuldig erklären ...», sagte er stockend. «Ich kann es nicht - verstehen Sie doch ...» Tränen glänzten plötzlich in seinen Augen.

«Warum denn nicht? Sie haben doch die Straftaten begangen?»

«Ja ...»

«Und?»

«Meine Frau ist wieder zu ihren Eltern nach England zurückgegangen ... Sie will sich scheiden lassen! Sie schrieb mir, daß alles keinen Zweck mehr habe, da ich mich doch nicht mehr von meiner Büchernarrheit trennen könnte. Allein wäre sie bei mir geblieben - aber jetzt müsse sie in erster Linie an unseren Sohn Charly denken, der niemals erfahren solle, wie sehr ich gefehlt habe ... Doktor - meine Frau war mein einziger Halt im Leben. Ich muß wieder zu ihr ... so schnell es geht!»

Vier lange Tage focht ich hinter den Kulissen einen aussichtslosen Kampf mit meinem Mandanten. Er glaubte, freigesprochen zu werden, wenn er alles abstritt und beharrlich log.

Er hoffte mit einer Inbrunst, die mich erschütterte, in kurzer Zeit den düsteren Bau des Untersuchungs-Gefängnisses Moabit verlassen und nach England, zu seiner Frau und zu seinem Sohn fahren zu können... Erst am letzten Verhandlungstag gestand er, aber ... es war zu spät.

Das Gericht fand kein Verständnis für sein unentwegtes Leugnen. Die Gesichter der Richter waren wie aus Eis, ihre Herzen wie aus Stein. Daran konnte auch mein Plädoyer nichts mehr ändern.

Karl Friedrich Bernotat wurde zu zehn Jahren Zuchthaus und zehn Jahren Ehrverlust verurteilt.

Ich habe ihn nie wiedergesehen. Auch seine Frau nicht, die kleine, zarte Engländerin mit dem liebreizenden Gesicht.

Im Jahr 1937 stand mein Mandant als fünfzigjähriger Mann wieder vor Gericht. Nach Verbüßung seiner Zuchthausstrafe war er wiederum der Bibliomanie verfallen, hatte Einbrüche begangen und sich von dem Erlös seltene Bücher gekauft ... Diesmal bekam er vier Jahre Zuchthaus und Sicherungsverwahrung.

Das bedeutete Konzentrationslager ... Man erschoß ihn «auf der Flucht».

Und niemand weiß heute, wo Karl Friedrich Bernotat begraben liegt – jener geistreiche, kultivierte Mann, dem einst Berlin zu Füßen lag und dem ausgerechnet Bücher zum Verderben wurden …

Gustav Passarge

Einbrecher waren sie beide, der Herr Direktor Bernotat vom Kurfürstendamm und der Matrosen-Willy vom Bülowbogen.

Aber der Matrosen-Willy, mit bürgerlichem Namen Gustav Passarge, kam nicht aus der hellen Welt des Geistes zu seinen Verbrechen. Die Welt des schönen Ganoven mit dem langen Vorstrafenregister war die Welt Mackie Messers. In Brechts Dreigroschen-Oper fand ich sie wieder, diese Zuhälter und Dirnen, Diebe und Räuber, die beim Mordprozeß Spanier-Passarge auf der Anklagebank saßen.

Niemals in meinem Leben werde ich das eisige Gesicht des Landgerichtsdirektors Dr. Peltasohn vergessen, als ich im Großen Schwurgerichtssaal des Landgerichts II in Moabit den Geschworenen zurief:

«Ihre Aufgabe ist es, zu verhindern, daß dieser Prozeß unter dem schaurigen Stichwort ‹Justiz-Irrtum› oder gar ‹Justiz-Mord› in die Annalen der Kriminaljustiz eingeht. Ich beantrage Freispruch für meinen Mandanten, den achtundzwanzigjährigen Gustav Passarge.»

Nicht nur der Vorsitzende, auch die Geschworenen, der Staatsanwalt, die Gerichtsschreiber und die Zuhörer zuckten bei dem Wort Justiz-Mord zusammen. Es war, als hätte ich in einer Kirche den Namen des Leibhaftigen ausgerufen und als müßte die Strafe mit Donnergewalt über den Lästerer hereinbrechen.

Es gibt kein Wort, das in den Ohren eines modernen Richters ungeheuerlicher klingt als: Justiz-Mord. Es ist etwa dasselbe, als spräche man in unserem Zeitalter der Hygiene und der Schutzimpfungen von der Pest. Es ist, als würde das Mittelalter mit seinen Hexen- und Inquisitionsprozessen beschworen. Und nun hatte ich dieses Wort ausgesprochen.

Vielleicht hätte man mir das verziehen, wenn der Mann auf der Anklagebank ein bedauernswertes Opfer unglücklicher sozialer Verhältnisse gewesen wäre. Aber das war Gustav Passarge beileibe nicht.

Auch ohne die stattliche Latte seiner Vorstrafen zu kennen, hätte ihm niemand den unwissend und unschuldig auf die schiefe Bahn gekommenen Jungen geglaubt. Dafür bewegte er sich allzu selbstbewußt, allzu gelassen in seinem wie angegossen sitzenden dunklen Anzug in der Anklagebank.

Er hatte die schlanke Figur eines Weltergewichtsboxers, ein gut geschnittenes, beinahe schönes Gesicht mit dunklen funkelnden Augen unter schön geschwungenen dichten Augenbrauen. Völlig entspannt saß er da wie ein Panther, die Augen halb geschlossen und doch wachsam.

Er muß wohl die Blicke der Frauen im Zuschauerraum gespürt haben, die sich seinetwegen Tag für Tag die besten Plätze streitig machten. Aber er tat so, als merkte er es nicht. Nur der würdigen älteren Dame mit der Lorgnette erwies er jeden Morgen, wenn sie ihren Platz einnahm, mit knapper kavaliermäßiger Verbeugung seine Reverenz, die von der Dame mit leichtem Kopfnicken und sanftem Erröten erwidert wurde.

Ich hatte dieses Spiel zuerst belustigt, dann mit steigender Verwunderung beobachtet. Die Dame war mit jener etwas altmodischen Eleganz gekleidet, die in Zeiten hektischer Modekapriolen und bei Frauen eines gewissen Alters als Beweis wirklicher Vornehmheit anzusehen ist. Sie trug wenigen, aber kostbaren Schmuck, was ich feststellte, als ich mich in einer Verhandlungspause an ihr vorbei zum Ausgang drängte. Und ich nahm dabei auch einen feinen Duft von Veilchen und Lavendel wahr, der von ihr ausströmte. In der Nachmittagssitzung nahm ich sie genauer aufs Korn. Vielleicht war sie nicht ganz richtig im Kopf, vielleicht fühlte sie sich in einer seltsamen Verwirrung ihres Herzens zu jenem kaltschnäuzig schönen Unterwelt-Adonis hingezogen, der hier wegen Raubmordes angeklagt war.

Ich fragte Passarge, was es mit seiner Verehrerin auf sich habe, ob er sie vielleicht kenne. Er lachte: «Is nich mein Jahrgang und auch nich meine Preislage ... Mit solche Leute kricht es unsaeins doch nur zu tun, wenn wa ihnen de Bude ausräumen. Haben Se den Schmuck jesehen? Wär doch een paar Tage Angst wert, oder ...» Ich war so schlau wie vorher. Ich hätte die Dame ja ansprechen und fragen können, aber das wäre mir taktlos vorgekommen.

Der Prozeß hatte sich gewaltig in die Länge gezogen. Die erste Verhandlung war vertagt worden, sieben lange Monate waren vergangen, bis endlich eine neue Verhandlung angesetzt wurde. In der Zwischenzeit erhielt Passarge in der Untersuchungshaft ständig Päckchen mit Backwerk und Zigaretten. Das erste Päckchen wurde von der Gefängnisbehörde zurückgewiesen, weil kein Absender daraufstand. Von da an wurden die Sendungen an mich adressiert, und ich nahm sie mit nach Moabit. Sie enthielten auch keinen Gruß, aber aus dem Einwickelpapier stieg jener feine Duft von Veilchen und Lavendel auf …

Im Januar 1923 begann die zweite Hauptverhandlung. Und am ersten Verhandlungstag ertappten Passarge und ich uns gegenseitig, wie wir neugierig die dichten Reihen der Zuschauer musterten.

Zum erstenmal seit unserer Bekanntschaft entdeckte ich, daß Passarges Gesicht innere Bewegung auszudrücken imstande war. Er war enttäuscht: die Dame mit der Lorgnette war nicht gekommen.

«Aber sie hat doch noch gestern ein Päckchen geschickt», sagte er mit belegter, trauriger Stimme. «Sie wird doch nicht etwa krank sein?»

Während des Vormittags war er zerstreut und drohte, eine leichte Beute für den sachlichen, dafür aber um so gefährlicheren Staatsanwalt Dr. Orthmann zu werden.

Die Anklage lautete auf Raubmord, begangen an dem achtundvierzigjährigen Teppichhändler Alfred Neißer. Mit Passarge zusammen waren angeklagt der zwei Jahre jüngere Harry Selzer und – die Sensation des Prozesses – Frau Helene Spanier, die Inhaberin einer gutgehenden und bis dahin wohl angesehenen Pension in der Güntzelstraße in Wilmersdorf.

Ihre Verhaftung und die Tatsache, daß man sie als geistiges Oberhaupt einer gefährlichen Verbrecherbande ansah, hatte in der Geschäftswelt des Berliner Westens und in Kreisen der besten Gesellschaft wie ein Blitz eingeschlagen. Denn bis dahin hatte Frau Spaniers elegante Pension bevorzugt ostelbischen Großagrariern und westdeutschen Großindustriellen als Berliner Bleibe gedient, und auch in diplomatischen Kreisen galt das Fremdenheim Spanier wegen seiner ruhigen Lage, seiner geschmackvollen Zimmer und der diskreten Bedienung als bestens empfohlen. Und nun saß Frau Helene Spanier wegen eines Raubmords auf der Anklagebank.

Sie war eine faszinierende Erscheinung, obgleich man sie nach landläufigen Begriffen eher häßlich als hübsch nennen mußte. Sie war mittelgroß und hager. Ihre pechschwarzen, ins Bläuliche schillernden Haare umrahmten in einer Madonnenfrisur ihr Gesicht mit den vorstehenden Backenknochen. Die Haut war kalkweiß, ihre schwarzen brennenden Augen lagen in tiefen Höhlen, und unter ihrer schmalen, sanft gebogenen Nase glühte ein voller tiefroter Mund. Eingerahmt von Gustav Passarge und Harry Selzer saß sie auf der Anklagebank, ein Nervenbündel, eine intelligente Katze zwischen diesen beiden jungen, stahlharten, gefährlichen Burschen.

Es war kein Wunder, daß das Auftreten dieses Trios in Moabit einen ungewöhnlichen Ansturm von Zuhörern entfesselt hatte. Dazu kam, daß in diesem Prozeß zum erstenmal scharf hinter die Kulissen der Berliner Unterwelt geleuchtet wurde, die sich seit dem Kriege auch im Berliner Westen angesiedelt hatte.

Es war ein Prozeß, der die Bewohner von Berlin-W das Gruseln lehrte. Nun gab es also auch diesseits des Landwehrkanals, was bisher nur den finsteren nördlichen Vierteln hinter dem Alexanderplatz vorbehalten gewesen war: Kaschemmen, Pensionen, in denen organisierte Banden mit der dazu gehörenden Weiblichkeit hausten.

Ich selber, der ich zu jener Zeit schon zwei Massenmörder und einige Hunderte abseitiger Erscheinungen vor Gericht verteidigt hatte, muß gestehen, daß mich der Prozeß Spanier-Passarge stark irritierte. Das Zeugenaufgebot, das vor den Schranken von Moabit aufmarschierte, war einmalig. Zu einem Drittel war es eine sogenannte «geschlossene Gesellschaft», die aus den verschiedenen Gefängnissen und Zuchthäusern in und um Berlin vorgeführt wurde. Das zweite Drittel waren Gäste des Schwedtschen Pavillons in der Körnerstraße, einer einstmals gutbürgerlichen Pension, sowie einer benachbarten Destille. Und das letzte Drittel waren Kriminalbeamte und Untersuchungsrichter. Die Mischung war einmalig …

Die alte Dame mit der Lorgnette und dem dezenten Veilchengeruch sollte doch noch zum zweiten Prozeß erscheinen. Nachdem sie die Vormittags-Sitzung aus irgendeinem Grunde versäumt hatte, saß sie am Nachmittag wieder an ihrem Platz.

Gustav Passarge atmete auf, sobald er sie bemerkte. Vom selben Augenblick an war er wieder bei der Sache, gab vernünftige Antworten und verhaspelte sich nicht mehr beim Reden.

Ich beobachtete seine seltsame Verehrerin. Ich sah, wie es in ihren Augen aufleuchtete, wenn eine Aussage für Passarge günstig war, wie sie ihre Lippen aufeinanderpreßte, wenn ihn der Richter und der Staatsanwalt in die Enge trieben, und wie sich ihr Blick verfinsterte, sobald Helene Spanier sich auf Kosten der beiden Mitangeklagten aus der Affäre zu ziehen versuchte. Ich glaubte, die alte vornehme Dame haßte Helene Spanier …

Aber was mich am meisten verwunderte, war die Gelassenheit, mit der sie all jene abgrundtiefe Verworfenheit hinnahm, die sich in jeder Zeugenaussage und in jeder Antwort der Angeklagten offenbarte. Sie hörte gebannt zu, hin und wieder nickte sie oder schüttelte abweisend den weißhaarigen Kopf.

Eine Woche lang ging das so. Es kam der Tag, an dem der Staatsanwalt sein Plädoyer hielt und ich ihm in zweistündiger Rede antwortete. Es kam der Schlußsatz meiner Verteidigung, in dem ich die Geschworenen davor warnte, einen Justizmord zu begehen. Der Vorsitzende unterbrach die Verhandlung. Der Saal wurde geräumt.

Ich hatte es eilig, an die frische Luft zu kommen, und mischte mich unter das Publikum, das dem Ausgang zudrängte. Ich schritt wie durch eine Mauer eisigen, ablehnenden Schweigens. Wie die Leute mich ansahen und noch mehr wie sie von mir wegblickten, sagte mir, daß ich mit meinem Plädoyer ihr Empfinden verletzt hatte.

Volkes Stimme ist Gottes Stimme, heißt es im Sprichwort, und ich kenne zahllose Fälle, in denen der juristische Laie mit seinem Urteil sicherer ins Schwarze traf als der Jurist. Aber es kann auch umgekehrt sein. Es kann auch geschehen, daß durch ein Verbrechen bestimmte Notwehrinstinkte in der Öffentlichkeit erweckt werden. Die Öffentlichkeit will ein Exempel statuiert sehen, sie wird ungeduldig, wenn ihr die Polizei nicht schon am Tag nach der Tat die Verhaftung des Täters melden kann. Und wenn dann eine Spur da ist, wenn es im Polizeibericht heißt, daß der mutmaßliche Täter gefaßt wurde, dann richtet sich die Volkswut gegen ihn. Es ist nur natürlich, daß die Polizei aus der Fülle ihrer Ermittlungsergebnisse diejenigen Indizien der Öffentlichkeit mitteilt, die für die Schuld des Verhafteten sprechen. Und wenn schließlich der Staatsanwalt die Eröffnung der Voruntersuchung beantragt, liest man im abschließenden Polizei-Bericht, daß der Täter überführt werden konnte.

Oft habe ich mich in solchen Fällen gefragt, warum man denn überhaupt noch eine Verhandlung braucht, wozu Richter, wozu Geschworene, wenn seit Wochen das «Schuldig» in alle Hirne hineingehämmert worden ist? Und wenn dann der Angeklagte gar noch unsympathisch ist, wenn er Vorstrafen hat, wenn seine Vergangenheit und seine Erscheinung dafür sprechen, daß ihm die Tat zuzutrauen ist – dann ist er von vornherein auf der Verliererstraße. So war es auch mit Gustav Passarge.

«Ooch wenn a den ollen Teppichhändler nich abjemurkst hat, verknackt mussa wern. Is nich schade drum», hörte ich einen Mann neben mir reden.

Ich sah mich nach dem Sprecher um.

«Da ham Se sich jan schönet Stück jeleistet, Herr Rechtsanwalt», meinte er.

«Sagen Sie mal, sind Sie verheiratet?» fragte ich ihn.

«Ja, wat soll die Frage?»

«Haben Sie schon mal Krach mit Ihrer Frau gehabt?»

«Jelegentlich schon …»

«Kochen Sie zu Hause mit Gas?» fragte ich weiter. Er nickte und sah mich mißtrauisch an.

«Haben Sie vielleicht schon mal aus Versehen den Gashahn offengelassen?»

«Nich, det ick wüßte.»

«Könnte Ihnen aber doch mal passieren, wie?» Er zuckte mit der Achsel.

«Nun stellen Sie sich mal vor, es passiert Ihnen wirklich mal. Und zufällig haben Sie vorher gerade Krach mit Ihrer Frau Gemahlin gehabt. Sie hat ein Beruhigungsmittel genommen und hat sich für 'ne Stunde aufs Küchenkanapee gelegt. Sie nehmen Ihren Hut und gehen in die Kneipe nebenan, um Ihren Ärger mit 'ner Molle runterzuspülen. Und dann kommen Sie nach Hause. Oben in Ihrer Wohnung sind die Polizei und die Feuerwehr. Und draußen auf dem Treppenabsatz steht die Nachbarin, zu der Sie im Suff mal ‹olle Zicke› gesagt haben, und erzählt dem Beamten vom Revier, daß sie den Krach vorhin bis runter auf den Hof gehört hat …»

«So wat von Zufall jibts doch janich», meinte mein Kritiker. «Das würde Ihnen der Richter wahrscheinlich auch vorhalten», sagte ich und wollte weitergehen.

Plötzlich fühlte ich mich leise am Ärmel meiner Robe gezupft. Es war die Dame mit der Lorgnette.

«Verzeihen Sie die Belästigung», sagte sie schüchtern. «Ich wollte Ihnen für Ihre mutigen Worte danken ...»

«Mut ist wohl nicht der richtige Ausdruck», entgegnete ich. «Ich halte den Schuldbeweis für nicht ausreichend. Das ist alles.»

«Sie glauben, daß er es getan haben könnte?»

Auf diese Frage zu antworten, hatte ich kein Recht. Ich persönlich hielt Gustav Passarge für unschuldig. Er gehörte zu jener Klasse von Berufsverbrechern, die nie ein Schießeisen mitnahmen, wenn sie ein Ding drehen wollten. Sie sahen mit Verachtung auf jene Konkurrenten herab, die sich bei der Arbeit «die Finger schmutzig» machten. Das taten nur grüne Jungs, die zu dumm waren, ein Unternehmen so anzulegen, daß ihnen kein Wächter oder Eigentümer überraschend in die Quere kommen konnte. Ich glaubte an Gustav Passarges Unschuld, nicht weil ich ihn edlerer Regungen für fähig hielt, sondern weil er zu klug und gerissen war.

Die alte Dame schien mein Schweigen richtig zu verstehen: «Es war eine törichte Frage, verzeihen Sie. Guten Tag.»

Sie war schon fast in der Menge untergetaucht, als mich plötzlich ein Gedanke durchschoß. Sie kam mir so verlassen vor, so rührend in ihrem Kummer um einen Menschen, von dem sie durch Welten getrennt war. Bis zur Nachmittagsverhandlung hatte ich anderthalb Stunden Zeit. Ich holte sie ein und fragte sie, ob ich ihr zum Essen meine Gesellschaft anbieten dürfte.

«Ich trinke nur ein Glas Tee. Das übrige habe ich hier.» Sie deutete auf ihren Pompadour.

Wir fuhren in ein stilles, bescheidenes Café-Restaurant im Hansa-Viertel. Ich bestellte Essen für mich und Tee für sie. Aus dem Pompadour brachte sie ein kleines Paket zum Vorschein. Es enthielt zwei Paar hauchdünn geschnittene Klappbrote.

«Gänseschmalz», sagte sie. «Noch von Weihnachten. Wenn man allein ist, kommt man lange damit aus ...»

Sie schwieg. Doch ich hatte das deutliche Gefühl, daß sie mir gern noch etwas gesagt hätte.

«Das Milieu, das Sie da im Gerichtssaal kennengelernt haben, scheint mir etwas kraß für einen Menschen wie Sie», sagte ich.

«Ja, es ist furchtbar.»

«Ich habe mich gewundert, daß Sie immer wieder kamen.»

Sie sah mich erstaunt an: «Sie haben mich schon öfter bemerkt?»

«Ja ... und auch Ihre Päckchen für Passarge», sagte ich.

Sie schlug die Augen nieder. «Sie halten mich für sensationslüstern?»

«Nein.»

«Aber für ein bißchen wunderlich?»

Ich schüttelte den Kopf.

«Es fällt mir zwar schwer, darüber zu sprechen», sagte sie endlich. «Aber ich werde es Ihnen doch erklären.»

Durch Zufall war sie bei der Zeitungslektüre auf den Namen Gustav Passarge gestoßen. Sie erinnerte sich: ihr Mann, durch Krieg und Krankheit lange von ihr getrennt gewesen, hatte ihr vor seinem Tod ein Geständnis gemacht. Er hatte von einer andern Frau einen Sohn. Der Junge war bei guten älteren Leuten untergebracht worden. Später hatte er eine Drogistenlehre hinter sich gebracht. Die alte Dame hatte vergeblich nach diesem Sohn ihres Mannes, von dem sie nur den Namen, Gustav Passarge, kannte, geforscht. Sie hatte ihn aufnehmen wollen, um gutzumachen, was an ihm unterlassen worden war.

Doch Gustav Passarge war nach seiner Entlassung aus englischer Kriegsgefangenschaft nie wieder ins bürgerliche Leben zurückgekehrt. Seinen Beruf wieder aufzunehmen, hatte er gar nicht erst versucht. Aber die in der Lehre und auf der Fachschule erworbenen chemischen Kenntnisse hatte er zu nutzen verstanden – auf seine Weise. Er war zu einem der geschicktesten Scheckfälscher der Nachkriegsjahre geworden. Seinem abenteuerlichen Wesen genügte jedoch die Pussel-Arbeit nicht. Er hatte seine Fachkenntnisse auf das Knacken von Geldschränken erweitert. Er war zu einem Begriff in der Berliner Unterwelt geworden und unter zahlreichen Namen untergetaucht.

Dem «Matrosen-Willy», wie er in den Kreisen seiner Kollegen und seiner an Fingern und Zehen nicht abzuzählenden Freundinnen hieß, war die feine alte Dame bestimmt nie begegnet. Und wenn – sie hätte in ihm wohl kaum den Sohn ihres Mannes vermutet.

Und nun machte die alte Dame sich Vorwürfe. Sie meinte, Matrosen-Willy wäre wohl kein Verbrecher geworden, wenn er einen Vater gehabt hätte.

Ich widersprach, erzählte ihr, was ich durch Passarge über dessen Adoptiveltern wußte. Daß sie grundanständige Menschen gewesen waren, daß es dem Jungen an nichts gefehlt habe, daß ihm seine unklare Abstammung erst bekannt geworden sei, als er sich längst auf der abschüssigen Bahn befand. Die Adoptiv-Eltern waren während des Krieges gestorben. Wer sein wirklicher Vater war, hatte Gustav Passarge niemals erfahren.

Das alles sagte ich meiner Begleiterin. Doch es war nur die halbe Wahrheit. Die andere Hälfte unterschlug ich. Wie hätte ich ihr auch jene Unterhaltung wiedergeben können, die ich mit Gustav Passarge, dem «Matrosen-Willy», gehabt hatte, als ich ihn nach Übernahme des Mandats im Untersuchungsgefängnis aufsuchte.

Ich hatte mir damals seinen Lebenslauf in Stichworten erzählen lassen. Als er von seiner Herkunft sprach, hatte ich aufgehorcht. Das konnte für die Verteidigung interessant sein, denn die Rechtsprechung fing damals an, Jugend, Erziehung und Milieu der Angeklagten als strafmildernde Gründe stärker in Betracht zu ziehen. Aber da war ich bei «Matrosen-Willy» schlecht angekommen.

«Lassen Se die ollen Herrschaften jefällichst aus dem Spiel, Herr Rechtsanwalt», hatte er mich angefaucht. «Die haben jetan, was sie konnten. Und was soll denn der janze Schmus vonwejen unglückliche Jugend, wos doch nur darum geht, ob ick dem Neißer den Jashahn abjedreht habe oder nich. Ick bin ein Ganove und bestreite es nich. Ick habe schon jeklaut, als ick noch nich mitn Kopp über de Tischkante kieken konnte. Mit leere Bierflaschen hat det anjefangen. Die habe ick Muttan aus der Speisekammer jemaust, und für det Pfandjeld hab ick mir Knallkorken jekooft und unta die Straßenbahnschienen jelecht ... Ne, ne, ne, Herr Rechtsanwalt, daß ick een Ganove bin, det muß in mein Blut liejen, die Pflejeeltern könn da nischt für ... Nur – een Mörder bin ick nich und ooch keen Totschläjer.»

Es muß im Blut liegen ... Ich blickte in das feine Gesicht der alten Dame, die gerade sorgfältig das leere Butterbrot-Papier zusammenfaltete und in ihren Pompadour schob. Ich konnte mir nicht vorstellen, daß sie mit einem Mann verheiratet gewesen sein sollte, der unter ihrem Niveau lag. Und doch behauptete der Sohn dieses Mannes, das Verbrechertum läge ihm im Blut.

«Ich werde alles daransetzen, um ihn wieder auf die richtige Bahn zu bringen», meinte sie, als wir zum Kriminalgericht zurückfuhren.

«Das würde mich für ihn freuen», sagte ich. Es hätte keinen Sinn gehabt, ihr klarzumachen, daß es ein hoffnungsloses Beginnen sein würde.

«Aber bitte, kein Wort darüber zu ihm», bat sie.

«Natürlich nicht.»

Vor dem Gerichtsgebäude schützte ich vor, noch rasch etwas im Landgericht I erledigen zu müssen. Ich wollte nicht, daß sie durch meine Begleitung der immer zu raschen Kombinationen bereiten Neugier gewohnheitsmäßiger Gerichtssaalbesucher und Kriminalstudenten ausgesetzt wurde.

Doch was ich eben von ihr gehört hatte, bewegte mich tief. Der Fall des «Matrosen-Willy» war für mich plötzlich mehr geworden als ein bloßer Sensationsprozeß, als ein Kampf um Tatbestände, Indizien und Paragraphen. Ich hatte plötzlich Zweifel, ob ich auch alle Momente, die Gustav Passarge entlasten konnten, genügend herausgearbeitet hatte.

Die Ereignisse, die zu seiner Anklage geführt hatten, waren mir bis ins kleinste Detail bewußt. Unter dem Bülowbogen, dort wo die Potsdamer Straße von der Bülowstraße gekreuzt wird, hatte es begonnen. Es war ein schöner Juni-Abend des Jahres 1920 gewesen …

*

Heulend und klappernd jagten die gelb-roten Hochbahnzüge über die in der Mitte der Bülowstraße zwei Stockwerk hoch gelegenen Gleise. Aus dem Schatten eines der massiven Stahlpfeiler, die den Bahnkörper tragen, löste sich eine Gestalt und folgte einer Dame, die beim «Café Eck» in die Bülowstraße einbog.

Der Mann trug einen runden Hut, den die Berliner «Koks» nennen, ein elegant geschnittenes Jackett und graugestreifte Hosen. Die offene Jacke ließ eine graue Weste sehen, über die sich eine schwere Uhrkette spannte. Ob sie aus Gold oder Double war, hätte näherer Untersuchung bedurft. Der Mann hatte es eilig, denn die Dame vor ihm schritt zügig aus. Er nahm die Zigarre, die ihm bisher lässig im Mundwinkel gehangen hatte, in die Hand und setzte sich in Trab.

Die Frau mußte seinen Schritt gehört haben. Sie verlangsamte ihr Tempo und blieb schließlich stehen. Ohne Begrüßung sagte sie leise: «Hast du den Scheck?»

«Na, Sache!»

«Gut, dann muß das Biest heute dran glauben … so oder so.»

«Gewalt kommt bei mir nicht in Frage», sagte er. «Das weißt du doch.»

Sie antwortete nicht, sondern sah ihn mit einem Blick ihrer brennenden schwarzen Augen an, der halb belustigt, halb mitleidig war. Er schlug die Augen nieder, als könne er ihren Blick nicht ertragen.

«Was ihr für schwache Nerven habt», sagte sie.

Raschen Schritts gingen sie in Richtung Nollendorfplatz und bogen in die Zietenstraße ein. Von der Zwölf-Apostel-Kirche her schlug es einmal. Halb acht.

«Matrosen-Willy», früher Gustav Passarge, lief stumm neben ihr her und betrachtete sie von der Seite. Sie trug ein mauvefarbenes Kostüm, das nur aus einem der ersten Berliner Salons stammen konnte. Auf Maß gemacht und bar bezahlt, natürlich. Denn es gehörte zu den Grundsätzen der Frau Helene Spanier, nie ein Stück am Leibe zu tragen, das von ihrer Bande, «den Jungs», wie sie sagte, gestohlen worden war.

Wie ein Piesepampel kam Matrosen-Willy sich vor, wenn er ihre feine Schale mit seiner schäbigen Aufmachung verglich. Aber sie hatte das so angeordnet. Bei dem Besuch, den sie vorhatten, würde sie als die große Dame auftreten, die sich nach langem Zögern zum Kauf einiger wertvoller Bokhara-Brücken entschlossen hat. Dreimal hatte sie den Teppichhändler Neißer, der seine Geschäftsräume seit kurzem im Seitenflügel des Hauses Steglitzer Straße 28 hatte, besucht und sich die besten Stücke zeigen lassen. Er hatte horrende Preise gefordert. Die Gelegenheit hatte sie benutzt, die Lebensgewohnheiten des schwerreichen Mannes auszukundschaften, wann er seine Angestellten nach Hause entließ und wann er sich in sein winziges Kontor mit dem Geldschrank zurückzog. Acht Uhr abends war die günstigste Zeit. Sie hatte sich für heute zehn Minuten nach acht Uhr angemeldet, nachdem sie sich «schweren Herzens entschlossen hätte», den geforderten Preis zu zahlen. Das Geld würde sie mitbringen, ebenso ihren Hausdiener zum Abtransport der Teppiche und ihren Sohn …

«Den Hausdiener machst du, Matrosen-Willy. Und du, Schlächter-Willy, du bist mein Sohn», hatte sie bei der letzten Besprechung angeordnet. «Matrosen-Willy trifft mich an der Bülowstraße, du, Schlächter-Willy, kommst die Steglitzer Straße von der Flottwellstraße runter und gehst fünf Minuten nach uns ins Haus. Matrosen-Willy, du fertigst einen Scheck über 74 000 Emm aus, gibst ihn mir aber erst, wenn wir im Hausflur sind. Alles klar?»

Ja, so pflegt es zu gehen, wenn man sich mit einem weiblichen Boß einläßt, seufzte Matrosen-Willy im stillen, als er jetzt neben ihr hertrabte.

Zuerst war seine Verbindung mit ihr rein geschäftlich gewesen. Sie hatte ihm ein paarmal hervorragende «Annoncen» geliefert, fertig ausgekundschaftete Gelegenheiten für große Einbrüche. Solche «Eitzes» fielen wahrscheinlich in der vornehmen Pension ab, die sie in der Güntzelstraße unterhielt. Sie hatte beim erstenmal nur wenig Provision dafür genommen. Vielleicht wäre es dabei geblieben, wenn er sich nicht auch als Mann mit ihr eingelassen hätte. Das war sein Fehler gewesen, den er schon tausendmal bereut hatte und den er doch immer wiederholte.

Denn bei Helene Spanier zu Haus, in ihrer kultivierten Wohnung, war er diesem Teufelsweib hilflos ausgeliefert. Er wußte selbst nicht, woran es lag. Nur manchmal ahnte er dumpf, daß es wohl eine heimliche, nie eingestandene Sehnsucht nach etwas Gepflegtem war, nach etwas mehr Geist, Witz und Raffinement, als ihm die Gäste des Schwedtschen Pensionats in der Körnerstraße bieten konnten. So war aus der gelegentlichen Eitzes-Geberin eine ständige Partnerin geworden, aus ihren paar Prozent Provision eine Beteiligung auf halbe-halbe und schließlich aus der Partnerin eine Chefin.

«Bist ja so still», sagte sie, als sie an der Markthalle am Magdeburger Platz vorbeigingen. Sie waren etwas zu früh dran und machten einen Umweg.

«Hausdiener reden nich, wenn se mit ihrer Jnädijen einkaufen jehn», brummte Matrosen-Willy.

«Beleidigte Leberwurst?»

Er sagte nichts. Er war mit seinen Gedanken bei dem Ding, das sie vorhatten. Es war eine verdammt gewagte Sache, wie nur Helene Spanier sie sich ausdenken konnte.

Wie jeder berufsmäßige Einbrecher war auch Matrosen-Willy darauf angewiesen, daß ihm ein «Schärfer», ein Hehler, seine Beute abnahm. Und in den letzten Jahren war die Macht der Hehler gewaltig gestiegen. Das lag wohl daran, daß sie weniger Abenteurer-Naturen als Kaufleute waren. Sie hatten Organisationen, gegen die jene der Einbrecher harmlose Vereinchen waren. Sie hatten Macht, und wer die Macht hat, diktiert die Preise. Dagegen war nichts zu machen. Ganoven, die versuchten, ohne Schärfer zu arbeiten, gingen regelmäßig ein paar Tage später «vaschütt». Die hintergangenen Hehler brauchten nur durch Mittelsmänner der Polizei einen Wink zu geben …

Die Organisation reichte vom kleinen Altwaren-Händler bis in gesellschaftliche Höhen, von denen der schwerarbeitende Ganove nichts ahnte. Er kannte nur seinen Schärfer, wer dahinterstand, ahnte er schon nicht mehr.

Da hatte Helene Spanier eines Tages gesagt: «Jungs, ich habe eine Idee. Ich bring' mal raus, wer sich an den Sachen gesund stößt, die ihr für ein Schandgeld absetzen müßt.»

Matrosen-Willy und Schlächter-Willy hatten bedenkliche Gesichter gemacht: «Da laß lieber die Finger von, det jibt bloß schlimmen Ärjer.»

Drei Tage später hatte sie raus, wer der große oder zumindest einer der größeren Leute des Hehlerringes war: Alfred Neißer, Teppichhändler, Steglitzer Straße 28, Seitenflügel. Dort hatte sie mit Sicherheit eine Reihe wertvoller Teppiche wiedererkannt, die Harry und Gustav ein paar Tage zuvor in einer Dahlemer Villa erbeutet hatten, darunter auch die drei herrlichen Bokhara-Brücken.

Ihr war schwindlig geworden, als der Alte den Preis nannte. 74 000 Mark. Und genauso hatten die beiden Willys Mund und Nase aufgerissen, als sie ihnen von ihrer Erkundung berichtete: «Vierundsiebzig Mille, zehnmal soviel, wie wir dafür bekommen haben …»

«Ihr wollt's ja nicht besser haben», hatte sie gesagt.

«Wat solln wa denn tun?»

«Ich kaufe die Brücken zurück.»

«Haste 'n Onkel in Amerika?»

«Nein, aber einen Freund, der wunderschöne Schecks machen kann.» Dabei hatte sie Matrosen-Willy bedeutungsvoll angeblickt. Und Matrosen-Willy war zusammengezuckt. Von diesem seinem zweiten

Geschäftszweig hatte er ihr nie ein Sterbenswörtchen gesagt. Ob Harry gepfiffen hatte? Unwahrscheinlich. Auf jeden Fall: die Frau war noch gefährlicher, als er geahnt hatte …

«Der Neißer wird sich ausjerechnet mit'n Scheck zahlen lassen», hatte Schlächter-Willy gesagt.

«Von mir schon!» Mit diesen Worten hatte Helene Spanier die Diskussion abgebrochen und war zur Besprechung des Plans übergegangen …

Jetzt bogen sie in die Steglitzer Straße ein. Nummer achtundzwanzig lag an der Ecke Körnerstraße, nur ein paar Häuser vom Schwedtschen Pensionat entfernt, wo Matrosen-Willy unangefochtener Herr war, seit der schwächliche Ehemann der Besitzerin mit Krach das Feld geräumt hatte. Matrosen-Willy hätte viel darum gegeben, wenn er jetzt seine Beine unter den Tisch der Frau Schwedt hätte strecken können, statt diese windige Geschichte mit dem Hehler zu machen.

Helene Spanier schien seine Gedanken zu ahnen. «Hab keine Angst, in der Bude ist es so dunkel, daß er dich bestimmt nicht erkennt. Bleib nur schön im Hintergrund …»

Sie traten in den breiten Torweg, in dem ein paar rotznäsige Kinder spielten. Dann ging es die breiten, ausgetretenen Stufen empor. Trübe Gasfunzeln blakten auf den Treppenabsätzen.

«Den Scheck», zischte Helene Spanier. Matrosen-Willy gab ihr das Papier. Sie steckte es in ihre Handtasche, ohne nachzusehen. Sie schien restloses Vertrauen in Willys Fälscherqualitäten zu setzen.

Zweimal zog sie den messingnen Klingelknopf. Schlurfende Schritte, die Tür öffnete sich einen Spalt. Schwacher Lichtschein fiel heraus.

«Ach, Sie sind es, gnä Frau», sagte eine knarrende Stimme. «Es ist ja gegen meine Gewohnheit, zu so später Stunde noch Geschäfte zu machen … Aber bitte treten Sie näher.»

Der Teppichhändler Alfred Neißer öffnete eine Tür, hinter deren Mattglasscheibe trübes Licht schien. Er ging vor Helene Spanier in das Zimmer. Als Matrosen-Willy ihr folgen wollte, schob ihm der Alte die Tür vor der Nase zu: «Der Herr kann draußen warten.»

Matrosen-Willy sah sich in dem engen, mit Schränken und Truhen vollgestopften Gang um. Auf den Schränken waren Koffer, Kartons und Papierballen gestapelt. Es roch muffig wie in einem Lumpenkeller. Durch die Mattglasfenster sah er die Schatten im Geschäftsraum des Teppichhändlers. Sie waren grotesk verzerrt. Matrosen-Willy hätte nicht sagen können, welcher Schatten zu Helene Spanier gehörte und welcher zu dem alten Hehler. Aber er wußte, was jetzt da drinnen vorging. Der Teppichhändler würde die drei Bokhara-Brücken aus einem Regal nehmen und sie Helene noch einmal zeigen.

Er hörte die leise, etwas weinerliche Stimme des Alten. Vielleicht versuchte er, den Preis von 74 000 Mark noch ein wenig in die Höhe zu treiben. Beim Gedanken an diese Summe packte den Matrosen-Willy die heiße Wut. 74 000 Emmchen! Und er hatte von seinem Hehler knapp 7 000 für die Teppiche bekommen. 7 000 dafür, daß er drei Tage und drei Nächte die Dahlemer Herrschaftsvilla ausbaldowert hatte, daß er sich die rechte Hand beim Einsteigen in das vergitterte Parterre-Fenster verstaucht hatte. Und dann war ihm noch der Nachtwächter mit seinem Köter dazwischengekommen. Von der fetten Beute, die Helene Spanier «annonciert» hatte, waren nur die drei Bokhara-Brücken leicht genug gewesen, daß Matrosen-Willy sie beim eiligen Rückzug mitgehen lassen konnte.

Und dann noch die Schwierigkeiten, bis er sie endlich losgeworden war … Er hörte noch das geringschätzige Brummen des «Schürfers», dem er die Brücken gebracht hatte. Mit abgespreizten Fingern, als handele es sich um ein paar wochenlang getragene Fußlappen, hatte der Hehler die Teppiche befühlt. Erst hatte er sie überhaupt nur in Kommission nehmen wollen. Aber diesen Trick, die Preise zu drücken, kannte Matrosen-Willy zu gut. «Bar Kasse, oder ich schenk' die Dinger meiner Schlummer-Mutter, vastanden», hatte Matrosen-Willy gesagt. «Und soviel versteh' ick ooch, daß die Dinger echt sind. Zehntausend Emm und dann ab dafür!»

Mit siebentausend hatte er sich schließlich zufriedengegeben. Und nun waren die Teppiche in der Hehler-Kette zum Teppichhändler Neißer gelangt, und der verlangte das Zehnfache. Stehlen lohnte sich nicht mehr …

Die beiden Schatten in dem Zimmer hatten sich zu einem einzigen vereinigt. Jetzt zog Helene Spanier wahrscheinlich aus ihrer Handtasche den Scheck über 74 000 Mark, den Matrosen-Willy gefälscht hatte. Um die Sache vertrauenerweckender zu machen, hatte er den falschen Scheck kunstvoll in ein halbleeres Scheckheft eingeklebt.

Matrosen-Willy sah auf die Uhr. Fünf Minuten waren sie jetzt schon in der Wohnung. Nach fünf Minuten sollte Schlächter-Willy nachkommen. Sein Klingeln sollte den Alten von der genauen Prüfung des Schecks ablenken.

Die Stimmen im Zimmer wurden lauter. Matrosen-Willy hörte den rauhen Alt der Helene Spanier und das schnelle Keifen des Alten. Plötzlich wurden die Schatten vor dem, Fensterchen ganz groß. Willy drückte sich von der Tür in einen dunkleren Winkel. Die Tür ging auf.

«Ich verstehe nicht, wo mein Sohn bleibt», hörte er Helene Spanier sagen. «Er hat das Bargeld. Wenn Sie schon einer Dame nicht trauen ...»

«Es ist kein Mißtrauen, gnädige Frau. Es ist nur in unserer Branche nicht üblich, Schecks zu nehmen.»

Also ist die Sache mit dem Scheck schiefgegangen, dachte Matrosen-Willy.

Die Spanier trat auf den Flur und sagte zu Matrosen-Willy: «Gehen Sie doch mal 'runter und sehen Sie nach, wo der junge Herr bleibt.»

In diesem Augenblick schrillte die Flurklingel.

«Na, endlich», seufzte Helene Spanier erleichtert.

Der Teppichhändler schlurfte zur Tür. Sobald er den beiden den Rücken kehrte, machte Helene dem Matrosen-Willy ein Zeichen – eine unmißverständliche Bewegung mit der offenen, flachen Hand.

Willy nickte. So war es verabredet: Falls der alte Hehler den Scheck nicht annahm, sollte Matrosen-Willy ihn mit einem Schlag auf die Halsschlagader bewußtlos machen.

Der Alte hatte umständlich die Vorhänge-Kette ausgehakt. Er machte die Tür auf.

«Ach bitte, wohnt hier Wollenberg?» sagte eine junge Frauenstimme.

Matrosen-Willy sah, wie sich Helene Spanier wütend auf die vollen grellroten Lippen biß. Auch er ärgerte sich, daß Schlächter-Willy so unpünktlich war.

«Ich bin kein Portier», schimpfte der Teppichhändler und schlug die Tür zu. Da klingelte es wieder. Die Spanier ließ die Hand mit dem zerknüllten Taschentuch vom Mund sinken. Diesmal war es Schlächter-Willy.

«Sind Sie der Herr mit dem Geld?» krächzte Neißer.

«Geld?» Schlächter-Willy stutzte. «Ach so ... ja ... natürlich ... Geld habe ich. Hat die gute Mama mal wieder bargeldlos die halbe Welt kaufen wollen?»

Schlächter-Willy sah wirklich aus wie ein Gent aus gutem Hause. Er hatte einen hellgrauen, englisch-karierten Sommeranzug an und trug dazu nadelspitze, zweifarbige Shimmy-Schuhe mit beigefarbenen Leinen-Gamaschen.

«Entschuldige tausendmal, Mama», sagte er und hauchte Helene Spanier einen Kuß auf die weißgepuderte Wange.

Als der Teppichhändler an Frau Spanier vorbei ins Zimmer ging, fing Matrosen-Willy einen Blick von ihr auf. Sie kniff das eine Auge zusammen und zog die Augenbraue des anderen hoch. Das war ein Befehl. Hinter Helene Spanier und Schlächter-Willy betrat er als letzter den Raum.

«Freut mich, daß es doch noch klappt», sagte Neißer und blickte händereibend Schlächter-Willy an. Schlächter-Willy griff mit der Rechten nach der Innenseite des Jacketts, als wolle er seine Brieftasche zükken.

Das war der Augenblick. Matrosen-Willy sah den gekrümmten Rücken des Alten vor sich. Er sah den faltigen Hals in dem zu weiten Hemdkragen, sah die pulsierende Schlagader, die er mit der Handkante treffen mußte, um den Alten für einige Zeit außer Gefecht zu setzen. Er hob die Hand ... Und in der Hundertstelsekunde, als er sie niedersausen ließ, sah er den Hund.

«Aas, Töle», schrie Willy. Es war ein Hilfeschrei. Und schon warf sich Schlächter-Willy auf den schweren, stämmigen Schäferhundrüden. Mit der Linken griff er ins Halsband, und die behandschuhte rechte Faust stieß er in den geöffneten Rachen des Tieres.

Der Teppichhändler Alfred Neißer war ohne Laut zu Boden gesunken.

«Die Töle zerkratzt mir die Visage ... halt ihr die Pfoten fest», keuchte Schlächter-Willy. Matrosen-Willy sprang zu und packte die wildarbeitenden kräftigen Beine.

«Mach die Tür da auf, steh nicht 'rum», herrschte er die Spanier an. Seine unbändige Wut galt nicht dem Tier, das seinen Herrn verteidigt hatte, sondern der Komplicin. Dreimal war sie bei Neißer gewesen und hatte nicht entdeckt, daß er sich einen Hund hielt. Vielleicht hatte sie das Tier sogar bemerkt, es war ihr aber nicht aufgegangen, wie wichtig das war.

Helene Spanier riß die Tür zum Nebengelaß auf. Es war dunkel. Sie schleppten das sich windende Tier hinein.

«Strippe her! Rasch!» rief Matrosen-Willy.

Gleich darauf kam die Spanier mit einer dicken Kordel.

«Durchs Halsband schlingen und dort an der Ofentür anbinden. Aber fest!»

Helene Spanier gehorchte wortlos. Matrosen-Willy sah, wie ihre Hände flogen. Ein grimmiges Triumph-Gefühl überkam ihn. Helene Spanier würde ihn nie wieder herumkommandieren.

Vorsichtig ließ Matrosen-Willy die Hinterläufe des Hundes los und prüfte die Schnur. Sie war kräftig, und die Spanier hatte sie dreifach genommen. Die Fessel würde der Hund nicht so rasch zerreißen.

«Ab!» zischte Matrosen-Willy.

Sie ließen den Hund los und sprangen zurück. Mit einem wütenden Aufheulen wollte das Tier ihnen nach, aber die knappe Fessel riß es zurück auf die Hinterhand. In ohnmächtiger Wut bellte es auf.

«Die Töle bringt uns die janze Nachbarschaft aufn Hals», fluchte Schlächter-Willy. Er schloß die Tür hinter sich.

In seinem Verkaufsraum lag der Teppichhändler Neißer noch immer so, wie er hingestürzt war. Matrosen-Willy kniete neben ihm am Boden nieder, schob sich den runden schwarzen Hut in den Nacken und brachte sein Ohr an den Mund des Regungslosen.

«Röchelt», konstatierte Matrosen-Willy. Er griff nach dem Puls. «Verdammt schwach … aber schnell wie 'n Maschinengewehr …» Er richtete sich auf. Auf seiner Stirn perlten Schweißtropfen.

Die Spanier zog einen großen Teppich heran.

«Was willst 'n damit?» fuhr er sie an.

«Den Alten einwickeln und binden, damit er nich so schnell …»

«Hier!» Matrosen-Willy tippte sich mit dem Zeigefinger an die Schläfe. «Mulleckendoof, wat?» Er stand auf.

«Sauerei», sagte Schlächter-Willy und betrachtete seine Hand. «Bluteste?»

«Nee, aber die Pfote is jeschwollen.»

«Bedank dich bei der jnädijen Frau!»

Helene Spanier sah zerbrochen aus, wie um Jahre gealtert. Im Nebenraum heulte wie besessen der Hund.

«Nischt wie ab», entschied Matrosen-Willy.

Er schob mit dem Fuß hastig einen Läufer wieder zurecht, der bei dem Kampf mit dem Hund verrutscht war. Sonst noch irgendwelche Spuren? Fingerabdrücke hatte es keine gegeben, denn alle drei hatten sie ihre Handschuhe nicht ausgezogen.

Auf dem Tisch lag noch der Scheck. Matrosen-Willy steckte ihn ein. Dann wollte er gehen.

«Und die Bokhara-Brücken?» fragte Helene Spanier, als sie schon an der Tür waren.

Matrosen-Willy drehte sich um: «Wenn's um den Reibach geht, denkt die Jnädigste an alles.»

Er überlegte einen Augenblick. Was konnte passieren, wenn sie die Teppiche mitnahmen? Die Polizei ... nein, die würde Herr Neißer im eigensten Interesse nicht alarmieren. Doch die mächtigen Hintermänner des Hehler-Rings würde er auf die Beine bringen. Das konnte gefährlich werden, denn diese Herren pflegten mit Ganoven, die sich gegen die geschäftlichen Gepflogenheiten vergingen, kurzen Prozeß zu machen. Aber Hellseher waren die schließlich auch nicht. Der alte Neißer hatte ihn überhaupt nicht und den Schlächter-Willy auch nur flüchtig gesehen. Nur Helene Spaniers Aussehen würde er sich eingeprägt haben. Aber mit deren Beschreibung konnte er nichts anfangen. Niemand wußte ja etwas von der vornehmen Bekanntschaft der beiden Willys ...

«Schön, nehmen wir die drei Lappen mit», sagte er. «Aber halbehalbe is nich. Die Dinger gehören dem Schlächter-Willy und mir ... Was meinste, Willy, zahlen wir ihr fünf Prozent Provision?»

Schlächter-Willy machte verlegene Miene. Auch er hatte keinen schlechten Zorn auf Helene Spanier. Aber er zog keine Folgerungen daraus, dafür stand er zu stark im Bann ihres starken Willens und ihrer Verführungskunst. Für ihn blieb sie die Chefin ...

Helene Spanier hatte das von Neißer nicht mehr fertig gemachte Paket mit den Bokhara-Brücken verschnürt. Matrosen-Willy nahm es unter den Arm. Er trat schnell noch einmal zu Neißer, der unruhig stöhnte. «Rasch, ehe er zu sich kommt ...»

Der Hund heulte wütend auf, als sie aus der Wohnung schlichen. Matrosen-Willy ging als letzter. Sie waren knapp zehn Minuten bei dem Teppichhändler gewesen. Ihm kam es wie eine Ewigkeit vor.

Sie waren eine Treppe tiefer, als unten eilige Schritte heraufkamen. Es war eine Frau mit einem Wäschekorb. Geistesgegenwärtig zog Matrosen-Willy seinen runden schwarzen Hut und hielt ihn so, daß sein Gesicht verdeckt wurde.

«Nabend», sagte die Frau und ließ die drei vorbei. Sie gingen über den Hof, an den Müllkästen vorüber. Es wurde schon dämmrig. Der Hausflur lag im Dunkeln. Das Tor, das bei ihrer Ankunft offengestanden hatte, war zu. Matrosen-Willy drückte die Klinke herunter. Die Tür war verschlossen.

«Dichtjemacht», raunzte Matrosen-Willy.

«Daran bin ich aber nicht schuld.»

«Quatsch keine Opern!»

«Nananana», beschwichtigte Schlächter-Willy. Matrosen-Willy horchte ins Treppenhaus des Vordergebäudes. Kein Schritt, kein Türklappen. Er ging zum Hoftor zurück, blickte hinauf zu dem schmutziggelben Lichtfleck des Fensters, hinter dem sie den ohnmächtigen Neißer zurückgelassen hatten. Wenn er jetzt zu sich kam, saßen sie schön in der Patsche. Und ein Handkantenschlag war schließlich keine Dauernarkose. Deutlich hörte er das Heulen des Hundes.

«Verdammte Bestie», schrie eine Männerstimme aus einem offenen Fenster im dritten Stock.

«Willy, komm!» Er hörte Schlächter-Willys leise Stimme neben sich. Das Haustor wurde von draußen aufgeschlossen. Die beiden Willys traten ins Dunkle. Ein Mann kam herein und schreckte zurück, als er sich plötzlich Helene Spanier gegenüber sah.

«Ach, würden Sie die Freundlichkeit haben, uns 'rauszulassen», sagte Frau Spanier.

«Bitte sehr», brummte der Mann. «Einmal steht der Torweg die jeschlagene Nacht uff, und dann machen se'n am hellichten Tach ssu. Mit der Pochtjeeschen fahr ick noch mal Schlitten.»

Genauso hatte mir Matrosen-Willy die Geschichte erzählt.

*

Fast zwei Jahre waren seitdem vergangen. Jetzt trafen sich alle vor dem Schwurgericht – die temperamentvolle Frau Spanier und ihre beiden Begleiter von damals, der Matrosen-Willy und der Schlächter-Willy.

Und ich saß vor ihnen auf der Verteidigerbank als einer von fünf bekannten Berliner Strafverteidigern, die sich in die Verteidigung der Angeklagten teilten. Mein besonderer Schützling war der Matrosen-Willy.

Jetzt stand gerade Herr Karpinski als Zeuge vor dem Richtertisch, der Mann, der damals die Haustür geöffnet hatte. Der Vorsitzende, der sympathische Landgerichtsdirektor Dr. Peltasohn, sagte mit seiner ruhigen, gütigen Stimme: «Es ist ja schon lange her, Herr Karpinski … Aber vielleicht ist es Ihnen doch möglich, sich noch daran zu erinnern?»

«Und ob, Herr Rat! Ick erinnere mir, als wenn det jestern jewesen wäre.»

«Erkennen Sie in der Angeklagten Frau Spanier die Frau wieder, die Sie an jenem Abend aus dem Hause Steglitzer Straße gelassen haben?»

«Ja, dis isse! Son Jesicht vajißt man nicht so leicht.»

«Und erkennen Sie in den beiden Angeklagten Passarge und Selzer die Begleiter der Dame wieder?»

«Die Jesichter ha ick nich jesehen, Herr Rat … Die beeden Herrn ham sich ja 'n bißken scheu an mir vorbei int Freie jedrückt. Aber der Fijur nach … Vielleicht könnten die Herrn mal uffstehn.»

Der Vorsitzende ließ die beiden Willys aufstehen.

«Ja, wenn ick die Jröße und Fijur in Betracht ziehe, würde ick sagen: Det warn se …»

In diesem Augenblick sprang ich auf: »Ich habe eine Frage an den Zeugen.»

«Bitte», sagte der Vorsitzende.

«Herr …» Ich blätterte in meinen Papieren und tat, als sei mir der Name des Mannes entfallen. Ich fühlte, wie er mich gespannt anblickte.

«Karpinski», sagte er schließlich ungeduldig.

«Ja, richtig, Herr Karpinski. Entschuldigen Sie vielmals. Aber Sie sind doch vorhin durch einen Justizwachtmeister aufgerufen worden, als Zeuge in den Saal zu treten.»

«Jawoll, ja, natürlich», sagte Karpinski.

«Schön, würden Sie bitte einmal zur Saaltür gehen und dem Gericht den Wachtmeister zeigen, der Sie hereingerufen hat?»

Der Zeuge blickte hilfesuchend zum Vorsitzenden. Der nickte zustimmend und warf mir dann einen amüsierten Blick zu. Herr Karpinski ging zur Tür, öffnete sie und blickte hinaus. Draußen standen zwei Justizwachtmeister, das wußte ich.

«Nun, welcher war's?»

«Ich glaube, es war der da.» Der Zeuge deutete zögernd nach rechts.

«Ach bitte, sagen Sie doch dem Wachtmeister, er möchte einen Moment hereinkommen.»

In der Tür erschien in seiner grünlichen Uniform ein schnauzbärtiger Beamter.

«Herr Wachtmeister, haben Sie vorhin den Zeugen aufgerufen?» fragte ich.

«Nein, das war mein Kollege», antwortete der Beamte.

«Danke, das genügt mir», sagte ich unter schallendem Gelächter der Zuhörer.

Herr Karpinski stand verloren an der Tür. Er zuckte mit den Schultern und schluckte heftig.

«Ich bitte mir Ruhe aus», sagte der Vorsitzende. «Der Zeuge kann sich setzen.»

Es war ein Trick von mir. Um es ehrlich zu sagen, ein billiger Trick. Ich war nicht stolz darauf, obgleich er seine Wirkung getan hatte. Aber ich konnte in diesem Prozeß mit meinen Mitteln nicht wählerisch sein. Denn die Sache stand schlecht für Gustav Passarge, für Matrosen-Willy. Auch ein gelungener Trick wie der mit Herrn Karpinski konnte das Blatt nicht zugunsten meines Mandanten wenden. Denn am schwersten hatte Matrosen-Willy sich selber belastet.

Er hatte nämlich vor der Berliner Kriminal-Polizei ein Geständnis abgelegt: «Ja, ich habe den Teppichhändler Alfred Neißer umgebracht.»

War die Schilderung wahr, die «Matrosen-Willy» mir von seinem Besuch bei dem Teppichhändler Neißer gegeben hatte? Oder das Geständnis, das er vor dem Kriminalkommissar Trettin abgelegt und vor dem Untersuchungsrichter widerrufen hatte?

Nur eins wußte ich sicher: Der Teppichhändler Alfred Neißer war in der Nacht vom 2. zum 3. Juni 1920 ermordet worden. Und am Abend des 2. Juni hatten die beiden Willys und die Spanier seine Wohnung fluchtartig verlassen.

Am 6. Juni schrieb das «Acht-Uhr-Abendblatt»:

So eifrig auch die Kriminalpolizei die Nachforschungen nach dem Mörder des Teppichhändlers Neißer betreibt, so wenig ist es ihr bisher gelungen, auch nur eine Spur zu finden. In der Gegend der Steglitzer Straße nimmt man die verborgensten Schlupfwinkel aus. Leider blieben alle Bemühungen erfolglos.

«Det war vielleicht 'n dollet Theater», sagte der Matrosen-Willy, als er mir fünf Vierteljahre später in seiner Zelle in Moabit die Geschichte seiner Verhaftung erzählte. «Die Bullen hatten übrijens janich son schlechten Riecher.» Matrosen-Willy nannte wie jeder aus der Zunft die Kriminalbeamten nur Bullen. «Die haben jleich uff den Schwedtschen Pavillon jetippt.»

Der Schwedtsche Pavillon, auch Schwedtsches Pensionat genannt, lag in der Körnerstraße 11, ein paar Häuser von der Neißerschen Wohnung entfernt. Aus einem einstmals gutbürgerlichen Betrieb war das Lokal zum Absteigequartier der Unterwelt geworden, die nachts in der Gegend um den Bülowbogen den Ton angab.

Und unter den schweren Jungen und leichten Mädchen, die sich auf den abgeschabten Plüschmöbeln der Frau Schwedt lümmelten, war Matrosen-Willy der unbestrittene Herrscher gewesen, der Hahn im Korbe …

Die Streifmannschaft vom Alexanderplatz hatte das Schwedtsche Pensionat gründlich durchsucht. Matrosen-Willy, seine Freundin Gold-Erna und die Elite der Pavillon-Besatzung wurden festgenommen.

«Drei Tage ham se mich damals ausjequetscht», erzählte mir der Matrosen-Willy. «Kriminalkommissar Trettin, Sie wissen doch, der Kleiderschrank mit dem künstlichen Arm, hat es erst uff die süße Tour versucht und dann uff de rabiate … Aber ick hab' sofort jespannt, daß die Razzia bei Schwedts ein Jriff ins Blaue war, det se nischt wußten. Na, und die Jungs und Mädels von Schwedt, die haben dichtjehalten.»

Ich blickte erstaunt auf: «Wieso dichtgehalten, wußten sie denn etwas?»

Matrosen-Willy zuckte die Schultern: «Nee, nee, das war nur son Jerede ….»

Ich hatte das deutliche Gefühl, daß Matrosen-Willy mir etwas verschwieg.

«Wann haben Sie eigentlich erfahren, daß Neißer nicht mit dem Leben davongekommen ist?» fragte ich und beobachtete scharf mein Gegenüber. Aber in dem bleichen Gesicht rührte sich nichts.

«Noch in derselben Nacht.»

«Neißer wurde aber doch erst am Morgen gefunden?»

«Ja, das ist ja das Seltsame», sagte Matrosen-Willy. «Ich hab' damals in der Nacht, nachdem ich mich von der Spanier und Schlächter-Willy getrennt hatte, noch einen Einbruch vorgehabt. Erst bin ich noch ins Schwedtsche Pensionat gegangen und habe mit der Gold-Erna einen gezischt. Dabei hätte ich den Einbruch beinahe vergessen. Rosenkavalier und Sachsen-Willy, meine Kumpels, haben mich stockbetrunken zum Einbruch in eine Taxe geschleift. Es war ein Schuhgeschäft in der Rheinstraße in Friedenau ... Nachdem die Sore, zweihundert Paar Schuhe, weggebracht war, bin ich nach Hause jelatscht.

Bei Schwedts ging ich in die Küche. Ich hatte Hunger. Da saßen die Weiber zusammen und tuschelten. Ich hörte den Namen Neißer. ‹Wat is mit Neißer?› fragte ich. Sie glotzten mich dumm an. Und dann sagte die Muschi, was die Nichte von der Frau Schwedt ist, zu mir: ‹Na, das weißt du doch am besten.›»

«Können Sie sich das erklären?» fragte ich.

«Damals nich», sagte Matrosen-Willy.

«Und jetzt?»

«Jetzt schon.»

«Wieso jetzt?»

«Na ja ... jetzt weiß ich, daß nach uns noch einer in der Wohnung gewesen sein muß.»

«Und wer sollte das gewesen sein?»

«Na, selbstverständlich der wirkliche Freund der Frau Spanier, sie nannten ihn damals den Spaniola. Der hatte von der Spanier gehört, was bei Neißer geschehen war, und war gleich hingegangen, um den ganzen Laden auszuräumen. Wir hatten doch nur drei kleine Bokharas mitgenommen. Spaniola muß dann Neißer umgebracht, den Hund erstochen und den Rahm abgeschöpft haben.»

«Und woher wußte Muschi davon?»

«Na, von Spaniola.»

«Ist die Muschi als Zeugin greifbar?»

«Eben nicht», sagte Matrosen-Willy. «Die ist mit Spaniola abgehauen und verschollen.»

«Wer ist denn dieser Spaniola?»

«Sie kennen Spaniola nich?» Matrosen-Willy lächelte mitleidig.

Ich sollte Spaniola noch kennenlernen, den großen Unbekannten, den ich im Prozeß gegen den Matrosen-Willy zur Überraschung des Gerichts und zum peinlichen Erstaunen des Kriminalkommissars Trettin aus der Versenkung hervorholte …

*

Als nach einem Jahr der Mord an dem Teppichhändler Neißer immer noch nicht aufgeklärt worden war, wurde er für die Berliner Kriminalpolizei zu einem «nassen Fisch». Einen nassen Fisch nannte man im Polizeipräsidium die ungeklärten Fälle. Und nasse Fische waren für einen Kriminaler dasselbe wie Vorstrafen für einen Ganoven.

Da saß eines Tages im Café Eck in der Bülowstraße die berühmtschöne «Gold-Erna» dem Kriminaloberwachtmeister Dettmann gegenüber.

Vor acht Wochen war ihr Schatz, der Matrosen-Willy, überraschenderweise verschüttgegangen. Man hatte ihm Scheckfälschungen nachgewiesen und ihn für anderthalb Jahre ins Gefängnis nach Plötzensee geschickt. Gold-Erna war bereit gewesen, ihrem Willy nach besten Kräften treu zu bleiben. Aber dann war die Muschi dazwischengekommen, das Miststück, die Nichte der Pensionswirtin in der Körnerstraße 11.

Muschi hatte ihr von Willys Eskapaden mit der vornehmen Frau Spanier erzählt. Muschi hatte aber auch behauptet, daß zwischen Matrosen-Willy und ihr etwas gewesen sei. Und zum Beweis hatte sie einen Brillantring gezeigt der auf der Innenseite mit M-W graviert war. Das hatte bei der Gold-Erna sämtliche Sicherungen ’rausgeschlagen. Und deshalb fielen an jenem Abend, als sie mit dem «Bullen» Dettmann zusammen am Tisch saß, aus ihrem Mund die Worte: «Bei dem Mord an dem alten Teppich-Fritzen Neißer … da haben der Matrosen-Willy und die Frau Spanier ihre Finger drin.»

Matrosen-Willy wurde aus Plötzensee geholt. Er hatte keine Ahnung, was man am «Alex» mit ihm vorhaben könnte.

Doch allein die Fahrt mit der «Grünen Minna» war eine angenehme Unterbrechung des eintönigen Gefängnisdaseins. Matrosen-Willy durfte sogar die grau-blaue Sträflingskluft ablegen und auf der Kammer seine eigenen Klamotten anziehen. Die hatten zwar einen penetranten Geruch nach Mottenkugeln und Kampfer angenommen, aber man fühlte sich doch wieder als Mensch.

Der auch am Tage dämmrige Lichthof des Polizeipräsidiums empfing Matrosen-Willy wie einen alten Bekannten. Er kannte die Geographie des «Alex» im Schlaf. Er wußte, wo die verschiedenen Inspektionen und Dezernate untergebracht waren, kannte Stockwerk, Flur und Zimmer-Nummer der prominentesten Bullen. Am Sitten-Dezernat gingen sie vorbei. Wegen einer Mädchen-Sache hatte man ihn also nicht geholt. Das Fälscher-Dezernat ließen sie links liegen. Blieben also nur noch Einbruch und Raub. Oder … Matrosen-Willy schritt unwillkürlich langsamer aus. Denn jetzt ging es durch einen Korridor, von dem rechts ein Quergang abzweigte. Er war durch eine schwingende Glastüre abgeteilt. Und hinter dieser Tür residierte die Inspektion *Mord.* Plötzlich mußte Willy an den Teppichhändler Neißer denken …

«Reizend von Ihnen, daß Sie gekommen sind, Matrosen-Willy», sagte der kleine, breitschultrige Beamte und stand von seinem Schreibtisch auf, als Matrosen-Willy ins Zimmer geführt wurde.

«Janz meinerseits, Herr Kommissar», sagte Matrosen-Willy.

«Ich habe nur eine kleine Frage an Sie», sagte Kriminalassistent Moritz. «Zigarette?»

Matrosen-Willy nickte. Seine Finger zitterten, als er nach dem weißen Stäbchen griff. Er inhalierte tief, und es wurde ihm schwindlig. Es war nach acht Wochen Haft der erste Zug …

«Können Sie sich vielleicht erinnern, was Sie in der Nacht vom 2. zum 3. Juni vorigen Jahres gemacht haben?» Kriminalassistent Moritz hatte einen dünnen Ordner aufgeschlagen.

«Vertrauen ehrt, Herr Kommissar, aber det is 'n bißken lange her. Unsaeins führt schließlich keen Tagebuch.»

«Richtig, Willy», sagte der Beamte. «Aber vielleicht kann ich Ihnen auf die Sprünge helfen … Sie erinnern sich doch bestimmt noch an die Razzia damals im Schwedtschen Pensionat …»

«So dunkel», sagte Willy. «Is ja 'ne Menge seitdem passiert.»

«Diese Razzia war in der Nacht vom vierten zum fünften Juni. Nun denken Sie mal zwei Nächte zurück ...»

«Lassen Sie mir mal überlejen», sagte Matrosen-Willy. Sein Gehirn arbeitete fieberhaft. Er wußte genau, was er in der Nacht vom zweiten zum dritten Juni 1920 getan hatte. Das war die Nacht seines Besuches bei Neißer gewesen. Hinterher war er in Friedenau ins Schuhgeschäft eingebrochen ...

«Nun man los, Willy», sagte Kriminalassistent Moritz.

«Oogenblick ...» Darüber war sich Matrosen-Willy klar: Von der Sache bei Neißer durfte er kein Wort erzählen. Und doch ... irgend etwas mußte er sagen. Aber was? Den Einbruch gestehen? Immer noch besser, als in eine Mordsache verwickelt zu werden.

Matrosen-Willy sagte: «Diskretion Ehrensache, Herr Kommissar?»

«Das kommt drauf an ...»

»In der Nacht da hab' ich een kleenet Ding jedreht ... Schuhgeschäft in der Rheinstraße in Friedenau.»

«Um welche Zeit?»

«Det war ... jetz weeß ick et ... det war jejen neun Uhr uffn Abend.»

«Mann! Um neun Uhr im Juni ist es doch noch nicht richtig dunkel.»

«Doch, doch. Det war die jünstichste Jelejenheit. Durchn Keller sind wa in det Lager jestiegen. Im Laden, wo man uns hätte sehn könn, sind wa nich jewesen ...

«Na, das werden wir gleich haben.» Kriminalassistent Moritz ließ sich mit der Kartei verbinden: «Ach bitte, sehn Sie doch mal nach, ob Anfang Juni vorigen Jahres ein Einbruch in ein Schuhgeschäft in der Rheinstraße vorliegt. Wahrscheinlich nicht aufgeklärt. Geben Sie mir Datum, Zeit, nähere Umstände. Ich bleibe am Apparat.»

Matrosen-Willy atmete tief. Die Sache kam ihm mulmig vor. Der Einbruch war um 11 Uhr 30 gewesen. Er hatte gelogen und 9 Uhr gesagt, um ein Alibi zu haben, falls man ihn nach Neißer fragen sollte ...

«Ja, ich höre», sagte Kriminalassistent Moritz und machte sich Notizen auf einen Block. Endlich legte er den Hörer auf und sah Matrosen-Willy mitleidig an:

«Pech gehabt, mein Lieber. Der Einbruch war nicht am Zweiten, sondern am Dritten.»

«Warn Sie dabei oder ick, Herr Kommissar?»

«Halten Sie die Luft an, Mann … Eben haben Sie noch gsagt, Sie könnten sich sehr schwer erinnern, und jetzt wollen Sie's besser wissen als unsre Kartei?»

«Na, weil Se mir haben uff de Sprünge jeholfen, Herr Kommissar!»

«Außerdem war der Einbruch nicht um neun Uhr abends, sondern um drei Uhr früh.»

«Vonwejen die Uhrzeit, Herr Kommissar, det wird sich uffklärn lassen. Aber wat det Datum betrifft, bin ick janz sicher ...»

«So, da sind Sie ganz sicher.» Der Beamte blickte den Matrosen-Willy scharf an. «Warum sind Sie so sicher, Matrosen-Willy, warum? Hat Ihre Großmutter an dem Tag Geburtstag gehabt?»

«Nich uff die Tour, Herr Kommissar.»

«Nein, nicht auf die Tour, Matrosen-Willy!» Kriminalassistent Moritz fuhr von seinem Stuhl hoch: «Auf eine ganz andere Tour, Liebling. Auf die sanfte Tour … auf die Tour, mit der man einem alten Mann die Luft abdreht …»

«Wovon reden Sie eijentlich, Herr Kommissar?»

Matrosen-Willy war jetzt ganz ruhig. Der Bulle wollte ihn überfahren. Hatte vielleicht irgendwas läuten hören, ärgerte sich über den «nassen Fisch», über den seit fünf Vierteljahren unaufgeklärten Mordfall Neißer, wurde von seinen Vorgesetzten ständig gezwiebelt und wollte schließlich auch endlich mal Kommissar werden. Und deshalb versuchte er es nun auf die doofe Tour. Aber nicht bei ihm, nicht bei Matrosen-Willy.

«Warum haben Sie Neißer umgebracht?» fragte der Beamte.

«Ach, aus der Ecke pfeift der Wind!» Matrosen-Willy lachte. «Da sind Se aber bei mir uffn falschen Dampfer, Herr Kommissar.»

«Sie haben natürlich nie was von Neißer gehört …»

«Hab ick nich jesacht!»

«Sie sind am zwoten Juni nicht in seiner Wohnung gewesen?» «Bestimmt nich!»

«Komisch, daß man Sie gesehen hat.»

«Den möcht ick kennenlernen, der mir jesehen hat …»

«Warum sind Sie eigentlich so scharf darauf, ausgerechnet für den 2. Juni 1920 ein Alibi nachzuweisen, Matrosen-Willy», sagte der Kriminalbeamte nach einer Weile. «Noch dazu ein Alibi, das Ihnen immerhin zwei Jährchen einbringt, wenn's stimmt …»

«Sie ham mir jefracht, und ick habe geantwortet, Herr Kommissar. Aber drehn Se ma bitte nich det Wort im Mund rum, und reden Sie mir keen Kind in Bauch!»

«Wie Sie wünschen.» Moritz drückte auf eine Klingel. Ein uniformierter Beamter erschien. Moritz sagte: «Abführen, zur Verfügung halten ...»

Drei Tage blieb Willy zur Verfügung. Er hätte damit zufrieden sein können, denn auf dem «Alex» waren die Zellen angenehmer als in Plötzensee, die Verpflegung um einen Schein besser. Und doch wäre Matrosen-Willy froh gewesen, wenn man ihn zurück nach «Plötze» gebracht hätte. Die Vernehmungen gingen ihm auf die Nerven. Er fühlte, wie sich die Schlinge um seinen Hals zusammenzog.

Vierter Abend am «Alex». Das Abendbrot war abgeräumt. Schlüsselrasseln, Riegelklappern, die Tür der Zelle ging auf. «Mitkommen», sagte der Beamte.

«Überstunden wern woll doppelt bezahlt», schimpfte Matrosen-Willy.

«Nein, hier 'rein», sagte der begleitende Wachtmeister, als Matrosen-Willy gewohnheitsmäßig vor dem Zimmer des Kriminalassistenten Moritz haltmachen wollte.

Sie gingen zwei Zimmer weiter. Der Beamte klopfte an. Es ging durch ein Vorzimmer, in dem eine müde Sekretärin auf der Tastatur ihrer Schreibmaschine herumstocherte. Matrosen-Willy sog den Duft von feinem Zigarrenrauch ein. Er kannte dieses Aroma. Es gehörte zu dem Mann, den er über alles fürchtete, zu dem Kriminalkommissar Otto Trettin. Heute allerdings schien Kriminalkommissar Trettin einen guten Tag zu haben. Er war bereits in Hut und Mantel, als wäre er auf dem Sprung, nach Hause zu gehen.

«Ach, der Matrosen-Willy», sagte Trettin. «Was wollte ich eigentlich noch von Ihnen ... Richtig, die Sache mit dem Einbruch in Friedenau. Nett von Ihnen, daß Sie uns die erzählt haben. Na und die kleine Differenz mit dem Datum ... die wird uns Frau Spanier vielleicht auch erklären können ...»

Wie vom Schlag gerührt stand Matrosen-Willy da. Hatte Trettin eben wirklich den Namen der Spanier genannt?

Kriminalkommissar Trettin beschäftigte sich damit, seine Zigarre in Brand zu setzen. Er hatte die Streichholzschachtel umständlich in seine künstliche rechte Hand geklemmt und riß mit der Linken das Streichholz an. Er ließ die Flamme um das Ende der Zigarre kreisen. Sein Gesicht hüllte sich in feine graublaue Schwaden. Erst als das Streichholz bis auf den Finger 'runtergebrannt war, warf er es auf den Boden. Matrosen-Willy sah, wie es langsam verglühte.

«Was hatte ich doch gleich gesagt», nahm Trettin das Selbstgespräch wieder auf. «Ach ja, die Frau Spanier ... Sie kennen Sie doch, Willy?»

«Nicht, daß ich wüßte!» Es gab Augenblicke, in denen Matrosen-Willy reines Hochdeutsch sprach.

«Aber, Willy!» Kriminalkommissar Trettin nahm die Zigarre aus dem Mund. «Frau Helene Spanier aus der Güntzelstraße, die Dame, mit der Sie an dem Abend bei Neißer gewesen sind.»

«Ich war nicht bei Neißer.»

Kriminalkommissar Trettin nahm seinen Hut ab und hängte ihn an den Garderobenhaken. Er knöpfte gemächlich seinen Mantel auf und zog ihn mit erstaunlicher Behendigkeit aus. Er streifte seinen rechten Jacken-Ärmel hoch, schnallte umständlich die Unterarm-Prothese ab und legte sie zwischen sich und den Matrosen-Willy auf die Schreibtischplatte. Mit dieser Prothese, hatte Willy läuten hören, brachte er manche Geständnisse heraus.

Deshalb waren die Bullen also so hartnäckig gewesen. Sie hatten es die ganze Zeit gewußt, daß er bei Neißer war. Sollte der Teufel wissen, wie sie auf die Spanier gekommen waren. Auf jeden Fall – Helene Spanier hatte gesungen. Sie, die ihn in das Abenteuer mit Neißer hineingelockt hatte. Matrosen-Willys bleiche Gefängnisfarbe wurde noch einen Schein fahler.

«Wollen Sie einen Cognac?» fragte Trettin.

«Danke, nachher», sagte Willy.

Kriminalkommissar Trettin klingelte. Das Zimmer füllte sich mit Beamten. Eine Sekretärin spannte ein frisches Schreibmaschinenblatt in die Maschine, tippte das Datum und blickte erwartungsvoll auf.

Gustav Passarge alias Matrosen-Willy begann zu erzählen. Die Schreibmaschine klapperte. Matrosen-Willy legte das Geständnis ab, von dem er später sagen sollte: «Es war nicht mein Geständnis, sondern das des Kriminalkommissars Trettin.»

«Angeklagter, Sie haben vor der Kriminalpolizei ein volles Geständnis abgelegt. Vor dem Untersuchungsrichter haben Sie dieses Geständnis zunächst widerrufen, dann aber wiederholt. Wollen Sie nicht heute Ihr Geständnis aufrechterhalten?» Landgerichtsrat Dr. Löffler, der Vorsitzende, blickte ermunternd zu Matrosen-Willy, der ganz rechts in der Anklagebank des Großen Schwurgerichtssaals stand. Neben ihm saß, bleich und nervös, die dunklen Augen in ständiger Bewegung, Helene Spanier. Ihr zur Linken Schlächter-Willy, hager und ausgemergelt. Es war der 11. Mai 1922. Fast zwei Jahre waren seit dem Raubmord an dem Teppichhändler Alfred Neißer vergangen.

«Nein, ich bin nicht schuldig», sagte Matrosen-Willy.

«Dann erklären Sie dem Gericht bitte, weshalb Sie vor der Polizei ein Geständnis abgelegt haben», sagte der Vorsitzende.

«Das will ich Ihnen genau erklären», sagte Matrosen-Willy. «Ich bin in der Wohnung des Neißer gewesen. Ich habe ihm ein Ding verpaßt, um ihn kampfunfähig zu machen. Mit mir zusammen waren Frau Spanier ...»

«Das ist eine gemeine Lüge», gellte es durch den Saal. »Ich habe diesen Mann nie gesehen.»

«Frau Spanier, Sie können später zur Aussage Ihres Mitangeklagten Stellung nehmen», sagte der Vorsitzende mild.

« ... mit mir zusammen waren Frau Spanier und der Schlächter-Willy, mein Freund Harry Selzer», fuhr Matrosen-Willy fort. «Ich habe meine Anwesenheit in der Wohnung des Neißer geleugnet, weil ich Angst hatte, mit dem Mord in Verbindung gebracht zu werden. Drei Tage lang habe ich geleugnet, das kann Kriminalassistent Moritz bezeugen. Und dann hat mir Herr Kriminalkommissar Trettin plötzlich gesagt, daß Frau Spanier alles gestanden hätte.»

«Hat er gesagt, sie hätte gestanden?» fragte der Vorsitzende.

«Nein, so hat er das nicht gesagt!» Matrosen-Willy schüttelte den Kopf. «Aber er hat sich so ausgedrückt, daß ich annehmen mußte, Frau Spanier hätte mich verraten. Und dann habe ich alles gesagt ...»

«Sie haben dann also den Mord gestanden?»

«Nein, aber ich habe gesagt, daß Frau Spanier mich angestiftet hat, mit ihr zu Neißer zu gehen.»

«War das alles?»

«Nein, Kriminalkommissar Trettin wollte alles ganz genau wissen», sagte Matrosen-Willy. «Und ich habe ihm alles erzählt. Die Sache mit dem Scheck. Wie der Schlächter-Willy in die Wohnung kam. Wie ich dem alten Neißer das Ding verpaßt habe. Von dem Hund, und wie ich dem Alten den Puls gefühlt habe ...» Matrosen-Willy stockte.

«Weiter», drängte der Vorsitzende.

«Ja, und dann hat Kriminal-Kommissar Trettin plötzlich schallend gelacht», stieß Matrosen-Willy hervor.

«Gelacht?» Die Augenbrauen des Vorsitzenden zogen sich ungläubig zusammen.

«Ja, jelacht! Und die anderen Bullen, die im Zimmer warn, ham ooch jelacht.»

«Wieso gelacht?» Der Vorsitzende war plötzlich sehr ernst. «Na, die warn janz schön beschickert», sagte Matrosen-Willy. «Die haben alle det Ende von dem nassen Fisch jefeiert ...»

«Nasser Fisch?» Landgerichtsrat Dr. Löffler blickte erstaunt.

«Na ja, die Uffklärung von so 'ner ollen Sache», erklärte Matrosen-Willy.

«Und was hat Kriminal-Kommissar Trettin dazu gesagt?»

«Der hat jesacht: ‹Matrosen-Willy, det de den Ollen den Puls jefühlt hast, is jroßartig. Aber du hast bestimmt was vajessen.› – ‹Wat soll ick haben verjessen?› hab ich jefracht. Und da meinte Herr Kriminal-Kommissar Trettin: ‹Den Jutenachtkuß haste verjessen, Willy! Du hast doch dem ollen Neißer bestimmt noch een Jutenachtkuß uff de kalte Stirn jedrückt.› Und dann haben die Bullen alle plötzlich laut losjelacht. Und ick habe ooch lachen müssen. Und dann hat mir eener von den Bullen det Bierjlas in die Hand jedrückt ...»

«Was war denn in dem Bierglas drin?» fragte der Vorsitzende.

«Cognac, Herr Rat.»

«Und von dem Cognac haben Sie getrunken?»

«Ex getrunken, Herr Rat.»

«Können Sie denn soviel vertragen?»

«Wenn ich im Training bin, schon.»

«Aber Sie waren doch nicht im Training – nach acht Wochen Haft ...»

«Das isses ja eben, Herr Rat.»

«Sie wollen behaupten, daß die Beamten Sie betrunken gemacht haben?»

«Betrunken jeworden bin ick von alleene, Herr Rat. Gezwungen hat man mir nicht.»

«Aber auch nicht gehindert oder gewarnt?»

«Nein.»

«Und wie ist dann die Vernehmung weitergegangen?»

«Dann hat fast nur noch der Kriminalkommissar Trettin gesprochen», sagte Matrosen-Willy. «Er hat mir gesagt: ‹Nun passen Sie mal auf, Willy. Die Sache mit dem Handkantenschlag nehme ich Ihnen glatt ab. Ich will Ihnen auch glauben, daß Sie dem Neißer den Puls gefühlt haben. Aber da sind doch die Würgemaie an seinem Hals. Die können doch nicht von selber gekommen sein.›»

«Was haben Sie darauf geantwortet?» fragte der Vorsitzende.

«Ich habe gesagt: ‹Nee, von selber kommen die bestimmt nicht.› Und darauf hat Kriminalkommissar Trettin gemeint: ‹Siehste, Willy, jetzt verstehen wir uns schon viel besser.› Dann hat er mich gefragt, ob es mir unangenehm gewesen wäre, wenn Neißer, als ich ihm den Puls gefühlt habe, die Augen auf geschlagen hätte. ‹Verdammt unanjenehm wäre mir det jewesen›, hab ick jeantwortet. Und der Kriminalkommissar Trettin hat jesacht: ‹Na also.›

Und denn hat sich eener von die Beamten uffn Boden jelecht, und Kriminalkommissar Trettin hat jesacht: ‹Det is jetzt der Neißer.› Und ick hab mir daneben hinknien müssen und hab den Beamten müssen den Puls fühlen. Und dann hat der Beamte plötzlich die Oogen uffjeschlagen und mir mit 'n Polizeigriff ins Gesichte jelangt ...»

«Was war das für ein Griff?» fragte der Vorsitzende.

«So mit zwei Fingern in die Augen und mit dem Handballen gegen die Nase gedrückt.»

«Und was haben Sie getan?»

«Dann hab ick ihn an die Gurgel jepackt. Und einer von die Beamten hat jebrüllt: ‹Bravo, Willy.› Und da hab ick noch een bißken fester zujedrückt, bis Kriminalkommissar Trettin: jesacht hat: ‹Det jenücht, Willy.› Darauf hab ick jesacht: ‹Aber der Neißer hat doch die Oogen janich uffjemacht.› Kriminalkommissar Trettin hat aber jemeint: ‹Nich doch, Willy. Wenn er die Augen aufgemacht hat, ist es besser. Denn dann haste aus Angst zugedrückt, im Affekt sozusagen. Sonst wäre es doch reiner Mord.› Und da hab ick jesacht: ‹Da ham Se ooch wieder recht, Herr Kommissar ...›»

«Und das war Ihr angebliches Geständnis?» fragte der Vorsitzende.

«Nee, det jing noch 'ne Weile so weiter. Und die janze Zeit hat eener von die Beamten neben dem Fräulein mit der Schreibmaschine jesessen und hat ihr diktiert.»

«Das Geständnis-Protokoll trägt Ihre Unterschrift, Angeklagter», sagte der Vorsitzende. «Hat man es Ihnen denn nicht noch einmal vorgelesen, bevor Sie es unterschrieben haben?»

«Jawoll, Herr Rat. Aber da war ick schon vollkommen dösig im Kopp.»

«Und am nächsten Tag haben Sie dann in Moabit vor dem Untersuchungsrichter das Geständnis widerrufen.»

«Jawoll, Herr Rat.»

Bis dahin hatte ich scheinbar unbeteiligt der Vernehmung zugehört. Was Matrosen-Willy sagte, war mir nicht neu. Mehrmals hatte er mir im Untersuchungsgefängnis die Geschichte seines Geständnisses erzählen müssen, denn mir selber lag ja am meisten daran, zu wissen, ob seine Schilderung der Wahrheit entsprach. Bei jeder Erzählung waren neue kleine Details dazugekommen. Aber widersprochen hatte er sich nicht ein einziges Mal.

Daß sich der Vorsitzende jetzt so ausführlich mit diesem Geständnis beschäftigte, war mir willkommen. Ich entnahm daraus, daß ihm beim Aktenstudium das Geständnis als Hauptpfeiler der Anklage erschienen war.

In diesem Augenblick erhob sich der Staatsanwalt und bat ums Wort: «Der Angeklagte tischt uns hier die sattsam bekannte Geschichte vom erpreßten Geständnis auf. Er erweckt den Eindruck, als habe er sein polizeiliches Geständnis vor dem Untersuchungsrichter widerrufen, sobald er nach der angeblichen Betrunkenheit wieder einen klaren Kopf hatte. In Wirklichkeit hat er jedoch widerrufen, nachdem er sich mit dem Mitangeklagten Selzer alias Schlächter-Willy verständigt hatte ...»

«Wie soll denn das möglich gewesen sein?» fragte der Vorsitzende erstaunt.

«Durch ein Versehen des Transportleiters sind die beiden Angeklagten im gleichen Wagen vom Polizeigefängnis nach Moabit übergeführt worden», erklärte der Staatsanwalt. «Sie benutzten die Gelegenheit, ihre Aussagen aufeinander abzustimmen ...»

«Einen Moment, Herr Staatsanwalt», rief ich. Und zum Vorsitzenden: «Ich bitte, den Angeklagten Passarge darüber befragen zu dürfen, was bei dieser Gelegenheit zwischen ihm und dem Mitangeklagten gesprochen wurde.»

«Bitte», sagte der Vorsitzende.

«Wer hat das Gespräch angefangen?» fragte ich den Matrosen-Willy.

«Als ich den Schlächter-Willy sah, hab' ich gesagt: ‹Die Spanier, deine gute Freundin, hat uns verraten.›»

«Und was antwortete der Schlächter-Willy darauf?»

«Er meinte: ‹Das kann nich stimmen, denn Helene Spanier is ja erst heute morjen verhaftet worden. Und vorher hat die mit keenem Bullen jesprochen. Die Bullen ham wohl irjendwat läuten hören von wejen die Spanier, und da ham se dir uffn Zahn jefühlt. Du Idiot hast dir rinlejen lassen, und uns haste mit rinjerissen.›»

Der Vorsitzende wendete sich dem Schlächter-Willy zu: «War das der Inhalt Ihres Gesprächs mit dem Angeklagten Passarge?»

«Ja», sagte Schlächter-Willy. «Gleich darauf merkte der Beamte, der mit uns im Wagen saß, daß wir eigentlich nicht zusammen fahren durften. Und dann konnten wir keenen Mucks mehr sagen.»

«Ich bin dem Herrn Staatsanwalt äußerst dankbar», sagte ich, «daß er die angebliche Verabredung zwischen den beiden Angeklagten zur Sprache gebracht hat. In Wirklichkeit sind Matrosen-Willy bei dieser Gelegenheit die Augen darüber aufgegangen, daß er einem Trick der Kriminalpolizei zum Opfer gefallen war. Kriminalkommissar Trettin hatte bei ihm den Eindruck erweckt, die Angeklagte Spanier hätte ihn verraten. Was hier als Geständnis bezeichnet wird, entsprang einer plötzlichen Aufwallung von Rache und Haß. Dazu kamen Zigaretten und Schnaps, auf Staatskosten verabreicht …»

«Ich protestiere dagegen, daß hier hervorragende Beamte unsauberer Methoden verdächtigt werden», rief der Staatsanwalt.

«Ich finde auch, Herr Verteidiger, daß Sie etwas weit gehen …» Aus dem Munde dieses ruhigen Vorsitzenden war das bereits eine scharfe Zurechtweisung. Aber ich gab mich noch nicht geschlagen.

«Nichts liegt mir ferner, als der Kriminalpolizei zu nahe zu treten», sagte ich. «Ich finde die von dem Angeklagten geschilderten Methoden gar nicht so furchtbar. Die Polizei darf grob sein, sie darf auch freundlich sein. Schließlich hat sie es nicht mit Engeln zu tun. Solange sie dadurch Spuren gewinnt, gut und schön. Aber das Recht hört auf, wenn solche Aussagen zu Geständnissen umgezimmert werden. Solche Geständnisse sind wertlos. Mehr noch, sie sind sinnlos. Im Zeitalter des Telefons, der Graphologie, des Fingerabdrucks ist es absurd, wenn als höchstes Ideal des Kriminalisten noch immer das Geständnis gilt. Statt Spuren nachzugehen, wird der Kriminalbeamte dadurch ermuntert, sich etwas erzählen zu lassen. Und ausgerechnet dem Verdächtigen, dem Angeklagten, der vor Gericht nicht schwören darf und damit als einziger das verbriefte Recht hat, zu lügen – ihm schenkt man in einem Punkt restloses Vertrauen: Wenn er sich selber belastet, wenn er ein sogenanntes Geständnis ablegt … Was die Ermahnung des Herrn Vorsitzenden angeht, hier kein Plädoyer zu halten, muß ich mich höflichst entschuldigen. Da der Herr Vorsitzende meinem Mandanten seine Geständnisse vorgehalten hat, fühlte ich mich im Interesse meines Mandanten verpflichtet, den Beweiswert dieser Geständnisse kritisch zu würdigen … Ich beantrage die Ladung des Kriminalkommissars Trettin und des Kriminalassistenten Moritz. Sie sollen aussagen, wie die hier angeführten Geständnisse des Angeklagten zustande gekommen sind.»

«Ich unterstütze den Antrag», sagte der Staatsanwalt siegessicher.

«Dann werden die Zeugen geladen», sagte der Vorsitzende, und mit feinem Lächeln fügte er hinzu: «Wenn der Herr Verteidiger gestattet, darf ich nun wohl mit der Vernehmung des Angeklagten fortfahren.»

Er wandte sich an den Matrosen-Willy: «Sie haben also vor dem Untersuchungsrichter zuerst Ihr Geständnis widerrufen?»

«Jawoll, Herr Rat», sagte Matrosen-Willy.

«Aber knapp zehn Minuten später haben Sie dann Ihr Geständnis wiederholt.» Ironisch lächelte der Vorsitzende zu mir herüber.

«Das hat der Untersuchungsrichter auch jesacht, als ick mein Geständnis zurückjenommen habe», sagte Matrosen-Willy. «Was hat er zu Ihnen gesagt?»

«Er hat mir angeschnauzt: ‹Wollen Sie vielleicht hier den wilden Mann spielen? Ich schicke Sie sofort zurück zum Polizei-Präsidium.› Und da hab ick denn jepaßt und jesacht: ‹Ne, denn lassen Se man lieber allet im Protokoll stehen, wie›s is! Noch mal zu die Bullen, nee det hätt ick nich übers Herz gebracht. Die hätten mir total fertichjemacht …»

«Wollen Sie damit sagen, daß Sie Angst hatten, gewalttätig behandelt zu werden?» fragte der Vorsitzende.

«Nein, ick meine, die hätten mich moralisch fertichjemacht. Und man hat doch ooch seinen Stolz, Herr Rat.»

Mit halbem Ohr hörte ich zu, wie dann der Schlächter-Willy vernommen wurde. Er leugnete auch jetzt. Niemals sei er in der Wohnung des Neißer gewesen. Zur Zeit der Tat habe er mit Frau Spanier ein Kino in der Bülowstraße besucht ...

Einmal sah ich mich um, während er sprach. Dabei bemerkte ich, wie Helene Spanier ihn im Bann ihrer schwarzen, funkelnden Augen hielt. Und es fiel mir auch auf, daß Matrosen-Willy es ängstlich vermied, diesen Augen zu begegnen. Fürchtete er sie noch immer? Ich mußte an die geheimnisvollen Andeutungen denken, die er mir in seiner Zelle gemacht hatte. Er war fest davon überzeugt, daß nach ihm noch jemand anderer in der Wohnung des Teppichhändlers gewesen war und den Mord vollbracht hatte, um dessentwillen er nun auf der Anklagebank saß. Er hatte den Namen Spaniola genannt. Spaniola sollte der wirkliche Geliebte der Spanier sein, der einzige Mann, dem sie untertan war ... Aber mehr wußte Matrosen-Willy nicht. Und ich bin noch heute davon überzeugt, daß er für Spaniola, oder wie auch immer der Unbekannte heißen mochte, hätte aufs Schafott steigen müssen, wenn mir nicht der «Kriminalassistent Zufall» zu Hilfe gekommen wäre.

Der Begriff des «Kriminalassistenten Zufall» wurde von Kriminalrat Ernst Gennat geprägt, einem der größten deutschen Kriminalisten, dem langjährigen Leiter der Berliner Mordinspektion und geistigen Vater des späteren Reichskriminal-Amtes. Dieser begnadete Psychologe und Meister der technischen Spurensicherung war bescheiden genug, dem Zufall eine sehr große Rolle bei der Aufklärung vieler Verbrechen einzuräumen.

*

Es war am Morgen des fünften Prozeßtages, 15. Mai 1922. Müde und abgespannt von einer durchwachten Nacht, saß ich vor meinem Haus im Auto und wartete auf meine Frau. Wie jeden Morgen wollte sie mich nach Moabit begleiten. Sonst war sie immer pünktlich auf die

Minute, aber es war einer der ersten herrlichen Sonnentage in jenem Jahr, und sie hatte einen neuen Frühjahrshut, den sie unbedingt aufsetzen wollte. Und das kostete ein paar Minuten mehr als sonst vor dem Spiegel …

Ich war nervös. Die heutige Verhandlung mußte den Schluß der Beweisaufnahme bringen. Vier Tage lang waren die Zeugen am Richtertisch vorbeimarschiert, nicht weniger als sechzig an der Zahl. Das Publikum, das sich um die Sitze im Schwurgerichtssaal stritt, war auf seine Kosten gekommen. Da waren zuerst einmal die «Bullen» vom Alex aufgetreten, der Kriminalassistent Moritz und der Kriminalkommissar Trettin.

«Der Angeklagte hat auf dem Polizeipräsidium die beste Zeit seines Lebens gehabt», sagte Moritz. «Jeder Wunsch wurde ihm erfüllt, er bekam echten Bohnenkaffee, zusätzliche Verpflegung und Zigaretten.»

«Und Alkohol?»

«Ja … nachdem alles vorbei war.»

Dann trat Kriminalkommissar Trettin vor, der «Mann mit dem eisernen Arm».

«Wäre es nicht möglich, Herr Kommissar, daß der Angeklagte durch Suggestivfragen zu einem Geständnis veranlaßt wurde?« fragte der Vorsitzende.

«Suggestivfragen sind in der kriminalpolizeilichen Ermittlung nicht verboten», sagte Trettin. «Aber der Angeklagte hat so viele Einzelheiten der Neißerschen Wohnung, des Besuches und der Gewalttat freiwillig erzählt, daß an seiner Täterschaft für mich gar kein Zweifel bestehen konnte.»

«Hat der Angeklagte Passarge Frau Spanier aus freien Stücken belastet?»

«Es hat großen Eindruck auf ihn gemacht, als ich ihm vorhielt, daß Frau Spanier angegeben hätte, mit ihm in der Wohnung Neißers gewesen zu sein», sagte Trettin.

«In Wirklichkeit hatte Frau Spanier das aber nicht gesagt?»

«Nein, es lag lediglich eine Reihe von Informationen vor, die Frau Spanier in Zusammenhang mit Passarge und dem Mord an Neißer brachten …»

Ich sprang auf: «Ich bitte, daß der Zeuge dem Gericht mitteilt, woher diese Informationen stammen.»

«Ich bitte, diese Frage nicht zuzulassen», widersprach der Staatsanwalt. «Sie gehört nicht zur Sache.»

Die Frage wurde nicht zugelassen.

Ob Matrosen-Willy sich bei seinen Frau Spanier belastenden Aussagen vielleicht von Wut oder Haß habe hinreißen lassen, wollte der Vorsitzende wissen.

«Der Angeklagte war stark erregt», sagte Trettin. «Als ich ihm vorhielt, daß er mit Frau Spanier eine wohlangesehene Frau belaste, sagte er: ‹Das tut mir leid …›»

Die übrigen Zeugen waren aus Gefängnissen und Zuchthäusern vorgeführt worden, teils finstere, teils köstliche Typen! Die meisten hatten sich nur deshalb als Zeugen gemeldet, um einmal aus der Eintönigkeit ihres Zellenlebens herauszukommen. Die Aussichten für Matrosen-Willy wurden immer düsterer …

Als ich an jenem Morgen vor meinem Haus vor mich hin brütete, reichte mir mein Chauffeur einen billigen grauen Briefumschlag: «Da haben Sie gestern was im Wagen liegengelassen.»

Der Umschlag trug keine Anschrift. Ich riß ihn auf. Er enthielt ein sauber zusammengefaltetes Blatt aus kleinkariertem Schreibpapier.

Ich las: «*Fragen Sie den Kriminalassistenten Moritz, was ihm ein gewisser Ludwig Leder aus der Skalitzer Straße 48 in der Sache Neißer erzählt hat. Leder hat vier Wochen nach dem Mord der Polizei gestanden, daß er die Mörder von Neißer kennt. Er hat in der Mordnacht mit seinem Auto in der Nähe von Neißers Wohnung gehalten. Aber nicht um 8, sondern um 10 Uhr nachts. Sein Chauffeur, ein gewisser ‹Hans›, ein dritter Mann und eine blonde Frau sind in das Haus des Neißer gegangen und nach zwei Stunden mit dicken Paketen zurückgekommen. Am nächsten Tag hat der Leder seinem Chauffeur vor dem Viktoria-Café Vorwürfe gemacht, daß sie die Dummheit mit dem Mord an Neißer begangen haben. Aber er hat den ‹Hans› und die beiden anderen trotzdem ins Ausland geschafft. Warum der Leder von der Polizei wieder entlassen worden ist, weiß ich nicht. Ludwig Leder ist ein ganz großer Hochstapler und Einbrecher. Er tritt unter dem Namen Assessor Landau und Gaston de Casater auf. Er hat schwarze Haare und eine braune Hautfarbe, spricht wie ein Ausländer und hat viele fremde*

Pässe. Er ist es, der in dem Pensionat in der Prager Straße den Koffer des portugiesischen Gesandtschaftssekretärs geraubt hat …»

Ich ließ den Brief sinken, denn ich hörte die eiligen Schritte meiner Frau. Um sie herum bellten unsere beiden Hunde und wollten zum Abschied gestreichelt werden.

«So, jetzt können wir fahren», sagte sie. «Was hast du denn da für einen Liebesbrief?»

«Ach, wieder so ein Verrückter», sagte ich. «Oder wahrscheinlich eine Verrückte, vielleicht eine unglückliche Liebe von Matrosen-Willy …»

Ich sah nach der Unterschrift. «Ein guter Freund», stand da in zierlicher, künstlich verstellter Handschrift. Und dann fiel mein Blick auf die letzte Zeile.

«Ab mit achtzig Sachen», schrie ich dem Chauffeur zu. Meine Frau sah mich an, als zweifele sie an meinem Verstand.

Ich hielt ihr den Brief hin, deutete auf die letzte Zeile. Sie lautete: *«Ludwig Leder tritt auch unter dem Spitznamen Spaniola auf.»*

«Ist das so wichtig?» fragte meine Frau.

«Das wirst du sehen, wenn wir in Moabit sind», sagte ich.

Im letzten Augenblick erreichte ich den Schwurgerichtssaal. Das Gericht hatte bereits seine Plätze auf der hohen eichenen Richterbank eingenommen. Die Angeklagten machten trotz der frühen Morgenstunde einen abgekämpften Eindruck. Nach vier Tagen Prozeß war es ihnen wohl klargeworden, daß die Waagschale sich endgültig nach unten geneigt hatte.

Frau Helene Spanier sah noch bleicher aus als gewöhnlich, ihre schwarzen Augen lagen noch tiefer als sonst in den Höhlen, und sie fingerte nervös an ihrer Handtasche.

Auch mein Mandant, der Matrosen-Willy, zeigte nicht mehr die selbstbewußt lässige Überlegenheit, die er anfangs zur Schau getragen hatte. Seine Augen hatten ihren Glanz verloren. Er machte den Eindruck, als hätte er es aufgegeben, noch weiter um seinen Kopf zu kämpfen. Er war viel zu intelligent und zu stolz, um sich selbst zu bemitleiden. Er mäkelte auch nicht, wie ich das so oft erlebt habe, an meiner Verteidigung herum. Er wußte genau, daß er selbst an seiner aussichtslosen Situation Schuld trug, denn er hatte vor der Kriminalpolizei ein falsches Geständnis abgelegt.

Ich verbeugte mich vor dem Vorsitzenden, ging zu meinem Platz und flüsterte dem Matrosen-Willy zu: «Wie sah Spaniola aus?»

«Wolln Se mich uffn Arm nehmen?» knurrte Matrosen-Willy.

«Hatte Spaniola schwarze Haare und dunkelbraune Hautfarbe?»

Unser Geflüster mußte in dieser erwartungsvollen Stille vor der Eröffnung der Verhandlung auffallen. Schon blickte Frau Spanier mit bösen, argwöhnischen Augen zu uns herüber. Und der Vorsitzende räusperte sich mahnend.

«Ja, so hat er ausjesehen», sagte mein Mandant gleichgültig. Die Sitzung wurde eröffnet. Von Anfang an wurde mir klar, daß der Vorsitzende auf ein rasches Ende der Beweisaufnahme zusteuern wollte. Vergeblich versuchte er, Matrosen-Willy zum soundsovielten Mal zur Wiederholung seines Geständnisses zu bringen.

«Mein früheres Geständnis war falsch», sagte Matrosen-Willy zum soundsovielten Male.

«Sie haben aber schon in der Mordnacht darüber gesprochen, daß Neißer umgebracht worden ist», hielt ihm der Staatsanwalt vor.

«Das ist nicht wahr!»

«Wenn sich keine neuen, klar formulierten Beweisanträge stellen lassen, dann werde ich die Beweisaufnahme schließen.»

Der sonst ruhige Vorsitzende war jetzt ärgerlich.

Ich fühlte die anonyme Botschaft in meiner Westentasche. Ich zögerte, von ihr Gebrauch zu machen. Es war ein Vabanque-Spiel.

«Einen Moment, bitte, Herr Vorsitzender», rief ich.

Er sah mich unwillig an.

«Ich beantrage die Ladung des Kaufmanns Ludwig Leder, wohnhaft Skalitzer Straße 48.»

«Das ist doch reine Verschleppungstaktik.» Der Staatsanwalt schlug auf den Tisch.

«Bitte, Herr Staatsanwalt, der Herr Verteidiger hat seinen Antrag noch nicht begründet», sagte der Vorsitzende.

Ich sagte: «Der Zeuge Ludwig Leder soll darüber aussagen, daß er in der Mordnacht zusammen mit drei anderen Personen, einer Frau und zwei Männern, in einem Auto in der Nähe der Neißerschen Wohnung gehalten hat. Und daß er die wirklichen Mörder des Neißer kennt.»

Der Staatsanwalt ließ mich kaum aussprechen. Mit vor Empörung bebender Stimme sagte er: «Wir haben hier bereits die halbe Belegschaft der preußischen Gefängnisse Revue passieren sehen. Anscheinend will die Verteidigung dasselbe jetzt mit notorischen Geisteskranken wiederholen ...»

«Ist denn der eben genannte Zeuge der Staatsanwaltschaft bekannt?» fragte der Vorsitzende überrascht.

«Jawohl. Es handelt sich um einen notorischen Lügner und Psychopathen», sagte der Staatsanwalt ärgerlich.

«Da mir die polizeilichen Protokolle nicht im gleichen Maße zur Verfügung standen wie dem Herrn Staatsanwalt, kann ich dazu nicht Stellung nehmen», sagte ich. «Ich bitte jedoch, den Kriminalassistenten Moritz danach zu fragen, ob der genannte Ludwig Leder ein Geständnis über seine Beteiligung am Falle Neißers abgelegt hat.»

«Ein Geständnis?» Der Vorsitzende runzelte ungläubig die Stirn.

«Jawohl, ein Geständnis.»

«Also bitte, Herr Kriminalassistent Moritz.» Der Vorsitzende lehnte sich müde in seinen Stuhl zurück.

Kriminalassistent Moritz trat vor. Als wichtigster Beamter in der Mordsache Neißer mußte er jeder Verhandlung beiwohnen.

«Sie haben gehört, was der Herr Verteidiger soeben vorgebracht hat», sagte der Vorsitzende. «Kennen Sie diesen Ludwig Leder?»

Selten haben wohl zweihundert Menschen derart gespannt auf die Worte eines Mannes gelauscht wie jetzt jene Richter, Geschworenen, Angeklagten und Zuhörer in dem Mordprozeß Neißer auf die nun folgende Aussage des Kriminalassistenten Moritz.

Moritz begann zögernd: «Ludwig Leder wurde einige Zeit nach dem Neißer-Mord in Hof verhaftet ... Er stand unter Verdacht, an Warenschiebungen in die Tschechoslowakei beteiligt zu sein. Als Alibi für die Nacht vom 2. zum 3. Juni 1920 gab er an, nicht in Hof gewesen zu sein, sondern in Berlin. Er behauptete sogar, in dieser Nacht Neißer ermordet zu haben. Er wurde uns dann nach Berlin überstellt ...»

«Haben Sie den Leder vernommen?»

«Jawohl.»

«Hat er sein Geständnis Ihnen gegenüber wiederholt?»

«Zuerst ja. Einen Tag später behauptete er nicht mehr, den Neißer ermordet zu haben, sondern nur die Täter zu kennen.»

«Nannte er Namen und Einzelheiten?»

«Nein. Er machte nur völlig unzusammenhängende Angabe. Und schließlich widerrief er alles.»

«Und was geschah mit ihm?»

«Nach ein paar Tagen wurde er entlassen ...»

«Entlassen?»

«Ja, er konnte ein einwandfreies Alibi nachweisen. Eine gewisse Muschi, die Nichte der Besitzerin des Schwedtschen Pensionats in der Körnerstraße, bestätigte, daß sie in der fraglichen Nacht zusammen mit ihm in einem Flohkino in der Bülowstraße gewesen war. Auch die Platzanweiserin des Kinos erkannte Leder wieder.»

Mit einem Ruck sah ich mich zu Matrosen-Willy um, als der Name Muschi fiel. Auch er war hochgeschreckt. In seinen Augen blitzte die Wut auf. Muschi ... Sie war hinter ihm hergewesen ... Sie hatte in der Mordnacht merkwürdige Andeutungen wegen Neißer gemacht ... Und ... Muschi war schließlich mit dem berüchtigten Spaniola verschwunden ...

«Hat sich herausgestellt, weshalb dieser Leder das falsche Geständnis abgelegt hat?» fragte der Vorsitzende.

«Er wollte damit von seiner Beteiligung an den Großschiebungen ablenken», sagte Kriminalassistent Moritz.

«Aber deshalb bezichtigt man sich doch nicht ausgerechnet eines Mordes?»

«Der Leder war außerdem geistig nicht normal», sagte der Kriminalbeamte. «Er war im Krieg in einer Nervenheilanstalt.»

Ich sprang auf: «Sein Geisteszustand hat diesen Herrn Leder nicht daran gehindert, sich an Schiebungen zu beteiligen ...»

«Er war dabei nur Strohmann», sagte Kriminalassistent Moritz erregt.

«Dieser Strohmann hat aber noch eine Reihe raffinierter Straftaten auf dem Kerbholz, die sehr hohe Intelligenz verraten», rief ich.

«Bitte keine vagen Vermutungen, Herr Verteidiger», mahnte der Vorsitzende.

Ich griff in meine Westentasche, holte die anonyme Botschaft hervor und suchte zwei Namen, die ich mir angestrichen hatte. Zweihundert Augenpaare folgten jeder meiner Bewegungen. Wie gut, daß sie nicht sehen konnten, woher mir mein plötzliches Wissen zugeflogen war! Aus dem Nichts! Ich hatte ein gewagtes Spiel getrieben. Aber bisher hatten die Karten gestochen, die mir vom blinden Zufall zugeschoben worden waren. Ich zögerte nicht mehr, auch die restlichen Trümpfe auszuspielen.

«Sind dem Zeugen Moritz aus seiner dienstlichen Tätigkeit die Namen Gaston de Casater und Assessor Landau ein Begriff?» fragte ich.

Moritz überlegte angestrengt. Dann sagte er: «Aus meiner eigenen Tätigkeit nicht, aber soviel ich weiß, handelt es sich in dem einen Fall um Hochstapelei, im andern um einen großen Hoteldiebstahl …»

«Danke, das genügt mir», sagte ich und wendete mich dem Vorsitzenden zu: «Ich beantrage zusätzlich zu meinen bisherigen Anträgen, die von Gaston de Casater und Assessor Landau geschädigten Personen dem Ludwig Leder gegenüberzustellen und zu befragen, ob er mit den beiden Genannten identisch ist …»

Schlag auf Schlag waren meine Anträge erfolgt. Es war eine Situation, wie kein Verteidiger sie in seinen kühnsten Träumen zu erhoffen wagt. Der Prozeß, der vor zehn Minuten bereits einem sang- und klanglosen Ende entgegenzugehen schien, war mit einem Schlag zum Drama geworden. Drüben am anderen Ende der Richterbank steckten der Staatsanwalt und sein Gehilfe die Köpfe zusammen und berieten. Und jeder im Saal wußte, worum es ging. Zuerst hatte Todesstille geherrscht, dann war geflüstert worden, jetzt aber schwollen die erregten Stimmen zu einem immer lauter werdenden Volksgemurmel an.

Zum erstenmal in diesem Prozeß griff der Vorsitzende nach der Klingel: «Ich bitte um größte Ruhe!» sagte er energisch und dann zum Staatsanwalt: «Wollen Sie zu den Anträgen der Verteidigung Stellung nehmen?»

Staatsanwalt Dr. Orthmann stand auf. Er sagte: «Ich bitte um eine Unterbrechung der Sitzung, um den von der Verteidigung benannten Zeugen Ludwig Leder sofort herbeizuschaffen.»

«Als wenn der bloß uff die Bullen wartet», hörte ich Matrosen-Willy hinter mir murmeln.

«Herr Verteidiger, sind Sie mit der Anregung der Staatsanwaltschaft einverstanden?»

Ich blickte mich zu meinen Mitverteidigern um. Sie nickten zustimmend. «Die gesamte Verteidigung ist einverstanden.»

«Dann unterbreche ich die Sitzung», sagte der Vorsitzende. «Ich muß jedoch die Besucher bitten, im Saal zu bleiben.»

Der Staatsanwalt ging rasch hinaus, um der Kriminalpolizei die nötigen Anweisungen zu geben. Sein Gehilfe kam zu mir und fragte mich nach weiteren Einzelheiten. Ich sagte ihm, was ich wußte.

Dann zog ich aus der Tasche, die in der Innenseite meiner Robe angebracht war, die kleine Reiseflasche mit echtem Cognac. Vorsichtig schraubte ich unter der Bank den Becher-Verschluß ab, goß ihn voll und kippte ihn rasch herunter, als ich mich unbeobachtet glaubte.

«Prost!» sagte Matrosen-Willy. «So 'nen Schluck könnte ich auch brauchen.»

«Damit Sie gleich wieder ein Geständnis ablegen», sagte ich. Er grinste. Es war das Lächeln eines Mannes, der eben noch die Faust des Henkers gespürt hatte …

Meine Mitverteidiger bestürmten mich, ihnen die Geschichte meines unverhofften großen Unbekannten zu erzählen. Besonders wißbegierig waren Dr. Pindar und Dr. Eisenstädt, die Verteidiger der Frau Spanier. Sie schienen besorgt, daß ich meinen Mandanten auf Kosten der Mitangeklagten herauspauken wollte.

Ich versichere ihnen, ich dächte nicht daran. Aber ganz wohl war auch mir dabei nicht, denn wenn Matrosen-Willy mich nicht angelogen hatte, war auch Frau Spanier mit dem geheimnisvollen Spaniola sehr eng liiert gewesen. Es war nicht ausgeschlossen, daß bei näherem Ansehen Spaniolas sich unangenehme Tatsachen für Frau Spanier herausstellen würden.

Aber zunächst kam es dazu nicht. Die Kriminalbeamten, die ausgezogen waren, Ludwig Leder, alias Assessor Landau alias Gaston de Casater, zu verhaften, kehrten einer nach dem anderen zurück. In der Skalitzer Straße, wo Leder polizeilich gemeldet war, hatte sein Vater, offenbar ein ehrbarer Kaufmann, keine Auskunft über den Aufenthalt seines Sohnes geben können. Vor acht Tagen sei er das letztemal bei ihm aufgetaucht …

Ich beantragte also, die Verhandlung zu vertagen, bis der Zeuge Leder beziehungsweise Beweismaterial über seine Rolle beim düsteren Ende des Teppichhändlers Neißer herbeigeschafft sei.

Ich sagte: «Das Geständnis des Leder ist ein Parallel-Fall zum Geständnis meines Mandanten. Wenn man aus Passarges Geständnis schließen will, daß es dem wahren Tatbestand entspricht, so steht die Verteidigung auf dem Standpunkt, daß der Tatbestand sich so verhält, wie er von Leder gestanden wurde.»

Der Staatsanwalt zeigte, daß er auch eine Niederlage mit Anstand hinnehmen konnte. Er schloß sich meinem Antrag an.

Das Gericht zog sich zur Beratung zurück. Sie dauerte nicht lange. Der Vorsitzende verkündete: «Der Prozeß wird auf unbestimmte Zeit vertagt.»

Spaniola hatte einen Prozeß gesprengt. Spaniola hatte Matrosen-Willy – zunächst – vor dem Todesurteil bewahrt. Spaniola wurde nun zum Stichwort einer fieberhaften Fahndung der Kriminalpolizei.

Die Bullen der »roten Burg« am Alexanderplatz, des riesigen Backsteinbaus des Berliner Polizeipräsidiums, fühlten sich in ihrer Ehre tief getroffen. Sie hatten dem Staatsanwalt einen geständigen Raubmörder geliefert. Sie hatten dem Geständnis durch belastende Indizien eine solche Wahrscheinlichkeit verliehen, daß auch ein vorsichtiger Staatsanwalt daraufhin Anklage erheben und jedes Gericht das Verfahren eröffnen mußte. Unter dem Einsatz seiner ganzen Person hatte der Staatsanwalt die Kriminalpolizei gegen meine Vorwürfe verteidigt, ein Geständnis durch falsche Vorspiegelungen und fragwürdige Tricks herausgelockt zu haben. Und dann hatte derselbe Staatsanwalt in letzter Minute, unmittelbar vor dem Schluß der Beweisaufnahme, plötzlich die Segel streichen und meinen Vertagungsantrag unterstützen müssen. Weil die Polizei ein winziges Detail übersehen hatte …

Was das für eine Kriminalpolizei bedeutete, die mit Recht stolz auf ihre Leistungen war und die ich noch heute für die beste der Welt halte, wird mir wohl jeder Leser nachfühlen.

*

Wochen und Monate verstrichen. Spaniola ging der Polizei nicht auf den Leim. Er blieb verschollen. Die Staatsanwaltschaft drängte, die Kriminalpolizei gab hinhaltende Auskünfte.

Ich selber blieb nicht untätig. In mein Büro war damals gerade ein junger Referendar namens Pieper eingetreten, den der Fall des Matrosen-Willy faszinierte. Er erbot sich, in seiner freien Zeit am Bülowbogen herumzuhören. Ich versprach mir nicht viel davon, wollte ihn aber auch in seiner Begeisterung nicht bremsen.

Zunächst machte er nur gewaltige Spesen. Ich hatte ihn schon in Verdacht, daß die Freuden des Nachtlebens über seinen kriminalistischen Eifer gesiegt hätten. Und ich war fast überzeugt davon, als mir mein Bürovorsteher eines Mittags berichtete, Referendar Pieper sei nicht zum Dienst erschienen.

«Den müssen wir wohl abschreiben», sagte ich.

Mein Bürovorsteher nickte. Er hielt sowieso nicht viel von jungen Leuten.

Am späten Nachmittag desselben Tages rief Pieper mich an. «Wo treiben Sie sich denn 'rum?» fragte ich.

«Ich bin in der Lungenheilanstalt Beelitz.»

«Sind Sie krank?»

«Nein, aber der Mann, der Ihnen damals den anonymen Brief geschrieben hat», krächzte Pieper.

«Sind Sie nüchtern?» brüllte ich ins Telefon.

«Glücklicherweise ja», brüllte Referendar Pieper zurück. «Der Mann, der Ihnen den anonymen Brief schrieb, war zur Zeit des Mordes an Neißer als Schlepper des Lokals Dannenberg tätig.»

Das Lokal Dannenberg lag im selben Haus wie das Schwedtsche Pensionat, die Hochburg der Unterwelt vom Bülow-Bogen. Solche Lokale beschäftigten Schlepper, die sich den Passanten der umliegenden Straßen unauffällig näherten und sie in verstohlenem Flüsterton auf die Genüsse des betreffenden Etablissements aufmerksam machten. Schlepper sahen viel, das gehörte zu ihrem Gewerbe. Aber sie konnten auch schweigen …

«Wie haben Sie den Mann ausfindig gemacht?» fragte ich.

Referendar Pieper stotterte. «Eine der ständigen Damen des Lokals Dannenberg …»

«Das habe ich an den Spesen gemerkt», sagte ich.

«Ich habe ihr ein paar unverfängliche Schriftproben aus dem anonymen Brief gezeigt. Und da hat sie sofort gesagt: ‹Das ist die Klaue von dem Posch.›»

«Glauben Sie, daß Posch seine Aussage vor Gericht wiederholt?»

«Wenn er bis dahin noch lebt, bestimmt», meinte Pieper. «Zu verlieren hat der nichts mehr …»

Sieben Monate vergingen bis zur zweiten Verhandlung in der Mordsache Neißer. Die Anklage war die gleiche wie im ersten Prozeß: Raubmord. Auch die Angeklagten waren dieselben, und derselbe Staatsanwalt vertrat die Anklage. Aber auf der Richterbank saßen ein neuer Vorsitzender, neue Beisitzer und neue Geschworene. Und Frau Spanier hatte diesmal statt zwei Verteidigern deren drei. Zu den sechzig Zeugen der ersten Verhandlung waren ein paar neue getreten. Nur ein Zeuge fehlte: Spaniola. Die Kriminalpolizei hatte ihn nicht erwischt.

Dafür konnte die Anklage gewichtige stumme Zeugen produzieren: die drei kostbaren Bokhara-Brücken, derentwillen Matrosen-Willy sich zu seinem verhängnisvollen Besuch bei Neißer hatte verleiten lassen. Die Polizei hatte die Teppiche auf einem Gut in der Uckermark aufgetrieben.

Ich hingegen führte meinen Kronzeugen vor, den schwer lungenkranken ehemaligen Schlepper des Lokals Dannenberg. Er wurde in einem Rollstuhl hereingefahren. Die Ärzte hatten gegen sein Erscheinen vor Gericht protestiert, aber er hatte darauf bestanden. Seine Wangen waren eingefallen, seine Augen rotgerändert. Hüstelnd, ein Taschentuch vor den Mund haltend, machte er seine Aussagen. Um sie voll würdigen zu können, muß man sich erinnern, daß Matrosen- Willy mit Frau Spanier etwa um 8 Uhr 20 das Haus Neißers verlassen hatte …

«Gegen zehn Uhr war es in der Mordnacht... da sah ich einen großen Wagen an der Ecke Steglitzer Straße stehen … Ein Mann stieg aus, dann eine Frau und noch ein Mann. Sie gingen hinüber in das Haus, wo Neißer wohnte. Einer blieb im Wagen.»

«Erkennen Sie in den Personen einen der Angeklagten wider?» fragte der Vorsitzende.

Der Schwerkranke richtete seine müden Augen auf die Anklagebank. Dann schüttelte er den Kopf.

«Nein, von denen war es keiner. Der Mann, der im Wagen blieb, war Spaniola, der Ludwig Leder aus der Skalitzer Straße.»

«Woher kannten Sie denn Ludwig Leder?» fragte der Vorsitzende.

«Er verkehrte damals bei uns im Lokal. Er traf sich da mit der Muschi, der jungen blonden Frau aus dem Schwedtschen Pensionat. Er machte große Zechen. Ich kannte seinen Wagen ganz genau, einen großen schwarzen Mercedes. Und die blonde Frau, die in der Nacht zu Neißer ins Haus ging, das ist die Muschi gewesen ...»

Spaniola und Muschi – zwei Gespenster geisterten durch den Schwurgerichtssaal. Aber Gespenster sind keine beweiskräftigen Zeugen. Sie bleiben schemenhaft, unerheblich für den Schuldspruch ...

An einem kalten Vormittag im Januar 1923 sprach das Schwurgericht des Landgerichts II das Urteil über Matrosen-Willy. Der Staatsanwalt selbst hatte die Anklage auf Raubmord fallenlassen.

Er plädierte auf schuldig wegen Totschlags in Tateinheit mit Diebstahl und Scheckbetrug.

Die Geschworenen und Richter berieten drei Stunden. Dann verkündeten sie ihren Spruch: Alle drei Angeklagten sind schuldig der Körperverletzung mit Todesfolge in Tateinheit mit Diebstahl und versuchtem Betrug.

Der Staatsanwalt beantragte für Matrosen-Willy, Schlächter-Willy und Helene Spanier je zehn Jahre Zuchthaus.

Das Urteil erging: Je fünf Jahre Zuchthaus für Matrosen-Willy und Schlächter-Willy, drei Jahre Zuchthaus für Helene Spanier.

Alle drei nahmen das Urteil an. Es war gerecht. Nur durch einen Zufall waren die beiden Willys dem Beil des Henkers entgangen.

Für Matrosen-Willy wurde es trotzdem ein Todesurteil. Er starb vierzehn Tage nach seiner Entlassung aus dem Zuchthaus an Tuberkulose, der Zuchthauskrankheit. Es war, als hätte er seine letzte Energie darauf konzentriert, nicht auf dem Zuchthausfriedhof begraben zu werden. Wie alle Ganoven hatte er die größte Angst davor, nicht «auf anständige Weise» unter die Erde zu kommen.

Seine Beerdigung war ein Ereignis. Das ganze Schwedtsche Pensionat, soweit es nicht gerade hinter Gittern saß, war vertreten. Einschließlich der Gold-Erna, die ihn verraten hatte ... Ein Männerchor sang, Trauerfahnen senkten sich zum Gedächtnis an Gustav Passarge, den Matrosen-Willy vom Bülowbogen.

Ringverein Immertreu

Es war am 28. August 1928. Das Lokal Schwannecke in der Rankestraße war seit einer Stunde wegen Überfüllung geschlossen. Schauspieler, Kritiker und Theaterdirektoren feierten einen Premieren-Erfolg, wie ihn Berlin jahrzehntelang nicht erlebt hatte: Die Uraufführung der «Dreigroschenoper».

Der junge Direktor Aufricht saß wie in Trance neben seinen Schauspielern. Noch eine Stunde vor der Vorstellung waren sie alle überzeugt gewesen, das Stück würde die größte Pleite ihres Lebens sein.

Vom Tisch der Schauspieler stand ein Mann auf und kam zu mir herüber.

«Die sind mir zu laut», sagte er mit der rauchigen Stimme, die vor zwei Stunden noch die frech-tiefsinnigen Worte Mackie Messers gesprochen hatte. Es war mein Freund Harald Paulsen, der erste Mackie Messer, der mich schon während der Vorstellung immer wieder an meinen Mandanten, den Matrosen-Willy erinnert hatte.

«Das Stück ist unbeschreiblich gut», sagte ich. «Und so echt … Weißt du, daß es deinen Mackie Messer wirklich gegeben hat?»

«Selbstredend», sagte Harald Paulsen.

«Woher weißt du, junger Mann?»

«Mordprozeß Spanier-Passarge», sagte er. «Habe ich damals miterlebt, vom ersten bis zum letzten Tag. Und Gustav Passarge war der Mackie Messer vom Bülowbogen. Was ist eigentlich aus ihm geworden?»

Ich erzählte von Matrosen-Willys Tod und von seinem prachtvollen Ganovenbegräbnis.

«Ich dachte, so was gibt es nur in Chikago», sagte Harald Paulsen …

Ein paar Wochen später sollte ganz Deutschland erfahren, daß auch Berlin eine organisierte Unterwelt hatte. Es kam zu einer regelrechten Straßenschlacht. Es gab mehrere Tote, und es kam zu einem Riesenprozeß, in dem der Name des Ringvereins «Immertreu» weltberühmt wurde.

Es begann … mit einem Begräbnis.

Es war eines der ergreifendsten Begräbnisse, die ich in meinen Berliner Jahrzehnten erlebt habe. Die Friedhofskapelle aus gelben und braunen Backsteinen war zu klein, um die riesige Trauergemeinde zu fassen. Und obgleich von den Rieselfeldern der nordöstlichen Außenbezirke ein eisiger Wind über den Friedhof der Andreas- und Markus-Gemeinde hinpfiff, drückte sich keiner der Draußenstehenden etwa unter Hinweis auf eine erst kürzlich überstandene Lungenentzündung. Aufrecht und unerschütterlich boten an die dreihundert schwarzgekleidete Männer Brust, Stirn und Nacken dem Sturm dar, und als einzige Konzession an die Naturgewalt griffen sie hin und wieder sichernd an die Krempen ihrer Zylinderhüte.

Bewegung ging durch die Menge, als die Tür der Kapelle geöffnet wurde und leises Harmoniumspiel herausklang. Die Kränze mit großen weißen Blumen wurden fester gefaßt. Man ordnete sich zu vieren. Eine Gruppe von Zylinder-Männern mit blinkenden Blasinstrumenten stellte sich der Kapelle gegenüber auf. Und als der Sarg aus dem Halbdunkel flackernder Kerzen in die Helle des Dezembertages getragen wurde, setzten weich und exakt die Hörner und Trompeten ein zum Choral: «Harre meine Seele ...»

Hinter dem Sarg kamen die Banner. Sie waren reich bestickt und wurden von stämmigen Männern in schwarzen Paletots und Zylinderhüten getragen. Schräg über die Brust der Herren waren breite Schärpen geschlungen, und jeder Bannerträger wurde von zwei weiteren Herren mit Schärpe flankiert.

Der Zug setzte sich in Bewegung. Voran die Bläser, dann der Sarg auf einem schwarzausgeschlagenen Wagen. Dahinter der Pfarrer, die Banner und dann in Viererreihen die Zylinder-Männer.

Ganz zum Schluß ging ich mit Harald Paulsen. Ich hatte ihm versprochen, ihn zur nächsten Beerdigung eines Mitglieds der Berliner Unterwelt mitzunehmen.

Wir beide hatten als einzige keinen Zylinderhut auf. Harald trug einen weichen, schwarzen Hut, und ich ging, wie immer, barhäuptig.

«Fast überhaupt keine Frauen da», sagte Harald Paulsen.

«Die Frauen oder Bräute der Brüder treten nur beim alljährlichen Stiftungsfest in Erscheinung», erklärte ich ihm.

Wir waren am offenen Grabe angelangt. Der Sarg sank in die Tiefe. Das Vaterunser erklang. Die Zylinder vor der Brust, die Köpfe geneigt, standen die Männer in Schwarz.

Die Banner senkten sich. Unheimlich still war es, als der Pfarrer die Worte sprach: «Und vergib uns unsere Schuld ...»

Ein Mann mit Schärpe trat an das Grab. Er war der kleinste der Zylinder-Männer, doch hatte er so ausladende Schultern, daß er fast so breit wirkte, wie er hoch war. Es war Muskel-Adolf, mit bürgerlichem Namen Adolf Leib, einer der angesehensten Männer der Unterwelt.

Der scharfe Wind ließ mich nur Wortfetzen der Rede aufschnappen, die er dem Toten widmete: «Allzufrüh von uns gegangen ... Dein letzter Blick sah den brennenden Weihnachtsbaum ... Bis zuletzt nur an den Verein gedacht ... Nicht jedem ist es vergönnt, so friedlich von hinnen zu scheiden ... Unsere Gedanken wandern von deinem Grab hinüber zum Krankenhaus Friedrichshain ... Dort ringt unser Freund und Bruder Emil Malchin mit dem Tod ... Niedergestochen von feiger Mörderhand ... Wohl dir, teuerer Toter, daß du dieses Bubenstück nicht mehr zu erleben brauchtest ... Latten-Paule, wir werden dir nie vergessen ...»

Erde polterte auf den Sarg, dreihundertmal drei Hände voll. Unterdessen sang ein sonorer Männerchor: «Ich hatt' einen Kameraden», «Im schönsten Wiesengrunde» und «Üb immer Treu und Redlichkeit» ...

Zahlreiche Neugierige hatten sich aus der nahen Siedlung Neu-Hohenschönhausen eingefunden, vor allem alte Frauen und Kinder. Sie staunten über die vielen Taxis, über die zahlreichen Zylinderhüte und die kostbaren Banner.

«Das muß ein sehr guter Mensch gewesen sein», murmelte eine alte Frau mit Fransenkopftuch. Und der Pepo an ihrer Hand zog die Rotzlichter in die Nase und buchstabierte angestrengt den Namen auf dem Banner: «I-m-m-e-r-t-r-e-u.»

Vierundzwanzig Stunden später sollte dieser Name von ganz Berlin mit Schrecken und Empörung genannt werden. Die würdigen Herren in Gehrock, Paletot und Zylinder, die Bannerträger, die Bläser altüberlieferter Choräle und der vierstimmige Männerchor wurden zu Staatsfeinden Nr. eins erklärt.

«Schluß mit dem organisierten Verbrecher-Unwesen!» schrien die Schlagzeilen der Zeitungen.

*

Vom Turm der Andreas-Kirche schlug es zehn Uhr, als die neun Männer das Ende des dunklen Stadtbahnbogens am Schlesischen Bahnhof erreicht hatten.

Acht von den neun Männern trugen Zylinderhüte und schwarze Paletots. Unter den weißen Halstüchern sahen schwarze Smoking-Schleifen hervor. Sie gingen breitbeinig und schwer, wie wandelnde Kleiderschränke. Aber ihre Füße steckten in glänzenden Lackschuhen. Der neunte Mann hatte einen schweren, grauen Ulster an und einen steifen, runden Hut auf dem Kopf, eine Melone. Bis auf einen, der klein, dafür aber um so breiter geraten war, maß keiner der Männer unter einsachtzig. Sie gingen in zwei Reihen hintereinander und nahmen den Bürgersteig in seiner ganzen Breite in Anspruch.

Jetzt bogen sie scharf nach rechts in die Breslauer Straße ein. Vor ihnen tauchte im trüben Licht der Gaslaternen eine Gruppe finsterer Gestalten auf. Zwei Dutzend junger Kerls mit karierten Schlägermützen und bunten, geknoteten Halstüchern, dazwischen ein paar kesse Mädchen, die ihre Handtaschen schlenkerten.

Jeder normale Bewohner des «Katholischen Viertels», wie die Gegend um den Schlesischen Bahnhof im Volksmund hieß, hätte um diese Gruppe einen Bogen gemacht. Denn eine solche Begegnung konnte lebensgefährlich sein.

Aber die neun Männer gingen stur geradeaus. Nicht einmal ihren Schritt verlangsamten sie.

Schon schien ein Zusammenstoß unvermeidlich. Doch wie auf Kommando wichen die dunklen Gestalten plötzlich zurück, drückten sich flach gegen die Hauswand, traten scheu in einen Torweg oder hinunter auf den Fahrdamm.

Keiner der neun Männer dankte ihnen dafür, keiner würdigte sie eines Blicks. «Rabenjungs», knurrte einer von ihnen verächtlich.

Rabenjungs – das war in den Augen von Muskel-Adolf, dem Vorsitzenden des Sport- und Geselligkeitsvereins «Immertreu 1921», der letzte Dreck. Das waren kleine, miese Gauner, die von Falschspiel, Bauernfängerei und Raubüberfällen lebten – von Sachen also, mit denen sich kein «Immer- treu»-Mitglied die Hände schmutzig gemacht hätte.

Und doch war diese grenzenlose Verachtung eigentlich verdammt undankbar. Denn gerade den Rabenjungs verdankte der Verein «Immertreu» seine Existenzberechtigung. Warum zahlten denn Gastwirte, kleine Hotelbesitzer und Geschäftsleute des «Katholischen Viertels» Beiträge in die «Immer- treu»-Kasse? Warum gaben sie einem «Immertreu»-Mann, der aus dem Gefängnis kam oder eine Arbeitsbescheinigung brauchte, sofort jede gewünschte Stellung? Doch nur, weil ihnen «Immertreu» Schutz gegen Überfälle der Rabenjungs bot …

Feindselig und doch voll heimlicher Bewunderung sahen die Rabenjungs den Zylindermännern nach.

«Ick fress' 'nen Besen, wenn die nich een großet Ding uff der Pfanne haben», sagte ein Mädchen.

Einer nach dem anderen setzten sich die Rabenjungs in Bewegung. In respektvoller Entfernung folgten sie den neun Männern.

Vor der Kneipe von Naubur an der Ecke Breslauer und Holzmarktstraße blieben die neun Männer stehen. Und im selben Augenblick machten auch die Rabenjungs halt.

Die Zylindermänner schienen zu beraten. Die Rabenjungs sahen, wie der Mann mit der Melone an die Schaufensterscheibe trat und ins Lokal spähte. Dann ging er zu den Männern zurück. Jeder von den Rabenjungs würde wer weiß was dafür gegeben haben, hätte er mit anhören dürfen, was jetzt da vorn an der Straßenecke gesprochen wurde …

«Sind Sie sicher, daß der Messerstecher im Lokal ist?» fragte Muskel-Adolf den Mann mit der Melone.

«Ganz sicher. Es ist so'n kleiner, mickriger mit Pickeln im Gesicht.»

Der «Immertreu»-Vorsitzende zog die Stirn in Denkerfalten. Irgend etwas an der Sache gefiel ihm nicht.

Da war vorgestern Klamotten-Emil, der «Immertreu»-Bruder Emil Malchin, im Klosterkeller in der Innenstadt in eine Schlägerei geraten und im Gewühl durch einen Messerstich in den Rücken schwer verletzt worden. Die «Immertreu»-Leute hatten die Rabenjungs in Verdacht gehabt. Und im Anschluß an die Beerdigung des Latten-Paule hatte der Vorsitzende den achtköpfigen Vorstand zu einer außerordentlichen Sitzung ins Vereinslokal am Schlesischen Bahnhof gebeten, um Vergeltungsmaßnahmen zu besprechen. Es war eine lange Sitzung geworden. Viel Grog, Bier und Schnaps war die Kehlen hinuntergeflossen. Aber der Alkohol hatte ihnen keine Erleuchtung gebracht.

Und dann war plötzlich der Herr mit der Melone erschienen. Er hatte sich als Besitzer des Klosterkellers ausgewiesen, in dem Klamotten-Emils Blut geflossen war. Und er hatte behauptet: «Ich kenne den Messerstecher!»

Wie auf einen Schlag waren alle acht Vorstandsmitglieder aufgesprungen: «Wo ist der Hund?»

«Es ist ein Hamburger Zimmermann», hatte der Wirt vom Klosterkeller gesagt.

Und das war es, was Muskel-Adolf an der Sache mißfiel. Er kannte die Hamburger Zimmerleute, und er hatte sie gern. Sie waren die letzten Vertreter des ehrbaren Handwerks, die noch am Brauch der Wanderschaft festhielten. Wo sie mit ihren riesigen Schlapphüten, den bestickten Westen und weiten Samthosen auftauchten, verbreiteten sie einen Hauch längst versunkener Romantik.

Hamburger Zimmerleute, die am Bau der neuen U-Bahnstrecke Gesundbrunnen-Hermannplatz arbeiteten, hatten sich in den letzten Wochen im «Katholischen Viertel» niedergelassen. Wahrscheinlich, weil man sonst nirgendwo in Berlin so billig wohnte und aß. Und vor den Rabenjungs hatten die Zunftbrüder keine Angst. Sie hatten sich das Lokal von Naubur an der Ecke Breslauer und Holzmarktstraße zum Verkehrs-Lokal auserkoren. Und der Wirt Naubur hatte daraufhin nichts Eiligeres zu tun gehabt, als seinen Schutz- und-Trutz-Vertrag mit «Immertreu» zu kündigen.

Die «Immertreu»-Brüder hatten getobt: «Die Zimmerleute graben uns das Wasser ab.» Muskel-Adolf hatte seine Brüder beschwichtigt: «Die Zimmerleute sind in Ordnung. Und wenn der Naubur uns nichts mehr zahlt, gehen wir noch lange nicht pleite.» Es war zu ernsten Zerwürfnissen im Vorstand gekommen. Mit knapper Not hatte sich Muskel-Adolf durchsetzen können.

Aber nun war mit einem Schlage alles anders. Nun sollte ein Hamburger Zimmermann einen «Immertreu»-Bruder meuchlings niedergestochen haben.

Jetzt standen die acht Männer in Zylinder und Smoking, so wie sie von der Beerdigung gekommen waren, vor dem Lokal, in dem der Messerstecher saß.

«Los, schlagen wir den Laden auf den Leisten», hetzte Mollen-Albert, der älteste «Immertreu»-Mann, Gründungsmitglied und Ehrenvorstand.

«Nein!» Muskel-Adolf schüttelte den Kopf.

«Haste Fracksausen vor die paar Fijuren?»

Muskel-Adolf schwieg.

Mollen-Albert deutete die Straße hinunter: «Frag doch mal die Rabenjungs, Herr Vorsitzender ....»

Muskel-Adolf gab sich einen Ruck. Er sagte: «Gut, wir gehen 'rein. Aber auf den Leisten schlagen is nich. Ich verhandle. Die Zimmerleute sind Ehrenmänner. Sie werden einen Messerstecher nicht dulden.»

«Du hättest solln Pfarrer werden», brummte Mollen-Albert. Muskel-Adolf fuhr herum. Er sagte: «Wer von euch anfängt zu schlagen, ist ein toter Mann. Verstanden?»

Acht Köpfe nickten. Dann trat Muskel-Adolf als erster in die Kneipe von Naubur.

Der abtrünnige Wirt stand hinter der Theke und blickte den Vorsitzenden von «Immertreu» ängstlich an.

«Eins, zwei, drei, vier, fünf, sechs, sieben, acht, neun Bier», sagte Muskel-Adolf und knallte seinen Zylinder neben dem Bierhahn auf die Theke.

Scheinbar interessiert sah der Vorsitzende von «Immertreu» zu, wie der Wirt den gelben Saft in die Gläser rinnen ließ. Aber aus einem Augenwinkel beobachtete er das Lokal. An den ungedeckten Tischen saßen ein paar Zimmerleute vor kleinen Bieren. Am Fenster stand ein Weihnachtsbaum, dessen Kerzen auf die Stümpfe heruntergebrannt waren.

Herr Bach, der Wirt aus der Klosterstraße, drängte sich an Muskel-Adolf heran und flüsterte: «Da sitzt er, der Messerstecher!»

«Prost», sagte Muskel-Adolf ungerührt. Die neun Männer hoben ihre Gläser mit angewinkeltem Arm zur Brust in die Höhe des zweiten Knopfes. Dann erst tranken sie.

«Der Kleine da hinten, am letzten Tisch, das ist der Messerstecher», flüsterte Herr Bach.

«Schon gut», sagte Muskel-Adolf.

Er lehnte sich rücklings an die Theke und blickte starr den bezeichneten Zimmermann an, der mit dem Rücken zu ihm saß. Die sieben anderen Ringbrüder und Herr Bach folgten seinem Beispiel.

Neun stattliche Männer in Schwarz standen stumm an der Theke. Eine Minute verging. Unheimliche Stille breitete sich in dem Lokal aus. Die Gespräche der Zimmerleute versickerten. Einer nach dem andern hoben sie den Kopf und sahen die neun schweigenden Männer an.

Jetzt wendete auch der Messerstecher sich um. Er sah in die Augen des Ringvereins-Vorsitzenden und erbleichte. Er stand auf, ging langsam nach rückwärts auf die Tür zum Hinterzimmer zu.

«Halt!» sagte Muskel-Adolf.

Aber schon hatte der Zimmermann die Türklinke heruntergedrückt. Die Tür ging auf. Muskel-Adolf sah, daß das Hinterzimmer von Zimmerleuten angefüllt war.

Der Altgeselle, ein riesiger Kerl mit großen blanken Messingohrringen, stand auf, trat in die Tür und fragte in der altmodischen Sprache der Zunft: «Was ist der Begehr?»

Muskel-Adolf griff nach seinem Zylinder und stellte sich vor den Riesen hin: «Wir haben mit diesem Herrn da etwas auszumachen. Er hat einen Bruder von uns angestochen. Wir wollen ihn nicht anzeigen, wenn er freiwillig seinen Beitrag zu den Krankenhauskosten leistet ...»

«Wir haben mit Verbrechern nichts zu reden», sagte der Altgeselle. «Wenn ihr was wollt, geht zur Polizei.»

«Ist das euer letztes Wort?» fragte Muskel-Adolf. Er setzte feierlich seinen Zylinderhut auf.

«Das ist mein letztes Wort», sagte der Altgeselle. Er hob seinen Arm und ließ ihn auf den Zylinder Muskel-Adolfs niedersausen.

Es gab ein krachendes Geräusch. Der eben noch glatte und glänzende Hut zeigte häßliche Falten und rutschte unter der Wucht des Schlages bis über die Ohren seines Trägers. Es war kein erhebender Anblick, den der Vorsitzende von «Immertreu» in diesem Augenblick bot. Das erfaßte Muskel-Adolf instinktiv. Er wußte, daß es mit dem Ruf von «Immertreu» für immer vorbei sein würde, wenn diese Schande nicht sofort getilgt wurde. Ohne Rücksicht darauf, daß die Zimmerleute in der zehnfachen Übermacht waren.

Muskel-Adolf senkte den Kopf, machte einen Schritt vorwärts, griff nach dem Bein des Altgesellen und riß es nach vorn. Der Riese verlor den Halt und schlug rückwärts hin. Das war das Signal zur Schlacht.

Die Zimmerleute hatten in ihrem Lokal ihr Handwerkszeug – Äxte, Winkeleisen und schwere Hämmer. Die acht Männer von «Immertreu» hatten nur ihre Fäuste. Es mußte ein ungleicher Kampf werden. Er konnte nur damit enden, daß «Immertreu» schließlich aus dem Lokal gedrängt wurde, wo die Meute der Rabenjungs Zeuge der Niederlage sein würde. Das durfte nicht geschehen. Sein oder Nichtsein von «Immertreu» stand auf dem Spiel.

«Ruft den Ring an», keuchte Muskel-Adolf und wehrte mit dem linken Arm einen Axthieb ab. «Alarmstufe drei!»

Der Ring-Bruder «Palisaden-Ede» hörte das Wort seines Präsidenten. Palisaden-Ede stand der Tür am nächsten. Er schmetterte ein Stuhlbein auf die Köpfe einiger Zimmerleute, die ihm an die Kehle wollten. Sie taumelten zurück. Ede bekam etwas Luft und konnte die Tür gewinnen.

Er sah noch, wie Muskel-Adolf die Gardinenstange vor dem Schaufenster abriß, um sie als Waffe zu benutzen. Dabei kam der Weihnachtsbaum, der neben dem Fenster stand, ins Schwanken.

«Um Jottes willen, der Boom», hörte Palisaden-Ede die jammernde Stimme des Wirts. Dann war er draußen auf der Straße. Schon hatte der Kampflärm an die hundert Rabenjungs angelockt. Sie drückten sich die Nasen an den Fensterscheiben des Lokals platt.

In den Häusern ringsum gingen Fenster auf. Der Ruf «Kattun» gellte durch die Straßen, ein Ruf, der jeden Bewohner des «Katholischen Viertels» elektrisierte. «Kattun» … das bedeutet Schlägerei. Und eine Schlägerei war etwas, wo man dabeigewesen sein mußte.

Palisaden-Ede brauchte nicht weit zu rennen. Schräg gegenüber vom Schlachtort lag «Leos Hotel», auch «Café Messerstich» genannt. Fünf Minuten später klingelten in acht Lokalen in Moabit und am Wedding, am Alexanderplatz und in Neukölln, am Oranienburger Tor und im Fischerkietz die Telefone: «Alarmstufe drei, Breslauer Ecke Krautstraße.» Alarmstufe drei bedeutete in den Regeln der Ring-Vereine, daß alle verfügbaren Streitkräfte sofort in Taxis zum Kampfort geworfen werden mußten. Es war ein Wettlauf mit der Zeit.

Palisaden-Ede stürzte ins Vorderzimmer von Leos Hotel, riß den Fenster-Vorhang zurück und blickte auf die Straße.

Vor dem Nauburschen Lokal tobte die Schlacht. Die «Immertreu»-Leute waren auf die Straße gedrängt worden. Ein paar Zylinderhüte lagen auf dem Pflaster. Sonst sah man nur Zimmerleute … nur ihre schwingenden, schlagenden Arme deuteten an, wo im Gewühl sich ein Ringbruder verzweifelt der Übermacht wehrte.

Palisaden-Ede riß das Fenster auf und lauschte hinaus in die Nacht. Er hörte Stöhnen, unterdrückte Schreie, das Krachen von Eisen und Holz … Und er hörte die hektischen Rufe aus dem Halbkreis der Zuschauer. Doch plötzlich hörte er Motorengebrumm. Das müssen die Taxis der Ringbrüder sein, dachte er.

Von der Langestraße her bohrten sich Scheinwerfer-Finger in die Krautstraße vor. Ein Wagen, zwei, drei … Aber das waren keine Taxis!

«Polente!» gellte ein schriller Schrei. Das Gewimmel erstarrte.

Palisaden-Ede sah, wie sich Muskel-Adolf vom Boden erhob und seine Krawatte geraderückte.

Im gleichen Augenblick knallte es dreimal scharf und kurz durch die Breslauer Straße. Das waren Schüsse. Aber wer hatte da geschossen? Schon geisterten die Scheinwerfer des ersten Polizei-Lastwagens über die Szene. Das Motoren-Geräusch erstarb. Polizisten mit blinkenden Tschakos sprangen von den Wagen.

Wie von einem Zauberstab berührt, erstarrten die Kämpfenden. Wo eben noch ein Gewimmel von Menschenleibern war, standen Figuren und ließen die Arme hängen. Nur zwei schwarze Schatten blieben vor dem Nauburschen Lokal. Sie erhoben sich nicht. Die waren doch nicht etwa tot?

Palisaden-Ede sah, wie sich ein Polizist zu den zwei reglosen Menschen herabbeugte, wie er aufstand und seinem Vorgesetzten Meldung machte. Er sah, wie acht Männer in zerrissenen Smokings zu den Lastwagen geführt wurden und über die heruntergelassenen Klapptüren hinaufkletterten. Von den «Immertreu»-Brüdern war also keiner liegengeblieben. Aber die reglosen Figuren auf dem Pflaster blieben liegen …

Durch die Holzmarktstraße fuhr inzwischen Taxi auf Taxi vorbei. Alarmstufe drei hatte um ein paar Minuten zu spät funktioniert. Die Ringvereins-Brüder sahen die Scheinwerfer der Polizei-Autos und fuhren weiter. Für sie gab es in der Breslauer Straße nichts zu gewinnen.

*

Als ich am Montag, dem 31. Dezember 1928, dem Silvester-Tag, ins Büro kam, um die notwendigste Post zu erledigen, fing mich mein Bürovorsteher ab.

«Acht junge Damen warten auf Sie», sagte er anzüglich.

«Ich habe heute keine Sprechstunde», sagte ich.

«Das habe ich den Damen auch gesagt», meinte mein Bürovorsteher. «Aber sie sagten, Sie wären ein Kavalier und kein Bürohengst.»

Mit gemischten Gefühlen betrat ich das Wartezimmer. Das waren acht tolle Damen. Kesse Fürstinnen, wie man sie nur bei «Walterchen, dem Seelentröster» oder aber auch in der «Femina» traf. Hüte mit Vögelchen drauf, Federboa oder Blaufüchse um den Hals und Handtaschen, in denen man ein Baby mittragen konnte. Und die Beine … Ich wagte gar nicht, hinzusehen.

«Dokterchen, wir haben eine Zangengeburt für Sie», sagte eine kesse Blonde.

«Wer sind Sie denn?»

«Na, die Brautens vom Vorstand ‹Immertreu›», sagte die Blonde. «Zaster haben wir in rauhen Mengen. Sie sollen unsere Bräutigämer aus dem Knast holen.»

«Warum denn nicht», sagte ich.

Die nächtliche Straßenschlacht in der Breslauer Straße hatte Berlin in ungeheure Aufregung versetzt. Zwei Tote und vier Schwerverletzte waren auf dem Kampfplatz zurückgeblieben. Und alle sechs waren Hamburger Zimmerleute. Es konnte also keine Frage sein, wer die Schuldigen waren, und auch die Schlagzeilen der Zeitungen vom 31. Dezember 1928 ließen keinen Zweifel darüber aufkommen:

«VERBRECHER-VEREIN IMMERTREU ÜBERFÄLLT HAMBURGER ZIMMERLEUTE» – «DIE GRÖSSTE VERBRECHERSCHLACHT, DIE BERLIN ERLEBTE!» – «WIR FORDERN VOM POLIZEIPRÄSIDENTEN SCHÄRFSTES VORGEHEN GEGEN DIE UNTERWELT!»

Ich war es gewohnt, daß «Müllen», Bräute von Ringvereinsleuten, zu mir kamen, wenn ihre Freunde und Beschützer «alle geworden», das heißt, verhaftet worden waren. Sie forderten mich dann auf, die Verteidigung ihrer Kavaliere zu übernehmen.

Und sie handelten mit meinem Bürovorsteher das Honorar aus, das durchaus nicht immer niedrig war. Denn während ich zahllose arme Gesetzesbrecher ohne einen Pfennig Honorar verteidigt habe, ließ ich die Herren von der «Zunft» ruhig tief in die Taschen greifen. Und sie taten es auch.

Daß sie es konnten, verdankten sie dem Ring-Verein. Wer einem solchen Verein beitreten wollte, mußte ein hohes Aufnahmegeld zahlen und wöchentlich zehn bis fünfzehn Mark Mitgliedsbeitrag. Ging dann ein Ring-Bruder «verschütt» und hatte er bei seiner Straftat nicht gegen die Satzung des Vereins verstoßen, die jede Gewalttat verbot, dann zahlte der Verein der Braut eine Unterstützung und eine Pauschale für die Verteidigungskosten.

Da waren also die acht Damen. Sie sprachen alle zugleich auf mich ein. Ich verstand kein Wort.

«Wollen Sie sich nicht in mein Büro bemühen?» sagte ich. «Wenn ich bitten darf, eine Dame nach der anderen.»

«Kommt janich in Frage … Von wejen einzeln vernaschen … Entweder alle oder keine», schwirrten die Stimmen durcheinander.

«Na schön», sagte ich. «Aber vielleicht einigen sich die Damen wenigstens darauf, daß nur eine zur gleichen Zeit spricht.»

«Ick rede für alle», sagte eine vollschlanke Blonde.

Die anderen murrten. Aber eine betagte Schönheit, die einen prächtigen Fuchspelz malerisch über ihr knappsitzendes Kostüm geschlungen hatte, schnitt die Diskussion ab: «Aktien-Mieze soll reden!»

Aktien-Mieze war die vollschlanke Blondine. Wie sich herausstellte, war sie die Braut von Muskel-Adolf, dem Vorsitzenden vom Ringverein «Immertreu».

«Sie müssen unsere Jungs ’rausholen, Herr Doktor, wo doch heute Silvester is …»

«Ich fürchte, die Polizei wird auf Ihre Silvester-Feier keine Rücksicht nehmen», sagte ich. «Es ist immerhin geschossen worden. Zwei sind tot, vier schwer verletzt …»

«Aber unsere Jungs haben doch nich jeballert, Doktorchen», sagte Aktien-Mieze. Sie war dem Weinen nahe.

«Aber wer soll denn sonst geschossen haben?» fragte ich. «Jedenfalls unsere Jungs nich!» schrien acht Stimmen gleichzeitig.

«Muskel-Adolf hat ja überhaupt keene Kanone», sagte Aktien-Mieze.

«Meener ooch nich», fielen die anderen ein.

Das klang glaubhaft, denn mochten die Ringvereinsmitglieder auch merkwürdige Eigentumsbegriffe haben … Schießer, Totschläger und

Raubmörder waren sie meines Wissens nicht. Und doch – zwei Tote blieben schließlich zwei Tote. In den Zeitungen stand, daß sie erschossen worden waren. Wer sollte sie erschossen haben, wenn nicht die «Immertreu»-Leute?

«Schön, ich fahre gleich mal rüber zum Polizei-Präsidium und sehe zu, was sich machen läßt», sagte ich. Das Damen-Kränzchen ging mir auf die Nerven.

«Doktorchen, Sie sind ein Joldengel», sagte Aktien-Mieze. Sie klappte ihre riesige krokodillederne Handtasche auf. Das Leder roch noch ganz neu. «Mein Weihnachten von Muskel-Adolf», sagte sie unter Tränen.

Sie kramte in der Tasche und holte ein kleines Pappschächtelchen hervor. Sie hob den Deckel. Auf blauem Samt strahlte ein goldener Ring mit einem prächtigen, funkelnden Stein. «Da», sie schob mir das Kästchen über den Schreibtisch. «Für die Kaution.»

Ich sah den Ring interessiert an, berührte ihn aber nicht. Er war echt, soweit ich das auf Anhieb beurteilen konnte. Er schien schwer und teuer, wenn auch für meinen Geschmack reichlich protzig.

Ich muß wohl ein sehr mißtrauisches Gesicht gemacht haben, denn Aktien-Mieze sagte: «Wat Sie denken, is nich, Doktorchen. Dett is ehrlich erworbene Ware. Een Jeschenk von een Freia von mir, von eenem janz renommierten Herrn. Is jut seine achthundert Piepen wert, der Ring.»

Auch die anderen sieben legten Schmucksachen auf den Tisch. Ich rief meinen Bürovorsteher herein und bat ihn, ein Verzeichnis der Schätze aufzunehmen und sie dann in den Safe zu sperren.

«Na, dann wünsche ich Ihnen, daß Sie gut 'rüberrutschen ins neue Jahr», sagte ich und wandte mich zum Gehen.

*

Ich stieg die Treppe zum Zimmer des Polizeipräsidenten empor.

«Der Herr Polizeipräsident ist heute sehr besetzt», sagte die Dame im Vorzimmer.

«Präsidenten sind immer sehr besetzt», sagte ich und gab meine Karte ab.

Fünf Minuten später ließ mich der Polizeipräsident bitten.

Karl Zörgiebel hatte Schweißperlen auf der Stirn, als er mich empfing. Er war ein prächtiger Mann. Von ganz unten hatte er sich hochgearbeitet. Er war weder Jurist noch Soldat von Hause aus, sondern Arbeiter. Die Ernennung zum Polizeipräsidenten der Reichshauptstadt war ihm bestimmt nicht an seiner Wiege gesungen worden. Er war Demokrat. Das heißt, er ging gegen Nationalsozialisten, die er haßte, ebenso vor wie gegen die Kommunisten, wenn es zu Krawallen kam.

«Nett, Sie bei mir zu sehen, Herr Dr. Frey», sagte der mächtige Zörgiebel und erhob sich schwer aus seinem Stuhl. «Aber wenn Sie wegen ‹Immertreu› kommen, haben Sie sich umsonst bemüht. Mit denen mache ich jetzt Schluß.»

«Dafür werden Sie bei der Kriminalpolizei wenig Verständnis finden», sagte ich.

Ich wußte genau, daß die meisten Kriminalbeamten in den Ring-Vereinen das kleinere Übel sahen. Die Ring-Vereine hielten in ihren Reihen auf eiserne Zucht und Ordnung. Sie hatten ihre ständigen Lokale, ihre Mitglieder hatten feste Wohnsitze. Kapitalverbrechen – Mord, Raubmord, Bankeinbrüche – wurden fast immer von Außenseitern begangen, die den Ringvereinen ein Dorn im Auge waren. Und nicht selten erhielt die Kriminalpolizei aus den Reihen des Rings den entscheidenden Tip, der zur Aufklärung solcher Fälle führte.

«Ich habe in meiner ganzen Praxis noch nicht ein einziges Mal erlebt, daß in den Ring-Vereinen irgendeine Straftat ausgekocht worden ist», erklärte ich dem Polizeipräsidenten.

«Doktor Berndorf ist mit der Untersuchung beauftragt», sagte der Polizeipräsident. «Und der ist ganz anderer Auffassung.»

«Damit dürfte er ziemlich allein dastehen», erwiderte ich.

Kriminalkommissar Dr. Berndorf war ein äußerst fähiger, aber auch sehr scharfer Beamter. Er war der Meinung, daß es möglich sein müßte, die Berliner Unterwelt mit Stumpf und Stiel auszurotten. Er machte nicht, wie die meisten seiner Kollegen, einen Unterschied zwischen den Rabenjungs und den Ring-Vereinen.

Auf dem Schreibtisch des Polizeipräsidenten klingelte das Telefon. Er nahm ab. Aus dem Apparat hörte man eine aufgeregte Stimme. Ich sah, wie sich seine Miene verfinsterte.

«Das ist doch ...» Die Faust des Präsidenten sauste auf den Tisch nieder, daß die Kaffeetasse klirrte. «Machen Sie mir sofort schriftlichen Bericht», sagte er und legte auf.

Er sah mich triumphierend an: «Da haben Sie's, von wegen; friedliche Ringvereinsbrüder ... Berndorf hat ermittelt, daß die ‹Immertreu›-Leute bei ihren befreundeten Vereinen Verstärkungen angefordert hatten. Dreißig Taxis waren zum Kampfplatz unterwegs. Wenn meine Beamten nicht früher zur Stelle gewesen wären, hätten wir wahrscheinlich nicht zwei, sondern zehn Tote ... Aber jetzt ist es aus damit! Mir soll man nicht nachsagen, daß ich die SA-Leute und Rot-Front-Kämpfer verhafte und die Verbrecher mit Samthandschuhen anfasse. Jetzt greife ich eisern durch.»

Das war am Vormittag. Am Nachmittag hatte Polizeipräsident Zörgiebel die Ringvereine «Immertreu» und «Norden» bereits aufgelöst. Ihr Vereinsvermögen wurde beschlagnahmt. Berlin war mit seinem Polizeipräsidenten zufrieden.

Ich sah für den kommenden Prozeß Komplikationen voraus. Und ich tat etwas, was mir äußerst schwerfiel: Ich setzte mich mit meinem größten Konkurrenten in Verbindung, mit dem Rechtsanwalt Professor Dr. Alsberg, und fragte ihn, ob er mit mir zusammen die Verteidigung übernehmen würde. Alsberg sagte sofort zu. Wir zogen noch drei weitere bekannte Strafverteidiger hinzu.

Die Verhandlung wurde auf den 4. Februar 1929 festgesetzt.

«Moabit hat seinen großen Tag», schrieb am Abend des 5. Februar das «Acht-Uhr-Abendblatt».

«Schupos, Schupos, nichts als Schupos. Vor dem Kriminalgericht patrouillieren sie. Und vor dem Schwurgerichtssaal sperrt eine ganze Kette den Zugang ab.

Die Vorahnung von etwas Großem beherrscht den Saal. Die Zimmerleute sind da. Kesse Burschen, das Zeichen des Draufgängertums auf der Stirn tragend.

Ein Raunen, Tuscheln, Bewegung. Die Uhr auf dem Korridor schlägt neun. Eskortiert von zwei Schupos erscheinen die Angeklagten von «Immertreu». Die meisten groß und breitschultrig.

Die Zimmerleute werfen ihnen höhnische Blicke zu. Die ‹Immertreu›-Leute ignorieren sie.

Vor den Angeklagten tauchen die Leuchten der Anwaltschaft auf. Dr. Alsberg blättert ruhevoll in den Akten, das Monokel Dr. Freys blitzt kampfbereit.

Der große Tag von Moabit beginnt. Die Unterwelt gibt ihre Geheimnisse an die Oberwelt ab ...»

Ich begann den Prozeß mit einer scharfen Kritik an der Anklage.

Ich sagte: «Der Ursprung der schweren Schlägerei, die Gegenstand dieses Prozesses ist, war eine Messerstecherei. Dabei hat der Zimmergeselle Schultheiß ein Mitglied des Ringvereins ‹Immertreu› schwer verletzt. Wie mir soeben mitgeteilt wird, ist das Verfahren gegen Schultheiß wegen dieser Messerstecherei eingestellt worden. Es ist von derselben Staatsanwaltschaft eingestellt worden, die hier in diesem Prozeß die Anklage vertritt ...»

Erregt sprang der Staatsanwalt auf: «Die Einstellung des Verfahrens erfolgte, weil der Zimmermann Schultheiß in Notwehr gehandelt hat.»

«Wenn ein Zimmermann ein Ringvereins-Mitglied niedersticht, ist es Notwehr», protestierte ich. «Wenn aber acht ‹Immertreu›-Leute mit vierzig Zimmerleuten in eine Schlägerei geraten, ist es Landfriedensbruch. Der Zimmermann Schultheiß wird hier in diesem Verfahren als Hauptbelastungszeuge auftreten. In Wirklichkeit gehört er jedoch auf die Anklagebank ...»

Der Vorsitzende entzog mir das Wort: «Es bleibt Ihnen ja vorbehalten, Herr Verteidiger, die Glaubwürdigkeit des Zeugen Schultheiß zu erschüttern. Zunächst treten wir in die Vernehmung der Angeklagten ein.»

Und nun war es soweit. Nun gab wirklich die Unterwelt ihr Geheimnis an die Oberwelt ab. Muskel-Adolf wurde als erster aufgerufen.

Ich schickte inzwischen einen Referendar in das Krankenhaus Friedrichshain, wo das bei der Messerstecherei schwer verwundete Ring-Mitglied Emil Malchin noch immer zwischen Tod und Leben schwebte. Der Referendar sollte Malchin einen Protest gegen die Einstellung des Verfahrens gegen Schultheiß unterschreiben lassen.

Währenddessen erzählte Muskel-Adolf in wohlgesetzten Worten seinen Lebenslauf. Jawohl, einmal sei er vorbestraft, anderthalb Jahr wegen Einbruch. Aber dann nicht mehr.

«Am Tage der Schlägerei waren Sie doch, soviel ich weiß, auf einer Beerdigung», sagte der Vorsitzende.

«Jawohl, Herr Vorsitzender.»

«Es sollen zwei- bis dreihundert Leute und zehn Banner bei dieser Beerdigung gewesen sein. Das finde ich ja enorm ...»

«Es ist die Ehrenpflicht aller Vereine, unsere Brüder anständig unter die Erde zu bringen», sagte Muskel-Adolf.: «Wer zu einem Begräbnis nicht erscheint, wird rücksichtslos ausgeschlossen.»

«Können Sie mir erklären, weshalb Sie gerade darauf so großen Wert legen?»

Muskel-Adolf stockte. Dann sagte er leise: «Jeder von uns hat doch eine Mutter, Herr Vorsitzender. Na, und wenn: man zum erstenmal auf die schiefe Bahn kommt, dann sind die Mütter doch am meisten zu bedauern. Meine Mutter hat mir gesagt: ‹Dich werden sie einmal an der Kirchhofsmauer verscharren ... Kein Mensch wird hinter deinem Sarg hergehen.› So was vergißt man nicht, Herr Vorsitzender. Und deshalb ist für uns ein anständiges Begräbnis so wichtig ...»

Ich sah betroffene, nachdenkliche Gesichter. In diesem Augenblick kam mein Referendar aus dem Krankenhaus zurück. Er schob mir einen Zettel zu. Ich stand auf und las laut vor:

«Der von dem Zimmermann Schultheiß niedergestochene Emil Malchin ist vor einer Stunde im Krankenhaus Friedrichshain gestorben.»

Hinter mir entstand Bewegung. Die acht Angeklagten waren aufgestanden. Stumm standen sie da, die Köpfe gesenkt, die Hände verschränkt. Der Vorsitzende rügte ihr Verhalten nicht.

Doch der Staatsanwalt gedachte nicht, diesen Stimmungsumschwung mitzumachen. Zeugen auf Zeugen führte er heran. Soweit Zimmerleute als Zeugen auftraten, hatten wir Verteidiger es leicht. Es waren einfache Burschen. Sie schämten sich der Messerstecherei ihres Kameraden Schultheiß und hatten selber ein schlechtes Gewissen, weil sie mit der Schlägerei angefangen hatten. Nur zögernd und unsicher sagten die meisten aus.

Auch Kriminalkommissar Dr. Berndorf gab als Zeuge eine schwache Vorstellung. Er berief sich auf eine Auskunftsperson, die ihm mitgeteilt habe, daß der Überfall von «Immertreu» auf die Zimmerleute von langer Hand geplant gewesen wäre.

«Ach bitte, wollen Sie dem Gericht den Namen dieser Auskunftsperson nennen», sagte ich.

Dr. Berndorf verschanzte sich hinter dem Dienstgeheimnis.

«Im übrigen ist der Verteidigung die Dame wohlbekannt, die der Kriminalpolizei diese vertrauliche Mitteilung gemacht hat», sagte ich auf gut Glück.

Und prompt ging der Kriminalist in die Falle: «Ich halte es für ausgeschlossen, daß Sie die Dame ...»

Er spricht den Satz nicht zu Ende. Er braucht es auch nicht. Der Saal bebt vor Lachen. Vorsitzender und Schöffen können sich eines Schmunzelns nicht erwehren.

Das war der erste Tag. Am zweiten und dritten marschierte die ganze Unterwelt auf, und wenn es auch letzten Endes um zwei Tote ging – Gericht und Zuschauer kamen auf ihre Kosten.

Am dritten Tag glaubte der Staatsanwalt, nun endlich zum entscheidenden Schlag ausholen zu können. Wenn Staatsanwalt Dr. Zimmermann etwas Besonderes im Schilde führte, sah man es ihm bereits in dem Augenblick an, in dem er sich erhob.

«Es hat sich eine Zeugin gemeldet», sagte er. «Sie kennt einen Mann, dem ‹Immertreu› hundertfünfzig Mark versprochen hat, wenn er hier aussagt, daß die Zimmerleute die Schlägerei eröffnet haben.»

Die Zeugin wurde sofort hereingerufen. Sie war ein hübsches blondes Ding mit einer süßen Stupsnase. Um den Hals trug sie eine etwas altmodische Federboa, und ihre Röcke schlossen zehn Zentimeter über dem Knie ab und ließen ihre schönen Beine sehen.

«Sie haben also gehört, daß die ‹Immertreu›-Leute Zeugen bestechen wollten?» fragte der Vorsitzende und sah die Kleine mit sichtlichem Wohlwollen an.

«Ja», sagte die Kleine schüchtern. «Für hundertfünfzig Mark. Fünf Mark gleich bar auf die Hand.»

«Sie wohnen in Rheinsberg und haben nicht die Mühe gescheut, um uns diese wichtige Mitteilung zu machen. Können Sie uns den Herrn nennen?»

«Ich weiß den Namen nicht. Aber er wartet draußen, als Zeuge ...»

«Ach bitte, Herr Wachtmeister», sagte der Vorsitzende, «bringen Sie doch den betreffenden Herrn mal herein.» Der Justizwachtmeister holte ihn.

«Ihr Name, bitte?»

«Küpdorf, Herr Vorsitzender, Vertreter in Spirituosen.»

«Dafür haben wir im Augenblick keinen Bedarf», sagte der Vorsitzende und erntete auf allen Bänken dankbares Gelächter. «Sie wohnen?»

«Breslauer Straße 1.»

«Interessant! Also im selben Haus, wo das Lokal der Zimmerleute ... Sie sollen in Gesprächen geäußert haben, daß der Ringverein ‹Immertreu› Ihnen hundertfünfzig Mark bezahlen würde für eine bestimmte Aussage.»

«Davon ist mir nichts bekannt.»

«Herr Küpdorf, haben Sie jemals von einem Einwohner der Gegend, in der Sie wohnen, fünf Mark bekommen?» fragte mein Kollege Dr. Alsberg.

«Bestimmt nicht», sagte Herr Küpdorf. «Gegeben, aber nicht bekommen ...»

In diesem Augenblick stand neben mir Dr. Feblowitz auf, der dritte Mitverteidiger.

«Herr Küpdorf ist übrigens von der Verteidigung als Zeuge dafür benannt worden, daß die Zimmerleute bei Beginn der Schlägerei charakteristische Äußerungen getan haben.»

«Ja», sagte Herr Küpdorf. «Ich kam von einer Geschäftsfahrt zurück und wollte unten im Lokal schnell noch einen Schnaps trinken. Aber als ich die Tür aufmachte, sah ich, wie der Alt-Geselle dem kleinen Herrn da ...» Er deutete auf Muskel-Adolf. «Wie er dem den Zylinderhut einschlug. Und dann ging einer der Zimmerleute auf mich los. Aber ein andrer sagte: ‹Mit dem haben wir nichts abzumachen. Wir haben nur mit denen an der Theke zu tun. Denen drücken wir heute abend noch allen ihre schönen Zylinderhüte ein ...›»

Wieder war eine Seifenblase der Anklage zerplatzt. Herrn Küpdorf traute kein Schöffe, kein Richter und auch nicht der Staatsanwalt zu, daß er sich von den ‹Immertreu› Leuten hätte bestechen lassen.

Der fünfte und letzte Tag des Prozesses kam heran. Der Staatsanwalt hatte plädiert. Hart, unerbittlich.

Mein Kollege Alsberg hatte ihm als erster Verteidiger erwidert. Sein Plädoyer hätte jeder Akademie zur Ehre gereicht. Nun war die Reihe an mir.

Schwungvoll fing ich an: «Wenn dieser Prozeß eins erwiesen hat, dann ist es die Tatsache, daß es keine Verbrecher-Vereine in Berlin gibt, sondern höchstens eine organisierte Unterwelt ...»

In diesem Augenblick schlich sich ein Justizwachtmeister an den Vorsitzenden heran. Sie flüsterten. Irritiert blickte ich hinüber zur Richterbank.

Der Vorsitzende erhob die Hand: «Ach bitte, Herr Verteidiger ...»

Ich überließ dem Vorsitzenden mit einer Verbeugung das Wort.

Er sagte: «Der Justizwachtmeister teilt mir soeben die bedauerliche Tatsache mit, daß der Pelz des Herrn Rechtsanwalts Doktor Frey aus dem Schöffen-Zimmer, wo er ihn abgelegt hat, verschwunden ist.»

Dieser Pelz war ein Erbstück von meinem Vater. Es war ein echter Seal, den ich mir in einen eleganten Ulster hatte einnähen lassen. Der Kragen war aus Nerz.

Einen Augenblick erschrak ich. Dann sagte ich mit gehobener Stimme: «Herr Vorsitzender ... so wahr ich diesen Pelz wiederbekomme, so wahr sorgen die Mitglieder dieses angeblichen Verbrecher-Vereins ‹Immertreu› dafür, daß in den finsteren Vierteln von Berlin das Gesindel in Schach gehalten wird.»

Das Urteil war ein voller Erfolg. Die Schuldfrage wegen Totschlag bzw. Körperverletzung mit Todesfolge wurde vom Gericht verneint. Muskel-Adolf und sein Vereinsbruder, der Mollen-Albert, wurden zu zehn und fünf Monaten Gefängnis verurteilt. Die anderen sechs wurden freigesprochen.

Vier Wochen nach dem Urteil hob der Polizeipräsident sein Verbot gegen die Ringvereine auf.

Zu Weihnachten 1929 erlebte ich eine Überraschung. Unter dem Christbaum lag ein großes Paket. Darauf stand in ungelenker Schrift: «Erst am Heiligabend zu öffnen.»

Meine Frau hatte allen Versuchungen, vorher hineinzuschauen, widerstanden. Wir knoteten zusammen die Schnur auf. Die Papphülle fiel.

Eine Lage Seidenpapier kam zum Vorschein. Und dann sah ich Pelz und Tuch. Es war ein Ulster, der genau demjenigen nachgebildet war, den man mir während des «Immertreu»-Prozesses gestohlen hatte.

Ein Zettel lag dabei, und darauf stand: «Ehrlich verloren, ehrlich erworben. Aktien-Mieze.»

* * *

DIE STEGLITZER SCHÜLERTRAGÖDIE

Paul Krantz

Wenn ich von Fällen spreche, die mir ganz besonders ans Herz gewachsen sind, muß ich immer wieder an die Steglitzer Schülertragödie denken.

Dieser Fall, der die Gemüter in der ganzen Welt aufwühlte, war für mich mehr als ein Sensationsprozeß. Auch hier ging es, wie oft, um den Kopf eines Menschen. Aber mehr noch ging es um seine Seele. Ich kämpfte für Paul Krantz, den Angeklagten, wie ich für meinen eigenen Sohn gekämpft hätte.

Es war ein uraltes und doch immer wieder neues Drama: Junge Menschen in Not. «Frühlingserwachen», wie es der Dramatiker Frank Wedekind genannt hatte.

Am Abend des 1. Juli 1927 wünschte mich ein aufgeregter Herr in meinem Büro zu sprechen. Ein leiser Bierdunst wehte mir aus seinem Mund entgegen. Der Mann zitterte am ganzen Körper. Seine linke Hand strich nervös über die graugestreifte Hose. In der Rechten hielt er ein Zeitungsblatt. Seine Augen irrten von dem großen schwarzen Telefon-Apparat hinüber zu den schweren Vorhängen, hinter denen das Brausen des Verkehrs auf dem Potsdamer Platz zu hören war. Weder mein Bürovorsteher noch meine Sekretärin hatten mir den Namen des aufgeregten Besuchers nennen können.

«Was führt Sie zu mir?» fragte ich.

«Ich komme direkt vom ‹Lokal-Anzeiger›», polterte der Mann los. «Was denken sich diese Herren, diese Schmierfinken ... Ich soll schuld sein! Sie müssen wissen, ich bin Musiker ...»

Aha ... ich glaubte, im Bilde zu sein: «Sind Sie mit einer Kritik des ‹Lokal-Anzeigers› nicht einverstanden?»

«Einverstanden? Verdreschen wollte ich den Kerl, der diese Gemeinheit über mich und meine Frau geschrieben hat!»

«Ist Ihre Frau Gemahlin auch Musikerin?»

Er sah mich verständnislos an. Zum erstenmal blickte er mir voll ins Gesicht. Aus seinen Augen blickte mich ein gepeinigter Mensch an.

«Nein, nein, es handelt sich um unsern Jungen. Sie wissen doch, unsern Paul. Der soll doch ...» Tränen schossen in die rotgeränderten Augen des Mannes. Er schüttelte schluchzend den Kopf.

Noch wußte ich nicht, was diesen Mann so erschütterte. Ich ging um meinen Schreibtisch herum und legte meine Hand auf seine Schulter. Ich sah die zusammengeknüllte Zeitung in seiner Hand. «Darf ich mal sehen?»

Ich nahm ihm die Zeitung aus der Hand. Das Blatt war zerknittert. Aber auf der aufgeschlagenen Seite war ein Artikel angestrichen.

Ich las die Überschrift: «Die Eltern sind schuld!»

(Notwendige Bemerkungen zur Steglitzer Schüler-Tragödie: Was hatte dieser Mann mit der Steglitzer Schüler-Tragödie! zu tun?

Ich hatte es mir zum Prinzip gemacht, Berichte über aktuelle Mordfälle nicht zu lesen. Wenn ein solcher Fall als Mandat auf mich zukommen sollte, wollte ich mir unbefangen selber mein Bild von den Menschen und Vorgängen machen. Aber an der Steglitzer Schüler-Tragödie hatte auch ich nicht vorbeigehen können.

Ich war an jenem 28. Juni 1927 gerade im Anwaltszimmer des Kriminalgerichts in Moabit gewesen, als die «B. Z. am Mittag» mit der ersten Meldung über den Fall hereingebracht wurde.)

Die fette Schlagzeile lautete:

Schüler-Tragödie in Steglitz

Neunzehnjähriger erschießt seinen Freund und sich.

Gegen sieben Uhr heute morgen wurde die Kriminalpolizei zu dem Hause Albrechtstraße 72 c in Steglitz gerufen. Das Erdgeschoß dieses Hauses wird von dem Kaufmann Otto Scheller bewohnt, der sich augenblicklich mit seiner Gattin auf einer Geschäftsreise in Schweden befindet und seine Kinder, den neunzehnjährigen Sohn Günther und die sechzehnjährige Hildegard, die beide noch die Schule besuchen, und einen Schulfreund Günthers, den neunzehnjährigen Oberprimaner Paul Krantz, in der Wohnung zurückließ.

Heute morgen um sieben Uhr rief die Tochter in großer Aufregung den Arzt Dr. Freund in Südende an und bat ihn um seinen schleunigen

Besuch. Als der Arzt in der Wohnung eintraf, fand er Günther Scheller mit einer schweren Schußverletzung im Kopf im Schlafzimmer am Boden liegend. Außerdem sah er einen anderen jungen Mann, ebenfalls mit einer schweren Schußverletzung, in einer merkwürdigen Lage zwischen einen Schrank und der Wand geklemmt in der Luft hängend. Als der Arzt ihn untersuchte, war er bereits tot.

Das 193. Revier wurde benachrichtigt, das auf Grund des Befundes die Reserve-Mordkommission alarmierte. Die Kriminalkommissare Lippick und Erdmann haben sofort die Ermittlungen aufgenommen und festgestellt, daß der Tote der neunzehnjährige Kochlehrling Hans Stephan aus der Lenbachstraße 6 a in Friedenau ist.

Der schwerverletzte Günther Scheller wurde ins Krankenhaus geschafft, wo er jedoch, ohne das Bewußtsein wiedererlangt zu haben, starb. Beide Leichen wurden von der Polizei beschlagnahmt.

Hildegard Scheller und der Schüler Krantz sind noch so aufgeregt, daß sie keine klare Darstellung der Vorgänge in der Wohnung geben können. Es scheint, daß Scheller mit Stephan in Streit geraten ist und ihm, als er sich hinter dem Schrank verstecken wollte, den Todesschuß beigebracht hat. Als ihm dann seine Tat zum Bewußtsein kam, nahm er sich das Leben. Gewisse merkwürdige Begleitumstände sind allerdings noch nicht geklärt …

Seit dieser Notiz waren drei Tage vergangen. Der 28. Juni 1927, der Tag dieser Schülertragödie, war ein Montag gewesen. Am Dienstag, dem 29. Juni, hatte ich den Rekord meiner Anwalts-Praxis erreicht: Siebzehn Termine an einem Tag.

Die Gerichts-Ferien standen vor der Tür. Da gab es keinen Pardon für Richter, Staatsanwälte und Verteidiger in Moabit. Die Maschine rollte. Ich war erschöpft und hatte keinen Blick in die Zeitung geworfen seit jener ersten Meldung.

Jetzt las ich: «Die *Eltern sind schuld …*»

Es war die Abendausgabe des «Lokal-Anzeiger» vom 28. Juni. Der Artikel war mit «R. B.» gezeichnet. Das konnte nur Behr sein, einer der angriffsfreudigsten Journalisten von Berlin. Wie ein Theaterkritiker, der gleich nach der Erstaufführung sein Urteil mit der Füllfeder loswerden muß, hatte er seinen Artikel geschrieben. Behr war mein Klient …

Aber was hatte nun mein merkwürdiger Besucher mit dieser Sache zu tun? Er hatte sich inzwischen etwas beruhigt. Jetzt sah er mir zu, wie ich angespannt die letzten Zeilen des Artikels las.

«Muß man sich denn das bieten lassen, Herr Rechtsanwalt? Die Eltern sind schuld ... wenn die Herren Söhne in dumme Sachen 'reingeraten ...»

«Na, das brauchen Sie doch nicht auf sich zu beziehen, Herr ...»

« ... Krantz, Wilhelm Krantz, Militärmusiker a. D., wohnhaft in Berlin-Mariendorf.»

Nun war es heraus. Mein Besucher war der Vater des in die Steglitzer Tragödie verwickelten Oberprimaners Paul Krantz.

«Ihrem Sohn kann doch überhaupt nichts geschehen, Herr Krantz. Er ist doch nur Zeuge ...»

Mit großen Augen sah mich Herr Wilhelm Krantz an. «Meinen Sie wirklich?» Seine Züge entspannten sich. «Sehen Sie mal, als ich das gelesen habe: ‹Die Eltern sind schuld›, da bin ich gleich in die Zimmerstraße, ins Scherl-Haus und habe den Kerl verlangt. Er kam ‚raus, aber bloß auf den Flur: ‹Was wolln Sie von mir?› – Da habe ich meine braunen Glace-Handschuhe ausgezogen und gesagt: ‹Ihnen in die Fresse haun.› Und da meint doch der Bursche, ich soll ihm. Und dann knallt er die Glastüre hinter sich zu. Und wie ich noch stehe, steckt er noch mal seinen Kopf aus der Tür und meint: ‹Und wenn Sie noch was von mir wolln, mein Anwalt ist Doktor Frey, Bellevuestraße, beim Café Josty› ... Ja, und so bin ich hergekommen. Herr Doktor ... Eigentlich müßte ich ja schon längst in den ‹Wilhelmshallen› sein. Da spiele ich nämlich im Orchester ... Aber das ist jetzt alles egal.»

Ich konnte mir meinen Freund Behr vorstellen. Wahrscheinlich war ihm in der Rage der Redaktionsarbeit gar nicht zum Bewußtsein gekommen, mit wem er es zu tun hatte. Jetzt mußte ich ausbaden, was er angerichtet hatte. Aber war das noch wichtig?

Ich spürte die Not dieses Mannes. Sein Sohn im Polizeipräsidium, sein Sohn in der Zeitung. Er selber als Schuldiger gebrandmarkt. Und dann sollte er abends in den «Wilhelmshallen» am Zoo für einen Saal voll unternehmungslustiger Provinzler spielen: «Steht ein Soldat am Wolgastrand» ...

Ich drückte auf die Telefontaste zum Sekretariat: «Geben Sie mir Herrn Behr in der Redaktion des ‹Lokal-Anzeiger› oder privat.»

Endlich meldete sich Behr aus einem kleinen Café in der Zimmerstraße.

«Herr Krantz ist bei mir», sagte ich.

«Habe ich mir gedacht.»

«Wie können Sie einen unglücklichen Vater so schlecht behandeln», sagte ich.

«Ja, der Mann kann einem wirklich leid tun», erwiderte Behr darauf.

«Mit einemmal?»

«Doktor, Sie sind ja ganz schön hinterm Mond», meinte Behr. «Wissen Sie denn nicht, Paul Krantz ist heute nachmittag unter dringendem Verdacht der Täterschaft verhaftet worden.»

«Verdachtsgründe?»

«Günther Scheller hat doch angeblich Selbstmord begangen. Aber er war Linkshänder. Und der Einschuß befindet sich an der rechten Schläfe.»

«Vielen Dank.» Ich hängte auf.

«Was Schlimmes, Herr Rechtsanwalt?» fragte Herr Krantz.

«Ihr Sohn ist verhaftet worden.»

«Nicht doch, nicht doch!» Die Stimme des Mannes war ganz klein und hilflos.

«Die Polizei muß alles tun, was zur Klärung der Vorgänge dient.» Es war eine klägliche, erbärmliche Formel, die ich gebrauchte, fand ich.

«Nein, nein, Herr Rechtsanwalt, machen Sie mir nichts vor. Da sind andere Sachen im Spiel, von denen ich noch nichts weiß. Von denen keiner was weiß, der heute Kinder hat … Aber was rede ich hier herum. Ich muß sofort zum Präsidium.»

«Dort können Sie jetzt gar nichts tun. Fahren Sie lieber nach Hause und stehen Sie Ihrer Frau bei.»

«Und der Junge?»

«Wenn Sie nichts dagegen haben, werde ich morgen mal sehen, ob wir ihn aus der Haft 'rauskriegen können.»

Herr Krantz schüttelte den Kopf. «Das kann ich mir nicht leisten …»

Wahrscheinlich hatte er von den märchenhaften Honoraren gehört, die ich als Strafverteidiger angeblich einstrich.

«Das tue ich, um Ihren Ärger mit dem ‹Lokal-Anzeiger› wiedergutzumachen», sagte ich. «Und im übrigen – kann es meiner Meinung nach nicht zur Anklage kommen.»

Das war ein Irrtum. Ohne es zu wissen, stand ich bereits mitten im größten Fall meiner Laufbahn.

«Da sind Dinge im Spiel, von denen keiner was ahnt, der heute Kinder hat», hatte Herr Krantz gesagt. Der Krantz-Prozeß, der sieben Monate später stattfand, enthüllte, wie recht dieser Vater gehabt hatte …

*

In sein kritisches Stadium trat das Leben des Schülers Paul Krantz im Juni 1927.

Dieser Juni versprach einen herrlichen Sommer. Seit Mai schien ununterbrochen die Sonne. Aber noch wichtiger war, daß es mit Deutschland endlich wieder fühlbar bergauf ging. Zum erstenmal seit Kriegsende und Inflation drohten keine politischen Krisen. Es gab Arbeit, Wohnungen wurden gebaut, Millionen freuten sich auf die Ferien.

Natürlich fehlte es trotzdem nicht an Aufregungen. Aber sie waren erfreulicher Natur. Alle Welt sprach begeistert vom künftigen Transozeanverkehr, seit im Mai Charles Lindbergh *nonstop* von New York nach Paris geflogen war. Man sprach von Max Schmeling, dem neuen, jungen Halbschwergewichtsmeister von Europa. Man gab sich mit Freuden den liebenswürdigen Nichtigkeiten des Lebens hin.

Paul Krantz, Oberprimaner der Oberrealschule Berlin-Mariendorf, nahm das Leben nicht ganz so leicht.

Bei seinen Lehrern galt Paul als hochbegabter, wenn auch reichlich nachlässiger Schüler. Aber da er das Pensum spielend schaffte, sah man es ihm nach, wenn er mal bummelte oder auch tagelang nicht zur Schule kam.

Seine Mitschüler sahen in Paul ein Genie, einen werdenden Dichter. Er las Bücher, die vielen Oberprimanern nicht einmal dem Namen nach bekannt waren. Und – er schrieb Gedichte.

Manchmal las er sie aus einem blauen Schulheft vor. Manchmal, wenn er mit den sich schon männlich fühlenden Klassenkameraden in einer Kneipe beim Bier saß, zog er plötzlich den Bleistift und schrieb mit fliegender Hand Verse auf den nächsten Bierdeckel. Seine Parole hieß: Neue Sachlichkeit. Er schwärmte für die Ideen von Freiheit, Gleichheit und Brüderlichkeit.

Nur wenn es um Mädchen ging, war Paul gar nicht für das Moderne. Er selber merkte das zwar nicht. Es geschah einfach so. Wenn Paul ein Mädchen gefiel, dann hatte es bestimmt einen Haarknoten oder einen Zopf. Ich glaube nicht, daß es Zufall war. Ich möchte vielmehr annehmen, daß Paul in den Freundinnen seiner Jugend unbewußt mehr das Mütterliche suchte als die Kameradschaft, mehr die Geborgenheit als das Abenteuer und schließlich mehr die sanfte Zuhörerin als die kritische Gesprächspartnerin. Er suchte einfach den Gegenpol für sein genialisches Wesen, den Kompaß, der seine Seele von ihren Höhenflügen wieder sicher zur Erde zurückfinden ließ …

Paul liebt auch seine Mutter. Aber oft hält er es zu Hause einfach nicht mehr aus. Die Decke der altmodischen, hausbackenen Wohnung scheint ihm auf den Kopf zu fallen. Und seine Mutter, diese einfache Frau, ist kein Gesprächspartner mehr für ihn. Was weiß sie schon von seiner Welt! Daß er, das Kind armer Leute, die höhere Schule besuchen darf, hat ihn seinen Eltern entfremdet.

In den zwanziger Jahren haben begabte Jungen wie Paul Krantz eine Freistelle auf der Schule, das ist selbstverständlich. Wenn Vater nicht genug verdient, gibt es auch noch eine Erziehungsbeihilfe, 250 Mark im Jahr. Dafür kann man dem Jungen zwei Anzüge kaufen, wenn auch auf Abzahlung bei Jonas & Co. in der Belle-Alliance-Straße. Aber was dann wird, wenn der Junge wirklich begabt ist, dafür kommt kein Staat auf. Gegen die langsame Entfremdung zwischen Eltern und Sohn gibt es keine staatliche Hilfe und kein Rezept. Das ist ein Problem, das die Alten und die Jungen unter sich ausmachen müssen. Manchmal gelingt's … Paul Krantz streicht nachts durch die Kneipen. Er lernt Penner kennen, Apostel und Irrsinnige. Er stößt auf politische Gruppen und Parteien, die auf den Fang junger Leute aus sind. Er wird Mitglied des «Jungdeutschen Ordens». Er hätte genausogut der Völkischen, der Kommunistischen oder der Sozialistischen Jugend beitreten können.

Wichtig ist, daß man Ideale hat. Und die Ideale zeigen, sich in dem Abzeichen, das man trägt. Offen oder unter dem Jackenaufschlag versteckt. Manche tragen zwei Abzeichen, eins über und eins unter dem Aufschlag.

Außer dem Abzeichen bekommt Paul Krantz auch noch einen Revolver … weil Mitglieder des Jungdeutschen Ordens manchmal nachts von politischen Gegnern angefallen werden …

Es ist ein warmer Samstagmittag im Juni 1927. Aus dem Gebäude der Oberrealschule Berlin-Mariendorf strömen die Schüler. Das Wochenende liegt vor ihnen. Während sich die Grüppchen langsam auflösen, steht Paul Krantz noch unschlüssig unter dem Bogen des Schultors.

«Gehst du schon heim, Paul?» fragt eine Stimme hinter ihm. Paul dreht sich um. Er sieht in zwei verhangene Augen.

«Günther!»

«Ja, ich!»

Günther Scheller ist einer der Schulkameraden, von denen Paul Krantz am wenigsten weiß. Am wenigsten und am meisten. Denn Günther Scheller ist der Junge, dem Paul in seinen freien Stunden und in den Pausen die Schulaufgaben macht.

Wenn Paul das nicht täte, wäre Günther Scheller schon in der Untersekunda abgesackt. Im Anfang hätte es Paul nicht getan, wenn Günther ihm nicht hin und wieder einen Zehnmarkschein in die Hand gedrückt hätte. Jetzt ist das nicht mehr so wichtig. Jetzt ist es Ehrensache für Paul, daß Günther sein Abitur macht.

Günther ist der Sohn eines reichen Kaufmanns in Steglitz. Das weiß Paul. Günther ist aber auch ein seltsamer Vogel. Manchmal, wenn er in die Schule kommt, sieht er aus, als käme er vom Maskenball. Die verhangenen, langwimperigen Augen sind dann dunkel untermalt, und auf den Backen sitzen Reste von Schminke.

Seine Kameraden wissen: Zu Hause zieht er sich gern Mädchenkleider an und schminkt sich. Die Jungen lachen darüber, aber sie nehmen es ihm nicht übel.

«Was machst du heute, Paul?» fragt Günther.

«Ich? Nichts Besonderes. Warum?»

«Komm mit zu mir», sagt Günther. «Meine alten Herrschaften sind schon lange neugierig auf dich. Ich habe ihnen von deinen Gedichten erzählt. Und meine Schwester, die ist Feuer und Flamme …»

«Deine Schwester?»

Paul hat Günther Schellers Schwester schon ein paarmal gesehen. Im Strandbad Südende und auf dem Steglitzer Bummel in der Schloßstraße, wo die vielen Eiskonditoreien sind.

Hilde ist schwarz. Ihre Augen sind schwarz wie ihr Haar. Paul Krantz hat, als er sie zum erstenmal sah, Angst vor ihr gehabt. Und nun sagt Günther, daß sie sich für seine Gedichte interessiert. Ausgerechnet Hilde, die so ganz anders ist als alle Mädchen, die Paul bisher kennengelernt hat. Nicht nur, daß sie anders aussieht, da ist noch etwas …

«Wenn mich deine alten Herrschaften nicht 'rausschmeißen, komme ich mit, Günther», sagt Paul.

«Die haben noch keinen 'rausgeschmissen», meint Günther. «Abends kannste mit 'rauskommen nach Mahlow, da haben wir ein Landhaus. Meine Eltern verreisen. Per Flugzeug nach Schweden …»

Günthers Eltern werfen Paul nicht hinaus. Er wird zum Abendessen eingeladen. Bei Tisch sitzt er der dunkelhaarigen Hilde gegenüber.

Was sie für lange Wimpern hat, denkt er. Er sieht ihr Profil. Die Nase ist schmal und ganz sanft gebogen. Eine Locke ihrer vollen Haare fällt ihr in die Stirn. Sie tut, als bemerke sie Pauls Anstarren nicht. Aber einmal scheint es, als verziehe ihr Mund sich zu einem Lächeln. Ist es spöttisch? Ist es triumphierend?

Die Eltern Scheller verabschieden sich. In acht Tagen wollen sie aus Stockholm zurück sein.

«Darf Paul mit uns 'raus nach Mahlow fahren?» fragt Günther.

«Natürlich, wenn er will», sagt Herr Scheller.

*

Mahlow ist eine Laubenkolonie im Süden Berlins. Es gab dort Villen und Lauben. Die Villen lagen weiter, die Lauben näher an endlosen Rieselfeldern. Das Besitztum der Familie Scheller war ein Mittelding zwischen Laube und Villa.

Dorthin fahren die Kinder am Sonnabend. Günther, Hilde und Paul, der Gast. Sie fahren mit der Vorortbahn. Dritter Klasse, nicht vierter. Günther löst die Billetts am Bahnhof Südende. In der dritten Klasse ist man unter sich. Und das wollen sie ja sein, denn Paul Krantz soll jetzt aus seinen Gedichten vorlesen.

«Hol mal deine Gedichte 'raus», sagt Günther Scheller, als der Vorortzug sich in Fahrt setzt.

«Was soll ich denn vorlesen?» fragt Paul.

«Das von Robert Krause», sagt Günther.

Paul Krantz zieht das blaue Heft hervor und liest:

«Auf dem Boden liegt die Leiche meines Freundes Robert Krause,
Aus der Wunde sickert langsam rotes Blut zur Erde.
Neben ihm sitzt starren Blickes der, der ihn gemordet hat.
Es verglimmt die Zigarette in der Mörderhand.
Blutbeschmiert liegt neben ihm der Dolch, der den getroffen,
Der ihm seine Liebste stahl, den Rache jetzt erreichte.
Und mit mattem Flügelschlage schwingt sich krächzend
Fort die Krähe, einz'ge Zeugin dieser Tat.
Rot fließt Blut zur grauen Erde. Es verglimmt die Zigarette ...»

Hilde Scheller atmet schwer. Sie sagt: «Das ist ja toll ...»

«Ach, nur ein kümmerlicher Versuch», sagt Paul.

Der Zug hält in Lichtenrade. Ein Mann will einsteigen. Aber Günther hält rasch die Klinke fest. «Der vermasselt uns sonst die janze Stimmung.»

«Wie war das?» fragt Hilde: «Der Dolch, der den getroffen ...»

« ... der ihm seine Liebste stahl», hilft Paul nach.

In einem nüchternen Eisenbahnabteil berauschen sich drei junge Menschen an düsteren Worten. Acht Monate später werden die gleichen Worte in einem feierlichen Gerichtssaal verlesen werden, von einem Mann im schwarzen Talar. Der Staatsanwalt hat die Verlesung des Gedichtes «Mord» beantragt, um zu beweisen, daß der Verfasser, der Angeklagte Paul Krantz, mit dem Gedanken an Mord aus Eifersucht durchaus vertraut war ...

«Haben Sie noch mehr von der Art auf Lager?» fragt Hilde.

«Das ganze Heft ist voll», prahlt Günther Scheller für den Freund, der bescheiden schweigt.

«Dann müssen Sie mir den ganzen Abend vorlesen», sagt Hilde. Und ihre schwarzen Augen funkeln.

«Wenn' s Ihnen Spaß macht, gnädiges Fräulein», stottert Paul.

«Das gnädige Fräulein schenken Sie sich bitte, Herr Krantz», sagt Hilde.

«Und den Herrn Krantz schenken Sie sich bitte, ich heiße Paul», kontert Krantz.

«Nu sagt schon du zueinander», sagt Günther schließlich gelangweilt.

In Mahlow muß Paul weiter vorlesen. Bis tief in die Nacht. Vor dem offenen Fenster hängt ein gelber Lampion wie ein grinsender Mond. Auf dem Tisch flackert eine Kerze. Hilde kauert mit angezogenen Knien auf einem Liegestuhl. Paul fühlt ihre dunklen Augen unverwandt auf sich gerichtet. Im Zimmer nebenan spielt Günther die neuesten Grammophonplatten: «Das tut der Ruth gut», «Heut war ich heil der Frieda», «Was will der Mann da auf der Veranda» … Doch Paul und Hilde hören das Gedudel nur wie von fern.

Paul hat schon die zweite Flasche Obstwein aufgemacht. Eigenbau aus dem Schellerschen Garten. Er ist süß und stark. Einmal, als Paul aufsteht, um Hilde nachzuschenken, merkt er, daß seine Beine schwer sind.

Günther geht schlafen. Paul liest und liest und fühlt die schwarzen Augen Hildes unverwandt auf sich gerichtet. Endlich klappt er das blaue Heft zu.

«Schluß?» fragt Hilde.

«Ja.»

«Schade, von mir aus hätte es die ganze Nacht weitergehen können …» Hilde räkelt sich wohlig.

Paul muß rasch wegsehen. Er tritt ans Fenster und starrt hinaus in die Nacht. Ist es der Wein oder ist es Hilde, wovon sein Blut so schwer wird.

Jetzt spürt er Hilde hinter sich. «Müde?»

Er nickt.

«Einen Kuß?»

Paul dreht sich um. Er küßt Hilde Scheller, wie er die andern Mädchen geküßt hat. Aber Hilde küßt anders … Ehe Paul das merkt, löst sich Hilde von ihm, und ihm bleibt nur ein brennendes Gefühl.

«Das wär's dann wohl.» Sie wendet sich zur Tür.

«Hilde!»

«Ja?» Sie wendet sich um.

«Würdest du mir einen Gefallen tun?»

«Kommt drauf an.»

«In meinem Heft ist noch eine Seite frei. Bitte, schreib mir etwas hinein.«

«Ach so …»

Paul gibt ihr das Heft: «Gute Nacht.»

«Gute Nacht, hoffentlich schnarcht Günther nicht.» Dann ist sie aus der Tür.

Günther und Paul müssen zusammen in einem Zimmer schlafen. Hilde schläft in der Mädchenkammer. Nein, Günther schnarcht nicht. Aber trotzdem drückt Paul kein Auge zu. Er hört über sich in der Kammer Hildes Schritte, dann das Knarren ihres Bettes. Er starrt an die Dekke. Erst als der Morgen graut, schläft er ein …

«Das hat Hilde dir hingelegt.» Es ist Sonntagmittag, als Paul erwacht. Günther legt ihm das blaue Heft auf die Bettdecke. Hastig schlägt Paul es auf, letzte Seite. Da … Hildes Handschrift ist keck und steil. So keck wie die Verse:

«Dies Buch trägt die Ergüsse deiner Seele.
Mein Sohn, du hist poetisch angehaucht.
Zwar sind die Reime ohne Fehle,
Doch die Gedanken sind in Finsternis getaucht.
Auch scheint es mir, da du noch jung an Jahren,
Daß dein Erleben in der Liebe nur erträumt.
Ich fürcht', du bist darin noch reichlich unerfahren.
Beeile dich, du hast schon viel versäumt.
Ein Mädel wird sich schön bedanken,
Wenn deine Glut nur aus Gedichten spricht.
Was nützt die Liebe in Gedanken?
Kommt die Gelegenheit, dann kannst du's nicht.
Doch ist das noch kein Grund, sich zu erschießen.
Die Kugel spare dir zu anderm Zweck.
Auch würden viele Tränen fließen,
Das lohnt sich nicht, um solchen Dreck.»

Paul liest es zweimal. Dann ruft er: «Günther, ist Hilde schon auf?»

«Die ist vor ’ner Stunde in de Stadt jefahren.»

«Was macht sie dort?»

«Wat wird se schon machen ... schwoofen natürlich.»

«Schwoofen?» Mit einem Satz ist Paul aus dem Bett.

Günther grinst ihn an. «Ja, schwoofen, in de Europa-Diele. Schicker Bumms, kennste den nicht? Jejenüber vom Anhalter Bahnhof ...»

«Nein», sagt Paul. «Wann fährt der nächste Zug in die Stadt?»

«Biste plemplem?» Günther rüttelt Paul an der Schulter. Er gießt ihm eine Tasse Kaffee ein. «Da, trink erst mal ...»

Mit langen Zügen schlürft Paul den starken Kaffee, den Günther gebraut hat. «Hat Hilde einen Freund?» fragt er.

«Einen?» Günther grinst. «Ne janze Galerie.»

Paul springt auf, rennt ins Schlafzimmer und schlüpft in seine Hosen.

Günther sieht ihm von der Tür aus zu. «Haste Piepen?» Er macht die Bewegung des Geldzählens.

«Zehn Mark», sagt Paul und kämmt sich die Haare.

«Fünfuhrtee-Jedeck kost im ‹Europa› vierfuffzich. Mit Dame neun Emm, mit Trinkgeld zehn. Dazu Fahrjeld ...»

«Borg mir zwei Mark.»

«Kannste denn überhaupt tanzen?» fragt Günther.

«Schieber zur Not.»

«Dann bleib hier, Paul. Mit jute Jedichte kannste Eindruck schinden bei Hilde. Aber wenn de ihr bein Tanzen uff de Beene trittst, wird se beese.»

Wahrscheinlich wäre es nie zur Tragödie von Steglitz gekommen, wenn Paul Krantz gegen den Rat seines Freundes Günther den eigenen Kopf durchgesetzt hätte. Aber Günthers frühreife Lebensphilosophie, seine Weisheit im Umgang mit Schwestern, die Paul fehlte, überzeugt den Poeten aus Berlin- Mariendorf.

Paul fährt nicht nach Berlin. Aber der Sonntagnachmittag im Garten von Mahlow wird ihm zur Qual. Günther schlägt vor, zum Baden in die Mahlower Kiesgrube zu fahren.

«Und wenn Hilde inzwischen zurückkommt?» entgegnet ihm Paul unruhig.

«Gut, spielen wir Tischtennis.» Paul verschlägt alle Bälle, bis es selbst Günther zuviel wird.

«Wann kann sie frühestens kommen?» fragt Paul.

«Mit 'm Achtuhrzug. Aber mach dir keine falschen Hoffnungen.»

Zehn Minuten vor acht läuft Paul vor dem Bahnhof Mahlow auf und ab. Hilde kommt nicht mit dem Achtuhrzug. Sie kommt auch nicht um zehn.

Paul wartet. Wie ein Löwe hinter Gittern läuft er auf dem spärlich beleuchteten Bahnhofsplatz herum. Endlich der Zwölfuhrzug. Durch die Sperre kommt Hilde.

«Nein, Paulchen, wie rührend!» Sie hängt sich bei ihm ein. «Schön, wenn man nicht allein durch die dunkeln Straßen gehen muß ...»

Paul bemüht sich, seine Schritte ihrem Trippelschritt anzupassen. Ihre hohen Absätze klappern. Eins-zwei, eins-zwei.

Und mit jedem Schritt kommen sie der Tragödie näher, die das Schicksal für vier junge Menschen gesponnen hat ...

*

Was in der Nacht vom 26. zum 27. Juni 1927 in dem Wochenendhaus in Mahlow zwischen dem Primaner Paul Krantz und der Schülerin Hilde Scheller geschah, erfuhr ich aus dem Munde von Paul Krantz in seiner Zelle im Untersuchungsgefängnis Berlin-Moabit. Die Zelle war besonders gekennzeichnet und gesichert. «Mörder-Zelle» wurde sie im Gefängnis genannt.

Als mir der Aufseher aufschloß, fuhr Paul Krantz von seiner Bettstelle hoch, auf der er zusammengesunken und in Gedanken verloren gesessen hatte ...

«Ich habe Ihrem Vater versprochen, mich um Sie zu kümmern», sagte ich und stellte mich vor.

Paul Krantz trug einen blauen, nicht sehr gut sitzenden Anzug, der besonders um die Schultern zu eng war. Ich wußte, er war achtzehn Jahre alt. Er war hochaufgeschossen, wirkte jedoch körperlich linkisch, beinahe knabenhaft. Man hätte ihn trotz der Größe für jünger halten können.

Anders seine Augen. Sie waren gut und intelligent. Aus ihnen sprach eine Reife, die seinen Jahren voraus war. Jetzt sah er mich traurig und hilflos an. Er brachte kein Wort hervor.

«Ihr Vater war gerade bei mir, als Ihre Verhaftung bekannt wurde», erklärte ich ihm. «Aber solange Sie noch bei der Kriminalpolizei waren, durfte ich Sie nicht besuchen.»

«Meine armen Eltern ...»

«Denken Sie jetzt nicht an Ihre Eltern, sondern nur an sich», sagte ich.

«Wenn das ginge ...» Er lächelte matt.

«Die Oberstaatsanwaltschaft hat gegen Sie die Untersuchung wegen zweifachen Mordes beantragt. Sie werden in den nächsten Tagen einen klaren Kopf brauchen.»

Paul nickte stumm.

«Und nun erzählen Sie mir, von Anfang an, wie alles geschah. Sie brauchen es nicht, wenn Sie nicht wollen. Aber vielleicht hilft es Ihnen.»

Paul erzählte. Er sprach von seinem Elternhaus, von der Schule, von seinen Freunden und seinen dichterischen Versuchen. Dann erzählte er von Günther Scheller und von Hilde. Und schließlich kam er zu jenem Wochenende in Mahlow.

Er berichtete, wie er Hilde vom Bahnhof abholte. Ich sah die beiden jungen Menschen vor mir. Ich hörte ihr Gespräch: «Es ist schön, daß du gekommen bist», sagt Hilde. «Ich habe mir den ganzen Abend gewünscht, daß du mich abholst ...»

Ihre Stimme ist ganz klein, ganz zart, beinahe bittend. Und mit einemmal glaubt Paul zu wissen, daß in dieser Nacht etwas geschehen wird, wovon er bisher nur geträumt hat: daß ein Mädel ihm ganz gehören wird. Und mit einemmal gehen sie auch beide im gleichen Schritt.

«Jetzt sind wir eins», sagt Paul Krantz.

«Ja», haucht Hilde.

Als ihre Schritte auf dem Kies des Schellerschen Wochenendhauses knirschen, sehen sie, daß alle Fenster dunkel sind.

«Ob Günther schon schläft?» flüstert Paul.

«Hoffentlich», sagt Hilde.

Ganz leise schließt sie die Haustür auf. Sie legt einen Finger an den Mund, schließt die Tür und schleicht auf Zehenspitzen voran. Paul folgt, ebenfalls auf Zehenspitzen, ins Wohnzimmer. Dort haben sie gestern nacht gesessen, und Paul hat seine Gedichte vorgelesen. Und drüben am Fenster haben sie sich zum erstenmal geküßt …

Das Zimmer ist dunkel. Paul stößt gegen einen Stuhl. «Pssst», macht Hilde.

Paul sieht ihren Schatten vor der Tür zum Elternschlafzimmer. Ein Streichholz flammt auf, Paul hat es angerissen. «Nicht doch», zischt Hilde.

Er bläst die Flamme aus, sieht Holz verglimmen, hört, wie Hilde langsam die Klinke der Schlafzimmertür 'runterdrückt. «Er hat sich eingeschlossen …», flüstert sie.

«Das gibt's doch nicht.» Paul tastet sich zur Tür und probiert die Klinke: «Tatsächlich.»

Er hört Hilde im Dunkeln leise kichern. Und hat plötzlich wieder Angst vor ihr. Er klopft an die Tür.

«Weck ihn doch nicht auf!»

«Aber wo soll ich denn schlafen?»

«Komm, ich zeig's dir», sagt sie aus dem Dunkel.

Er hört ihre Schritte in der Gegend der Tür. Tastet sich ihr nach. Polternd fällt eine Flasche um, die Günther am Boden stehenließ …

«Wo bist du?»

Er bekommt keine Antwort. Aber plötzlich hält er Hilde in seinen Armen. Ihre Lippen treffen sich. Paul spürt wieder das Brennen von gestern abend.

Aber heute ist nicht gestern. Heute küßt er Hilde so wieder, wie sie es tut. Vielleicht denkt er auch an den spöttischen Vers, den sie ihm gestern nacht geschrieben hat:

«Mir scheint, du bist darin noch ziemlich unerfahren. Kommt die Gelegenheit, dann kannst du's nicht …»

Das will er sich nicht noch einmal sagen lassen. Er hält den jungen Körper fest in seinen Armen. Und er wird ihn nicht loslassen. Er wird ihr zeigen, daß er ein Mann ist … und steht doch plötzlich wieder allein im Dunkel.

Hat sich Hilde ihm mit Gewalt entwunden? Hat er sie plötzlich losgelassen? Er weiß es nicht. Was weiß denn schon ein Primaner, der Reime schmiedet und die Welt verbessern will, von den Mädchen? Was ahnt er denn von dem zeitlosen Spiel des Sichanbietens und Versagens?

«Du kannst oben in der Dachkammer schlafen.» Hilde ist ganz ruhig, ganz sachlich. «Da links ist die Treppe. Stoß dir nicht den Kopf. Oben steht ein Feldbett … Gute Nacht.» Taumelnd steigt Paul die enge Treppe hinauf. Er stößt mit dem Kopf an und muß sein letztes Streichholz anzünden, um die Tür zur Bodenkammer zu finden. Er sieht das einfache Bett, daneben eine Kerze. Ehe sie brennt, ist das Streichholz erloschen.

Aber er hat gesehen, daß das Deckbett unbezogen ist. Paul hat immer einen Widerwillen gegen rote, unbezogene Inletts gehabt. Und so bleibt er, als er sich ausgezogen hat, auf der Bettkante sitzen und stützt den Kopf in die Hände. Er kann keinen klaren Gedanken fassen, ist wie betäubt.

Wie lange hat er so gesessen? Plötzlich fährt er hoch. Knarrte da nicht eine Treppe? Er horcht. Nichts. So ein nächtliches Haus hat viele Stimmen.

Doch das zaghafte Klopfen an der Tür gehört nicht dazu. Und auch nicht die leise Frage: «Paul?»

«Ja?»

Er hört die Tür aufgehen, hört Hildes Stimme ganz nah: «Eine Dekke … ich habe vorhin nicht daran gedacht, ob du auch was zum Zudekken hast …»

«Das ist nett von dir.» Er greift in die Dunkelheit, fühlt die weiche Wolle der Decke und dann Hilde …

«In dieser Nacht glaubte ich, daß Hilde mich liebte», erzählte mir Paul Krantz in der «Mörder-Zelle». Wieder saß er, den Kopf auf die Hände gestützt, auf der schmalen Pritsche. Ich hatte damals nicht das Gefühl, daß Paul Krantz mir etwas vormachte. So, wie er es mir erzählte, hatte er es erlebt. Vielleicht hatte es Hilde anders erlebt. Aber war es denn wichtig, ob zuerst Hilde auf Zehenspitzen ins Haus gegangen war oder Paul, ob nur er an die Tür von Günthers Zimmer geklopft hatte oder nur sie oder beide – kurz, ob er der Treibende war oder der Getriebene?

So dachte ich im Juli 1927, als ich Paul Krantz zum erstenmal im Untersuchungsgefängnis aufsuchte. Acht Monate später sollte ich eines Besseren belehrt werden. Denn da schien es, als könnte von jeder Einzelheit jener Nacht abhängen, ob Paul zum Tode verurteilt oder freigesprochen wurde … Paul fährt in seinem Bericht fort. Ich höre, wie

Hilde und Günther ihn überreden, nach dem Wochenende in Mahlow auch am Montag nicht zur Schule zu fahren. Wie Paul statt dessen mit Hilde spazierengeht. Wie er sich so leicht und glücklich fühlt wie noch nie in seinem Leben. Und wie ihm Hilde auf einmal, während sie über die sommerwarmen Wege gehen, mitteilt, daß sie an diesem Abend mit einem Bekannten ins Theater gehen will …

Ein zweites Mal innerhalb vierundzwanzig Stunden stürzt über Paul Krantz der Himmel zusammen. Er fragt nicht, wer der Bekannte ist. Er bittet Hilde nicht, zu bleiben. Er bringt kein Wort hervor.

Hilde winkt ihm gelassen einen Abschiedsgruß zu. «Adieu, Paul! Ich will vorher noch in Papas Büro. Mach's gut!»

«Da biste platt, da bleibste stehn, das hat die Welt noch nicht gesehn», plärrt Günther, als draußen die Haustür ins Schloß fällt.

Paul sieht nicht hinaus. Doch er hört Hildes schnellen Schritt auf dem Kiesweg.

«Geht sie wirklich ins Theater?» fragt er, als das Gartentor klappt.

«Theater kannste immer dazu sagen», meint Günther. Er kommt um den Tisch herum, schlägt Paul auf die Schulter: «Siehste, so sind die Weiber. Meine eigene Schwester …»

Die Hand auf seiner Schulter stört Paul. Aber er läßt sie liegen. Er hat Günther nie besonders gemocht. Er ist ihm primitiv und fremd vorgekommen. Aber jetzt tut ihm Günthers dummes Geschwätz gut.

«Hast du was zu trinken, Günther?»

«Und ob!» Günther springt auf, rennt zur Tür. Plötzlich bleibt er stehen: «Weißt du was, Paul? Wir fahren nach Steglitz, in unsere Wohnung! Wir feiern ein Fest.»

«Wir beide?»

«Klar!»

«Allein?» fragt Paul. «Dann können wir auch hierbleiben …»

«Ich hole ein paar Mädchen dazu.»

«Wen denn?» fragt Paul müde.

«Na, erst mal die Ellinor.»

Paul kennt Ellinor. Sie ist eine Klassenkameradin von Hilde. Er hat sie bei Günther kennengelernt, als er ihm Nachhilfe-Unterricht gab. Ellinor wohnt zwei Häuser neben Schellers. Sie ist hübsch, dunkel und gutmütig. «Italienisches Halbblut», sagt Günther von ihr …

«Na schön», sagt Paul. «Fahren wir!»

Aber bevor sie fahren, leeren die beiden Jungen noch zwei Flaschen Johannisbeerwein.

Und während sie bechern, sagt Günther plötzlich: «Weißte eigentlich, was ‹Tehou› ist?»

«Tehou?» Paul legt seine Stirn in Denkerfalten. «Nie was von gehört.»

«Haha, der Herr Dichter», lacht Günther. «Tehou, das ist unser Klub.»

«Ein Klub?»

«Ja, ein Selbstmörderklub ...»

«Blödsinn.»

«Sagst du ...»

«Willst du Selbstmord machen?»

«Ach, Selbstmörderklub, das ist nur so 'n Name», sagt Günther. «Die wirklichen Ziele sind geheim ... Punkt eins der Satzungen heißt: Jedes Mitglied ist verpflichtet, dem anderen zu helfen, wenn es sich an einem Nebenbuhler rächen will.»

«Nebenbuhler ... rächen – du bist komplett verrückt, Günther.»

«Kennst du denn niemand, an dem du dich gern rächen würdest?»

«Nein, du?»

«Und ob!»

«An wem denn?»

«An Hans ...»

«Was ist das für ein Hans?»

«Na, du weißt doch, der Hans Stephan.»

Ja, jetzt erinnert sich Paul. Er kennt Hans Stephan. Hans Stephan war mit ihnen in derselben Klasse. Aber in der Untersekunda ist er mit dem Einjährigen abgegangen. Er wurde Kochlehrling in irgendeinem Hotel. Paul hätte ihn völlig aus den Augen verloren, wenn nicht Günther weiter mit Stephan befreundet geblieben wäre.

Hieß es nicht mal, daß Stephan mit Hilde geht? schießt es ihm durch den Kopf. Er fragt: «Was hat dir Stephan getan?»

Günthers Augen sind jetzt ganz klein und schmal: «Erst hat er mich an Hilde verraten ...»

«Was heißt da ‹verraten›, wenn er sich mit Hilde angefreundet hat.»

«So, wie Hans und ich zueinander standen, war das glatter Verrat.»

«Ist es auch Verrat, daß ich mich mit Hilde angefreundet habe?»

Günther lacht höhnisch: «Bild dir wegen Hilde bloß keine Schwachheiten ein!»

«Aber Hilde liebt mich doch!»

«Deshalb läßt sie dich sitzen und geht ins Theater.»

«Das war eine Verabredung von früher», verteidigt Paul Hilde. Aber in Wahrheit ist er sich seiner Sache mit Hilde gar nicht so sicher. Und weil das Thema Hilde ihn nun einmal quält, fragt er Günther: «Was hat dir denn Stephan noch getan?»

«Verpetzt hat er mich, verleumdet, bei meinen Eltern, überall … Was ich für 'n komischer Vogel bin. Daß ich mich schminke und daß ich mich als Mädel anziehe.»

«Laß ihn doch reden!»

Aber Günther regt der Gedanke an Stephan mächtig auf. Sein Gesicht ist wutverzerrt. Er sagt: «Nein, das war Verrat! Das Schlimmste, was einer tun kann: daß er seinen Freund verrät. Wenn ich ihn treffe, dann wische ich ihm eine, daß er Zeit seines Lebens an mich denkt …»

«Und Hilde?» fragt Paul.

«Hilde, Hilde, Hilde … immer Hilde!»

«Ich meine doch nur, ob es zwischen ihr und Stephan jetzt aus ist?»

«Papa hat Hans bei uns 'rausgeschmissen, als er ihn mit Hilde beim Poussieren erwischt hat.»

«Seitdem sehen sie sich nicht mehr?»

«Das kannst du bei Hilde nie wissen … Aber jetzt müssen wir abhaun.» Er lacht plötzlich schallend: «Das Gesicht von Hilde möcht' ich sehn, wenn sie herkommt, und wir sind nicht da.»

Paul lacht gequält mit. Am liebsten würde er Günther allein nach Steglitz in die Schellersche Wohnung fahren lassen und hier auf Hilde warten. Wie gestern nacht … Aber Günther hat recht. Soll Hilde ruhig auch einmal sehen, wie es ist, wenn man allein gelassen wird …

*

Auch Hilde Scheller ist an jenem Nachmittag von Mahlow zuerst nach Steglitz in die elterliche Wohnung in der Albrechtstraße 72c gefahren.

Sie ist froh, daß sie es getan hat, denn unter der Post, die hinter der Wohnungstür unter dem Türschlitz liegt, findet sie einen Brief mit blauem Umschlag und amtlichem Freistempel. Aufdruck «Städtische Oberrealschule, Berlin-Mariendorf.» Der Brief ist an Herrn Otto Scheller, Kaufmann, also an ihren Vater adressiert. Hilde bricht ihn auf.

»Das häufige Fehlen Ihres Sohnes Günther gibt Anlaß zu Besorgnissen», liest Hilde. *»Wenn Günther bisher auch stets ordnungsgemäß entschuldigt wurde, erlaube ich mir, darauf aufmerksam zu machen, daß sein sonstiges Verhalten nicht auf einen geschwächten Gesundheitszustand schließen läßt.*

gez. Burhenne, Oberstudiendirektor».

Hilde steckt den Brief rasch ein. Sie fährt in das Büro ihres Vaters in der Linkstraße, nicht weit vom Potsdamer Platz. Dort tippt sie, wie schon so oft, einen Brief an den Direktor der Oberrealschule, Berlin-Mariendorf. Sie trifft genau den Ton eines Vaters, der jeden Gedanken, sein Sohn könnte unberechtigt dem Unterricht fernbleiben – noch dazu im Jahr vor dem Abitur – mit Würde zurückweist. Die Unterschrift «Otto Scheller» ahmt sie vollendet nach.

Als sie fertig ist, hat sie bis zum Theater noch viel Zeit. Hilde langweilt sich. Sie blättert in den Geschäftsprospekten, die auf dem Schreibtisch ihres Vaters herumliegen. Sie kramt in ihrer Handtasche und findet die Karte des Herrn, der sie ins Theater eingeladen hat. Eine Telefon-Nummer steht dabei.

Ach, ruf mal an, denkt sie. Sie drückt den Hebel am Apparat herunter, wählt das Amt, verlangt die Nummer. Und nun geschieht etwas, was Hilde nicht für möglich gehalten hätte …

«Hallo», sagt eine Männerstimme.

«Hier ist Scheller», sagt sie, «Hilde Scheller.»

«Hallo, wer?» Die Männerstimme ist rauh, nervös, gestört. «Hildchen ist hier … Hildchen von gestern abend, vom Europa-Palast.»

Wie sich so eine Männerstimme wandeln kann. «Hildchen … ach, natürlich …ja … Nur mit dem Theater, Süßes, ich fürchte, das klappt heute nich … Ja, ja, die Karten sind da … wenn du alleine gehen willst …»

Einen Augenblick überlegt Hilde Scheller, sie rechnet: es ist jetzt fünf. Der nächste Zug nach Mahlow geht in zwanzig Minuten. Bis acht wieder in der Stadt sein mit Paul und mit ihm ins Theater gehn – das würde gerade noch klappen … Aber dann fragt Paul, warum die Verabredung in die Binsen ging. Und daß sie einen Korb bekommen hat, das wird ihm Hilde nie gestehen …

«Na, dann vielleicht mal später», sagt sie und hängt langsam ein. Was jetzt tun? In die Steglitzer Wohnung gehen und den Abend allein verbringen? Nein!

Ellinor fällt ihr ein, ihre beste Freundin. Dieselbe Ellinor, mit der Günther und Paul den Abend verbringen wollen. Ellinor hat Telefon. Hilde ruft an.

«Was, du, Hilde? … Ich dachte, du bist krank. Die Penne … nein, Frau Doktor Friedländer hat nicht gemerkt, daß du gefehlt hast … In der Stadt bist du? Komm doch zu mir, kannst bei uns schlafen.»

«Schön, vielleicht komme ich», sagt Hilde.

Sie fährt mit dem Omnibus 5 nach Steglitz. Sie geht wieder in die Albrechtstraße 72c, in die Wohnung. Aber sie fühlt sich einsam dort. Und auf Ellinor hat sie nicht allzuviel Lust mehr.

Plötzlich fällt ihr Hans Stephan ein. Hans, dem ihr Vater das Haus verboten hat und der eine Ohrfeige bezog, als er trotzdem wiederkam … Hans Stephan hat bis um sechs Dienst im «Esplanade». Sie ruft ihn an.

«Ich bin um halb sieben vor der Haustür», sagt Hans Stephan.

«Fein, Hans», sagt Hilde.

Nun sind alle Darsteller bestellt, die das Schicksal für die Tragödie dieser Nacht braucht.

Hilde ist bereits am Schauplatz, der Hochparterre-Wohnung in der Albrechtstraße 72c. Von Mahlow her nähern sich Paul und Günther. Im Hotel «Esplanade» bindet der Kochlehrling Hans Stephan die Schürze ab, hängt sie an den Garderobenhaken und die hohe Kochmütze darüber. Er freut sich auf Hilde …

Kurz vor halb sieben schaut Hilde aus dem Wohnzimmerfenster auf die Straße. Hans Stephan ist noch nicht da. Statt dessen bemerkt sie zwei wohlvertraute Gestalten, die quer über die Straße auf das Haus zukommen. Sie erschrickt: Ihr Bruder Günther und Paul! Ausgerechnet! Was wollen denn die hier? Rasch geht sie aus dem Zimmer, reißt ihren leichten Sommermantel von der Garderobe. Schnell fort, bevor die beiden da sind.

Hoffentlich kommt jetzt nicht gerade Hans Stephan. Wenn Paul den sieht, muß er ja denken, sie hätte gelogen. Dann muß er die Sache mit dem Theater für eine Ausrede halten, die sie brauchte, um Hans Stephan zu treffen. Und wenn Günther den Hans Stephan sieht, gibt es Krach. Sie weiß, wie ihr Bruder ihn haßt …

Sie will rasch die Treppe hinunter, bevor ihr Bruder und Paul im Hausflur sind. Dann kann sie ungesehen durch den Hinterausgang verschwinden. Doch kaum ist sie auf der Treppe, da hört sie im Flur schon die Schritte der Jungen. Die Wohnung liegt im Hochparterre. Wenn Hilde jetzt die Treppe hinaufgehen und dort abwarten würde, bis die Jungen in der Wohnung sind, wäre alles gut. Aber in diesem Augenblick verläßt Hilde ihre sonstige Geistesgegenwart. Sie geht die Treppe hinunter …

«Was wollt ihr denn auf einmal hier?» fragt sie, als sie Paul und Günther auf der Treppe gegenübersteht.

«Wir wolln ein kleines Fest feiern», sagt Günther.

Hilde blickt auf Paul. Ob er ihr böse ist? «Ach, dann gehe ich nicht ins Theater», sagt sie. «Ich lauf nur mal rüber zu Ellinor. In einer Stunde bin ich wieder hier.»

Paul strahlt vor Freude. Günther sagt: «Dann bring Ellinor man gleich mit.»

«Schön», sagt Hilde.

Eine Minute lang ist Paul glücklich. Oben in der Wohnung geht er rasch ans Wohnzimmer-Fenster, um Hilde nachzusehen. Er sieht sie auch. Aber sie ist nicht allein. Ein junger Mann steht neben ihr. Paul erkennt Hans Stephan. Und damit bricht das große Unglück der Welt aufs neue über Paul Krantz herein.

Indessen geht Hilde mit Hans Stephan durch die abendlichen Straßen. Sie gehen zur Schloßstraße hinunter, wo Hildes Lieblings-Eiskonditorei ist.

Hans spendiert. Er spricht davon, daß er bald mit der Lehre fertig ist und dann für ein Jahr ins Ausland zum Volontieren gehen will. Er hat feste Pläne. Er spricht nicht von Poesie, von Gefühlen und Psychologie. Er ist sehr realistisch …

Wie anders er ist als Günther und Paul. Die beiden sind doch im Grunde noch Schuljungen. Hans, das ist einer, bei dem ein Mädel sich sicher fühlen kann. Der steht mit zwei Beinen fest auf der Erde. Und trotzdem ist er kein Banause. Er schwärmt für moderne Musik, spielt an freien Abenden in einem Kino-Orchester Saxophon. Und verdient auch noch Geld dabei … Mit einemmal kommt Hilde alles, was zwischen ihr und Paul in den letzten zwei Tagen geschehen ist, dumm und kindisch vor.

«Bist du noch böse, daß mein Vater dir damals eine 'runtergehauen hat?» fragt sie.

«Böse nicht, aber jetzt trau' ich mich nicht mehr zu euch», sagt Hans.

«War aber auch dumm von dir, daß du noch mal gekommen bist, nachdem Papa dir das Haus verboten hatte.»

«Dumm ist gut!» Hans lacht gequält. «Ich wollte mich bei ihm entschuldigen, weil ich das über Günther gesagt hatte. Aber ehe ich ein Wort sagen konnte, hatte ich schon eine sitzen …»

«War es schlimm?»

«Schlimm nicht, aber schade …»

«Warum?»

«Soll ich's dir sagen?» Hans sieht Hilde ganz fest in die Augen.

Sie wird plötzlich rot. Sie nickt.

«Weil ich dich gern heiraten will», sagt Hans.

Hilde antwortet nichts. Was soll sie auch sagen? Sechzehn Jahre ist sie gerade alt. Sie hat noch nie an Heiraten gedacht. Es hat ihr nur Spaß gemacht, mit Jungen zu flirten. Es hat ihr Vergnügen gemacht, sie um den Finger zu wickeln. Sie weiß nicht, was sie jetzt sagen soll. Sie ist gleichzeitig glücklich und erschrocken. Es ist ein bißchen viel, was sie im Laufe der vergangenen knapp achtundvierzig Stunden erlebt hat …

«Komm», sagt sie dann. «Ich muß nach Hause und vorher noch Ellinor abholen.»

*

Ellinor Ratti ist größer als Hilde. Sie sind in derselben Klasse des Oberlyzeums in Berlin-Mariendorf. Ellinor hat einen schwarzen Wuschelkopf. Für ihre sechzehn Jahre ist sie weit entwickelt, beinahe üppig.

Sie stehen vor Ellinors Haus – Hilde, Ellinor und Hans Stephan. «Schade, daß du nach Hause mußt, Hilde», sagt Stephan. «Gerade heute hätte ich dir noch so viel zu sagen gehabt.»

«Laß Hans doch mit 'raufkommen zu euch», sagt Ellinor.

«Das geht nicht, er ist doch mit meinem Bruder verkracht», sagt Hilde. Sie denkt aber hauptsächlich an Paul. Es wäre gräßlich, wenn er Hans Stephan und sie zusammen sehen würde …

«Günther braucht ja nicht zu wissen, daß Hans da ist», sagt Ellinor. «Wo sind denn die beiden Jungens?»

«Im Eßzimmer.»

«Dann gehst du mit Hans ins Schlafzimmer, und ich gehe zu den beiden Jungens 'rein. Gib mir die Wohnungsschlüssel. Ich gehe vor, damit euch keiner im Flur begegnet.»

Hilde zögert. Aber Ellinor streckt bereits ihre Hand aus: «Na, gib schon.»

So schleichen sie also die Treppe hinauf. Ellinor schließt auf und horcht in die Wohnung. «Los!» Hans Stephan und Hilde huschen über den Flur ins Schlafzimmer.

Als Ellinor die Tür zum Eßzimmer aufmacht, schlägt ihr zunächst eine Wolke von Tabaksqualm entgegen. Dann sieht sie Günther und Paul. Vor ihnen auf dem Tisch stehen Flaschen und Gläser.

«Ellinor, Goldkind!» Günther springt auf und will Ellinor umarmen. Aber er riecht so nach Alkohol, daß sie zurückprallt.

«Wo bleibt denn Hilde?« fragt Paul.

«Sie ist ins Schlafzimmer gegangen … Sie hat dort mit jemand etwas Wichtiges zu besprechen.» Ellinor ist unsicher.

«Laß Hildchen im Schlafzimmer besprechen, was sie will», sagt Günther. «Komm und gib mir einen Kuß, Ellinor!» Diesmal wehrt Ellinor ihn nicht ab.

«Wer ist denn der Jemand?» fragt Paul.Und weiß doch längst, daß es Hans Stephan ist.

«Jemand, der nicht gesehen werden will», sagt Ellinor ausweichend. Sie weiß nur, daß Günther mit Hans Stephan verkracht ist.

Aber Günther hört gar nicht hin. Er gießt Ellinor einen Apricot-Brandy ein, setzt sich im Nebenzimmer ans Klavier und spielt «Les Préludes».

Im Eßzimmer sind Ellinor und Paul allein. Und jetzt tut der sonst so schüchterne Paul etwas, was er noch nie in seinem Leben getan hat. Er flirtet wild mit Ellinor.

Ellinor war auf ein problematisches Gespräch gefaßt. Daß Paul sie nach fünf Minuten küssen will, verwirrt sie. «Ich denke, du liebst Hilde?» sagt sie.

«Dich habe ich viel lieber», lügt Paul und küßt Ellinor auf den vollen Mund. Aber er denkt dabei nur an Hilde. Der Gedanke, daß sie mit Stephan im Schlafzimmer ist, macht ihn verrückt. Die Eifersucht rast in ihm. Und das Verlangen nach Rache.

«Ihr geht ja verdammt 'ran.»

Paul und Ellinor fahren erschrocken auseinander. Sie haben gar nicht gemerkt, daß Günther sein Klavierspiel abgebrochen hat. Günther steht in der Tür und lacht gezwungen. «Ich verschwinde mal ins Freie, muß meinen Kopf auslüften.»

«Ob er eingeschnappt ist?» fragt Ellinor.

«Der schnappt nicht so leicht ein», sagt Paul und verschließt ihren Mund mit einem neuen, leidenschaftlichen Kuß.

Er dreht das Licht aus. Im Dunkeln gibt sich Ellinor Pauls Küssen leichter hin. Und er sich seiner Rache ... Aber plötzlich flammt das Licht auf.

«Oh ... entschuldigt die Störung!» Hilde steht in der Tür. Sie sieht den verrutschten Teppich, die umgekippten Gläser auf dem Tisch. Sie sieht Ellinor und Paul. Und sie sieht, wie Ellinor von Paul weg will, wie er sie hält.

«Ach, du bist auch noch da?» Paul bemüht sich, seiner Stimme eine ironische, überlegene Färbung zu geben.

«Ja, ich hörte die Tür klappen», sagt Hilde. «Ist Günther weg?»

«Er wollte mal Luft schnappen.»

«Dann will ich meinen Besuch schnell hinausbringen», sagt Hilde.

Vergeblich sucht Paul in ihrem Gesicht oder in ihrer Stimme eine Spur von Reue – oder Eifersucht. «Paß auf, daß Günther dir und Stephan draußen nicht begegnet», sagt er. «Woher weißt du, daß Stephan hier ist?»

«Ich habe ihn gesehen, als ihr euch draußen vorm Haus getroffen habt.»

«Weiß Günther von Stephan?»

«Nein!»

Hilde wirft Paul einen dankbaren Blick zu und geht hinaus. Aber knapp eine Minute später ist sie wieder da: «Günther hat die Haustür abgeschlossen und alle Schlüssel mitgenommen.»

«Ich muß aber nach Hause», sagt Ellinor. Ihr ist es plötzlich unheimlich. Alkohol, Zigaretten, die Liebelei über Kreuz ... «Steigen wir doch durchs Schlafzimmerfenster ...» «Durchs Fenster mit Hans geht nicht», sagt Hilde. «Wenn das die Nachbarn sehen ...»

«Dann geh' ich allein», sagt Ellinor.

«Nein, bleib!» Mit einem Schritt ist Hilde bei der Freundin, flüstert ihr ins Ohr: «Laß mich nicht allein mit den Jungens, bitte. Bitte bleib die Nacht über hier.»

«Meine Mutter stirbt vor Angst», protestiert Ellinor.

«Ich springe rasch 'rüber und bitte sie um Erlaubnis.» Hilde geht zum Schlafzimmer und ist mit einem Schwung aus dem Fenster.

In diesem Augenblick sieht Paul Krantz seinen Nebenbuhler Hans Stephan auf dem Flur stehen. Er geht auf ihn zu, streckt ihm die Hand entgegen: «Tag, Hans. Lange nicht gesehen ...»

Paul Krantz kommt sich in diesem Moment größter Selbstüberwindung wie ein ausgemachter Weltmann vor ...

Fünf Minuten später ist Hilde zurück. Stephan und Krantz strekken ihr die Arme entgegen und heben sie mit vereinten Kräften durchs Schlafzimmerfenster.

«Deine alte Dame erlaubt's nicht, Ellinor.» Hilde ist außer Atem und niedergeschlagen.

«Dann geh' ich also», entscheidet Ellinor. Sie gibt Paul die Hand.

«Na, gebt euch schon einen Kuß», sagt Hilde.

Aber Ellinor ist bereits beim Fenster und gleich darauf von der Dunkelheit verschluckt.

«Hast du 'ne Zigarette, Paul?» fragt Hans Stephan.

Paul kramt in seinen Taschen, sucht auf den Tischen. «Hier, die letzte. Die teilen wir uns.»

Abwechselnd rauchen sie, lauschen auf die Tür, ob Günther kommt.

«Versprich mir, daß du Günther nicht sagst, daß Hans hier ist», bittet Hilde.

«Ehrenwort», sagt Paul.

Plötzlich draußen Haustürklappen, Schritte auf der Treppe. «Rasch, Hans!» In Hildes Stimme klingt die Angst. Da geht schon die Wohnungstür auf. Hilde bugsiert Hans Stephan ins Schlafzimmer und macht die Tür zu.

Dann ist Günther da: «Na, Hildchen, noch immer lieben Besuch?»

Hilde überhört die Frage: «Ich gehe jetzt schlafen. Macht nicht soviel Krach ...» Sie verschwindet im Schlafzimmer. Die Jungen hören, wie sie von innen den Schlüssel umdreht.

«Jetzt hat sie sich also mit ihm eingeschlossen», sagt Günther. Paul nickt.

«Weißt du, wer's ist?»

«Komm, wir wollen erst mal einen trinken», sagt Paul und steuert den Freund ins Eßzimmer. Die Flaschen auf dem Eßzimmertisch sind bald leer. Günther sucht im Büfett.

«Schweinerei, nischt mehr da», schimpft er. «Vielleicht finden wir in der Küche noch was. Komm ...» In der Speisekammer finden sie noch ein paar Flaschen Obstwein.

«Am liebsten würde ich zurück nach Mahlow fahren», sagt Paul. Günther ist ihm unheimlich. Sonst verträgt er immer nur ein paar Glas. Heute kann er in sich hineinschütten, was er will, und es macht ihm nichts aus.

«Hier wird geblieben», sagt Günther und entkorkt eine Flasche. Sie trinken in der Küche, Günther mit hastigen Zügen ...

«Wer ist bei Hilde?» Günther Scheller schlägt mit der Faust auf den Küchentisch, daß die Gläser klirren.

«Jetzt hör doch endlich damit auf», sagt Paul.

«Du weißt, wer es ist. Ich seh's dir an.»

«Und wenn ich's wüßte, es ist doch ganz gleichgültig», windet sich Paul.

«Gleichgültig? Wo Hilde sich so miserabel gegen dich benommen hat? Im übrigen kann ich mir schon denken, wer es ist.»

Paul möchte herausbrüllen, wer es ist. Aber er hat doch Hilde versprochen, Hans Stephan nicht zu verraten.

«Es ist Hans Stephan!» Günther wirft eine Flasche um, daß sie quer über den Tisch kollert und zu Boden fällt. «Mich hat er bei meinem Vater verpetzt! Dich betrügt er mit Hilde! Mit diesem Schuft kann ich nicht unter einem Dach atmen.»

Auch Paul ist aufgesprungen. Wenn sich sein Freund so über den Treuebruch Hildes aufregt, dann kann er nicht zurückstehen. Paul sagt: «Aber was soll man denn tun, Günther?»

«Das Leben kotzt mich an, ich mache Schluß», keucht Günther.

«Dann mache ich mit!»

Paul greift in die Tasche. Er holt den Revolver hervor. Schwarz, drohend und stumpf glänzend liegt das schwere Mordwerkzeug auf dem gelbgesprenkelten Linoleum des Küchentisch.

«Erschieß mich», schreit Günther, der Begründer des Selbstmörder-Klubs «Tehou».

«Erschieß du mich erst», sagt Paul.

«Feigling!» Günther hat den Revolver ergriffen. Sein Gesicht verzerrt sich. Er hebt die Waffe an.

«Nein!» schreit Paul. Da kracht der Schuß ... der erste in dieser Nacht.

Was sich in den nächsten vier Stunden bis zum Morgengrauen ereignete, war das große Geheimnis, das unheimliche Rätsel, um dessen Lösung es im Krantz-Prozeß ging. Elf Tage lang hatte ich vor Gericht darum zu kämpfen, bis die Wahrheit ans Licht kam.

*

Vielleicht erinnert sich mancher Leser noch des Winters 1927/28, damals, als die Havel von Spandau bis Potsdam zugefroren war und die meisten Schulen Kohlenferien einlegen mußten. Seit sechs Wochen herrschte klirrender Frost, und in der Nacht zum 9. Februar war nochmals Schnee gefallen. Als ich aus meinem Wohnsitz, dem «Haus Rübchen» in Teltow, weggefahren war, hatte ich minus zwanzig Grad am Thermometer abgelesen. Ganz langsam mußte ich fahren, sonst wäre mein Austro-Daimler ins Schleudern gekommen.

Trotz der Kälte hatten zahllose Menschen mit blaugefrorenen Gesichtern stundenlang auf Einlaß ins Gericht gewartet. Und das, obwohl die Zeitungen am Tag vorher gemeldet hatten, daß nur etwa zwanzig Karten für das Publikum zur Verfügung stehen würden.

Über 200 Sitze des Großen Schwurgerichtssaals in Berlin- Moabit waren allein für zusätzliche Zeugen, Sachverständige und Pressevertreter reserviert. Der Vorsitzende des Schwurgerichts hatte am Vorabend extra eine Sitzprobe abgehalten. Wie im Theater! Er hatte mich danach angerufen und gefragt, ob ich einverstanden wäre, wenn einige Pressevertreter auf der Verteidigerbank Platz nehmen würden. Ich hatte nichts dagegen …

«Siehste, der Olle mitn Monokel darf durch und wir nich», sagte ein dicker Berliner, als mich ein Schupo durch die Menschenmenge schleuste.

«Det is doch der Vateidija, der Frey», sagte ein andrer.

«Lassen Se man det Monokel nich falln, sonst is Krantzens Rübe ab», mahnte ein dritter.

Das Schrillen der Klingel übertönte das Summen der Stimmen im Gerichtssaal. Die Uhr rückte auf halb zehn. Die Flügeltüren zum Korridor wurden geschlossen. Vom Korridor draußen drang lautes Schimpfen herein. Die Gerichtsdiener hatten gegen den Andrang des Publikums vor der Tür Barrikaden aus Bänken errichtet, so daß nur ein schmaler Durchlaß blieb. Da schien einiges los zu sein, und dann hörte man lauten Lärm an der Tür. «Ich muß hinein!» klirrte eine hohe Stimme.

«Kann ja jeder sagen», brummte der Baß eines Gerichtsdieners.

«Ich bin Regierungsrat Doktor Hagemann», klirrte die Stimme.

«Laß'n durch, Otto», brummte ein zweiter Baß. »Der Herr is Chef von der Kriminalpolizei …»

Ich hörte das alles nur mit halbem Ohr. Hinter der Barriere der Anklagebank quietschte die Tür zum Untersuchungsgefängnis. Paul Krantz wurde von zwei Justiz-Wachtmeistern hereingeführt.

Ich sah mich um und erschrak. Bisher hatte ich Paul Krantz nur in seiner Zelle gesehen. Und trotz seiner Niedergeschlagenheit war er mir immer als frischer, lebhafter Junge erschienen. Jetzt sah ich ihn zum erstenmal im vollen Tageslicht. Der Anzug, der ihm im Juli zu eng schien, schlotterte um seine Glieder. Wie abgemagert er war, wie eingefallen die Wangen … Und wie wächsern seine Haut …

Aber sein blondes Haar war sorgfältig frisiert. Ich spürte förmlich, wie die Augen der Damen im Gerichtssaal wohlgefällig seine Erscheinung einsogen. Und ich mußte an die verzweiflungsvollen Stunden denken, in denen er mich beschworen hatte: «Herr Rechtsanwalt, geben Sie sich keine Mühe, es ist doch alles umsonst. Lassen Sie alles laufen, wie es läuft … Ob sie mich verurteilen oder nicht, ist ja egal. Meinetwegen sollen die doch annehmen, ich war's.»

Das war in den sieben Monaten von Pauls Untersuchungshaft gewesen, in jenen qualvollen sieben Monaten, in denen ich der Staatsanwaltschaft klarzumachen versuchte, daß Paul bestimmt eine moralische Mitschuld am Tod zweier junger Menschen trage, daß er aber strafrechtlich unschuldig sei.

Der Staatsanwalt hatte für all meine Argumente nur ein mitleidiges Lächeln gehabt: «Wo würden wir hinkommen, Herr Doktor, wenn wir der Jugend alles verzeihen …»

Mit Mühe und Not hatte ich es durchgesetzt, daß man Paul aus der Mörderzelle im Block C des Untersuchungsgefängnisses in Gemeinschaftshaft gelegt hatte. Acht Wochen hatte ich dazu gebraucht. Und das Ergebnis?

«Ich liege jetzt mit einem Fahrradmarder zusammen», hatte Paul mir beim ersten Besuch nach seiner Umquartierung erzählt. «Wissen Sie, was der mir gesagt hat? ‹Gestehe alles, dann kriegst du mildernde Umstände …›»

Als ich an jenem Tag aus dem Untersuchungsgefängnis nach Hause kam, war ich stumm ins Wohnzimmer gegangen. Meine Frau kam mir nach: «Was hast du denn?»

«Ach, dieser Bengel, der Krantz», sagte ich. «Es ist mir, als wäre er unser eigener Junge.»

Meine Frau sagte nichts. Sie verstand mich. Es war unser gemeinsamer Kummer, daß wir keine Kinder hatten.

Und jetzt saß meine Frau im Großen Schwurgerichtssaal unter den zahllosen Sachverständigen und Zuschauern und war gespannt, wie ich diesen Jungen, der mir in der Zwischenzeit so ans Herz gewachsen war, aus seiner entsetzlichen Lage herauspauken würde.

Mir selbst ging es fast wie dem Chirurgen, der vor keiner kühnen Operation zurückschreckt, dem aber die Hand zittert, wenn er seinem Kind den Blinddarm herausnehmen muß …

Auf der hohen Richterbank erschien der Vorsitzende, Landgerichtsdirektor Dr. Dust. Er war schon drei Jahre Vorsitzender des Schwurgerichts beim Landgericht II, aber ich hatte noch nie mit ihm zu tun gehabt. Er sah aus, wie man sich einen hohen preußischen Beamten oder auch einen General vorzustellen pflegt. Eine hohe, gutgeformte Stirn, kurzgeschorenes Hinterhaupt, kleiner Schnurrbart, leichtes Doppelkinn. Jede Geste strömte Korrektheit aus.

Mir schien er etwas nervös, als er das Menschengedränge im Saal musterte. Das Publikum war aber auch außergewöhnlich. Auf der Bank der Sachverständigen Ärzte, Psychologen, Pädagogen. Auf den Zuhörerbänken berühmte Schriftsteller, Juristen und Gelehrte aus aller Welt, darunter eine Delegation hoher japanischer Richter.

Unter den sechs Geschworenen waren ein Architekt, ein Stadtsekretär mit markantem Künstlerkopf, ein Versicherungsdirektor, ein Maurermeister, ein Straßenbahnschaffner und ganz rechts eine Lehrerin. Ihr sorgfältig frisierter Pagenkopf ließ mich hoffen, daß sie Verständnis für die Nöte der Jugend haben würde.

Neben ihr der erste Staatsanwalt Dr. Steinbeck. Sein Haar war ganz kurz geschnitten. Zehntelmillimeter mit der Maschine. Nur vorn trug er einen winzigen Scheitel. «Appetitbrötchen», sagte man in Berlin dazu. Und er war auch innerlich kurzgeschnitten, fand ich. Alles an ihm war knapp, zackig, kühl. Wenn er überhaupt Herz hatte, dann zeigte er es jedenfalls nicht.

Seine erste Anklage gegen Paul hatte auf doppelten Mord gelautet. Er beschuldigte Paul, in den Morgenstunden des 28. Juni 1927 seinen Freund und Klassenkameraden Günther Scheller und den Kochlehrling Hans Stephan erschossen zu haben.

Die Waffe, aus der die tödlichen Schüsse abgegeben worden waren, gehörte Paul Krantz. Ein starkes Verdachtsmoment … Und auch ein Motiv zur Tat war da: Paul liebte Hilde Scheller und glaubte, daß sie ihn wiederliebte. Hilde hatte Hans Stephan den Vorzug gegeben. Kein Zweifel, daß rasende Eifersucht Paul gepackt hatte. Das alles sprach gegen Paul Krantz.

Was wog dagegen seine Behauptung, nicht er, sondern Günther Scheller habe Stephan erschossen. Dann habe Günther Selbstmord verübt.

Eine billige Ausrede? Zuerst sah es so aus. Der tote Günther war Linkshänder. Doch der Todesschuß saß in seiner rechten Schläfe.

Glücklicherweise mußte der Schießsachverständige der Kriminalpolizei feststellen, daß Günther zwar vorzugsweise Linkshänder gewesen war, aber mit der Rechten genauso geschickt umgehen konnte. Die Art des Einschusses und der Schußkanal wiesen eindeutig auf Selbstmord.

Dem Ersten Staatsanwalt Dr. Steinbeck genügte das nicht. Für ihn blieb Krantz des Doppelmordes verdächtig.

Und es genügte ihm auch nicht, als sich herausstellte, daß Günther den toten Stephan abgründig gehaßt hatte und daß Günther häufig Selbstmordpläne geäußert hatte. Also ein Motiv – sowohl für den Mord an Stephan wie auch für den Selbstmord Günthers.

Nur widerstrebend hatte Dr. Steinbeck die Anklage auf Doppelmord fallenlassen ... Die Anklage auf Mord an Stephan hielt er aufrecht. Gegen sie mußte ich Paul Krantz jetzt verteidigen.

Das Gericht war vollzählig versammelt. Die Tragödie vom 28. Juni 1927 sollte ihre Aufklärung und Sühne finden. Im nüchternen Gerichtssaal sollte das seelische Dämmerlicht jenes Sommermorgens noch einmal beschworen werden. Würde es gelingen, die Wahrheit, die reine und absolute Wahrheit ans Tageslicht zu bringen?

«Ich eröffne die Sitzung.» Der Vorsitzende, Landgerichtsdirektor Dust, blickt zu den Zeitungsleuten hinüber: «Ich lege allen Beteiligten dringend ans Herz, die vielen schwierigen Dinge, die hier verhandelt werden, so nach außen weiterzugeben, daß niemand Schaden erleidet.»

Die Zeugen werden aufgerufen. Ich sehe Pauls Eltern. Vater Krantz ist ganz grau geworden, seit ich ihn kurz nach dem unglückseligen Tag kennenlernte. Er sieht verbittert aus. Er hat einen schwarzen Anzug an. Den trägt er auch abends, wenn er als Kinomusiker im neueröffneten «Titania-Filmpalast» in der Steglitzer Schloßstraße die Trompete bläst. Pauls Mutter stützt sich schwer auf den Arm ihres Mannes. Ihr gutes, rundliches Gesicht ist tränenüberströmt. Sie kann sich kaum auf den Beinen halten.

Die Kronzeugin, Hilde Scheller, nach der sich alle im Saal die Hälse ausrecken, ist nicht da. Das Gericht will ihr unnötiges Spießrutenlaufen ersparen. Sie soll erst kommen, wenn ihre Aussage gebraucht wird.

Noch zwei weitere Zeugen fehlen: zwei Klassenkameraden von Paul. Ihr Wegbleiben ist verständlich, denn heute beginnt in der Oberrealschule in Mariendorf die schriftliche Prüfung zum Abitur. Auch Paul sollte heute Abitur machen. Statt dessen steht ihm eine andere Prüfung bevor, sie geht auf Tod oder Leben …

Die Zeugen werden entlassen. Dr. Dust wendet sich nach rechts und blickt Paul lange und abschätzend an. Paul steht von seiner Bank auf.

«Nun, Angeklagter, reden Sie ganz frei und offen. Sie werden Richter finden, die Verständnis haben für das, was Ihnen zugestoßen ist …»

«Jawohl», sagt Paul Krantz leise. Ebenso leise, beinahe zögernd antwortet er auf die Fragen nach seinem Geburtsdatum, Geburtsort, als vermute er überall Fallstricke, als müsse er sich auch die selbstverständlichste Antwort sorgfältig überlegen.

Erst allmählich wird er freier. Die ruhige väterliche Art Dr. Dusts scheint langsam in ihn einzudringen. Dieser Junge ist ja so leicht bereit, Vertrauen zu schenken …

«Auf der Oberrealschule in Mariendorf hatten Sie eine Freistelle, nicht wahr.»

«Jawohl.»

«Die Freistelle bekamen Sie auf Grund Ihrer besonderen Begabung.»

«Jawohl», sagt Krantz leise und zuckt schüchtern mit den Schultern.

«Diese Schule besuchten Sie noch, als Sie im Anschluß an Ihre Tat verhaftet wurden?»

Da ist die erste Falle. Ich weiß nicht, ob der Vorsitzende sich ihrer bewußt ist: Der Richter, der feststellen soll, ob Paul schuldig ist, spricht von seiner Tat. Er nimmt die Schuld des Paul Krantz vorweg, die doch erst die Verhandlung, die Beweisaufnahme ergeben soll.

Wenn Paul jetzt ja sagt, legt er ein Geständnis ab. Ich höre gespannt. Was wird er antworten?

«An meine Tat? Ich habe nichts begangen», sagt Paul.

Dr. Dust ist einen Augenblick verdutzt über die Geistesgegenwart des Jungen. Er korrigiert sich lächelnd: «Gut, also im Anschluß an die Tat, die geschah.»

Ein winziger Zwischenfall. Nur die routinierten Prozeß-Besucher und Kriminalstudenten bemerken ihn.

Doch Dr. Dust zieht sofort die Zügel fester an: «Sie sind hier wegen Mordes und wegen Verabredung zum Mord angeklagt. Sie können sich frei aussprechen. Ich glaube, es ist das beste, wenn Sie die reine Wahrheit sagen. Dazu dürfte Ihnen auch Ihr Verteidiger geraten haben. Zunächst erzählen Sie uns bitte etwas über Ihr Verhältnis zu Ihren Eltern, zu den Lehrern, mit einem Wort zu der älteren Generation ...»

«Meine Eltern waren immer sehr gut zu mir», sagt Paul. «Sie ließen Ihnen wohl sehr viel Freiheit?»

«Jawohl ...»

«Sie haben diese Freiheit niemals mißbraucht?»

«Nein.»

«Und in der Schule, fühlten Sie sich da wohl?»

«Zuerst ja ...»

«Später nicht mehr?»

«Nein ...Ich habe oft darüber nachgedacht, ob es wohl an mir läge, aber ich glaube, daß das Erziehungs-System an den höheren Schulen etwas veraltet ist.»

«Trauen Sie sich darüber schon ein Urteil zu?»

«Es schien mir so», sagt Paul. «Viele Lehrer sahen ihre Aufgabe nur darin, uns den vorgeschriebenen Lehrstoff zu vermitteln. Es war niemand da, der auf unsere drängenden Gefühle, auf unsere Probleme eingegangen wäre. Wir fanden damit keinen Widerhall ...»

«Bei niemandem?»

«Doch, es gab auch Ausnahmen.» Pauls Gesicht erhellt sich. «Mit meinem Deutschlehrer, Studienrat Werner, hatte ich sehr guten Kontakt. Auch meine Mitschüler. Aber er starb, als wir in der Obersekunda waren.»

«Wie erklären Sie es sich, daß Sie zuerst ein guter Schüler waren und dann plötzlich nachließen?»

«Ich fühlte mich so allein. Ich hatte plötzlich keine Lust mehr.»

«Was hätten Sie denn lieber getan?»

«Ich hatte sehr früh literarische Neigungen. Ich wollte kein Schuljunge mehr sein, sondern als freier Schriftsteller leben. Ich sehnte mich nach ungebundener Freiheit und Selbständigkeit.»

Paul Krantz sagt das ohne Pathos. Er ist bescheiden. Niemand im Gerichtssaal, der diesen Jungen nicht sympathisch findet ... Aber wird er auch so offen und sympathisch bleiben, wenn sich die Fragen des Richters dem Kernproblem nähern, den Vorgängen jener unheilvollen Nacht und des grauenhaften Morgens?

Paul erzählt, wie er Hilde Scheller kennenlernte, von den verliebten Tagen im Wochenendhaus zu Mahlow. Und von seiner Enttäuschung, als Hilde am kritischen Montagabend mit einem Nebenbuhler in die Wohnung kam. Und wie sie sich mit Hans Stephan im Schlafzimmer einschloß …

Totenstill ist es im Großen Schwurgerichtssaal, als Paul die Geschichte jener letzten Nacht erzählt. Sein Gesicht ist wachsbleich.

Er beginnt: «Als Günther sah, daß Stephan bei Hilde war, geriet er in fürchterliche Wut. ‹Ich will mit diesem Menschen, dem Stephan, nicht mehr unter einem Dach leben›, schrie er. ‹Ich mache Schluß mit dem Leben!›

‹Wenn du Schluß machst, mache ich mit›, sagte ich. Ich legte meinen Revolver auf den Tisch. Nun berieten wir, wer als erster sterben sollte. Keiner wollte der letzte sein. Plötzlich verzerrte sich Günthers Gesicht. Er riß den Revolver vom Tisch. Hob ihn hoch. Ein Schuß ging los. Ich hörte die Kugel, sie ging ganz dicht an meinem Kopf vorbei …»

Der Vorsitzende unterbricht Paul: «Was bedeutete es, daß sich Günthers Gesicht verzerrte. War das vor Schreck wegen des Schusses?»

«Nein, der Schuß fiel nach der Verzerrung», sagt Paul.

«War der Schuß aus Unvorsichtigkeit losgegangen?»

«Es ist mir unangenehm zu sagen, welchen Eindruck ich hatte.»

«Das müssen Sie aber in Ihrem Interesse sagen, Angeklagter.» Paul schweigt.

«Meinen Sie vielleicht, daß Günther sich plötzlich aufraffte und den Mut zur Tat faßte?»

«Das ist meine Auffassung», antwortet Paul leise.

«Sie meinen also, Günther wollte mit diesem Schuß zuerst Sie erledigen und dann sich selbst?»

Wird Paul den toten Freund jetzt belasten? Was wird er sagen?

«Ich weiß nicht, was in Günther vorging», sagt Paul leise. «Vielleicht wollte er mir nur zeigen, daß er keine Angst vor dem Schießen hatte.»

«Warum nahmen Sie ihm den Revolver nicht weg?» fragt Dr. Dust.

«Inzwischen kam Hilde in die Küche gestürzt …»

«Was sagte sie?»

«Sie sagte so etwas: ‹Wer hat geschossen?› oder ‹Warum knallt ihr herum?› oder vielleicht auch ‹Wohin habt ihr geschossen?›»

«Wer hatte denn die Pistole in der Hand, als Hilde hereinkam?» «Entweder hatte sie Günther noch in der Hand, oder sie lag auf dem Tisch», antwortet Paul.

«Und was haben Sie geantwortet?»

«Günther sagte: ‹Reg dich nicht auf, es ist gar nichts los.› Und ich sagte: ‹Er hat bloß in die Tür geschossen …› Und Günther meinte: ‹Ja, bloß in die Tür!› Worauf ich noch hinzufügte: ‹Ich wäre beinahe getroffen worden.›»

«Gab sich Hilde damit zufrieden?»

«Ja, sie ging zurück ins Schlafzimmer.»

«Jetzt hätten Sie ja noch immer Zeit gehabt, den Revolver an sich zu nehmen, Angeklagter.»

«Ja, das hätte ich», sagt Paul. «Aber ich glaubte, daß Günther durch Hildes Erscheinen von der Idee abgekommen war.» Und dann erzählt Paul stockend weiter: «Wir hatten doch sehr viel getrunken, ich mehr als Günther. Und das Dazwischenkommen von Hilde hatte in mir die Erinnerung an die vergangene Nacht aufgewühlt … Ich mußte immer an Hilde denken. Ich konnte nicht verstehen, weshalb sie plötzlich Stephan mir vorzog. Ich mußte immer an die beiden denken, die im Schlafzimmer eingeschlossen waren … Ich war eifersüchtig und enttäuscht.»

«Wie äußerte sich das?»

«Ich sagte zu Günther: ‹Ich verstehe deine Schwester nicht.›»

«Und was sagte Günther darauf?»

«Er ging gleich wieder gegen Stephan los. ‹Der ist an allem schuld, der Verräter!› schrie er. ‹Ich sehe gar nicht ein, weshalb wir beide sterben sollen, und Stephan bleibt am Leben und amüsiert sich weiter mit Hilde … Ich nehme Stephan mit!› Ich fragte: ‹Und Hilde?› – ‹Die muß auch mit›, sagte Günther. ‹Du hast doch am wenigsten Grund, sie zu schonen.› ‹Dann wollen wir alle vier sterben›, sagte ich.»

«Das wurde nun auch schriftlich bekräftigt?» fragt Landgerichtsdirektor Dr. Dust.

«Ja, wir brachten den Plan zu Papier», sagt Paul. «Zuerst war geplant, daß Günther zunächst den Stephan erschießen sollte, dann ich Hilde, Günther und mich selbst. Günther bestand nämlich darauf, daß ich auch ihn erschießen müßte …

Wir schrieben verschiedene Briefe. Ich einen an meinen Freund Fritz K. und an eine Zeitung und Günther einen Brief an das Weltall.»

«Wer sollte denn den Brief an das Weltall bekommen?»

«Das weiß ich nicht», antwortet Paul. «Günther meinte damit das ganze Universum. Wir standen ja so stark unter der Wirkung des Alkohols.»

«Aber der Entschluß war ernst gemeint?»

«Jawohl», sagt Paul. «Damals, zu dieser Stunde, war er ernst gemeint. Später, als mir die Proklamation an das Weltall vorgelesen wurde, habe ich nicht begriffen, daß man so etwas zu Papier bringen kann.»

Landgerichtsdirektor Dust nimmt aus dem Aktenberg ein paar lose Blätter: «Hier ist der Brief an das Weltall.» Er rückt seine Brille zurecht und liest: *«Liebes Weltall! Ein einziges Stück des Organismus vergeht. Sei nicht böse darüber. Du wirst den Verlust einer Zelle kaum als Verlust empfinden. Die Zeit rollt weiter. Was bedeutet so ein bißchen Leben? Ein kurzer aufleuchtender Schein in der Welt, dann Staub und Asche.»*

Die Stimme des Vorsitzenden: «Hier ist unter Günther Schellers Unterschrift noch ein Zusatz in einer anderen Handschrift. Ist das Ihre Schrift, Angeklagter?»

«Ja …»

Dr. Dust liest weiter: *«Wir werden die letzten Konsequenzen ziehen. In diesem Moment werden Hans Stephan und Männe* – das war ja wohl der Spitzname für Hilde Scheller», sagt Dr. Dust – *«durch unsere Hand sterben. Wir beide, Günther und ich, werden lächelnd aus dem Leben scheiden.»*

Hinter mir in der Anklagebank höre ich Pauls gepreßtes Atmen. Ich drehe mich um. Er ist aschfahl im Gesicht. Ich sehe, daß er sich nur noch mit Mühe aufrecht hält. Ich sehe auf die Uhr. Es ist Viertel nach zwölf. Normalerweise würde um eins Mittagspause gemacht werden.

Paul versteht meinen fragenden Blick. Er beißt die Zähne zusammen und nickt mir zu: «Es geht schon noch …»

«Und jetzt zum Abschiedsbrief des Angeklagten.» Landgerichtsdirektor Dust liest: *«Lieber Fritz! Nimm diese Zeilen als letzten Gruß, den ein wirklicher, wahrer Freund Dir sendet. Du wirst wenig Wert darauf legen, daß ein Doppel- und Selbstmörder …»* Der Vorsitzende betonte das Wort Doppel und wiederholte noch einmal: *«Daß ein Doppel- und*

Selbstmörder Dich noch mit seinen letzten Grüßen beehrt. Jedoch versichere ich Dir: Ich glaube, daß Liebe – da staunste, was? – mich zur letzten Konsequenz getrieben hat. Es gibt Mädel, deren Hingabe ein so süßes, durchdringendes Gefühl hervorruft, daß du niemals vergessen kannst, daß du in seelischem Rausch und Taumel das Glück besessen hast.

Rein menschlich bitte ich Dich, meiner zu gedenken. Und ich wünsche Dir für die kurze Zeit, die Dir zum Leben bleibt (zwei Jahre?), alles Erreichbare.

Fritz, ich erschieße erst Hilde, dann Günther, während Günther den Hans Stephan zuerst erschießen wird. Das ist die volle Wahrheit. Lache nicht. Denke daran, daß mein Schritt die letzte Konsequenz eines vom Leben Getöteten ist. Günther ist vollkommen einverstanden und grüßt Dich wie ich zum letztenmal. Dein Paul».

Lähmendes Entsetzen legt sich über den Gerichtssaal, während der Vorsitzende den Brief vorliest.

Mir ist klar: dieser Brief ist ein Geständnis, wie es sich kein Richter eindeutiger wünschen könnte. Ist es der Eindruck erdrückender Schuld meines Mandanten, der die Menschen hier im Gerichtssaal den Atem anhalten läßt? Oder ist es das Schaudern vor dem Abgrund, in den junge Menschen hineintaumeln, wenn sie ihr Schicksal selbst in die Hand nehmen wollen? Ich sehe, wie der Blick des Staatsanwalts siegessicher über die Versammelten fliegt.

Der Vorsitzende fragt: «Was bedeutet es, Angeklagter, wenn Sie schreiben: Zwei Jahre bleiben ihm noch zum Leben?»

Ich sehe mich zu Paul um. Er steht mühsam auf.

«Wir sprachen einmal darüber, wie lange wir noch leben würden. Und da sagte Fritz, er würde wohl nicht mehr lange machen. Zigeuner hätten es ihm gesagt, er würde nur noch zwei Jahre leben.»

«An so etwas glaubten Sie?»

Paul antwortet nicht.

«Und die doppelte Morddrohung in Ihrem Abschiedsbrief … die war doch ernst gemeint?»

Ich drehe mich um und sehe, daß Paul wankt.

«Ich habe Sie etwas gefragt, Angeklagter», mahnt Dr. Dust energisch.

Ich springe auf. Aber im selben Augenblick durchfährt mich ein rasender Schmerz. Es ist, als schnitte ein Messer in meine Hüften. Mein

Gott, nur das nicht, denke ich. Jahrelang hatte ich Ruhe vor meinen Nierensteinen gehabt. Und ausgerechnet jetzt, wo es um Kopf und Kragen von Paul Krantz geht, der mir wie ein Sohn ans Herz gewachsen ist... Ich reiße mich zusammen.

«Der Angeklagte ist stark erschöpft», sage ich und muß mich bemühen, nicht zu schreien. «Ich bitte daher, etwas früher in die Mittagspause einzutreten.»

Dr. Dust neigt sich nach rechts und nach links zu seinen Beisitzern. Dann verkündet er: «Die Sitzung wird auf zwei Uhr vertagt.»

Gott sei Dank, da ist meine Frau. Sie kämpft sich durch die Menge, die schwätzend dem Ausgang zustrebt.

«Du mußt sofort nach Hause», sagt sie.

«Nein, besorg mir ein starkes Schmerzmittel, dann wird's schon gehen.»

Jetzt kommt der Vorsitzende an meinen Tisch. «Ist Ihnen nicht wohl, Herr Rechtsanwalt?» erkundigt er sich.

«Es ist eine Nierenkolik», antwortet meine Frau für mich.

«Das tut mir aber leid … Sollen wir vertagen?»

«Auf keinen Fall», sage ich.

«Hmm, Sie brauchen Wärme», meint er. «Ein Heizkissen wäre das richtige. Aber wo …?» Er blickt sich suchend im Saal um, der schon fast leer ist. «Da!» Er deutet auf eine Steckdose am Rand des Richtertisches. «Ich werde einen Doppelstecker anbringen lassen. Dann können Sie während der Verhandlung wenigstens das Heizkissen umbehalten.»

Ich muß diesen Zwischenfall hier erwähnen, weil er die vornehme Gesinnung dieses Richters zeigt. Im späteren Verlauf des Prozesses ist es zu leidenschaftlichen Zusammenstößen zwischen ihm und mir gekommen. Auch in der großen Öffentlichkeit sollte Dr. Dust scharfer Kritik ausgesetzt werden. Es war die Tragik dieses hervorragenden Mannes, daß ihn eine sture Bürokratie auf den falschen Posten gesetzt hatte …

*

Die Nachmittagsverhandlung begann mit einstündiger Verspätung, sobald ich mich von meinem schweren Nierenanfall erholt hatte. Eine fast unerträgliche Spannung lag über dem Gerichtssaal. In zwei Dokumenten hatte Paul Krantz den doppelten Mord angekündigt. Wie würde er sich herauszureden versuchen?

Aber seltsamerweise wiederholt Dr. Dust die Frage nicht, auf die Paul Krantz keine Antwort gefunden hatte. Er versucht vielmehr, die Ereignisse an diesem verhängnisvollen Morgen zu rekonstruieren.

Die Steglitzer Wohnung ist wieder da, und die jungen Menschen im Zwielicht des Morgens, nach einer durchwachten, durchzechten Nacht. Paul, eifersüchtig bis zur Bewußtlosigkeit, und Günther, von wildem Haß gegen Hans Stephan erfüllt, beide voll Ekel, Überdruß und Verachtung für das Leben, das sie nicht mehr ertragen zu können glauben. Stockend berichtet Paul von den frühen Morgenstunden, die der verwirrten Nacht folgen.

«Es muß gegen sechs gewesen sein», erzählt er. «Da hörte ich draußen die Tür des Schlafzimmers klappen. Ich hörte Hildes Schritte auf dem Flur. Ich mußte sofort an sie und Stephan denken. Jetzt hat sie ihn aus der Wohnung 'rausgelassen, sagte ich mir. Ich war froh darüber, weil es nun keinen Krach mehr zwischen Stephan und Günther geben konnte. Dann kam Günther aus seiner Kammer. Er fragte: ‹Ist der Hund, der Stephan, noch da?› – ‹Ich glaube nicht›, sagte ich. ‹Und wenn er noch da wäre, laß ihn doch, es ist doch alles großer Quatsch, was wir heute nacht gemacht haben.›»

«Soso», sagt Landgerichtsdirektor Dr. Dust. Und diese zwei belanglosen Silben sprechen Bände. Aus ihnen spricht ein Mißtrauen des Richters gegenüber dem Angeklagten. Denn für das, was Paul zu Günther gesagt haben wollte, dafür gibt es keinen Zeugen. Günther ist tot, und Paul spricht in eigener Sache. Er darf nicht schwören. Also hat er nur eine Möglichkeit, seinen Worten Glauben zu verschaffen: den Eindruck, den er auf die Richter macht. «Fahren Sie fort in Ihrer Aussage», sagt Landgerichtsdirektor Dust.

«Günther ging hinaus auf den Flur, ich hinterher. Ich sah gleich, daß die Schlafzimmertür weit offen stand. Frische Luft strömte herein, also war auch das Fenster im Schlafzimmer auf.

Jetzt war ich ganz sicher, daß Hilde den Stephan herausgelassen hatte. Entweder durch die Wohnungstür oder durchs Fenster. Ich hörte Hilde im Badezimmer hantieren. Günther lief unruhig durch die Wohnung, ins Eßzimmer, ins Kinderzimmer. Er suchte wohl immer noch den Stephan.

Dann klingelte es plötzlich an der Wohnungstür. Ich ging hin und machte auf. Draußen stand Hildes Freundin und Schulkameradin Ellinor. Sie hatte die Schulmappe unterm Arm. Erst jetzt wurde mir bewußt, daß es schon gegen sieben sein mußte.

Ich ließ Ellinor herein. Im gleichen Augenblick kam Günther in den Flur.

‹Wer ist denn da?› rief Hilde aus dem Badezimmer.

‹Ellinor›, antwortete ich und ging an die Badezimmertür. Hilde sah heraus. Sie fragte leise: ‹Hast du Günther etwas von Stephan gesagt?› – ‹Natürlich nicht›, antwortete ich.

Ellinor kam zur Badezimmertür. Die beiden Mädchen unterhielten sich. Dann sah ich, wie Günther ins Schlafzimmer ging. Ich folgte ihm …»

Es war jetzt so still im Gerichtssaal, daß man das Ticken der Emaille-Uhr an der eichengetäfelten Wand deutlich hören konnte.

Paul Krantz gab also zu, Günther ins Schlafzimmer gefolgt zu sein, das in wenigen Augenblicken das «Mordzimmer» sein sollte …

«Weshalb gingen Sie denn Günther nach?» fragt der Vorsitzende. «Waren Sie sich etwa doch bewußt, daß Günthers Gang ins Schlafzimmer etwas zu bedeuten hatte?»

«Für ihn vielleicht ja, aber nicht für mich», sagt Paul. «Ich nahm bestimmt an, daß Stephan bereits fort war. Die Tür stand sperrangelweit auf, ebenso das Fenster zum Hof. Die Betten waren gemacht …»

Paul stockte. Er blickte vor sich auf den Boden. Seine Hände suchten Halt an der eichenen Barriere.

Der Vorsitzende kam ihm zu Hilfe: «Sie gingen nun ins Schlafzimmer bis in die Nähe der Betten und sagten zu Günther: ‹Siehst du, niemand ist da …›»

«Ja, das sagte ich.» Paul sah den Vorsitzenden dankbar an. «Ich war ja so froh, daß die Sache zwischen Günther und Stephan so gut abgegangen schien.»

«Machten Sie die Tür des Schlafzimmers hinter sich zu?»

Ganz schnell schießt Dr. Dust die Frage ab.

Und ebenso schnell antwortet Paul Krantz: «Ja.»

Bewegung im Saal. Tuscheln. Köpfe werden zusammengesteckt. Bleistifte fliegen über Stenogrammblocks, um dieses Zugeständnis Paul Krantz' festzuhalten.

«Weshalb schlossen Sie denn die Tür, Angeklagter?»

«Ich habe mir das nicht überlegt. Es wurde mir auch gar nicht bewußt ...»

Dr. Dust blickt erstaunt auf. Drüben bei der Staatsanwaltschaft lebhafte Bewegung. Da fragt der Vorsitzende auch schon: «Hilde Scheller hat aber in der Voruntersuchung ausgesagt, Sie hätten die Tür zugemacht, obwohl sie versuchte, von außen den Fuß dazwischenzustellen ...»

Alle Augen sind auf Paul Krantz gerichtet. Was wird er nun sagen?

Ich spüre die Krise, die sich jetzt gegen Paul anbahnt, der bisher einen so überzeugenden, offenen Eindruck gemacht hat. Ich spüre förmlich die Überlegungen in den Hirnen ringsum: daß Paul die Tür automatisch hinter sich zugemacht hat, ohne weiter darüber nachzudenken, das könnte man ihm noch glauben. Aber wenn einer eine Türe zumachen will, und ein andrer stellt den Fuß dazwischen? Dann muß er doch gemerkt haben, daß im Schlafzimmer etwas los ist? Hatte Paul vielleicht doch einen Grund, die Türe mit Gewalt zu schließen? Wußte er etwa, daß Hans Stephan im Schlafzimmer war und daß Günther ihn töten würde? Oder wollte er selbst Hans Stephan töten?

Der Vorsitzende fragt abermals: «Warum also schlossen Sie mit Gewalt die Tür?»

Totenstill ist es im Gerichtssaal, als Paul sagt: «Die Darstellung von Hilde Scheller ist falsch.»

«Was ist daran falsch?»

«Sie hat nicht ihren Fuß in die Türe geklemmt!»

«Angeklagter ... ich möchte Sie darauf hinweisen, daß Sie nicht immer so sicher ausgesagt haben. Sie haben bei früheren Vernehmungen erhebliche Winkelzüge gemacht.»

«Leider habe ich das getan ...»

«Vor dem Untersuchungsrichter haben Sie gesagt, Sie hätten die Tür geschlossen, um sich vor den Mädchen nicht lächerlich zu machen.»

«Ich habe das nur angegeben, weil mir der Untersuchungsrichter dauernd diese Frage gestellt hat», sagt Paul gequält.

«Sie haben aber auch schon vor der Polizei wechselnde Darstellungen gegeben. Erst haben Sie bestritten, daß Sie überhaupt im Schlafzimmer gewesen sind. Dann haben Sie sich immer mehr dem wahren Sachverhalt genähert. Was ist nun richtig? Was ist falsch?»

Ich sehe mich zu Paul um. Ich erinnere mich, wie er mich einmal gefragt hat: «Muß man vor Gericht die reine Wahrheit sagen, alles?» Und ich hatte ihm gesagt: «Im deutschen Strafprozeß ist es unmöglich, daß der Angeklagte als Zeuge in eigener Sache vernommen wird. Er darf nicht schwören, man glaubt ihm von vornherein nicht, daß er die Wahrheit spricht …»

«Also darf er lügen?» hatte Paul mich gefragt. Und ich hatte geantwortet: «Er wird nicht fürs Lügen bestraft … Aber wenn Sie einen Rat von mir wollen, sagen Sie die Wahrheit – wenn Sie ein gutes Gewissen haben …»

Die Antwort, die Paul jetzt seinem Richter gibt, zeigt mir, daß er mich verstanden hatte. Er sagt: «Ich habe damals gelogen, weil ich solche Angst hatte, der Täterschaft bezichtigt zu werden. Ganz abgesehen davon, daß ich mich meiner moralischen Mitschuld schämte …»

«Sie standen also mit Günther im Schlafzimmer», nimmt Dr. Dust die Vernehmung wieder auf. «Was geschah dann?»

«Günther sah sich im Zimmer um. Er ließ keine Ecke aus. Er entdeckte keine Spur von Stephan, aber ich merkte ihm an, daß er noch immer nicht von Stephans Entkommen überzeugt war …»

Paul spricht ganz leise. Aber in der Stille des Saals geht kein Wort verloren, als er die Sekunden schildert, die seine Jugend zerstörten: «Er trat an den Spiegel, der am Fenster steht … Er blickte hinein … Ich sah, wie er sich nervös über die Haare strich und dann einen Kamm von dem Toilettentisch aufnahm … Ich drehte mich um. Es war alles in Ordnung, ich konnte gehen. Ich war schon an der Tür … Plötzlich hörte ich Günther rufen: ‹Jetzt!› Ich fuhr herum. Und in der gleichen Sekunde knallten die Schüsse.

Dann sehe ich Günther dastehen … Er hat den Revolver noch erhoben … Die Waffe ist auf die Ecke schräg gegenüber dem Spiegel gerichtet … Ich blicke hin, sehe eine weiße Masse – ein Handtuch oder so etwas – zwischen dem Kleiderschrank und der Wand …

Erst viel später wurde mir das klar. Günther hatte in den Spiegel gesehen. Im Spiegel sah er das Badelaken. Und hinter diesem Badelaken stand Stephan. Hilde hatte ihn dort versteckt. Er war also doch noch in der Wohnung gewesen … Vielleicht hatte er sich bewegt, vielleicht war das Badelaken verrutscht. Jedenfalls muß Günther ihn gesehen haben … Aber das war mir in diesem Augenblick alles nicht klar. Ich war wie gelähmt.

Und plötzlich sehe ich, wie Günther den Revolver gegen seine Schläfe hält und abdrückt. Es knallt wieder. Ich sehe, wie Günther zusammenbricht.

Es ging alles so rasend schnell. Ich renne zur Tür, reiße sie auf. Da pralle ich mit Hilde zusammen …»

Der Vorsitzende unterbricht Pauls hektische, abgerissene Worte: «Was sagte Hilde, als sie ins Zimmer kam?»

«Sie sah Günther am Boden liegen», sagt Paul mit tonloser Stimme. «Sie rief: ‹Günther, Günther, mein armer Bruder …›»

«Nach einer späteren Vernehmung will sie Ihnen zugerufen haben: ‹Mörder!›»

«Das hat sie nicht gesagt.»

«Das wird sich herausstellen», sagt Dr. Dust. «Fahren Sie fort!»

Paul erzählt stockend weiter: «Ich stürze auf Günther zu. Er liegt zwischen der Frisiertoilette und dem Bett. Ich greife nach dem Revolver in seiner Hand. Ich habe nur einen Gedanken: Mich selbst zu erschießen. Aber Hilde reißt mir die Waffe weg … Erst als der Arzt kam, wurde mir alles um mich herum wieder bewußt …»

Dr. Dust blickt plötzlich von den Aktenbänden auf, in denen er intensiv geblättert hat: «Sie haben dann die Mädchen, Hilde und Ellinor, dazu anstiften wollen, niemandem etwas davon zu sagen, daß der Revolver Ihnen gehörte.»

«Ja, das habe ich …»

«Weshalb?»

«Der Arzt sagte mir, daß ich Unannehmlichkeiten haben könnte. Ich selber fühlte mich moralisch gewissermaßen verantwortlich. Ich fürchtete, daß mein Plan herauskommen könnte, auch Hilde zu erschießen … Und in dieser Angst habe ich zu den Mädchen gesagt, sie sollten erklären, der Revolver gehörte Günther.»

Der Vorsitzende schüttelt den Kopf: «Sie sollen aber ganz ruhig gewesen sein.»

«Nein, ich war völlig durcheinander.»

«Auch auf den Arzt haben Sie einen ruhigen Eindruck gemacht … Sie haben sogar eine Zigarette verlangt?»

In diesem Augenblick wäre ich am liebsten aufgesprungen und dem Vorsitzenden ins Wort gefallen. Am liebsten hätte ich ihn gefragt: Wie alt sind Sie eigentlich, Herr Landgerichtsdirektor? Und wie alt ist der Angeklagte? Vielleicht war es in Ihrer Zeit noch üblich, daß Primaner ihre Zigarette heimlich rauchten, daß es als verrucht galt, wenn einer Zigaretten rauchte. Und deshalb sollte es nun ein Zeichen für Pauls Gefühlskälte sein, daß er in der unerträglichen Nervenanspannung jenes Morgens um eine Zigarette gebeten hatte?

Aber Paul ersparte es mir, einzugreifen. «Das geschah in der Aufregung», sagte er. «Im Gefühl meiner moralischen Mitschuld und in meiner Angst verspürte ich den Drang nach einer Zigarette.»

«Hat der Herr Staatsanwalt noch eine Frage?» sagt Landgerichtsdirektor Dr. Dust.

Natürlich hat der Erste Staatsanwalt Steinbeck noch viele Fragen. Worauf er mit seinen Fragen hinaus will, zeigt sich sofort: «Der Angeklagte hat uns hier ausführlich erklärt, daß und warum nicht er, sondern Günther Scheller die Tat verübt hat … Darf ich den Angeklagten fragen: Was halten Sie von Günther Scheller?»

Paul druckst herum: «Er war mein Freund …»

«Das wissen wir bereits, Angeklagter. Aber trotzdem belasten Sie diesen Freund mit einem Mord …»

«Ich belaste ihn nicht», sagt Paul. «Ich sage nur, daß er geschossen hat. Moralisch fühle ich mich genauso schuldig wie Günther.»

«Aber Sie waren doch der geistig Überlegene», sagt der Staatsanwalt. «Was halten Sie von Günther Scheller?»

«Ich bitte, diese Frage nicht beantworten zu müssen», sagt Krantz leise.

«Wieso?» droht der Erste Staatsanwalt.

«Ich möchte das Charakterbild Günthers nicht in einem schlechten Licht erscheinen lassen», sagt Paul. «Es wäre schuftig, wenn ich jetzt Schlechtes über ihn erzählen würde …»

«Nun gut», resigniert der Erste Staatsanwalt. «Aber vielleicht kann uns der Angeklagte über folgenden Widerspruch in seinen Aussagen aufklären: Nach dem Protokoll des Untersuchungsrichters sagte er, daß Günther auf dem Weg zum Schlafzimmer den Revolver aus der Tasche gezogen habe. Jetzt will er uns glauben machen, daß er den Revolver erst im Schlafzimmer bei Günther gesehen habe …»

«Daß Günther den Revolver an sich genommen hatte, bemerkte ich erst im Schlafzimmer», sagt Paul.

Der Staatsanwalt zuckt mit der Schulter ...

«Weitere Fragen?»

Der Staatsanwalt verneint. Für ihn ist die Angelegenheit klar: Paul war der geistig Überlegene. Nur seinem Hirn kann die Mord-Idee entsprungen sein. Er war es, der Günther antrieb. Und als dann Günther im Schlafzimmer war und den Punkt eins ihrer schriftlichen Vereinbarung einlöste – die Tötung des Hans Stephan –, da wurde Paul Krantz feige und zuckte vor den Folgerungen zurück ...

«Hat die Verteidigung noch Fragen?» Landgerichtsdirektor Dr. Dust wendet sich mir zu. Ich schüttle den Kopf.

«Die Vernehmung des Angeklagten ist hiermit geschlossen», verkündet der Vorsitzende. «Das Gericht tritt in die Beweisaufnahme ein. Bitte die Zeugin Hilde Scheller.»

Alle Gesichter fliegen herum zur großen Flügeltür des Gerichtssaals.

Die Tür geht auf. Zuerst sehe ich einen grünen Pullover, dann ein junges, von dunklen Haaren umrahmtes Gesicht. Zum erstenmal sehe ich das Mädchen, das über Tod und Leben von Paul Krantz entscheiden kann.

*

Ich muß gestehen, daß ich selten den Auftritt eines Menschen mit größerer Spannung erwartet und mit größerer Aufmerksamkeit beobachtet habe als den Hilde Schellers in Moabit.

Sieben Monate hatte ich nun alles mögliche über sie gehört. Von Paul Krantz, aus den Akten, aus den Zeitungen. Ich hatte auch Bilder von ihr gesehen. Und ich hatte mir eine Vorstellung von ihr gemacht, wie es wohl jeder tut, wenn ihn jemand stark beschäftigt, den er nie zu Gesicht bekommt.

Was ist über dieses Mädchen nicht alles geschrieben worden, in den Wochen und Monaten nach der Tragödie in Steglitz. Einen gefallenen Engel hat man sie genannt, einen Vamp, ein leichtsinniges Geschöpf... Und nun ist sie da. Mit kleinen schnellen Schritten kommt sie durch den Gang zwischen den Zuhörer-Reihen herunter. Sie blickt nicht links und nicht rechts. Dann steht sie vor dem hohen Richtertisch.

Wie zierlich sie ist! Wie rassig ihr Profil mit der schön gebogenen Nase. Nicht nur ihr Haar, auch ihre Haut ist dunkel, jetzt von einem zarten Rot überhaucht. Ihre schwarzen Augen blicken ruhig geradeaus. Ich bin erstaunt über soviel Anmut. Nicht ein bißchen Koketterie, nicht ein bißchen verborgenes Laster ist an ihr. Aber auch nicht ein bißchen Unsicherheit, obwohl sie doch die Hunderte von Augen fühlen muß, die nun auf sie gerichtet sind.

Ich sehe mich zu Paul um. Aber der blickt nach unten, als wolle er Hilde nicht sehen. Ob er sie noch immer liebt, oder ob es wahr ist, was er in der Vormittagsvernehmung gesagt hat: «Ich habe gelernt, daß es falsch ist, ein Mädel an sich zu ketten»?

Ich versuche, mir Hilde in jener Sommernacht vorzustellen, inmitten von Weingeruch, schwelendem Haß, verstohlener Liebe, rauchendem Revolver … War sie – bewußt oder unbewußt – die Anstifterin? Aus den Mienen der Richter und Geschworenen versuche ich zu erkennen, welchen Eindruck Hilde auf sie macht. Und in allen Augen lese ich dieselbe Überraschung, die auch ich beim Anblick dieses jungen Geschöpfs empfand. Und mir wird bewußt, wie gefährlich es für Paul Krantz sein kann, wenn Hilde einen guten Eindruck macht. Denn sie, die er liebte, ist die Kronzeugin gegen ihn …

«Wie alt sind Sie, Zeugin?» fragt der Vorsitzende.

«Sechzehn Jahre.» Hilde spricht mit fester, heller Stimme.

«Also sind Sie eidesfähig», sagt Landgerichtsdirektor Dr. Dust. «Sie werden Ihre Aussagen beschwören müssen.»

Bevor ich Ihnen den Eid abnehme …

Dr. Dust hat den Satz noch nicht vollendet, da bin ich schon aufgesprungen: «Moment, bitte!»

Erstaunt und ärgerlich blickt Dr. Dust zu mir herüber: «Ich verstehe nicht, weshalb Sie mich in diesem Augenblick unterbrechen, Herr Verteidiger.»

«Ich erhebe Einspruch gegen die Vereidigung der Zeugin Hilde Scheller!» «Mit welcher Begründung?»

«Die Zeugin war in der Nacht vor der Tat in der Wohnung», sage ich und überlege eiskalt jedes Wort. «Sie hatte Kenntnis von dem Haß ihres Bruders gegen Stephan. Sie wußte, daß Paul und Günther einen geladenen Revolver hatten. Ich halte es sogar für möglich, daß sie die Briefe mit dem

Mordplan gesehen hat, denn diese Briefe lagen auf dem Küchentisch herum, und die Zeugin war mehrmals in der Küche ... Ich halte sie daher nach Paragraph 139 Strafgesetzbuch für verdächtig, strafrechtlich an der Tat beteiligt zu sein. Wenn sie von den Plänen gewußt hat, wäre sie verpflichtet gewesen, Anzeige zu erstatten. Weil sie diese Anzeige unterlassen hat, habe ich heute bei der Staatsanwaltschaft gegen Hilde Scheller Anzeige eingereicht ...»

Alle Gesichter haben sich mir zugedreht. Auch Hilde sieht mich an. Mit großen, angstvoll erschrockenen Augen. Für sie muß ich in diesem Augenblick wohl der Teufel in Person gewesen sein. Sie kann ja nicht ahnen, daß ich an ihre Schuld genauso wenig glaube wie an die von Paul Krantz. Aber hier geht es um Pauls Kopf. Ich muß verhindern, daß Hilde unter Eid aussagen darf, wo Paul der Schwur verwehrt ist. Außerdem will ich am Beispiel Hildes beweisen, auf welch tönernen Füßen die Anklage der Staatsanwaltschaft steht.

Der Erste Staatsanwalt versteht diese Absicht auch sofort. Er ist auf den Beinen, bevor ich ausgeredet habe. Er verbeugt sich ironisch zu mir herüber: «Wir sind in der glücklichen Lage, gleichzeitig auch die zuständige Stelle für die Anzeige des Herrn Verteidigers zu sein. Die Anzeige ist erstattet worden, weil Hilde Scheller der Behörde von einer geplanten Tat keine Anzeige gemacht habe. Nach Paragraph 139 kommt das nur in Frage, wenn Mord vorliegt. Wir wissen aber noch gar nicht, ob hier Mord vorliegt oder Totschlag ...»

Hatte ich richtig gehört? Hat der Staatsanwalt wirklich gesagt: «Wir wissen noch gar nicht, ob hier Mord vorliegt oder Totschlag?» Hat das der gleiche Staatsanwalt gesagt, der mit so eiserner Beharrlichkeit auf einer Mordanklage gegen Paul Krantz bestanden hatte?

Das Gemurmel auf den Pressebänken und ein erstauntes Aufblicken Dr. Dusts bestätigen mir, daß ich mich nicht verhört habe. Jetzt wäre es an mir, mich ironisch vor dem Ersten Staatsanwalt zu verbeugen. Aber da erhebt sich schon der Vorsitzende: «Das Gericht zieht sich zur Beratung zurück.»

Verloren steht Hilde Scheller vor dem hohen Richtertisch. Soll sie sich setzen, darf sie sich setzen? Sie will nichts falsch machen ...

Die Beratung dauert lange Zeit. Dann kommt Dr. Dust zurück, gefolgt von den Beisitzern und Geschworenen: «Der Antrag der Verteidigung wird abgelehnt. Die Zeugin Hilde Scheller ist zu vereidigen.»

Schon stehe ich wieder: «Ich stelle den Antrag, die Zeugin nicht zu vereidigen, weil sie vom Wesen und der Bedeutung des Eides keine genügende Vorstellung haben kann. Ich beantrage, drei der hier anwesenden Herren Sachverständigen über die Reife der Zeugin zu befragen.»

«Aber so kommen wir doch nicht weiter!» Dr. Dust schlägt ärgerlich mit der Hand auf den Tisch.

Der Staatsanwalt kommt ihm zu Hilfe: «Was die Verteidigung über die Verstandesreife der Zeugin sagt, sind doch reine Vermutungen. In der ganzen Voruntersuchung sind keine Zweifel über den Verstand der Zeugin aufgetreten.»

«Es geht hier nicht um den Verstand, sondern um die Verstandesreife der Zeugin», erkläre ich. «Wenn der Herr Erste Staatsanwalt die Zeugin für reif genug hält, genügt mir das nicht. Ich muß auf meinem Antrag bestehen, damit sich das Gericht selbst ein Urteil bilden kann.»

Bisher hatte Hilde Scheller außer ihrem Namen und ihrem Alter noch kein Wort gesprochen. Bisher hat sie nur, wie am nächsten Tag der berühmte Gerichtsreporter Sling in der *Vossischen Zeitung* schreiben wird, «ihre zierlich dunkle Anmut dem Gericht dargeboten». Und doch steht schon jetzt Hilde im Mittelpunkt dieses Prozesses. Und solange dieser Prozeß dauert, wird sich die Öffentlichkeit mit Hilde beschäftigen, nicht nur in Deutschland, sondern in aller Welt. Denn an diesem Fall, und besonders an diesem Mädchen wird der Welt schlagartig bewußt, daß eine neue Zeit auch neue Menschen hervorbringt. Und vor allem eine Jugend, die andere Maßstäbe und Begriffe hat …

Ich kann heute zugeben, daß es mir bei meinem Antrag auch um Hilde ging. In diesem Prozeß mußten Dinge zur Sprache kommen, die tief in die privateste Sphäre des Angeklagten und der Zeugin reichten. Ich stellte mir vor, wie ich, wie jeder normale Erwachsene sich verhalten würde, wenn er gezwungen wäre, über Liebesdinge vor aller Öffentlichkeit auszusagen. Würde er die Wahrheit sagen? Hilde war sechzehn Jahre alt. Nach dem Gesetz war sie eidesfähig. Sollte sie hier ihre Seele entblößen, weil sie nach dem Eid keine Frage unbeantwortet lassen durfte?

«Ich will verhindern, daß die Zeugin in einen Meineid hineingehetzt wird», rufe ich laut und scharf. «Auch zu ihrem Schutz stelle ich meine Anträge!»

Der Erste Staatsanwalt versucht mich abzufertigen: «Den Schutz der Zeugin können wir getrost dem Herrn Vorsitzenden überlassen. Wie wenig der Verteidigung der Schutz der Zeugin am Herzen liegt, hat sie mit ihrer Strafanzeige gegen die Zeugin bewiesen.»

Abermals zieht sich das Gericht zur Beratung zurück. Abermals das unheimliche Schweigen im überfüllten Saal, das bange Warten, bis endlich die Richter wieder ihre Plätze einnehmen und der Vorsitzende verkündet: «Der Antrag der Verteidigung ist zurückgewiesen, da keinerlei konkrete Tatsachen für die mangelnde Verstandesreife der Zeugin sprechen.»

Einige der Geschworenen machen betretene Gesichter. Sie scheinen anderer Meinung zu sein als der Vorsitzende. Also ist der Beschluß des Gerichtes nicht einstimmig erfolgt.

Ich mache einen dritten Versuch. Ich bitte das Gericht, Hilde dann wenigstens nicht vor ihrer Aussage zu vereidigen, sondern erst hinterher. Also sage ich: «Wenn die Zeugin ihren Eid vorher leistet, so kann sie später nicht von Aussagen zurücktreten, die sie inzwischen als unrichtig erkannt hat. Sie gerät dann sofort in Verdacht, bewußt gelogen zu haben. Sie steht bei jedem Wort, das sie sagt, unter dem fürchterlichen Druck, daß sie geschworen hat … Ich beantrage daher, die Zeugin Hilde Scheller erst am Schluß ihrer Aussage zu vereidigen.»

Diesmal zieht sich das Gericht nicht einmal mehr zur Beratung zurück. Dr. Dust blickt einmal nach links, einmal nach rechts zu den Beisitzern. Die nicken. Und der Vorsitzende verkündet: «Es bleibt bei dem bisherigen Beschluß des Gerichts.»

Also muß Hilde schwören. Ich weiß: das kann die Vernichtung ihres Lebens sein.

Aber auch für mich ist es ein schwerer Schlag. Denn nun muß ich gegen Hilde kämpfen. Ich muß ihre Glaubwürdigkeit erschüttern. Ich muß sie schonungslos in die Zange nehmen, wenn Pauls Interesse es erfordert … Und ich muß sofort damit beginnen.

«Ich stelle den Antrag, den Vize-Polizeipräsidenten Regierungsdirektor Dr. Weiß und die Polizeirätin Wiking zu laden. Beide waren bei der ersten Vernehmung der Zeugin nach der Mordnacht anwesend. Sie werden darüber aussagen, daß Hilde Scheller lachend und tänzelnd ins Vernehmungszimmer kam. Ich mache ihr daraus moralisch keinen Vorwurf, sehe darin aber einen Beweis ihrer Unreife ...»

Staunen im Gerichtssaal. Leichte Unruhe. Diesmal kann Dr. Dust meinen Antrag nicht ablehnen. Die beantragten Zeugen werden geladen. Das Verhängnis nimmt seinen Lauf.

Der Vorsitzende blickt Hilde starr an. «Bevor Sie den Eid leisten, weise ich Sie auf den Ernst und die Bedeutung eines solchen Schwures hin ... Es ist meine Pflicht, Sie aufmerksam zu machen, daß auf Meineid Zuchthaus zehn Jahren steht ...»

Da zupft der linke Beisitzer den Vorsitzenden am Ärmel seiner Robe und flüstert ihm etwas zu.

Ich weiß, was da geflüstert wird, und bin neugierig, wie Dr. Dust sich aus der Affäre ziehen wird. Er sagt leicht verlegen: «Da Sie noch nicht achtzehn Jahre sind, unterstehen Sie noch der Jugendgerichtsbarkeit. Sie können also für einen Meineid nicht mit Zuchthaus, sondern nur mit Gefängnis bestraft werden.»

Da haben wir den Wahnsinn. Hilde soll schwören, weil sie sechzehn Jahre alt ist. Ihre Aussage kann dazu führen, daß Paul zum Tode verurteilt wird, denn er ist über achtzehn. Sie selber aber kann für einen Meineid, der in diesem Fall Mord sein kann, nur mit Gefängnis bestraft werden ...

«Ich spreche Ihnen die Eidesformel vor, bitte sprechen Sie mir nach: Ich schwöre bei Gott ...»

«Ich schwöre bei Gott», sagt Hilde.

« ... daß ich nach bestem Wissen die reine Wahrheit sagen ...»

«Daß ich nach bestem Wissen ...»

Ich hätte vor Empörung schreien können. Und bin doch fasziniert von dem Mädchen, das so ahnungslos, so unbekümmert in die größte Katastrophe ihres jungen Lebens hineinläuft.

«Man muß ihr nachsagen, daß sie den Eid mit heller, zarter Stimme und mit hübscher Betonung sprach», steht am nächsten Tag in der «Vossischen Zeitung» zu lesen. *«Aber wenige Minuten später sah man ein, wie recht der Verteidiger hatte, sich der Vereidigung dieser Zeugin zu widersetzen ... Da stand nun dieses arme Ding und druckste und stockte und überlegte wohl die ganze Zeit: Wie sag' ich das dem Richter?»*

Wie oft hatte ich die Eidesworte in meiner langen Praxis gehört. Ich gestehe, daß sie mir durch übermäßigen Gebrauch zur bloßen Formel geworden waren. Aber diesmal sprach ich sie in Gedanken mit: So wahr mir Gott helfe …

«Die Vertretung der Anklage bittet, während der Vernehmung der Zeugin die Öffentlichkeit auszuschließen», hörte ich von der gegenüberliegenden Ecke des Saals die scharfe Stimme des Ersten Staatsanwalts.

Dr. Dust blickte unwillkürlich erst zu mir herüber. Er war bereits völlig darauf eingestellt, daß ich durch mein rechthaberisches Quengeln den glatten Ablauf des Verfahrens stören könnte: «Ich verstehe nicht …»

Ich deutete mit der Hand hinüber zum Staatsanwalt. Der Staatsanwalt neigte seinen Kopf dem Vorsitzenden zu: «Da in der Aussage der Zeugin Dinge zur Sprache kommen werden, die geeignet sind, die öffentliche Sittlichkeit zu gefährden, beantrage ich Ausschluß der Öffentlichkeit.»

Dr. Dust beriet sich kurz mit seinen Beisitzern. Dann verkündete er den Gerichtsbeschluß: «Der Antrag der Staatsanwaltschaft wird abgelehnt.»

Zuerst war ich verblüfft. Dann atmete ich auf. Wenn Dr. Dust die Öffentlichkeit nicht ausschloß, so konnte das nur bedeuten, daß er die heiklen Fragen dieses Prozesses, die sublimen erotischen Beziehungen zwischen den jungen Opfern, Angeklagten und Zeuginnen dieser Schüler-Tragödie, in seiner Vernehmung nicht berühren würde …

Aber ich sollte mich bitter getäuscht haben. Schon nach den ersten Fragen des Vorsitzenden war der Skandal fertig. Ein Skandal, der die gesamte Öffentlichkeit in einen Zustand pathologischer Erregung versetzen sollte und dessen Wogen von Moabit bis hinüber in den Deutschen Reichstag schlagen würden. Das alles hätte man noch hingenommen, hätte nicht im Mittelpunkt dieses Skandals ein junges, sensibles Mädchen gestanden, dessen Seelen- und Sinnenleben in diesen mörderischen Stunden erbarmungslos durchleuchtet, seziert, gequält und bloßgestellt wurde.

Es begann gleich nach den Fragen zur Person: «Wie alt sind Sie?» fragte Dr. Dust.

«Sechzehn Jahre.»

«Was sind Sie?»

«Ich war früher Schülerin der Untersekunda des Oberlyzeums Mariendorf. Jetzt bin ich im Büro meines Vaters tätig.»

«Wo haben Sie nun den Krantz kennengelernt?» fragte der Vorsitzende.

«Durch meinen Bruder Günther bei uns in der Wohnung.»

«Und wie gestalteten sich Ihre Beziehungen zu Krantz?»

«Zuerst habe ich mich gar nicht um Paul gekümmert. Bis mein Bruder mir sagte, daß Paul so schöne Gedichte mache. Meine Freundin Ellinor erzählte, mit Paul könnte man sich sehr gut unterhalten. Mein Bruder vertraute mir noch an, daß Paul sich zu Hause nicht wohl fühle und liederlich sei. In unserem Wochenendhaus in Mahlow gewann ich ihn dann schließlich sehr gern.»

«Haben Sie sich auch geküßt?»

«Ja.»

«Dabei ist es aber nicht geblieben?»

«Nein!» Hilde sagt das lauter, als sie bisher gesprochen hat. So, als hätte sie es mit einem Schwerhörigen zu tun. Aber ihr Martyrium fängt ja erst an. Viel, noch viel mehr will der Vorsitzende von ihr wissen: «Es kam zu näheren Berührungen?»

Ein Raunen geht durch den Saal. Mit mir fragen sich die Menschen im Zuhörer-Raum, ob der Vorsitzende diese Frage stellen durfte. In aller Öffentlichkeit! Und morgen wird sich ganz Deutschland dasselbe fragen. Denn morgen wird Hildes Antwort in den Zeitungen zu lesen sein.

Hilde schlägt die Augen mit den langen Wimpern nieder. Ihre Finger bewegen sich, als suche sie einen Halt. Sie schluckt, kämpft mit den Tränen. Sie sagt: «Wir sind auch weitergegangen. Aber … zum Letzten ist es nicht gekommen …»

Die Unruhe im Saal wächst. Aber noch kann ich nicht entscheiden, ob sie der schonungslosen Frage des Vorsitzenden gilt oder Hildes Antwort. Denn mit ihrem Satz: Zum Letzten ist es nicht gekommen, widerspricht Hilde dem, was Paul vorhin über ihr Verhältnis ausgesagt hat.

«Wer war nun der aktivere Teil von Ihnen beiden?» will der Vorsitzende wissen.

Hilde blickt verständnislos hinauf zum Richtertisch: «Ich weiß nicht, was Sie damit meinen.»

Dr. Dust erklärt seine Frage: «Ist denn nicht ein Begehren in Ihnen aufgetaucht? Haben Sie diesem Begehren vielleicht etwas nachgegeben?»

Ich empfinde eine Übelkeit. Ich weiß nicht, kommt sie aus dem Herzen oder aus dem Magen. Was ist in diesen Vorsitzenden gefahren? Will er denn dieses junge Ding hier vor allen Leuten nackt ausziehen?

Aber Hilde antwortet: «Etwas nachgegeben habe ich, ja.»

«Waren Sie nun hinter Krantz mehr her oder Krantz mehr hinter Ihnen?»

«Darüber kann ich nichts sagen.»

Väterlich neigt sich Dr. Dust vor: «Nun, darin liegt doch kein Vorwurf. Sie sind immerhin sechzehn Jahre, in einem Alter, in dem andere Mädchen schon heiraten ...»

Aber Hilde schüttelt den Kopf: «Ich kann es nicht sagen, weil ich es nicht weiß, Herr Präsident!»

Am liebsten würde ich aufstehen und dem kleinen Mädel um den Hals fallen wegen dieser Antwort.

Endlos muß Hilde aussagen. Wie sie am Sonntag zum Tanzen ging und warum. Weshalb sie am Montag ins Theater gehen wollte. Weshalb sie, als der Theaterbesuch ins Wasser fiel, den Hans Stephan anrief, um sich mit ihm zu verabreden.

«Woher kam plötzlich das Interesse für Stephan? Er war doch aggressiver als Krantz, wie Sie von früher wußten. Haben Sie vielleicht an die Nacht vorher, an die Nacht mit Krantz im Wochenendhaus gedacht?» fragt der Vorsitzende das Mädchen.

«Nein, an so etwas habe ich wirklich nicht gedacht, als ich Hans Stephan anrief», sagt Hilde.

Es ist ihre letzte Antwort an diesem Tag. Die Uhr zeigt auf sieben Uhr abends. Ein Beisitzer macht Dr. Dust darauf aufmerksam. Er rafft seine Akten zusammen und verkündet: «Die Verhandlung wird auf morgen früh neuneinhalb Uhr vertagt.»

Ich atme auf. Und nicht nur ich. Die Menschen drängen hinaus aus dieser Stätte der Inquisition. Frische Luft, hinaus in die eisige Klarheit der Winternacht. Ich hoffe, daß in der Nacht, die uns vom Morgen trennt, Dr. Dust vielleicht erkennen wird, daß diese Qual nicht fortgesetzt werden darf.

«Herr Doktor!» Ich fahre herum und erschrecke. Paul Krantz hat mich gerufen. Sein Gesicht ist zerquält, tiefe Falten haben sich um seinen Mund eingegraben. Unter seinen Augen liegen schwarze Schatten. Er flüstert: «Machen wir doch Schluß, Herr Doktor. Ich will alles auf mich nehmen, nur damit dieses Verhör mit Hilde nicht weitergeht.»

Seine Stimme erstickt. Aber ich weiß, was in ihm vorgeht. Er liebt Hilde noch immer. Und lieber will er sich wegen Mordes verurteilen lassen, als das geliebte Mädchen dieser Seelenfolter weiter auszusetzen.

Gewaltsam muß ich mich zusammenreißen. Ich klopfe ihm auf die Hände: «Ruhig, nicht die Nerven verlieren …» Und dabei habe ich selber Mühe genug, meine Ruhe zu bewahren.

*

Das Wunder, auf das ich gehofft habe, geschieht in dieser Nacht nicht. Als das Gericht am nächsten Morgen zusammentritt, als das Schrillen der Klingel verklungen ist und Hilde zur weiteren Vernehmung aufgerufen wird, bricht meine Hoffnung zusammen.

Jetzt muß Hilde auch noch aussagen, was sie in der Nacht vor dem Mord im Schlafzimmer mit Hans Stephan getan hat.

Hilde erzählt: «Ich wollte mich mit Hans nur unterhalten, deshalb nahm ich ihn in die Wohnung mit. Wir gingen ins Schlafzimmer. Ich schloß uns ein, damit die Jungen den Hans nicht sehen sollten …»

Hilde sagt das völlig unbefangen. Ich stehe auf. Ich bitte den Vorsitzenden, eine Frage an die Zeugin richten zu dürfen. Es ist eine Frage, die mich die ganze Zeit über schon beschäftigt hat und in der ich den Schlüssel zu dem Rätsel «Hilde» vermute.

Ich frage: «Haben Sie darüber nachgedacht, was Paul Krantz, dem Sie am Tag vorher Treue geschworen hatten, empfinden mußte, als Sie sich am nächsten Tag mit einem andern jungen Mann zusammen in einem Zimmer einschlossen?»

«Ich habe Paul gar keine Treue geschworen!» Hilde blitzt mich wütend aus ihren schwarzen Augen an. «Was in der Zeitung steht, daß ich ihm besonders stark entgegengekommen sei, ist auch nicht wahr. Es war eben in Mahlow so, daß wir uns beide plötzlich in den Armen lagen.»

«Aber war es Ihnen nicht peinlich, daß Krantz Sie jetzt mit Hans Stephan sah?» fragt der Vorsitzende.

«Doch, es war mir peinlich. Deshalb schloß ich mich ja mit Hans im Schlafzimmer ein. Wir warteten, daß Paul und Günther schlafen gehen würden. Stephan sagte mir dann, daß er mich heiraten wolle und daß wir so tun sollten, als wären wir verheiratet. Wir haben uns dann freilich auch geküßt ...»

«Ist es seitens Stephans zu stärkeren Annäherungsversuchen gekommen?»

«Ja.»

«Zu mehr als diesen?»

Hilde sagt stockend und leise: «Jawohl, auch.»

«Das genügt mir, weitere Aussagen darüber brauchen Sie nicht zu machen ... Was dachten Sie nun, als Sie den ersten Schuß in der Küche hörten? War Ihnen das nicht unheimlich, dieser Schuß in der Nacht?»

«Krantz hatte in Mahlow schon mehrmals geschossen», sagt Hilde.

«Was sagte denn Stephan zu dem Schuß, als Sie aus der Küche zu ihm zurückkehrten?»

«Er fragte mich, was denn los sei, und ich erzählte ihm: ‹Ach, die spielen nur so ‹rum.› – ‹Na, ich danke schön›, sagte Stephan. ‹Ist nichts passiert?› – ‹Nein, nein, die nehmen sich schon in acht›, beruhigte ich ihn ... Dann unterhielten wir uns weiter. Er erzählte mir von seiner Arbeit als Kochlehrling und daß er eigentlich Musiker werden wollte ...»

«Was geschah nun am Morgen?» fragt der Vorsitzende.

«Hans Stephan wollte eigentlich zum Fenster des Schlafzimmers herausspringen. Aber wenn das jemand gesehen hätte, hätte das doch einen komischen Eindruck auf die Leute gemacht. Ich wollte ihn lieber über den Flur hinausbugsieren, sah aber erst nach, ob die beiden andern schon schliefen. Wider Erwarten traf ich sie in der Küche. In diesem Augenblick ging Günther zum Schlafzimmer. Ich hatte es zwar abgeschlossen und den Schlüssel bei mir. Trotzdem wollte ich hinter Günther her. Aber da hielt mich Paul fest.»

Auf diesen Punkt in Hildes Aussage hatte ich gewartet. Er konnte für Paul vernichtend sein. Denn warum sollte Paul die Hilde festgehalten haben? Doch nur, damit Günther den Hans im Schlafzimmer erwischen und das Todesurteil an ihm vollstrecken konnte, das sie vorher beschlossen hatten …

«Krantz, Sie hören, was Hilde Scheller sagt?» unterbricht der Vorsitzende meine Überlegung.

Ich merke, wie Paul hochfährt, höre seine erschrockene Stimme: «Ich kann mich nicht entsinnen. Soviel ich weiß, habe ich sie nicht festgehalten.»

«Aber es ist möglich, daß Sie sie festhielten?» fragt der Vorsitzende.

«Ja, es ist möglich, aber ich weiß es nicht mehr.»

«Es ist doch aber sehr auffallend, wenn Sie Hilde festgehalten haben, während Günther zum Schlafzimmer wollte. Können Sie dafür eine Erklärung geben?»

«Nein, das kann ich nicht», sagt Paul müde. Ich muß ihm zu Hilfe kommen.

«Können Sie sich genau erinnern, daß der Angeklagte Sie festgehalten hat?» frage ich Hilde.

Sie blickt mir ganz offen ins Gesicht: «Ja, weil es mir so merkwürdig vorkam. Mir kam der Gedanke, daß Paul meinem Bruder doch etwas von Stephans Anwesenheit erzählt haben könnte. Daß er mich vielleicht daran hindern wollte, Stephan» aus der Wohnung zu bringen …

«Können Sie sich erinnern, daß Paul dabei etwas zu Ihnen gesagt hat?»

Hilde zuckt mit den Schultern: «Ja, ich glaube er hat gesagt: ‹Bleib mal einen Augenblick hier …›»

«Sonst nichts? Denken Sie ruhig nach …»

Hilde schüttelt den Kopf: «Nein, sonst nichts.»

Der Vorsitzende klopft ungeduldig mit einem Bleistift auf die Tischplatte. Aber ich achte nicht darauf. Jetzt kommt es darauf an, Hilde beim Wort zu nehmen, nichts durchzulassen, was Paul Krantz noch mehr belasten könnte … Ich frage Hilde: «Wie war denn das Festhalten von Paul gemeint?»

«Das weiß ich nicht …»

«Können Sie mir bitte mal vormachen, wie Paul Krantz Sie festhielt?»

«Ja, so …» Hilde streckt ihre beiden Hände schräg nach vorn. «Er griff mich an den Handgelenken.»

«Hielt er Sie sehr fest?»

«Ich riß mich los», sagt Hilde.

«Also nicht sehr fest», sage ich. Ich bemerke, wie Hilde sich allmählich mir gegenüber aufschließt. Sie ist bei der Sache wie ein interessiertes Kind, dem man einen spannenden Vorgang klarmacht.

Und noch eins: Immer, wenn sie mit mir spricht, sieht sie in der Anklagebank hinter mir Paul Krantz. Ich merke, wie ihre Blicke zu ihm abirren. Erst nur ganz kurz und verstohlen und dann immer länger. Und ich glaube zu spüren, daß sich in Hilde ein Gefühl für den bleichen Jungen regt. Ich wage nicht zu behaupten, daß Hilde Paul noch immer oder von neuem liebt. Aber vielleicht tut er ihr leid. Vielleicht erwacht in diesem kindlichen Geschöpf in diesem Augenblick zum erstenmal das Gefühl der Mütterlichkeit, das so oft mit Liebe verwechselt wird.

«Könnten Sie sich denken, daß Paul Sie festgehalten hat, um Sie über den Abend vorher zur Rede zu stellen? Über Ihre Liebelei mit Stephan …»

«Herr Verteidiger, das geht doch wohl zu weit», unterbricht mich der Vorsitzende.

Natürlich geht meine Frage zu weit. Es ist eine Suggestivfrage, und ich wundere mich, daß der Vorsitzende mich nicht schon vorher unterbrochen hat. Ich erwarte auch gar nicht, daß Hilde auf diese Frage antwortet. Ich habe sie nur gestellt, um dem Gericht vor Augen zu führen, daß Paul die Hilde nicht unbedingt deshalb festgehalten haben mußte, um sie zu hindern, den Stephan zu verstecken oder aus der Wohnung zu lassen.

«Bitte fahren Sie endlich fort, Zeugin», sagt der Vorsitzende.

«Ich riß mich also von Paul los», sagt Hilde. «Ich rannte ins Schlafzimmer, schloß die Tür wieder ab und versteckte Hans Stephan hinter dem Badelaken zwischen Schrank und Wand. Dann machte ich Fenster und Tür weit auf und ging zu den Jungens in die Wohnung.»

«Welchen Eindruck machten denn Krantz und Ihr Bruder?» fragt der Vorsitzende.

«Sie rochen stark nach Alkohol. Günther ging durch die ganze Wohnung, scheinbar ziellos, bald hierhin, bald dorthin. Ich ging zu Paul und fragte: ‹Hast du ihm etwa was von Stephan gesagt?› Darauf antwortete er: ‹Ehrenwort! Nein!› Worauf ich mich beruhigte.»

«Und Günther ist dann ins Schlafzimmer gegangen … Haben Sie ihn dabei beobachtet?»

«Jawohl», sagt Hilde. «Er stellte sich vor den Spiegelschrank und kämmte sich. Ich weiß nun nicht, ob es nur meine Einbildung ist, daß ich annehme, er hat im Spiegel den Hans hinter dem Laken gesehen.»

«Was machte Ihr Bruder denn für ein Gesicht?»

«Seine Mundwinkel zuckten, und er biß die Zähne zusammen», sagt Hilde. «Unmittelbar darauf klingelte es an der Wohnungstür. Wir stürzten alle drei auf den Flur. Wir wußten ja nicht, wer so früh kommen konnte. Es war aber Ellinor, die mich zur Schule abholen wollte. Dann sah ich, daß Günther und Paul zusammen ins Schlafzimmer gingen. Plötzlich hatte ich furchtbare Angst …»

«Haben Sie bemerkt, daß Ihr Bruder und Krantz miteinander sprachen, als sie ins Schlafzimmer gingen?»

«Nein. Aber ich hatte plötzlich eine böse Ahnung.»

«Wissen Sie, wer zuerst ins Schlafzimmer ging, Paul oder Günther?»

«Das weiß ich nicht. Doch als ich ins Schlafzimmer will, wird die Tür von innen zugedrückt. Ich versuche noch, den Fuß dazwischenzustellen. Aber die Tür geht zu. Ich drücke auf die Klinke. Abgeschlossen … Und im nächsten Augenblick fallen die Schüsse.» «Wer hat zugedrückt und abgeschlossen, Günther oder Krantz?»

«Das weiß ich nicht», sagt Hilde. «Ich sah nur durch das grüne Mattglasfenster in der Tür die Schatten. Ich glaube, es war Krantz …»

Ich fahre hoch: «Warum glaubt die Zeugin das?»

«Es könnte auch Günther gewesen sein», sagt Hilde eingeschüchtert.

«Wissen Sie überhaupt genau, daß die Tür von innen zugedrückt wurde und daß Sie den Fuß dazwischengehalten haben?» frage ich.

Hilde sieht mich erstaunt an. Sie dreht sich zum Vorsitzenden um, als brauche sie Schutz. Aber Dr. Dust weist auf mich.

Hilde deutet auf ihren Fuß. Sie sagt mit ganz kleiner Stimme: «Ja, ich weiß es genau, weil mir nachher der Fuß so weh tat, daß ich meinen Schuh ausziehen mußte.»

«Hat das jemand gesehen?» frage ich.

«Ja, meine Freundin Ellinor muß es gesehen haben …»

Der Vorsitzende greift ein: «Wußte denn ihre Freundin Ellinor, daß Hans Stephan noch in der Wohnung war?»

Hilde nickt: «Ja, als die beiden Jungen ins Schlafzimmer gingen, sagte ich ihr, daß Stephan die ganze Nacht dagewesen sei.»

«Und was meinte Ellinor dazu?»

«Du bist wohl wahnsinnig, daß du Hans die ganze Nacht hier schlafen läßt …› Und dann fielen die Schüsse.»

«Sie stürzten zur Schlafzimmertür», sagt der Vorsitzende. «Die Tür war auf?»

«Ja, plötzlich war sie auf», sagt Hilde.

«Ist sie vorher bestimmt abgeschlossen gewesen?»

«Jawohl!»

«Sie stürzten also ins Zimmer. Was sahen Sie nun?»

Hilde Scheller schweigt.

Ich achte nicht darauf, was an der Richterbank vor sich geht. Mein Assessor hat mir einen Brief zugeschoben, den ein Justizwachtmeister für mich abgegeben hat.

Ich reiße den Umschlag auf und lese: *Café Europahaus, Königgrätzer Str. 114, Der Geschäftsführer.*

Hierdurch beehre ich mich, Ihnen mitzuteilen, daß ich vorgestern Veranlassung hatte, das Fräulein Hildegard Scheller, Hauptzeugin im Prozeß Krantz, wegen ungebührlichen Benehmens aus meinem Lokal zu weisen. Da dies am Tage vor der Verhandlung geschah, glaube ich, nicht verfehlen zu dürfen, auf den Geist der heutigen Jugend hinzuweisen …

Unterschrift.

Ich weiß nicht, welcher Teufel mich reitet, sofort ums Wort zu bitten und diesen Brief vorzulesen.

Hilde steht nicht mehr vor der Richterbank, sondern hat sich setzen dürfen, sie scheint einer Ohnmacht nahe. Eine Jugendpflegerin ist um sie bemüht.

Aber ich habe kaum zu Ende gelesen, als Hilde sich von ihrer Pflegerin losreißt, aufspringt und mir zuruft: «Das ist nicht wahr!»

Dann bricht sie vollkommen zusammen. Ihr Schluchzen hört man im ganzen Gerichtssaal.

«Ich unterbreche die Sitzung, bis die Zeugin Hilde Scheller wieder vernehmungsfähig ist», sagt der Vorsitzende und schießt einen wütenden Blick auf mich ab.

Aber seine Wut ist gar nichts gegen die Empörung von Paul Krantz. «Wie konnten Sie …», fährt er auf mich los.

Der zartfühlende Junge, der angehende Poet, fühlt sich tief verletzt durch die Art, wie ich Hilde bloßgestellt habe. Und ich spüre die Krise des ganzen Prozesses. Weiß plötzlich, wie unmöglich es ist, Paul Krantz zu verteidigen, ohne Hilde Scheller weh zu tun.

Ein paar Sekunden schwanke ich. Dann sage ich zu Paul: »Das ist hier kein literarischer Klub, sondern ein Gericht. Und hier wird nicht um Murmeln gespielt, sondern um Ihren Kopf, falls Sie das noch nicht begriffen haben sollten.»

Pauls Protest erstickt im Zugriff der Justizwachtmeister, die ihn ins Untersuchungsgefängnis abführen. Ich gehe ins Anwaltszimmer. Und zum erstenmal in diesem Prozeß mache ich von der Medizin Gebrauch, die ich für äußerste Fälle immer in der Schoßtasche meiner Robe bereit halte: Eine winzige Flasche Cognac. Echter französischer muß es sein, mit drei Sternen …

Eine Stunde vergeht, bis das Gericht wieder Zusammentritt. Paul vermeidet es, mich anzusehen.

«Fühlen Sie sich besser, Zeugin?» fragt der Vorsitzende Hilde, die wieder völlig ruhig auf ihrem Platz steht.

«Ja.»

«Ihr Herr Vater hat aber Bedenken gegen Ihre weitere Vernehmung geäußert.»

«Ich bin imstande, auszusagen.»

«Wieviel Schüsse hörten Sie fallen?»

«Das kann ich jetzt nicht mehr sagen. Soviel ich in Erinnerung habe, waren es drei. In welchen Abständen sie fielen, weiß ich auch nicht mehr, weil ich in der Zwischenzeit von den verschiedensten Seiten so viel gefragt worden bin und keine Annahme aussprechen möchte.»

«Können Sie auch nicht ungefähr sagen, in welchen Zwischenräumen die Schüsse fielen?»

«Nein.»

«Sie liefen also in das offene Schlafzimmer hinein. Ellinor, Ihre Freundin, stand hinter Ihnen auf dem Korridor. Was sahen Sie nun im Zimmer?»

«Ich sah meinen Bruder am Boden liegen. Vor ihm kniete Paul Krantz.»

«Wie lag Ihr Bruder?»

«Er lag mit dem Rücken in der Ecke, die Füße am Nachttisch, der Kopf am Schrank. Krantz kniete vor ihm, mit dem Rücken zur Tür.»

«Bewegte sich Ihr Bruder noch?»

«Er stöhnte. Der Revolver lag hinter ihm auf der Erde.»

«Kniete Krantz bewegungslos auf der Erde?»

«Das weiß ich nicht. Ich rief ihm aber zu: ‹Mörder!› Paul antwortete darauf: ‹Ich war es nicht, sondern Günther.› Dann stand er auf. Jetzt erst kam mir zum Bewußtsein, daß hinten am Schrank Hans Stephan gestanden hatte. Als ich hinging, sah ich das Furchtbare. Das Badelaken, hinter dem ich Hans Stephan versteckt hatte, war heruntergerissen. Er selbst lag auf dem Boden.»

«Riefen Sie nicht: ‹Günther, Günther, das ist ja Wahnsinn!?›»

«Das weiß ich nicht.»

«Warum sagten Sie denn Mörder?»

«Weil ich Günther erschossen sah und annahm, Paul hätte ihn erschossen. Dann glaubte ich, noch beide atmen zu hören. Da sagte ich mir, jetzt ist alles gleich, du mußt sehen ob es noch was zu retten gibt. Paul und ich wollten nun den Hans vorholen und aufs Bett legen. Wir bekamen aber den Hans nicht aus der Ecke heraus. Nun wollte ich den Arzt und die Polizei anrufen. Paul sagte jedoch: ‹Laß das, drei sind genug, die es wissen.›»

«Waren Sie nicht auch bemüht, die Verletzten zu verbinden?» fragt der Vorsitzende.

«Paul fragte mich, ob wir kein Verbandzeug da hätten. Ich sagte nein und meinte, er solle die Umschlagtücher aus dem Badezimmer holen.»

«Und dann?»

«Als wir, Paul, Ellinor und ich, dann später im Kinderzimmer auf dem Bettrand saßen, erklärte Paul Krantz: ‹Jetzt werde ich mir auch das Leben nehmen, alles fällt ja doch auf mich.› Wir baten ihn, dies nicht zu tun, aber Krantz erwiderte: ‹Es sind ja noch mehr Kugeln im Lauf.› Da lief ich in das Schlafzimmer, holte den Revolver und versteckte ihn im Wohnzimmer.»

«Bei einer früheren Vernehmung haben Sie bekundet, Sie hätten ‹Mörder!› nur im ersten Augenblick gesagt, weil Sie da die Meinung gehabt hätten, Paul Krantz hätte Ihren Bruder erschossen», hält der Vorsitzende Hilde vor.

«Jawohl. Als Paul sagte, er wäre es nicht gewesen, habe ich ihm geglaubt. Deshalb wollte ich auch nicht, daß ein Verdacht auf ihn fällt. Aus diesem Grunde gab ich eine falsche Darstellung und habe gelogen.»

Hilde, die Sechzehnjährige, sagt das, ohne daß ihrem intelligenten Gesicht die geringste Bewegung anzumerken ist.

«Haben Sie die falschen Aussagen miteinander besprochen?»

«So ungefähr. Ich sollte sagen, Krantz wäre nicht im Zimmer gewesen, und auch der Revolver stamme nicht von ihm.»

Landgerichtsdirektor Dr. Dust nickt. «Hat der Herr Staatsanwalt noch Fragen?»»

Erster Staatsanwalt Dr. Steinbeck schüttelt den Kopf.

«Fragen der Verteidigung?»

Ich stehe auf. Und schon sieht mich Hilde mit ihren großen Augen an. Die Augen blicken jetzt nicht mehr angstvoll, sondern mehr interessiert. Beinahe kommt es mir vor, als mache es diesem jungen intelligenten Ding Spaß, mit mir die Klingen zu kreuzen. Ich muß Hilde entweder von ihren belastenden Aussagen gegen Paul abbringen oder – ihre Unglaubwürdigkeit beweisen.

Ich frage: «Weshalb haben Sie nicht dem Hans Stephan gesagt, daß Ihnen die Geschichte unheimlich vorkam?» frage ich.

«Ich habe ein unheimliches Gefühl gehabt. Aber ich wußte zunächst nicht, warum. Denn ich hatte ja von Krantz das Ehrenwort, daß er Hans nicht an meinen Bruder verraten habe.»

«Wieviel Schüsse haben Sie nun eigentlich gehört, als Sie in das Zimmer hineinstürzten …»

«Das hat doch die Zeugin alles schon ausgesagt», wirft der Vorsitzende ein.

«Ich bitte sehr, die Zeugin noch einmal fragen zu dürfen, ihre Antwort von vorhin genügt mir nicht …»

«Ich weiß nicht mehr, ob es zwei oder drei Schüsse waren», sagt Hilde nervös.

«Dem Untersuchungsrichter haben Sie gesagt, daß Sie zwei Schüsse hörten und in das Schlafzimmer stürzten. Es steht aber fest, daß drei Schüsse gefallen sind.»

«Vier sogar!» ruft von der Zeugenbank der Schießsachverständige des Gerichts, Ingenieur Schmuderer.

«Wie erklären Sie sich diesen Widerspruch?»

«Ich habe mich nicht mehr genau erinnert.»

«Ich lege Wert auf diesen Punkt», sage ich, «weil es uns darauf ankommt, festzustellen, wann Sie in das Zimmer gekommen sind. Sie haben bis jetzt immer gesagt, daß Sie zwei Schüsse gehört haben und auf die Tür losgestürzt seien. Die Türklinke sei nun sofort heruntergegangen und die Tür offen gewesen. Wenn noch mehr Schüsse gefallen sind, dann also, als Sie schon im Zimmer waren?»

«Nein!» ruft Hilde. «Wenn noch mehr Schüsse gefallen sind, dann muß es vorher gewesen sein.»

«Sie haben aber immer nur von zwei Schüssen gesprochen!»

«Dann weiß ich nicht mehr, wieviel ich gehört habe. In der Aufregung kann ich einen überhört oder ebensogut einen dazugehört haben. Jedenfalls bin ich, nachdem ich Schüsse gehört hatte, auf die Tür zugestürzt. Ich kann nur sagen, daß ich heute nicht mehr weiß, wieviel Schüsse gefallen waren.»

«Und damals?»

«Da werde ich es wohl gewußt haben. Daraus darf aber nicht geschlossen werden, daß in meiner Gegenwart noch ein Schuß im Zimmer gefallen sein könnte. Als ich im Zimmer war, ist kein Schuß mehr gefallen.»

Staatsanwalt Steinbeck greift zur Unterstützung seiner Kronzeugin ein: «Ich möchte von der Zeugin Näheres über ihren Bruder Günther erfahren ... War Günther sehr forsch und energisch, oder war er weibisch und schlapp?»

«Weibisch war mein Bruder auf keinen Fall!»

Der Staatsanwalt überlegt einen Augenblick, dann fragt er plötzlich: «War Ihr Bruder leicht beeinflußbar?»

Mir ist sofort klar, worauf er hinaus will: die Geschworenen sollen den Eindruck erhalten, daß Günther Scheller in der Mordnacht ganz und gar unter dem Einfluß von Paul Krantz stand und sozusagen sein willenloses Werkzeug war ...

Aber Hilde Scheller scheint den Staatsanwalt durchschaut zu haben. Sie sagt: «Leicht beeinflußbar ... das ist schwer zu sagen. Er war eher weich und unberechenbar. Meine Eltern führen das auf eine Gehirnerschütterung zurück.»

Ich muß mich wieder einschalten. Ich muß Geschworenen und Richtern klarmachen, wes Geistes Kind die Geschwister Scheller gewesen sind.

«Was sagt die Zeugin aber, wenn jemand auftreten wird, um zu bekunden, daß Günther gefühlsroh gewesen sei?» frage ich Hilde. «So soll er anläßlich der Hindenburg-Feier sich herumgeschlagen und einen anderen mit einem Messer verletzt haben.»

Hilde tut ganz erstaunt: «Mein Bruder? Er hat sich nie in politische Sachen eingelassen. Nie!»

«Ist Ihnen bekannt, daß Ihr Bruder mehrfach gedroht hat, dem Hans Stephan etwas anzutun? So soll er gesagt haben: ‹Na, der kann ja etwas erleben!›»

«Das ist lange vorher gewesen. Das letzte halbe Jahr hat er von Stephan überhaupt nicht gesprochen.»

«Wissen Sie, warum Hans Stephan einmal mit Ohrfeigen von Ihrem Vater aus der Wohnung hinausgeworfen wurde?»

«Meiner Mutter war gesagt worden, daß Hans Stephan so einer sei, der schon Mädels verführt habe.»

«Waren Sie früher auch schon mit Hans in der Wohnung allein gewesen?»

«Nein!»

«Ein Zeuge weiß aber von Ihrem Bruder, daß dieser einmal hinzugekommen ist und daß Sie weinten und Hans einen roten Kopf hatte.»

«Ach so, da war Hans gekommen, um auf meinen Bruder zu warten, und da hat er es versucht. Ich habe es aber zurückgewiesen und geweint ...»

Dr. Magnus Hirschfeld, der Sachverständige, fragt, ob Günther Alkohol vertragen konnte.

«Nein, Alkohol vertrug er gar nicht. Ich weiß es noch von meiner Einsegnung, da mußte er nach zwei Gläsern Schluß machen.»

«Wie war er, als Sie nach dem ersten Schuß in die Küche kamen?» frage ich.

«So hatte ich Günther noch nie gesehen. Er torkelte, so daß ich ganz erschrocken war.»

«Können Sie uns mal vormachen, wie Ihr Bruder torkelte?»

«Ja», sagt Hilde. «Das weiß ich noch genau.»

«Diese Demonstration wird abgelehnt», verkündet der Vorsitzende und fügt im gleichen Atemzug hinzu: «Weitere Fragen an die Zeugin?»

Der Staatsanwalt schüttelt den Kopf.

Fragend blickt der Vorsitzende mich an. Blitzschnell ziehe ich die Bilanz aus der bisherigen Verhandlung. Hilde hat zwar keine ihrer Behauptungen zurückgenommen, die Paul schwer belasten. Aber immerhin ist es mir gelungen, Zweifel an ihrer Darstellung zu wecken. Ich will die Vernehmung Ellinors abwarten, der zweiten Zeugin. «Keine weiteren Fragen», sage ich.

Hilde wirft mir einen dankbaren Blick zu.

Gleich muß der Vorsitzende die Mittagspause ankündigen, da sagt plötzlich der Staatsanwalt: «Ich beantrage die Ladung des Hausarztes der Familie Scheller. Er soll darüber aussagen, ob Hilde Scheller unberührt aus den Verwirrungen dieser Tragödie hervorgegangen ist.»

Entsetzt fliegen alle Köpfe im Saal herum. Weitaufgerissene Augen, ungläubige Gesichter, empörtes Kopfschütteln, Allen ist klar, was der Staatsanwalt damit will. Eine solche Aussage des Hausarztes der Familie Scheller würde bedeuten, daß Paul Krantz ein gemeiner Lügner ist. Er hätte dann keinen Grund gehabt, sich als Geliebter von Hilde Scheller zu betrachten. Und seine angebliche Tat war dann ein gemeiner, durch nichts motivierter, unentschuldbarer Mord …

Langsam erhebe ich mich von meinem Platz. Ich sage: «Ich bin der Meinung, daß es für die Beurteilung der Schuldfrage völlig ohne Bedeutung ist, welcher Art immer die Beziehungen zwischen Paul Krantz und Hilde Scheller gewesen sind. Nur auf eines kommt es an … daß er Hilde geliebt hat. Und daß er dann in seiner Liebe auf das grausamste enttäuscht worden ist.»

«Selbst wenn der Herr Verteidiger recht haben sollte, ist die Aussage des Hausarztes wichtig», sagt kalt der Staatsanwalt. «Die Aussage beweist nämlich, daß die Zeugin Hilde Scheller und nicht der Angeklagte Krantz die Wahrheit spricht.»

Der Vorsitzende berät sich leise mit seinen Beisitzern. Dann verkündet er den Gerichtsbeschluß: «Dem Antrag der Staatsanwaltschaft wird stattgegeben.»

Inmitten der lähmenden Stille, die seinen Worten folgt, erhebe ich mich. Ich sage: «Die Zulassung des Zeugen der Staatsanwaltschaft zwingt mich zu Beweisanträgen, auf die ich bisher verzichtet habe … Ich werde Zeugen dafür benennen, daß Hilde Scheller noch mit mehr jungen Leuten ihr Spiel getrieben hat … das gleiche Spiel, das Hans Stephan und Paul Krantz zum Verhängnis geworden ist.»

«Die Verhandlung wird auf drei Uhr nachmittags tagt», verkündet der Vorsitzende.

Ich stand auf und wandte mich zu Paul Krantz um. Verloren stand er in der Anklagebank. Seine Schultern hingen nach vorn. Seine Augenbrauen waren zusammengezogen, als grübelte er angestrengt nach. Seine Lippen waren trotzig aufeinandergepreßt. Er würdigte mich keines Blicks.

Ich wußte genau, was in ihm vorging. Er verabscheute mich, hielt mich für einen Unmenschen, weil ich Hilde Scheller so hart anpackte. Dabei wußte er so gut wie ich, daß ihn dieses Mädchen mit einem einzigen Wort dem Beil des Scharfrichters ausliefern konnte … Er wußte so gut wie ich, daß mir gar nichts anderes übrigblieb, als Hildes Glaubwürdigkeit und, wenn nötig, auch ihren Leumund zu zerstören, wenn ich seinen Kopf retten wollte.

«Es geht mir ja selber gegen den Strich», sagte ich. Aber Paul schwieg weiter, drehte mir trotzig den Rücken zu.

Die beiden Justizwachtmeister kamen, um ihn ins Untersuchungsgefängnis abzuführen – in die Mörderzelle, die er seit Beginn der Verhandlung wieder hatte beziehen müssen.

Der Bruch mit diesem Jungen ging mir an die Nerven. Ihm nachgehen, in der Zelle ruhig mit ihm reden – alles in mir drängte dazu. Aber das wäre sinnlos gewesen. Ich würde Paul in diesem Zustand nie überzeugen können. Ich würde nur Nervenkraft verbrauchen, die mir in der Nachmittagsverhandlung fehlen würde …

«Gehn wir zu Kempinski», sagte ich zu meiner Frau, die sich, aus dem Zuhörerraum zu mir vorgedrängt hatte. Ich sagte es so laut, daß Paul es hören mußte.

Er stand schon in der Tür zum inneren Treppenhaus. Er wandte sich zu mir um. Ein spöttisches, beinah verächtliches Lächeln stand um seine Lippen. Eine Sekunde lang wurde ich weich. Ich stellte mir vor, wie er drunten in seiner Zelle lustlos an seinem Essen herumstochern würde. Aber ich durfte jetzt meinen Gefühlen nicht nachgeben.

«Zu Kempinski», sagte ich meinem Chauffeur, als wir uns durch die gaffende Menge in der Turmstraße zu meinem Wagen durchgekämpft hatten. Ich mußte etwas Solides in den Magen bekommen. Und ich mußte, für eine Stunde wenigstens, der Moabiter Atmosphäre entfliehen. Sonst ging ich mittags meist zu einem Imbiß in die Gerold-Stube an der Rathenower Straße. Aber da wimmelte es jetzt von Journalisten …

Mein Chauffeur Haberland brummte. Er liebte es nicht, wenn ich mittags zu Kempinski fuhr, denn die Leipziger Straße, in der dieses Lokal lag, das die Berliner «Freß-Wertheim» nannten, bot im Jahr 1928 zur Mittagszeit bereits ein vollendetes Verkehrs-Chaos.

Im Riesen-Prunksaal des Restaurants empfing uns der Geschäftsführer, Herr Nagel. Genau wie beim Juniorchef Hans Kempinski, dem bevorzugten Eislaufpartner meiner Frau, genoß ich bei Herrn Nagel beinahe unglaubliche Vorrechte. So wie ich im Speisesaal des Bristol-Hotels Unter den Linden der einzige war, der an heißen Tagen in Hemdsärmeln speisen durfte, so war unser kleiner und sehr artiger Malteser-Seidenspitz «Kiki» der einzige Hund, der Zutritt bei Kempinski hatte.

«Was darf's sein?» fragte Herr Nagel.

Ich zuckte lustlos mit den Schultern. Meine Frau stocherte unentschlossen die endlose Speisekarte auf und ab.

«Darf ich mal den Weihnachtsmann spielen?» fragte Herr Nagel.

«Bitte», sagte ich und mußte an Paul und Hilde denken. «Also Krebsschwänze in Dill», entschied Herr Nagel, «und dann – ganz was Besonderes.»

In unwahrscheinlich kurzer Zeit kam der bejahrte Kellner, der schon den Kronprinzen im Separee bei Hiller bedient hatte, mit dem ganz Besonderen. Es war ein wunderbar saftiges Rinderfilet, mit Paprika-Schoten und vor allem mit Kaviar reichlich garniert. Wir ließen es uns schmecken. Für zwanzig Minuten versank Moabit und der Prozeß Krantz.

«Sind die Herrschaften zufrieden?» fragte Herr Nagel, als abgeräumt wurde.

«Exzellent», sagte ich.

Herr Nagel verneigte sich bedeutungsvoll. Als ich vier Wochen später wieder zu Kempinski ging und die Speisekarte studierte, stutzte ich. Ich las: *«Filet a la Dr. Frey»* ...

*

Man mag eine bloßgelegte Wunde noch so behutsam berühren – die Nerven werden immer bis ins Innerste aufzucken. Und bis ins Mark gequält war wohl jeder im Großen Schwurgerichts-Saal von Moabit, als die Erörterung darüber begann, welcher Art die Beziehungen des Paul Krantz und des toten Hans Stephan zu Hilde Scheller wohl gewesen sein mochten.

Vor den Richtertisch trat der Hausarzt der Familie Scheller. Er war das Bild eines Hausarztes, wie es sich mir seit meinen Kindertagen, seit der ersten Mandelentzündung unauslöschlich eingeprägt hatte.

Etwas gebückt, in seinem altväterischen, sorgsam geschonten Gehrock stand er da. Dr. Freund war der erste Erwachsene gewesen, der an jenem Morgen des 28. Juni 1927 Hans Stephan und Günther Scheller in ihrem Blute liegend gesehen hatte. Und mit seinen feinfühligen Händen hatte er ihnen die Augen zugedrückt. Aber nicht darüber, was er an der Mordstätte beobachtet hatte, sollte er jetzt aussagen ... Er leistete den Eid in weltlicher Form und machte seine Aussage in sorgfältig gewählten Worten.

Triumphierend blickte sich der Staatsanwalt um, als Dr. Freund gesprochen hatte. Wer würde es wagen, diesen weisen Praktiker Lügen zu strafen? Und damit stand für den Ersten Staatsanwalt fest, daß Paul Krantz gelogen hatte, als er sagte: «In dieser Nacht habe ich geglaubt, daß Hilde mich wirklich geliebt hat.»

Ich verzichtete auf Fragen an den Hausarzt. Doch ich bat, ein paar kurze Fragen an Hilde Scheller richten zu dürfen.

Ruhig trat Hilde vor. Völlig beherrscht blickte sie mich an, etwas neugierig vielleicht, als ich sagte: «Sie haben gestern hier ausgesagt, wie es zwischen Ihnen und Paul Krantz und mit Hans Stephan stand ...»

Hilde nickte zustimmend.

«Kannten Sie noch andere junge Leute, mit denen es ähnlich weit gekommen ist?»

«Nein.»

«Wenn nun aber ein Zeuge käme und behauptete, daß es mit anderen jungen Leuten auch so gewesen sei, würde er dann lügen?»

«Ja, dann würde er lügen.»

«Und wie war es mit Herbert?» fragte ich blitzschnell.

Hilde zuckte zusammen. Jäh wurde ihr Gesicht feuerrot bis hinauf zu den dunklen Haaren.

«Haben Sie sich mit Herbert nicht auch in ähnlicher Weise eingelassen?»

«Ja», hauchte Hilde. Aber die Antwort war trotzdem bis in den letzten Winkel zu hören.

Eine Welle der Bewegung ging durch den Saal.

«Danke, das genügt mir!» Ich setzte mich hin.

Langsam, mit gesenktem Kopf ging Hilde an ihren Platz zurück. Hinter mir hörte ich Paul Krantz hastig atmen. Er selber hatte mir einmal von jenem Herbert erzählt. Jetzt verfluchte er wahrscheinlich sich und mich deswegen. Aber ich konnte Hilde dieses peinliche Fragespiel nicht ersparen …

«Zeuge Doktor Weiß», ruft der Vorsitzende. Alle Augen fliegen herum zur Eingangstür, in der ein kleiner, schlanker Herr mit mächtig ausladendem Langschädel und auffallend starker Hornbrille erscheint.

Das Auftreten dieses Mannes im Gerichtssaal ist an sich schon eine Sensation. Denn Dr. Bernhard Weiß ist eine der bekanntesten und meistumstrittenen Persönlichkeiten Berlins. Er ist Vizepolizeipräsident. Ihm untersteht der Dienstbetrieb der Polizei. Er ist ein virtuoser Verwaltungsbeamter bester preußischer Schule, ein Kriminalist, dessen Namen man in New York, London und Paris mit der gleichen Achtung nennt wie an der Spree.

Aber er ist auch ein äußerst schneidiger und bei vielen Beamten als arrogant verschriener Vorgesetzter. Der nationalsozialistische Gauleiter von Berlin, Dr. Joseph Goebbels, nutzt diese Unbeliebtheit des «Vipoprä», wie Dr. Weiß am Alexanderplatz genannt wird, weidlich aus und macht ihn zur Zielscheibe haßerfüllter Reden im Sportpalast und giftiger Artikel im «Angriff».

Auch ich kann mich nicht gerade rühmen, ein Freund des Vipoprä zu sein. Als Syndikus des Verbandes Preußischer Kriminalbeamter muß ich ständig Klagen über selbstherrliche Anordnungen des kleinen, drahtigen Dr. Weiß anhören. Und auf der letzten Tagung des Verbandes im Hotel «Esplanade» hatte ich den Dichter Heinrich Mann als Festredner verpflichtet, der dann unter rauschendem Beifall dem als Ehrengast anwesenden Dr. Weiß scharf die Leviten gelesen hatte …

Im Krantz-Prozeß habe ich Dr. Weiß als Zeugen laden lassen, damit er seine Eindrücke von der ersten Vernehmung Hilde Schellers widergibt.

Der Vorsitzende eröffnet die Vernehmung: «Darf ich zunächst fragen, wie Sie, Herr Regierungsdirektor, dazu kamen, an einer Vernehmung des Angeklagten und der Zeugin im Polizeipräsidium teilzunehmen?»

«Der Fall hatte die Öffentlichkeit sehr erregt», sagt Dr. Weiß. «Außerdem handelte es sich um jugendliche Menschen. Es war also meine Pflicht, mich davon zu überzeugen, daß jede nur mögliche Sorgfalt und äußerster Takt bei der kriminalpolizeilichen Untersuchung gewahrt wurden.»

«Sie haben auch den Angeklagten Krantz vernommen?»

«Jawohl, und zwar zuerst. Krantz legte in meiner Gegenwart das Geständnis ab, daß die Mordwaffe ihm gehört habe, daß er zur Zeit der Schüsse im Mordzimmer gewesen sei und daß er Grund gehabt habe, wegen Hilde Scheller auf den ermordeten Stephan eifersüchtig zu sein.»

«Dann stellten Sie Krantz und Hilde Scheller gegenüber?»

«Nein, ich schickte Paul Krantz zunächst aus dem Zimmer und ließ Hilde Scheller hereinrufen.»

«Welchen Eindruck hatten Sie von ihr?»

«Ich war erschüttert. Sie kam in einer Haltung herein, die mir unverständlich war – ganz unbefangen, liebenswürdig lächelnd und harmlos, so, als wäre überhaupt nichts vorgefallen.»

«Hielten Sie ihr das unpassende Benehmen vor?»

«Zunächst fragte ich, ob sie sich bei ihren bisherigen Aussagen nicht vielleicht geirrt habe. Sie bestritt das energisch. Als ich ihr die Aussagen des Krantz vorhielt, lächelte sie weiter. Erst als ich auf Hans Stephan zu sprechen kam, wurde sie ernst: ‹Wenn Krantz das gesagt hat, so lügt er.› Ich ließ Krantz hereinrufen. Und in diesem Augenblick wurde ihr Benehmen plötzlich ganz anders. Sie fuhr wie eine Hyäne auf Krantz los: ‹Was hast du eben diesem Herrn vorgelogen?› Ich hatte aber den Eindruck, daß Krantz weniger log als Hilde, vor allem, da er sich doch durch seine Aussagen schwer belastete …»

Während ich genau auf jedes Wort des Vipoprä höre, blicke ich hinüber zur Zeugenbank. Hilde Scheller sitzt in der ersten Reihe, die Hände flach auf die angezogenen Knie gelegt, die Füße auf die Zehenspitzen gestellt. Unwillkürlich stelle ich mir vor, daß sie so auch in der Schule gesessen hat, wenn der Unterricht interessant war. Und plötzlich, als Dr. Weiß mitteilt, daß sie gelächelt habe, steht sie halb in der Bank auf und hebt ihren Arm. Sie meldet sich, wie in der Schule … Aber der Vorsitzende oben auf seiner Richterbank sieht es nicht. Erst als der Vize-Polizeipräsident ausgesprochen hat, wird er auf Hilde aufmerksam. Denn Hilde spricht jetzt, ohne gefragt zu sein:

«Ja, es stimmt, daß ich gelächelt habe...» Sie würgt ein Schluchzen herunter. «Aber mir war gar nicht danach zumute.»

So kläglich, so hilfebedürftig klingt Hildes Stimme jetzt, daß der Vorsitzende völlig vergißt, ihr ungefragtes Sprechen zu rügen.

Dafür wendet sich jetzt Dr. Weiß, einer der höchsten und mächtigsten Beamten der Viermillionenstadt Berlin, zu der kleinen Hilde um: «Erinnern Sie sich nicht, Fräulein Scheller, daß ich Ihnen gesagt habe, Sie sollten sich schämen, ein solches Benehmen zu zeigen – am Tag, nach dem Ihr Bruder und Ihr Freund ums Leben gekommen sind?»

Hilde nickt unter Tränen.

«Ja, damals haben Sie auch geweint», sagt Dr. Weiß. «Aber ich hatte nicht den Eindruck, daß es Reue oder Bedauern war …»

Der Erste Staatsanwalt bittet ums Wort: «Ich beantrage, den Herrn Vize-Polizeipräsidenten als Sachverständigen darüber zu befragen, ob leichtfertiges Benehmen eines Menschen auch auf dessen Unglaubwürdigkeit schließen läßt.»

Ich springe auf. Ich sage: «Der Herr Erste Staatsanwalt spricht mir aus der Seele. Auch mir geht es hier nicht um den Nachweis, daß Hilde Scheller gelogen hat. Ich möchte lediglich beweisen, daß junge Menschen, wenn sie plötzlich dem Tod gegenüberstehen, anders reagieren, als es unser Erwachsenen-Verstand erwartet. Sie unterliegen einer

Schockwirkung. Sie, Herr Vorsitzender, und Sie, Herr Staatsanwalt, waren Soldaten im Krieg. Erinnern Sie sich nicht, daß Schwerverwundete plötzlich wie Betrunkene prahlten und lachten? So lächelte auch Hilde Scheller. Aber ist sie deshalb ein kaltherziges, kaltschnäuziges Wesen? Nein, sie stand nur unter dem Schock einer schweren seelischen Verwundung ... In der Angst, bei etwas Verbotenem ertappt zu werden, schwindelt sie – ebenso wie Paul Krantz. Aber sind sie deshalb hartgesottene Lügner? Nein! Ich behaupte nicht, daß Hilde Scheller eine Lügnerin ist. Aber ich behaupte, daß sie noch heute unter dieser Schockwirkung steht. Sie hat ihren Eltern großen Kummer bereitet. Den will sie gutmachen. Also sagt sie so aus, daß ihre Eltern kein Vorwurf treffen kann. Dazu gehört auch, daß sie ihren Bruder so vorteilhaft wie möglich schildert ... Bleibt nur Paul Krantz. Ihm gegenüber hat sie keine familiäre Verpflichtung. Oder? Ich behaupte, daß Hilde am liebsten auch Paul Krantz entlasten würde. Aber sie darf es nicht. Wer wollte ihr diese Befangenheit Übelnehmen, wo es um erotische Dinge geht. Muß denn jemand, der früher als der Durchschnittsmensch seinen natürlichen Trieben ausgeliefert ist, deshalb schamlos sein? Erwarten Sie bitte nicht, meine Herren Richter und Geschworenen, daß Hilde hierüber die Wahrheit sagt. Es wäre unnatürlich. Aber bitte machen Sie auch keinen Unterschied zwischen Hilde, die hier unter Eid aussagt, und Paul Krantz, dem als Angeklagtem der Eid verwehrt bleibt ...»

Es war beinahe ein Plädoyer. Ich hörte die Uhr an der gegenüberliegenden Wand ticken. Ich sah die vorgebeugten Köpfe der Richter, Geschworenen und Zuhörer.

Ich hörte mein eigenes Herz klopfen. Aber ich horchte nur auf den jungen Menschen in der Anklagebank hinter mir. Eigentlich hatte ich nur für ihn gesprochen. Und für Hilde Scheller. Ob sie beide es gemerkt hatten?

Damit ist der zweite Abend des Prozesses angebrochen. Es ist Zeit zur Vertagung auf morgen früh.

Ich fühle mich wie zerschlagen. Hinter mir sitzt Paul Krantz, für den ich diesen Prozeß führe. Als Jurist, das weiß ich, habe ich an diesem Tag das Äußerste erreicht. Aber ist es mir auch gelungen, Paul mit meiner Prozeßführung zu versöhnen?

Ich blicke mich mühsam um. Paul Krantz beugt sich über die eichene Barriere der Anklagebank. Seine Augen sind verschleiert.

Er streckt mir die Hand hin: «Ich bin ja so ein Dummkopf», sagt er.

«Werden Sie schlafen können?»

«Zum erstenmal wieder», sagt Paul und lächelt. «Hoffentlich schläft Hilde auch .. .»

Ich blicke mich zum Ausgang um. Der Saal ist halb leer.

«Hilde ist schon weg», sage ich.

«Arme kleine Hilde», sagt Paul. Ich spüre seinen Händedruck. Dann wird er abgeführt.

Draußen auf der Turmstraße höre ich die Rufe der Zeitungshändler: «Krantz-Prozeß vor dem Reichstag.»

Ich lasse mir die Zeitungen in den Wagen reichen, und während mein Chauffeur Haberland durch die Stadt westwärts rast, lese ich: «Krantz-Skandal im Reichstag – Sozialdemokraten greifen Justiz-Minister wegen der Prozeßführung *an.»*

Und in den Zeitungen der Rechten heißt es: *«Krisis Erziehungssystems. Krantz-Prozeß enthüllt Schwächen modernen Schule.»*

Der dritte Verhandlungstag bricht an. Noch heftiger als gestern wird draußen auf den Korridoren um den Eintritt zum Schwurgerichtssaal gekämpft.

Ein ehrwürdiger, weißhaariger Mann tritt als erster Zeuge des Tages vor den Richtertisch. Oberstudiendirektor Burhenne, Pauls Schulleiter. Pauls Klassenkameraden machen in diesen Tagen ihre schriftliche Abiturprüfung. Jedes Wort des greisen Pädagogen verrät, wie tief diese Tragödie ihm anvertrauter junger Menschen ihn erschüttert. Es klingt wie ein Nachruf, als er sagt:

«Unter unseren achtundzwanzig Oberprimanern war Paul Krantz in Deutsch, Englisch und Französisch der Beste. Und zwar ohne besonderen Fleiß ...»

«Und was können Sie über Günther Scheller sagen?» fragt der Vorsitzende.

«Günther Scheller war geistig nicht besonders interessiert. Er hatte mehr technische, praktische Neigungen.»

«Und charakterlich?»

«Mir ist an diesem Fall erschütternd klargeworden, wie wenig man als Schulmann von den jungen Menschen weiß», sagt Dr. Burhenne. «Ich habe mit den Primanern lange, lange über den Fall gesprochen. Ich habe auch jeden einzeln darüber befragt, wem von beiden er die Tat zutraue ...»

«Was war das Ergebnis Ihrer Befragung?»

«Ich protestiere!» ruft der Staatsanwalt. Aber der Vorsitzende hebt bedauernd die Hand.

«Es war keiner, der Krantz für den Täter hielt», sagt Dr. Burhenne leise.

Diese Aussage ist mir soviel wert wie die siebenundzwanzig Leumundszeugen, die ich beantragt und die das Gericht mir abgelehnt hatte, wenn sie auch prozeßrechtlich nur eine Meinung darstellt, also nicht in die Waagschale geworfen werden darf.

Und nun wird die Zeugin aufgerufen, die nach Hilde Scheller am wichtigsten ist. Es erscheint Ellinor Ratti, Schülerin, sechzehn Jahre alt.

Das also ist Ellinor, mit der Paul sich über die grenzenlose Enttäuschung hinwegtrösten wollte, die ihm Hilde Scheller bereitet hatte ... Im Gegensatz zu der schmalen, rehartigen Hilde ist Ellinor eine üppige Erscheinung, mit unverkennbar südländischem Einschlag. Aber eins hat sie mit Hilde gemeinsam: Auch sie besitzt jene Sicherheit des Auftretens, das für die jungen Menschen dieses Prozesses typisch ist, ja sie bisweilen den Erwachsenen geradezu überlegen erscheinen läßt. Nur – Ellinor Ratti ist vorsichtiger als Hilde. Sie hat sich offensichtlich sehr zu Herzen genommen, daß sie unter Eid steht.

«Sie sind mit der Familie Scheller befreundet gewesen?« fragt der Vorsitzende.

«Jawohl.»

«Sind Sie noch Hilde Schellers Freundin?»

«Das weiß ich nicht.»

«Wie meinen Sie das?»

«Ich kann es nicht sagen. Meine Eltern wollen nicht mehr, daß ich mit ihr verkehre. Und ich – ich weiß noch gar nicht, ob alles wahr ist, was da von Hilde in den Zeitungen steht oder im Prozeß gesagt wurde.»

«Sie kannten Krantz schon sehr lange?»

«Nein, ich habe ihn in der Nacht vor der Tat bei Hilde erst etwa das fünftemal gesehen. Im ganzen habe ich ihn erst ein paar Wochen vorher zum erstenmal gesehen.»

«Wußten Sie, daß Hilde und Paul am Tag vorher ...?»

«Nein», unterbricht Ellinor.

«Haben Sie sich nicht über Ähnliches unterhalten?»

«Ich habe zu Paul gesagt: Du hast doch Hilde eigentlich lieb. Aber er sagte, er habe mich viel lieber. Ich habe es ihm aber nicht geglaubt.»

«Was haben Sie sonst noch getan?»

«Wir haben uns geküßt.»

«Sonst noch was?»

«Nein!» schreit Ellinor.

Dann fragt der Vorsitzende die Zeugin über den Morgen, als sie wieder in die Schellersche Wohnung kam.

Ellinor Ratti erzählt: «Am Morgen wachte ich früher als sonst auf. Zur Schule war es noch zu früh, da wollte ich noch schnell zu Hilde hinübergehen. Paul öffnete mir die Tür. Ich sagte ihm guten Morgen und küßte ihn. Dann kam Günther, sagte mir ‹guten Tag›, guckte dabei aber zur Seite und war ganz komisch. ‹Was hast du denn›, fragte ich, ‹du bist ja so seltsam?› – ‹Ach, nichts›, sagte er. Soviel ich weiß, war Hilde im Badezimmer, aber ganz genau weiß ich das alles nicht mehr. Ich ging zu Hilde und sagte zu ihr: ‹Ihr seid heute früh alle so merkwürdig.› Darauf sagte sie zu mir: ‹Hans war die Nacht hier.› Da machte ich irgendeine Redensart: ‹Du bist wohl verrückt!› oder so etwas Ähnliches.

Hilde und ich waren noch im Badezimmer. Da klopfte Paul und sagte: ‹Günther ist im Schlafzimmer.› Paul ging dann ins Schlafzimmer nach. Dann hörten wir Schüsse. Soviel ich weiß, waren es drei. Hilde ist als erste hinausgestürzt. Als ich ins Schlafzimmer komme, sehe ich jemand tot auf dem Boden liegen ...»

Plötzlich stockt Ellinor. Sie schluchzt: «Aber ich kann kaum weitersprechen. Alles ist so furchtbar, wenn ich daran denke.»

Der Vorsitzende spricht beruhigend auf sie ein: «Nun nehmen Sie sich noch zusammen. Oder soll ich eine Pause eintreten lassen?»»

Ellinor schüttelt den Kopf. Etwas ruhiger spricht sie weiter: «Ich ging ins andere Zimmer und fragte Paul, wie das alles gekommen wäre. ‹Weiß ich nicht›, sagte er. Wir haben uns auf das Bett gesetzt. Auf einmal sagte Paul: ‹Ich mache Schluß!› Und ging hinaus. Hilde lief vor ihm ins Schlafzimmer, und ich hielt ihn fest.

Dann ging Paul in die Küche, und meiner Meinung nach wusch er dort die Gläser ab oder irgend etwas Ähnliches. Genau kann ich das nicht mehr sagen, weil schon zu viel über alles gesprochen wurde und ich auch in den Zeitungen alles gelesen habe.»

«Haben Sie denn mit so vielen über alle diese Dinge, die wir hier verhandeln, gesprochen, daß Sie gar keine persönliche Anschauung mehr davon haben?» fragt der Vorsitzende.

«Nein, nur mit meinen Eltern …» Und nach einer Pause: «Ja, auch noch mit Hilde.»

«Es wäre besser gewesen, Sie hätten überhaupt keine Zeitungen gelesen.»

«Dabei ist mir manches eingefallen», sagt Ellinor. «Mit Hilde habe ich nur ganz wenige Male gesprochen … Als uns unsere Aussagen gegenseitig vorgelesen wurden und Hilde irgend etwas anders dar gestellt hatte als ich, sagte ich sofort: ‹Es kann auch so gewesen sein!› Es ist möglich, daß ich irgendeine Einzelheit nur von den Zeitungen her weiß. Jedenfalls bin ich sehr unsicher und möchte unter Eid gar keine bestimmten Angaben machen.»

«Hat Paul Ihnen geöffnet, als Sie morgens klingelten?»

«Ich glaube … aber nein, jetzt weiß ich, es wurde erst durch die Tür gesprochen. Ich hörte Hildes Stimme. Es wurde geflüstert und durchs Loch geguckt. Und als geöffnet wurde, sprach ich zunächst mit Paul. Ob er auch wirklich geöffnet hat, weiß ich nicht mehr genau.»

«Wo blieben Günther und Paul, als Sie ihnen guten Tag gesagt hatten?»

«Günther ging dann wohl ins Schlafzimmer. Aber irgend etwas muß noch vorher gewesen sein. Ich weiß es nur nicht mehr genau …»

«Ging Paul unmittelbar hinter Günther ins Schlafzimmer?»

«Das weiß ich nicht mehr.»

«War Hilde mit Paul zusammen ins Schlafzimmer gegangen?»

«Das weiß ich nicht mehr.»

«Aber daß Sie mit Hilde im Badezimmer waren, wissen Sie doch sicher?»

«Ich kann auch mehr in der Türe gestanden haben.»

«Sie haben beim Untersuchungsrichter angegeben, Paul hätte im Badezimmer angeklopft?»

«Das kann sein. Ich glaube, Paul hat geklopft und von draußen gesagt, Günther wäre ins Schlafzimmer gegangen. Und darauf sagte Hilde zu ihm: ‹Geh doch hin, laß ihn dort nicht allein.›»

Ellinor stockt. Es ist totenstill. Auch für den juristischen Laien ist es klar, die nächsten Minuten müssen die Entscheidung bringen. Bis zu diesem Zeitpunkt habe ich Männchen auf meinen Schreibblock gemalt. Ich höre auch jetzt nicht auf damit, aber meine Muskeln ziehen sich zusammen, jeder Nerv ist gespannt. Denn was Ellinor sagt, widerspricht der belastenden Aussage Hildes …

«Ging denn Hilde dem Paul zum Schlafzimmer nach?» fragt der Vorsitzende.

«Soviel ich weiß, nein», sagt Ellinor.

«Haben Sie gesehen, daß Hilde versucht hat, die Tür zu öffnen? Oder daß sie vorher ihren Fuß zwischen die Tür gestellt hat?»

«Nein, das könnte ich nicht sagen …»

Einen Augenblick durchzuckt mich der Gedanke, daß Ellinor bewußt lügt. Daß sie lügt, um Paul Krantz zu retten. Besteht auch hier, im Gerichtssaal, noch das Liebesdreieck Paul-Hilde-Ellinor?

«Vor dem Untersuchungsrichter haben Sie aber ausgesagt, Paul hätte die Tür geschlossen», mahnt der Vorsitzende Ellinor. «Erst dann seien Sie mit Hilde ins Badezimmer gegangen. Und unmittelbar darauf seien die Schüsse gefallen.»

Ellinor windet sich. Sie blickt zu Boden, sieht hilfesuchend nach allen Seiten und flüstert: «Ich habe solche Angst, weil ich vereidigt worden bin. Ich kann mich jetzt nicht mehr darauf besinnen … das müssen Sie doch verstehen!» Es ist wie ein Aufschrei.

Ich bitte ums Wort:

«Die Zeugin befand sich also ihrer Erinnerung nach mit Hilde im Badezimmer. Was machten Sie denn im Badezimmer?»

«Hilde wusch sich die Hände», sagt Ellinor ohne Zögern. Ich könnte aufschreien vor Freude. Das kann Ellinor sich nicht ausgedacht haben …

Ellinor bricht wieder in Tränen aus. «Wenn ich nicht den Eid geleistet hätte, dann könnte ich freier reden … Aber wenn ich nicht mehr weiß, dann kann ich doch nicht mehr sagen …»

«Zeugin Hilde Scheller», ruft der Vorsitzende.

Vor der hohen Richterbank stehen sich die beiden Freundinnen gegenüber. Hilde kühl, beherrscht – jedenfalls äußerlich. Ellinor an jeder Faser bebend.

«Nun hören Sie mal, Ellinor», sagt der Vorsitzende. «Von der ganzen Badezimmer-Angelegenheit hat weder Paul Krantz noch Hilde Scheller ein Wörtchen erzählt. Wie erklären Sie sich das?»

«Dann müssen sie es beide vergessen haben», schluchzt Ellinor.

«Und was sagen Sie dazu?» fragt der Vorsitzende Hilde.

«Meiner Meinung nach haben wir auf dem Korridor und nicht im Bad gestanden, als die Schüsse fielen», sagt Hilde.

Zwei Meinungen, unvereinbar wie Feuer und Wasser ... Aber kann es auch zwei Wahrheiten geben? Wenn Hilde recht hat, wird Paul mit großer Wahrscheinlichkeit wegen Mordes verurteilt. Hat aber Ellinor die Wahrheit gesagt, dann fällt ein wesentliches Hauptbelastungsmoment weg ... Der Vorsitzende blickt von den beiden Mädchen zum Staatsanwalt. Der rührt sich nicht. «Die Vernehmung der Zeugin Ellinor Ratti ist geschlossen», verkündet der Vorsitzende.

Ellinor rennt in Richtung Tür. Dort stürzt sie ihrer Mutter in die Arme. «Ach, Mutti, es war fürchterlich», höre ich sie weinen ...

«Ich bitte ums Wort», sage ich leise.

Der Vorsitzende fährt herum: «Bitte.»

Aber ich spreche nicht zu ihm, sondern zum Vertreter der Anklage: «Ich stelle fest, daß die Aussage der Hauptbelastungszeugin zusammengebrochen ist. Und ich frage daher: Will die Staatsanwaltschaft auf Grund des bisherigen Ergebnisses die Anklage nicht lieber fallenlassen?»

So still ist es im Großen Schwurgerichtssaal noch nie gewesen. Alle Augen sind auf den Ersten Staatsanwalt gerichtet. Er erhebt sich langsam. Er betont jedes Wort: «Ich habe nicht die Absicht, jetzt eine Erklärung abzugeben.»

Das heißt, daß der Staatsanwalt an der Mordanklage festhalten will, um jeden Preis. Und damit zwingt er mich, die schärfsten Waffen anzuwenden, die mir zu Gebote stehen.

*

Immer wenn ich nach dem Schülermord-Prozeß Krantz gefragt werde, fällt es mir schwer, auch über jenen dramatischen Zusammenstoß zu sprechen, den ich in diesem Fall mit dem Vorsitzenden des Schwurgerichts hatte. Es war der schwerste Konflikt meiner ganzen Praxis. «Doktor Frey opferte seinen Ruf, ein charmanter Mensch zu sein, um seinen Klienten Paul Krantz unter allen Umständen zu retten», schrieb Sling, der Gerichtskritiker der «Vossischen Zeitung», über diesen Zusammenprall.

Slings Wort wog damals schwer bei Staatsanwälten, Richtern, Ministern und Parlamentariern. Und auch ich habe mir die Meinungen und Urteile dieses welterfahrenen, juristisch wie schriftstellerisch und menschlich hervorragenden Mannes immer zu Herzen genommen. Sling hatte mich also bisher für einen charmanten Menschen gehalten. Er meinte damit wahrscheinlich, daß ich im Gefecht mit Richtern und Staatsanwälten stets das Florett dem schweren Säbel und erst recht dem Holzhammer vorzuziehen pflegte.

Aber für einen Moabiter Verteidiger war das eigentlich selbstverständlich. Das Format der Richter und Staatsanwälte, der Stil der Rechtspflege in der Weltstadt Berlin hätten einen mit Holzhammermethoden arbeitenden Verteidiger überhaupt nicht hochkommen lassen. Wer in Moabit Wurzeln schlagen und vorwärtskommen wollte, der mußte sich diesen Stil zu eigen machen. Doch wie von jeder Regel gab es auch hier Ausnahmen. Wie es in der idealsten Familie, in der kultiviertesten Gemeinschaft nicht an Spannungen fehlt, die aus menschlichen Schwächen herrühren, so auch in Moabit. Eine jener Spannungen war die zwischen manchen beamteten Juristen und manchen Strafverteidigern.

Dieser Gegensatz ist ganz natürlich. Menschen gleicher Bildung und Ausbildung gehen hier verschiedene Wege. Der eine wird Richter oder Staatsanwalt, der andere Verteidiger. Der eine wird festbesoldeter Beamter mit Pensionsanspruch, der andere schwimmt im offenen Strom des freien Berufs. Sollten sich an einem solchen Scheideweg nicht auch die Geister scheiden? Sollten da nicht auch Charakter- und Wesensunterschiede mitsprechen? Einer, der Anwalt werden wollte, ohne redegewandt, einfallsreich und mit schnellem Reaktionsvermögen begabt zu sein, wird es kaum weit bringen. Der Richter und Staatsanwalt kann diese Eigenschaften, falls sie ihm fehlen, durch Wissen, Organisationstalent, Gewissenhaftigkeit ersetzen. Der Beamte weiß mit fünfundzwanzig Jahren, wieviel Geld er mit fünfzig bestenfalls verdienen wird. Ein erfolgreicher Anwalt und Verteidiger kann in verhältnismäßig jungen Jahren schon das zehnfache Einkommen eines Landgerichtsdirektors haben. Dem beamteten Juristen winkt erst nach jahrzehntelangem Dienst einer jener begehrten Posten als Vorsitzender einer Strafkammer oder eines Schwurgerichts. Dazwischen liegen oft häusliche Sorgen bei kargem Gehalt. Und so kommt es, daß im Gerichtssaal zuweilen abgespannte, bitter gewordene Vorsitzende hochverdienenden, kampfesfreudigen, unverbrauchten Verteidigern gegenübersitzen.

Ich höre die bestürzte Frage: Geldneid, Altersneid, Lebensneid im Tempel der blinden Göttin Justitia? Wo bleibt denn da das Recht, das doch ohne Ansehen der Personen geübt werden soll? Und ich kann Gott sei Dank antworten: Ich wüßte keinen Fall, in dem diese menschlichen Unwägbarkeiten das Urteil eines Richters beeinflußt hätten! Aus der Atmosphäre des Gerichts jedoch sind sie einfach nicht wegzuleugnen, zumal sich dort zu den menschlichen Schwächen des Richters und Staatsanwalts die viel größeren des Angeklagten, des Verteidigers, der Zeugen und der Öffentlichkeit gesellen. Der Krantz-Prozeß war ein klassisches Beispiel dafür …

Am Sonnabend, dem 11. Februar, hatte die Mordanklage gegen Paul Krantz nach der Vernehmung der Kronzeuginnen Ellinor Ratti und Hilde Scheller einen schweren Stoß erhalten. Die Sitzung war auf Dienstag, den 14. Februar, vertagt worden.

Drei Tage lang forderten Presse, Parlament und Organisationen: Schluß mit dem Krantz-Prozeß! Umsonst. Ich erfuhr von langen Sitzungen im Justizministerium. Auch dort legte man dem Ersten Staatsanwalt nahe, die Anklage auf Mord fallenzulassen. Aber alles war vergebens.

Noch am Morgen des Dienstag wurde hinter den Kulissen von Moabit verhandelt. Die Sitzung begann mit einstündiger Verspätung und mit einer Überraschung, für die ich gesorgt hatte: Vor dem Eingang zum Gerichtssaal warteten achtzehn neue Zeugen.

Es waren die Zeugen, die mir vom Gericht am Sonnabend zuvor abgelehnt worden waren. Nun hatte ich vom Recht des Verteidigers Gebrauch gemacht, diese Zeugen durch den Gerichtsvollzieher laden zu lassen.

«Halten Sie denn wirklich die Einvernahme aller Geladenen noch für notwendig, Herr Verteidiger?» Diese Frage des Vorsitzenden macht mich hellhörig.

Ich stehe auf: «Der Angeklagte steht immer noch wegen Mordes vor Gericht. Der Frage des Herrn Vorsitzenden entnehme ich jedoch, daß auch nach Auffassung des Gerichts kein hinreichender Verdacht wegen Mordes mehr besteht. Ich beantrage daher, den Angeklagten Paul Krantz aus der Haft zu entlassen.»

Der Vorsitzende blickt fragend zum Ersten Staatsanwalt. Der Staatsanwalt steht auf und sagt: «Ich sehe nicht ein, warum jetzt plötzlich, zwei oder drei Tage vor dem Urteil, die Haftentlassung erfolgen soll.»

«Der Angeklagte sitzt seit mehr als sieben Monaten in Haft. Ich halte den Zeitpunkt für gekommen, über seine Entlassung zu entscheiden», sage ich.

Aber der Staatsanwalt ist anderer Meinung: «Darüber kann man sich ja einigen, wenn das Urteil gesprochen ist. Im übrigen erkläre ich, daß ich die Anklage auf Mord nicht mehr aufrechterhalte. Ich werde nur noch wegen gemeinschaftlichen Totschlages auf schuldig plädieren.»

Hinter mir in der Anklagebank höre ich ein Poltern. Paul Krantz ist aufgesprungen. Ich kann mir vorstellen, was in ihm vorgeht. Fast acht Monate lang hat das Wort «Mord» wie mit Flammenschrift vor seinen Augen gestanden. Jetzt ist es jäh weggewischt. Ein Alpdruck ist von seiner Seele genommen.

Das Gericht berät nur kurz. Der Vorsitzende verkündet: «Der Haftbefehl wird aufgehoben, da der Angeklagte nicht mehr fluchtverdächtig erscheint.»

Wie von fern höre ich das Raunen, das durch den Saal geht. Aber ich sehe nur Paul, sehe die Blutwelle der Freude in sein Gesicht schießen, sein glückliches Lächeln. Und ich errate das Kaleidoskop der Gedanken und Bilder, das ihn bestürmt. Am Nachmittag nach Hause gehen dürfen ... die menschenerfüllten Straßen sehen ... Autos, Lichtreklamen ... statt der Pritsche das gewohnte Bett. Und wenn jemand an der Tür klinkt, dann wird es nicht der inspizierende Posten sein, sondern die Mutter, die sich tröstend zu ihm an den Bettrand setzt ...

Aber was macht denn der Junge da? Ich sehe, wie er zu der Klapptür in der Anklagebank stürzt. Und so unwiderstehlich ist sein Schwung, daß einer der beiden Justizwachtmeister ihm unwillkürlich die Tür aufmacht. Gleichzeitig wenden sich die beiden Beamten zum Weggehen. Sie kommen sich überflüssig vor.

Zum erstenmal sehe ich den Vorsitzenden lächeln. «Angeklagter!» ruft er.

Unschlüssig bleibt Paul auf dem Parkett außerhalb der Anklagebank stehen.

«Bleiben Sie doch in der Anklagebank», sagt der Vorsitzende. «Das Urteil stempelt den Mann, nicht der Platz, auf dem er sitzt.»

Mit einem verlegenen Lächeln geht Paul hinter die Barriere zurück.

Eine Minute lang hat die Menschlichkeit über die Paragraphen gesiegt. Es könnte scheinen, als sei bei allen, bei Richtern, Staatsanwalt und Geschworenen ein Panzer geborsten, der sich in diesem unsäglich traurigen Prozeß um die Herzen gelegt hatte.

Der Vorsitzende scheint überzeugt, daß er den Prozeß nun sehr rasch zu Ende bringen kann. Er spricht zu mir: «Nach der Erklärung der Staatsanwaltschaft und nach der Haftentlassung des Angeklagten können wir doch wohl auf eine so ausgedehnte Beweisaufnahme verzichten.»

«Nur dann, wenn die Staatsanwaltschaft die Anklage wegen gemeinschaftlichen Totschlags fallenläßt», sage ich.

Der Staatsanwalt schüttelt den Kopf. Und plötzlich ist alles wieder grau in grau. Mit resigniertem Ausdruck geht der Vorsitzende zur Vernehmung der Zeugen über.

Nach den jugendlichen Akteuren der Tragödie – nach Paul, Hilde und Ellinor – kommen jetzt die Eltern zu Wort. Und wie ich die rührende Aussage von Pauls Mutter und die klaren Angaben des Vaters von Hilde und Günther Scheller höre, steigt in mir ein Zweifel auf. Man hatte diese Eltern als die eigentlich Schuldigen an dem Steglitzer Drama bezeichnet. Mir erscheinen sie jetzt mehr als die eigentlichen Opfer.

Was hatten sie denn getan? Die Eltern Krantz und Scheller haben wie alle Eltern in Deutschland nur daran gedacht, daß es ihre Kinder einmal besser haben sollten als sie. Der Existenzkampf ließ ihnen nicht so viel Zeit, wie sie ihren Kindern gern gewidmet hätten. Sie glaubten modern zu sein, wenn sie ihren Kindern viel Freiheit gaben. Sie ahnten ja nicht, welche Gefahren in dieser Freiheit lauerten. Sie waren nur zwei von hunderttausend Elternpaaren jener Zeit. Und sie unterschieden sich von hunderttausend anderen Eltern nur dadurch, daß bei den anderen nicht geschossen worden war und es keine Toten gegeben hatte. Und keinen Prozeß, der die Abenteuer und Irrwege sich selbst überlassener Jugend ins grelle Scheinwerferlicht stellte. Ich fragte mich: Muß denn immer erst geschossen werden, bevor man merkt, daß etwas faul ist in der Gesellschaft, im Staat?

Die Sitzung wurde geschlossen. Meine größte Sorge war es, Paul sicher aus dem Gerichtsgebäude herauszubringen. Die Nachricht von seiner Haftentlassung stand in den Mittags-Zeitungen. Ein Justizwachtmeister flüsterte mir kurz vor Schluß der Verhandlung zu, daß auf der Straße junge Mädchen und Frauen verschiedenen Alters mit Blumensträußen warteten. Das hätte mir gerade noch gefehlt!

Pauls Mutter stand neben mir. Sie zitterte, lachte und weinte dem Augenblick entgegen, wo sie ihren großen Jungen in die Arme schließen und in die Freiheit führen könnte.

Ich mußte sie enttäuschen. Nur mühsam konnte ich ihr klarmachen, daß es Paul schwer schaden könnte, wenn er draußen wie ein Sieger mit Blumen bekränzt würde. Noch war er angeklagt. Und auch wenn er freigesprochen werden sollte, würde das kein Grund sein, ihn als Helden zu feiern …

Ich führte Paul durch das innere Treppensystem zum Ausgang des alten Kriminalgerichts an der Straße Alt-Moabit. Hierhin hatte ich meinen Wagen und ein Taxi bestellt. Erst als das Taxi im Strom des Abend Verkehrs untertauchte, atmete ich auf. Leider zu früh…

*

Es mag zehn Uhr abends sein. Seit Wochen liege ich zum erstenmal wieder auf der Couch im Wohnzimmer meines «Hauses Rübchen» bei Teltow. Ich lese und kraule mit der freien Hand das Fell unseres Dobermanns Harras. Da rasselt das Telefon.

«Du wirst aus dem ‹Café Vaterland› verlangt», sagt meine Frau und gibt mir den Hörer.

Eine tiefe Männerstimme meldet sich: «Hier Kunze.»

«Kunze I oder Kunze II?» frage ich.

«Kunze I», sagt die Stimme.

«Hallo, Kuppel-Kunze, was verschafft mir die Ehre …» Kriminalkommissar Kunze I gehört dem Sittlichkeits-Dezernat der Kriminalpolizei an und wird deshalb am Alexanderplatz und von seiner Kundschaft nur «Kuppel-Kunze» genannt.

«Ich bin gerade mal wieder der Athleten-Anna nachgestiegen», sagt Kuppel-Kunze. «Dabei bin ich ins ‹Vaterland› gekommen. Athleten-Anna habe ich nicht getroffen. Aber dafür ’ne andere interessante Persönlichkeit.»

«Na, nun schießen Sie schon los.» Wahrscheinlich will mir Kunze das Auftauchen irgendeines meiner früheren Klienten aus der Gilde der schweren Jungen mitteilen.

«Das können Sie nicht erraten, Herr Rechtsanwalt», sagt Kunze. «Ich war ooch völlig von den Socken … Paul Krantz!»

«Krantz? Im ‹Vaterland›? Das ist doch nicht möglich.»

«Möglich nich, aber Tatsache. Mit Herrn Papa und Frau Mama, in ’ner Loge, direkt neben dem Tanzorchester …»

«Ich fahre sofort hin», sage ich.

«Hab’ ich schon besorgt», sagt Kunze. «Ich hab’ den ollen Krantz mal kurz ’rausgebeten und ihm jesacht, daß er seinen Sprößling schleunigst ins Bette bringen soll. Hat er dann ooch jemacht. Nee, wat sich die Leute denken, nee …»

«Schönen Dank», sage ich und hänge ein.

Nee, wat sich die Leute denken … Die Familie Krantz zeigt sich im «Café Vaterland», dem Tanzpalast am Potsdamer Bahnhof. Und das während eines Prozesses um zwei Menschenleben! Ist es Taktlosigkeit, ist es das rauschhafte Gefühl, im Mittelpunkt zu stehen, das zu solchen Geschmacklosigkeiten verleitet? Sicher nicht. Gedankenlosigkeit ist es: Der Junge soll endlich mal wieder merken, daß er ein Mensch ist … Ich aber höre bereits die schneidende Stimme des Staatsanwalts …

«Ist es richtig, daß der Angeklagte Krantz sich gestern abend im Café Vaterland gezeigt hat und daß ihm applaudiert worden ist?» Der Erste Staatsanwalt stellt die Frage, kaum daß der Vorsitzende die Mittwoch-Sitzung eröffnet hat. Ich springe auf: «Ich protestiere gegen diese Frage. Sie hat mit dem Gegenstand der Verhandlung nichts zu tun. Wenn sie zugelassen wird, stelle ich auch neue Beweisanträge über das Verhalten Hilde Schellers.»

Der Vorsitzende winkt ab: «Wir wollen darauf nicht eingehen. Uns interessiert nur das Verhalten des Paul Krantz bei der Tat und nicht jetzt, sieben Monate später.»

Ich beantrage, zwei neue Sachverständige zu laden, und zwar die Direktoren der Heilanstalten Wittenau und Herzberge: «Die beiden Sachverständigen sollen über die Einwirkung des Alkohols auf junge Menschen Auskunft geben.»

Der Vorsitzende sieht mich vorwurfsvoll an: «Wollen wir nicht lieber die Sachverständigenliste etwas verkleinern?»

«Ich muß auf Ladung der Herren bestehen», sage ich. «Wir haben außer der Totschlagsanklage immer noch die Anklage wegen Verabredung zum Mord. Paul Krantz und Günther Scheller hatten reichlich getrunken, als sie in der Küche der Schellerschen Wohnung den phantastischen Mordplan zu Papier brachten. Die Sachverständigen sollen bekunden, daß angesichts der genossenen Alkoholmenge von einer ernsthaften Verabredung nicht die Rede gewesen sein kann.»

«Ist denn diese Ladung wirklich notwendig? Wir haben ja gar keinen Platz mehr für diese Herren Sachverständigen. Alle Bänke sind besetzt, wir werden neue Stühle aufstellen lassen müssen.» Dieser Einwand des Vorsitzenden verschlägt mir für einen Augenblick die Sprache. Eigentlich müßte ich jetzt sagen, daß ich nicht einsehen kann, was die Möblierung des Gerichts mit der Wahrheit zu tun hat. Aber ich schlucke die Antwort herunter. Mir ist etwas Besseres eingefallen.

«Ich verstehe die Schwierigkeiten des Herrn Vorsitzenden durchaus», sage ich. «Vielleicht brauchen wir die Sachverständigen wirklich nicht … Der Herr Staatsanwalt brauchte nur zu erklären, daß er die Anklage auf Verabredung zum Morde fallenläßt.»

Alle Augen sind auf den Ersten Staatsanwalt gerichtet. Wird er jetzt endlich den Ball auffangen, den ich ihm zuspiele? Aber der Staatsanwalt schweigt. Die Sachverständigen haben das Wort.

Vor den Richtertisch tritt Ingenieur Schmuderer, der Schießsachverständige.

«Ist das die Waffe, aus der die tödlichen Schüsse abgegeben wurden?» Der Vorsitzende hält dem Sachverständigen eine kleine, mattglänzende Waffe hin. Fast wie ein Spielzeug wirkt sie.

«Jawohl, das ist die Waffe», sagt der Sachverständige. «Angeklagter, erkennen Sie die Waffe als Ihr früheres Eigentum wieder?»

«Ja», sagt Paul leise.

Der Sachverständige sagt aus:

«Die Schüsse auf Stephan müssen aus achtzig Zentimeter bis ein Meter Entfernung abgegeben worden sein. Der Täter hat also am Nachttisch gestanden. Aus der Lage der Hülsen konnte das ziemlich genau festgestellt werden, da diese Waffe die Hülsen etwa einen Meter weit auswirft … Die Verletzung Günther Schellers läßt mit ziemlicher Sicherheit auf Selbstmord schließen …»

Der Staatsanwalt unterbricht: «Sind Ihnen vielleicht Fälle bekannt, Herr Sachverständiger, in denen ein Mord auf Wunsch des Getöteten erfolgt ist?»

«Jawohl.»

«Gleichen in solchen Fällen die Schußmerkmale nicht sehr denen bei Selbstmord?»

Diese Frage alarmiert mich. Sie zeigt, daß der Staatsanwalt innerlich noch immer an seiner Mordanklage festhält.

«Ich kenne eine Reihe von Fällen von Mord auf Wunsch», sagt der Sachverständige. «Aber bei Mord auf Wunsch werden die Schüsse meist von hinten abgegeben. Die Täter scheuen sich nämlich, ihren Opfern ins Gesicht zu sehen.» Der Staatsanwalt gibt es auf.

«Zeuge Seemann», ruft der Vorsitzende.

Eine mir wohlvertraute Gestalt betritt den Saal. Wie oft bin ich diesem schlanken Mann mit dem schöngewölbten, von schütterem Grauhaar eingerahmten Schädel in der Halle des Untersuchungsgefängnisses begegnet. Es ist Oberlehrer Ludwig Seemann, der Lehrer von Moabit. Daß sich gerade an der Aussage dieses stillen, feinen Menschen die zwischen mir und dem Vorsitzenden angesammelte Spannung so explosiv entzünden sollte, ahnte ich wirklich nicht.

«Was können Sie uns über Krantz' innere Einstellung sagen?» fragt der Vorsitzende.

«Ich hatte reichlich Gelegenheit, mich mit dem Innenleben von Paul Krantz zu beschäftigen», sagt Oberlehrer Seemann bedächtig. »Als ich ihn zum erstenmal sah, fand ich ihn in der sogenannten ‹Schweren Zelle›. Sie hat kein eisernes Bettgestell, sondern nur eine Pritsche und ist für Häftlinge bestimmt, die unter dem Verdacht eines besonders schweren Verbrechens stehen …»

«Es ist doch wirklich nicht nötig, diese Zellengeschichte zu erörtern», fährt der Staatsanwalt dazwischen.

«Ich bitte doch, den Zeugen ausreden zu lassen», protestiere ich, als der Vorsitzende nichts unternimmt.

«Für mich war dieser Umstand durchaus wichtig», sagt Oberlehrer Seemann. «Das jugendliche Alter von Krantz, sein bescheidenes Wesen – das alles stand im Gegensatz dazu, daß er in eine ‹schwere Zelle› eingeliefert war. Da er als Jugendlicher zu meinen Schülern gehörte, sah ich ihn häufig. Allmählich gewann er Vertrauen zu mir. Der Vorhang, hinter dem er sein Wesen verbarg, zerriß. Vielleicht spricht das sichere äußere Auftreten von Krantz gegen das, was ich sagen werde, aber ich bin überzeugt davon: Krantz hat ein sehr schwankendes Bewußtsein seines eigenen Wertes. Er hat eine ganze Reihe von Minderwertigkeitsgefühlen, die vor allem auf eine gewisse körperliche Spätreife zurückzuführen sind. Um den Kameraden ebenbürtig zu scheinen, renommiert er, stellt sich in Liebesdingen erfahrener, als er ist. Er hält Trinkfestigkeit für eine notwendige Tugend des Germanen. Ja, er kann es nicht verwinden, daß ihm ein Lehrer einmal gesagt hat, er sei ein degenerierter Germane …»

Der Vorsitzende unterbricht: «Ähnliches geht auch aus den Briefen hervor, die Krantz aus dem Gefängnis geschrieben hat…» Er entnimmt aus den Akten ein paar Briefe. «Hier schreibt er: ‹*Ich bin schwach, wenn mich auch die Haft zum Manne reifen läßt. Für mich gilt der Satz Christian Morgensterns: Für viele Menschen gibt es nur ein Heil, nämlich die Katastrophe …*»

Will der Vorsitzende dieses Zitat etwa so auslegen, daß Paul die Katastrophe des 28. Juni 1927 noch nachträglich bejaht, vielleicht gar, daß er sie wirklich gewollt hat? Ich bin plötzlich sehr wachsam.

«Was hat Krantz denn in der Haft gelesen?» fragt der Vorsitzende.

«Er hat mich oft um Bücher gebeten», sagt der Gefängnislehrer. «Zum Beispiel um Nietzsches ‹Zarathustra›! Er hat es dann aber nur flüchtig gelesen. Namentlich die Stelle, die seine Mitschüler immer zitiert hatten, hat ihn abgestoßen: der berühmte Satz ‹Du gehst zum Weibe, vergiß die Peitsche nicht›. Überhaupt – Krantz ist ein weicher

Mensch. Im ganzen fehlt ihm der Wille, sich durchzusetzen. Als er nachher mit anderen in einer Zelle lebte, konnte jeder ihm seinen Willen aufzwingen, obwohl Krantz der geistig Überlegene war …»

«Ich verstehe nicht, wie man sich in einer Zelle ein Urteil über die Willensstärke eines Menschen machen kann», ruft der Staatsanwalt dazwischen.

Der Vorsitzende reagiert mit keiner Miene auf den Zwischenruf, mit dem der Staatsanwalt eine merkwürdige Unkenntnis der menschlichen Seele verrät.

Dafür wendet sich der Zeuge dem Ankläger zu und sagt erstaunt: «Aber gerade in einem engen Raum, wo zwei Menschen den ganzen Tag über aufeinander angewiesen sind, zeigt sich rasch, wer den stärkeren Willen hat. Da ist täglich eine große Anzahl von Arbeiten zu verrichten – Aufkehren, Aufwischen, Lüften usw. Und bei Krantz konnte immer der andere befehlen, wer was zu tun hatte …»

Das ist eine offene Belehrung des Staatsanwalts. Eigentlich müßte sie genügen, um diesem hartnäckigen Ankläger in den Augen des Gerichts jede Autorität und Überzeugungskraft zu nehmen. Aber der Erste Staatsanwalt schweigt ungerührt, als ginge ihn das Ganze nichts an. Und der Vorsitzende klopft ungeduldig mit dem Bleistift.

Ich bebe innerlich. Hier bietet sich eine Gelegenheit, die Einseitigkeit dieses Staatsanwalts bloßzustellen, wie sie nie wiederkommen wird. Ich frage den Zeugen: «Wie lange sind Sie als Lehrer an Strafanstalten tätig?»

«Zwölf Jahre.»

Wieder klopft der Vorsitzende nervös auf den Tisch. Aber ich lasse mich nicht aus dem Konzept bringen. Ich frage: «Ist Ihnen bekannt, daß die Staatsanwaltschaft eine Behörde des Strafvollzugs ist und …»

«Ich weiß nicht, was diese Frage hier soll», sagt der Vorsitzende scharf.

«Ich bitte doch sehr, den Zeugen antworten zu lassen.» «Selbstverständlich ist die Staatsanwaltschaft eine Behörde des Strafvollzugs», sagt Oberlehrer Seemann.

Blitzschnell frage ich: «Hat es Sie nicht gewundert, Herr Seemann, daß der Herr Erste Staatsanwalt als Beamter einer Strafvollzugsbehörde eine solche Frage wie eben überhaupt an Sie …»

«Ich beanstande diese Frage als nicht zur Sache gehörig!» So laut habe ich den Vorsitzenden noch nicht gehört.

«Ich verbitte mir entschieden, daß Sie mich immer unterbrechen, Herr Vorsitzender!» Ich springe auf. Auch Vorsitzender und Staatsanwalt sind auf den Beinen.

«Ich verbitte mir Ihren ungehörigen Ton, Herr Verteidiger!» Der Vorsitzende hat sein samtenes Barett mit den silbernen Borten des Landgerichtsdirektors aufgesetzt. Sein Gesicht ist hochrot angelaufen, er bebt vor Empörung. «Ich werde überhaupt sehen, ob ich Ihnen nicht das Wort entziehe.» Dann verläßt er, gefolgt von den Beisitzern und Geschworenen, den Raum.

Der Große Schwurgerichtssaal gleicht in diesem Augenblick mehr einem Parlament im Höhepunkt der Krise als einer Gerichtsstätte. Überall wird diskutiert, Berichterstatter stürzen aus dem Saal, um die Sensation durchzugeben.

Ich fühle eine Hand auf meiner Schulter. Ich wende mich um und sehe in Paul Krantz' wachsbleiches Gesicht. Er atmet hastig, seine Augen sind weit aufgerissen. Aber sein Mund versucht, zu lächeln. Er kann nichts sagen, aber ich ahne, daß er mich verstanden hat. Wie wohl das Vertrauen dieses Jungen mir in diesem Augenblick tut! Aber ahnt er denn, welche Folgen dieser Zusammenstoß haben kann – für ihn ...?

Die Beratung des Gerichts dauert außergewöhnlich lange. Endlich geht die Tür zum Richterzimmer auf. Mit einem Schlag verstummt das Summen im Saal. Schweigend nehmen Richter und Geschworene ihre Plätze ein.

Der Vorsitzende sagt mit rauher Stimme: «Das Gericht läßt die Frage des Herrn Verteidigers nicht zu, da sie nicht zur Sache gehört. Außerdem ermächtigt mich das Gericht, zu erklären, daß es über das Benehmen des Herrn Verteidigers empört ist.»

Eine solche öffentliche Zurechtweisung eines Verteidigers ist etwas Ungeheuerliches, noch nie Dagewesenes.

Ich fühle die Blicke von allen Seiten wie Nadelstiche. Aber ich habe mich wieder völlig in der Gewalt. Ich frage: «Das Gericht wollte doch darüber beschließen, ob mir das Wort entzogen werden soll ...»

«Darüber wird es sich zu geeigneter Zeit schlüssig werden.»

«Auch ich behalte mir vor, zu geeigneter Zeit zu erklären, ob ich unter diesen Umständen die Verteidigung noch weiterführen kann», sage ich. «Zunächst möchte ich aber den Sachverständigen zu Ende vernehmen.»

Oberlehrer Seemann tritt wieder vor.

«Kann die Unterbringung in einer Schwerverbrecherzelle besonderen Einfluß auf einen Menschen von der Art des Paul Krantz haben?» frage ich.

«Zweifellos hat dies stark auf seinen Gemütszustand gewirkt.»

«Danke, keine weiteren Fragen.»

Vorsitzender und Staatsanwalt blicken verdutzt hoch. Erst jetzt geht ihnen auf, daß ich mit diesen wenigen Sätzen nachträglich bewiesen habe, daß meine abgelehnte Frage, der Stein des Anstoßes, doch berechtigt war.

Wird der Vorsitzende einlenken? Gibt er mir jetzt in der Sache recht, dann kann ich mein Bedauern über den scharfen Ton aussprechen, ohne das Gesicht zu verlieren. Aber auch nur dann. Gebe ich allein nach, dann wird der Staatsanwalt mich niederwalzen – und mit mir Paul Krantz.

Aber der Vorsitzende geht über meinen Rechtfertigungsversuch zur Tagesordnung über. Er ruft die psychiatrischen Sachverständigen auf.

Unter atemloser Spannung tritt nun der bedeutendste Mann vor, der in diesem Prozeß das Wort ergreifen soll: Professor Eduard Spranger, Inhaber des Lehrstuhls für Psychologie und Pädagogik an der Universität Berlin. Sein Werk, «Psychologie des Jugendalters», ist das Standardwerk aller modernen Erzieher. Studenten aus der ganzen Welt sitzen ihm zu Füßen in den Hörsälen.

Und zum Hörsaal wird nun auch das Gericht. Der Streit um Paragraphen und juristische Formeln versinkt, als der große Gelehrte das Wort ergreift:

«Die Erscheinungen, die uns hier beschäftigen, lassen sich nur aus der jugendlichen Seele erklären. Das Gesamtbild des Charakters des Krantz ist dadurch beeinflußt, daß er aus einfachen Verhältnissen in eine Sphäre der Geistigkeit, nämlich der Schule, hineinkam. Krantz ist ein Mensch mit reichem Innenleben, aber als Phantast möchte ich ihn nicht bezeichnen. Sein Tagebuch zeigt zwei Züge, die bei den meisten

Jugendlichen vorhanden sind. Zunächst der starke Zug zum Aufbau einer idealen Welt und die schwere Erschütterung, wenn diese Welt zusammenbricht. Der zweite Zug ist die Neigung, bei Eintritt einer Krise alles über Bord zu werfen und dem Leben ein Ultimatum zu stellen. An den Aufbau einer idealen Welt und eine ideale Liebe hat Krantz sehr stark geglaubt. Züge von Energie sind wenig bei ihm zu finden. Die Gedichte, die er schrieb, sind nicht immer Ausdruck von real Erlebtem. Sein Gedicht ‹Mord› spricht von Mordgedanken, aber die kann jeder Mensch in seiner Phantasie haben. Irgendeine Mord-Ecke ist bei jedem von uns vorhanden, und der jugendliche Mensch steht dem Tode näher als der reife. Auch Selbstmordgedanken sind daher unter Jugendlichen keine anomale Erscheinung.

Die Liebe zu Hilde Scheller war rein sinnlich. Er hat in diesem Mädchen nicht die Enttäuschung eines Ideals erlebt.

Was in der Nacht über den Mord geschrieben wurde, kann man nicht als einen Plan bezeichnen.

Das Nachzittern seines ersten Liebes-Erlebnisses, der Alkohol und der mangelnde Schlaf – das alles bestimmt die aufgeregte Situation. Nie ist die Rede von Mord, sondern immer nur von einer Art erweitertem Selbstmord. Bei dem Plan, den sie niederschrieben, überlegten sie sich, wie sie ihn stilisieren wollten. Das tun Mörder nicht. Wenn Paul und Günther an das ‹Weltall› schreiben, ist es halb ernst und halb Theater. Wie weit man bei den Vorgängen am Morgen Überlegung annehmen kann, entzieht sich meiner Beurteilung. Es ist aber meiner Ansicht nach beinahe niemals möglich, die Psyche des Jugendlichen in Einklang zu bringen mit der Fassung eines juristischen Paragraphen.

Krantz verhält sich in schwierigen Situationen schwach, seine gute Begabung kann ihn nur dann zu etwas bringen, wenn er mehr Energie erhält. Ich habe den Eindruck, daß ihm die Majestät des Staates, mit der er hier zusammenstößt, nicht ganz klargeworden ist. Ebenso fehlten ihm zur Zeit der Tat die Begriffe der Majestät der Moral und der Majestät der Verantwortung. Der Öffentlichkeit muß klargemacht werden, daß sie in diesem Sinne eine Verantwortung gegenüber der heutigen Jugend hat.»

Ich weiß nicht, ob unter den dreihundert Anwesenden jemand andächtiger den Worten dieses Gelehrten gelauscht hat als ich. Und mit jedem Satz war mir klarer geworden, wie wenig ein solches Gericht in der Lage war, einen solchen Fall zu beurteilen.

Hätte man die Anklage auf klaren Tatsachen aufgebaut – gut. Paul Krantz hätte schlimmstenfalls wegen Beihilfe zum Totschlag angeklagt werden können. Aber der Staatsanwalt hatte sich auf das Gebiet seelischer und kaum wägbarer erotischer Vorgänge vorgewagt. Darauf hatte er seine Anklage aufgebaut. Statt Tatbestände zu werten, hatte er es unternommen, Gehirne und Seelen zu röntgen. Und da mußte er versagen, ebenso wie der Vorsitzende. Denn dafür waren weder ihre hervorragend geschulten Juristenhirne ausgebildet noch ihre Herzen groß genug. Sie waren in Gefühlen eingewurzelt, in Vorstellungen aufgewachsen, die sich nur in Unverständnis für Paul Krantz auswirken konnten. Ich hielt weder den Staatsanwalt noch den Vorsitzenden für böswillige Menschen. Aber ich traute ihnen einfach nicht die Größe zu, über ihren Schatten zu springen. Der Staatsanwalt hatte in diesem Prozeß schon so viele Löcher zurückstecken müssen – erst hatte er die Anklage auf doppelten Mord fallenlassen müssen, dann die auf Mord – er hätte ein Heroe sein müssen, um nun zu erklären: Ich plädiere auf Freispruch. Er hätte damit eingestanden, daß er nicht nur einmal, sondern drei-, vier- und fünfmal geirrt hatte. Und das ist zuviel verlangt.

Wirklich?

Ich warte ab, was der Vorsitzende sagen wird.

«Die Vernehmung der Sachverständigen ist damit abgeschlossen», sagt der Vorsitzende. Das ist alles.

Ich sehe zum Staatsanwalt hinüber. Er schweigt. In diesem Augenblick entschließe ich mich zum Äußersten. Ich sage: «Ich bitte um eine Pause von zehn Minuten, um mir über die Erklärung des Gerichts schlüssig zu werden.»

«Bitte!» Der Vorsitzende nickt.

Ich gehe ins Anwaltszimmer. Es ist fast leer. Was in Moabit als Anwalt Rang und Namen hat, ist entweder mit eigenen Fällen beschäftigt oder sitzt im Krantz-Prozeß.

Drüben am Fenster erhebt sich eine einsame Gestalt. Ich erkenne Dr. Schulz, einen tüchtigen, aber in großen Sachen noch nie hervorgetretenen Kollegen. «Ich habe schon gehört», sagt er. «Der arme Krantz ...»

Mir kommt plötzlich ein Gedanke. Ich frage: «Würden Sie seine Verteidigung übernehmen, wenn ich niederlege?»

«Niemals! Das wäre unkollegial», protestiert Dr. Schulz.

«Und wenn ich Sie darum bitte?»

Er sieht mich verständnislos an: «Das schaffe ich niemals. Ich hatte keine Zeit, mir die Verhandlungen anzuhören. Um die Akten zu studieren, brauche ich Tage …»

«Das ist Ihre Sache», sage ich. «Bitte, springen Sie für mich ein!»

«Gut», sagt Dr. Schulz.

«Abgemacht!» Ich setze mich an den Tisch. Ich muß jedes Wort meiner Erklärung an das Gericht abwägen. Kein Schuß Temperament zuviel, aber auch kein hundertstel Millimeter Schärfe zuwenig …

Dann betrete ich wieder den Großen Schwurgerichtssaal und verlese meine Erklärung: «*Nach der Erklärung des Vorsitzenden hat das Gericht diesen ermächtigt, mir mitzuteilen, das Gericht sei empört über das Benehmen des Verteidigers.*

Diese Kritik an der Handlungsweise eines Verteidigers ist ungewöhnlich. Sie ist aber auch unberechtigt. Es handelte sich um eine Kontroverse zwischen dem Vorsitzenden und dem Verteidiger, da der Vorsitzende, wie schon so oft in diesem Prozeß, den Verteidiger vor Beendigung seiner Frage unterbrochen hat. Er hat aber nur das Recht, die Frage zu beanstanden.

Über diese persönliche Angelegenheit zwischen Vorsitzendem und Verteidiger einen Gerichtsbeschluß herbeizuführen, war unzulässig. Es ist zu dem Zweck geschehen, den Verteidiger in der öffentlichen Meinung herabzusetzen. Unter diesen Umständen sieht sich der Verteidiger nicht in der Lage, die Verteidigung fortzusetzen.»

Soviel ungläubige, erstaunte, mißbilligende Augen habe ich noch nie in meinem Leben gesehen wie in diesem Moment.

Der Vorsitzende steht auf. Es dauert eine Weile, bis er sagt: «Ich unterbreche die Verhandlung auf unbestimmte Zeit.» Damit wendet er sich zum Richterzimmer. Erst dann fällt ihm etwas Wichtiges ein. Er dreht sich zu Paul Krantz um, der hilflos in der Anklagebank steht: «Sie sind jetzt ohne Verteidiger, Angeklagter. Soll ich einen Offizialverteidiger für Sie bestimmen, oder wollen Sie ihn sich selbst wählen?»

«Ich möchte mir selbst einen Verteidiger wählen.»

«Dann müssen Sie ihn aber gleich nennen», sagt der Vorsitzende.

«Das kann ich nicht!» Paul sieht mich hilfesuchend an.

«Ich gebe Ihnen anderthalb Stunden Frist», sagt der Vorsitzende und wendet sich brüsk ab. Er winkt einen Justizwachtmeister heran, spricht mit ihm. Der Wachtmeister verschwindet in Richtung Anwaltszimmer. Er wird dort niemand anderen antreffen als den Rechtsanwalt Dr. Schulz ... Von dem hängt jetzt alles ab. Wenn er dem Gericht erklärt, daß er mehr als zwei Tage braucht, um sich in die Prozeß-Materie einzuarbeiten, dann ist der Prozeß Krantz für immer aufgeflogen. Denn die Strafprozeßordnung bestimmt, daß nach mehr als viertägiger Unterbrechung der Prozeß abgebrochen und ein völlig neues Verfahren eröffnet werden muß. Der vierte Tag war ein Sonntag ...

*

Nach der Übernahme der Verteidigung durch Rechtsanwalt Schulz erlitt Paul einen Zusammenbruch. Die Sachverständigen, an der Spitze Dr. Magnus Hirschfeld, waren sich einig, daß Paul in ein Krankenhaus gehörte. Sein Gesundheitszustand schien es nicht zu erlauben, daß er dem neuen Verteidiger in den nächsten zwei Tagen die nötigen Informationen geben könnte.

Daraufhin brach der Vorsitzende die Verhandlung ab. Paul wurde in das Augusta-Viktoria-Krankenhaus eingewiesen. Falls sein Zustand es ermöglichte, sollte am Sonnabend weiter verhandelt werden. Sollte das Verfahren ausgesetzt werden, so müßte das Gericht dem Rechtsanwalt Frey die Kosten auferlegen ...

Wenn kein Wunder geschah, war der Prozeß Krantz also aufgeflogen. Aber die Strafprozeßordnung läßt nicht zu, daß ein einmal eröffnetes Verfahren ohne Urteil im Sande verläuft. Man mußte also warten, bis Krantz wieder vernehmungsfähig sein würde und dann eine neue Verhandlung ansetzen. Die Beweisaufnahme würde noch einmal von vorn beginnen, noch einmal die Seelenqual der Inquisition für Paul, Hilde, Ellinor und die Eltern ...

Den Donnerstag verbrachte ich größtenteils im Bett. Ununterbrochen klingelte das Telefon. Meine Mitarbeiter, der neue Offizialverteidiger Dr. Schulz, Journalisten und Kollegen hielten mich über die Vorgänge in Moabit auf dem laufenden.

In Moabit herrschte äußerlich die Stille nach dem Sturm. Keine spalierbildenden Menschenmengen vor dem Kriminalgericht mehr, keine Ketten absperrender Justizwachtmeister in der Halle, kein lebensgefährliches Gedränge vor dem Großen Schwurgerichtssaal wie in den hektischen Tagen zuvor. Und doch ruhte der Krantz-Prozeß nur äußerlich. Hinter den Kulissen ging er weiter. Im Justizministerium, bei der Staatsanwaltschaft, beim Präsidium des Landgerichts – überall wurde verhandelt. Und in den Amtsstuben überstürzten sich die Gerüchte.

Am meisten aber wurde über das Urteil debattiert, das Krantz zu erwarten hatte, falls der Prozeß weitergeführt werden sollte. Die Meinungen darüber waren geteilt. Anwälte und Journalisten waren überzeugt, daß nach dem bisherigen Prozeß-Ergebnis nur Freispruch in Frage komme. In Richterkreisen dagegen herrschte der Standpunkt vor, Krantz müsse wegen Beihilfe zum Totschlag verurteilt werden.

Eine Alarm-Nachricht erreichte mich gegen Abend. Rechtsanwalt Schulz teilte mir mit, daß der Vorsitzende am Sonnabend eine kurze Verhandlung an Pauls Krankenbett durchführen wolle, falls die Ärzte ihn für bettlägerig erklären sollten. Der Sinn dieser Maßnahme war sonnenklar: der Vorsitzende wollte um jeden Preis vermeiden, daß die vier Tage zulässiger Unterbrechung verstrichen. Aber Dr. Schulz wußte auch, was Professor Glaser, der Direktor des Krankenhauses, zu diesem Vorschlag gesagt hat: «Nur über meine Leiche.»

Doch dann geschah etwas sehr Merkwürdiges. Am Freitag gegen Mittag erschien das «12-Uhr-Blatt» mit der Schlagzeile: JUSTIZMINISTER VERMITTELT IM KRANTZ-PROZESS – DR. FREY ZUR ÜBERNAHME DER VERTEIDIGUNG BEREIT.

Ich fragte bei der Redaktion an: «Woher haben Sie diese Nachricht?»

Antwort: «Anruf aus dem Justizministerium, Ministerialrat Dr. Meister.»

Die Angelegenheit begann geheimnisvoll zu werden. Es stellte sich heraus, daß es im Justizministerium keinen Dr. Meister gab. Wer konnte sich diesen seltsamen Scherz erlaubt haben?

Aber nun überstürzten sich die Ereignisse. Aus dem Schöneberger Krankenhaus meldete sich Professor Glaser: «Krantz hat soeben die Nachricht erfahren und ist vor Freude aus dem Bett gesprungen. Er hat eine Riesenportion Leber mit Kartoffelbrei verlangt. Wann Sie ihn besuchen, will er wissen. Er macht mir die Hölle heiß, daß ich ihn für morgen verhandlungsfähig erklären soll.»

Schweren Herzens sagte ich dem Arzt, daß alles nur eine Mystifikation wäre. Ich beschwor ihn: «Aber keine Silbe davon zu Krantz.»

«Das wird schwer sein, aber ich werd's versuchen. Wann besuchen Sie Krantz?»

«Um drei, wenn's geht.»

«Das ist etwas früh. Halb vier?»

«Abgemacht!»

Punkt halb vier war ich im Vorzimmer des Professors. «Der Herr Professor hat noch Besuch», sagte die Sekretärin. Da ging die Tür zum Zimmer des Professors auf. Professor Glaser geleitete drei Herren hinaus. Und im gleichen Augenblick sprang ich vom Stuhl auf. Denn die Besucher waren niemand anders als der Schwurgerichtsvorsitzende mit seinen Beisitzern.

Auch der Vorsitzende blickte erstaunt. Ich verbeugte mich. Er streckte mir die Hand hin: «Guten Tag … merkwürdiger Zufall.»

«Ja, merkwürdig», sagte ich.

In seinem Händedruck war nichts mehr davon zu spüren, daß er mir drei Tage zuvor die Empörung des Gerichts ausgesprochen hatte. Einen Augenblick schien es, als wollte er mir noch etwas sagen. Aber dann verneigte er sich knapp und ging. Der Professor begleitete ihn hinaus.

«Zufall?» fragte ich, als er zurückkam.

«Reinster Zufall», sagte Professor Glaser. Aber seine Augen blinzelten listig.

«War der Vorsitzende bei Krantz?»

«Nein, er hat sich mit meiner Auskunft begnügt.»

«Und wie lautete die?»

«Daß es Paul Krantz besser geht. Daß ich ihn zwar immer noch nicht für verhandlungsfähig halte, daß ich aber eine Medizin wüßte, die ihn mit einem Schlage verhandlungsfähig machen würde …»

«Was ist das für eine Medizin?»

«Sie.»

«Ich wußte nicht, daß Sie ein Erpresser sind, Herr Professor.»

«Man tut, was man kann», lachte Professor Glaser.

«Wie hat der Vorsitzende auf Ihre ... Medizin reagiert?»

«Sauer … er hätte keine Veranlassung, auch nur eine Silbe zurückzunehmen, die er Ihnen gesagt hat.»

«Hat er sich nicht gewundert, daß ich plötzlich hier auftauchte?» fragte ich.

«Ich habe ihm gesagt, daß Sie mich wegen Ihrer Nierengeschichte konsultieren wollten.»

«Na, dann will ich mich man gleich ausziehen», sagte ich und band meine Krawatte ab.

Jetzt war die Reihe an Professor Glaser, überrascht zu sein: «Was ist denn in Sie gefahren?»

«Ich will nur aus dem falschen Zufall einen echten machen», sagte ich und zog mein Hemd über den Kopf.

«Wollen Sie Krantz denn nicht besuchen?»

«Leider nein», sagte ich. «Man würde es mir doch nur falsch auslegen, und das wäre auch für ihn schlecht.»

«Ihr Juristen seid ein komisches Volk», seufzte Professor Glaser. Sein Gesicht zeigte Kummerfalten. Er hatte sich so darauf gefreut, in seinem Zimmer die Versöhnung zustande zu bringen …

Und doch hatte er unbewußt Gutes gestiftet, ebenso wie der mysteriöse «Dr. Meister». Schon die Abendblätter meldeten die Begegnung im Krankenhaus und knüpften daran die Vermutung, daß der Konflikt jetzt so gut wie beigelegt sei.

Gegen acht Uhr abends bat mich der Vorsitzende der Anwaltskammer, zu einer Unterredung ins Restaurant Hiller Unter den Linden zu kommen. Es sei wichtig, mehr könne er nicht sagen …

*

Wehmütige Erinnerungen wurden in mir wach, als der Pförtner die schwere Eingangsportiere zur Seite schob und ich das Gastzimmer mit den hohen Spiegeln, den dicken, jeden Laut verschluckenden Teppichen betrat. Unter den Berliner Weinrestaurants war Hiller so ziemlich das aristokratischste. Davon hatte es auch in der Republik nichts eingebüßt.

Das Schönste bei Hiller waren die Separees, eine lange Flucht kokett eingerichteter Salons. Und in diesen Salons waren meine Erinnerungen zu Hause. Da hatte ich als frischgebackner Doktor der Rechte und der Philosophie schwermütig Abschied gefeiert von meiner großen Liebe, der Sopranistin und Primadonna Emmy Destinn. Da hatte ich vor dem Weltkrieg 1914/18 meinen ersten Freispruch begossen, den ich in einem Prozeß gegen junge Potsdamer Gardeleutnants erzielt hatte. Sie waren angeklagt gewesen, einem verbotenen Spielbankbetrieb Kunden zugeführt zu haben. Und hier hatte ich 1913 zum erstenmal das reizende Berliner Mädchen ausgeführt, das bald darauf meine Frau werden sollte.

Der Empfangschef – die Berliner nannten diese Herren respektlos «Jruß-Aujust» – geleitete mich zum Salon Nr. 3. «Die Herren warten bereits ...» Die Tür ging auf. Zum zweitenmal an diesem Tag stand ich dem Landgerichtsdirektor Dr. Dust gegenüber.

Meinen Séparée-Erinnerungen bei Hiller fügte sich ein neues Blatt zu. Überschrift: Friedens Verhandlungen.

Als Unparteiischen hatte Landgerichtsdirektor Dr. Dust den Leiter der Justizpressestelle mitgebracht, mir stand Rechtsanwalt Dr. Andersson von der Anwaltskammer zur Seite.

Ich hatte noch nicht zu Abend gegessen und regte an, erst einmal etwas Kräftiges zu bestellen.

Landgerichtsdirektor Dr. Dust sagte: «Danke, ich werde zu Hause erwartet.»

Also ließ ich es auch bleiben. Ich bestellte eine Flasche «Piesporter Goldtröpfchen» Jahrgang 1923 und vier Gläser. «Ach bitte, jeder für sich», sagte der Landgerichtsdirektor.

Der Kellner brachte also vier halbe Flaschen. Das «Sehr- zum-Wohle» klang steif an diesem Ort, der für mich mit soviel seligen Erinnerungen verknüpft war. Aber der Wein war gut, fast zu gut für unsere nüchternen Mägen. Und um ein Haar hätte der gute Wein die Friedensverhandlung zum Scheitern gebracht.

Der Vorsitzende hatte mir vor drei Tagen das Mißfallen des Gerichts ausgesprochen. Natürlich bildete ich mir nicht ein, daß sich dieses Mißfallen innerhalb von drei Tagen in Gefallen verwandelt haben sollte. Andrerseits war ich vor der Öffentlichkeit angegriffen worden. Und diese Kränkung mußte aus der Welt geschafft werden. Nicht um mein verletztes Ehrgefühl zu versöhnen, sondern damit ich neben Staatsanwalt und Vorsitzendem wieder als gleichwertiger Partner auftreten konnte.

Ein Strafverteidiger mit einem «Tadel im Klassenbuch» ist für seinen Mandanten nichts wert …

Aber wie sollte ich das meinen Gesprächspartnern klarmachen? Wir wurden immer halsstarriger, immer bockiger. Wir waren zwar alle bereit, nach dem Motto zu handeln: Der Klügere gibt nach. Aber als höflicher Mensch wollte keiner dem anderen zeigen, daß er selbst sich für den Klügeren hielt. Also gab keiner nach.

Plötzlich kam mir eine Idee. Ich riß eine Seite aus meinem Notizbuch, schrieb bedächtig eine kurze Erklärung und schob sie dem Landgerichtsdirektor hin. Er schob seine Brille auf die Stirn und hielt das Papier dicht an die Augen. Wort für Wort las er, dann blickte er mich befriedigt an. Langsam stand er auf und kam um den Tisch herum auf mich zu. Er streckte mir die Hand entgegen und sagte: «Das ist das Ei des Kolumbus.»

Das «Ei des Kolumbus» wurde von allen vier Anwesenden unterschrieben. Am nächsten Tag sollte es im Prozeß verlesen werden. Dann rief ich im Schöneberger Krankenhaus an. Ich wollte unbedingt Krantz besuchen.

«Er schläft wie ein Murmeltier», sagte die Schwester. «Der Herr Professor hat ihm gesagt, daß Sie mit dem Gerichtspräsidenten verhandeln und ihn ab morgen wieder verteidigen.»

Ich kam mir vor wie der Reiter über den Bodensee. Aber die Sache war noch einmal gut gegangen.

*

Der Uhrzeiger rückte auf halb zehn. Der Schwurgerichtssaal war überfüllt. Vor der Anklagebank saß auf einem Liegestuhl Paul Krantz. Neben ihm ein Assistent von Professor Glaser und eine Krankenschwester. Auf der Verteidigerbank Rechtsanwalt Dr. Schulz. Ich stand völlig unbemerkt an der Tür.

Der Vorsitzende stand auf. «Ich eröffne die Sitzung. Ich stelle fest, daß der Angeklagte erschienen ist …» Er blickte zu Paul Krantz und sagte: «Na, wird's denn gehen?»

«Ja», sagte Paul leise. Er war blaß, wirkte aber ruhig. Ich hatte ihn aus dem Krankenhaus abgeholt. Nie werde ich die jungenhafte Freude vergessen, mit der er mich begrüßte. «Als Verteidiger tritt Rechtsanwalt Dr. Schulz auf», sagte der Vorsitzende.

In diesem Augenblick trat ich vor. Ich sagte: «Ich melde mich wieder als Verteidiger.»

Ein Raunen ging durch den Saal. Der Vorsitzende zog die Augenbrauen hoch, als wäre er überrascht. Dann griff er nach einem Blatt Papier. Es war das «Ei des Kolumbus» von gestern. Er las:

Mit Befriedigung nimmt das Gericht davon Kenntnis, daß der frühere Verteidiger Doktor Frey die Vertretung des Angeklagten wieder übernommen hat. Der Erledigung dieses Prozesses kann das nur förderlich sein. Dadurch erübrigt sich die Stellung eines Offizialverteidigers. Ich danke Herrn Rechtsanwalt Doktor Schulz, daß er bemüht war, sich in den schwierigen Fragenkomplex dieses umfangreichen Prozesses in so kurzer Zeit einzuarbeiten.»

Das war praktisch eine Ehrenerklärung für mich, ohne daß der Vorsitzende auch nur ein Wort seiner früheren scharfen Kritik hatte zurücknehmen müssen.

Rechtsanwalt Dr. Schulz stand sofort auf, räumte mir seinen Platz und verließ den Saal. Die Verhandlung begann.

Die Atmosphäre war verändert. Es war, als sei ein Engel durch den Großen Schwurgerichtssaal gegangen. Der Journalist Manfred Georg schrieb darüber im «Acht – Uhr – Abendblatt»:

«Der ganze große Raum atmet Entspannung. Kein rauher Fon. Verbindlichkeiten hinüber und herüber. Keiner fällt mehr dem anderen ins Wort. Im Gegenteil, man läßt sich mit konziliianter Handbewegung ‹Ach bitte, Sie zuerst› den Vortritt oder vielmehr das Vorwort. Der Vorsitzende lächelt, der Verteidiger verneigt sich. Und im Lager der Staatsanwaltschaft legt man beinah Wert darauf, nicht bemerkt zu werden. Nicht nur der Angeklagte wird aufatmen, wenn dieser Prozeß zu Ende ist.»

Es war wirklich so. Und fast schien es mir, daß das Schicksal an diesem Tage Regie führte, denn der versöhnlichen Einleitung folgte ein Sachverständigen-Gutachten, wie man es vielleicht nie wieder in einem deutschen Gerichtssaal gehört hat.

Ein greiser Mann mit wallendem weißem Haarschopf wurde von einem Justizwachtmeister vor den Richtertisch geführt und ließ sich behutsam auf einen Stuhl nieder. Mir schlug das Herz höher, denn dieser

Mann mit dem Goethe-Kopf, der berühmte Psychologe Ernst Goldbeck, war einmal mein Lehrer gewesen. Am altehrwürdigen Luisenstädtischen Gymnasium hatte ich bei ihm griechische Geschichte gelernt. Damals ahnte ich nicht, welche wissenschaftliche Bedeutung dieser «Pauker» einmal erlangen sollte. Und der «Pauker» ahnte wohl ebensowenig, daß der freche, vorlaute Quintaner ihn einmal als Sachverständigen in seinem größten Prozeß laden würde …

«Der Angeklagte ist ganz leicht zu verstehen», sagte Professor Goldbeck. «Und zwar von seinem Hause und von seiner Erziehung in der Kindheit aus. Sein Vater ist Musiker. Es war ein musikalisches Haus, in dem er aufwuchs, und es ist infolgedessen psychologisch als ein hochgesteigertes Haus anzusprechen. Als ich Gelegenheit hatte, den Angeklagten in Gegenwart eines Justizwachtmeisters im Untersuchungsgefängnis zu sprechen, da interessierte es mich sehr, aus dem Munde des Beamten die höchst verständige Bemerkung zu hören: ‹Jeder, der in einem musikalischen Hause auf wächst, ist von vornherein schon gefährdet. Der Geiger mehr als ein Bläser.›

Mit das Schlimmste für Krantz aber ist, daß er zuerst bei Großpapa und Großmama aufgewachsen ist. Das sind ja immer sehr gute Menschen, aber im allgemeinen zu gut. Leicht gehen solche älteren Menschen dazu über, das Kind zum Musterkind oder gar Wunderkind zu dressieren. Ich kann den Angeklagten ganz verstehen. Es gibt keinen Zug an dem Jungen, den ich nicht selbst erlebt habe.

Solch ein Kind wird oft eingepackt und verpimpelt, daß es gar nicht gesund bleiben kann. Das ist schlimm für das Gemüt. Jeder Junge will mal hinaus, sich prügeln, einen anderen verhauen, sich wehren. Er will ein gerüttelt Maß Unsinn vollbringen. Und wenn er das in den Kinderjahren nicht kann, dann geschieht es hinterher. Und das hat auch der Angeklagte getan. Wenn er nur früher angefangen hätte, Unsinn zu machen!

Wenn Sie, meine Damen und Herren, wüßten, was Musterschüler alles machen, dann würden Sie das, was hier geschehen ist – abgesehen von dem schrecklichen Ausgang – für etwas Alltägliches halten. Das heißt natürlich nicht, daß es zu billigen ist.

Nun zur Mordnacht selbst. Charakteristisch ist hier das Grauen, das in der Wohnung umherschwebte und das auch Hilde Scheller körperlich fühlte. Dazu kommen Alkohol, starker Kaffee, Zigarettenqualm und die mit Haß und Erotik gemischte Atmosphäre. Und dann das Morgengrauen, das auch leicht einen dämonischen Zwang ausübt.

Wenn ich berücksichtige, daß Krantz kein Wirklichkeitsmensch ist, wenn ich mir überlege, was er erlebt hat, so bin ich der Überzeugung, daß er nicht im Vollbesitz seiner geistigen Kräfte war. Und deshalb ist der Paragraph 51 auf ihn anzuwenden …»

Mit der Erwähnung des Paragraphen 51 ist die Verhandlung nach kurzem Höhenflug wieder auf dem irdischen Boden des Gerichtssaals angelangt.

Zwischen den Sachverständigen entspinnt sich ein Streitgespräch darüber, ob Paul nur während der Nacht unzurechnungsfähig war oder auch noch am Morgen, als die Schüsse fielen. Für die Nacht billigen ihm alle Unzurechnungsfähigkeit zu. Für den Morgen nur die Professoren Spranger und Goldbeck.

Ich sehe, wie der Staatsanwalt sich eifrig Notizen macht. Und ich weiß, daß der Kampf noch nicht ausgekämpft ist. Die Verhandlung wird auf den Montag vertagt …

*

Montag, 20. Februar 1928. Der Tag der großen Abrechnung ist da. Der Tag der Plädoyers, der Tag des Urteils.

Paul Krantz ist noch nicht da. Ich bekunde, daß er verhandlungs- und transportfähig ist. Die Verhandlung kann ohne ihn beginnen.

Das Wort hat der Staatsanwalt. Im Saal ist es totenstill. Aber wer die Gesichter ansieht, spürt eine unterirdische, fiebernde Spannung. Der Erste Staatsanwalt Dr. Steinbeck wirft sich mit Vehemenz in den letzten Kampf:

«Zwei unreife, moralisch defekte Primaner schmiedeten den Plan, einen Dritten, auch moralisch Defekten und ein ebensolches Mädchen zu erschießen und dann Selbstmord zu begehen. Das Motiv war bei dem einen Haß, bei dem anderen Eifersucht. Der Plan kam nur halb zur Ausführung. Das ist der Kernpunkt der vorliegenden Anklage. Wird sie durch den Sachverhalt gerechtfertigt? Das Ergebnis der Beweisaufnahme beruht auf den Angaben des Angeklagten, der Hilde Scheller und ihrer Freundin Ellinor Ratti.

Was nun Hilde Scheller als Zeugin anbelangt, so ist gegen ihre Glaubwürdigkeit das schwerste Geschütz aufgefahren worden. Es muß jedoch anerkannt werden, daß sie in den wesentlichsten Punkten Glaubwürdigkeit verdient, denn diese Punkte haben sich als stichhaltig erwiesen. Daß Hilde Scheller unter Eid die Wahrheit gesagt hatte, ist dadurch erwiesen, daß der Angeklagte Paul Krantz ihr nicht widersprochen hat. Er sagte nur immer: Ich entsinne mich nicht, es ist aber möglich.»

Der Staatsanwalt wendet sich den Geschworenen zu: «Die Anklage warf dem Krantz drei Straftaten vor: Verabredung zum Mord, Mittäterschaft an einem Totschlag und unbefugten Waffenbesitz.

Was den ersten Vorwurf anbelangt, so liegt ohne Zweifel eine solche Verabredung vor. Das geht schon aus den eigenen Angaben des Krantz und den Briefen hervor. Nach dem Strafgesetz brauchen diejenigen, die sich verabreden, nicht selbst an der Tat beteiligt zu sein. An sich sind also die Tatbestandsmerkmale des § 49 b erfüllt und der Angeklagte wäre danach mit mindestens einem Jahr Gefängnis zu bestrafen.

Nun aber muß nach der Rechtsprechung des Reichsgerichts festgestellt werden, daß der Wille der Verabredenden *ernsthaft* darauf gerichtet war, ein Verbrechen zu begehen. Nach dem Gutachten der Sachverständigen bestehen zumindest Zweifel, ob eine ernste Absicht vorlag. Beide, Günther Scheller und Paul Krantz, standen unter der Wirkung des Alkohols. Den Inhalt der Briefe sprechen jedoch die Sachverständigen als eine angeberische Pose an und Professor Spranger sprach von einem ‹Halbernst›, von einem ‹halben Theater›. Bei Paul Krantz kommt auch hinzu die bessere Erkenntnis. Er hat das Unsinnige eingesehen, obwohl er nichts dagegen tat und dem Günther Scheller die Pistole ließ. Immerhin gebe ich zu, daß Zweifel an seiner ernsten Mordabsicht bestanden und ich beantrage daher Freispruch von der Anklage wegen Verabredung zum Mord.

Übrig bleibt, daß der Angeklagte der Mittäterschaft an einem Totschlag schuldig ist. Daß Scheller den Schuß abgab, ist nicht allein wichtig. Der Angeklagte wollte die Tat. Er tat nichts, um sie zu verhindern. Dreimal schoß Günther Scheller. Kein einziges Mal trat Krantz dazwischen.

Was Paul Krantz getan hat, muß ebenso gewertet werden wie das Abdrücken der Pistole. Wer Schmiere steht, ist des Diebstahls genauso schuldig wie der, der stiehlt. Nur bei der Abmessung der Strafe kann der größere oder geringere Anteil an der Schuld mitsprechen …»

Bei diesen Worten des Staatsanwalts betritt Krantz in Begleitung des Arztes und der Schwester den Saal und nimmt vor mir Platz.

Der Staatsanwalt spricht weiter: «Was seine Zurechnungsfähigkeit im Moment der Tat betrifft, so kann ich mich nicht dem pädagogischen Sachverständigen anschließen, sondern muß mich auf das Urteil der Ärzte und Psychiater berufen. Die Ansicht, die ich hier ausspreche, deckt sich mit der Ansicht der Ärzte: Der Angeklagte ist für seine Tat verantwortlich. Ich beantrage daher, ihn des gemeinschaftlichen Totschlags für schuldig zu erklären.

Aus den Gutachten aller Sachverständigen ist zu entnehmen, daß ihm mildernde Umstände zuzubilligen sind. Der Angeklagte ist ein Opfer seiner Zeit, die die Jugendlichen überschätzt. Strafverschärfend hingegen tritt der Umstand hinzu, mit welcher Leichtfertigkeit hier ein junges Menschenleben geopfert wurde.

Ich beantrage daher für die Tat des Totschlages ein Jahr Gefängnis und wegen des unbefugten Waffenbesitzes, der hier so großen Schaden angerichtet hat, einen Monat Gefängnis und bitte, eine Gesamtstrafe von einem Jahr und einer Woche Gefängnis zu bilden, wofür sechs Monate und eine Woche durch die Untersuchungshaft als verbüßt angesehen werden.»

Der Staatsanwalt hat gesprochen. Aber hat er auch überzeugt? Die Gesichter auf der Richterbank sind undurchdringlich wie Masken.

«Das Wort hat der Verteidiger.»

«Wenn der Erste Staatsanwalt bei Beginn seines Plädoyers von moralisch defekter Jugend sprach, muß ich ihm mit Goethe antworten: ‹Jugend ist Trunkenheit ohne Wein!› Der Herr Staatsanwalt hält es für verwerflich, daß man Achtzehnjährigen moderne Philosophie zu lesen gibt. Ich habe zur Vorbereitung des heutigen Tages gestern nichts anderes getan, als die Lieblingsschriftsteller des Paul Krantz, Goethe und Heine, gelesen. Ich bemerke dies mit Genugtuung, denn ich bin dadurch in die nötige Distanz zum Tonfall der Anklage gekommen.

Der Kernpunkt der Anklage lautet: ‹Ist der Angeklagte schuldig?› Und alles, was in der Anklage, der Verhandlung und den Plädoyers zu beweisen war, diente nur dazu, um zu beweisen, ob dem Angeklagten die Tat zuzutrauen ist. Diese Weisheit ist allzu billig. Einem Jugendlichen kann man vieles zutrauen. Aber folgt daraus, daß er es auch getan hat? Nein! Die Sachverständigen haben alle gesagt, daß von einer Konsequenz der Jugend nicht die Rede sein kann.

Das Entgegenkommen, das die Staatsanwaltschaft bewies, indem sie die Anklage auf Mord fallenließ, kommt daher, daß sie sich einer veränderten rechtlichen Lage gegenüber befand. Denn wenn der Herr Erste Staatsanwalt hier auf gemeinschaftlichen Mord plädiert hätte, wäre das Gericht bei der Beratung mit wenigen Worten darüber hinweggegangen.

Aber auch der Antrag auf gemeinschaftlichen Totschlag läßt sich nicht im entferntesten aufrechterhalten. Es gibt Entscheidungen des Reichsgerichts, in denen es heißt: Die bloße Anwesenheit am Tatort genügt zur Mittäterschaft nicht, wenn der Wille zur Tat nur vom Täter ausgegangen ist. Ein gemeinschaftlicher Totschlag kann hier aus diesem Grunde nicht vorliegen.

Der entscheidende Wendepunkt trat an jenem Morgen des 28. Juni 1927 durch das plötzliche Erscheinen der Ellinor ein. Durch Ellinors Erscheinen sind alle törichten, wahnsinnigen Ideen verscheucht worden.

Der Staatsanwalt erblickt das planmäßige Vorgehen des Angeklagten darin, daß er seinem Freund die geladene Pistole überlassen hat. Hat er denn überhaupt ihm die Pistole gelassen oder hat Günther Scheller sich die Pistole einfach genommen?

Zur Mittäterschaft gehört nicht allein, daß jemand etwas in bewußtem und gewolltem Zusammenhange tut, sondern es muß eine Arbeitsteilung stattgefunden haben. Jeder von beiden muß einen Teil der Tat übernommen und ausgeführt haben. Er muß an der Tat in einer Weise beteiligt gewesen sein, die über die Beihilfe hinausgeht.

Ein Kardinalirrtum der Staatsanwaltschaft ist schließlich, daß Krantz aus Eifersucht gehandelt habe. Fällt dies Motiv, so fällt aber auch die ganze Anklage, denn dann lag für Krantz keine Veranlassung vor, den Willen des anderen zu stärken. Können wir uns überhaupt in den Zustand der Jugendlichen hineinversetzen – nach dieser Nacht mit Zigaretten- und Alkoholatmosphäre? Das ist keine Nebensache, sondern die Hauptsache. Und damit fällt dann auch die ganze Anklage in sich zusammen. Ihre Annahme, daß Paul Krantz den Vorsatz zum Mord wiederaufgenommen habe, steht auf tönernen Füßen. Unmöglich konnte Krantz im Augenblick, als Günther in das Schlafzimmer ging, denken, daß er die Tat ausführen würde. Krantz wußte doch nicht, daß Günther den Stephan schon vorher im Spiegel erkannt hatte. Er ging ihm nach. Er suchte ihn abzulenken, indem er sagte: «Sieh, es ist doch keiner da.» Er konnte auch annehmen, daß Günther die Sache mit ein paar Ohrfeigen abtun würde. Was in der Nacht beschlossen worden war, ist nach Annahme aller Sachverständigen abgebrochen gewesen. Wäre es anders, so hätte der Staatsanwalt die Mordanklage weiter verfolgen müssen. Was dann folgte, war eine ganz neue Tat des Günther Scheller, eine plötzliche Explosion seines Bruder- und Liebhaberzornes, von der Krantz keine Ahnung hatte.

Die Totschlags-Anklage ist die Konstruktion eines wunderbar ausgebildeten Juristenhirnes. Mit der Psyche eines Jugendlichen ist sie jedoch nicht in Einklang zu bringen. Das Eifersuchtsmotiv fällt in sich zusammen. Krantz hatte die ganze Nacht liebenswürdig mit Hilde gesprochen, mit Hans Stephan zusammen gesessen und sogar mit ihm die letzte Zigarette geteilt. Wie kann man da annehmen, daß er wollte, daß Stephan durch die Hand Günthers ums Leben gebracht würde? Aus einer moralischen Mitschuld dieses jungen Menschen läßt sich nicht eine juristische Schuld folgern. Ich bin überzeugt, daß das Gericht mir folgt und den Angeklagten freisprechen wird.»

Länger als eine Stunde habe ich gesprochen. Nur einmal, als ich eine Entscheidung des Reichsgerichts zitierte, habe ich auf einen Notizzettel geblickt. Sonst habe ich Richter und Geschworene nicht aus den Augen gelassen.

Nun liegt das Schicksal von Paul Krantz nur noch bei den neun Menschen dort auf der Richterbank. Tragen sie das Urteil schon fertig im Herzen, oder werden sie im Beratungszimmer lange ringen? Und wie wird ihr Spruch ausfallen? Das Gesicht des Vorsitzenden ist steinern wie das einer Sphinx …

«Will der Herr Staatsanwalt dem Verteidiger erwidern?» fragt er.

Der Staatsanwalt erhebt sich. Er sagt: «Die Verteidigung hat mich in keiner Weise schwankend gemacht. Das Gebäude der Anklage ist nicht so brüchig, wie der Verteidiger es darstellt. Den Täterwillen des

Angeklagten habe ich vielmehr gründlich nachgewiesen. Ich muß auch gegen die Behauptung protestieren, daß ich mich mit einem Salto mortale über die Gutachten hinweggesetzt hätte. Ich bleibe dabei: Der Angeklagte war bereit, aus Freundschaft und Eifersucht mit Günther Scheller zusammen den Hans Stephan zu töten.»

Noch einmal trete ich dem Staatsanwalt scharf entgegen: «Juristisch kann von einer Mittäterschaft nicht die Rede sein. Ich erwarte, daß das Gericht sich frei macht von dem Blendwerk jener Öffentlichkeit, die an Paul Krantz ein Exempel statuiert sehen will, vom Blendwerk der Anklage und vom Blendwerk der Kronzeugin Hilde Scheller. Wenn das Gericht Gerechtigkeit üben will, dann muß es den Angeklagten freisprechen.»

«Und jetzt, Angeklagter, haben Sie das letzte Wort», sagt der Vorsitzende.

Paul steht auf. Er spricht ganz leise: «Ich habe den Worten meines Verteidigers nichts hinzuzufügen. Auch ich bitte um Freispruch. Bitte, nehmen Sie mir nicht die Möglichkeit, als Mann gutzumachen, was ich in meiner Jugend moralisch gefehlt habe.»

Der Vorsitzende setzt sein Barett auf: «Das Gericht zieht sich zur Beratung zurück. Sie wird mehrere Stunden in Anspruch nehmen. Der Saal wird solange geräumt…»

Eine große Zeitschrift hat einmal eine Rundfrage veranstaltet: «Welches war der aufregendste Augenblick Ihres Lebens?»

Auch ich wurde aufgefordert, diese Frage zu beantworten. Ich hatte gesagt: «Immer wenn das Gericht sich zur Beratung zurückzieht. Aber am aufregendsten war es im Krantz-Prozeß …»

Ich ging ins Anwaltszimmer. Auf den Korridoren und in den Treppenhäusern saßen und standen die Menschen in dichten Gruppen und diskutierten leidenschaftlich über das zu erwartende Urteil.

Im Anwaltszimmer drängten sich die Kollegen. Schwere blaue Schwaden von Zigarrenrauch hingen in der Luft. Alle Koryphäen der Anwaltschaft waren versammelt.

«Das haste schön gemacht, Erich», sagte eine tiefe Stimme neben mir. Sie gehörte einem schweren, jovial aussehenden Mann, dem Rechtsanwalt Dr. Alphons Sack. Er nahm eine Zigarette aus seinem Etui, zündete sie an und steckte sie mir in den Mund. Es war eine rührende Geste des Mannes, der als Verteidiger der Berliner Nazis, besonders des Dr. Goebbels, gerade viel von sich reden machte. Wer konnte ahnen, daß seine jetzigen Klienten fünf Jahre später ein Schreckens-Regime über Deutschland errichten würden? Und wer konnte ahnen, daß Dr. Sack vor dem Reichsgericht einmal Kommunisten, die angeblichen Anstifter des Reichstagsbrandes, gegen die Einschüchterungsversuche seiner nun mächtig gewordenen Mandanten von einst in Schutz nehmen würde?

Die Beratung dauerte fast vier Stunden. Für mich vier Stunden qualvoller Untätigkeit, in denen das Schicksal unaufhaltsam und unbeirrbar seinen Lauf nahm. Das Schrillen der Glocke war eine Erlösung. Die letzte Szene des letzten Akts der Schüler-Tragödie von Steglitz war eingeläutet. Totenstille, als das Gericht erscheint. Das Gesicht des Vorsitzenden ist undurchdringlich. Die Mienen der Geschworenen sind ernst und verschlossen.

Der Vorsitzende hält die Schreibmaschinenblätter, auf denen das Urteil steht, mit beiden Händen. Er liest:

«In der Schwurgerichtssache gegen Paul Krantz ergeht folgendes Urteil:

Der Angeklagte Paul Krantz wird wegen verbotenen Waffenbesitzes zu drei Wochen Gefängnis verurteilt. Im übrigen wird er freigesprochen. Die Strafe wird auf die erlittene Untersuchungshaft angerechnet.» Ich blicke zu Paul Krantz hinüber. Aber seine Augen hängen an den Lippen des Vorsitzenden, der nun die Urteilsbegründung verliest.

Bleierne Müdigkeit überkommt mich. Nur wie von fern höre ich die Stimme des Vorsitzenden und seine Worte: «Die Sitzung ist geschlossen.»

Ich sehe, wie Paul aufsteht und nach vorn stürzt, zum Richtertisch. Er hat Tränen in den Augen. Er sagt etwas zum Vorsitzenden. Ich weiß, daß es Worte des Dankes sind. Jetzt spricht der Vorsitzende zu Paul. Ruhig, väterlich, ernst. Paul macht einen linkischen Diener und streckt seinem Richter schüchtern die Hand entgegen. Aber der Vorsitzende scheint es nicht zu bemerken. Er nickt mit dem Kopf und geht aus dem Saal. Fast eine Minute steht Paul Krantz noch mit halb erhobener Hand da, auf seinem Gesicht steht ein Lächeln. Dann wird er von seiner weinenden Mutter stürmisch umarmt.

Der Weg aus dem Gerichtsgebäude ist lebensgefährlich. Blumen, Hochrufe, aber auch Schimpfworte. An meinem Auto wird das Gedränge so stark, daß Paul in ein Friseurgeschäft flüchten muß. Erst eine halbe Stunde später gelangt er unter Polizei-Bedeckung endlich in den Wagen.

Wir fahren zu Pauls Eltern nach Mariendorf. Keinem von uns ist nach reden zumute. Ich fürchte mich vor dem Abschied. Sieben Monate lang hatte ich einen Sohn gehabt. Nun ist das vorbei. Paul wird in den nächsten Tagen sein Abiturienten-Examen machen. Dann geht er nach Paris, wo ihm die Schulbehörden ein Stipendium für ein Studien-Semester an der Sorbonne vermittelt haben.

Wir fahren gerade am Flughafen Tempelhof vorbei, da sagt Paul: «Ich will ein Buch schreiben, einen Roman.»

«Halten Sie das wirklich für richtig?» frage ich.

«Ich werde unter anderem Namen schreiben ...» Paul hielt, was er vor Gericht in seinem letzten Wort versprochen hatte. Er wurde ein neuer Mensch. Und ich hatte bei der Geburt dieses neuen Menschen Pate stehen dürfen. Das ist für mich der große, unverlierbare Gewinn dieses Prozesses.

Später ging Paul nach den Vereinigten Staaten. Er wurde Professor an einer großen Universität und gründete eine Familie. Sein Name hat heute internationalen Klang. Und noch etwas blieb mir aus dem Krantz-Prozeß. Vater Krantz schenkte mir ein Pärchen Kanarienvögel, die er selbst gezüchtet hatte. Meine Frau taufte sie «Whisky» und «Soda» ...

* * *

DER SCHRITT VOM WEGE

Bruno Wilhelm Gehrt

Kriminalprozesse, so interessant sie sich darbieten, sind tieftraurige Begebenheiten. Schwarz und düster von Beginn an ist der Rahmen: Gedanke zur Tat, Vorbereitung, Ausführung, Untersuchung, Prozeß, das Ende. In diesem Rahmen steht als düsteres, schwarzes Bild der Täter.

Der Täter: Bruno Wilhelm Gehrt, Heute, über ein Vierteljahrhundert später, erinnere ich mich noch an ihn mit allen Einzelheiten.

Ich begegnete Bruno Gehrt zum erstenmal Anfang März 1924, als er bereits in Untersuchungshaft saß. Es war ein schöner Morgen, eine breite Sonnenbahn fiel schräg in die saubere, kleine Zelle. Gehrt stand auf, sobald er mich erblickte, und nahm militärische Haltung an.

Er war mittelgroß und schlank. Das dunkelblonde Haar trug er locker nach hinten gekämmt, aus dem sympathischen Gesicht mit den strahlend blauen Augen sprang eine markante Nase hervor. Selten war mir ein Mann begegnet, der soviel Liebenswürdigkeit, Charme und ruhige Männlichkeit ausstrahlte.

Aber das sagte mir nichts. Ich wußte bereits aus tausend Fällen: Mörder und Mörderinnen können wie Engel aussehen.

«Besuch für Sie, Gehrt», sagte der Justizbeamte, der mir die Zellentür geöffnet hatte. «Das ist Herr Doktor Frey.»

Bruno Gehrt verneigte sich. Er sagte mit melodischer Stimme, die so angenehm war wie alles an diesem Menschen, der nur wenige Tage zuvor zwei Morde begangen hatte: «Ich höre, Sie haben sich bereit erklärt, mich als Offizialanwalt zu verteidigen, Herr Doktor Frey.»

«So ist es», antwortete ich, während der Justizbeamte sich zurückzog. «Herr Gehrt, ich kenne Ihren Fall, wenn auch noch nicht in allen Einzelheiten. Mir scheint, hier tritt eine menschliche Tragödie überwältigend klar zutage. Es ist völlig unmöglich, zu entschuldigen, was Sie getan haben. Aber ich halte es für meine Pflicht, die Geschworenen davon zu überzeugen –»

«– daß ich nicht aufs Schafott, sondern in eine Anstalt gehöre?» Gehrts Stimme hob sich in plötzlicher Leidenschaft. Ich nickte stumm.

Hoch aufgerichtet stand er vor mir, der sechsundzwanzigjährige ehemalige Wachtmeister der Berliner Schutzpolizei, der Mann, dem Kameraden und Vorgesetzte Intelligenz, Pflichttreue, Höflichkeit und untadelige Führung nachrühmten.

Und während ich nickte, dachte ich, daß seine sympathische Ausstrahlung, seine Liebenswürdigkeit und sein Charme vielleicht die teuflischsten Belastungen für diesen hübschen Jungen gewesen waren. Alle Mädchen hatten ihm nachgesehen, wenn er vorüberschritt in seiner stets untadelig sauberen Uniform. Alle Frauen hatten ihm zugelächelt, alle Frauen …

Gehrt sagte: «Ich will in keine Anstalt, Herr Rechtsanwalt.»

«Was wollen Sie denn?»

«Sterben», sagte er fest. «Ja, ich will sterben. Denn mir graut vor mir.»

Es kam ohne jedes Pathos, und ich begriff, daß es die Wahrheit war. Dieser Mann litt. Er fand keine Möglichkeit, weiterzuleben nach dem, was er getan hatte.

Dieser Mann, der sterben wollte, weil er den grausigen Dämon nicht ertrug, der in seinem Inneren lebte, dieser Bruno Wilhelm Gehrt sagte mit einer höflichen Handbewegung: «Setzen Sie sich, Herr Rechtsanwalt. Hören Sie mich an. Ich will Ihnen erzählen, was ich getan habe, wie elend ich bin, wie schlecht …

«Sie sind nicht schlecht. Sie sind krank, Herr Gehrt», sagte ich.

Er schüttelte den Kopf, seine tiefe, männliche Stimme brach sich plötzlich in einem demütigen hohen Falsett, das schrecklich anzuhören war: «Nicht krank, elend und schlecht bin ich, der letzte Dreck, ein Dreck, vor dem der Dreck sich graust …»

Er preßte die Fäuste an die Brust, er holte röchelnd Atem, es schien ihm Erleichterung zu bereiten, sich zu beschimpfen. So wie er jetzt vor mir stand, so wie er sich jetzt betrug, sollte er sich später vor Gericht betragen und sollte damit den ganzen Ablauf des Prozesses beeinflussen.

«Ich verachte mich», keuchte er. «Es tut mir wohl, mich zu verachten. Hören Sie, was für ein Untier ich war, was für eine Bestie …»

Ich sah ihn stumm an, und die Skepsis meines Blickes ließ ihn zu sich kommen. Die Fäuste sanken herab, der Atem ging ruhiger.

Ich sagte: «Also erzählen Sie. Und beginnen Sie am Anfang. Ganz am Anfang. Mit Ihrer Kindheit …»

Er begann zu sprechen.

Und so, an diesem Tag und an den folgenden, erfuhr ich von ihm die ganze Wahrheit über jene unfaßbare Bluttat, zu der es in der Nacht zum 21. Februar gekommen war, im Süden Berlins, im Hause Schleiermacherstraße 15 …

*

Die Portierfrau Emma Künzel wollte am frühen Morgen die Wohnung der Witwe Trautmann und ihrer Tochter, der ebenfalls verwitweten Else Hoffmann, betreten. Die beiden Frauen, bekannt für ihre Trunksucht und einen nicht gerade bürgerlichen Lebenswandel, hatten in der vergangenen Nacht wieder einmal die Ruhe des ganzen Mietshauses gestört. Die Portierfrau schellte und klopfte erbittert. Niemand antwortete.

Die Künzel schlug an die Tür, so laut sie nur konnte. Plötzlich schlug sie dabei in etwas Feuchtes, Klebriges.

Pfui Deibel, was war denn das wieder? Was schmierten die Weiber denn da an die Tür?

Empört schlurfte die «Portiehsche» zum Haustor. Bleiernes Licht fiel auf ihre Hand. Und dann stand die Emma Künzel ganz still und bekam kaum Luft zum Atmen und fühlte, wie ein eisiger Finger ihr den Rücken hinabstrich, und starrte die Hand an. Sie war rot von Blut …

Die Künzel rannte los und holte einen Polizisten. Der brach die Wohnungstüre auf.

In der Diele war es stockfinster. Die kleine Küche glich einem Trödlerladen, vollgestopft mit Gerümpel. Auf dem Tisch standen ein Paket Kakao, ein Teller mit Wursthaut, daneben eine umgeworfene Petroleumlampe. Auf der Bank am Herd stand eine Blechwanne, voll Wasser. Darin schwamm ein schmutziger Pelzkragen.

Vor der Bank lag Else Hoffmann. Sie war völlig unbekleidet, und sie war tot. Jemand hatte ihr ein Messer in die Brust gestoßen. Ihr Hals war mit einem Zinkdraht zugeschnürt. Der Körper wies Hieb-, Stich- und Bißwunden auf …

In dem fensterlosen «Berliner Zimmer» neben der Küche standen drei Betten, ein Kinderwagen, ein Sofa und eine Nähmaschine. Auf dem Tisch lagen Speisereste, ein Paket Stullen, zwei Kuchen, Zigaretten. Die Luft war stickig, wie in Räumen, die nie gelüftet werden. Über dem Sofa, an der Wand, hingen zahlreiche Fotografien, meistens Männerbilder, aber auch unbekleidete Damen. Als Hauptschmuck des Raumes präsentierte sich ein buntes Gratulationsdokument, auf dem stand:

DIE HERZLICHSTEN GLÜCKWÜNSCHE DER FRAU TRAUTMANN, GEWIDMET VON DEN GÄSTEN.

In einer Ecke standen auf drei alten Koffern Teller mit Butter, Schmalz und gekochten Kartoffeln. Das Bett war ungemacht und schmutzig. Vor ihm lag Witwe Emma Trautmann. Auch sie war tot. Auch sie war ermordet worden. Zwei Stunden später, um 10 Uhr vormittags an diesem naßkalten Februartag, hatte der Oberregierungsrat Hoppe, Chef der Kriminalpolizei, bereits die Mordkommission eingesetzt, denn hier galt es, ein Kapitalverbrechen zu klären. Die Kommissare Riedmann, Braschwitz, Quoos und Wächter leiteten die Untersuchung. Der Gerichtsmediziner Dr. Brüning stand ihnen als Sachverständiger zur Seite.

Um 13 Uhr 30, am 21. Februar, war Dr. Brüning bereits in der Lage, zu erklären: «Beide Frauen wurden erwürgt. Es scheint, daß der Mörder versucht hat, sich an beiden zu vergehen. Man kann annehmen, daß seine Kleider nicht sehr stark mit Blut bespritzt sind.»

Kommissar Riedmann erkundigte sich im Hause. Von der Portierfrau und den Mietern erfuhr er, daß beide Frauen einen sehr schlechten Ruf hatten. Sie suchten Männerbekanntschaften. In letzter Zeit wurde Frau Hoffmann oft mit Arbeitern gesehen, die am Bau der Untergrundbahn beteiligt waren. Ihre Mutter duldete es, daß sie die Männer in die Wohnung mitbrachte. Mutter und Tochter tranken gehörig. Frau Trautmann war früher selbst Besitzerin einer Schankwirtschaft, die Tochter wurde in der Wirtschaft groß. Übereinstimmend erklärten die Mieter, in der Nacht zum 21. Februar aus der Wohnung der Ermordeten laute Stimmen – auch die eines Mannes – gehört zu haben.

Wurde etwas geraubt? Frau Hoffmann besaß eine schmale, goldene Damenarmbanduhr. Diese fehlte. Sonst fehlte nichts.

Unter dem Körper von Frau Hoffmann wurde eine kleine, zusammenklappbare Taschenschere gefunden. Das war alles. Zu Dutzenden zogen Kriminalbeamte los. Sie durchkämmten sämtliche Lokale des Kreuzbergviertels, in denen die beiden Frauen zu verkehren pflegten.

So kamen sie auch in eine Kneipe, die der Volksmund mit Beziehung auf den Paragraphen des Korpsstudenten-Komments («Weitersaufen!») «Zum § 11» getauft hat.

Die Kriminalkommissare Riedmann und Quoos befragten den Kneipenwirt. Was er zu sagen hatte, brachte sie rasch weiter: «Jawoll, die beeden kenne ick. Die ham oft hier jesessen und jetrunken.»

«Auch gestern nacht?»

«Jawoll. So jejen zwölfe sind se rinjekommen.»

«Alleine?»

«Alleine, ja. Aber wat die Frau Hoffmann war, also, die setzte sich neben so 'nen Schupo und quatschte ihn an, und denn tranken se noch 'n paar Gläser.»

«Was?»

«Bier und Sherry.»

«Waren sie zuletzt angetrunken?»

«Kann man wohl sahren, besonders die Olle. Die war vielleicht voll!»

«Wann gingen sie?»

«Na, so zu Polizeistunde.»

«Zusammen?»

«Zusammen, ja. Sie mußten de Olle zwischen sich fieren, se konnte nich mehr loofen.»

«Kannten Sie den Schupo?»

«Nee, nie jesehen.»

«Wie sah er aus?»

«Na, ein jüngerer, hübscher. Vielleicht fünfundzwanzig. Groß und schlank. Richtig prima Junge, also wirklich. In Ausjehuniform, wissense, mit 'm weißen Kragen. Höflich und freundlich. Een blonder mit 'ner großen Nase, 'nem richtigen Zinken. De Frau Hoffmann, also de war ja janz varrickt mit blonde Herren, jetzt, wo se doht is, kann ichs ja sahren …» «Würden Sie den Schupo wiedererkennen?»

«Na klar, Herr Kommissar!»

Mit der zusammenklappbaren Taschenschere und den Informationen des Wirtes vom «§ 11» fuhren die Kommissare Riedmann und

Quoos in die Friesenstraße 15/16. Hier, in der Augusta-Kaserne, war eine Einheit der Berliner Schutzpolizei untergebracht.

Die Kriminalbeamten wiesen die kleine, billige Schere vor. Sie wußten nicht einmal, ob die Schere nicht etwa einer der Ermordeten gehört hatte. Trotzdem fragten sie die jungen Polizisten, die ihnen begegneten: «Habt ihr vielleicht eine Ahnung, wer von euch das da verloren haben könnte?» Schon der dritte, den sie ansprachen, überlegte laut: «Warten Sie mal, das Ding könnte dem Gehrt gehören!» Riedmann fragte beiläufig: «Hat der Gehrt denn so eine Schere? Haben Sie sie einmal bei ihm gesehen?»

«Ich schlafe doch in derselben Stube!»

Ein anderer Polizist mischte sich ein: «Ich auch. Klar ist das seine Schere. Wo haben Sie die denn her, meine Herren?» Statt zu antworten, fragte Riedmann: «Wo hält sich Gehrt jetzt auf?»

«Der wird noch pennen. Hat heute dienstfrei und ist spät nach Hause gekommen in der Nacht.»

Die beiden Kriminalbeamten ließen sich zu der Mannschaftsstube führen, in welcher Gehrt sein Bett und seinen Spind hatte. Er war schon aufgestanden und rasierte sich gerade. Als er die Besucher im Spiegel erblickte, drehte er sich langsam um. Sein Gesicht, noch halb von Seifenschaum bedeckt, trug einen höflichen, freundlichen Ausdruck.

«Ist das Ihre Schere, Wachtmeister Gehrt?» fragte Riedmann, nachdem er sich vorgestellt hatte.

«Ja», antwortete Gehrt. Sein Gesicht wurde ausdruckslos, eine leere Maske, ohne Leben.

«Dann wischen Sie sich den Seifenschaum ab, und ziehen Sie sich an. Sie sind verhaftet.»

Gehrt fragte leise: «Verhaftet, warum?»

«Sie wissen, warum.»

«Ich habe keine Ahnung!»

«Dann werden wir es Ihnen sagen – im Präsidium. Ist das Ihr Spind?»

«Jawohl ...»

Riedmann öffnete die Schranktür. Ordentlich hingen darin Mantel und Uniform.

Riedmann nahm den Rock heraus. Er wies dunkle Flecke auf. Der Kommissar berührte sie mit dem Finger. Die Flecke waren feucht.

«Haben Sie versucht, hier etwas auszuwaschen, Wachtmeister Gehrt?»

«Jawohl, Herr Kommissar!»

Gehrt hatte sich völlig von seiner Überraschung erholt, er sprach eifrig und hielt sich stramm, es war ein dienstliches Gespräch, das er da führte. «Ich bin auf Glatteis ausgerutscht. Da blieb ein bißchen Dreck an den Sachen.» Riedmann warf den Rock Quoos zu: «Für den Chemiker, zur Untersuchung!»

Quoos fing den Rodt ungeschickt auf, er entglitt seinen Händen. Aus einer Tasche fiel dabei etwas klappernd zu Boden. Es war eine schmale, goldene Damenarmbanduhr. Auf der Rückseite trug sie die Initialen «E. H.».

«Die hat mir jemand geschenkt», sagte Gehrt sofort.

«Wer?»

«Eine Frau. Heute nacht.»

«Wie hieß die Frau?»

«Hoffmann, glaube ich. Ich habe sie in einer Kneipe kennengelernt und ein bißchen mit ihr getrunken. Mit ihr und der Mutter. Ich habe sie nach Hause gebracht. Bis zum Haustor.»

«Sie sind nicht in die Wohnung gegangen?»

«Nein.»

«Und wofür bekamen Sie die Uhr geschenkt?»

«Ach, wissen Sie, die Frauen waren beschwipst, ich auch. Frau Hoffmann wollte mir eine Freude machen …»

«Aha», sagte Quoos. «So war das also. Na, dann beeilen Sie sich, Wachtmeister!»

Während der hübsche junge Mann sein Hemd über den Kopf zog, winkte Quoos Riedmann zu sich. Er hielt ein Buch in der Hand, das er aus dem offenen Spind herausgenommen hatte.

Das Buch trug den Titel:

Enzyklopädie der modernen Kriminalistik: Der Sexualverbrecher, von Dr. Erich Wulffen

Die beiden Kriminalbeamten sahen einander an. Sie hatten den Mörder gefunden …

Was war das für ein Mensch, den sie da verhaftet hatten? Was war heute nacht wirklich vorgefallen? Was hatte aus diesem freundlichen, blonden Wachtmeister einen reißenden Wolf gemacht?

Als sie den Verhafteten kurze Zeit später über den Hof der Kaserne zum Ausgang führten, hatte sich unter den Polizisten bereits das Gerücht verbreitet, Gehrt wäre unter dem Verdacht festgenommen worden, der Mörder der Frauen aus der Schleiermacherstraße zu sein.

Die jungen Männer standen aufgeregt in Gruppen umher. Beim Tor sprachen ein paar von ihnen Riedmann an.

«Herr Kommissar, das ist ein furchtbarer Irrtum! Wir kennen den Gehrt seit Jahren! Der tut so was nicht, das gibt's nicht!»

«Sie haben den Falschen, meine Herren! Für den Gehrt leg' ich meine Hand ins Feuer!»

«Halt die Ohren steif, Bruno! Die müssen dir wieda loofen lassen! Zum Abendessen biste wieda da!»

Nachdenklich sah Kommissar Riedmann in die aufgeregten, jungen Gesichter. Er dachte an Gehrts Vorgesetzten, der dem Verhafteten ein paar Minuten zuvor noch ein glänzendes Zeugnis ausgestellt und seinen tadellosen Charakter gerühmt hatte.

Daß Gehrts Nagelschere unter dem Körper einer der Ermordeten und die Uhr dieser Ermordeten bei Gehrt gefunden worden waren, hatte dieser Vorgesetzte mit einer ungeduldigen Handbewegung abgetan: «Dafür wird man eine Erklärung finden! Sie begehen einen schweren Fehler, meine Herren, ich warne Sie!»

Im Präsidium begann sogleich die Vernehmung.

Gehrt hatte um Zigaretten und schwarzen Kaffee gebeten. Während er aufmerksam den Fragen lauschte, die an ihn gerichtet wurden und sie mit leiser Stimme beantwortete, rauchte er ununterbrochen. Er blieb bei seiner ersten Aussage: Vor der Haustür hätte er sich von den beiden Frauen verabschiedet …

Die Beamten lösten einander ab. Der Nachmittag verging. Um fünf Uhr kam der Gerichtsmediziner Doktor Brüning und gab bekannt, daß er die Flecken auf Gehrts Rock einwandfrei als Menschenblut identifiziert hätte.

«Wollen Sie kein Geständnis ablegen?» fragten die Kommissare Gehrt.

«Ich habe nichts zu gestehen.»

Brüning stellte einen Abdruck von Gehrts Gebiß her und verschwand.

Stunden später kam er wieder und sprach leise mit Riedmann. Der wandte sich danach an Gehrt, der still auf seinem Sessel saß und immer noch rauchte.

«Das Modell Ihres Gebisses beweist: Ihre Zähne passen genau in die Bißwunden. Wollen Sie noch immer nicht reden?»

Bruno Gehrt stand auf. Leise sagte er: «Doch, jetzt will ich reden. Ich bitte jedoch zuvor um die Erlaubnis, meine Uniform ablegen und Zivilkleidung anziehen zu dürfen.»

«Warum?»

«Ich möchte mit dem, was ich zu sagen habe, nicht die Uniform beschmutzen.»

«Na schön», sagte Riedmann. Er wartete, bis der Verhaftete sich umgezogen hatte.

In einem weißblauen Hemd, Flanellhosen und einer blauen Strickjacke saß Gehrt zuletzt da, geschmückt mit einer bunten, flott gebundenen Krawatte. Am Knoten hatte er vor dem Spiegel eine ganze Weile lang eitel herumgezogen.

«Also – mein Geständnis ...», sagte Bruno Wilhelm Gehrt, eine Wolke Zigarettenrauch ausblasend. Er neigte sich vor und sprach mit leiser, angenehmer Stimme weiter, still, ohne die geringste Gemütsbewegung. Es war das erste von fünf Geständnissen, die er nacheinander alle widerrufen sollte ...

*

Aber die Wahrheit, was war die Wahrheit? Was war wirklich geschehen in jener kalten Nacht zum 21. Februar? Was war diesem höflichen, bescheidenen und gut erzogenen jungen Mann widerfahren? Was hatte ihn morden lassen, besinnungslos, brutal, wie ein Tier?

Dieses Rätsel faszinierte den Kriminalkommissar Riedmann und seine Mitarbeiter – und es faszinierte mich. Es war der Grund, warum ich mich Gehrt als Offizialverteidiger zur Verfügung gestellt hatte. Und es war der Grund dafür, daß ich ihn im Untersuchungsgefängnis bat, mit seiner Erzählung ganz weit vorne zu beginnen, bei seiner Kindheit ...

Diese Kindheit sah so aus: 1897 wurde Gehrt in Bromberg als Sohn des Schuhmachers Wilhelm Schramm und der Marie Gehrt geboren. Die

Eltern waren zu dieser Zeit nicht verheiratet, Schramm erkannte seine Vaterschaft jedoch an. Er war ein schwerer Gewohnheitstrinker. Die Mutter neigte zu Depressionen. Sie versuchte zweimal, sich durch Erhängen das Leben zu nehmen. Ihr Bruder, ein Epileptiker, endete durch Selbstmord.

Zur Schule ging Gehrt in Berlin, er war ein mittelmäßiger Schüler. Sein Wunsch, Drogist zu werden, erfüllte sich nicht. Er arbeitete drei Jahre lang als Hausdiener in einem Eisengeschäft. Seine Eltern unterstützte er regelmäßig.

1916 wurde er zur Infanterie eingezogen und bekam das Eiserne Kreuz Zweiter Klasse für einen gefahrvollen Patrouillengang. Geriet in russische Gefangenschaft. Wurde Augenzeuge der sadistischen Ermordung von Deutschen durch Russen und später der sadistischen Ermordung von Russen durch Deutsche. Behielt über alle Jahre eine unauslöschliche Erinnerung an diese Greuel.

1916 kam er nach Berlin zurück und trat als Unterwachtmeister bei der Schutzpolizei ein.

« … ich versah Außendienst», erzählte er mir in seiner Zelle, «es war eine angenehme, abwechslungsreiche Arbeit. In meinem Revier kannte ich alle Leute.»

Er sprach jetzt freier, ich fühlte, wie er Zutrauen zu mir gewann, wie es ihn erleichterte, zu reden.

Ich fragte: «Und verheiratet waren Sie nie, Herr Gehrt?»

«Nein, nie.»

«Na, aber eine Freundin werden Sie doch haben!»

«Habe ich, ja.»

«Das kann ich mir denken. Ein Junge, der so gut aussieht wie Sie! Ihnen müssen die Mädchen doch nachgerannt sein!»

Seine Augen schlossen sich zu Schlitzen. Die Hände ballten sich zu Fäusten.

«Ja, nachgerannt sind sie mir … nachgerannt.. … die Weiber … die verfluchten Weiber …» Er stand auf und trat an das vergitterte Fenster. Sein Rücken zuckte. Ich bemerkte, daß er weinte. «Gehen Sie», flüsterte er. «Bitte, gehen Sie, Herr Doktor … ich … ich kann nicht mehr … es ist so furchtbar!»

«Nun beruhigen Sie sich, Herr Gehrt», sagte ich. «Setzen Sie sich. Erzählen Sie weiter …»

Aber es war vergebens. Er blieb bei seiner Weigerung, und ich verabschiedete mich.

Drei Tage vergingen, bevor Bruno Gehrt mich rufen ließ. Aufrecht und stramm stand er wieder in seiner Zelle, als ich eintrat.

«Ich muß mich bei Ihnen entschuldigen, Herr Doktor Frey», sagte er. «Mir sind die Nerven durchgegangen. Heute bin ich ganz ruhig … Ich habe mir alles überlegt. Wenn Sie mein Arzt wären … einem Arzt muß der Patient doch alles erzählen, nicht wahr?»

«Gewiß», sagte ich.

«Eben», flüsterte er. «Dann hören Sie also, wie das gewesen ist in meinem Leben, mit den Mädchen … Ich hatte kein Glück mit ihnen. Sie fanden mich nett, sie kamen mir entgegen. Immer wieder machte ich einer neuen den Hof. Aber es half nichts. Und als sie dann merkten, was mit mir los war, da lachten sie mich aus und verspotteten mich und liefen davon …»

Bruno Gehrts hübsches Gesicht überzog sich mit einer fleckigen Röte, die Lippen zitterten, als wollte er weinen. Er trat an das vergitterte Fenster und wandte mir den Rücken, Sonnenlicht ließ das blonde, locker nach hinten gekämmte Haar aufleuchten.

Die tiefe, angenehme Stimme kam leise und stockend: «Einmal … einmal habe ich mich verlobt …es war ein wunderbares Mädchen, ganz anders als alle, die ich bisher kennengelernt hatte. Sie … sie lachte mich nicht aus. Aber nach drei Jahren ging ich weg, ich wollte sie nicht an mich ketten, dazu hatte ich sie zu lieb …»

Und danach? Weiter und weiter war er hineingetaumelt in den Tunnel seiner Komplexe, verfolgt vom Gelächter der Mädchen, verfolgt von wirren Ideen und Begierden. Dunkler und dunkler war es um ihn geworden. Zum Schluß hatte er zu trinken begonnen, um sich zu betäuben.

Alkohol war teuflisch für ihn. Die erbliche Belastung durch den Vater, den schweren Gewohnheitstrinker, brach durch. Zuerst machte der Alkohol ihn fröhlich. Zuerst lachte er. Doch später kamen die Alpträume, die Gespenster seiner Demütigungen, kam das Gekicher, das Gelächter, kamen höhnische Stimmen – und dann schlug er wild um sich, schlug Kameraden, Freunde, weil er sich befreien wollte …

In den Nächten verfolgten ihn seine fixen Ideen: «Immer wieder träumte ich von Ringkämpfen, ich rang mit Frauen, fast immer mit Frauen. Und manchmal gelang es mir, sie zu besiegen, manchmal war ich der Stärkere …»

«Was geschah nun am 20. Februar?» fragte ich.

Gehrt ging in seiner Zelle hin und her. Dann blieb er wieder beim Fenster stehen.

Ein unheimliches Gefühl überlief mich, als ich sah, wie er die Hände an die Hosennaht legte und stramme Haltung annahm, als wolle er eine dienstliche Meldung machen. Der Kopf lag im Nacken, die blauen Augen waren zum Himmel erhoben, und ich dachte, daß Gehrt nun wohl nicht länger zu mir, sondern zu jemand ganz anderem sprach.

Seine Stimme klang schleppend. Er beachtete mich überhaupt nicht mehr.

«Am Abend des 20. Februar hatte ich dienstfrei. Ich zog die Ausgehuniform an. Zuerst ging ich ein bißchen spazieren und dann ins Kino. Der Film war langweilig. So eine dämliche Liebesgeschichte -»

So eine dämliche Liebesgeschichte …

«- Nach dem Kino stellte ich fest, daß ich keine Zigaretten mehr hatte. Ich ging in die nächste Kneipe, ‹Zum § 11› hieß sie. Ich bestellte ein Bier und sechs Zigaretten. Ich war in der Kneipe nicht bekannt. Deshalb mußte ich ein Bier bestellen, sonst hätten sie mir keine Zigaretten verkauft. Während ich das Bier trank und den Pärchen zusah, die tanzten – da war nämlich ein Grammophon in der Kneipe -, kamen die zwei Frauen herein …»

*

«Det is dufte», sagte die jüngere, «hier kann ick noch 'ne kesse Sohle uffs Parkett lejen. Komm rin, Mutta!»

Die ältere ließ sich auf einen Stuhl nahe beim Eingang fallen. Sie war schwer betrunken, das strähnige Haar hing ihr unordentlich in die bleiche Stirn.

Gereizt schlug sie auf den Tisch: «Wat isn det hier fiern langsama Laden? Zwee Mollen, zwee Korn, beeil dir, du Bulljongkopp.»

Der dicke Kneipenwirt betrachtete sie mißvergnügt. Er kannte die Alte, er kannte die jüngere. Sie kamen oft hierher. Else Hoffmann und ihre Mutter, Emma Trautmann.

«Sie ham schon jenuch Schlachseite, Frau Trautmann!» sagte er.

Die Alte keifte: «Det jeht dir 'n Dreck an! Ick bezahle, wat ick vazehre! Zwee Korn, zwee Mollen!»

Der Wirt zuckte die Achseln und schlurfte davon. Die alte, schlampige Frau kratzte sich am Bein. Ihre Tochter schminkte die Lippen nach, betrachtete das hübsche und doch ordinäre, verblühte Gesicht in einem zerbrochenen Taschenspiegel und strich das bunte Seidenkleid über den Hüften glatt, während sie sich im Lokal umsah.

«Pärchen. Pärchen. Unsaeener is alleene ...»

Jetzt erblickte sie den blonden Polizisten, der einsam neben der Theke saß und rauchte.

«Moment mal ...» Sie stand auf und ging mit wiegenden Schritten durch das Lokal. Ein Mädchen hatte eine neue Platte aufgelegt. Mit schmalziger Stimme sang ein Tenor: «Komm, mein Schatz, wir trinken ein Likörchen ...»

Else Hoffmann erreichte den hübschen Polizisten und knickste. «Damenwahl!»

« ... und dann flüstere ich dir was ins Öhrchen ...», versprach der Tenor.

Bruno Wilhelm Gehrt sah auf. Er errötete.

Das gefiel der Else. Sie war ganz verrückt nach jungen, blonden Männern, die noch erröten konnten.

Gehrt sagte höflich: «Es tut mir leid, aber ich kann nicht tanzen.»

« ... von der Liebe und des Lebens Mai, und so 'n bißchen, bißchen, bißchen was dabei ...», sang der Tenor.

«Wat denn», sagte sie, «junga Mann, det is doch 'n Schieba, det kann jeda!»

«Nein, bitte nicht», sagte Gehrt.

Ehe er es verhindern konnte, saß sie neben ihm. Sie lachte ihn breit an. «Aba eenen heben können wa doch zusammen, oda?»

«Bitte», stotterte Gehrt, «natürlich, gerne. Was darf ich Ihnen bestellen?»

«'n schlichten Korn. Wat sind Se denn so schenierlich? Ham Se Angst vor mir? Ick beiße Sie nich!»

Sie war Bruno Gehrt widerlich, vom ersten Moment an. Die laute Stimme, das ordinäre Gesicht, das billige Parfüm. Aber seine Schüchternheit, seine Gehemmtheit hinderten ihn, sie von seinem Tisch fortzuschicken, wie jeder andere das getan hätte. Die Frau tat ihm leid, verblüht, angetrunken und arm, wie sie war. Er dachte: Ich trinke noch ein Glas mit ihr, und dann gehe ich weg.

Der Wirt brachte den Schnaps.

«Na, denn prost, scheena Mann», sagte Else.

Sie kippte ihr Glas, Gehrt kippte das seine. Er vertrug Alkohol schlecht, er hatte ihn nie vertragen. Plötzlich klang die Grammophonmusik schneller und lauter in seinen Ohren, plötzlich sah die Frau, die da neben ihm saß, nicht mehr so ordinär, nicht mehr so verkommen aus. Gehrt lachte laut und grundlos.

«Na also, Kleena», sagte die Hoffmann, «jetzt fiehlste dir schon wohla in meine Jejenwart!»

Sie tranken noch einen. Und noch einen. Diese Else Hoffmann, fand Gehrt, war gar keine so üble Person … Zuletzt waren sie beide betrunken. Sie schlug vor: «Wenn de willst, kenn wa uff meine Bude jehn. Da isset viel jemütlicha.» Vergessen die Hemmung, vergessen die Schüchternheit, vergessen auch die alten Gespenster. «Gut, gehen wir!» sagte Bruno Wilhelm Gehrt.

«Ick muß nur Muttan mitnehmen. Wäre scheen, wenn du mir dabei een bißken unta de Arme jreifen mechtest …» Gemeinsam machen sich die drei auf den Heimweg. Die alte Frau torkelt in der Mitte. Sie muß geführt werden, sie ist vollkommen betrunken.

Sie betreten die finstere, schmutzige Parterrewohnung im Hinterhaus der Schleiermacherstraße 15. Else Hoffmann legt die Mutter in der Küche aufs Bett. Die Alte schläft sofort ein.

Dann zieht die Junge Bruno Gehrt an sich. Sie will ihn küssen.

Plötzlich kommt er zu sich. Er wehrt sich. Er will weg – so schnell es geht. Aber die Hoffmann läßt ihn nicht los …

Ein Ringkampf beginnt. Ein Ringkampf, wie ihn Gehrt so oft in seinen Träumen gekämpft hat. Aber diesmal ist es ein echter, wirklicher Ringkampf, mit einer wirklichen, lebenden Frau. Und weil er betrunkener ist als sie, ist sie stärker als er. Das fühlt er sogleich. Und er fühlt, daß er unterliegen wird, unterliegen muß ... Er strauchelt. Stürzt über den Tisch. Der Tisch fällt um. Schwer schlagen die beiden Körper auf dem Boden auf. Die Petroleumlampe ist umgefallen und erloschen. Bleich scheint der

Vollmond in die Küche. Gehrts Hände fühlen ein Stück Draht. Formen eine Schlinge. Die Frau, die eben noch amüsiert gelacht hat, schreit auf.

In Gehrts Schläfen dröhnt das Blut. Er sieht nichts mehr. Er hört nichts mehr. Und dann geschieht es.

Diesmal bleibt er der Sieger. Ein fürchterlicher Sieger …das Traumbild ist zur entsetzlichen Wirklichkeit geworden.

« … ich weiß nicht, wieviel Zeit verging, bis ich wieder zu mir kam», berichtet Bruno Wilhelm Gehrt, strammstehend an seinem Zellenfenster, das Gesicht dem strahlenden Winterhimmel zugewandt. «Ich war schon auf der Diele, da fiel mir die alte Frau ein. Sie kannte meinen Namen. Sie würde mich verraten. So ging ich denn zu ihr …»

So geht er denn zu ihr. Sie schnarcht betrunken, sie kommt nicht mehr zu sich. Keine Molle, kein Korn mehr für Witwe Trautmann. Gehrt erwürgt sie, mit bloßen Händen. Dann verläßt er die Wohnung. In der Küche, unter dem Rücken der toten Hoffmann, bleibt eine kleine, zusammenklappbare Taschenschere zurück, die Gehrt im Kampf aus der Tasche gefallen ist …

«Ich ging in die Kaserne, wusch mich und legte mich zu Bett», berichtete der Mörder mir nun, in seiner Zelle. Er war am Ende seiner Erzählung angekommen, er hatte nichts hinzuzufügen. Jetzt drehte er sich wieder zu mir um. Sein Gesicht war weiß wie die Wand.

Er sagte: «Verstehen Sie jetzt, daß ich sterben will? Verstehen Sie es jetzt, Herr Doktor Frey? Mir graut vor mir … mir graut vor mir …» Er stöhnte und bedeckte die Augen mit beiden Händen. Der Mörder weinte …

«Warum haben Sie die Uhr mitgenommen?»

«Was?» Mit tränenverheertem Gesicht sah er mich an.

«Sie haben Frau Hoffmann eine Armbanduhr weggenommen. Die Polizei hat sie später in Ihrer Jacke in der Kaserne gefunden.»

«Ach so, ja …« Gehrt nickte. Ein demütiger, hündischer Ausdruck kam in seine Augen, seine Stimme ähnelte Winseln: «Ich wollte ein Andenken haben … ein Andenken an meine furchtbare Tat … Immer, wenn ich die Uhr angriff, wurde mir wieder bewußt, was für ein Tier ich bin, was für eine Bestie, was für ein Teufel in Menschengestalt!» Die letzten Worte hatte er geschrien, seine Stimme überschlug sich. «Gehrt!» schrie auch ich.

Wie erwachend sah er mich an. Automatisch nahm er wieder Haltung an.

«Machen Sie so etwas nicht noch mal», sagte ich scharf.

«Was, bitte?»

«Steigern Sie sich nicht in solche Anfälle hinein. Wenn Sie das vor Gericht machen, wird man glauben, daß es Ihnen wohl tut, sich selbst zu belasten.»

Ganz unterwürfig sagte er: «Aber es tut mir wohl, verehrter Herr Doktor, es tut mir unendlich wohl, es ist für mich eine» – er gebrauchte das Wort tatsächlich – «Wollust, mich selber anzuklagen!»

«Aber nicht fälschlich!»

«Auch fälschlich, Herr Doktor, auch fälschlich. Ein Mensch wie ich kann sich gar nicht genug anklagen. Es ist ungeheuerlich, was ich getan habe. Ich bin ein Auswurf, ein letzter Dreck.»

«Sie sind krank. Sie gehören in eine Anstalt unter die Obhut von Ärzten.»

«Nicht in die Anstalt!» rief er. «Lieber die Rübe ab!»

Der Mann war krank, der Mann war unzurechnungsfähig. Davon war ich überzeugt. Und davon mußte ich überzeugt sein, wenn ich ihn verteidigen wollte.

*

Neun Monate vergingen bis zum ersten Verhandlungstermin. In diesem Dreivierteljahr stellten zwei medizinische Sachverständige lange Versuchsreihen an und beobachteten Gehrt wochenlang.

Der Prozeß begann mit einer Sensation: die beiden Sachverständigen erklärten, Gehrt wäre zur Zeit der Tat voll zurechnungsfähig gewesen!

Dazu kam, daß mein Mandant mir in den Rücken fiel, indem er sich selber immer noch schwerer beschuldigte. Winselnd, weinerlich, übersteigert. Zum Beispiel behauptete er, Frau Hoffmann bei vollem Bewußtsein getötet zu haben … Der Vorsitzende, Landesgerichtsdirektor Marquart, sprach beinahe väterlich mit ihm: «Vor der Polizei und dem Untersuchungsrichter haben Sie angegeben, sich an nichts erinnern zu können. Sie sprachen damals davon, daß Sie in einem – durch Alkohol hervorgerufenen – schweren Dämmerzustand gehandelt hätten!»

Gehrt, den Blick zur Decke des Saales gerichtet, erwiderte: «Da habe ich nicht die Wahrheit gesprochen.»

«Warum nicht?»

«Die Herren haben gefragt und gefragt, und mir waren die Fragen peinlich. Da habe ich das gesagt, damit Schluß ist.»

«Und jetzt ist es Ihnen nicht peinlich, gefragt zu werden?»

«Nein, das hier ist das Gericht, vor dem ich mich verantworten muß. Ich muß mich vor Gott und der Obrigkeit für meine furchtbare Tat stellen. Ich muß büßen.»

Gehrts Stimme klang wieder dünn und winselnd. Der Zustand war eingetreten, den ich kannte und den ich gefürchtet hatte.

Ernst sagte der Vorsitzende: «Sie sprechen von Gott, Angeklagter. Den Akten habe ich die Überzeugung entnommen, daß Sie zu den Menschen gehören, die noch an Gott glauben. Eben deshalb müssen Sie uns hier die Wahrheit sagen.»

«Ich sage die Wahrheit.»

«Angeklagter, Sie allein können uns die Tat schildern, wie sie sich abgespielt hat. Wer weiß, ob Sie jemals Ruhe finden werden, wenn Sie jetzt lügen.»

«Ich lüge nicht.»

«Sie können nicht wissen, was für die Beurteilung Ihres Falles von Bedeutung ist und was nicht. Wenn Sie etwas Falsches sagen, laufen Sie Gefahr, daß das Gericht zu einer Entscheidung kommt, die auch falsch ist – aber Sie auf das schwerste trifft.»

Unbelehrbar, geradezu eifrig, antwortete Gehrt: «Sie soll mich treffen, Herr Rat! Auf das schwerste soll sie mich treffen. Ich bin ein Teufel!»

«Angeklagter, warum bezichtigen Sie sich dauernd selber?»

Gehrt antwortete mit schriller Stimme, die Hände an der Hosennaht: «Es tut mir gut, Herr Rat. Je mehr ich mich beschuldige, um so ruhiger werde ich.»

Unter diesen Umständen blieb mir nichts anderes übrig, als zu erklären: «Die Verteidigung ist nicht in der Lage, weiter die Verantwortung für die Äußerungen ihres Mandanten zu übernehmen. Ich lege die Verteidigung des Angeklagten nieder.»

Gehrt sah mich ohne jede Gefühlsbewegung an, als interessiere ihn nicht im geringsten, was ich eben gesagt hatte.

Der Vorsitzende tat, was er nun tun mußte: er vertagte den Prozeß. Gleichzeitig forderte er ein drittes ärztliches Gutachten an.

Als dritter Sachverständiger gab Doktor Magnus Hirschfeld sein Gutachten ab. Es war neunzig Schreibmaschinenseiten lang. Hirschfeld kam zu dem folgenden Ergebnis: «Der Angeklagte befand sich zur Zeit der Tat in einem tiefen alkoholepileptischen Dämmerzustand, der eine freie Willensbestimmung völlig ausschließt. Er war absolut unzurechnungsfähig.»

Die beiden ersten Gutachter wurden aufgefordert, zu den Ergebnissen des Dr. Hirschfeld Stellung zu nehmen. Der eine lehnte das Gutachten Hirschfelds vollinhaltlich ab, der zweite empfahl die Einweisung Gehrts in eine Irrenanstalt zwecks nochmaliger Untersuchung.

Die Situation war nun einigermaßen grotesk: ein Sachverständiger nahm Zurechnungsfähigkeit an, ein Sachverständiger nahm einen abwartenden Standpunkt ein, ein Sachverständiger sprach sich für volle Unzurechnungsfähigkeit aus.

Bei dieser Sachlage beauftragte das Gericht eine Fachbehörde mit einem Obergutachten. Gehrt kam in die Irrenanstalt Dalldorf. Eineinhalb Jahre lang wurden hier mit ihm Versuche angestellt, unter anderem wurde er dem Kräpelinschen Alkohol-Test ausgesetzt. Man flößte ihm die gleiche Alkoholmenge ein, die er am Mordabend zu sich genommen hatte, und beobachtete seine Reaktionen. Ergebnis: Dämmerzustand. Alkohol-Epilepsie. Völlige Unzurechnungsfähigkeit. Gehrt wird für haft- und verhandlungsfähig und für gemeingefährlich geisteskrank erklärt.

Bei der großen Erregung, die der Fall in der Öffentlichkeit hervorgerufen hatte, entschloß sich der Richter, noch ein allerhöchstes Gutachten vom Landesgesundheitsamt einzuholen. Gehrt wurde in die Berliner Charité übergeführt. Neue Untersuchungen. Neue Experimente. Und dasselbe Ergebnis: Unzurechnungsfähigkeit.

Der große Prozeß endete, wie ich es erwartet hatte. Bruno Wilhelm Gehrt wurde freigesprochen. Seine Einweisung in eine Anstalt wurde angeordnet.

Bedrückt verlas der Vorsitzende die Urteilsbegründung:

«Dem Arm der irdischen Gerechtigkeit bleibt der Angeklagte entzogen. Die Ärzte tragen nun die Verantwortung dafür, ob und wann er

wieder in die bürgerliche Gesellschaft zurückkehren kann. Gericht und Sachverständige haben in diesem Fall zusammen arbeiten müssen. Man konnte die hier gehörten Autoritäten nicht einfach beiseite schieben. Und auch wenn man dem Gutachten nicht ganz zustimmt, dann bleiben doch zumindesten Zweifel an der Zurechnungsfähigkeit des Angeklagten. Und sie bedingten den Freispruch.»

Dieses Urteil, das Gehrt völlig teilnahmslos hinnahm, erregte die Öffentlichkeit ungeheuer.

Eine Berliner Zeitung schrieb: «*Bravo! Glänzender konnte die Ohnmacht des §51 wahrhaftig nicht dokumentiert werden! Man weiß, daß eine Einweisung in ein Irrenhaus erfahrungsgemäß nicht sehr lange dauert. Und so werden wir schon bald das Glück haben, Herrn Gehrt wieder unter uns zu sehen – vielleicht sogar ‹aktiv›, in einem neuen ‹Dämmerzustand!›!*

Nicht immer haben Lustmörder so gut abgeschnitten! Die Wissenschaft sieht mit Recht in jedem Schwerverbrecher einen mehr oder minder stark von der Norm abweichenden Menschen. Nur hat das nichts mit seiner strafrechtlichen Verantwortung zu tun. Daß etwa ein Lustmörder ein verbrieftes Recht hätte, für sich gegenüber dem Kollegen Raubmörder einen Freibrief zu beanspruchen, davon ist wissenschaftlich keine Rede!

Der Massenmörder Schumann, der im Falkenhagener Forst aus dem Waldesdickicht heraus auf seine Opfer schoß, endete unter dem Beil des Scharfrichters. Sein Motiv war rein sexueller Natur. Es war klar, daß diese Bestie aus satanischer Freude am Töten gemordet hatte, um seinem Frieb zu frönen. Er war zurechnungsfähig.

Und Gehrt? Gehrt soll von nichts gewußt haben? Dieser blonde, schmucke Junge, der da hochmütig und demütig, je nach Laune und je nach schlauer Überlegung, auf der Anklagebank saß, dieser Bruno Gehrt soll unzurechnungsfähig sein?»

Die Angst, Gehrt könnte noch einmal aus der Anstalt entlassen werden, erwies sich als unbegründet. Am 21. Juni 1926 wurde er, ein gemeingefährlicher Geisteskranker, in der Irrenanstalt Herzberge interniert. Er war ruhig, freundlich und charmant wie stets. Seine Sprechweise nahm mit der Zeit allerdings etwas Manieriertes, Weinerliches an. Er arbeitete fleißig und war den anderen Kranken ein guter Kamerad.

1936 erregte er zum ersten Mal Aufsehen. Er ohrfeigte einen Bettnachbarn. Dem Arzt erklärte er: «Sie wissen schon, warum, Herr Doktor.»

1937 gab er an, Stimmen zu hören, die ihn provozierten: «Lassen Sie mich heraus, meine Herren, ich werde sonst zu erregt.» Er gab auch an, sein ganzer Körper wäre «durch Radio mit Ärger und Wut gespannt», er sei elektrisch geladen. Mehr und mehr verlor er den Kontakt mit der Umwelt.

1940 und 1941 sprach er kaum noch, ging allen Menschen aus dem Wege.

1942 wollte er Urlaub: «Keine Angst, ich tue nichts mehr. Die alte Sache ist für mich erledigt.» Er befürchtete, von den Nazis vergiftet zu werden – was erstaunlicherweise nicht geschah.

1942 bis 1950 war sein Befinden unverändert. Er lebte ohne Klagen, ohne Wünsche, ohne Freunde. Zurückhaltend, zugänglich, charmant.

Im November 1950 klagte er über Nackenschmerzen. Ein Gehörgang war vereitert. Die Operation ergab ein fürchterliches Geschwür in der Paukenhöhle. Im Anschluß an die Operation, die zweieinhalb Stunden dauerte, trat Kreislaufschwäche ein, danach der Tod.

Charly Urban

Anders als im Fall des Frauenmörders Gehrt, in dem ich die Verteidigung niederlegte, konnte ich den Prozeß Urban guten Gewissens bis zum Ende durchführen.

*

Das Dröhnen der Kino-Orgel füllte den Zuschauerraum bis zur letzten Reihe. Bald tönte es wie Sturmgebraus, dann wie Waldesrauschen oder Heimatglockenklang. Dazu glitten farbige Scheinwerferkegel über die dreitausend silbernen Orgelpfeifen und ließen sie geisterhaft aufflackern.

Jetzt verebbte das Meer von Tönen und Farben. Auf die Mitte des nachtblauen Bühnenvorhangs konzentrierten sich zwei grelle Lichtbündel. Im Parkett raschelten Programm- Hefte. Als nächste und letzte Nummer der Bühnenschau kündigte das Programm die Tango-Kapelle «Zwölf Argentinos» an, eine der drei «Weltattraktionen», die der Mercedes- Palast seinen Besuchern als Zugabe zu dem Film «Zwei Menschen» bot.

Der Mercedes-Palast nannte sich stolz das größte Kino-Varieté Europas. Und dieser lichterfunkelnde Prachtbau stand in der Hermannstraße, mitten in Neukölln. Er war erbaut worden, damit die Bewohner dieses Arbeiter-Viertels nicht immer ins Stadtzentrum oder zum Kurfürstendamm fahren mußten, um ein bißchen Glanz zu genießen.

Einen zweiten Mercedes-Palast gab es im Norden, am Wedding. Sie lagen beide an der längsten und schnellsten U-Bahn- Strecke Berlins, an der Nordsüdbahn.

Diese unterirdische Strecke war gewissermaßen die Lebensader des Stella-Konzerns, dem die beiden Theater gehörten. Denn nur mit ihrer Hilfe war es möglich, in beiden Theatern einen großen Film und ein sensationelles Varieté-Programm zu kleinsten Preisen zu bieten. Beide Theater hatten das gleiche Programm, den gleichen Film, die gleiche Bühnenschau. Während die Vorstellung in Neukölln mit der Bühnenschau begann, fing man am Wedding mit dem Film an. Über die Untergrundbahn wurden die Filmrollen vom einen Kino zum andern transportiert, und mit der U-Bahn pendelten die Artisten zwischen Neukölln und Wedding hin und her. Die U-Bahn fuhr alle fünf Minuten. Sie brauchte von Neukölln bis zum Wedding knapp dreißig Minuten.

Den Bühnenmeistern, den Artisten, den Geschäftsführern, den Boten saß der Fahrplan im Blut. Daß die U-Bahn einmal als Mordwaffe dienen sollte und daß dieser Mord im Mercedes-Palast stattfinden würde – auf den Gedanken wäre keiner von ihnen gekommen.

Und auch die knapp tausend Zuschauer waren ahnungslos, als in der zweiten Vorstellung des 20. Januar 1931 der Vorhang aufging und die «Zwölf Argentinos» scharf und rhythmisch in die Saiten ihrer Gitarren schlugen. Sie spielten den Tango «A media luz» – «Im Zwielicht». Sie hatten weißseidene Tango-Jacketts an und trugen schwarze Gaucho-Hüte.

Herr Leo Kallipke, der im Mercedes-Palast die Kino-Orgel spielte, hatte sich in die Kulisse gestellt. Von seinem Platz aus konnte er sowohl die Bühne übersehen wie auch den schmalen Gang zwischen dem grellvioletten Hintergrund- Vorhang und der Mauer des Bühnenhauses.

Die «Zwölf Argentinos» begeisterten Herrn Kallipke so, daß er sie sich jeden Abend anhörte. Und er machte ärgerlich «Psst», als im Treppenhaus Stimmen laut wurden.

Zwei Frauen kamen die Treppe herunter. Eine von ihnen sang leise zum Rhythmus des Tangos: «Wer schmeißt denn da mit Lehm, der sollte sich wat schäm …»

Auch über diesen Text, den die Berliner der rasch volkstümlich gewordenen Melodie unterlegt hatten, ärgerte sich Herr Kallipke. Noch einmal zischte er: «Psst!»

«Mach da man keen Fleck ufft Chemisett, Leopold», kicherte die zweite Frau. Dann sah Kallipke, wie sie hinter dem Vorhang zur anderen Seite der Bühne verschwanden. Es waren die beiden Kassiererinnen, die eben mit dem Direktor die Abendkasse abgerechnet hatten.

Aber Herr Kallipke sollte heute seinen Tango nicht genießen können. «Jib nich so viel Blau, Otto», rief eine heisere Stimme zur Beleuchter-Rampe hinauf, von der aus die Bühne seitlich beleuchtet wurde. Kallipke erkannte die Stimme des Bühnenmeisters Priemke.

Und schon wieder hörte er Schritte vom Treppenhaus. Diesmal waren es schnelle, hastige Schritte.

«Heute geht's hier zu wie in einem Bienenhaus», brummte Kallipke.

Ein Mann huschte an ihm vorüber. Er sah einen weiten gelben Mantel, der die Gestalt kaum erkennen ließ. Aber das Gesicht kam ihm vertraut vor, sehr vertraut. Und er rief leise: «He, Charly!»

Aber die Gestalt blieb nicht stehen, wendete nicht einmal den Kopf und war schnell im Dunkeln verschwunden. Wie ein Phantom …

«Mit wem redst'n da?» fragte Bühnenmeister Priemke. Der Organist schüttelte den Kopf: «Ich glaube, ich sehe Gespenster. Hast du den gesehen, der eben da langgerannt ist?»

«Jesehn schon, aber nich jesehn, wer't war.»

«Jetzt wirst du mich auslachen, aber das war der Charly», sagte der Organist.

«Bei dir scheintet zu piepen», meinte Priemke. «Der Charly, der is doch drieben iebern jroßen Teich und scheffelt Dollahrs.»

«Jaja, weiß ich. Aber ich hätte können schwören, daß er das eben war …»

Im Bühnendurchgang tauchte eine schlanke Frauengestalt auf. Sie hatte einen blauen Kittel an, ein weißes Schürzchen und auf dem Haar ein kokettes Häubchen. Vor sich her trug sie eine Art Tablett, auf dem Eisen- und Silbermünzen zu kleinen Türmchen geschichtet waren.

«Bist aber wieder verdammt spät dran, Anni», sagte der Bühnenmeister.

«Ick kann ma von die Tango-Kapelle immer nich loßreißn», sagt Anni Heise, die Programmverkäuferin.

«Dienst is Dienst, und Musik is Musik», brummte Priemke. Er sah dem gutgebauten Mädchen halb mißbilligend, halb wohlgefällig nach, wie es die Treppe zur Direktion hinaufstieg.

«Der Kleinen macht der Direktor bestimmt keinen Krach, wenn sie mit ihrer Abrechnung ein bißchen später kommt», sagte der Organist.

«Meenste ooch, det der Direktor mit der Anni wat hat?» fragte Priemke.

Der Organist zuckte mit der Schulter. Er deutete auf die Bühne. Die «Zwölf Argentinos» hatten sich erhoben. Sie schlugen ihre Gitarren in einem furiosen Finale und stampften den Takt dazu mit den Füßen, an denen silberne Gaucho-Sporen klirrten.

Bühnenmeister Priemke griff nach der Kurbel, die den äußeren Vorhang bediente. Sowie der Beifall verrauscht sein würde, mußte der vordere Vorhang fallen, dann der Mittelvorhang und die Filmleinwand. Und dann hatte er den Argentinos jedes Mal klarzumachen, daß sie sich im Eiltempo in die Garderobe begeben und zur U-Bahn-Station rennen mußten.

Oben im Treppenhaus wurde ein Geräusch laut. «Hat da nicht jemand geschrien?» fragte Kallipke.

«Kam mir ooch so vor», sagte der Bühnenmeister, ohne im Kurbeln innezuhalten.

Kallipke rannte zu seiner Orgel. Er mußte gleich mit dem Intermezzo einsetzen, das die kurze Pause zwischen Bühnenschau und Film überbrückte.

Aber er sah noch, wie die Programmverkäuferin Anni Heise auf die Hinterbühne gestürzt kam. Er hörte ihren Schrei: «Ernst, Ernst … Er ist tot!»

Brausend setzte die Orgel ein. Organist Kallipke sah Anni in wilder Hast zur Garderobe rennen. Eine Minute später kam sie den gleichen Weg mit den beiden Kassiererinnen zurück.

Bühnenmeister Priemke kurbelte inzwischen den Außenvorhang vor der Kino-Leinwand hoch.

Drinnen im Theater gingen die Lampen aus. Nur noch die Lichter an den Notausgängen glommen schwach. Dann rannte der Bühnenmeister die schmale Treppe zum Zimmer des Direktors empor.

Die Tür stand offen. Das erste, was Bühnenmeister Priemke sah, waren die Rücken der drei Frauen. Er hörte das Schluchzen der kleinen Programmverkäuferin. Dann erst sah er den Körper des schweren Mannes auf dem Boden liegen. Direktor Ernst Schmoller lag zwischen seinem Schreibtischstuhl und der Wand seines Büros. Er lag halb auf der Seite, der Stuhl war etwas vom Schreibtisch abgerückt. Es sah aus, als hätte der schwere Mann vom Schreibtisch aufstehen wollen und sei zusammengesackt. Seine goldgeränderte Brille lag neben ihm auf dem Fußboden, sauber zusammengeklappt.

«Ich habe ihm die Augen zugedrückt», schluchzte die Programmverkäuferin Anni Heise.

An der Tür hörte Bühnenmeister Priemke ein Geräusch. Als er sich umblickte, sah er den Organisten Kallipke.

«Ruf den Theater-Arzt an», sagte Priemke.

Der Mercedes-Palast hatte keinen ständigen Theater-Arzt. Das hätte der Etat nicht vertragen. Drei praktische Ärzte aus der Umgebung waren verpflichtet, auf Anruf sofort zur Stelle zu sein.

Bühnenmeister Priemke hörte das leise Surren der Wählscheibe am Telefon. Vom Vorführraum, der eine Treppe höher lag, drangen Dialogstellen des Films herein. Bestimmt hatten die Vorführer wieder die Tür offen gelassen, weil es ihnen in ihrem Kabuff zu heiß war. Der Bühnenmeister knallte die Tür des Direktions-Zimmers zu.

«Der Arzt ist in zehn Minuten da», sagte der Organist.

Die Minuten vergingen in peinlichem Schweigen. Die Frauen schluchzten.

«Heute abend hat er mir noch gesagt, wie glücklich er ist», jammerte die blonde Kassiererin. «Seine kleine Tochter ist heute vierzehn Monate alt, und er wollte ihren Geburtstag feiern …»

Die Programmverkäuferin Anni Heise schluchzte hemmungslos auf.

Endlich kam der Arzt. Er beugte sich über den Toten, griff nach dem Handgelenk, ließ es sinken. Er schob die Augenlider zurück. Dann stand er auf.

«Herzschlag», sagte er. Und im Gehen: «Der Totenschein kann morgen vormittag bei mir abgeholt werden.»

Wieder war Schweigen. «So können wir ihn doch nicht liegenlassen», sagte endlich Leo Kallipke.

«Na, denn jreif man mit zu», sagte Priemke und faßte den Toten unter die Schultern. Der Organist griff die Beine. Sie hoben den schweren Körper an.

«Da auf den Schreibtisch», keuchte Kallipke.

Aber auf dem Schreibtisch standen noch die drei Zahlbretter der Kassiererinnen und der Programmverkäuferin.

«Na, nun nehmt doch schon die Penonse wech», ächzte Priemke.

Die Frauen griffen zu. Direktor Ernst Schmoller wurde auf seinem Schreibtisch aufgebahrt, von dem aus er ein Jahr lang die Geschicke des Mercedes-Palastes geleitet hatte.

In diesem Augenblick erinnerte sich Bühnenmeister Priemke der Theater-Ordnung.

«Pollezei müssen wa vaschtändigen», sagte er. Er rief das Polizei-Revier an.

Wachtmeister Balczuweit erschien nach etwa zwanzig Minuten. Er sah den Toten auf seinem Schreibtisch liegen. Er ließ sich sagen, was der Vertragsarzt festgestellt hatte. Herzschlag. Er erkundigte sich nach den Personalien, nach dem Wohnort und den nächsten Verwandten des Verstorbenen. Dann beugte er sich noch einmal über die leblose Gestalt auf dem Schreibtisch.

Er stutzte. Er knöpfte den zweireihigen Anzug auf, so daß die Hemdbrust frei lag. Und plötzlich rief er laut: «Mord. Keiner verläßt das Haus …»

Es war jetzt kurz vor Mitternacht. Die Kino-Besucher waren längst in der Hermannstraße und ihren Nebenstraßen versickert …

Wachtmeister Balczuweit stürzte zum Telefon und wählte eine Nummer. Er wartete. Dann sagte er: «Sofort Mordkommission zum Mercedes-Palast, Neukölln.»

Unterhalb des Selbstbinders, den der Direktor Schmoller in seiner Todesstunde getragen hatte, war dem Wachtmeister Balczuweit eine kleine Öffnung im Stoff des Hemdes aufgefallen. Als er das Hemd aufgeknöpft hatte, hatte er Blut gesehen.

Dieser Mann da war nicht an Herzschlag gestorben. Hier lag Mord vor. Oder Selbstmord?

«Nichts darf verändert werden, bevor die Mordkommission kommt», befiehlt Wachtmeister Balczuweit. Dann ruft er das Revier an und bittet um Verstärkung.

Die fünf Angestellten des Mercedes-Palastes werfen sich stumme Blicke zu. Sie haben vorhin den Toten vom Boden auf den Tisch gehoben. Sie haben die Zahlbretter mit der Abendkasse vom Schreibtisch aufs Fensterbrett gestellt. Wer weiß, was sie in ihrer Aufregung sonst noch alles verändert haben. Wer denkt denn aber auch an Mord, wenn der Arzt Herzschlag festgestellt hat?

«Wer von Ihnen hat den Toten entdeckt?» fragt der Beamte.

«Ich», schluchzt die Programmverkäuferin Anni.

«Wann haben Sie den Toten entdeckt?»

Aber Anni schluchzt hemmungslos. Ihre Schultern fliegen.

«Nun denken Sie mal ruhig nach», sagt der Beamte freundlich zu ihr.

«Ich kann nicht», sagt Anni.

«Was haben Sie denn bei dem Herrn Direktor gewollt?» «Die Programme abrechnen», bringt die kleine hübsche Anni mühsam hervor.

«Und wann tun Sie das immer?»

«Zwanzig Minuten vor Schluß der Schau.»

Und jetzt begeht Wachtmeister Balczuweit den entscheidenden Fehler, der dem Phantom vom Mercedes-Palast einen Vorsprung von 24 Stunden verschaffen wird … Während nämlich Anni meinte, daß sie normalerweise zwanzig Minuten vor Schluß der Bühnenschau abrechnet, denkt Wachtmeister Balczuweit an den Schluß der Vorstellung. Er weiß, daß die Vorstellung um 23 Uhr zu Ende ist. Zwanzig Minuten zurückgerechnet …

«Also um zweiundzwanzig Uhr vierzig», sagt er.

Anni nickt. Sie kann in dieser Situation kaum denken, geschweige denn rechnen. Und gar nicht mit der ungewohnten Vierundzwanzigstundenzeit. Auch die anderen vier hören die Zeit und prägen sie sich unbewußt ein …

Stumm und gedrückt verlassen Bühnenmeister, Organist, die zwei Kassiererinnen und Anni die Stätte des Todes. An der Tür werfen sie noch einen scheuen Blick auf den Toten. Im dunklen Korridor, der zur Bühne führt, stoßen sie mit dem ersten Polizisten in Uniform zusammen. Und überall, wo sie hinkommen, an allen Türen, auf allen Treppen, stehen Uniformierte.

«Entdeckung des Toten um 22 Uhr 40 durch die Programmverkäuferin Anni Heise», schreibt Wachtmeister Balczuweit in sein Notizbuch.

Unten im Hof hört er die Bremsen eines Autos kreischen. Er tritt ans Fenster. Er sieht im schwachen Lichtschein einen langen schwarzen Mercedes. An der rechten Vorderseite brennt ein blauer Scheinwerfer. Vier Männer steigen aus. Drei von ihnen machen sich hinten am Gepäckraum zu schaffen. Koffer, Stative, Kästen werden gestellt.

Jetzt erst bemerkt Wachtmeister Balczuweit, daß an der Außenwand eine Feuertreppe angebaut ist. Sie macht einen Absatz in der Höhe des ersten Stocks, in dem sich das Mordzimmer befindet. Dann führt sie weiter an der Wand des Kino-Palastes empor. Einer der Männer kommt jetzt die Treppe herauf.

Wachtmeister Balczuweit geht zur Tür, tritt auf den Korridor hinaus. Der Korridor ist zur Feuertreppe hin durch eine Panzertür abgeschlossen. Diese Tür geht jetzt auf. Wachtmeister Balczuweit sieht sich einem Riesen gegenüber. Er hat einen schweren Mantel an, ist aber ohne Hut. Er hat blonde Haare, ein richtiger Germane.

«Ich bin Kriminalkommissar Müller. Leichen-Müller, wenn Ihnen das mehr sagt.» Ein spöttisches Lächeln geht über das gerötete Jungengesicht des blonden Germanen.

Wachtmeister Balczuweit weiß Bescheid. Kriminalkommissar Johannes Müller ist der jüngste Kommissar der Mordkommission. Den Spitznamen «Leichen-Müller» verdankt er seiner geradezu magischen Fähigkeit, vergrabene Tote aufzuspüren. Wie ein Wünschelrutengänger pflegt er durch einen verdächtigen Wald zu gehen, plötzlich stehenzubleiben und zu sagen: «Hier muß es sein!» Und wenn man dann nachgräbt, dann findet man auch immer die Leiche …

Diesen Spürsinn braucht Johannes Müller in diesem Fall nicht anzuwenden. Direktor Ernst Schmoller liegt auf seinem Schreibtisch aufgebahrt. Die Hände sind wie zum Gebet übereinandergelegt. Unter seinen kahlen Kopf ist ein Kissen geschoben.

«Haben Sie etwa den Unsinn da gemacht?» fragt Kriminalkommissar Müller.

«Er lag schon so auf dem Tisch, als ich kam», sagt Wachtmeister Balczuweit.

«So was habe ich gern», sagt Leichen-Müller. Er beugt sich über den toten Direktor des Mercedes-Palastes.

Die Wunde ist nur ganz schwach mit Blut überkrustet. Das Geschoß muß die Herzschlagader verletzt haben. Der Blutstrom hat sich ins Innere des Körpers ergossen.

Über die Feuertreppe poltern schwere Schritte herauf. Zwei Beamte in Zivil treten in die Tür, die Männer vom Erkennungsdienst, Spurensicherer und Fotografen. Ihnen braucht Kriminalkommissar Johannes Müller nicht zu sagen, was sie zu tun haben.

Das Ergebnis wird mager genug sein. Ein zerstörter Tatort wie dieser stiftet meist mehr Verwirrung als Erleuchtung, da kann man noch soviel rekonstruieren ...

Johannes Müller hat es plötzlich eilig, in den Zuschauerraum zu kommen, wo die Angestellten des Mercedes-Palastes auf ihre Vernehmung warten. Wenn der Tatort schweigt, müssen die Menschen reden.

«Hier, das habe ich aufgeschrieben», sagt Wachtmeister Balczuweit. Er reißt den Zettel, auf dem die Aussage der Programmverkäuferin Anni festgehalten hat, vorsichtig aus seinem Notizbuch.

«Sehr schön», sagt Johannes Müller und steckt die Notiz ein. «22 Uhr 40 ...» Das hat er auf dem Zettel gelesen. Auch ihm prägt sich die Uhrzeit ein.

*

Es war drei Uhr nachts, als Kriminalkommissar Johannes Müller das Zimmer 134a im ersten Stock des Berliner Polizeipräsidiums betrat. Er setzte sich an den nüchternen gelben Bürotisch und rief sich noch einmal das Ergebnis seiner Vernehmungen im Mercedes-Palast zurück.

Eine Reihe höchst bedeutsamer Dinge waren zutage getreten: Etwa um die Zeit, als der Mord geschehen sein konnte, hatten vier Angestellte des Mercedes-Palastes einen geheimnisvollen Mann eilig durch die verschlungenen Gänge des Bühnenhauses und durch das Foyer laufen sehen.

Alle vier sagten übereinstimmend aus, daß der Mann einen gelben Kamelhaar- oder Wollplüschmantel getragen hätte. Über die Person des Mannes gingen ihre Meinungen jedoch weit auseinander.

Der Organist Kallipke wollte den ehemaligen Bühnenmeister Charly Urban erkannt haben.

Der Beleuchter einen früheren Filmvorführer namens Schilling, der von dem Direktor Schmoller mit Krach entlassen worden war.

Die Garderobenfrau einen ehemaligen Bühnenarbeiter. Ein Page den arbeitslosen Schauspieler Arno Wester.

Dieser Schauspieler Arno Wester, der früher mal im Mercedes-Palast als Statist mitgewirkt hatte, war von den Kassiererinnen am Nachmittag vor dem Mord in einem erregten Wortwechsel mit dem ermordeten Direktor beobachtet worden. Der Streit war um Freikarten gegangen und um die Rückzahlung eines Vorschusses, mit dem Wester beim Mercedes-Palast in der Kreide stand.

Wester war von den Beamten, die Kriminalkommissar Müller in Westers Wohnung geschickt hatte, nicht angetroffen worden. Aber das war nicht außergewöhnlich, denn Wester trieb sich normalerweise nachts in zweifelhaften Etablissements herum. Diese Spur schien wirklich eine heiße Spur zu sein.

Von dem Geld, das die Kassiererinnen kurz vor der Tat bei Direktor Schmoller abgeliefert hatten, fehlten 875 Mark.

Wester war arbeitslos. Sicher hatte er Schulden, bestimmt brauchte er Geld. Auf jeden Fall würde er morgen sein Alibi nachzuweisen haben. Natürlich auch die anderen drei Verdächtigen, wobei der dritte, der frühere Bühnenmeister und jetzige Artist Charly Urban mit ziemlicher Sicherheit ausschied. Denn Urban war mit den Acht Nelsons, einer berühmten Trapez-Truppe, auf Tournee in den Vereinigten Staaten … Der Kriminalkommissar hatte eine Gruppe des Erkennungsdienstes zur Spurensicherung im Mercedes-Palast zurückgelassen und war ins Polizeipräsidium gefahren.

Als Johannes Müller bei diesem Punkt seiner Überlegungen angekommen war, klingelte das Telefon. Anruf aus dem Mercedes-Palast.

«Wir haben zwei Patronenhülsen am Tatort gefunden», sagte einer der Beamten vom Erkennungsdienst.

«Kaliber?»

«Sechsfünfunddreißig.»

«Fabrikat?»

«Amerikanisch, soweit ich es beurteilen kann, Colt-Munition.» «Wo lagen die Hülsen?»

«Eine an der Tür, die andere hinterm Schreibtisch.»

«Hinterm Schreibtisch?« fragte Kriminalkommissar Müller.

«Hinterm Schreibtisch lag doch auch der Tote ... Ob es vielleicht doch Selbstmord gewesen ist?»

«Dann hätten wir eine Waffe finden müssen ... Die fanden wir auch, aber im Schreibtisch des Direktors. Mit gefülltem Magazin, gesichert. Aus der ist noch kein Schuß abgefeuert worden ...»

«Sonst noch was?»

«Ja, die abgerissene Hälfte eines Manschettenknopfes des Toten ...»

«Daraus könnte man ja auf einen Kampf schließen», sagte Johannes Müller interessiert. «Irgendwelche Kampfspuren am Boden, an der Leiche?»

«Nein ... Aber noch was. In der Tür des Direktionszimmers befindet sich ein Einschuß, knapp unterhalb der Türklinke. Einschuß von innen nach außen. Das Geschoß hat auch die Panzerung der Tür durchschlagen, die vom Vorraum zur Feuertreppe führt. Das Geschoß steckt in der Tür.»

«Na, ist ja allerhand», sagte Müller. «Kommt bald 'rüber. Der Alte ist noch auf. Bestimmt will er heute nacht noch unseren ersten Bericht haben ...»

Im Zimmer des Alten brannte tatsächlich noch Licht. Das war keine Seltenheit, denn der Alte, Kriminalrat Ernst Gennat, der Chef der Mordinspektion, war ein Nachtarbeiter. Das brachte der Beruf so mit sich ...

Dem Alten Bericht zu erstatten, war für jeden Kommissar der Mordinspektion ein Opfergang. Ernst Gennat war zu jener Zeit wohl der bekannteste Mordspezialist Europas, vielleicht der Welt. Seine psychologische Methode, mit der er an Mordfälle heranzugehen pflegte, hatte ihm unerhörte Erfolge verschafft. Sein Name war ein Mythos geworden. Aber Gennat war dabei ein Mensch geblieben. Und das heißt, daß er, wie jeder Mensch, neben den starken Seiten auch seine kleinen Schwächen hatte.

Seine Mitarbeiter bekamen diese Schwächen oft zu spüren. Und besonders Johannes Müller, der jüngste Kommissar der Kriminalpolizei.

Johannes Müller hatte seinen Bericht über den Mord im Mercedes-Palast im Kopf. Er setzte sich selbst an die Maschine und tippte ihn herunter.

Die Leute vom Ermittlungsdienst polterten ins Zimmer Nummer 134a. Sie legten ein paar große Briefumschläge auf Müllers Tisch. Darin waren die Tatortfunde. Die Patronenhülsen, der abgerissene Manschettenknopf.

«Gleich 'runter damit ins Labor», sagte Johannes Müller. Er ließ sich die Tatortskizze und die Notizen seiner Mitarbeiter geben und heftete sie an seinen Bericht. Dann ging er zum Alten.

Kriminalrat Gennat sah dem Eintretenden gespannt entgegen. Seine Augen waren gerötet. Seine schweren, fleischigen Hände spielten mit einer Lupe, deren Stiel abgebrochen war. Von diesem Stück, das aus den Anfängen seiner großen Laufbahn stammte, trennte Gennat sich nicht.

«Na, dann zeijen Se mal her», sagte Gennat.

Johannes Müller reichte ihm den Bericht.

«Na, scheint ja 'n klarer Fall zu sein», sagte Gennat endlich.

«Den Schauspieler, den Wester, laßt euch nicht durch die Lappen gehn. Den Artisten, den Urban, den kann man ausklammern ...»

«Ja, wenn die Truppe wirklich in Amerika ist ...», sagte Johannes Müller.

«Auch sonst», sagte Gennat. «Die Nelsons sind doch Fliegende Menschen, Klasseleute. Die bringen so leicht keinen um ... Dann müßte schon 'n Weib im Spiel sein ... Na, denn wolln wa mal in de Heia jehn ...»

Müller war schon an der Tür, als ihm Gennat nachrief: «Was ich noch sagen wollte ... Wie steht's denn mit dem persönlichen Hintergrund des Ermordeten?»

Johannes Müller wurde rot. Darüber hatte er in seinem Bericht nichts geschrieben ... Er berichtete Gennat, daß der ermordete Direktor

Schmoller an diesem Abend besonders guter Laune gewesen war. Daß er mit seiner Frau den Geburtstag seines vierzehn Monate alten Kindes feiern wollte, was auf ein inniges Familienleben schließen ließ. Der Direktor des Stella-Konzerns, dem der Mercedes-Palast gehörte, war noch im Laufe der nächtlichen Vernehmung erschienen und hatte den Ermordeten als tüchtig, pflichttreu und peinlich gewissenhaft geschildert.

«Auch die Angestellten haben nichts Nachteiliges oder Verdächtiges über ihn gesagt», schloß Johannes Müller das Charakterbild des Ermordeten, wie er es auf Grund der Vernehmungen sah.

«Von Toten wird immer nur das Beste gesagt, das sollten Sie eigentlich schon wissen», brummte Gennat. «Also vergessen Sie diese Seite bitte nicht ganz. Jute Nacht.»

Ärgerlich ging Johannes Müller in sein Zimmer. Wenn der Alte nörgeln wollte, fand er immer einen Grund. Aber das war es nicht, was Johannes Müller aufregte. Das Schlimme war, daß Gennat recht hatte.

Es war zu spät, um noch nach Hause zu gehen. Müller beschloß daher, sich im Schlafsaal der Bereitschaft eine Stunde hinzuhauen.

Sein Blick fiel auf die «Berliner Morgenpost». Er blätterte sie auf. Auf der dritten Seite unter dem Strich standen Kritiken und Nachrichten aus dem Kulturleben. Müller fand, daß er mit seiner Frau mal wieder ins Theater gehen könnte. Flüchtig überlas er die Kurznachrichten ganz links auf der letzten Spalte.

Er stutzte, nahm einen Rotstift und strich die dreizeilige Meldung an: *«Nelson-Truppe aus den USA zurück. Die bekannte Trapez-Truppe wird nach fast zweijähriger erfolgreicher Tournee im Zirkus Busch auftreten.»*

Der frühere Bühnenmeister Charly Urban war also aller Wahrscheinlichkeit wieder in Deutschland, in Berlin. Und wenn auch Johannes Müller ebenso wie sein Chef Gennat sich einen fliegenden Menschen nicht als Raubmörder vorstellen konnte, der Sache mußte nachgegangen werden.

Charly Urban würde sein Alibi nachweisen müssen, genau wie die anderen drei Verdächtigen …

*

Zwölf Stunden später, am Mittag nach dem Mord, war der Fall Mercedes-Palast verworrener als zuvor.

Zwar hatten sich einige Punkte rasch aufklären lassen. Der entlassene Kino-Vorführer hatte ein einwandfreies Alibi für den Abend der Tat bringen können. Ebenso der entlassene Bühnen-Arbeiter.

Unauffindbar indessen blieb der arbeitslose Schauspieler Arno Wester. Weder in seiner Wohnung in der Allerstraße noch in einem seiner Stammlokale, noch in der Filmbörse in der Friedrichstraße war er aufgetaucht, so daß der Verdacht gegen ihn wuchs.

Gleichzeitig aber war zur Gewißheit geworden, daß Charly Urban, der frühere Bühnenmeister und jetzige Artist, der Fliegende Mensch, den man in Amerika glaubte, in Berlin war. Die Truppe wollte am 15. Februar im Zirkus Busch am Stadtbahnhof Börse mit einer völlig neuen Nummer herauskommen und probte täglich in der Manege.

Kurz vor zwölf Uhr mittags fuhr Kriminalkommissar Johannes Müller mit einem Taxi am Bühnenausgang des Zirkus vor.

«Die Nelsons?» Der Bühnenmeister sah nach der Uhr, die in seiner Loge hing. «Die müßten grade mit der Arbeit fertig sein. Wen wolln Se'n sprechen?»

«Meinen Freund Charly Urban», log Kriminalkommissar Müller.

«Warten Se am besten in der Kantine. Da jeht der Urban nie vorbei.»

In der Kantine des Zirkus Busch herrschte ein lebensgefährliches Gedränge. Clowns mit groteskträurigen Gesichtern und wackelnden Ohren, Schlangendamen und Raubtier-Dresseure, deren Litewken der scharfe Geruch ihrer Bestien anhaftete, standen an der Theke, saßen an den Tischen, aßen hastig, spielten Karten oder fachsimpelten.

«Haben Sie Herrn Urban gesehen?» fragte Johannes Müller einen Kellner, der mit einer dampfenden Suppenterrine an ihm vorbeirannte.

Der Kellner sah sich suchend um. Dann neigte er den Kopf zur Tür: «Da kommt er grade.»

Johannes Müller blickte zur Tür. Und er erschrak ... Durch die Tür kam mit raschen Schritten ein Mann in einem gelben Kamelhaar-Mantel. Er hatte auffällig breite Schultern. Er bewegte sich mit lässiger Eleganz. Er trug in der Hand einen weichen modischen Hut. Seine Haare waren sauber gescheitelt. Er sah gepflegt aus. Seine Augen wanderten suchend durch das Lokal.

Ganz kurz begegnete Johannes Müller dem Blick des Mannes. Er sah in Augen, die gewohnt waren, Sekundenbruchteile und Millimeter abzuschätzen.

Aber das war es nicht, was Johannes Müller auffiel. Ein Fliegender Mensch mußte ja solche Augen haben. Was Johannes Müller einen Moment lang aus der Fassung brachte, war der Mantel, den dieser Mann trug: ein gelber Kamelhaar-Mantel.

Charly Urban ging jetzt auf eine dichte, lebhafte Menschengruppe zu, die sich um das rote Plüschsofa am hinteren Ende der Theke drängte.

Müller ging hinter Urban her. Er sah vor sich den starken, sauber ausrasierten Nacken des Mannes.

Charly Urban schob die zunächst Stehenden beiseite und sprach auf eine junge Frau ein, die den Mittelpunkt der Gruppe bildete. Sie hatte tizianrote Haare und trug ein buntes ungarisches Kostüm mit sehr kurzem Röckchen. Ihre kräftigen, gutgeformten Beine steckten in knallroten Juchtenstiefeln. Kriminalkommissar Müller kannte sie vom Sehen. Sie war eine Kunstreiterin aus der Pußta.

«Hast du schon gegessen, Lotta?» fragte Urban die Kunstreiterin.

«Meenste vielleicht, ick warte uff dir?»

Unwillkürlich mußte Johannes Müller lachen. Für eine Tochter der Pußta berlinerte die rote Lotta verdammt echt.

«Na schön, ich ess' noch rasch eenen Happen», sagte Urban und wandte sich ab.

In diesem Augenblick standen sich Charly Urban und Johannes Müller gegenüber.

«Herr Urban?» fragte Müller.

«Ja, wieso?»

«Ich hätte Sie gern einen Moment gesprochen. Aber nicht hier …»

«Sie sind von der Polizei?» Charly Urban sagte das ganz ruhig. Kein Muskel zuckte in seinem Gesicht.

«Richtig, aber wie kommen Sie darauf?»

«Ein Freund von mir hat mich heute morgen angerufen und mir gesagt, daß man mich im Mercedes-Palast gesehen haben will …»

«Wer war dieser Bekannte?» fragte Müller, während sie dem Ausgang zugingen.

«Artur Rupp, Direktor der ‹Alhambra›. Er war früher mal mit mir zusammen im Mercedes-Palast … Ich wollte mich eigentlich gleich bei der Polizei melden, aber wir hatten um zehn Uhr Probe …»

«Ich muß Sie leider ein bißchen ausfragen», sagte Johannes Müller.

«Aber selbstredend», sagte Charly Urban. «Wir gehen am besten ins Café. Da ist es am ruhigsten.»

Das Café neben dem Portal des festen Zirkusbaus war fast leer.

Müller bestellte zwei Portionen Kaffee. Er fragte: «Wo waren Sie gestern abend?»

«Teils in meinem Hotel, im ‹Darmstädter Hof›, teils hier in der Kantine.»

Charly Urban führte seine Tasse zum Mund. Er spreizte dabei den kleinen Finger etwas ab. Seine Hand zitterte nicht. Johannes Müller sah diese Hand und verstand, daß sich die Fliegenden Menschen ihr bedenkenlos anvertrauten, wenn sie im dreifachen Salto von Trapez zu Trapez flogen.

«Waren Sie in Gesellschaft?»

«Hier in der Kantine war ich mit der Lotta, mit der kleinen Kunstreiterin, die Sie unten in der Kantine gesehen haben. Aber es waren noch mehr Leute dabei. Und gegen halb elf Uhr habe ich ein Ferngespräch mit Leipzig geführt.»

«Wo haben Sie das Gespräch angemeldet?»

«In der Zirkus-Kantine.»

Johannes Müller stand auf und sagte: «Würde es Ihnen was ausmachen, wenn wir Ihre Auskünfte eben noch rasch zusammen bestätigen lassen?»

«Mit dem größten Vergnügen», sagte Urban.

Als sie in die Kantine kamen, wendeten sich ihnen alle Gesichter zu. Es hatte sich wie ein Lauffeuer herumgesprochen, daß Charly Urban in der Mordsache verdächtigt worden war.

Die Zirkus-Reiterin Lotta bestätigte dem Kriminalkommissar Müller unter kokettem Augenaufschlag, daß sie am gestrigen Abend mit ihrem Kollegen Charly zusammen gewesen war.

«Von Urre sibbän bis spätt in Nocht», sagte sie plötzlich im schönsten gebrochenen Deutsch.

Der Kantinenwirt zog ein blaues Notizbuch aus der Schublade unter der Theke, schlug es auf und reichte es dem Kommissar.

Johannes Müller las die Bleistifteintragung: «22 Uhr 05, Anmeldung Leipzig, Urban. Gespräch von 22 Uhr 30 bis 22 Uhr 40. Gebühr 4,20 M.» Damit stand das Alibi des Artisten Charly Urban fest.

Man würde die Sache mit dem Telefongespräch beim Fernamt nachprüfen müssen. Aber das war nur noch Formsache.

«Tut mir leid, daß ich Sie aufgehalten habe», sagte Kriminalkommissar Johannes Müller zu Charly Urban, der fast einen Kopf kleiner war als er.

«Braucht Ihnen nicht leid zu tun», sagte Charly Urban und lächelte.

Im Zimmer 134a des «Alex» warteten wichtige Nachrichten auf Kriminalkommissar Müller.

Sein Kollege Dr. Lietzenberg und seine Beamten hatten sich diskret um die persönlichen Verhältnisse des ermordeten Kinodirektors gekümmert. Dabei waren ein paar merkwürdige Tatsachen ans Licht gekommen.

Eine Überprüfung der Kasse, die im verschlossenen Tresor des Mercedes-Palastes unberührt aufgefunden worden war, hatte ergeben, daß 1 000 Mark, die in bar hätten vorhanden sein müssen, durch Entnahme-Belege mit Schmollers Unterschrift ersetzt waren …

Außerdem hatte die Witwe des Ermordeten nichts von der geplanten Geburtstagsfeier für das 14 Monate alte Töchterchen gewußt, von der ihr Mann im Kino strahlend gesprochen hatte. Im Gegenteil, Frau Schmoller hatte sich an diesem Tag über ihren Mann geärgert, weil er sich von ihr 46 Mark des Wirtschaftsgeldes geliehen hatte.

Auch von anderen Leuten hatte sich Direktor Schmoller an diesem Tag Geld geliehen, insgesamt 250 Mark.

Zu welchem Zweck? Wo war das Geld geblieben? In der Westentasche des Toten hatte man nur noch zwei Ein-Mark-Stücke gefunden … War der Mörder Ernst Schmollers etwa identisch mit der Person, für die er sich die 250 Mark geborgt hatte?

Auch das Charakterbild des Ermordeten, das in der Nacht zuvor noch strahlend rein gewesen war, hatte sich durch die Ermittlungen bei Tageslicht getrübt. Plötzlich war von zahlreichen Damenbekanntschaften die Rede. Hatte er sich in den Händen eines Erpressers befunden?

Johannes Müller schüttelte den Kopf. Der Mord im Mercedes-Palast schien doch nicht ein so klarer Fall zu werden, wie Kriminalrat Gennat in der Nacht gemeint hatte …

*

Wenn ich in diesem Fall die Ermittlungen der Kriminalpolizei so ausführlich schildere, hat das einen ganz besonderen Grund. In diesem Fall spielte nämlich ein Mann eine ganz entscheidende Rolle, der kein Kriminalist war, sondern ein Journalist.

Er heißt Walther Kiaulehn. Er ist heute einer der bekanntesten Feuilletonisten und Kritiker Deutschlands.

Damals war er Kriminalreporter der «BZ am Mittag». Er war eine Kanone auf diesem Gebiet. Es kam vor, daß er Fälle aufklärte, die bei der Kriminalpolizei längst als «beerdigt» galten. Das war verdienstvoll, aber für die Polizei nicht immer schmeichelhaft. Und darum hatten die Beamten vom «Alex» strikte Anweisung, ihm keine Auskunft mehr zu geben.

Wenn Kiaulehn also nicht auf den amtlichen Polizeibericht angewiesen sein wollte, mußte er selber am Tatort Ohren und Augen aufhalten, um seinen Lesern etwas Besonderes bieten zu können.

Das tat er auch am 21. Januar 1931, als der Mord im Mercedes-Palast bekannt wurde. Wie es dazu kam, daß er diesen Fall zusammen mit Johannes Müller aufklärte, hat er mir später erzählt.

Noch heute bezweifle ich, ob der Mord im Mercedes-Palast jemals aufgeklärt worden wäre, wenn dieser Kriminalreporter nicht einen tollen Geistesblitz gehabt hätte.

Es war am Abend nach dem Mord. Walther Kiaulehn stand an der Kasse 2 des Mercedes-Palastes und studierte aufmerksam das Programm.

Noch waren keine vierundzwanzig Stunden vergangen, seit der Kinodirektor Ernst Schmoller erschossen aufgefunden worden war. Aber das Leben ging weiter. Im riesigen Kino-Varieté-Theater lief die Bühnenschau. Die Rhythmen des Tangos «A media luz» drangen hinaus ins Foyer. Es war dieselbe Melodie, die gestern abend die Geräuschkulisse für den tödlichen Schuß abgegeben hatte. Und plötzlich stellte Walther Kiaulehn fest, daß die von der Polizei angegebene Tatzeit nicht stimmen konnte …

Die üppige schwarze Kassiererin von Kasse 2 hatte gestern abend den Tango gehört, als sie zur Abrechnung ins Direktorzimmer gegangen war. Sie hatte Direktor Ernst Schmoller bei strahlender Laune angetroffen.

Und wenige Minuten später, als die Programm Verkäuferin Anni Heise mit Schmoller hatte abrechnen wollen, war er tot gewesen. Und noch immer hatten die «Zwölf Argentinos» den Tango «A media Luz» gespielt … Dem Programm nach mußte das zwischen 21 Uhr 30 und 21 Uhr 40 gewesen sein. Im Polizeibericht hieß es aber 22 Uhr 40.

Ob die Kriminalpolizei etwa absichtlich eine falsche Zeit angegeben hatte? Manchmal wurde so was gemacht, um den Täter zu täuschen, um ihn in Sicherheit zu wiegen …

Am liebsten hätte Kiaulehn mal mit Dr. Lietzenberg oder Johannes Müller darüber gesprochen. Aber das wäre wohl sinnlos. Sie würden sich vermutlich an ihre Anweisungen halten, ihm nichts zu sagen …

«Übrigens der Charly Urban, was unser früherer Bühnenmeister war, ist heute hier im Theater gewesen», unterbrach die Kassiererin die Überlegungen des Reporters.

«Wat, der iss in Berlin?» fragte Kiaulehn erstaunt.

Soeben aus Amerika zurück.»

«Und warum ist der Urban hier gewesen?»

«Na, weil doch der Kallipke, was unser Organist ist, ihn gestern abend will erkannt haben …»

«Iss der Urban dem Organisten gegenübergestellt worden?»

«Ja, so nennt man das wohl», meinte die Kassiererin. «Und auch dem Beleuchter, der Garderobiere und dem Pagen. Die haben doch alle gestern einen Mann im gelben Mantel gesehen …»

«Und war't nun der Urban?»

Die Kassiererin zuckte mit der Schulter: «Der Organist meint, er wär es gewesen. Er hat ihm gestern ja noch nachjerufen: ‹He, Urban›, als der Kerl über die Bühne gerannt ist …»

«Hat die Polizei den Urban wieder mitgenommen?» fragte Kiaulehn aufgeregt.

«Nein, der ist vorhin alleine wieder rausgekommen.»

Bei Walther Kiaulehn fiel in diesem Augenblick der Groschen. Ein Fliegender Mensch, ein Mann vom Trapez, war als Mörder verdächtigt worden. Man hatte ihn seinen früheren Kollegen im Mercedes-Palast gegenübergestellt. Man hatte ihn jedoch wieder entlassen. Also mußte er sein Alibi gehabt haben. Doch immerhin … das war eine Geschichte für die Zeitung.

«Wissen Sie zufällig, wo der Charly Urban wohnt?»

«Im Darmstädter Hof, obere Friedrichstraße.»

Kiaulehn sah auf die Uhr. In diesem Augenblick hörte er schnelle Schritte im rechten Seitengang des Mercedes-Palastes. Um die Ecke kam ein blonder Riese ins Foyer. Er hatte ein gutes Jungengesicht, aber er sah übernächtig aus.

Der Reporter Walther Kiaulehn kannte ihn nur zu gut. Es war der Kriminalkommissar Johannes Müller.

Kriminalkommissar Müller kam direkt auf Kasse zwei zu. Als er Kiaulehn sah, stutzte er, machte linksum und ging rasch durch die Drehtür ins Freie.

Kiaulehn folgte ihm nach. Er erreichte den Kriminalbeamten, als er gerade in den großen schwarzen Mercedes der Mordkommission steigen wollte.

«Wohin fahren Sie denn, Herr Kommissar?» fragte Walther Kiaulehn.

«Das möchten Sie wohl gern wissen», sagte Johannes Müller. «Fragen Sie doch den Herrn Polizeipräsidenten.»

«Also …» sagte Kiaulehn. «Der Urban isses nich.»

Der Kriminalkommissar schüttelte den Kopf. «Wenn Sie mich fragen – nein.»

«Und warum isser's nich?»

«Erstens geht es mit der Zeit nicht aus … und zweitens hat er keine Pistole.» Der schwarze Mercedes brauste davon. Er hatte einen blauen Scheinwerfer an der Seite. Wenn der aufleuchtete, konnte der Wagen an allen Verkehrssignalen durchfahren.

Der Reporter Walther Kiaulehn stand verlassen am Bürgersteig der Hermannstraße. Morgen wollte die «B. Z. am Mittag» von ihm einen großen Bericht. Aber was er bis jetzt wußte, war dünn.

Es wäre wirklich das beste, du fährst mal in den Darmstädter Hof und sprichst mit dem Urban, überlegte Kiaulehn.

Rasch ging er die Hermannstraße hinunter zum U-Bahnhof Boddinstraße. Er wollte mit der Untergrundbahn zum Oranienburger Tor fahren. Dort in der Nähe lag das Hotel «Darmstädter Hof».

Auf dem Bahnsteig zündete er sich eine Zigarette an. Gleich darauf fuhr der Zug ein.

Am Hermannplatz mußte er umsteigen zur Linie C, zur Nordsüd-Bahn. Das war die neueste Strecke des unterirdischen Verkehrsnetzes.

Es war eine Geisterbahn. Zugfolge fünf Minuten. Kaum eine halbe Minute Halt auf jeder Station. Aussteigen, Einsteigen, fertig. Diese Strecke der U-Bahn hat nichts von der Pracht der Strecken, die Kaiser Wilhelm II. noch selber entworfen hatte. Sie war 1919 geplant worden, nach dem verlorenen Krieg, um den Kriegsheimkehrern Arbeit zu schaffen. Ein bißchen ärmlich war sie ausgefallen. Keine blitzenden Kacheln an den Wänden der Bahnhöfe, wie bei den Strecken aus der Kaiserzeit. Aber schnell war sie, die Nordsüd-Bahn. Seit es sie gab, konnten viele Tausende, die in Neukölln wohnten und irgendwo im Norden hinterm Stettiner Bahnhof arbeiteten, morgens gut eine halbe Stunde länger schlafen.

Belle-Alliance-Straße, Hallesches Tor. Als der Zug auf dem Bahnhof Kochstraße hielt, rauchte Kiaulehn an der Kippe der ersten eine zweite Zigarette an. Und als er die Stufen des U-Bahnhofs Oranienburger Tor hinaufstieg, warf er den zweiten Stummel weg.

Kiaulehn stutzte. Er hatte mal mit Freunden ein Experiment gemacht, wie lange eine Zigarette brennt. Sie waren im Durchschnitt auf acht Minuten gekommen. Zwei Zigarettenlängen waren also sechzehn Minuten. Sechzehn Minuten von Neukölln bis zum Oranienburger Tor – quer durch die halbe Stadt.

Er ging vom U-Bahnhof die paar Schritte zum Darmstädter Hof, einem schmalbrüstigen Haus in der Nähe der Johannisstraße. Der Darmstädter Hof war aus alter Tradition ein Stammquartier von Artisten. Er lag in einer billigen Gegend. Und er lag zentral zum Zirkus Schumann, zum Zirkus Busch und zum Wintergarten, zu all den Stätten, an denen Artisten auftraten.

Die Empfangs-Loge des gemütlichen Artisten-Hotels war nicht besetzt. Die Geschäfte wurden im Lokal erledigt, am Büfett.

Wenn man in die geräumige Gaststube des «Darmstädter Hofs» trat, fiel man geradezu über das große Berliner Büfett. Es bestand zu drei Vierteln aus Glas. Dahinter lagen auf riesigen Schüsseln Bouletten, Bratheringe, Rollmöpse und kalte Koteletts.

Kiaulehn war im Darmstädter Hof bekannt wie ein bunter Hund. Unzählige Male hatte er dort nach Mädchen geforscht, die der Polizei-

Bericht als verschwunden gemeldet hatte ... Gleich am Büfett fragte er nach dem Artisten Charly Urban.

«Herr Urban ist im Augenblick nicht da», sagte der Büfettier. Kiaulehn bestellte eine Molle Pilsener und eine Bockwurst mit Kartoffel-Salat. Er ließ sich an einem Tisch nieder. Er hatte Hunger und war schnell fertig mit seiner Portion.

Gerade steckte er sich eine Zigarette an, als die Tür aufging. Herein trat Kriminalkommissar Johannes Müller.

Er erblickte Kiaulehn. Die Falte auf seiner Stirn wurde noch steiler. «Wie kommen Sie hierher?»

«Da müssen Sie den Herrn Polizeipräsidenten fragen», sagte Kiaulehn und sog genußvoll an seiner Zigarette.

«Bitte reden Sie keinen Unsinn», sagte Johannes Müller. «Wußten Sie, daß ich hierherfahren würde?»

«Leider stehe ich nicht auf so gutem Fuß mit der Kriminalpolizei, Herr Müller», lachte Kiaulehn.

«Aber wie kommen Sie hierher?»

«Ich glaube, das ist nun wirklich meine Sache», sagte Kiaulehn.

«Sie haben sogar schon gegessen!»

Der Kriminalkommissar setzte sich an den Tisch des Reporters. «Sie, hören Sie mal, mein Lieber, das ist eine ernste Sache. Jetzt machen Sie mal keine Witzchen. Ich habe den schnellsten Wagen von Berlin. Ich kann mit meinem blauen Licht jedes Verkehrssignal überfahren ... Wie sind Sie hierhergekommen?»

«Wenn Se't jenau wissen wolln, mit der U-Bahn.»

«Erstaunlich», sagte Kriminalkommissar Müller. «Und was wolln Sie hier?»

«Darf ick mir die Gegenfrage erlauben? Wat wolln denn Sie hier?»

«Das geht Sie nichts an», sagte Johannes Müller.

«Dann will ich Ihnen sagen, wat Sie hier wollen, Herr Müller», sagte Walther Kiaulehn. «Sie wolln mal nachsehn, ob der Urban vielleicht doch eine Pistole in seinem Gepäck hat.»

«Ich habe Herrn Urban heute vernommen», sagte Johannes Müller scharf. «Er hatte für die Tatzeit ein einwandfreies Alibi ... Er hat gestern zur kritischen Zeit ein Ferngespräch mit Leipzig geführt ...»

«Um einundzwanzich Uhr vierzich oder um zwoundzwanzich Uhr vierzich?»

Müller sah den Reporter an wie einen Geist. «Sie sind mir ein bißchen unheimlich, mein Junge», sagte er.

Kriminalkommissar Müller stand auf und ging zum Büfett. Er bat dort um den Schlüssel des Zimmers, in dem der Artist Charly Urban wohnte.

Kiaulehn bestellte noch ein Bier. Aber er rührte es nicht an. Er dachte nach. Und plötzlich wurde ihm alles klar, was in der vergangenen Nacht geschehen war …

Er sah den Mann im gelben Mantel über die Bühne des Mercedes-Palastes huschen. Es war nicht 22 Uhr 40, wie es im Polizeibericht stand, sondern 21 Uhr 40.

Er sah seine eigene Blitzfahrt mit der U-Bahn vom Bahnhof Boddinstraße zum Oranienburger Tor, die nur zwei Zigaretten-Längen dauerte. Höchstens siebzehn Minuten … Er hörte, was ihm Kriminalkommissar Müller gesagt hatte: «Der Urban hat zur kritischen Zeit mit Leipzig telefoniert...»

Wenn der Kommissar von der Stichhaltigkeit dieses Alibis überzeugt wäre, würde er jetzt dem Urban nicht nachsteigen. Wahrscheinlich war Müller inzwischen selber dahintergekommen, daß der Mord eine Stunde früher geschehen war …

Und in diesem Augenblick hatte der Reporter Kiaulehn eine Vision. Er sah den Mörder, wie er am Bahnhof Boddinstraße in die U-Bahn stieg, wie er am Bahnhof Hermannstraße umstieg und bis Bahnhof Friedrichstraße fuhr. Wie er dort ausstieg, den Ausgang zur Weidendammer Brükke hinaufhastete. Und wie er dort die Mordwaffe in die Spree warf …

In diesem Augenblick kam Kriminalkommissar Johannes Müller zurück und setzte sich wieder an den Tisch des Reporters.

«Er hat keine Pistole», sagte Kiaulehn.

«Nein, Sie Hellseher», sagte Müller. «Im Gepäck nicht und auch nirgends sonst im Zimmer», sagte Kriminalkommissar Müller.

«Aber ich kann Ihnen sagen, wo sie ist.»

«Na, denn legen Sie mal die Karten auf den Tisch.»

«Das könnte Ihnen so passen. Erst mich ausfragen, und nachher verkehren Sie nur noch über den Polizeipräsidenten mit mir …»

«Ich verspreche Ihnen, daß Sie als erster darüber schreiben können, wenn die Sache stimmt … Also, wo ist die Pistole?»

«In der Spree!» Und nun erzählte Walther Kiaulehn dem Kriminalkommissar Johannes Müller seine Vision. Eigentlich war es eine nüchterne Rechnung. Uhrzeiten, Fahrzeiten, Entfernungen. Und doch war etwas Phantastisches daran.

Während Kiaulehn sprach, aß Müller. Endlich ließ er die Gabel sinken: «Das ist ungeheuerlich, was Sie da sagen. Das hat etwas Verlockendes. Da muß was dran sein. Aber das Alibi von dem Urban ist verdammt dicht …»

«Ein Telefongespräch eine Stunde nach der Tat ist kein Alibi!» wandte Kiaulehn ein.

«Er hat es um zwoundzwanzig Uhr fünf angemeldet.» «Dann hatte er nach dem Mord immer noch fünfundzwanzig Minuten Zeit, um vom Mercedes-Palast zum Zirkus Busch zu fahren.»

«Ich habe jetzt die genaue Tatzeit rekonstruiert», sagte Johannes Müller. «Der Mord ist um 21 Uhr 52 geschehen. In dreizehn Minuten kann niemand, auch mit der U-Bahn nicht, von Neukölln in den Zirkus Busch kommen …»

Es fehlten also zehn Minuten, um das Alibi des «Fliegenden Menschen» Charly Urban zu erschüttern. Es fehlte die Mordwaffe, auch wenn Walther Kiaulehn glaubte, daß sie in der Spree läge.

«Vor allem fehlt bei Urban aber jedes Motiv für einen Raubmord», sagte Johannes Müller.

«Dann wundert mich nur, warum Sie dem Urban immer noch nachsteigen.»

Über Müllers frisches Jungengesicht ging ein melancholisches Lächeln.

«Man sagt ja, ich hätte einen sechsten Sinn», sagte er. «Allerdings hat sich der bisher nur bei vergrabenen Leichen bewährt …»

In das Lokal trat ein Mann im gelben Kamelhaar-Mantel. «Urban», sagte Kiaulehn leise.

Der Artist Charly Urban trat ans Büfett, sprach mit dem Büfettier. Dann blickte er zu dem Tisch der beiden Männer herüber. Ruhig zog er seinen Mantel aus und hängte ihn an den Garderobenständer.

So einen Kamelhaar-Mantel hat heute jeder dritte, sagte sich Kiaulehn. Ein schwaches Indiz, um einen Mann aufs Schafott zu bringen.

Jetzt stand Urban vor dem Tisch: «Urban, mein Name. Sie wollen mich sprechen? Der Herr Kommissar auch?»

«Ich wollte mich mit Ihnen mal ein bißchen über Ihre Karriere unterhalten», sagte Kiaulehn. «Den Kommissar Müller habe ich nur zufällig hier getroffen.»

Urban sah nervös nach der Tür. «Ich bin verabredet», sagte er. «Kommen Sie am besten mal in den Zirkus.»

Eine Dame kam herein. Sie trug einen Fohlenmantel und ein freches Pelzkäppchen, unter dem tizianrote Locken hervorschauten. Sie kam direkt auf den Tisch zu.

«Ah, Lotta», sagte Urban. Er stellte vor: «Die Dame, mit der ich gestern abend zusammen gewesen bin.»

Aber zwischen der kleinen Zirkusreiterin und Urban schien nicht alles zu stimmen. Als er sie mit besitzstolzer Gebärde dicht neben sich auf einen Stuhl ziehen wollte, rückte sie ab. Während er «Lotta» zu ihr sagte, redete sie ihn nur mit «Herr Urban» an.

Kriminalkommissar Müller nutzte diese Situation aus. Er sagte: «Entschuldigen Sie, wenn ich Ihnen Herrn Kiaulehn jetzt entführe. Kommissar und Reporter kommen selten zusammen. Ich wollte ihm schon lange mal was zeigen – in der Potsdamer Straße.»

Sie fuhren zur Weidendammer Brücke. Dort entließ Müller den großen Wagen der Mordkommission.

«Nun zeigen Sie mir mal, wo Urban die Waffe in die Spree geschmissen haben soll.»

Kiaulehn führte den Kommissar quer über die Brücke, wo vor dem Kuppelbau der Komischen Oper das Hotel «Atlas» lag.

«Warum gerade hier?» fragte Müller.

«Kommen Sie», sagte Kiaulehn. Er zog den Kommissar zum Aufgang des Stadtbahnhofs Friedrichstraße. Dabei zählte er die Schritte und sah auf die Uhr.

Müller notierte.

«Von hier mit der S-Bahn zum Bahnhof Börse dauert eine Minute», sagte Kiaulehn. «Von da zu Fuß bis zum Zirkus ebenfalls.«

Sie gingen zur U-Bahn, fuhren zur Boddinstraße, gingen zum Mercedes-Palast und wieder zurück zur U-Bahn. Zählten Schritte und schrieben Zeiten auf.

Gegen Mitternacht standen sie wieder an der Weidendammer Brücke, blickten hinunter auf die schwarzen, langsamen Wellen des Flusses und brüteten über ihren Zahlen.

«Es hilft alles nichts, zehn Minuten fehlen für Ihre Theorie», sagte Müller. «Und außerdem hat der Urban auch für die Zeit vor und nach seinem Telefongespräch ein Alibi.»

«Von Zirkus-Damen, die um diese Zeit meist schon im siebenten Himmel sind und bestimmt nicht nach der Uhr sehen. Wenn bei so einem Gelage mal einer für 'ne halbe Stunde verschwindet, fällt das gar nicht auf.»

«Gut, ich werde einen Taucher beantragen», sagte Müller. «Der soll nach der Pistole suchen, die Sie in Ihrer Vision hier haben 'reinfallen sehen. Aber Gnade mir Gott, wenn er nichts findet …»

«Wieso?» fragte Kiaulehn.

«Sie kennen doch Kriminalrat Gennat», meinte Müller. «Ich höre den Alten schon, ich sehe sein Gesicht, wenn er sagt: ‹Herr Müller, da sind Se mal wieder einer reinen Fata Morjana nachjejangen.›»

«Dann bestellen Se man den Taucher am besten gleich. Morgen früh haben Se vielleicht nicht mehr die Traute dazu …»

«Da haben Sie recht», sagte Müller. «Ich fahre noch ins Präsidium.»

*

Am Vormittag des 22. Januar 1931 genossen die Berliner, die vom Bahnhof Friedrichstraße her die Weidendammer Brücke passierten, ein seltenes Schauspiel. Ein Taucher in Gummi-Anzug und Helm stieg auf einer Leiter behutsam das gemauerte Spree-Ufer hinab und verschwand in der schwarzen Tiefe des Flusses.

«Ick weeß, wat der sucht», sagte ein Banklehrling mit nagelneuer Aktentasche und beugte sich weit über das Brückengeländer.

«Na klar», meinte ein Arbeitsloser. «Der sucht die vergangenen joldenen Zeiten.»

Gelächter. Mehr bitteres als frohes Gelächter. Es gab in diesem Januar 1931 schon fünf Millionen Arbeitslose in Deutschland …

Nach sechs Stunden stellte der Taucher die Arbeit ein. Gegen drei Uhr erreichte endlich Kiaulehn den Kriminalkommissar Müller am Telefon des Polizei-Präsidiums.

«Fehlanzeige», sagte Müller. «Der Taucher hat eine Perlenkette gefunden. Die stammt noch von einem Raubüberfall aus Wilhelms Zeiten. Aber keinen Revolver.»

«Pech», sagte Kiaulehn.

«Sie sollten Gennat mal toben hören.»

«Lassen Se 'n ruhich toben. Ick hab wat Schönet für Sie …» «Hoffentlich keine neue Vision», sagte Johannes Müller. «Sitzen Sie fest auf 'm Stuhl?»

«Ja.»

«Ich habe die zehn Minuten gefunden, die uns gestern gefehlt haben … Ich war im Zirkus. In der Kantine habe ich nach der Uhr gesehen. Und die geht zehn Minuten nach.»

«Das soll vorkommen», sagte Kriminalkommissar Müller.

«Ja, aber die Kantinen-Uhr geht chronisch nach», brüllte Kiaulehn in den Apparat. «Die ist auch in der Nacht falsch gegangen, als der Urban sein Telefongespräch angemeldet hat.»

«Dann hätte Urban also zwischen dem Mord und der Anmeldung seines Gesprächs nicht dreizehn, sondern dreiundzwanzig Minuten Zeit gehabt …»

«Sie merken aber auch alles, Herr Kommissar», konnte Kiaulehn sich nicht verkneifen zu sagen.

«Ich setze den Taucher noch mal an», sagte Müller. «Hinterlassen Sie in Ihrer Redaktion, wo ich Sie treffen kann …»

In der Nacht trafen sich die beiden wieder. Diesmal in der «Wolfsschlucht», einem Ganoven-Lokal im Stadtbahnbogen am Alexander-Platz. Die Wände waren mit wildromantischen Malereien bedeckt. Motive aus dem «Freischütz». Wild waren auch die Gestalten, die sich hier trafen, wenn auch weniger romantisch, sondern eher gefährlich.

Walther Kiaulehn saß über einer Erbsensuppe, als Müller aufkreuzte. Die Ganoven an den umliegenden Tischen machten scheele Augen und verdrückten sich an entlegenere Tische.

«Die Pistole ist da», sagte Müller. Er sprach ganz leise, aber für Kiaulehn klang es wie ein Jubelschrei.

«Hat der Taucher sie gefunden?»

Müller schüttelte den Kopf. «Der Taucher war wieder Fehlanzeige. Aber ich habe einen guten Mann angesetzt, der im Zirkus-Milieu vertraut ist. Der hat sich an einen Mann von der Nelson-Truppe herangemacht. Und der hat ihm erzählt, daß Charly Urban auf der Amerika-Tournee eine Pistole gekauft hat ...»

Wie Müller erfahren hatte, war die Nelson-Truppe auf ihrer Amerika-Tournee mit einem großen Wagen von Stadt zu Stadt gefahren. Weil sie oft nachts reisen mußten, hatten sie die Pistole angeschafft. Eine Steyr, Kaliber sechsfünfunddreißig ... Urban trug sie immer bei sich.

«Und woher wissen Sie, daß er mit der Waffe den Kinodirektor auch wirklich erschossen hat?» fragte Kiaulehn. Johannes Müller strahlte über das ganze Gesicht.

«Wir haben doch am Tatort die Patronenhülsen gefunden ... Aber bitte kein Wort darüber, denn der Mörder braucht das nicht zu wissen ... Es war amerikanische Colt-Munition, Kaliber sechsfünfunddreißig. Als ich unserer Untersuchungsstelle für Waffen von Urbans Steyr-Pistole erzählte, meinten sie, die Munition könnte man mit der Pistole niemals abfeuern. Aber dann hat es der Ingenieur Schmuderer probiert. Und ...»

«Und?»

«Es ging. Die gefundenen Hülsen paßten in die Kammer einer Steyr-Automatic, die Anschlagstelle am Hülsenrand paßte genau zum Schlagbolzen der Pistole ... Ingenieur Schmuderer hat dann herausgekriegt, daß es sich bei den Hülsen um eine neue Munition für Colts handelt, die erst seit ein paar Monaten im Handel ist. Aber nur drüben in den Staaten, in Europa noch nicht.»

«Werden Sie Urban verhaften?»

«Wenn das so einfach wäre!» Müller lachte bitter auf.

«Was wollen Sie eigentlich noch mehr?» sagte Kiaulehn. «Da ist der gelbe Kamelhaarmantel. Da ist die Rechnung mit der U-Bahn. Da sind die Patronen-Hülsen, da ist die Pistole ...»

«Die Pistole ist eben nur theoretisch da ... Gewiß, der Urban hat behauptet, nie eine Pistole besessen zu haben. Warum hat er gelogen? Weil er ein schlechtes Gewissen hat. Aber das haben die meisten Leute, die eine Waffe besitzen und keinen Waffenschein dazu. Und dann ist da immer noch das Alibi ...»

«An das Sie selber nicht glauben», sagte Kiaulehn.

«Ich weiß nicht.» Müller trommelte mit den Fingern auf der Tischplatte. «Einmal glaube ich, daß der Urban es war. Und dann glaube ich es wieder nicht. Auch Gennat glaubt es nicht. Er sagt, Urban hätte doch gar kein Motiv gehabt. Den ermordeten Direktor hat er nicht gekannt. Der ist erst in den Mercedes-Palast gekommen, als Urban längst in Amerika war ...»

«Aber es ist doch Geld geraubt worden», warf Kiaulehn ein. «Nehmen Sie doch mal die finanziellen Verhältnisse von dem Urban unter die Lupe.»

«Haben wir längst getan. Er ist, seit er aus Amerika zurück ist, sehr klamm ...»

«Na also.»

«Er steht beim ‹Darmstädter Hof› in der Kreide und bei der Zirkuskantine. Gestern hat er sich von der Zimmerkellnerin im Hotel fünfzig Mark geliehen. Er hat seit dem Mord nirgends Geld zurückgezahlt, sondern lebt weiter auf Pump. Das würde er nicht tun, wenn er die 875 Emm aus dem Mercedes-Palast geholt hätte.»

Kiaulehn schwieg. Er hatte das deutliche Gefühl, daß sich der blonde, ehrliche Müller innerlich dagegen sträubte, in einem Fliegenden Menschen einen gemeinen Raubmörder zu sehen. Schließlich herrschte gerade unter dem fahrenden Volk ein besonders ausgeprägtes Standes- und Ehrgefühl. Artisten-Ehre ...

Für den Journalisten Kiaulehn war es eine dumme Situation. Da hatte er den herrlichsten Stoff, den sich ein Kriminal- Reporter erträumen konnte. Und – durfte die Wahrheit nicht schreiben. Denn Urban durfte um keinen Preis ahnen, daß zwei Männer ihn belauerten, ihn einkreisten, ihn beobachteten wie Vorstehhunde ...

Urban mußte in Sicherheit gewiegt werden, bis entweder seine Unschuld erwiesen oder die Kette der Beweise gegen ihn geschlossen sein würde. Bis sich aus dem Nebel, der das Wesen dieses Fliegenden Menschen umgab, ein Motiv abzeichnen würde, das ihn tatsächlich zum Mörder hätte machen können ...

*

Am Vormittag des dritten Tages nach dem Mord saß Kiaulehn verloren im riesigen aufsteigenden Rund des Zirkus Busch und sah den Nelsons bei der Arbeit zu.

Zwischen zwei freischwingenden Trapezen, an denen die Fänger turnten, wirbelten die Körper der Flieger in mehrfachen Saltos, im gestreckten Flug. Die Fänger mußten nur im richtigen Moment zupacken und den Fliegern den genau abgepaßten Schwung für den Rückflug geben. Die Fänger mußten vor allem stark sein, glänzende Turner. Einer von ihnen war Charly Urban.

Die Aristokraten aber, die eigentlichen großen Herren der Zirkuskuppel, waren die Flieger und Springer. Sie beherrschten eine Kunst, die man nicht lernen konnte. Zum Flieger mußte man geboren sein. Charly Urban war das nicht …

«Sie sind Berliner?» fragte Kiaulehn, als er ein paar Minuten später mit Urban in der Kantine saß.

«Ich bin aus Neukölln», sagte Urban. «Meine Eltern wohnen jetzt in Charlottenburg.»

Urban hatte zwei doppelte Cognacs bestellt. Er kippte sein Glas hastig, bestellte schnell nach. Er trank etwas viel für einen Menschen, von dessen Nerven Tag für Tag unzähligemal das Leben seiner Kollegen abhing.

«Eine schöne Karriere haben Sie gemacht», sagte Kiaulehn. Urban lachte stolz: «Es hat lange gedauert, bis ich soweit war. Dabei hat man im ATSV schon immer gesagt, ich hätte das Zeug zum Trapezkünstler.»

«Ach, Sie waren im Arbeiter-Turn- und Sport-Verein?» fragte Kiaulehn. «In Neukölln?»

«Ja …» Das Thema war Urban offensichtlich unangenehm. Schämte er sich, daß er ein Arbeiterjunge gewesen war?

Walther Kiaulehn hatte plötzlich einen seltsamen Einfall. Die Neuköllner Arbeiter-Turnvereine turnten in einem Saal der Neuköllner Kindl-Brauerei, der sich in eine Turnhalle verwandeln ließ. Dort übten auch Artisten, wenn sie ihre Nummern überholten. Mancher begabte Arbeiter-Turner war hier mit der Artistik in Berührung gekommen. Auch Karl Urban. Übrigens … die Kindl-Brauerei grenzte mit ihrer Rückseite an den Mercedes-Palast.

Kiaulehn wollte den Gedanken, der sich ihm aufdrängte, wieder fortwischen. Es war ja lächerlich, beinahe als litte er unter Zwangsvorstellungen. Aber er konnte mit Urban nicht mehr warm werden.

Das Gespräch versickerte. Dafür tranken sie um so mehr Cognac. Als Kiaulehn zahlen wollte, wehrte Urban zuerst energisch ab. Aber schließlich sagte er: «Wenn Sie absolut wollen. Ich bin zur Zeit nicht gut bei Kasse. Ich revanchiere mich später mal ...»

Daß Urban, der doch so gern den erfolgreichen Artisten, den Dikken Otto markierte, seine Pleite eingestand, wunderte Kiaulehn. Hatte er wirklich kein Geld? Oder tat er nur so, um jeden Verdacht zu zerstreuen, er hätte die 875 Mark aus dem Raubmord im Mercedes-Palast in der Tasche?

Eigentlich hatte Kiaulehn an diesem Abend den Fall Urban für ein paar Stunden vergessen wollen. Er hatte sich mit Spitzner, einem Kollegen vom «Hamburger Fremdenblatt», im Café Schön, Unter den Linden, nahe der Friedrichstraße, verabredet.

Es war ein typisches Berliner Treffen. Nach Mitternacht. In der ersten Etage des Cafés sah man in der einen Ecke den schwarzen Pagenkopf der Filmschauspielerin Asta Nielsen. Von einem anderen Tisch neigte der massige Paul Wegener grüßend sein Asiatengesicht, als die Journalisten hereinkamen.

Was die späten Bummler ins Café Schön zog, war ein Trio aus Cello, Klavier und Geige, das in der ersten Etage musizierte. Das war ein bißchen altertümlich, aber es war gut. Nicht die übliche Kaffeehaus-Musik, sondern ein klassisches Repertoire. Kiaulehns Kollege ging dorthin, weil er in gewissen Stimmungslagen abends noch den Rosenkavalier-Walzer hören mußte ...

Der Ober vom ersten Stock war ein Stück altes Berlin. Er hatte noch den Kronprinzen bedient und alle Primadonnen der Königlichen Oper. Als er jetzt Kiaulehn sah, fing er sofort an, vom Mord im Mercedes-Palast zu reden.

«Da ist doch der Artist Urban viel genannt worden, der Mann mit dem gelben Kamelhaarmantel. Der war eine Zeitlang regelmäßig jede Nacht hier.»

«Nanu, der Urban im Café Schön?» Kiaulehn wunderte sich. «Der paßt in jede Echkneipe, aber wat will denn der mit 'n Rosenkavalier-Walzer?»

«Doch, doch, det stimmt. Der hat hier nächtelang jroß anejeben mit 'n Meechen. So mit Sekt und bis in de friehen Morjenstunden.»

«Entschuldjen Se mal», sagte Walther Kiaulehn. Er ging zur Telefonzelle, während in der ersten Etage der Rosenkavalier- Walzer ertönte.

Er wählte die Nummer des Polizeipräsidiums, verlangte Kommissar Müller.

«Hier Müller», sagte eine müde Stimme.

«Der Urban hat 'ne Braut jehabt, die muß für klassische Musik geschwärmt haben …»

«Natürlich», sagte Müller, «das war die Bettina Schenck.»

«Schenck? Machen Se keene Witze, Herr Kommissar.»

«Nach Witzen ist mir nicht zumute. Die Bettina Schenck ist auch die Dame, mit der Urban in der Mordnacht in Leipzig telefoniert hat.»

«Schenck, aus der Zirkus-Dynastie Schenck?»

«Genau», sagte Kriminalkommissar Müller. «Und der Urban fährt morgen zu ihr nach Leipzig. Da ist die Schenck im Engagement … Ich lasse Urban dort beschatten.»

Wie benommen kehrte Kiaulehn von der Telefonzelle zurück ins Café. Der Rosenkavalier-Walzer war verklungen. Aber im Kopf des Reporters summte ein Name: Schenck, Bettina Schenck …

Und es war auch eine Schenck, mit der Charly Urban, der Emporkömmling, seine Nächte im Café Schön bei Sekt und klassischer Musik verbracht hatte.

Sie war eine Zirkusprinzessin. Der Emporkömmling und die Prinzessin … Sollte das vielleicht der Schlüssel zum Geheimnis sein?

*

Bettina Schenck stammte aus einer der ältesten Artistenfamilien Europas. Zusammen mit ihrem Bruder Julius trat sie als Grotesktanzpaar auf. Sie hatte eine unglückliche Liebe hinter sich, die alle ihre Ersparnisse aufgezehrt hatte, und befand sich in verzweifeltem Zustand, als sie den Artisten Karl Urban kennenlernte.

Urban bemühte sich, die traurige Zirkusprinzessin zu trösten.

Schon drei Tage nach ihrem ersten Zusammentreffen, am 12. Januar 1931, verlobte er sich mit ihr. Er bestellte das Aufgebot für den 7. Februar. Fünf Tage später mußte Bettina im Trocadero in Leipzig ein Engagement antreten. Und in der Nacht vom 20. zum 21. Januar rief Urban sie in ihrem Hotel an. Er hatte, wie er ihr sagte, einmal wieder ihre Stimme hören wollen … Zehn Minuten hatten sie miteinander telefoniert.

Am nächsten Morgen hatten auch in Leipzig die Zeitungen in großer Aufmachung über den Mord im Berliner Mercedes-Palast berichtet. Auch in Leipzig hatte man darüber geschrieben, daß der Artist Charly Urban in Verdacht geraten sei. Aber mit keinem Gedanken hatte Bettina diesen Charly Urban mit ihrem Verlobten Karl Urban in Verbindung gebracht.

Überhaupt hatte Bettina wenig an Karl Urban gedacht. Hier in Leipzig war ihr zum Bewußtsein gekommen: das mit Karl Urban war eine gute Freundschaft. Aber Liebe war es nicht. Und deshalb war Bettina Schenck traurig, als sie mit ihrem Bruder als lustige Nummer in Leipzig tanzte.

Der Vorhang fiel, der Beifall rauschte auf. Als Bettina in ihre Garderobe ging, kam Direktor Mielke vom «Trocadero» auf sie zu: «Ich habe eine freudige Überraschung für Sie. Ziehen Sie sich rasch um.»

Der Direktor führte Bettina auf die Weinterrasse.

«Mir ist gar nicht nach Betrieb zumute», sagte sie müde.

«Das wird sich schlagartig ändern», meinte der Direktor.

Und dann sah Bettina an einem Tisch, neben dem gerade ein Sektkühler abgestellt wurde, Karl Urban. Strahlend kam er ihr entgegen, zog sie an sich. Sie roch Alkoholdunst, als er sie küßte. Verstohlen blickte sie ihn von der Seite an. Er schien ihr bleich und unruhig. Seine Augen flackerten. Sein Lachen klang gequält. Als er ihr Feuer für eine Zigarette gab, zitterten seine Hände, die Hände des Fängers der Nelson-Truppe.

Gleich darauf trat Direktor Mielke von hinten an ihren Tisch. Er klopfte Karl Urban auf die Schulter. Und Bettina sah, wie Urban erschrocken zusammenzuckte. Sein Kopf fuhr herum. Und als er den Direktor erblickte, schloß er für ein paar Sekunden die Augen, als hätte er einen Geist gesehen …

«Na, Charly, das waren wohl schlimme Tage», sagte Direktor Mielke. «Aber nun ist ja alles in bester Ordnung.»

«Ja … wieso?» Urban spielte nervös am Knoten seiner Krawatte.

«Na, in Berlin haben sie doch den Arno Wester verhaftet, den arbeitslosen Schauspieler, der im Mercedes-Palast den Streit mit dem ermordeten Direktor hatte …»

Im gleichen Augenblick wußte Bettina Schenck, daß ihr Verlobter jener Charly Urban war, der wegen des Mordes in Verdacht geraten war. Ihr hatte er nichts davon gesagt.

Sie sah Charly Urban an. Er hatte sich jetzt wieder völlig in Gewalt. Er beugte sich zu ihr hinüber: «Wollen wir tanzen?»

Der Tango, den die Kapelle gespielt hatte, war bald zu Ende, nachdem die beiden sich zur Tanzfläche durchgedrängt hatten. Die Tanzpaare applaudierten. Auch Charly Urban klatschte in die Hände. Die Musik setzte ein … Ein argentinischer Tango … A media Luz …

Charly Urban war ein guter Tänzer. Aber Bettina spürte einen Augenblick, wie seine Hand, die leicht und doch stark auf ihrer Hüfte lag, sich verkrampfte. Doch ehe sie ihn fragen konnte, was er denn habe, war es wieder vorbei. Sie tanzten, als wenn sie eins wären.

Bettina Schenck wußte nicht, daß dieser Tango *A media Luz* die Begleitmusik zu jenem Mord im Mercedes-Palast gewesen war.

«Unsere Hochzeit wird ganz groß werden. Es wird ein Gedeck für vierzig Personen sein», sagte Charly Urban.

«Bleibt es beim siebenten Februar?»

«Selbstredend. Heute in vierzehn Tagen werde ich der glücklichste Mensch der Welt sein.»

Er faßte sie fester. Und Bettina überließ sich seinem Griff.

Als Urban heute abend plötzlich aufgetaucht war, war sie entschlossen gewesen, ihn niemals zu heiraten. Jetzt wußte sie, daß sie es doch tun würde. Er war für sie dagewesen, als sie verlassen war. Jetzt konnte sie ihn nicht allein lassen. Denn etwas war mit ihm nicht in Ordnung. Sie fühlte es, obwohl sie nicht sagen konnte, was es war …

*

Montag, 2. Februar 1931: Nächtliche Lagebesprechung im Zimmer des Chefs der Berliner Mordinspektion, Kriminalrat Ernst Gennat. Auf Gennats Tisch steht ein Teller mit zwei riesigen Stücken Kirschtorte. Er betrachtet den Kuchen aufmerksam durch seine Lupe, deren Stiel abgebrochen ist. Übernächtig sitzen die Kommissare Dr. Lietzenberg und Johannes Müller ihrem Chef gegenüber. Im Hintergrund, in Gennats Rücken und halb im Dunkeln, sitzt ein vierter Mann.

«Det war nu mal Pech, meine Herren», sagte Gennat. «Det Se den Wester wieder haben laufen lassen müssen. Aber nachdem sich rausjestellt hat, det er nich der Mann im jelben Mantel jewesen sein konnte …»

Die beiden Kommissare sahen sich bekümmert an. Endlich hatten sie den flüchtigen Schauspieler, der des Mordes im Mercedes-Palast verdächtigt worden war, fassen können. Aber die einstimmigen Aussagen des Personals im Mercedes- Palast ergaben, daß Wester niemals der geheimnisvolle Mann im Kamelhaarmantel gewesen war, den sie in der Mordnacht gesehen hatten.

«Trotzdem», meinte Gennat, «wat Sie da bei der Spur Urban allet ausjeknobelt haben, meine Herren, det is Maßarbeit.»

Die Kommissare warfen sich stumme Blicke zu. Sie hatten in der Sache Mercedes-Palast bisher noch kein Lob aus dem Mund des Alten gehört.

«Viele Indizien, aber kein Motiv», wendete Müller bescheiden ein.

«Hmmm», brummte Gennat. Er blätterte in dem dicken Akt.

«Mich hat interessiert, det der Urban für seine Hochzeit mit der Zirkusprinzessin, mit der Schenck, in verschiedenen Hotels Kostenvoranschläge für eine Hochzeitsfeier einjeholt hat. Vierzich Jedecke … der Junge jeht mächtich ran.»

«Er hat die Kostenanschläge schon Tage vor dem Mord eingeholt, ist aber nie wieder darauf zurückgekommen», sagte Lietzenberg.

Gennat wandte sich jetzt an den Mann im Hintergrund. «Otto, zeich doch den Herrn bitte mal, was du da in deinem Karteikasten jefunden hast …»

Kriminalassistent Otto Knauff trat ins Licht. Er hatte eine Karteikarte in der Hand, auf deren oberem Rand Reiterchen in verschiedenen Farben und Formen angebracht waren. Diese Karteikarten waren Gennats ureigene Erfindung. Er hatte mit Knauff zusammen unter unsagbarer Mühe und mit unendlicher Liebe die erste zentrale Verbrechens-Kartei aufgestellt. Hier war jeder aufgeklärte und jeder unaufgeklärte Mord, jeder Selbstmord, jeder ungeklärte Todesfall niedergelegt. Alter, Methode, Tatumstände, Mordwerkzeuge – alles wurde durch farbige Reiterchen markiert. Es war eine Signatur des Verbrechens entstanden, die bei jedem neuen Fall parallele Vorgänge der

Vergangenheit mit einem Griff herausfinden ließ. Auch auf Einbruch und Diebstahl hatte Knauff diese Kartei ausgedehnt.

Johannes Müller nahm die Kartei-Karte. Er las: *«URBAN, KARL, geb. 30. Juni 1896, Berlin-Charlottenburg. – Verurteilt zu 1 1/2 Jahren Gefängnis wegen schweren Diebstahls, begangen am 2. Mai 1922.»*

«Das wußten wir schon, Herr Kriminalrat», sagte Johannes Müller.

«Natürlich, Sie Schlauberjer», meinte Gennat. «Aber nun schauen Sie sich mal die Rückseite an.»

Dr. Lietzenberg beugte sich herüber. Die beiden Kommissare lasen gleichzeitig. Und plötzlich sagte Müller: «Da wird doch der Hund in der Pfanne verrückt!»

Ungläubig blickte er auf das Stück gelben Kartons. Auf die Rückseite der Karteikarte war ein vergilbter Zeitungsausschnitt aufgeklebt. Und was auf diesem Zeitungsausschnitt aus dem Jahr 1922 stand, war allerdings ungeheuerlich. Da hieß es in einem Gerichtsbericht:

«Der Angeklagte Urban ist geständig. Er gibt als Grund für den Diebstahl an, daß er sich das Geld für seine auf den 10. Mai angesetzte Trauung beschaffen wollte. Seine Braut, die als Zeugin vernommen wurde, erklärte, daß sie Urban trotz seiner Straftat heiraten wolle ...»

Im Zimmer Kriminalrat Gennats ist es jetzt ganz still, totenstill sogar. Was war das für eine seltsame Duplizität? Da hatte vor neun Jahren ein Mann namens Karl Urban das Geld für seine Hochzeit geklaut ... Sollte derselbe Mann neun Jahre später jemanden ermordet haben, nur um abermals heiraten zu können?

Endlich sieht Kriminalkommissar Müller einen Hoffnungsschimmer in der Jagd nach dem Phantom, das den Mord im Mercedes-Palast begangen hat und der Kriminalpolizei immer wieder entgleitet ...

Die Verdachtsgründe genügen, um Urban festzunehmen. Aber Urban bleibt bei seiner Behauptung, zwar eine Pistole vom Typ Steyr-Automatic besessen, sie aber weggeworfen zu haben. Trotz fieberhafter Suche kann die Mordkommission die Waffe nicht finden.

Dafür findet sie etwas anderes: ein Loch in Karl Urbans Alibi für die Mordnacht.

Die rothaarige Zirkusreiterin Lotta, eifersüchtig auf Charlys neue Braut Bettina Schenck, berichtet Kommissar Müller, daß Urban zwischen neun und zehn Uhr abends eine längere Weile nicht mit ihr zusammen war.

«Was meinen Sie zu dieser Mitteilung, die uns Fräulein Lotta da gemacht hat, Herr Urban?» fragt Johannes Müller, als Urban aus seiner Zelle im Polizeipräsidium zu ihm ins Zimmer 134a gebracht worden ist.

«Det Aas!» sagt Urban giftig. «Na ja, et stimmt. Ich bin für kurze Zeit in meinem Hotel gewesen.»

«Aber nur für sehr kurze Zeit. Ein Kellner erinnert sich daran, daß Sie gegen einundzwanzig Uhr zehn gekommen und drei, vier Minuten später wieder gegangen sind. Und außerdem ist ja immer noch das Ferngespräch mit Leipzig, das Sie in der Mordnacht geführt haben.»

«Wie schade, daß Se det nich ooch aus der Welt schaffen können, wat?» Charly Urban hat sich wieder völlig in der Gewalt.

«Ja, wirklich schade ... Nämlich schade, daß Sie das Gespräch eine Stunde zu spät geführt haben, Urban.»

«Zu spät?» Urbans Augen werden schmal.

«Sie haben von zehn Uhr dreißig bis zehn Uhr vierzig telefoniert. Direktor Schmoller ist aber schon um neun Uhr zwoundfünfzig ermordet worden.»

«Reden Sie doch keinen Unsinn, Mann. In allen Zeitungen hat doch jestanden zwoundzwanzich Uhr vierzich.»

«Das war ein Übermittlungsfehler der Polizeipressestelle.»

«Schöner Sauladen», sagt Urban.

Ahnt er, daß dieser anfängliche Irrtum bei der Ermittlung der Mordzeit absichtlich totgeschwiegen worden war? Totgeschwiegen, um ihn, Charly Urban, in der vermeintlichen Sicherheit seines Alibis zu wiegen?

«Wo ist Ihre Pistole?» Müller stößt mit dieser Frage zu wie ein Boxer, der seinem groggy geschlagenen Gegner den endgültigen K.o. versetzen will.

Aber er hat sich getäuscht.

«Sie ist mir gestohlen worden», sagt Charly Urban und lächelt undurchdringlich.

«Von wem gestohlen?»

«Sie werden lachen, von Lotta.»

«Wann?»

«So um den sechzehnten, siebzehnten Januar herum.»

«Was wollte denn die junge Dame mit der Pistole anfangen?»

«Det Ding wär ihr unheimlich, hat se gesagt. Da hat se't wolln wechwerfen.»

«Warum erzählen Sie uns das jetzt erst?»

«Ich bin verlobt, Herr Kommissar. Meine Braut sollte nicht erfahren, daß Lotta bei mir auf dem Zimmer war.»

«Sehn Sie, und nun müssen Sie für Ihre zarte Rücksichtnahme leiden.»

Über diese Worte des Kommissars denkt Charly Urban nach, als er in seine Zelle zurückgeführt wird: Will mich dieser lange blonde Lulatsch veräppeln? Oder ist er wirklich von meiner Unschuld überzeugt, hält er mich für das Opfer einer Verkettung unseliger Umstände? Er kommt zu keinem Ergebnis.

*

Seit zwei Tagen war Charly Urban bereits in Haft, als sich in meiner Praxis am Potsdamer Platz die Artistin Bettina Schenck meldete.

Von Jugend auf stand ich mit allem, was Bühne, Zirkus und Varieté hieß, auf du und du. Kein Wunder also, daß mir der Name Schenck sofort ein Begriff war. Um so erstaunter war ich, als die Zirkusprinzessin Bettina Schenck sich mir als die Braut des verhafteten Charly Urban vorstellte.

«Sie müssen ihm helfen, ganz gleich, ob er schuldig ist oder nicht.»

Ich horchte auf. «Halten Sie es denn für möglich, daß er die Tat begangen hat?»

«Nein, nein!» Sie schlug die Augen nieder. «Aber selbst dann würde ich zu ihm stehen.»

«Wohl dem, der in einer solchen Lage einen liebenden Menschen hat …»

«Ich liebe Karl Urban nicht. Aber er ist ein guter Mensch. In drei Tagen wollten wir heiraten. Ich würde ihn auch jetzt heiraten. Wenn's sein muß, selbst im Gefängnis.»

Noch in der gleichen Stunde legte ich Haftbeschwerde ein. Sie wurde abgewiesen. Die Kunstreiterin Lotta hatte energisch abgestritten, Urbans Pistole an sich genommen zu haben …

Nun wußte die Kriminalpolizei, daß ich Urban verteidigen würde, falls gegen ihn Anklage erhoben werden sollte. Man wußte am Alexanderplatz auch, daß mit mir vor Gericht nicht gut Kirschen essen war, wenn ich ein Haar in der Suppe der polizeilichen Ermittlungen fand.

Dem wollte Kriminalkommissar Johannes Müller vorbeugen. Er lud mich zu dem Lokaltermin ein. Ich sollte mir selber ein Bild machen, wie gewissenhaft die Mordkommission vorging.

Es gibt für mich keinen erregenderen kriminalistischen Begriff als das Wort «Lokaltermin». Der Verdächtige am Ort der Tat. Wie wird er sich verhalten? Wird ihn die Macht der Erinnerung überwältigen? Wird er über die zahllosen Fallstricke stolpern, die hier, unsichtbar und nur den Kriminalisten bekannt, für ihn ausgespannt sind?

Ich erlebe noch heute die atemberaubende Spannung, mit der ich den ersten Lokaltermin mit Charly Urban im Mercedes- Palast abrollen sah. Es war Mitternacht. Der Zuschauerraum des Mercedes-Palastes lag im Dunkeln. Nur die Bühne war hell erleuchtet. Wie zur Stunde des Mordes standen die Stühle der Tango-Kapelle «Zwölf Argentinos» auf der Bühne. Sie hatte den Tango *«A media Luz»* gespielt, als im Büro des Direktors der tödliche Schuß fiel.

Den Hintergrund bildete ein nachtblauer Vorhang. Zwischen diesem Vorhang und der Hinterwand des Bühnenhauses blieb ein zwei Meter breiter Gang. Durch den Gang war der Täter über die Bühne gerannt. Der Organist Kallipke, der Beleuchter und der Bühnenmeister hatten ihn gesehen. Und der Organist Kallipke hatte geglaubt, in der Gestalt im gelben Kamelhaarmantel den früheren Bühnenmeister Karl Urban zu erkennen …

Die Tango-Kapelle selbst fehlte. Die Stille erhöhte jedoch nur den gespenstischen Eindruck der Szene.

Ich wurde auf eine der Beleuchter-Rampen hinter der Bühne geführt. Von hier konnte man den Gang übersehen. Unterhalb der Rampe stand der Organist. Er hatte Kriminalkommissar Müller gefragt, ob er rauchen dürfe, und paffte hastig an einem Zigarillo.

«Wir haben neunzehn junge Leute aus dem Christlichen Verein Junger Männer hergebeten», erklärte mir Müller. «Keiner von ihnen weiß bis zur Stunde, um was es sich handelt.»

Ich erkannte, worauf Müller hinauswollte. Er zeigte mir Pappstücke, auf die die Nummern eins bis zwanzig geschrieben waren. Neunzehn Nummernkarten waren für die jungen Leute vom CVJM bestimmt, eine für Urban.

«Ich lasse sie nacheinander in Urbans Mantel und Hut über die Bühne laufen», sagte Müller. «Und dann soll Kallipke sagen, welche von den zwanzig Figuren er in der Mordnacht gesehen hat. Das wiederholen wir dreimal, jedesmal in anderer Reihenfolge.»

«Ist Urban schon da?» fragte ich.

«Er wartet oben im Korridor.»

Hinter mir zischten die Kohlenelektroden eines Bühnenscheinwerfers. Mir war heiß. Ich mußte an Urban denken, der in wenigen Minuten um seine Freiheit laufen würde.

«Wir fangen gleich an», sagte Kriminalkommissar Müller zu dem Organisten.

«Stehen Sie so wie damals?»

Der Organist nickte stumm.

«Sie haben hier einen Zettel mit Nummern von eins bis zwanzig. Wenn Sie glauben, den Mann von damals erkannt zu haben, machen Sie hinter der betreffenden Nummer ein Kreuz. Hinter den anderen machen Sie einen Strich …» Die Hand des Organisten zitterte, als er Block und Bleistift nahm.

Vom Treppenhaus her klangen rasche, leichte Schritte. Ich sah einen Schatten, dann für kurze Zeit, als die Gestalt den Standort des Organisten passierte, den gelben Kamelhaarmantel, den tief in die Stirn gezogenen Hut, darunter schemenhaft ein Gesicht. War das Urban gewesen?

Ich konnte von meinem Platz aus nicht erkennen, ob der Organist ein Kreuz oder einen Strich machte. Aber mir war, als hörte ich sein Herz klopfen. Das Herz eines Mannes, dem die Polizei das Schicksal eines Menschen in die Hand gegeben hat …

Zum zwanzigsten Male die Schritte. Zum zwanzigsten Male die gelbe huschende Gestalt. Dann war es vorbei.

Aus dem Dunkel trat Kriminalkommissar Müller zu dem Organisten: «Nun?» Er war ganz ruhig. Fast schien er darauf gefaßt, daß der Organist einen oder mehrere der Statisten, vielleicht aber auch überhaupt keines der zwanzig Phantome als den Mann aus der Mordnacht wiedererkannt haben würde …

«Nummer siebzehn», sagte Kallipke.

Müller rief einen Namen ins Treppenhaus hinauf. Einer seiner Beamten erschien.

«Der wievielte war Urban?» fragte Müller.

«Der Siebzehnte.»

Es war ganz still. Ich hörte nur das schwere Atmen des Organisten. Er hob mehrmals hilflos die Arme. Es wirkte, als wollte er sich entschuldigen, als wollte er sagen: Das habe ich nicht gewollt – einen Menschen, einen alten Bekannten, einen Schritt näher ans Schafott bringen …

«Wir machen dasselbe noch mal», sagte Müller. «In anderer Reihenfolge.»

Mir imponierte dieser junge, energische Kriminalist. Man merkte ihm keinen Triumph an. Er besaß in hervorragendem Maße jene Eigenschaft, die das einzigartige Ansehen der Berliner Kriminalpolizei begründete: Er war – bei allem Jägerinstinkt – objektiv. Er prüfte die für den Verdächtigen entlastenden Momente ebenso gewissenhaft wie die belastenden. So ließ er es auch jetzt nicht auf einen Zufall ankommen. Noch zweimal wurde das nervenaufreibende Experiment wiederholt.

Einmal kreuzte Kallipke die Nummer drei an, das andere Mal die Elf. Beide Male war es die Nummer, unter der Charly Urban gelaufen war.

Die Bühne füllte sich mit Menschen. Und plötzlich wußte ich: Da steht Urban. Er hatte den gelben Mantel an, hielt aber den Hut in der Hand. Er unterhielt sich mit den Kommissaren Müller und Dr. Lietzenberg.

Ich konnte nicht hören, was sie sagten. Aus Urbans zwar interessiertem, aber völlig ruhigem Gesicht hätte man nicht schließen können, daß es um seinen Kopf ging. Hin und wieder nickte er, legte nachdenkend den Kopf schief, als handele es sich um irgendeine sportliche oder artistische Frage.

Ich mußte an meine Unterredung mit der Zirkus-Prinzessin Bettina Schenck denken. Sie hatte zu mir gesagt, sie wolle Urban heiraten, selbst im Gefängnis … Nach den Ereignissen dieser Nacht sah es so aus, als würde das Schicksal Bettina Schenck beim Wort nehmen.

*

«Ich fahre jetzt ins Polizeipräsidium. Was die Leute sagen, ist mir ganz egal. Und ich gehe nicht eher weg, bis sie ihn entweder freilassen oder...» Bettina Schenck stockte. Sie schlug die Hände vor ihr Gesicht und brach in krampfhaftes Schluchzen aus.

Wir saßen uns in meinem Büro gegenüber. Vom Potsdamer Platz drang undeutlich der Lärm des Februarabends herein.

Es war acht Uhr. Draußen riefen die Zeitungsverkäufer die Schlagzeilen der Abendzeitungen aus. Sie waren nicht zu verstehen. Aber ich wußte, was sie ausriefen; denn die letzten Ausgaben der Abendzeitungen lagen auf meinem Tisch. Die Schlagzeilen lauteten:

»Urban noch nicht geständig!» – «Urban will morgen heiraten!» – «Haftbefehl gegen Karl Urban!» – «Der Mann mit den eisernen Nerven.»

In der Nacht vom Mittwoch zum Donnerstag war der Lokaltermin im Mercedes-Palast gewesen. Der Organist, eine Garderobenfrau und ein Page hatten Urban als das Phantom der Mordnacht erkannt ...

«Kino-Mord unmittelbar vor der Aufklärung!» hatten die Zeitungen am Morgen danach geschrieben.

Sie hatten nicht mit Karl Urban gerechnet. Zwei Stunden hatten Kriminalkommissar Müller und Dr. Lietzenberg nach der Rückkehr aus dem Mercedes-Palast mit Urban gerungen, ihm noch einmal alle seine Widersprüche, alle seine Lügen vorgehalten.

Ein Schuldiger hätte unter der Last dieser Vorhaltungen zusammenbrechen müssen. Urban setzte allem nur vier Worte entgegen: «Ich war es nicht!»

Mancher Kriminalbeamte hätte in dieser Situation dem Verdächtigen seelische Daumenschrauben angesetzt, ihn mit psychologischen Mitteln weich zu machen versucht.

Das tat Johannes Müller nicht. Müller war ein Schüler des großen Ernst Gennat. Und Gennat machte einen Unterschied zwischen Kriminalbeamten und Kriminalisten.

Wer bei Vernehmungen grob wurde, wer «kloppte», wer den Verdächtigen mit Autorität überfuhr, ihn körperlich, geistig oder seelisch fertigmachte, der war für ihn ein Kriminalbeamter – ein schlechter. Wer das Verhör benutzte, um den Übeltäter auszuholen, ihn unvermutet in

Widersprüche zu verwickeln, ihm auf die psychologisch «feine» oder auch «süße» Tour die Wahrheit aus der Nase zu ziehen – der war für Gennat ein Kriminalist.

Johannes Müller und Dr. Lietzenberg waren echte Kriminalisten. Sie wußten, daß ihre Indizien zwar stark waren, für die Anklage-Erhebung aber noch nicht ausreichten. Sie brauchten mehr. So wurde die Ermittlung zu einem Wettlauf mit dem Gesetz.

Das Gesetz schreibt vor, daß ein festgenommener Verdächtiger binnen vierundzwanzig Stunden dem Richter vorgeführt werden muß. Dieser Termin kann verlängert werden, wenn der Festgenommene offensichtlich lügt oder wenn neue Verdachtsmomente neue Ermittlungen notwendig machen. Nach spätestens vier Tagen muß jedoch ein provisorischer Haftprüfungstermin vor einem Richter stattfinden.

In Berlin war zu diesem Zweck die Stelle eines Vernehmungsrichters beim Polizeipräsidium geschaffen worden. Er konnte Haftbefehle aussprechen, die Sache aber weiterhin in den Händen der Kriminalpolizei belassen, doch nur für kurze Zeit. Höchstens fünf Tage danach mußte ein ordentlicher Haftprüfungstermin anberaumt werden, zu dem der Verhaftete sich einen Verteidiger nehmen konnte.

Seit Mittwoch bombardierte ich das Polizeipräsidium mit Haftbeschwerden für Charly Urban.

Die Mordkommission Müller – Dr. Lietzenberg arbeitete bis zur Erschöpfung, um diesen Termin durch neue Verdachtsmomente hinauszuzögern.

Auch Urban wurde nicht geschont. Am Donnerstag war er pausenlos vernommen worden. Als er endlich nicht mehr konnte, war es spät am Abend. Urban wurde in seine Zelle geführt, wo er sofort in tiefen Schlaf gesunken war.

Am Freitagmorgen war er wieder ins Zimmer 134a gebracht worden. Hämmernde Fragen von Müller und Lietzenberg, die während der ganzen Nacht gearbeitet hatten und sich nur noch mit viel starkem Kaffee wach halten konnten. Und immer wieder Urbans stereotype Antwort: «Ich war es nicht!»

Mitten in der Vernehmung schrillte das Telefon.

Der Vernehmungsrichter beim Polizeipräsidium, Amtsgerichtsrat Dr. Pieper, forderte dringend die Akten an.

«Na schön», hatte Johannes Müller gesagt und auf das dicke Bündel von Protokollen geblickt.

Um das zu lesen, würde der Amtsgerichtsrat Dr. Pieper anderthalb Stunden brauchen. Dann mußte er Zeugen vernehmen und zum Schluß Urban selbst. Das würde sechs Stunden dauern. Und in sechs Stunden konnte vielleicht ein neues Verdachtsmoment gefunden werden – vielleicht sogar ein Beweis …

Urban sprach immer noch von seiner Heirat. Er war fest davon überzeugt, daß der Vernehmungsrichter ihn freilassen und daß er morgen mit Bettina vor dem Standesbeamten stehen würde.

Er freute sich zu früh. Um siebzehn Uhr fünfundvierzig sprach Amtsgerichtsrat Dr. Pieper den Haftbefehl aus. Auf drei Tage befristet. Um achtzehn Uhr stand Urban erneut im Zimmer 134a …

*

Zur gleichen Zeit war ich von einem bewegten Tag im Kriminalgericht in Moabit in meine Praxis am Potsdamer Platz zurückgekehrt.

Draußen vor dem schmiedeeisernen Gitter war eine Dame im dunkelgrauen Persianer auf mich zugetreten. Erst im letzten Augenblick hatte ich Bettina Schenck erkannt.

Oben im Büro empfing uns mein Bürovorsteher mit der Nachricht, daß der Vernehmungsrichter Haftbefehl gegen Urban erlassen hätte. Ich hatte mich sofort ans Telefon geklemmt und versucht, Müller im «Alex» zu erreichen.

«Kriminalkommissar Müller ist im Haus, aber nicht zu sprechen», hatte der Vermittlungsbeamte gesagt. Ich wußte, was das bedeutete: Verhör.

Und Bettina schien es zu ahnen. Sie war unruhig, durch nichts abzulenken, nicht einmal durch ein reichliches Teegedeck, das ich aus dem benachbarten Café Josty heraufholen ließ.

«Dieser Kriminalkommissar Müller ist übrigens sehr sympathisch», sagte sie, während sie mir den Tee eingoß. «Haben Sie denn mit ihm gesprochen?»

«Er mit mir.» Bettina Schenck lächelte traurig.

«Was wollte er von Ihnen?»

«Er war sehr besorgt wegen meiner Heirat. Daß es mit dem Termin nicht klappen könnte …»

«Weiter wollte er nichts?» Ich war plötzlich alarmiert.

«Über Charlys Geldverhältnisse hat er mich ausgefragt.»

«Und was haben Sie ihm gesagt?»

Bettina sah mich groß an. «Na, ich habe ihm gesagt, daß Charly an die tausend Dollar von der Amerika-Tournee mit den Acht Nelsons in Reserve hat. War das etwa falsch?»

«Goldrichtig», sagte ich. «Wenn Charly so viel Geld hatte, warum hätte er dann einen Raubmord begehen sollen …»

«Ach so ...» Bettina wich meinem Blick aus. Sie sagte zögernd: «Im Grunde habe ich dem Charly seinen Reichtum nie geglaubt. Er kam mir wie ein Angeber vor, wissen Sie. Wir vom Varieté haben ein Gefühl dafür, was einer verdient … Charly war Fänger bei den Nelsons, ein Neuling. Gewiß, auch das bringt gutes Geld. Aber Charly hat angegeben wie 'n Millionär.»

«Das haben Sie dem Kriminalkommissar Müller hoffentlich nicht erzählt …»

«Nein», sagte Bettina.

Gegen halb zehn Uhr verabschiedete sich Bettina Schenck von mir. Sie versprach mir, nicht ins Polizeipräsidium zu fahren. Sie fuhr trotzdem dorthin. Um zehn Uhr nachts setzte sie sich auf das Wachstuchsofa im Wartezimmer in der Nähe von Zimmer 134a. Man ließ sie dort sitzen. Kriminalkommissar Müller hatte es ausdrücklich angeordnet.

Drei dicke Wände trennten sie von dem Raum, in dem Charly Urban dem härtesten Verhör unterzogen wurde, das die roten Mauern des Berliner Polizeipräsidiums erlebt hatten …

Es war kurz vor drei Uhr nachts. Kriminalkommissar Johannes Müller steckte sich gerade eine neue Zigarette an. Ihm gegenüber saß Charly Urban. Auch er rauchte.

Kriminalkommissar Dr. Lietzenberg stand am Fenster und blickte hinaus auf den Stadtbahnbogen, über den ein Zug donnernd in die Halle des Bahnhofs Alexanderplatz einfuhr. Alle drei Männer waren zu Tode erschöpft. Acht Stunden Verhör, und sie waren keinen Schritt weiter gekommen.

Oder vielleicht doch? War Charly Urban wirklich nur genauso müde wie seine Vernehmer, oder hatte sich hinter der unbewegten Maske des «Mannes mit den eisernen Nerven» jene seelische Erschütterung vorbereitet, die der Anfang vom Ende, die Vorstufe des Geständnisses ist?

In der letzten Stunde hatte Johannes Müller geglaubt, ein paar winzige Anzeichen dafür zu bemerken. Hier und da ein fast unmerkliches Flackern der kalten grauen Augen, ein leichtes Vibrieren in der Stimme... Ein paarmal schon hatte Müller das Gefühl gehabt, daß es nun an der Zeit wäre, den großen, bisher vor Urban geheimgehaltenen Trumpf auf den Tisch zu knallen.

Immer wieder hatte Müller diesen Zeitpunkt hinausgeschoben. Er wußte nur allzu gut, wie gefährlich so etwas bei einem Menschen vom Typ Urban sein konnte.

Möglich, daß er unter der Wucht des Schlages ein Geständnis ablegen würde. Ebenso möglich aber auch, daß er bei der geringsten Überspannung des Bogens zusammenbrechen würde. Und das hieß bei einem Charakter wie Charly Urban, daß keine einzige Silbe mehr aus ihm herauszubekommen sein würde.

Müller machte einen vorsichtigen Vorstoß. Er sagte: «Das dümmste ist, daß Sie uns nicht sagen können, wo Sie Ihre Pistole wirklich gelassen haben. Hätten wir die, würde sich sofort herausstellen, ob Sie unschuldig sind.»

«Wie würden Sie das feststellen?»

«Na, passen Sie mal auf!» Eine Sekunde zögerte Müller noch, dann zog er seine Schreibtischschublade auf. «Sie sind doch ganz sicher, daß Ihre Pistole eine Steyr sechsfünfunddreißig war?»

«Ganz sicher.»

«So eine, nicht wahr?» Müller schob eine kleine Pistole über den Tisch.

Urban nahm die Waffe und betrachtete sie von allen Seiten. Er sagte: «Genau der Typ. Vorn am Lauf hatte meine einen Kratzer, sonst würde ich sagen, das hier wäre sie.»

«Na, dann hat wahrscheinlich der schwarze Mann den Schmoller erschossen», seufzte Müller. Er griff wieder in die Schublade und sagte: «Ich will Ihnen noch was zeigen.»

Er nahm ein Tütchen und schüttete den Inhalt auf die Schreibtischplatte – zwei kleine, leere Patronenhülsen.

«Kennen Sie die Munition?»

«Da sieht doch eene wie de andre aus», berlinerte Urban. Das war ein Zeichen, daß er innerlich erregt war.

«Nicht ganz», sagte Müller. Er hielt eine Hülse so unter die Schreibtischlampe, daß die Schriftprägung auf dem Rand deutlich hervortrat.

«U … S … C … Co … fünfundzwanzig … C … A», buchstabierte Urban.

«Amerikanische Munition», sagte Müller, «Fabrikat Colt.»

«Und wat hat's damit uff sich?»

«Das sind die beiden Hülsen, die wir an der Mordstelle gefunden haben …»

«Interessant!» Urban betrachtete die Hülsen. Zitterten seine Hände nicht?

«Ja, da hätten Sie den Beweis für Ihre Unschuld in der Hand, wenn … ja, wenn wir Ihre Pistole hätten.»

«Vasteh ick nich.»

«Na, weil das Munition für einen ‹Colt› ist, Herr Urban, für so einen amerikanischen Trommelrevolver. Die paßt in keine Pistole, schon gar nicht in eine Steyr. Sehen Sie her.»

Müller zog das Magazin heraus und gab Urban die Waffe: «Spannen Sie das Ding mal.»

Mit metallischem Knacken fuhr der Verschluß zurück. Man sah, daß Urban mit Waffen umgehen konnte.

Müller reichte ihm eine Hülse: «Versuchen Sie mal, die Hülse in den Lauf zu stecken.»

Urban legte die Hülse durch den Auswurfschlitz in die Kammer der Waffe.

Müller war um den Schreibtisch herum gekommen und blickte Urban über die Schulter. Dr. Lietzenberg sah von der anderen Seite aus zu.

«Nee, die jeht bestimmt nich rin», sagte Urban.

«Drücken Sie mal fest nach», sagte Müller und reichte Urban einen dünnen Bleistift.

Mit dem kleinen Bleistift drückte Charly gegen den Boden der Hülse. Sie schob sich einen Millimeter in den Lauf.

«Weiter jeht's nich.» Urban gab Müller die Waffe zurück.

«Nicht mal mit Gewalt», sagte Müller. Und wie um seinen Worten Nachdruck zu verleihen, wiederholte er Urbans vergebliches Experiment. Und – mit einem kurzen Ruck glitt die Patronenhülse in den Lauf. Wie angegossen, bis zum Rand paßte die Colt-Munition in die Pistole Steyr 6,35.

«Det jibt's doch nich!» stieß Urban heiser heraus.

Er war weiß wie ein Handtuch geworden. Seine Lippen zitterten, sein Unterkiefer machte kauende Bewegungen.

Kriminalkommissar Johannes Müller sah den Mann vor sich an wie der Torero den Stier, bevor er ihm den Fangstoß gibt. Er hatte dem Reporter Kiaulehn damals, unter dem Siegel strengster Verschwiegenheit, erzählt, daß man die am Tatort gefundene Colt-Munition neuesten Typs aus einer Steyr-Pistole abfeuern konnte. Für ihn war das das einzige Ermittlungsergebnis, das kein bloßes Indiz war, sondern beinahe ein Beweis … Jetzt kam es darauf an, ob die Trumpfkarte stach. Ob Charly Urban, durch die zahllosen kleinen Verdachtsmomente zermürbt, sich von diesem Schlag umwerfen lassen würde.

«Wollen Sie uns jetzt nicht lieber sagen, was Sie am zwanzigsten Januar um neun Uhr zwoundfünfzig abends im Mercedes-Palast getan haben?» fragte Müller.

«Nein …» Urban stöhnte. «Ick kann nich mehr. In mein Kopp jeht allet durcheinander. Wenn ick jetz weiter rede, sach ick am Ende noch, det ick den Schmoller niederjeknallt habe … Wo icks doch jarnich jetan habe … Bloß damit ick meine Ruhe vor euch habe …«

Seine Worte kamen stockend, seine Stimme klang, als müßte er jeden Augenblick in Weinen ausbrechen.

«Kommen Sie, Herr Urban.» Johannes Müller sprach wie mit einem Kranken, klopfte ihm begütigend auf die Schultern. «Ruhen Sie sich ein wenig aus. In Zimmer hundertzweiunddreißig steht ein Kanapee. Wenn's nach 'ner halben Stunde wieder geht, machen wir weiter. Ist doch in Ihrem Interesse. Sie wollen doch heiraten.»

Willenlos ging Urban mit.

Im Zimmer hundertzweiunddreißig brannte Licht, als die drei Männer eintraten. Von einem mit Wachstuch bespannten Sofa fuhr eine Gestalt hoch. Eine Frau.

«Bettina!» Charly Urban stürzte auf seine Braut zu, fiel vor ihr nieder, umklammerte ihre Knie.

«Das ist nun unser Hochzeitsmorgen», schluchzte er.

Sie strich ihm über das Haar, und er drückte seinen Kopf in ihren Schoß.

Urbans Stimme war zu einem Flüsterton herabgesunken. Und doch war jede Silbe zu verstehen: «Ich kann dich an meinem Hochzeitsmorgen nicht anlügen … Ich habe den Direktor Schmoller umgebracht.»

*

Das umfangreiche Geständnis, das Charly Urban in jener Nacht im Beisein von Bettina Schenck ablegte, war praktisch ein Todesurteil. Mancher Verteidiger hätte es daraufhin abgelehnt, das Mandat zu übernehmen.

Und ich gestehe, daß auch ich Charly Urban am liebsten empfohlen hätte, sich nach einem anderen Anwalt umzusehen.

«Ein Rechtsanwalt, dessen Mandant zum Tode verurteilt wird, befindet sich in ähnlicher Lage wie ein Chirurg, dem ein Patient unterm Messer stirbt», sagte ich beim Frühstück zu meiner Frau.

Gerade hatte Bettina Schenck mir die Hiobsbotschaft mitgeteilt.

«Wenn nur ein Prozent Chance besteht, darf kein Chirurg vor einer Operation zurückschrecken», sagte meine Frau. Und nach einer Weile fügte sie hinzu: «Ach, ihr Männer …»

«Die Zirkusprinzessin will Urban übrigens heiraten. Jetzt erst recht.»

«Nimm dir ein Beispiel dran», sagte meine Frau. Eine Stunde später übernahm ich die Verteidigung von Charly Urban. Ich, der ich mir seit dem Fall des Massenmörders Haarmann geschworen hatte, nie wieder einen Mörder zu verteidigen …

Der Prozeß wurde nicht weniger dramatisch als seine Vorgeschichte.

Die Anklage gegen Urban lautete auf Raubmord. Und auf Raubmord stand Todesstrafe.

Es schien ein klarer Fall zu sein, als Landgerichtsdirektor Dr. Sachs am 4. Mai 1931 die Verhandlung im Großen Schwurgerichtssaal von Moabit eröffnete.

Schmalwangig, blaß, aber ruhig stand Charly Urban in der Anklagebank.

«Wollen Sie sich zur Anklage äußern, Angeklagter?» fragte der Vorsitzende.

«Ich habe den Kinodirektor Schmoller erschossen», sagte Charly Urban.

Die Geschworenen nickten, die Bleistifte der Reporter raschelten über das Papier. Die Routiniers des Gerichtssaals blickten bereits nach der Uhr. Bis zum Nachmittag konnte das Todesurteil fertig sein.

Aber Charly Urban sprach weiter: «Ich habe den Herrn Schmoller in der Aufregung erschossen. Aber Geld habe ich nicht geraubt.»

Der Vorsitzende war für einen Augenblick perplex. Er blätterte in den Akten und sagte sehr freundlich: «In der Voruntersuchung haben Sie aber erklärt, daß Sie mit der Absicht in den Mercedes-Palast gegangen seien, sich dort gewaltsam Geld zu verschaffen. Sie geben zu, Direktor Schmoller erschossen zu haben. Aus der Abrechnung des Mercedes-Palastes fehlten nach dem Mord etwa neunhundert Mark ... Finden Sie nicht, daß angesichts dieser Tatsachen Ihre jetzige Behauptung reichlich unwahrscheinlich klingt?»

«Ja», sagte Urban leise. «Sehr unwahrscheinlich. Deshalb habe ich nach der Tat auch alles getan, meine Spur zu verwischen. Ich wußte ja, daß man mir die Wahrheit nicht glauben würde ...»

Der Vorsitzende machte ein skeptisches Gesicht, Kopfschütteln beim Staatsanwalt, bei den Geschworenen, im Zuschauerraum.

«Erzählen Sie bitte, wie der Tag verlief, der mit dem Tod Direktor Schmollers endete.»

Und Urban erzählte:

Von den Proben im Zirkus Busch, wie er anschließend gegessen hatte und dann zu irgendeinem Mädchen gegangen war.

«Später ging ich 'runter ins Lokal meines Hotels ‹Darmstädter Hof›, bestellte mir Bier und Korn. Da kam mir meine traurige Lage in den Sinn. In drei Wochen wollte ich heiraten. Aber ich hatte kein Geld. Meine Braut hatte mir aus Leipzig wegen der Hochzeit geschrieben. Da stieg wie eine Fata Morgana das Bild meines Hochzeitstages vor mir auf. Meine Braut hatte im Jahr vorher eine unglückliche Liebe erlebt. Ich wollte, daß sie alles vergessen sollte ... Ich brauchte Geld ... Plötzlich kam mir der Mercedes-Palast in den Sinn, wo ich früher gearbeitet hatte. Der alte schwächliche Geschäftsführer Silbermann, der zu meiner Zeit abends mit den Kassiererinnen abgerechnet hatte. Wenn ich dem eine Ohrfeige gab, würde er umfallen. Ich könnte mir so viel Geld nehmen, wie ich brauchte, und alles war gut. Ich ging auf mein Zimmer, zog meinen Mantel an ...»

«Und die Pistole?» fragte der Vorsitzende.

«Die steckte in meiner äußeren rechten Manteltasche», sagte Urban.

«Wozu nahmen Sie die Waffe mit?» fragte ein Geschworener.

«Das war Gewohnheit von mir.»

«Haben Sie überhaupt nicht an die Pistole gedacht, als Sie in den Mercedes-Palast fuhren?» fragte der Vorsitzende.

«Doch ... wenn ich nach dem Raub flüchtete, wollte ich mir eventuelle Verfolger vom Leibe halten. Ich fuhr mit der U-Bahn zur Boddinstraße, ging zum Mercedes-Palast. Unangefochten gelangte ich zu dem Zimmer im ersten Stock, wo ich den alten Herrn Silbermann vermutete ... Ich riß die Tür auf. Und da sah ich plötzlich nicht Herrn Silbermann, sondern einen Fremden ...»

«Wußten Sie denn nicht, daß Herr Silbermann längst gestorben war und einen Nachfolger hatte?»

«Natürlich nicht», meinte Urban. «Da saß nun plötzlich ein wildfremder Herr an dem Tisch. Ich erinnere mich nur noch daran, daß er groß war und eine Brille trug. Er sah mich an. Was sich dann abgespielt hat, weiß ich nicht mehr. Nur soviel ist mir noch in Erinnerung geblieben: Plötzlich fiel ein Schuß. Ich rannte. Dann fiel noch ein Schuß. Ich lief über den Korridor, über die Treppe hinauf und schließlich quer über die ganze Bühne ...»

«Und das Geld?»

«Von dem Geld weiß ich nichts», sagte Urban. «Ich habe überhaupt nicht mehr an Geld gedacht.»

Diese Aussage Urbans klang wirklich unwahrscheinlich. Aber ich war überzeugt, daß sie der Wahrheit entsprach. Ich sagte: «Wäre mein Mandant ein überlegter Raubmörder gewesen, dann wäre er niemals durch das Bühnenhaus geflohen, wo er Gefahr lief, erkannt zu werden ... Ich beantrage einen Lokal-Termin im Direktions-Zimmer des Mercedes-Palastes.»

«Welche Beweise wollen Sie damit antreten, Herr Verteidiger?» fragte der Vorsitzende.

«Daß mein Mandant nicht mit der Absicht des Mordes in den Mercedes-Palast gegangen ist», sagte ich. «Ich will beweisen, daß der tödliche Schuß tatsächlich in der Verwirrung abgegeben worden ist. Dafür scheint mir eine Rekonstruktion des Vorganges am Tatort unerläßlich.»

Das Gericht zog sich zu einer kurzen Beratung zurück. Es beschloß einen Lokaltermin für den nächsten Tag.

*

Im engen Direktionszimmer des Mercedes-Palastes war alles bis auf den Millimeter hergerichtet wie in der Mordnacht. Die hervorragendsten Sachverständigen waren zugegen, Professor Brüning, der große Gerichts-Chemiker, der Mediziner Professor Strauch und Ingenieur Schmuderer, der Schießsachverständige mit dem sechsten Sinn. Es ging darum, ob Urban den Direktor Schmoller in der Verwirrung erschossen hatte oder etwa im Verlauf eines Kampfes.

Bisher hatte man das letztere angenommen. Der Schußkanal in der Leiche Schmollers verlief nicht waagerecht, sondern schräg nach unten, wie das geschehen kann, wenn der Bedrohte seinem Mörder die Waffe aus der Hand zu winden versucht.

Gegen Charly Urbans Behauptung, er hätte gleich von der Tür aus geschossen, sprach der Fundort der Patronenhülse. Sie hatte hinter Schmollers Schreibtisch gelegen, also an der Wand gegenüber der Tür.

Aber dagegen konnte ich die Tatsache anführen, daß nach den Feststellungen der Kriminalpolizei der Tatort durch die Kinoangestellten, die den toten Direktor entdeckt hatten, zerstört worden war. Dabei konnten auch die Patronenhülsen verschoben worden sein … Entscheidend war jetzt, ob der Schußkanal mit dem von Urban behaupteten Standort zu vereinbaren sein würde.

Etwa zehnmal betrat Urban das Mordzimmer, stutzte an der Tür, wie er damals gestutzt zu haben behauptete. Und jedesmal riß er seine Pistole aus der Tasche seines gelben Kamelhaar-Mantels.

Dann nahm der Schießsachverständige, Ingenieur Schmuderer, jedesmal einen dünnen, langen Holzstab und steckte ihn in die Mündung der Pistole, so daß er die Schußbahn darstellte. Höhe und Richtung wurden vermessen. Die Werte wichen bei den zehn Messungen kaum voneinander ab. Aber … sie waren mit dem Schußkanal an dem Toten nicht in Einklang zu bringen.

«Unmöglich», sagte Schmuderer.

Endlich durchschlug der medizinische Sachverständige, Professor Strauch, den gordischen Knoten. Er sagte: «Der Schußkanal könnte entstanden sein, wenn sich der Ermordete flach nach vorn über den Tisch gebeugt hat. So, als wollte er das Geld schützen, das da auf den Zahlbrettern der Kassiererinnen vor ihm lag …»

«Dann müßte Direktor Schmoller die Schritte seines Mörders aber schon vorher gehört haben», warf der Staatsanwalt ein.

Der Vorsitzende griff diesen Einwurf auf. Er deutete auf einen meiner jungen Referendare, den ich zu dem Termin mitgenommen hatte.

«Bitte, gehen Sie doch mal hinunter», sagte er, «und kommen Sie so leise wie möglich die Treppe herauf.»

Der Referendar ging hinaus. Wir anderen lauschten nach draußen und blickten gespannt auf die Sekundenzeiger unserer Uhren.

Plötzlich hörten wir Schritte auf der Treppe. Fünf Sekunden vergingen, bis die Türklinke von draußen niedergedrückt wurde. Es war, als hätten wir die Sekunden des Mordes noch einmal erlebt. Drinnen ein Mann mit viel Geld. Schritte von draußen. Der Mann beugt sich vor, um das Geld zu schützen …

«Könnte sich einer der Herren einmal in dieser Stellung an den Schreibtisch setzen?» sagte Professor Brüning.

«Bitte, Sie», der Vorsitzende zeigte auf den Bühnenmeister Priemke.

Priemke setzte sich an den Schreibtisch des Ermordeten, beugte sich nach vorn, als wolle er das vor ihm liegende Geld schützen.

«Und jetzt Sie, Herr Urban», sagte der Vorsitzende.

Charly Urban trat in die Tür. Aus der Manteltasche riß er seine Pistole und schlug sie auf den am Tisch sitzenden Mann an.

«Festhalten!» sagte Ingenieur Schmuderer und steckte die dünne Latte in die Mündung von Urbans Pistole. Das Ende der Latte deutete auf die Brust des Bühnenmeisters Priemke.

«Genau der Schußkanal wie bei der Leiche», sagte Professor Strauch.

«Jott sei Dank, det ick keene Leiche bin», sagte der Bühnenmeister.

Alle fünfzig Leute, Gerichtsangehörige und Pressevertreter, sahen den Bühnenmeister befremdet an.

Bühnenmeister Priemke hielt den Blicken stand. Aber es war etwas Widersetzliches an ihm. Er sagte: «Wenn ick dot wäre, könnte ick nämlich nicht sagen, daß det Jeld, wat der Urban jeklaut haben soll, noch vorhanden war, als wir die Leiche entdeckt haben.»

«Was?» Die Stimme des Vorsitzenden klang scharf. «Davon haben Sie aber doch früher nichts verlauten lassen, Herr Priemke.»

«Ick habe det jleich bemerkt», sagte Priemke. «Als wir den doten Direktor entdeckt ham, da ham noch janze Bündel von Jeldscheine uff de Zahlbretter jelegen. Nachher waren se plötzlich wech.»

Wenn er recht hatte, wenn das Geld noch dagewesen war, als man die Leiche entdeckt hatte, dann hatte nicht der Mörder das Geld genommen, sondern irgendein anderer …

«Warum haben Sie uns das nicht vorher gesagt, Herr Priemke?» sagte der Vorsitzende eisig.

«Hoher Jerichtshof, da war ja een Mord im Spiel. Und wenn ick det jesacht hätte, wären alle möchlichen Kollejen verdächtigt worden …»

«Was Sie da sagen, werden Sie auf Ihren Eid nehmen müssen, Herr Priemke …»

Der Staatsanwalt sprang auf, hochrot im Gesicht. «Ich protestiere dagegen, daß dieser Zeuge vereidigt wird. Er war mit dem Angeklagten befreundet … Seine Aussage ist die reine Begünstigung.»

Landgerichtsdirektor Dr. Sachs sah sich zu seinen Beisitzern und Geschworenen um. Das Gericht zog sich zur Beratung zurück. Es war eine einzigartige Situation bei einer Tatortbesichtigung.

Und ebenso einzigartig war es, daß vom Gericht beim Lokaltermin die Vereidigung eines Zeugen beschlossen wurde.

An dem gleichen Schreibtisch, an dem Direktor Ernst Schmoller sein Leben ausgehaucht hatte, schwor Bühnenmeister Priemke bei Gott dem Allmächtigen, daß die verschwundene Summe von rund neunhundert Mark noch vorhanden gewesen war, als sie den Toten entdeckt hatten.

Am nächsten Tag sagte auch Kriminalkommissar Johannes Müller aus, daß Charly Urban zwar die Erschießung des Direktors gestanden hätte, aber niemals den Raub. Es sei Urban nach der Tat keine einzige

Geldausgabe nachgewiesen worden, die auf plötzlichen Reichtum hätte schließen lassen. Trotzdem beantragte der Staatsanwalt die Todesstrafe gegen Charly Urban.

Mein Plädoyer war sachlich. Ich versuchte nicht, Urbans Tat zu entschuldigen. Ich stellte lediglich fest, daß der Beweis für einen kaltblütigen Mord nicht erbracht worden war. Nach dem uralten Rechtsgrundsatz «Im Zweifelsfall muß zugunsten des Angeklagten entschieden werden», beantragte ich Verurteilung wegen Totschlags.

Dann hatte Charly Urban das letzte Wort. Er sprach mit erstickter Stimme, er zwang sich, Hochdeutsch zu sprechen. Was er sagte, klang ungelenk, aber echt:

«Bitte, werten Sie die Worte des Herrn Staatsanwalts nicht so, wie Sie sie gehört haben. Kein Mensch kann erkennen, welche Seelenqualen ich durchgemacht habe. Ich kann nicht mehr weinen, meine Tränen sind versiegt. Nur noch ein trockenes Würgen ist in meiner Seele. Ich bekenne mich schuldig am Tode von Herrn Schmoller. Ich bitte um Verzeihung für das, was ich getan habe. Aber ich kann nicht zugeben, daß ich einen Mord begangen habe. Der Schuß löste sich ohne meinen Willen. Ich will hier keine Reue heucheln, aber ich bestreite ganz entschieden, daß ich Geld genommen habe. Es war eine Verkettung von unglücklichen Zufällen. Seien Sie mir menschliche Richter. Geben Sie mir Gelegenheit zur Arbeit, damit ich Frau Schmoller, die durch meine Hand ins Unglück geraten ist, aufs beste unterstützen kann. Ich habe aus Liebe gefehlt. Auch Sie haben ein Herz. Auch Sie lieben einen Menschen. Auch Sie wissen, was man aus Liebe alles tun kann. Es gibt aber keinen Menschen, der sein Hochzeitsbett mit einem Mord besudelt. Geben Sie bitte Ihr Urteil mit dem Herzen ab.»

Er wurde zu acht Jahren Zuchthaus verurteilt.

Als dieses Urteil erging, hörte man im Gerichtssaal lautes Schluchzen. Es kam von einer jungen schwarzgekleideten Frau.

Nach Schluß der Verhandlung kam diese Frau auf mich zu und drückte mir die Hand.

«Ich war seine erste Frau», sagte sie. «Ich habe ihn damals im Gefängnis geheiratet ...»

Ich entsann mich des Berichtes, der in Gennats Verbrecher-Kartei enthalten war. Nach ihm war Urban 1922 wegen eines Einbruchs verurteilt worden, den er begangen hatte, um das Geld für diese Heirat zu bekommen. Der Fall war in der Verhandlung erwähnt worden.

Urban hatte alles zugegeben. Aber die volle Wahrheit erfuhr ich erst jetzt.

«Ich habe damals ein Kind erwartet», sagte die schwarzgekleidete Frau. «Deshalb hatte er es so eilig mit der Hochzeit … Aber das Kind war nicht von ihm.»

«Wußte er das?» fragte ich.

Sie nickte. «Er hat es gewußt. Es war ihm ganz egal. Später ließen wir uns dann scheiden, aber für das Kind hat er gesorgt bis zuletzt … Glauben Sie, daß es ihm helfen würde, wenn ich ihn wieder heirate?»

«Das hängt von ihm ab», sagte ich.

Ich hatte in meiner Tasche einen Brief der Zirkusprinzessin Bettina Schenck, die während des Prozesses ein Engagement als Grotesktänzerin in Stockholm zu erfüllen hatte. In diesem Brief hieß es: «Wenn ich ihm damit helfe, heirate ich ihn sofort, auch im Gefängnis …»

Charly Urban hat nicht geheiratet. Er wollte keinen Menschen an sich binden, an den Zuchthäusler.

Nach 1933 verlor ich ihn aus den Augen. Später erreichte mich ein Brief aus Berlin, aus dem hervorgeht, daß er in der Sowjetzone lebt und dort glücklich verheiratet ist.

* * *

ÄRZTE AUF DER ANKLAGEBANK

Zu Beginn meines Berichtes habe ich davon erzählt, daß ich zweimal in meiner Laufbahn als Rechtsanwalt in die Rolle des anklagenden Staatsanwaltes gedrängt worden bin. Jener juristische Erstling war eine heitere Episode. Schwere Wolken überschatten hingegen die Erinnerung an den Prozeß, in dem ich ein zweites Mal Schuld suchen, anklagen und Sühne herbeiführen mußte.

«Herr Doktor, unsere Kinder sterben!» Das war der Ruf, der mich an einem Herbsttag des Jahres 1931 als Ankläger vor die Schranken der Zweiten Großen Strafkammer des Lübecker Landgerichts schickte.

Als mir die drei verzweifelten Eltern, die im Namen von dreiundvierzig anderen in mein Berliner Büro gekommen waren, von ihrem Leid erzählten, begann für mich eine Zeit großer Belastung und Gewissensnot.

*

Am 4. Dezember 1929 brachte das Ehepaar Griese seinen erkrankten Säugling in das Lübecker Säuglingsheim. Dort fütterte man ihn mit einer Emulsion, die im Laboratorium der Klinik angefertigt worden war. Als sich bei dem Säugling später Tuberkulose-Erscheinungen bemerkbar machten, rief man den Tuberkulose-Facharzt der Klinik. Der erklärte, es handele sich hier um einen jener seltenen Fälle von im Mutterleib erworbener Tuberkulose. Auch die übrigen Ärzte des Lübecker Krankenhauses schlossen sich seiner Ansicht an. Unendliches Unheil hätte vermieden werden können, wenn nur ein einziger diese Diagnose angezweifelt hätte …

Am 14. Mai 1930 hörte die deutsche Öffentlichkeit zum erstenmal von einer Katastrophe, die sich inzwischen angebahnt hatte.

An diesem Tag berichtete die Vossische Zeitung: «Lübeck hat vor einigen Wochen als erstes deutsches Land das sogenannte Calmettesche Tuberkulose-Verfahren bei Kindern eingeführt. Dr. Calmette, ein französischer Arzt, hat dieses Mittel seit neun Jahren an Säuglingen erprobt und will damit die besten Erfahrungen erzielt haben. In Lübeck hat man jedoch die allerschlechtesten Erfahrungen mit dem Calmette-Verfahren gemacht. Von 246 Säuglingen, denen man die Rindertuberkel-Bazillenkuren im Essen eingab, sind acht Kinder gestorben und dreiundzwanzig schwer erkrankt. Die Säuglinge zeigen die typischen Merkmale der schweren Tuberkulose-Erkrankung.»

Eine ungeheure Erregung griff um sich. Ganz Deutschland wurde durch diese Meldung erschüttert. Im Reichstag erklärte Reichsinnenminister Wirth: «Die tief bedauerlichen Vorkommnisse in Lübeck haben mir Veranlassung gegeben, umgehend einen besonderen Bericht vom Reichsgesundheitsamt einzufordern.» Und er warnte alle Landesregierungen, das Calmettesche Verfahren vor völliger Klarstellung der Lübecker Geschehnisse anzuwenden.

Das Calmettesche Verfahren – jeder in Deutschland sprach plötzlich darüber. Und doch verstanden die wenigsten, um was es hier eigentlich ging. Ein äußerst kompliziertes medizinisches Thema wurde in endlosen Diskussionen auf seine Vorteile und Gefahren hin erörtert.

Das Mittel hatte sich bereits tausendfach bewährt. Es hatte nicht nur in Frankreich, sondern auch in vielen andern Kulturländern Erfolge erzielt, unter anderem in England, Österreich, Ungarn und Japan. Das Verfahren bestand darin, daß Kulturen von Rindertuberkel-Bazillen den Kindern im Essen gereicht wurden und daß sich aus diesen Bazillen ein Schutzstoff in ähnlicher Weise entwickelte wie bei der Pockenimpfung. Die einmal mit dem Calmetteschen Verfahren behandelten Kinder sollten für die ganze Lebenszeit immun gegen Tuberkuloseerkrankungen sein.

Wie aber hatte es geschehen können, daß das erprobte Mittel in Lübeck eine so entsetzliche Wirkung zeitigte? Die Kulturen waren dem Krankenhaus aus Paris zugesandt worden. Sie waren, wie die leitenden Ärzte der Klinik versicherten, genau nach den Calmetteschen Anweisungen weiterentwickelt worden. Nach Ansicht der Krankenhausleitung war ein Versehen gänzlich ausgeschlossen. Sie hielt auch die Lübecker Hebammen, die von der Gesundheitsbehörde die Kulturen von Rindertuberkel-Bazillen erhalten hatten, für schuldlos. Aber war es den Behörden wirklich möglich gewesen, alles unter genauer Beobachtung zu halten? Hatte sich nicht irgendwo ein tragischer Fehler einschleichen können? Obermedizinalrat Dr. Altstaedt, der Leiter des Gesundheitsamtes in Lübeck, hielt das für ausgeschlossen. Die Ärzteschaft gab zu, vor einem Rätsel zu stehen. Man wartete nun erregt auf das Ergebnis eingehender medizinischer Untersuchungen. Aber – von Lübeck aus erfolgte nichts …

Endlich schickte das Reichsgesundheitsamt zwei seiner sachverständigen Beamten nach Lübeck. Sie sollten sich an Ort und Stelle Einblick in die angewandten Maßnahmen verschaffen.

Die beiden Sachverständigen entdeckten merkwürdige Dinge. Schon im März 1930 schienen einige Lübecker Ärzte erkannt zu haben, daß mit dem Calmette-Mittel etwas nicht stimmte. Aber nach den ungeschriebenen Gesetzen der Standesloyalität wollte niemand den Mund auftun … Selbst nach dem 26. April, dem Tag, an dem man die schweren Tuberkuloseerkrankungen im Kinderhospital festgestellt hatte, waren durch Privatärzte weiter Präparate verabreicht worden … Das allerseltsamste aber war das Verhalten des verantwortlichen ärztlichen Leiters Professor Dr. Deycke. Die beiden Beamten mußten feststellen, daß Professor Deycke am Tag nachdem die Obduktion der ersten Kinderleiche mit Sicherheit den Tod durch die Impfstoffe ergeben hatte, sofort alle noch vorhandenen Impfstoffmengen hatte weggießen lassen …

Während die Berliner Untersuchungskommission sich durch das Dickicht von Vertuschen, Verschweigen, Geheimhalten hindurcharbeitete, schlug das Schicksal weiter zu.

Am 16. Mai meldeten die Zeitungen: Wieder zwei Todesfälle, drei neue Erkrankungen, fünfzehn Kinder in Lebensgefahr.

Am 17. Mai: Zahl der Erkrankungen auf fünfzig, Zahl der Todesopfer auf zwölf gestiegen.

Von nun an gab das Lübecker Gesundheitsamt ein tägliches Kommuniqué über das Befinden der Kinder heraus.

Mit jedem neuen Fall steigerte sich die Aufregung weiter. Am 24. Mai hieß es: Die Zahl der erkrankten Säuglinge auf siebenunddreißig, der toten auf neunzehn erhöht, acht weitere in Lebensgefahr.

Die Verzweiflung der Eltern wuchs. Was half es, daß man ihnen zusagte, ihre erkrankten Kinder von nun an unentgeltlich zu behandeln? Sie verlangten neben wirksamer Hilfe eine sofortige Untersuchung und Sühne für das schreckliche Geschehen.

Bei der Suche nach dem oder den Schuldigen kam es zu merkwürdigen Auswüchsen. Nationalistische Elemente glaubten, beim Lübecker

Totentanz blühe ihr Weizen. War vielleicht die aus Paris übersandte Originalkultur fehlerhaft gewesen? Hatten die Franzosen statt der Rindertuberkel-Bazillen menschliche geschickt, hatte man dort fahrlässig gehandelt? Obwohl einwandfrei nachgewiesen werden konnte, daß bisher nirgendwo bei der Anwendung des Calmette-Mittels schädliche Einflüsse auf die geimpften Kinder nachzuweisen waren, ertönten in Deutschland Stimmen, die den französischen Forscher anklagten.

Am 21. Mai erhob die Lübecker Staatsanwaltschaft endlich Anklage gegen «Unbekannt wegen fahrlässiger Tötung». Die unglücklichen Eltern bildeten einen Elternausschuß. Sie veranlaßten, daß erste Autoritäten zur Rettung der erkrankten Kinder herbeigezogen wurden. Lübekker, Hamburger und Berliner Ärzte stellten sich zur Verfügung.

Auch hier wieder wurde versucht, aus der Verzweiflung Kapital zu schlagen. Kommunisten drängten sich in die Elternversammlungen. Sie warfen Flugblätter und wurden gewalttätig, als die Polizei die Eltern vor ihren Belästigungen schützen wollte ...

Jetzt beurlaubte man den Leiter des Lübecker Gesundheitsamtes, Dr. Altstaedt. Aber noch immer behauptete die Lübecker Oberstaatsanwaltschaft, es hätten sich aus den bisherigen Untersuchungen keine Anhaltspunkte für ein strafrechtliches Einschreiten ergeben.

Der Tod griff nach weiteren Opfern. Am 14. Juni betrug die Zahl der toten Säuglinge neununddreißig, der erkrankten achtundachtzig. Eine Woche später waren es vierundneunzig erkrankte. Am 4. Juli verzeichnete das tägliche Kommuniqué fünfzig Todesfälle.

Nun mußte der Staatsanwalt doch das «Verfahren gegen Unbekannt» in eine Voruntersuchung wegen fahrlässiger Tötung gegen Prof. Deycke als den Leiter des Allgemeinen Krankenhauses, gegen den Direktor des Kinderhospitals Prof. Klotz, gegen Dr. Altstaedt und die Krankenschwester Anna Schütze, die Laboratoriumschwester Deyckes, umwandeln. Die Sachverständigen erhoben schwere Vorwürfe gegen Prof. Deycke. Er hatte sich durch das Beseitigen des Impfstoffes, durch Verschleierung der Angelegenheit vor der Öffentlichkeit, durch Weiterfütternlassen mit – wenn auch unschädlichen – Präparaten sehr belastet.

Ein parlamentarischer Untersuchungsausschuß veröffentlichte ein neunzehn Seiten langes Gutachten. Auch hier waren schwere Vorwürfe gegen die Lübecker Ärzte enthalten. Ein Werturteil über das Calmette-Verfahren wurde nicht abgegeben.

Währenddessen stieg die Zahl der Todesopfer weiter: am 14. Juli waren es siebenundfünfzig. Das Innenministerium gab eine Erklärung ab. Es mahnte zur Geduld …

Aber der Tod hatte keine Geduld. Zwei weitere Säuglinge starben, das Befinden der kranken veränderte sich nicht. Versammlungen, Klagen, Proteste, Untersuchungen, Demonstrationen – unbeirrt von allem mähte er weiter.

Der Name Calmettes, des französischen Forschers, der der Welt durch sein Mittel eine Waffe gegen die Geißel der Tuberkulose geben wollte, wurde zum Symbol des Entsetzens. Das Calmette-Verfahren führte zum Calmette-Prozeß. Unter diesem Namen sollte am 12. Oktober 1931 einer der erregendsten und zugleich erschütterndsten Prozesse stattfinden, die ich erlebt habe. Stattfinden in einer Turnhalle …

Sonderbar sieht die Hauptturnhalle der Lübecker Turnerschaft aus. Unter und zwischen den Turngeräten hat man Bänke und eine Tribüne aufgestellt. Enggedrängt stehen Stühle nebeneinander. Der Saal ist bis auf den letzten Platz angefüllt mit Menschen. Sie sitzen und stehen so dicht, daß man kaum die Türen mehr öffnen kann. So groß ist das öffentliche Interesse, daß man die Verhandlung gegen die Lübecker Ärzte in diese Halle verlegen mußte.

Ich sehe mich um. Erhöht auf der Tribüne sitzt der Präsident des Gerichtes, Amtsgerichtsrat Wibel, mit zwei weiteren Richtern, zwei Staatsanwälten und dem Protokollführer. Weiter unten die vier Angeklagten: Prof. Deycke, Prof. Klotz, Obermedizinalrat Dr. Altstaedt und Schwester Anna mit ihren Anwälten. Ihnen gegenüber die Anwälte, die die klagenden Eltern vertreten. Insgesamt sind es elf Rechtsanwälte … Die Eltern der toten Kinder sitzen in der Mitte der Halle, Sachverständige, Presse und Zuschauer drängen sich im Saal.

Kurz vor zehn Uhr eröffnet Amtsgerichtsrat Wibel den Prozeß. Vierzig Minuten dauert es, bis alle geladenen Parteien aufgerufen worden sind.

Sofort nach der Aufrufung kommt es zum ersten Zusammenstoß dieser an Zusammenstößen so überreichen Verhandlung. Gemeinsam mit zwei Kollegen erkläre ich, daß ich die Rechtmäßigkeit des Gerichtshofes in dieser Zusammensetzung anzweifle. Ich halte ein Schöffengericht, nicht die Große Strafkammer, für zuständig.

Große Erregung entsteht im Saal. Es gelingt dem Vorsitzenden nicht, die Ruhe wiederherzustellen. Zurufe der Eltern, der Anwälte tönen durcheinander. Schließlich muß der Vorsitzende die Sitzung unterbrechen – die eben erst begonnen hat …

Zwei Stunden berät das Gericht. Dann verkündet Amtsgerichtsrat Wibel: «Der Antrag der die Elternschaft vertretenden Anwälte ist abgelehnt.» Der Gerichtshof betrachtet sich also für zuständig.

Die Verhandlung wird fortgesetzt. Schon kommt es wieder zu einem Zusammenstoß.

«Meine Herren», sagt der alte Lübecker Anwalt Dr. Wittern, der wie ich die Eltern vertritt, «ich befürchte stark, der riesige Aufwand wissenschaftlicher Sachverständiger wird diesen Prozeß zu einem wissenschaftlichen Kolleg stempeln und uns die Suche nach der Schuldfrage erschweren …»

Scharf erwidert ein Verteidiger der Angeklagten – es ist niemand anders als mein Berliner Kollege und Konkurrent in vielen Verhandlungen, Dr. Alsberg. Er sagt: «Wir werden die medizinischen Aussagen nur dann begrüßen, wenn sie die Wissenschaft fördern!»

Ich springe auf. Ich erkläre: «Jetzt ist endlich das Wort vom ‹Dienst an der Wissenschaft› gefallen, das wie ein Gespenst hinter dem ganzen Verfahren steht. Die Eltern der an der Impfung gestorbenen Kinder aber haben nur ein Interesse daran, die Frage der Schuld geklärt zu sehen!»

Kühl erwidert Alsberg: «Man sucht meine Worte offenbar falsch auszulegen. Ich wünsche keine persönliche Debatte …»

Wieder bricht erregter Lärm im Saal aus. «Wir müssen um jeden Preis verhindern, daß hier eine wissenschaftliche Tagung stattfindet und kein Strafverfahren!» ruft einer der in der Mitte des Saales sitzenden Väter. Entgegnungen von allen Seiten, Proteste der Sachverständigen, Rufe zur Ordnung. Endlich wird es wieder ruhig. Der Vorsitzende kann die Anklageschrift verlesen. Sie lautet auf «hinreichenden Verdacht fahrlässiger Tötung und Körperverletzung …»

Und plötzlich breitet sich eine schwere, lähmende Stille in der überfüllten Halle aus. Auf der Richtertribüne erhebt sich der Beisitzer Dr. Feddern. Er hält eine Liste in der Hand. Seine Stimme schwankt. Er liest zweihundertdreiundvierzig Namen vor. Zweihundertdreiundvierzig Namen von Säuglingen, die nach den verhängnisvollen Impfungen gestorben oder erkrankt sind …

Es ist totenstill. Nur leises Schluchzen, sonst kein Laut.

Die Vernehmung der Angeklagten beginnt. Als erster wird Obermedizinalrat Dr. Altstaedt befragt. Er schildert seinen Lebenslauf, berichtet von seinen Erfahrungen bei der Behandlung von Tuberkulose. Er sagt aus, schon früh Interesse für dieses Gebiet gehabt zu haben. Nach seiner Rückkehr 1917 aus dem Felde war ihm die Leitung der Tuberkulose-Fürsorgestelle übertragen worden. Seit 1928 war er «Physikus der Freien und Hansestadt Lübeck», also Leiter ihres Gesundheitsamtes.

Er hat das Calmette-Verfahren in Lübeck eingeführt, weil es sich seiner Ansicht nach um ein durchaus einwandfreies, wissenschaftlich erprobtes Mittel handelte. Er legt dem Gericht medizinische Gutachten vor, die diese Ansicht bestätigen. Angeregt wurden die Lübecker Impfungen durch den Leiter der Landesversicherungsanstalt, Geheimrat Bielefeld. Bielefeld ist ein persönlicher Freund Calmettes.

Wird Geheimrat Bielefeld nun dem Gericht mitteilen, warum er die Einführung des Calmette-Präparates in Lübeck so sehr befürwortet hat? Mir scheint das eine Selbstverständlichkeit zu sein. Ich beantrage daher, ihn als Zeugen zu laden. Der Herr Geheimrat aber – ist verreist. Er ist für das Gericht nicht erreichbar. Unverständlicherweise ist es der Anklage nicht eingefallen, ihn zur Zeugenschaft in diesem Prozeß zu bewegen …

«Ich hielt das Mittel für so harmlos», sagt Dr. Altstaedt weiter aus, «daß ich sogar mein eigenes, im März geborenes Kind damit gefüttert habe …»

«Ja, aber mit dem Original-Calmette!» schreit es ihm entgegen. Viele von den Eltern, die ihr Kind verloren haben, sind aufgesprungen. Sie lassen Altstaedt nicht mehr zu Wort kommen. Er versucht, zu erklären, daß er allerdings zur Fütterung seines eigenen Kindes das Original-Mittel aus Paris bezogen habe, aber nur, weil in Lübeck seit dem Unglück im April kein Calmette-Präparat mehr hergestellt worden sei. Erbitterte Zurufe, Gelächter lassen ihn verstummen.

«Ich bitte um äußerste Ruhe!» Auch der Vorsitzende ist sehr erregt. «Ich verlange, daß auch die Nebenkläger die Würde des Gerichtes nicht dauernd verletzen!»

Allmählich kehrt die Ruhe zurück. Über die weitere Vernehmung Dr. Altstaedts berichtet die *Vossische Zeitung*: *«Die Rechtsanwälte Dr. Frey und Dr. Thiele aus Berlin stellen dem Angeklagten eine Reihe von Fragen, die darauf abzielen, die Schuld des Krankenhausleiters Professor Deycke festzustellen. Nach einigen Ausflüchten läßt Dr. Altstaedt seinen ehemaligen Vorgesetzten fallen. Er sagt klipp und klar, daß für die Herstellung des Calmetteschen Präparates nur Dr. Deycke verantwortlich zu machen sei und daß auch bei Deycke die Kontrollierung des fertigen Stoffes gelegen habe. Rechtsanwalt Dr. Frey fragte: ‹Wenn Sie ihr eigenes Kind mit dem Original-Präparat aus dem Pasteur-Institut in Paris gefüttert haben, ohne daß das Kind erkrankt ist, dann muß doch auch die Möglichkeit bestanden haben, vor zwei Jahren, als man das Calmette-Verfahren in Lübeck einführte, das Mittel aus dem Pasteur-Institut zu beziehen! Dr. Altstaedt: ‹Durchaus. Nachdem aber Prof. Deycke sich bereit erklärt hatte, das Mittel im Lübekker Laboratorium fertigzustellen, lag dazu gar keine Veranlassung vor ....› Dr. Frey: ‹Ist Ihnen bekannt, daß zu derselben Zeit im Juni 1929, als man die ersten Präparate von Calmette aus Paris bezog, auch ein Stamm menschlicher Tuberkulose-Bazillen aus Kiel bezogen worden ist?› Altstaedt: ‹Von der Anwesenheit menschlicher Tuberkel-Bazillen im Lübecker Laboratorium habe ich erst nach dem Unglück erfahren.›»*

In diesem Stadium der Verhandlung glaube ich, endlich durch das Dickicht hindurchsehen zu können, das den Lübecker Totentanz umgibt. Mir ist klargeworden, daß in dem Laboratorium Prof. Deyckes eine Vermischung von Calmettes Rindertuberkel-Bazillen mit menschlichen Tuberkel-Bazillen, die äußerst virulent sind, vorgekommen sein muß. Aber warum verschließt sich das Gericht dieser Anschauung? Warum erhebt sogar der Staatsanwalt Einspruch, wenn Sachverständige dem Angeklagten verfängliche Fragen stellen ...?

In der Sitzungspause gehe ich mit meinen Kollegen in den Schulhof hinaus. Ich brauche dringend frische Luft. Die Eltern, manche in schwarzen Kleidern, stehen in erregt diskutierenden Gruppen in dem nackten, von einer hohen Mauer umgebenen Hof.

«Wie geht es denn Ihrem Kleinen?» höre ich eine junge, blasse, einfach gekleidete Frau fragen. Sie wendet sich an ein ebenfalls junges, verhärmt aussehendes Paar, das in meiner Nähe steht. Die beiden haben sich an der Diskussion mit keinem Wort beteiligt.

«Sie sagen, es besteht immer noch Lebensgefahr ...», antwortet der junge Mann. «Sie lassen uns nicht zu ihm, in der Klinik ...»

«Mein Gott», sagt die Frau. «Unseres haben wir endlich wieder. Es geht ihm so viel besser. Noch vor ein paar Wochen ...»

«Da haben wir unsern Jungen begraben», mischt sich eine schwarzgekleidete Frau ein. «Wir hatten auch schon gedacht, er würde sich wieder erholen. Aber dann ...»

Ich wende mich ab. Unter den Anwälten ist die Debatte aus dem Saal in den Hof getragen worden. Zwei grundsätzliche Fragen bewegen alle: Liegt Verwechslung oder Verunreinigung des Calmette-Präparates mit anderen Kulturen vor? Oder ist es möglich, daß unter anderen Verhältnissen und besonders auf anderem Nährboden als in Paris in dem Calmette-Präparat die entgifteten Bazillen wieder Giftstoffe entwickeln können? Heißt der eigentliche Angeklagte doch – Calmette?

*

Ich höre die Worte des Gerichtspräsidenten: «Hier hat, vielleicht zum ersten Mal in der Geschichte der Medizin, ein Heilmittel unendliches Unheil, sogar den Tod hervorgerufen. Ein Gerichtshof, nicht ein medizinisches Forum, muß sein Urteil fällen ...»

Hat die Verteidigung der Angeklagten recht, wenn sie behauptet, das Calmette-Mittel könne schädlich werden und die Angeklagten hätten dies erst nach seiner Anwendung in Lübeck gemerkt? Oder ist die Meinung des französischen Forschers selbst die richtige, der in einer Stellungnahme in einer deutschen Zeitung schreibt: «Ich bin überzeugt davon, daß die mit der Fortzüchtung der von Paris nach Lübeck gesandten Kulturen und der Herstellung der Impfdosen betraute Stelle in der Behandlung nicht die nötige Fürsorge hat walten lassen.»

Bis zur Erschöpfung wird Dr. Altstaedt befragt. Jeder versucht, auf seine Weise zu klären. Vorsitzender, Sachverständige, Staatsanwälte, Verteidiger, Nebenkläger – und um jede Frage, die dem Angeklagten gestellt wird, entstehen endlose Debatten.

«Warum hat man nicht, wie es doch den Eltern vorgespiegelt worden ist, tatsächlich vor der Anwendung des Mittels Tierversuche gemacht?» Diese Frage stelle ich nun zum dritten Mal. Ich erhalte wieder keine

Antwort. Der Verteidiger des Angeklagten versucht mit allen Mitteln, die Vernehmung seines Mandanten in diesem Punkt herauszuschieben. Er zwingt wieder einmal das Gericht durch seine Anträge, langatmige Literatur zu verlesen … Monoton schleppt sich die Verhandlung hin.

Blaß und übernächtig wirkt Dr. Altstaedt im Zeugenstand. Seine Ausführungen erfolgen weit ausholend und zusammenhanglos, sie gleichen wissenschaftlichen Vorträgen. Die an ihn gerichteten Fragen scheint er nicht zu hören, er antwortet nicht.

«Warum haben Sie die Lübecker Kinder nicht wenigstens vor der Fütterung mit dem Calmette-Präparat durch einen Arzt untersuchen lassen?» ruft Dr. Wittern ihm zu.

Endlich spricht Altstaedt. Müde sagt er: «Weil der Calmette-Bazillus doch so harmlos ist wie Milch oder Zuckerwasser …»

Im Saal braust es auf. Erregte Eltern schreien. Sachverständige rufen dazwischen. Stühle poltern zu Boden.

Schließlich gelingt es mir, mir Gehör zu verschaffen. Ich frage: «Glaubten Sie überhaupt, Herr Dr. Altstaedt, daß in Lübeck das Originalmittel Calmettes hergestellt worden ist?»

«Jawohl», antwortet der Obermedizinalrat.

«Worauf gründet sich Ihre Überzeugung?»

«Darauf, daß ich Prof. Deycke zu seinen Arbeiten das Originalpräparat übergeben habe, das ich von Calmette aus Paris bekommen hatte …»

Ich komme nicht weiter. Stimmt diese Erklärung? Haben Deycke und Altstaedt wirklich keine Änderung des Präparates vorgenommen? Sind nicht vielleicht doch virulente, also menschliche giftige Tuberkel-Bazillen zugesetzt worden? Es waren doch in Deyckes Laboratorium menschliche Tuberkel-Bazillen, der sogenannte Kieler Stamm, vorhanden … Ich will weiter fragen.

«Herr Dr. Altstaedt», sage ich, «wissen Sie, daß …»

Altstaedt wendet sich zu mir. Ich sehe sein weißes, zuckendes Gesicht. Er schreit: «Ich lehne es ab, weitere Fragen des Herrn Dr. Frey zu beantworten!»

Ich zucke die Achseln und setze mich. In dem allgemeinen Getöse ist es mir unmöglich, zu Wort zu kommen. Aber ich zweifle, ob diese Art der Prozeßführung zu einem Ziel führen kann.

Ich wundere mich darum gar nicht, als mir meine Frau am übernächsten Morgen einen Zeitungsabschnitt vorlegt. Da steht: «Nach Meldungen aus Lübeck hat der dortige Oberstaatsanwalt, der die Untersuchungen gegen die Professoren Deycke, Klotz und den Obermedizinalrat Altstaedt führt, sich veranlaßt gesehen, in dieser Angelegenheit gegen drei weitere Personen vorzugehen, und zwar, weil sie an den Vorgängen in Lübeck scharfe Kritik geübt haben. Es handelt sich um den Stadtarzt des Bezirks Neukölln, Dr. Schmincke, den Berliner Rechtsanwalt Dr. Frey und den Lübecker Redakteur Dr. Solmitz ...»

Nein, ich wundere mich nicht. Ich habe bewußt in einer Elternversammlung gesagt: «Die Anklage wäre wohl anders ausgefallen, wenn auch ein Kind aus der Verwandtschaft des Oberstaatsanwalts durch das Unglück betroffen worden wäre!» Es ist meine feste Überzeugung, daß die Staatsanwaltschaft nicht viel tut, um die Prozeßführung zu erleichtern. Auch sonst scheint vieles sich vor die Wahrheit zu schieben. Ich weiß, es geht hier nicht um Sensationen. Es geht um den Tod und das Leiden der Kinder, den Schmerz der Eltern. Es geht um die Wahrheit. Wie konnte das Unglück geschehen? Noch sind wir der Antwort nicht viel näher gekommen.

*

«Calmette-Anticalmette» – «Streit um Calmettemittel» – «Der Wert des Calmetteverfahrens» – so und ähnlich lauten in diesen Wochen die Schlagzeilen der Zeitungen. Ganz Deutschland nimmt teil an dem, was in der Lübecker Hauptturnhalle vor sich geht.

Währenddessen schleppt sich dort der Prozeß fort. Noch ist nicht geklärt, ob Dr. Altstaedt gewußt hat, daß Prof. Deycke die Kulturen auf ganz anderen Nährböden züchtete, als Calmette es vorgeschrieben hatte.

Einer der wichtigsten Sachverständigen, Prof. Kolle vom Paul-Ehrlich-Institut in Frankfurt, ruft dem Vorsitzenden erregt zu: «Es wird hier immer von Züchtung und Fortzüchtung geredet, von Bazillen und Kulturen. Der Laie kann aber dabei nicht verstehen, um was es sich handelt. Ich verlange daher energisch, daß man endlich die Sachverständigen hört!»

Der Vorsitzende: «Herr Professor, ich muß Sie darauf aufmerksam machen, daß wir uns hier nicht auf einem medizinischen Kongreß befinden. Ein Prozeß erledigt sich so, daß erst die Vernehmung des Angeklagten stattfindet, dann die Beweisaufnahme, und daß dann schließlich die Sachverständigen gehört werden. Anders kann hier nicht verfahren werden.»

Ich sage: «Die Schwierigkeit dieses ganzen Verfahrens besteht darin, daß man den Zusammenhang verliert. Wäre es nicht möglich, jetzt gleich die Schwester Anna Schütze über die Verwendung von Eiernährböden zu hören, die Prof. Deycke zur Fortzüchtung der Kulturen verwendet hat?»

Es hilft nichts. Das Gericht schließt sich einem Antrag des Oberstaatsanwaltes an, bei der Vernehmung der Angeklagten den historischen Entwicklungsgang zu verfolgen. Dann aber muß zunächst Professor Deycke selbst gehört werden.

Zum ersten Mal tritt nun der Mann vor, der die Schlüsselfigur des Geschehens zu sein scheint. Er ist Sechsundsechzig Jahre alt. Er geht gebeugt. Ist es die wissenschaftliche Arbeit, das Mikroskopstudium – oder ist es die Last der Verantwortung, die seine Schultern herabdrückt?

Mit leiser Stimme gibt er Angaben zu seiner Person. Er erzählt, daß er sich schon als junger bakteriologischer Assistent für die biologische Technik interessiert habe. Seine rechtzeitige Erkennung einer Choleraerkrankung habe die Stadt Hamburg, in der er damals arbeitete, vor großem Unheil bewahrt und sei von Robert Koch selbst gewürdigt worden. Schon früh habe er sich auch mit Tuberkulose-Fragen beschäftigt. Mehrere Jahre arbeitete er in der Türkei und sammelte dort wichtige Erkenntnisse. Siebzehn Jahre war er dann Direktor des Lübecker Krankenhauses und Hauptarzt der Inneren Abteilung. Zusammen mit Prof. Much, dem Erfinder der Spalt-Tablette, arbeitete er eine eigene Methode der Tuberkulose-Behandlung aus, die sogenannte Partigen-Methode.

Hier unterbricht ihn der Sachverständige Prof. Hahn: «Untersteht das Laboratorium, in dem Sie arbeiten, dem Direktor des Städtischen Krankenhauses oder dem Gesundheitsamt?»

«Es untersteht dem Gesundheitsamt ...»

Der Verteidiger Dr. Ihde scheint zu merken, wohin diese Frage zielt. Voller Erregung meldet er sich zum Wort.

«Die ungeheuerlichen Angriffe, die von Seiten der Nebenkläger gegen Prof. Deycke in die Welt gesetzt werden, müssen sofort zurückgewiesen werden! Es ist ein tragisches Geschick, daß ein Mann, der sich höchste Verdienste um die Wissenschaft und das Wohl der Menschheit erworben hat, jetzt verdächtigt wird, er habe etwas falsch gemacht! Aus den Fragen, die hier an meinen Mandanten gestellt werden, scheint der Verdacht hervorzugehen, Dr. Deycke habe Experimente mit menschlichen Tuberkel-Bazillen anstellen wollen … Wir müssen diese Verdächtigung aufs schärfste zurückweisen!»

Auch ich springe nun auf. «Wir unsererseits können es uns nicht gefallen lassen, daß für Deycke aus persönlichkeitspropagandistischen Gründen Behauptungen in die Welt gesetzt werden, daß wir wider besseres Wissen etwas gesagt hätten. Herr Dr. Deycke ist uns bisher die entscheidende Antwort schuldig geblieben: hat er zur Herstellung des in Lübeck verwandten Calmettemittels menschliche Tuberkel-Bazillen benutzt oder nicht? Dr. Deycke würde anders dastehen, wenn er seine tragische Stellung einsehen und erklären könnte: Ich gebe zu, ich bin ein Opfer der Wissenschaft – ich habe mich geirrt, es ist mir etwas passiert, wie, weiß ich nicht …»

«Sehr richtig!» Die Elternvertreter rufen durcheinander. «So ist es!» Der Vorsitzende versucht wieder einmal vergeblich, dem Lärm Einhalt zu gebieten. Endlich wird es ruhiger. Aber die Verhandlung kann nicht zu Ende geführt werden. Sie muß vertagt werden auf den kommenden Morgen.

Und da geschieht es. Wieder wird Prof. Deycke vernommen. Er ist so angegriffen, daß das Gericht ihm gestattet, bei seiner Vernehmung sitzen zu bleiben. Die endlosen Fragen der Sachverständigen beantwortet er mit leiser Stimme. Aber plötzlich steht er auf. Er wendet sich an den Vorsitzenden.

«Ich habe eine sehr ernste Erklärung abzugeben», sagt er. Sofort wird der Saal still. Man spürt eine seltsame Ergriffenheit, als der alte, gebeugte Mann sich in der Bank aufrichtet. Seine zitternde Stimme verrät tiefe Erregung.

«Im Hinblick auf eine Frage von Dr. Frey muß ich folgendes erklären: Ich bekenne, daß ich mich in einem wissenschaftlichen Irrtum befunden habe. Ich hätte mich nicht zu den Calmette-Impfungen entschließen dürfen … Wenn dieser Irrtum Strafe verdient, bitte ich, allein bestraft zu werden, nicht meine Mitarbeiter. Sie sind schuldlos, sie haben meinem Wort vertraut. Was ich in diesen anderthalb Jahren gelitten habe, kann niemand ermessen. Ich fürchte Menschen nicht und nicht den Tod. Ich stehe am Ende meines Lebens. Aber ich beklage es tief, daß Eltern solches Leid zugefügt wurde ...»

Lautlose Stille. Wohl niemand unter den Zuhörern kann sich der Tragik, die im Leben dieses Gelehrten liegt, entziehen. Und doch ...

Und doch muß Amtsgerichtsrat Wibel dem alten Mann die entscheidende Frage stellen: «Wie erklären Sie sich das Unglück? Halten Sie wirklich das Calmette-Mittel für schuldig? Glauben Sie, daß eine Verunreinigung oder eine Vermischung ausgeschlossen ist?»

«Völlig ausgeschlossen.»

«Was also halten Sie für die Ursache des Unglücks?»

«Ich habe die feste Überzeugung, daß es sich um eine spontane Virulenzsteigerung des Original-Stammes handelt!»

An diesem Punkt der Verhandlung scheint mir der Vorhang wieder vor der Wahrheit niederzugehen.

Schon Deyckes Antwort auf die nächste Frage des Vorsitzenden läßt es erkennen:

«Haben Sie einmal aus wissenschaftlichen Gründen eine Vermischung des Calmette-Präparates mit menschlichen Tuberkel- Bazillen vorgenommen?»

«Niemals. Denn damals, vom September 1929 bis Mai 1930, sind die Kulturen nie vermischt worden.»

Ich spüre, auch der Vorsitzende fühlt die Wahrheit entgleiten. Er nimmt Prof. Deycke und Schwester Anna ins Kreuzverhör. War eine Verunreinigung des Calmette-Präparates durch virulente Tuberkulose-Bazillen im Lübecker Krankenhaus wirklich unmöglich?

Die Vernehmung ergibt: eine Verunreinigung oder Vermischung war nur in der Theorie unmöglich.

Es wird festgestellt, daß Deycke zwar angeordnet hatte, jeden der beiden Bazillenstämme, mit denen in seinem Laboratorium gearbeitet wurde – Calmettesche Kulturen und menschliche Bazillen – in einem anderen Raum, mit andern Instrumenten, in andern Gefäßen und zu andern Zeiten zu verarbeiten. Aber daran hielt man sich im Laboratorium nicht immer.

Schon der Beamte des Gesundheitsamtes hatte feststellen müssen, daß in der Praxis Deyckes Vorschriften nicht streng eingehalten wurden. Er hatte sogar einen Kolben mit menschlichen Tuberkel-Bazillen auf dem Korridor des Laboratoriums gefunden. Der Kolben hatte nicht einmal ein Etikett getragen ...

Vorsitzender: «Warum befand sich denn kein Etikett auf dem Kolben?»

Schwester Anna: «Weil es abgefallen war.»

Schwester Anna hatte, als sie im April 1930 auf Urlaub ging, für ihre Vertretung von dem vorhandenen menschlichen Tuberkel-Stamm eine Kultur hergestellt, die sie in einem andern als dem für menschliche Tuberkel-Bazillen vorgesehenen Schrank aufbewahrte. Sie nannte es die «Urlaubsbazillen-Kultur» ...

Die Urlaubsbazillen-Kultur – ist das der Mörder, dem wir hier auf der Spur sind?

Noch wissen wir nicht, daß im Brutschrank des Laboratoriums wirklich die Calmette-Kulturen zusammen mit den Glasröhrchen voller menschlicher Tuberkel-Bazillen standen. Noch wissen wir nicht alles von dem Leichtsinn, mit dem in diesem Laboratorium gearbeitet worden war.

Aber wir erkennen bereits die Eigenmächtigkeit, mit der Professor Deycke vorgegangen ist. Er hat offenbar die Calmetteschen Kulturen auf einem ganz andern Nährboden gezüchtet, als es Calmette vorschrieb. Dr. Altstaedt ist noch immer von der Unschädlichkeit des Calmette-Mittels überzeugt und belastet damit allein schon Deycke schwer. Wir kennen die Aussagen der Schwester Anna, die ebenfalls schwere Verdachtsmomente gegen das Laboratorium aufkommen lassen.

Trotzdem zieht sich die Verhandlung weiter endlos dahin. Dauernde Zusammenstöße unterbrechen immer wieder die Sitzungen.

Am 22. Oktober berichtet die *Vossische Zeitung*: *«In der heutigen dramatisch bewegten Verhandlung – teilweise überschrien Staatsanwalt, Nebenkläger und Verteidiger einander – kam es zu einem sensationellen Antrag. In Pernik in Bulgarien, so behaupten die Verteidiger Alsberg und Lissner, sei im Winter 1927/28 dieselbe Katastrophe wie in Lübeck geschehen. Von 280 Kindern, die man mit dem Calmetteschen Mittel geimpft habe, seien neunzig an Tuberkulose gestorben und fünfundsiebzig schwer erkrankt … Von allen Seiten ertönen leidenschaftliche Zurufe. Alle Verteidiger und Nebenkläger melden sich gleichzeitig zu Wort. Schließlich dringt die Stimme von Rechtsanwalt Frey durch, der das Wort an sich gerissen hat. ‹Ich beantrage, die Beweisanträge abzulehnen. Ich glaube, nicht unpatriotisch zu sein, wenn ich hier einmal klarstelle, daß es sich in Lübeck nicht um das Calmette-Mittel, sondern um ein Deycke-Mittel gehandelt hat … Es muß doch untersucht werden, ob Deycke die subtile bakteriologische Technik Calmettes überhaupt anwenden konnte, oder ob er sie nicht anwenden wollte.»*

Am 23. Oktober: «*In der heutigen Verhandlung kommt es wiederum zu einem Zwischenfall. Dr. Frey teilt überraschend mit: ‹Ich habe soeben telefonisch mit dem Institut Pasteur in Paris gesprochen. Direktor Guérin vom Pasteurinstitut hat mir gesagt, daß dem Institut nichts von einer durch das Calmette-Mittel verursachten Katastrophe in Bulgarien bekannt ist.› Große Bewegung im Saal. Dr. Frey fährt fort: ‹Zur gleichen Zeit habe ich auch mit Bulgarien gesprochen. Ich kann nur erklären, daß dem bulgarischen Ministerium ebenfalls nichts von einem Massensterben durch das Calmette-Mittel in der Stadt Pernik bekannt ist. Die Verteidiger des Angeklagten Altstaedt sind hier einem Bluff zum Opfer gefallen …*»

Aber nichts scheint bewiesen. Statt dessen stehe ich wieder im Zentrum von Angriffen. Eine Entschließung des Gerichtes wird verlesen. Danach ist der in Lübeck ausgegebene Impfstoff künftig immer nur als «Calmette-Mittel» oder als «Impfstoff» zu bezeichnen. Prof. Deycke hat nämlich erklären lassen, daß er keine an ihn gerichteten Fragen mehr beantworten werde, wenn der von mir angeregte Brauch, den Impfstoff als «Deycke-Mittel» zu bezeichnen, weiter fortgesetzt werde …

Gut, die Bezeichnung kann fallen. Aber nichts wird mir die Überzeugung nehmen können, daß es sich wirklich nicht um das Original-Präparat von Calmette handelt, sondern um ein im Lübecker Laboratorium verändertes.

Es stellt sich heraus, daß zahlreiche andere Personen als Prof. Deycke und Schwester Anna Zutritt zum Laboratorium und den Brutschränken haben konnten. Zwar soll die Schwester, im Krankenhaus als «der Geist des Schreckens» bekannt, den Zugang meist gesichert haben, aber einige Lübecker Ärzte sagen aus, daß es trotzdem möglich war, ungehindert in das Laboratorium zu kommen. Und nun sollen wir in einem Lokaltermin diesen Ort kennenlernen.

*

In dem winzigen, blaugestrichenen Zimmer drängen sich die Menschen auf den roten Kokosmatten. Auch die drei anschließenden, ebenso kleinen, ebenfalls blankgestrichenen Räume sind überfüllt. Und immer wieder verbeugt sich grüßend der Herr im weißen Kittel, der an der Tür steht. Ein Empfang?

Fast scheint es so. Prof. Deycke und Schwester Anna sind nun in ihrem eigensten Bereich. Die Schwester, ebenfalls im weißen Kittel, scheint sich hier weitaus sicherer zu fühlen als im Gerichtssaal. Flink und gewandt, wie eine gute Gastgeberin, läuft sie zwischen den Menschen hin und her, von einem Raum in den anderen. Bereitwillig zeigt sie jedem, was er sehen möchte. Sie holt Flaschen und Retorten aus dem Schrank, zeigt Glaskolben und Röhrchen her. Sie weist Wiegeschalen und Mikroskope vor. Fast mit Stolz führt sie durch das «Museum» des Laboratoriums, eine Sammlung von etwa hundert Bakterienstämmen, Erregern aller denkbaren Krankheiten …

«Wenn ich's nur verstehen könnte -», murmelt ein Mann neben mir. In seiner feierlichen Sonntagskleidung ist er wie ein gelehriger Schüler der Schwester auf den Fersen überall hin gefolgt. Er ist hier als Vertreter der Elternschaft.

«Es muß doch zu finden sein …» Zum drittenmal schon läßt er sich jetzt den großen kupfernen Brutschrank aufklappen. Er scheint im Glauben, durch diese Führung könnte er die Lösung des schrecklichen Rätsels, eine Art kriminalistischer Aufdeckung des Geschehens, erzwingen. Er starrt in die dunkle Öffnung des Brutschrankes.

«Hier oben stehen die Calmette-Kulturen», erklärt Prof. Deycke, der sein Interesse bemerkt. «Unten in dem Röhrchen sehen Sie die menschlichen Tuberkel-Bazillen.»

«Alles in einem Schrank?» fragt der Vater erstaunt.

«Ja, leider. Sehen Sie, es ging ja nicht anders. Man wirft uns da immer vor, wir hätten das nicht alles zusammen aufbewahren sollen. Aber was konnten wir tun? Sogar die reichsten amerikanischen Universitäten können ihre Laboratorien nicht so ausstatten, daß sie für jeden Bakterienstamm einen besonderen Brutofen haben!»

Im Nebenzimmer hört man eine Auseinandersetzung der Sachverständigen. Auch dort können sie sich nicht einigen.

«Sie sehen ja, wie leicht hier ein Versehen passieren konnte», ruft Prof. Kolle aus Frankfurt seinem Hamburger Kollegen Prof. Much erregt zu.

Prof. Much antwortet ebenso erregt: «Ich sehe überhaupt nichts. Und ich beharre auf meinem Standpunkt, daß das Calmette-Präparat unter gewissen Bedingungen wieder gefährlich werden kann!»

Prof. Kolle dreht ihm abrupt den Rücken zu. «Unter diesen Umständen lehne ich weitere Unterhaltung ab», sagt er scharf. Er verläßt das Laboratorium. Ich bedaure es, daß der hervorragende Gelehrte gegangen ist. Denn nun kommt es zu dramatischen Szenen.

Der Vorsitzende bittet Prof. Deycke und Schwester Anna, ihre Arbeitsweise praktisch zu demonstrieren. Der alte Mann sitzt schwer atmend an seinem Platz. Sein Gesicht ist kalkbleich. Seine Hände zittern. Der Vorsitzende muß die Sachverständigen bitten, ganz dicht an Deykkes Arbeitsplatz heranzutreten. Schweigend umstehen sie den Forscher. Schweigend, mit bebenden Fingern hantiert dieser mit Pinzette und Röhrchen.

«So also haben Sie Calmettes Original-Kulturen bearbeitet?» fragt der Vorsitzende, als Deycke endlich von seiner Arbeit aufblickt. Der alte Gelehrte nickt. Er ist unfähig, zu sprechen. Seine Gesichtsfarbe wechselt nun ständig zwischen hochrot und weiß.

«Ich unterbreche den Termin», ordnet der Vorsitzende an.

«Ich bitte Prof. Deycke, sich sofort niederzulegen. Wir setzen die Verhandlung fort, wenn er sich wieder dazu imstande fühlt.»

Eine Stunde vergeht. Dann tritt Deycke wieder ins Zimmer. «Ich bin bereit. Was wollen Sie noch von mir wissen?» fragt er.

«Herr Professor», sagt der Vorsitzende, «ich muß Sie jetzt fragen: sind Sie willens, den anwesenden Sachverständigen Auskunft über die Herstellung Ihres Tuberkulose-Mittels zu geben?»

Was wird Deycke antworten? Kann er seine mit Much entdeckte Partigen-Methode länger geheimhalten? Bisher ist es niemandem gelungen, den beiden Forschern ihr Geheimnis zu entreißen.

Stumm bejahend beugt der alte Mann den Kopf.

«Welche Säure also haben Sie zur Zertrümmerung verwendet? Wie hochprozentig war diese?» Wie aus der Pistole geschossen kommen die Fragen von einem der Sachverständigen.

Müde lächelnd sieht der greise Gelehrte von einem zum andern. «Meine Herren, ich will Ihnen die Frage beantworten. Aber ich bitte Sie, meine Antwort für sich zu behalten ...»

Und dann gibt er Namen und Prozentzahl der Säure an, gibt sein Geheimmittel preis.

Wir verlassen das Laboratorium. Ich komme nicht von der Frage los: Im Gerichtssaal hat man mir verboten, von einem Deycke-Mittel zu sprechen. Hier haben wir gesehen, daß Prof. Deycke Forschung auf eigene Faust betrieb. Ist es wirklich noch das reine Calmette-Mittel, das das Unglück hervorgerufen hat?

*

Diese Frage wird noch wochenlang erörtert werden. Die Form dieser Erörterung ist wenig würdevoll. Streit, Zank, Anschuldigungen, Proteste – so schleppt sich der Prozeß von einer Woche in die nächste.

Unerfreuliche Erscheinungen begleiten ihn. So wollen deutschnationale Elemente aus dem tragischen Geschehen eine antifranzösische Demonstration machen. Der deutsche Wissenschaftler soll dem französischen gegenüber unangetastet dastehen. Kommunisten werfen der Regierung Fahrlässigkeit vor, beschuldigen die Behörden. Und das Gezänk der Sachverständigen aus persönlichen und wissenschaftlichen Gründen fügt diesem unschönen Konzert einen weiteren Mißton hinzu.

Ein einziges heiteres Glanzlicht unterbricht die Düsternis.

Der Lübecker Senatspräsident empfängt eine Abordnung dunkel gekleideter Herren.

«Herr Senatspräsident, so geht es nicht mehr weiter!» Mit diesen Worten beginnt einer der in feierliches Dunkelblau gekleideten Männer aufgeregt eine offenbar wichtige Mitteilung.

«Was ist denn geschehen, meine Herren?»

«Ich meine, so mit dem Prozeß, das geht ja nun wirklich nicht mehr so weiter ...»

Der Präsident zuckt zusammen. Der Prozeß – er weiß es selbst. Aber der Sprecher der sonderbaren Abordnung fährt in breitester lübeckischer Mundart fort: «Sie müssen das doch verstehen, wir als Lübecker Turner ...»

Das Gesicht des Präsidenten hellt sich ein wenig auf.

«Ja, also, wir und die Turnerschaft, wir haben ja nun mit unseren eigenen Mitteln diese Halle gebaut, nicht? Und wir haben sie der Leibesertüchtigung geweiht ... nicht der Justiz! Und darum finden wir, es ist nun wirklich an der Zeit, Herr Präsident, daß Schluß ist mit dieser Zweck- äh, Zweck-»

«Zweckentfremdung?»

«Ja, also Entfremdung. Das muß doch nun mal ein Ende finden, Herr Präsident ...»

Der brave Mann hat mehr recht, als er selbst weiß. Es muß doch ein Ende gefunden werden. Aber der Prozeß hat sich wie in eine Sackgasse verrannt.

Es kommt zu makaber-grotesken Szenen. So wird zum Beispiel am 19. November der Eintritt zum Verhandlungssaal von mehreren Schupos verstellt. An der Tür steht ein Polizeioffizier. Er kontrolliert – die Wäsche der eintretenden Zuhörer.

«Nur Leute mit weißer Wäsche dürfen zum Saal zugelassen werden!» erklärt er. Und streng verweist er alle andern von der Pforte des Raumes, in dem im Namen des Volkes Recht gesprochen werden soll ...

Im Zeugenpult steht Frau Bäthcke, die Mutter eines toten Kindes. Mit klarer Stimme antwortet sie auf alle Fragen. «Noch nie hat eine Zeugin derart sachdienliche Angaben gemacht», stellt der Vorsitzende fest. Aber einer der angeklagten Professoren ist anderer Ansicht.

«Mein Kind hatte ganz große Geschwüre im Hals», sagt die junge Frau, «aber niemand hat sie ansehn wollen!»

Erregt stößt der Arzt seinen Stuhl zurück: «Das ist ja nicht wahr! Und außerdem waren es nur Geschwüre von Erbsengröße ...»

«Nein, viel größer. Auch am Körper hatte mein Kind Geschwüre. Und Sie selbst haben gesagt, das wäre schließlich nichts Schlimmes ...»

Mit sich überschlagender Stimme schreit der Professor: «Es ist nicht wahr! Sie irren sich!»

Ein Sachverständiger muß die Aussagen der Mutter bestätigen. Aber der Professor schreit weiter. Er versucht, aus seiner Bank auszubrechen. Er will sich auf die junge Frau stürzen. Zuschauer werfen sich dazwischen. Der Gerichtssaal ist eine Sporthalle …

Wie soll man hier die Wahrheit finden?

*

Die Schlagzeilen der deutschen Zeitungen spiegeln in dieser Zeit das unklare Bild der Prozeßtage wider.

«Redeverbot für Lübecker Ärzte?» – «Gefälschte Krankengeschichten» – «Arzt radiert in Krankenbericht» – «Zusammenstöße zwischen Vorsitzendem und Sachverständigem im Calmette-Prozeß» – «Prozeß wird zur politischen Versammlung» – «Gelehrtenstreit im Calmette-Prozeß» …

Die Öffentlichkeit kann der Verhandlung kaum noch folgen. Die unübersetzbare wissenschaftliche Geheimsprache hat sie ausgeschaltet. Der schleppende Gang der Verhandlungen läßt den Prozeß zu einem «halb verschollenen» werden.

Fünfundsechzig Tage der Beweisaufnahme gehen so hin. Haben sie einen klaren Beweis der Schuld oder Unschuld der Angeklagten gebracht? Niemand kann mehr sagen, ob der Bazillus, der zum Mörder der Kinder wurde, der echte Calmette-Bazillus war. Prof. Deycke hatte ja alle Original-Emulsionen vernichten lassen. Nur Indizien können noch sprechen. Sie zeugen von der Fahrlässigkeit derer, die den Lübekker Totentanz verursacht haben …

Aber endlich lichtet sich auch dieses Dunkel. Am 19. Januar hält die Staatsanwaltschaft ihre Plädoyers. Sie sind für alle Beobachter eine Sensation.

Diese Staatsanwaltschaft, die bisher alles getan hatte, den Prozeßgang zu erschweren, die nur zögernd und unsicher den offensichtlichen Belastungen der Angeklagten gefolgt ist – sie beantragt plötzlich hohe Strafen … «Alle Prozeßteilnehmer waren völlig überrascht von diesem sensationellen Stimmungsumschwung der Staatsanwaltschaft», so berichtet die Zeitung. Oberstaatsanwalt Dr. Lienau beantragte gegen Prof. Deycke und Dr. Altstaedt drei Jahre Gefängnis, gegen Prof. Klotz ein

Jahr Gefängnis und wünschte lediglich für die Schwester Anna Schütze Freispruch wegen Mangel an Beweisen.

Mein Plädoyer als Vertreter der Nebenkläger folgt. Ich sage: «Ich muß mit der Feststellung beginnen, daß dieser Prozeß die größte Enttäuschung meines Lebens ist. Das Heilmittel gegen die Tuberkulose, das wir uns erhofft haben, gibt es nicht. Die Bankerotterklärung der Medizin ist offenkundig. Ja, die medizinische Wissenschaft ist zur Mörderin geworden …

Aber wir haben hier ja nicht nur das Ansehen der Medizin zu wahren, sondern auch das Ansehen der deutschen Rechtswissenschaft. Lübeck steht also im Brennpunkt des Weltinteresses. Und wir haben eine einzigartige Gelegenheit, das Vorurteil zu beseitigen, daß bei Akademikern ein anderer Maßstab angelegt wird als bei Arbeitern.

Die Angeklagten dieses Prozesses, mit denen wir als Menschen Mitgefühl haben, sind moralisch, ethisch und deshalb auch juristisch schuldig. Aber ich spreche nicht gegen sie. Ich klage das barbarische und grausame System an, das sie vertreten. Das System, das mit seiner Experimentiersucht bei den Ärmsten der Armen anfängt …»

Ich spreche fast eine Stunde lang. Ich begründe, warum ich Prof. Deycke, der aus wissenschaftlichem Geltungsdrang alle Vorsichtsmaßnahmen außer acht ließ, und den blind vertrauenden Dr. Altstaedt für schuldig halte, warum ich Prof. Klotz seine Nachlässigkeit vorwerfen muß. Ich erkläre, daß die These vom Virulentwerden des Calmette-Bazillus ein Ammenmärchen ist. Ich werfe den Angeklagten auch ihre mangelnde Zusammenarbeit vor. Und ich betone: Wenn die Verteidigung einen Freispruch erzielt, so ist das ein Dolchstoß in das Ansehen der Justiz. Ich schließe: «Ich erwarte den Spruch zur Sühne für die Toten und zum Nutzen für die Lebenden.»

Erschöpft setze ich mich. Ich bin kein Staatsanwalt, kein Ankläger. Mein Beruf ist es, Helfer der Menschen in ihrer Abwehr gegen Schlechtes und Böses und Beistand in ihrer Not zu sein. Aber ich bin auch ein unabhängiger Diener des Rechtes und der Gerechtigkeit …

Sieben Tage später wird noch immer plädiert. Den Nebenklägern folgen die Verteidiger. Und dann haben die Angeklagten das letzte Wort.

Als einziger meldet sich Prof. Deycke. Der alte Mann spricht nur kurz. Er bedauert das Unglück, daß gerade ihn das Schicksal ausersehen habe, unschuldigen Kindern, denen er Gutes tun wollte, Tod und Krankheit zu bringen. Hier walte nach seiner Überzeugung eine höhere Macht. Ihr stünden wir Menschen machtlos gegenüber. Wenn aber Fahrlässigkeit vorliegen sollte, so treffe ihn allein die Schuld. Er werde seine Sühne tragen, aber er bitte um Freispruch für seine Mitangeklagten.

Wenige Stunden später wird das Urteil verkündet.

In der Turnhalle, um die ein dichter Polizeikordon gezogen ist, herrscht Stille. Es ist die Stille, die stets der Urteilsverkündung vorausgeht. Nach dreieinhalb Monaten hat das Gericht den Spruch gefällt.

Amtsgerichtsrat Wibel erhebt sich. Man merkt ihm die Mühe an, die es ihm macht, seine Stimme und seine Gesichtszüge zu beherrschen.

Der Angeklagte Prof. Deycke wird wegen eines Vergehens der fahrlässigen Tötung und wegen fahrlässiger Körperverletzung zu zwei Jahren Gefängnis verurteilt. Der Angeklagte Obermedizinalrat Dr. Altstaedt wegen eines Vergehens der fahrlässigen Körperverletzung zu einem Jahr und drei Monaten Gefängnis. Die Angeklagten Prof. Klotz und Schwester Anna Schütze werden freigesprochen.

Dreiviertel Stunden lang spricht dann der Vorsitzende zur Begründung des Urteils. Er erklärt: Nach Meinung des Gerichtes beruht der Tod von achtundsechzig Kindern und die Körperverletzung von einhunderteinunddreißig Kindern auf Fahrlässigkeit. Das Gericht hat sich nicht davon überzeugen können, daß in den Impfstoff, der in den Lübecker Laboratorien hergestellt und der zur Todesursache wurde, absichtlich fremde virulente Tuberkulose-Bazillen gebracht worden sind. Es kommt nur Verwechslung oder Verunreinigung der Calmette-Kulturen im Laboratorium Prof. Deyckes in Frage, also ein unerkanntes Versehen. Aber auch dieses ist strafbar …

Der Vorsitzende hat seine Rede beendet. Im Saal herrscht noch immer Stille. Ohne eine Bewegung, ohne ein Wort haben die Angeklagten den Spruch entgegengenommen. Neben mir tönt Schluchzen.

«Kann uns das Urteil unsere Kinder zurückgeben?»

*

Der Calmette-Prozeß war vorüber. Die Öffentlichkeit vergaß bald, was in der Lübecker Hauptturnhalle verhandelt worden war. In der Fachpresse verebbten langsam die hochgegangenen Wogen.

War es die Ungewißheit über diesen Prozeß, die nach dem großen Kindersterben noch einmal ein Opfer forderte? Ein Opfer, das ein halbes Jahr später noch einmal den Calmette-Prozeß in den Vordergrund rückte?

Am 29. Oktober meldete die Lübecker Justizpresse: «Amtsgerichtsrat Wibel, der Vorsitzende des Calmette-Prozesses, ist in der vergangenen Nacht in Hamburg freiwillig aus dem Leben geschieden.»

Was diesen scharfsinnigen, geduldigen Mann mit den angenehmen Umgangsformen in den Tod getrieben hat, weiß niemand. Aber dies ist wahrscheinlich: Als er damals, von Mitleid für die von ihm Verurteilten tief bewegt, den Gerichtssaal verlassen hatte, war er ein gebrochener Mann.

* * *

SCHLUSSPLÄDOYER

Der Verteidiger beantragt Freispruch – aber für andere, nicht für die eigene Person. Mit alarmierender Schärfe wacht er darüber, daß ihm im Prozeß nichts entgeht, er stellt die entscheidenden Fragen, greift an und klärt, so gut er es vermag. Er tut alles, was seinem Mandanten nützlich sein kann. Er kennt die Welt und seine Zeit – nur nicht die eigene Person.

Schreibt er aber ein Buch, so steht er selbst auf der Anklagebank und sieht sich schon im Kreuzverhör künftiger Leser und Kritiker. Nun, wo es um ihn geht, fällt ihm nichts ein, was ihn entlasten könnte. Allenfalls macht er als mildernden Umstand geltend, daß sein Buch ja gar nicht von ihm handelt, sondern von den Menschen, die er verteidigt und – in wenigen, schmerzlichen Fällen – angeklagt hat: von Massenmördern und Hochstaplerinnen, schweren Jungen und leichten Mädchen, Staatsanwälten und Richtern, von Schumann und der Komtesse Helga v. M., von Albert Dettmann und Ernst Gennat, von Paul Krantz und Hilde Scheller, von Direktor Bernotat und Professor Deycke … Auch hier ist er in erster Linie Anwalt, auch hier versucht er, Verständnis zu wekken für seine Mandanten und zu zeigen, daß selbst im unbegreiflichsten Verbrecher ein Mensch steckt. Der Hohe Gerichtshof: das sind jetzt die Leser seines Buches.

Trotzdem möchte ich hier, am Ende angelangt, auch für den Verfasser plädieren. Es wird in aller gebotenen Kürze geschehen, nicht mit der Zeitlupe, wie in manchen der vorigen Kapitel, sondern mit dem Zeitraffer. Denn es bleibt nur noch zu berichten, wie ich dorthin kam, wo ich heute lebe.

Am 30. Januar 1933 sprach ich am Sender Breslau über das Thema «Neben dem Recht». Die ehemals hochkonservative *Schlesische Zeitung* begrüßte mich mit einem kräftigen Angriff. Er war harmlos im Vergleich zu dem, was dann in einer Sonderausgabe des *Völkischen Beobachters* und in dem *N. S. Rechtsspiegel* stand, dem «Organ des Reichsrechtsamtes». Immerhin wurde mir dabei die Erwähnung zuteil, ich sei «bis zum Umbruch führender Advokat in Berlin» gewesen ... Man tat mir also die Ehre an, mich als Gegner ernst zu nehmen, was bald einen Haftbefehl gegen mich heraufbeschwor. Die Rettung verdanke ich einem Rechtskollegen, einem Mitglied des Kriminalbeamten-Verbandes, dessen Syndikus ich war. Am 20. Oktober 1933 fragte er mich, was ich einem politisch unerwünschten Mandanten raten würde, gegen den in dieser Zeit ein Haftbefehl ausgestellt werde. Und die Art, wie er mich dabei anblickte, war unmißverständlich. Hoffentlich liest er diese Zeilen und weiß, daß ich ihm heute noch dankbar bin. Meine Wohnung suchte ich gar nicht mehr auf, denn dort würde man mich schon erwarten; ich fuhr mit einem Taxi zum Anhalter Bahnhof, um über Zürich nach Paris zu gelangen. Auch der Deutsche Eisenbahner-Verband hatte mich zu seinem Syndikus gemacht. Der Schaffner an der Bahnsteigsperre kannte mich. Er flüsterte mir zu: «Sie Glücklicher können abhauen!» Mit einer Bahnsteigkarte für 10 Pfennig bestieg ich den Zug. Das war der Abschied von Berlin.

«Paßrevision. Zollkontrolle Schaffhausen», klang's im Befehlston. Schwarzuniformierte standen in der aufgerissenen Tür des Abteils. Nach der Schweiz bedurfte es keines Visums zur Einreise. Der Beamte verschaffte sich Gewißheit aus einem besonders dicken Buch, daß ich nicht zu den gesuchten Personen gehörte. Ein gnädiges Mir-Zuwinken bestätigte das. Benagelte Stiefel verließen im Gleichschritt den Raum. Das war der Abschied von Deutschland.

Paris! Gelobte Stadt des Vergnügens und der Kunst, umgetauft von dem Neuankömmling in Stadt der Sorgen und Leiden. Die erste Nachricht aus der zurückgelassenen Praxis lautete dahin, daß ein SS-Mann in Uniform als Vertreter der Partei Mandanten, Akten, Angestellte, Einrichtung übernommen habe und sich um alles kümmere. Ich war daher kaltgestellt, a. D., ex. Nichts war dagegen zu machen, was nicht das Leben oder die Freiheit meiner noch im Bereich der Gewalthaber lebenden Frau gefährdet hätte. Ohnmächtig sah ich dem Treiben zu und spürte nahende Gefahr auch für den scheinbar Unerreichbaren. Schon in den ersten Monaten seines Aufenthaltes wurde er beschattet. Vor seinem Quartier, das nicht unbekannt geblieben sein konnte, weil es im Telefonbuch vermerkt war, standen abwechselnd Händler, mal einer mit Gemüse, mal einer mit Blumen – die Wohnung lag nahe der verkehrsreichen Untergrundbahn-Station Molitor – schließlich auch einer mit Streichhölzern. Er humpelte auf einem Bein an seinen Standort vor der Tür. Eines Abends, als ich aus Vergeßlichkeit das Licht nicht eingeschaltet hatte, er also zu glauben schien, ich sei nicht zu Hause, beobachtete ich die Straße. Da geht dieser Einbeinige unter Benutzung beider Beine auf eine elegante Limousine zu, steigt ein und fährt los. Es war ein Mercedes mit der Berliner Kennummer IA.

Damals, in den dreißiger Jahren, brach ein Krieg aus, den die Einwanderer aus Deutschland nach zwei Fronten zu führen gezwungen waren: Ihr Vaterland verfolgte sie noch über die Grenze hinaus, und Frankreich wäre froh gewesen, sie gleich wieder loszuwerden. Das Land, das ich soeben verlassen hatte, schien einen Spezialdezernenten dafür bestimmt zu haben, sich meiner anzunehmen. Die derzeitigen Machthaber setzten ein Kommando von Spitzeln und Spionen, Lügnern und Fälschern mir auf die Fersen, vom kleinen französischen, gefügig gemachten Beamten bis zu den hohen deutschen Strammstehern, die eindrucksvolle, bewußt unrichtige Informationen gaben. Das Pariser Gericht konnte sie nicht nachprüfen und verurteilte mich zu sechs Monaten Gefängnis wegen Überschreitung der Aufenthaltserlaubnis, Anfang 1939. Im Laufe der Monate wurde im Gefängnis die Frage aktuell: Wann kommt der, dem der Hradschin jetzt zugefallen ist, hierher, und wann sind wir ihm ausgeliefert?

Nicht nur teilweise, wegen der beiden Zirkusclowns, mit denen ich die Zelle teilte, bevor ich eine private erhielt, sondern im Ganzen war's ein Zirkus: der Verteidiger im Kittchen. Kritik: Man lacht!

Auch auf Frankreichs Boden wurde so von manchen der Krieg vorbereitet. Fernab dem höllischen Spiel, das zu blutigem Ernst wurde, ragen Figuren empor, die von bleibendem Wert wurden dem, der ihnen begegnete. Die Doktoren Guérin und Calmette, die Entdecker des nach ihnen benannten Mittels gegen die Tbc, begrüßten gastfreundlich im Hause des großen Nichtmediziners Pasteur den Feind aus dem letzten Krieg; François-Poncet hatte aus Rom, wo er als Botschafter Frankreich vertrat, in seiner vornehmen Art sich handschriftlich an die über mich richtende Kammer gewandt, da er mich aus Berlin kannte. Und viele andere Helfer fand ich bei meiner Flucht, die sich in meiner Erinnerung dem Berliner Kollegen vom Kriminalbeamten-Verband zugesellt haben.

Dem spanischen Dramatiker Calderón war das Leben ein Traum. Dem deutschen Anwalt, der deutsch geblieben ist trotz chilenischer Nationalität, die nicht mehr ist als Bestätigung des Nichtunwillkommenseins, ist es ein vom lieben Gott gut ausgedachter Kriminalfall. Wie er endet, weiß der Mensch, der in ihm mitspielt (man sagt: ihn erlebt), nicht.

Rechtzeitig vor dem Kriege (einen mitgemacht zu haben, genügte mir; und auf welcher Seite hätte ich diesmal stehen sollen?) fuhr ich von La Rochelle ab und landete auf dem Kontinent der Freiheit.

Man kommt sich wie auf einem fremden Planeten vor. Ungewohnt sind die Interessen der Bewohner, ihre Ziele und Wünsche. Nichts gleicht dem Etwas von früher. Vieles ist genau umgekehrt. Zur europäischen Winterzeit ist hier Sommer, und der Wonnemond weicht hier den Winterstürmen. Arbeit von einst – Ruhe von heute! Ein altes Stekkenpferd wurde wieder auf gezäumt: aus Rundfunkvorträgen, ständig in Berlin und oft in der Provinz gehalten, wurde eine Radiostunde in Chile, die erste deutsche! Der Präsident der Republik erteilte der fremdsprachigen Sendung die Genehmigung im Vertrauen zu dem Sprecher. Das hiesige Mittagsblatt brachte zu einer Zeichnung des Hauses von Hans Sachs in Nürnberg die denkbar lobendste Besprechung. Der Rest ist Stille nach dem Sturm. Und die Sehnsucht nach erneuter Unruhe, die ja nicht gerade zum Sturm auszuarten braucht, und nach dem Lande, wo er tobte. Heimat gibt's nur eine!

Bleiben werde ich Anwalt und Verteidiger. Heute stehe ich vor Ihnen ungebrochen und nur touchiert (nicht wahr, meine Herren Richter, so sprachen wir Studiosi) von dem Vorwurf, auch nur eine einzige «Gelegenheit», einen lebenswerten Augenblick freiwillig versäumt zu haben – obwohl ich inzwischen siebenundsiebzig Jahre alt geworden bin. In Anrechnung aller von der Zeit und dem Schicksal gegebenen Umstände beantrage ich Freispruch.

Santiago de Chile
Im Herbst 1959

DER STAR IN SCHWARZER ROBE

Nachwort von Regina Stürickow

Die für das Publikum faszinierendste Person im Strafprozess ist fraglos der Strafverteidiger, hängt doch letztlich das Wohl und Wehe des Angeklagten vom Können und nicht selten auch vom persönlichen Einsatz seines Anwalts ab. Aber: „Sogenannte ‚Staranwälte' sind sehr selten, und als Außenstehender erkennt man sie nur schwer", schreibt der renommierte Jurist Hans Peter Bull im Mai 1968 in der Wochenzeitschrift „Die Zeit" und führt weiter aus: „Die Standesvertreter würden das Wort am liebsten aus dem deutschen Wortschatz streichen; denn sie verstehen unter Staranwalt jemanden, der seinen Auftritt wie ein Schauspieler inszeniert, möglichst bald einen Krach mit Richter und Staatsanwalt vom Zaune bricht und nachher mit viel Pathos und Ausdauer plädiert."

Dieser augenzwinkernden Definition zufolge ist Dr. Dr. Erich Frey zweifellos zu den „Staranwälten" zu rechnen, denn der „Doppeldoktor" geriet in der Tat in so manchem Verfahren sowohl mit dem Staatsanwalt als auch mit dem Richter aneinander. Wenn es zu solchen, für Publikum und Presse manchmal äußerst spannenden Szenen kam, dann ging es dem prominenten Anwalt indes weniger um sein persönliches Renommee, als vielmehr um das Wohl, respektive um den Kopf des Angeklagten. Bis zum Letzten kämpfte er für seine Mandanten. – Das brachte ihm Lob, immer wieder aber auch Kritik ein.

In der Prozessberichterstattung der zeitgenössischen Tagespresse jedweder Couleur wird der prominente Anwalt gern zitiert und bis heute ist der Name Dr. Dr. Frey nicht nur unter Juristen ein Begriff. Über sein Leben ist jedoch nur wenig bekannt, biographische Hinweise sind rar. Auch in seinen Erinnerungen gibt der sich sonst so eitel gebärdende Strafverteidiger über den Privatmann Erich Frey allenfalls bruchstückhaft Auskunft.

Den Rückblick auf seine größten Prozesse beginnt er dann aber doch mit einer biografischen Notiz: „Wenn es stimmt, daß alle guten Berliner aus Breslau kommen, dann bin ich ein guter Berliner." – Frey war nicht nur ein „guter Berliner" er war ein leidenschaftlicher Berliner. Neben der gewählten Sprache des Intellektuellen beherrschte er ebenso perfekt den schnoddrigen Berliner Jargon, mit dem er die Hinterhofgören in den Mietskasernenvierteln im Berliner Arbeiternorden beeindrucken konnte.

Erich Frey wird am 16. Oktober 1882 in Breslau geboren, aber die Stadt Berlin prägt ihn von Kindheit an, denn sein Vater Siegfried, ein erfolgreicher Exportkaufmann, siedelt mit der Familie 1883, Erich ist kaum ein Jahr alt, nach Berlin um. Die Familie ist jüdischen Glaubens, praktiziert ihre Religion aber vermutlich nicht. 1901 macht Erich am Luisenstädtischen Gymnasium das Abitur. Einen klaren Berufswunsch hat er seinerzeit noch nicht. Nur eines ist gewiss: In das väterlicher Geschäft will er nicht einsteigen. Das Kaufmännische liegt ihm nicht. Aus ganz pragmatischen Erwägungen entschließt er sich zu einem Studium der Rechtswissenschaften. Was er nach dem Examen damit anfangen will, weiß er zwar nicht, doch ist er sich dessen bewusst, dass ihm mit einem abgeschlossenen Studium der Rechte viele berufliche Türen offen stehen werden. Frey beginnt sein Studium in Berlin, in juristischen Vorlesungen trifft man ihn allerdings nur selten. Eher noch zieht es ihn in die philosophischen Lehrveranstaltungen. Außerdem sind die Ablenkungen, die die Großstadt bietet allzu verlockend: Theater, Konzerte und nicht zu vergessen die Tanztees in den eleganten Hotels, wo sich extravagant gekleidete Töchter des gehobenen Bürgertums, meist in Begleitung freilich, die Zeit vertreiben. Schon zur Kaiserzeit ist Berlin eine moderne, aufregende Metropole.

Erich geht nach München, doch auch die Stadt an der Isar bietet dem Studenten zahlreiche Reize abseits trockener juristischer Vorlesungen. Wieder einmal wechselt Frey auf väterliches Anraten den Studienort und zieht nach Lausanne. In Sachen Studium eine Fehlentscheidung. Frey studiert lieber die schönen Mädchen in den mondänen Cafés am Genfer See als die Rechte. Wieder einmal wechselt er den Studienort und wechselt ins weit beschaulichere Heidelberg. Die Bummelei rächt sich jetzt: Er fällt durchs erste Staatsexamen. Frey nimmt es gelassen. Auch Otto von Bismarck bestand erst im zweiten Anlauf. Als Frey es endlich geschafft hat, geht es bergauf. 1906 promoviert er an der Universität Heidelberg zum Dr. jur. und legt in Berlin das Referendarexamen ab. 1908 promoviert er gleich noch einmal, und zwar zum Dr. phil. und ist nun „Doppeldoktor".

Nach dem zweiten Staatsexamen lässt er sich als Anwalt in Berlin nieder, zunächst in der Zimmerstraße, 1911 zieht er mit seiner Kanzlei in die Bellevuestraße 5. Ein weiteres Büro hat er am Potsdamer Platz, über dem berühmten Café Josty. Privat wohnt Frey im am südwestlichen Stadtrand gelegenen Vorort Teltow, in der Villensiedlung Teltow-Seehof.

Der Erste Weltkrieg – Frey dient als Offizier in der 1. Marinedivision in Flandern – wird auch für den jungen Juristen zu einer traumatischen Erfahrung. Mit den Folgen des Krieges, dem Verfall aller Werte und der wachsenden Brutalität in der Gesellschaft wird er später als Strafverteidiger immer wieder konfrontiert werden. In seinen Erinnerungen schreibt er: „Der Krieg hatte nicht nur Millionen von Menschen verschlungen oder zu Krüppeln gemacht, er hatte auch die Seelen verwundet, manche völlig entstellt und verheert. Die Zahl der Verbrechen stieg ins ungeheure. Hunderttausende, die aus dem Kriege heimgekehrt waren, fanden nicht wieder zurück in ein geordnetes Leben. Hunderttausende fanden keine Arbeit und konnten sich nicht wieder an geregelte Arbeit gewöhnen. Riesig war die Zahl derer, die aus Haltlosigkeit oder auch aus Not das Gesetz brachen."

Kurz vor Kriegsausbruch 1914 hatte Frey Marie-Charlotte Wetzel geheiratet. Beide konvertieren zum Protestantismus, zu welchem Zeitpunkt, ist jedoch unklar. Die Ehe bleibt kinderlos und wird Anfang der 1930er-Jahre geschieden. Frey heiratet ein zweites Mal, eine französische Schauspielerin namens Guennou, aber auch diese Ehe scheitert.

Nach dem Krieg macht Frey schnell Karriere als Strafverteidiger. Während der Novemberrevolution 1918 wird der junge Anwalt immer wieder als Offizialverteidiger, bzw. Pflichtverteidiger in Spartakistenprozessen herangezogen, was zwangsläufig den Neid manch eines Kollegen heraufbeschwört. Doch als Offizialverteidiger wird man nicht reich: Das Honorar beträgt 16 Reichsmark.

Freys erster großer Prozess ist der gegen den „Massenmörder" – der damalige Sprachgebrauch machte noch keinen Unterschied zwischen Massen- und Serienmördern – Friedrich Schumann, den Schrecken vom Falkenhagener See, der als erster deutscher Serienmörder gilt. Auch hier agiert Frey als Pflichtverteidiger.

Frey berichtet in seinen Erinnerungen von seinen spektakulärsten Prozessen, von Prozessen die zur Zeit der Weimarer Republik Schlagzeilen machten, erzählt von halbseidenen und in Seide gekleideten Damen, die in den noblen Geschäften auf dem Kurfürstendamm lange Finger machen. Dabei schildert der leidenschaftliche Strafverteidiger die Verhandlungen mit sichtlicher Freude am Detail. Erzählt die Vorgeschichten und lässt seine Protagonisten sprechen wie ihnen der Schnabel gewachsen ist, das Berlinische kultiviert er geradezu. Hier scheint nichts gekünstelt oder aufgesetzt. Nicht nur das mondäne Berlin der 1920er-Jahre ist ihm vertraut, auch die Welt der kleinen Leute, die Hoffnungslosigkeit in den übervölkerten Mietskasernen, in denen Arbeiterfamilien mit bis zu zehn Personen in einer Stube hausen. Freys Erinnerungen sind ein lebendiges Abbild der Zeit mit allen ihren Facetten.

Freys Erfolg als Strafverteidiger kam nicht von ungefähr. Heinrich Heine nannte die Advokaten in seinen „Memoiren des Herrn von Schnabelewopski“ spöttisch die „Bratenwender der Gesetze“. Sie wenden die Gesetze so lange, „bis ein Braten für sie dabei abfällt, diese mögen noch so sehr streiten, ob die Gerichte öffentlich sein sollen oder nicht; darüber sind sie einig, dass alle Gerichte gut sein müssen, und jeder von ihnen hat sein Leibgericht.“ Freys Leibgericht sind die großen Mordprozesse. Dabei setzt er wie ein Spieler auf volles Risiko. So auch im Prozess gegen Gustav Passarge, dem wegen Mordes die Todesstrafe droht. Er spielt um alles oder nichts, um seinen Mandanten vor dem Fallbeil zu bewahren. Präsentiert der Ankläger ein Gutachten, dann verlangt er als Verteidiger ein weiteres Gutachten.

Das größte Wagnis geht er für seinen Mandanten Paul Kranz ein, zu dem er auch eine sehr persönliche Beziehung aufbaut. Frey, der stets bedauert, keine Kinder zu haben, setzt alles daran, die Wahrheit der „Steglitzer Schülertragödie“ ans Licht zu bringen. Er hat Erfolg und rettet dem 19-jährigen Primaner damit das Leben oder bewahrt ihm zumindest von einem langjährigen Zuchthausaufenthalt.

Spricht man im Berlin der 1920er-Jahre von erfolgreichen Anwälten, dann werden in aller Regel Dr. Dr. Erich Frey und sein erbittertster Konkurrent Dr. Max Alsberg in einem Atemzug genannt. „Es gab Prozesse, die ganz Europa in Atem hielten, wenn die Strafverteidiger Dr. Dr. Frey oder Dr. Alsberg auftraten“, erinnert sich der Journalist Bernd Ruland in seinem Buch „Das war Berlin". Zweifellos waren sowohl Frey als auch der fünf Jahre ältere Alsberg die Stars unter den Anwälten der Reichshauptstadt, und beiden hatten ihre Marotten und Markenzeichen: Nicht nur seine spektakuläre Prozessführung machte Erich Frey zum Staranwalt, sondern er verstand es, sich selbst zu inszenieren. In seinem Buch „Berlin. Schicksal einer Weltstadt" beschreibt der damalige Polizeireporter der „BZ am Mittag" Walther Kiaulehn Erich Frey als einen gutaussehenden jungen Mann mit „Kavalleristenfigur", als einen „etwas schmaleren Hans Albers". Beide Anwälte gaben sich gleichermaßen extravagant. Was ihr Geltungsbedürfnis anbelangte, stand der eine dem anderen keineswegs nach. Alsberg fuhr in einem Rolls Royce mit Chauffeur vor, so sein Biograf Curt Riess, und Frey liebte extravagante Kleidung und verkehrte in exklusiven Restaurants und Weinlokalen. Sein Stammlokal Kempinski kreierte sogar ein „Filet à la Frey" nach dem berühmten Anwalt. Freys Büro war mit teuren Smyrna-Teppichen und antiken Möbeln ausgestattet, hübsche Sekretärinnen saßen an den Schreibmaschinen und der Boy, der die Mandanten empfängt, trug eine grüne Livree mit eingesticktem „F". Alsberg residierte in seiner ebenfalls kostbar eingerichteten Vierzehnzimmerkanzlei am Nollendorfplatz noch aufwendiger, so weiß Bernd Ruland zu berichten. Er hatte vier Soziusse, achtzehn Referendare, sechs Assessoren, zwei Bürovorsteher, denen vier Gehilfen assistierten, fünfzehn Sekretärinnen und vier Boten. Ein „normaler" Klient hatte keine Chance, zu Alsberg vorzudringen.

Freys Markenzeichen: Das Monokel. Er trug es seit seinem neunzehnten Lebensjahr vor dem rechten Auge und es wurde ihm zum unerlässlichen Requisit und zu einem Mittel der Rhetorik während des Prozesses. Das Berliner Tageblatt schrieb, und Frey zitiert es nicht ohne Vergnügen: „Der Verteidiger [...] trägt ein Monokel. Er benutzt es als Beweismittel und rhetorische Wendung. Er klemmt es scharf ein, wenn er dem Staatsanwalt etwas Energisches zu sagen hat. Er lässt es im bewegten Moment pathetisch aus dem Auge fallen. Das sieht sehr vornehm aus..."

Auch Alsberg verfügte über ein Markenzeichen: Kiaulehn erinnert sich an Alsberg als an einen mittelgroßen, eleganten Herrn mit einem Toupet, dem die Leute auf den Kopf starrten, weil sie wissen wollten, wo das natürliche Haar aufhörte und das künstliche anfing.

Erstmals standen sich die Konkurrenten 1919 im Gerichtssaal gegenüber. Alsberg vertrat hier die Sache der Hohenzollern, denn es ging um einen Film mit dem Titel „Kaiser Wilhelms Glück und Ende". Der Ex-Kaiser fühlte sich verunglimpft und verlangte ein Verbot des Films. Doch der Kaiser hatte abgedankt und die Abschaffung der Zensur gehörte zu den Errungenschaften der Revolution. Als Anwalt der Filmgesellschaft trat Dr. Dr. Erich Frey auf, und es war sein erster großer Prozess, in dem er auch gleich im Licht der Öffentlichkeit stand. Denn für die Presse war der Prozess eine Sensation. Alsberg verlangte die Vorführung des Films vor dem Gericht und verfolgte damit den Hintergedanken, dass sich die hohen Herren über die lächerliche Darstellung des Ex-Kaisers empören würden. Arnsberg setzte sich durch: Das erste Mal wurde ein Film vor einem deutschen Gericht aufgeführt. Frey protestierte als Anwalt der Filmgesellschaft vergebens. Der deutsch-amerikanische Journalist Curt Riess, der Alsberg aus seiner Zeit als Reporter vor 1933 gut kannte, schreibt in seinem Buch „Der Mann in der schwarzen Robe. Das Leben des Strafverteidigers Max Alsberg": „Der Anwalt der Gegenseite war jung, blond, gutaussehend und trug ein Monokel. Es war Dr. Erich Frey, der sich Dr. Dr. Erich Frey nannte, weil er nicht nur ein juristisches, sondern auch ein philosophisches Doktorexamen gemacht hatte. Er trat Alsberg zum ersten Mal gegenüber. Es sollte später viele Prozesse geben, in denen diese beiden Männer sich maßen. Frey wurde auf seine Art ein recht prominenter Anwalt, wenn er auch von den Kollegen – ganz zu schweigen von den Rechtsgelehrten – nie ganz ernst genommen wurde." – Riess war mit Alsberg eng befreundet.

Freys Argumente liefen ins Leere: Man könne einem Schauspieler nicht verbieten, in der Maske einer historischen Persönlichkeit aufzutreten. Der Kaiser sei eine Person der Zeitgeschichte, weshalb auch nach seiner Abdankung seine Bilder in die Öffentlichkeit gebracht werden könnten. Alsberg konterte, dass das möglicherweise richtig sei, trotzdem dürften „berechtigte Interessen" auch bei einer Person der Zeitgeschichte nicht verletzt werden. Frey verlor den Prozess. Der Film wurde verboten und alle Exemplare vernichtet.

In zahlreichen Prozessen standen sich die Rivalen gegenüber. Frey erwähnt den Konkurrenten in seinen Erinnerungen jedoch nur zwei Mal: In dem Prozess um den Ringverein „Immertreu" 1929 standen sie

Seite an Seite und in dem Lübecker Verfahren um verunreinigtem Tuberkuloseimpfstoff, der mehr als 100 Kinder das Leben kostete, waren sie wieder einmal Gegner. Während Frey ausschließlich Strafverteidiger war, führte Alsberg zahlreiche Wirtschaftsprozesse und trat als Verteidiger in politischen Verfahren auf, so vertrat er die Interessen des Unternehmers Hugo Stinnes und die des Schriftstellers und Journalisten Carl von Ossietzky.

Beide waren „Workaholics". Frey schrieb für juristische Fachzeitschriften, fungierte nebenbei auch als Rechtsberater oder Justiziar für diverse Gesellschaften. Alsberg verfasste eine Reihe bis heute anerkannter juristischer Bücher. Bald machte sich Alsberg auch als Dramatiker einen Namen. Sein Drama „Voruntersuchung" wurde am 14. Oktober 1930 im Berliner Renaissance-Theater uraufgeführt und konnte einen überwältigenden Erfolg verzeichnen. Wenig später verfilme die UFA das Stück mit Gustav Fröhlich und Albert Bassermann in den Hauptrollen. Als Produzent zeichnete Erich Pommer und als Regisseur Robert Siodmak verantwortlich.

Frey wollte dem wohl keinesfalls nachstehen. Auch er griff zur Feder: Doch sein Stück „Meineid", das 1932 im Theater am Schiffbauerdamm uraufgeführt wurde, fiel durch und erlebte nur wenige Vorstellungen – so behauptet jedenfalls Curt Riess. Erst im Exil wird Frey sein schriftstellerisches Talent unter Beweis stellen.

Nicht allein sein außergewöhnlicher juristischer Sachverstand machte Frey zu einem „Starverteidiger". Zudem leistete die Presse seiner Popularität – und nicht zuletzt auch der Alsbergs –Vorschub. Seit den 1890er-Jahren waren Berichte über Verbrechen und ausführliche Prozessberichte, die in den Tageszeitungen oftmals über Seiten gingen, beim Publikum äußerst beliebt. Im gleichen Maße, wie die Presse die Kriminalkommissare in den 1920er-Jahren in ihren Polizeiberichten zu Medienstars machten, erlangten auch die Anwälte, besonders die Strafverteidiger dank einer ausführlichen Prozessberichterstattung einen hohen Grad der Popularität.

Freys beruflicher Karriere, und die vieler seiner Kollegen, wurde 1933 von den Nationalsozialisten abrupt beendet. Die Umstände seiner Flucht aus Berlin schildert Frey im letzten Kapitel seiner Erinnerungen nur stichwortartig. Am 20. Oktober 1933 verlässt er, um seiner bevorstehenden Verhaftung zu entgehen, ohne vorher noch einmal in sein Haus nach Teltow zurückzukehren, Berlin in Richtung Schweiz. Zum einen gilt er trotz der Konversion noch immer als Jude, zum anderen ist er ein erfolgreicher Strafverteidiger. Beide Tatsachen sind ausreichend, um von den Nazis zunächst drangsaliert, vertrieben und schließlich ermordet zu werden. Der berüchtigte Roland Freisler, der ab August 1942 Präsident des NS-Volksgerichtshofes sein wird, verdammt die Verteidiger als „Verbrechergehilfen". Dem Berufsstand wird die Existenzberichtigung streitig gemacht.

Über Zürich gelangt Frey nach Paris. Er hat in Lausanne studiert, spricht fließend Französisch und versucht in der Seine-Metropole als Jurist und Schriftsteller Fuß zu fassen. Doch die Gestapo hat sich schon lange vor dem Krieg wie eine Krake weit über die Grenzen Deutschlands ausgebreitet und ihre langen Arme reichen bis nach Paris. Frey wird bespitzelt. In der zweiten Hälfte der 1930er-Jahre nimmt er eine Professur an der Soochow-Universität in Shanghai an, doch auch hier hält es ihn nicht lange. 1939 geht er als Universitätsprofessor nach Santiago de Chile. Er schreibt u. a. Theaterstücke und arbeitet für einen deutschsprachigen Radiosender. Seine schriftstellerische Tätigkeit führt ihn auch nach Argentinien, wo sein Theaterstück „Das Dritte Ohr" 1948 in Buenos Aires uraufgeführt wird.

Seinen geliebten Beruf als Strafverteidiger wird er indes nie wieder ausüben. Nach Deutschland und nach Berlin, in die Stadt, der er so verbunden ist, wird er nie wieder zurückkehren. Doch mit seinen Erinnerungen an seine größten Prozesse, erschienen 1959, wird er Berlin der 1920er-Jahre ein Denkmal setzen – und sich selbst. Frey stirbt am 30. März 1964 in Santiago de Chile.

Max Alsberg flüchtete im März 1933 über Baden-Baden in die Schweiz, wo er sich am 11. September 1933 das Leben nahm.